회사에서 바로 통하는

엑셀 & 파워포인트

엑셀 2010

전미진 지음

회사원의 필수 프로그램!
이 책 한 권으로 빠르게 끝낸다

- 개념은 쉽게, 기능은 빠르게, 실무 활용은 바로
- 회사에서 쓰는 대표 문서로 배우는 실무 기능
- 발 빠른 직장인이라면 꼭 알아야 할 모바일 웹 오피스 활용법

한빛미디어
Hanbit Media, Inc.

회사에서 바로 통하는

엑셀 & 파워포인트

엑셀 2010

저자_ 전미진(edu001@empal.com)

삼성전자, 삼성항공, 삼성코닝, 삼성멀티캠퍼스, 삼성석유화학, 대우건설, 서울통신, 지역난방공사, 농협대학, 한양대학, 유니텔캠퍼스, 산업은행, 국민은행, 코스콤, 핸디소프트, 능률협회, 매일디지털캠퍼스, 효성그룹, 대우기술원 등에서 업무 개선을 위한 엑셀, 파워포인트, 프레젠테이션과 프로그래밍 관련 강의를 했습니다. 현재 삼성토탈, 대우증권, 아이엔터, 금호건설 등에서 강의하고 있습니다. 저서로는 『파워포인트 2000 높이뛰기』(영진닷컴), 『회사에서 바로 통하는 엑셀 2007』(한빛미디어) 등이 있습니다.

회사에서 바로 통하는

엑셀 & 파워포인트 2010 엑셀편

지은이 전미진
편낸이 김태헌
펴낸곳 한빛미디어(주)
주소 서울시 서대문구 연희로2길 62 한빛미디어(주) IT출판사업부
전화 02-325-5544
팩스 02-336-7124
등록 1999년 6월 24일 제25100-2017-000058호
초판 1쇄 발행 2010년 9월 30일
초판 15쇄 발행 2019년 9월 20일
정가 18,800원
ISBN 978-89-7914-763-6 18000

기획 장용희
편집 배윤미
북디자인 여동일
일러스트 김세중
베타테스트 김소영

Published by HANBIT Media, Inc. Printed in Korea

이 책에 대한 의견을 주시거나 오탈자 및 잘못된 내용의 수정 정보는 한빛미디어(주)의 홈페이지나 아래 이메일로 연락주십시오. 잘못된 책은 구입하신 서점에서 교환해 드립니다.

http://www.hanbit.co.kr
ask@hanbit.co.kr

머리말

회사에서 엑셀을 사용하는 사람들을 살펴보면 선배나 주위 동료들에게 어깨 너머로 엑셀을 배운 경우가 많습니다. 그렇다보니 업무에 필요한 몇 가지 기능만 아는 경우가 대부분입니다. 기업체 교육을 나가도 상황은 크게 다르지 않습니다. 엑셀을 잘 쓰고 있다고 자부하는 사람들도 엑셀의 기초 팁을 알려주면 '이런 기능도 있었나?'라며 놀라워하곤 합니다.

이 책은 기업에서 많이 사용되는 실무 예제를 중점적으로 다루고 있습니다. 10년 넘게 기업체에서 강의하는 동안 수강생과 동료들이 가장 많이 물어온 질문들을 분석하여 책에 수록된 예제 형태로 정리한 것입니다. 그야말로 현장 밀착형인 이 예제들은 조금만 변형하면 그때그때 바로 업무에 적용해 사용할 수 있는 것은 물론, 엑셀의 전반적인 기능 역시 쉽게 익힐 수 있도록 도와줍니다.

간단한 엑셀 문서 작업에도 몇 시간을 소모하고 조금만 변형된 문서에도 어디서부터 손대야 할지 몰라 막막했던 경험을 갖고 있다면 이 책을 통해 차근히 엑셀 2010의 기능을 익히고 실무에 활용할 수 있을 것입니다.

끝으로 이 책을 집필하는 동안 여러모로 힘이 되어준 가족과 책이 완성되기까지 애써 주신 한빛미디어(주)의 관계자분들께 감사의 말씀을 드립니다. 이 책이 엑셀을 사용하는 모든 분들의 기본서로 학습 및 업무 향상에 도움이 되기를 바라며, 엑셀을 활용하는 밑거름으로 사용될 수 있기를 진심으로 바랍니다.

2010년 8월 **전미진**

이 책의 구성

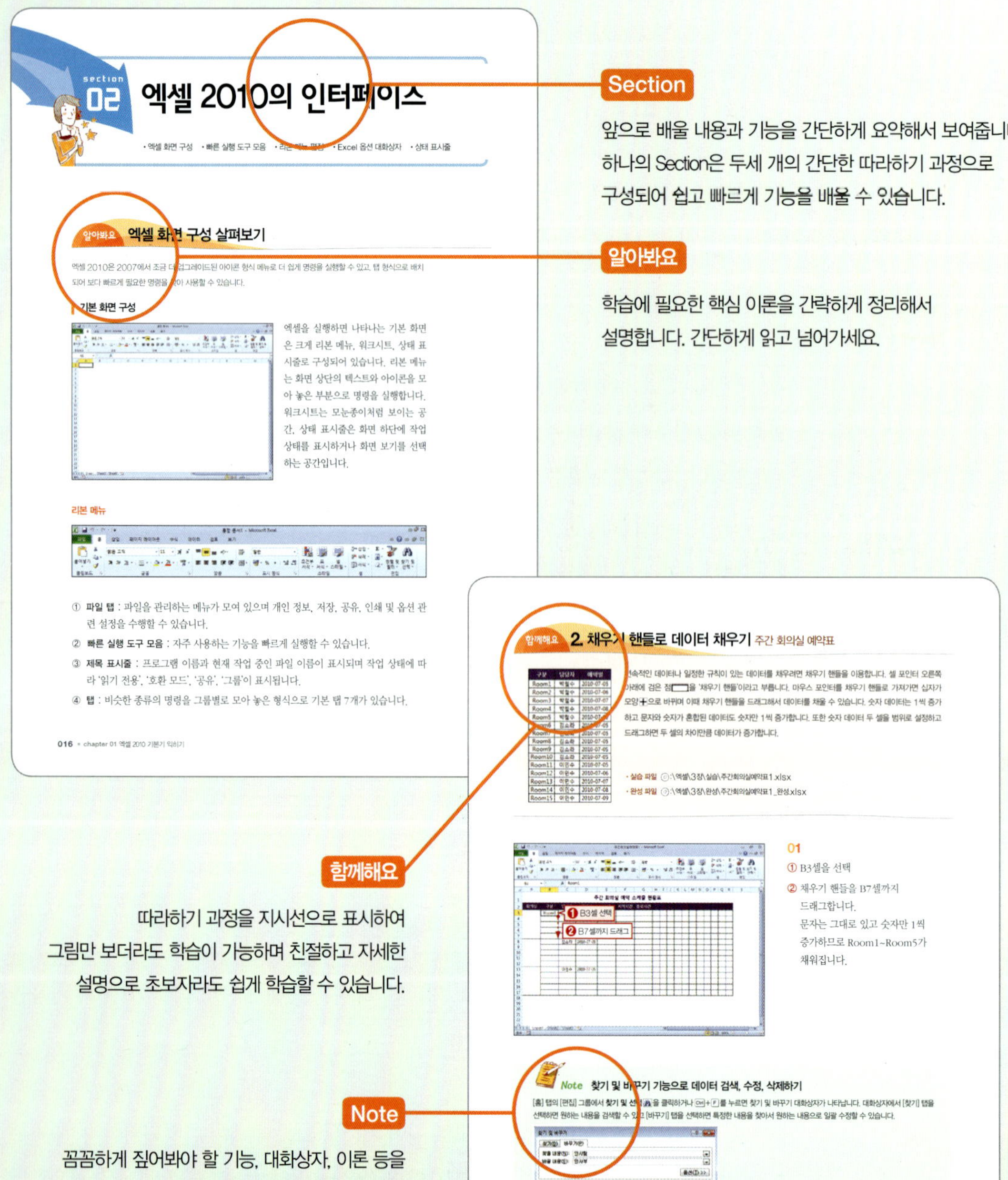

Section

앞으로 배울 내용과 기능을 간단하게 요약해서 보여줍니다. 하나의 Section은 두세 개의 간단한 따라하기 과정으로 구성되어 쉽고 빠르게 기능을 배울 수 있습니다.

알아봐요

학습에 필요한 핵심 이론을 간략하게 정리해서 설명합니다. 간단하게 읽고 넘어가세요.

함께해요

따라하기 과정을 지시선으로 표시하여 그림만 보더라도 학습이 가능하며 친절하고 자세한 설명으로 초보자라도 쉽게 학습할 수 있습니다.

Note

꼼꼼하게 짚어봐야 할 기능, 대화상자, 이론 등을 알아봅니다. 엑셀 고급 사용자로 거듭나기 위해서는 꼭 알아야 할 내용입니다.

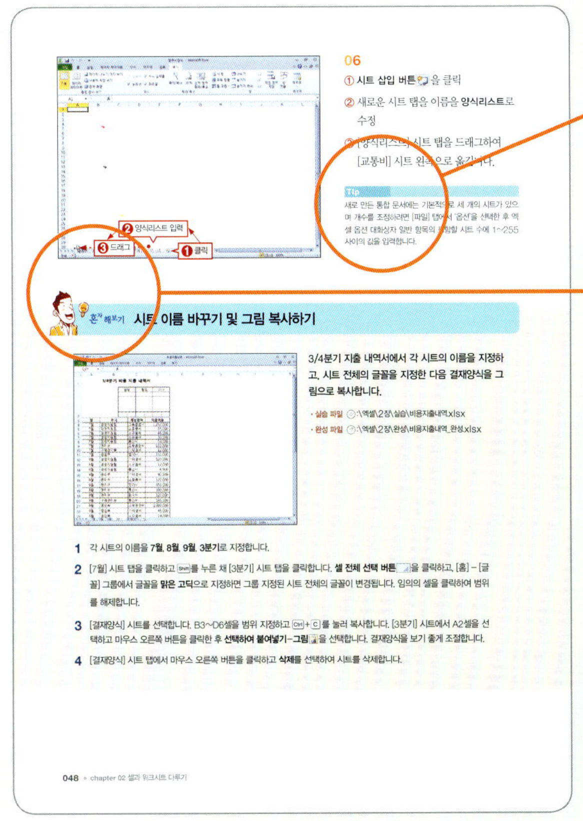

06

① **시트 삽입 버튼**을 클릭

② 새로운 시트 탭을 이름을 **양식리스트**로 수정

③ [양식리스트] 시트 탭을 드래그하여 [교통비] 시트 왼쪽으로 옮깁니다.

Tip

새로 만든 통합 문서에는 기본적으로 세 개의 시트가 있으며 개수를 조정하려면 [파일] 탭에서 '옵션'을 선택한 후 엑셀 옵션 대화상자 일반 항목의 포함할 시트 수에 1~255 사이의 값을 입력합니다.

혼자 해보기 **시트 이름 바꾸기 및 그림 복사하기**

3/4분기 지출 내역서에서 각 시트의 이름을 지정하고, 시트 전체의 글꼴을 지정한 다음 결재양식을 그림으로 복사합니다.

- 실습 파일 :\엑셀\2장\실습\비용지출내역.xlsx
- 완성 파일 :\엑셀\2장\완성\비용지출내역_완성.xlsx

1 각 시트의 이름을 **7월, 8월, 9월, 3분기**로 지정합니다.

2 [7월] 시트 탭을 클릭하고 Shift를 누른 채 [3분기] 시트 탭을 클릭합니다. **셀 전체 선택 버튼**을 클릭하고, [홈] - [글꼴] 그룹에서 글꼴을 **맑은 고딕**으로 지정하면 그룹 지정된 시트 전체의 글꼴이 변경됩니다. 임의의 셀을 클릭하여 범위를 해제합니다.

3 [결재양식] 시트를 선택합니다. B3~D6셀을 범위 지정하고 Ctrl+C를 눌러 복사합니다. [3분기] 시트에서 A2셀을 선택하고 마우스 오른쪽 버튼을 클릭한 후 **선택하여 붙여넣기-그림**을 선택합니다. 결재양식을 보기 좋게 조절합니다.

4 [결재양식] 시트 탭에서 마우스 오른쪽 버튼을 클릭하고 **삭제**를 선택하여 시트를 삭제합니다.

048 ▪ chapter 02 셀과 워크시트 다루기

Tip

실습하면서 더 이해가 필요한 부분이나 참고할 사항을 설명합니다.

혼자해보기

[함께해요]에서 배운 내용을 복습합니다. 복습하다 어려우면 완성 파일을 실행한 후 비교하면 쉽게 해결할 수 있습니다.

사무실에서만 업무 보는 시대는 끝났다!!

웹 오피스와 스마트폰을 활용한 오피스 다루기

웹의 발달과 스마트폰의 대중화로 시간과 장소에 구애받지 않고 언제, 어디서나 업무를 볼 수 있게 되었습니다. 웹 오피스를 이용하면 오피스 프로그램이 설치되어 있지 않더라도 인터넷이 가능한 곳이라면 어디서나 문서를 읽고 편집할 수 있으며 스마트폰이 있다면 시간과 장소에 관계없이 일 처리를 할 수 있습니다. CHAPTER 12에서 관련 내용을 확인하세요.

부록 CD 구성

부록 CD에는 [함께해요]와 [혼자해보기]를 따라하는 데 필요한 실습 파일과 완성 파일을 모두 담았습니다.

● 엑셀

예제 파일_ 부록 CD:\엑셀\각 장\실습\
완성 파일_ 부록 CD:\엑셀\각 장\완성\

● 파워포인트

예제 파일_ 부록 CD:\파워포인트\각 장\실습\
완성 파일_ 부록 CD:\파워포인트\각 장\완성\

빠르게 찾는

기능형 목차

[빠르게 찾는 기능형 목차]로 원하는 기능을 빠르고 쉽게 찾아 바로 실습할 수 있도록 정리했습니다.

이 책의 차례

CHAPTER 7 엑셀 기본 함수

CHAPTER 8 다양한 실무 함수

CHAPTER 9 차트 만들기

CHAPTER 10 데이터 관리/분석

CHAPTER 11 매크로 다루기

CHAPTER 12 웹 오피스와 스마트폰으로 엑셀 활용하기

CHAPTER 01

엑셀 2010 기본기 익히기

엑셀은 꼭 직장인이 아니더라도 한 번쯤 들어본 친숙한 프로그램입니다.
그런데도 막상 엑셀을 시작하려고 하면 너무 낯설고 어렵게 느껴집니다.
1장에서는 엑셀이란 프로그램으로 무엇을 할 수 있는지 알아보고,
엑셀 2010의 인터페이스에 대해 살펴보겠습니다.
1장을 마치면 낯설고 어렵게만 보이던 엑셀이 친숙하게 느껴질 것입니다.

section 01

엑셀의 다양한 기능

• 엑셀의 정의 • 엑셀의 기능

엑셀은?

엑셀은 수치 데이터를 쉽고 편리하게 다룰 수 있도록 만든 스프레드시트 프로그램입니다. 스프레드시트(Spread Sheet)는 '펼쳐진 종이'라는 뜻으로 경리 · 회계 장부에서 쓰이는 표 형식을 컴퓨터 화면에 옮겨 놓은 것입니다. 표 형식으로 수치를 계산하거나 집계할 때 매우 편리합니다.

엑셀로 무엇을 하나?

엑셀은 수치를 계산하고 집계하는 데 탁월합니다. 뿐만 아니라 문서나 양식 작성, 차트 작성, 데이터 관리 및 분석에도 유용한 프로그램입니다.

① 복잡한 수치 계산은 기본, 세련된 문서 작성은 덤

함수를 이용하면 복잡한 수식을 간단히 해결할 수 있습니다. 더불어 워드프로세서처럼 데이터 글꼴이나 표를 직접 꾸밀 수 있습니다. 표 서식, 셀 스타일 등을 사용하면 보다 고급스러운 문서를 만들 수 있습니다.

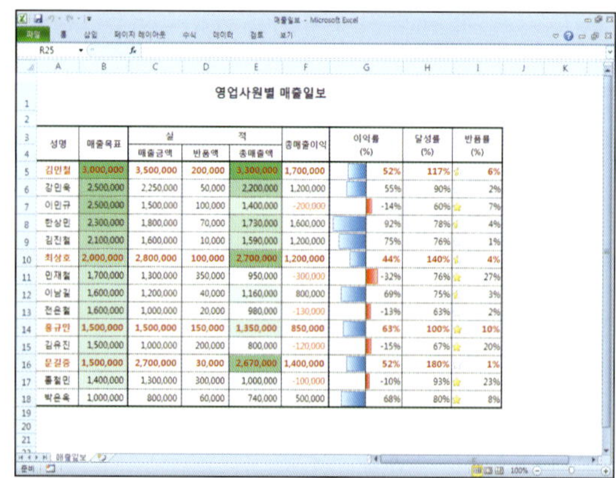

▲ 서식 지정

② 대용량 데이터라도 끄떡없는 데이터 관리 기능

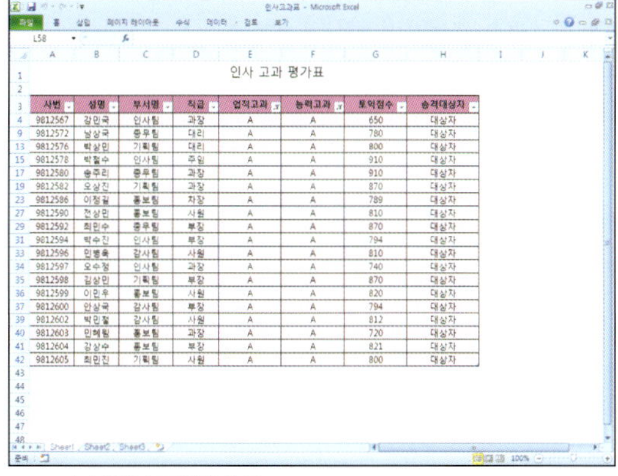

▲ 고과가 'A'인 사원만 추출

엑셀 2010은 약 100만 행×16,000 열에 데이터를 입력할 수 있으며, 방대한 자료를 관리하고 분석할 수 있는 기능을 제공합니다. 데이터를 순서대로 정렬하거나, 필요한 데이터만 검색하고 추출하는 기능, 표 형태로 요약해 주는 피벗 테이블과 피벗 차트 등을 이용하면 데이터를 효율적으로 관리할 수 있습니다.

③ 전문 디자이너의 손길이 느껴지는 차트 삽입 기능

비교 추이를 명확하게 나타내는 스파크라인 차트, 점유율을 나타내기 좋은 원형 차트 등 문자와 수치 데이터를 한눈에 표현하려면 차트를 사용하는 것이 좋습니다. 엑셀을 이용하면 다양한 차트를 손쉽게 만들 수 있으며 차트 서식 갤러리 기능으로 감각적인 차트를 만들 수 있습니다.

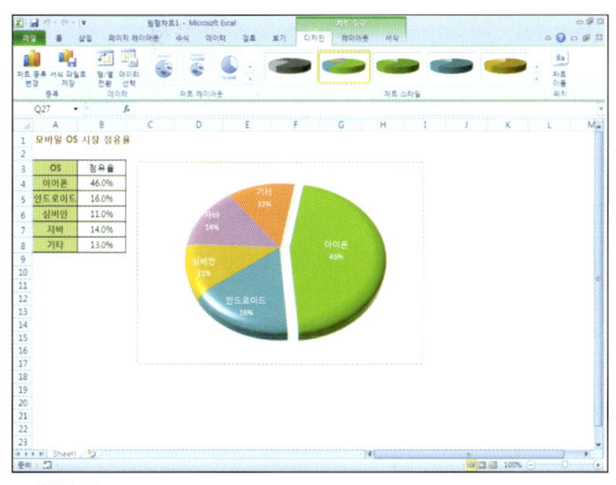

▲ 원형 차트

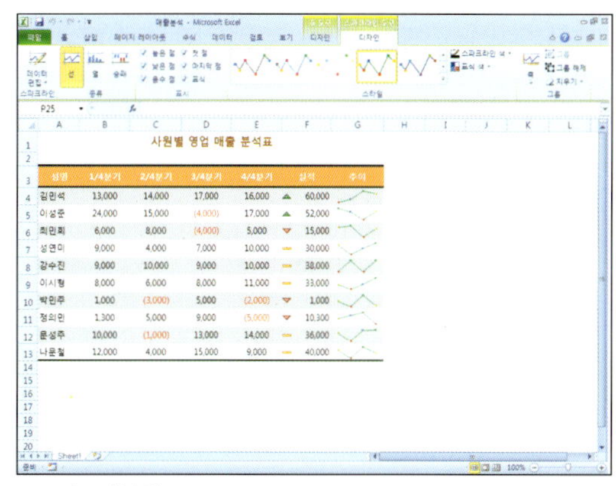

▲ 스파크라인 차트

④ 작업 시간을 획기적으로 줄여 주는 매크로 기능

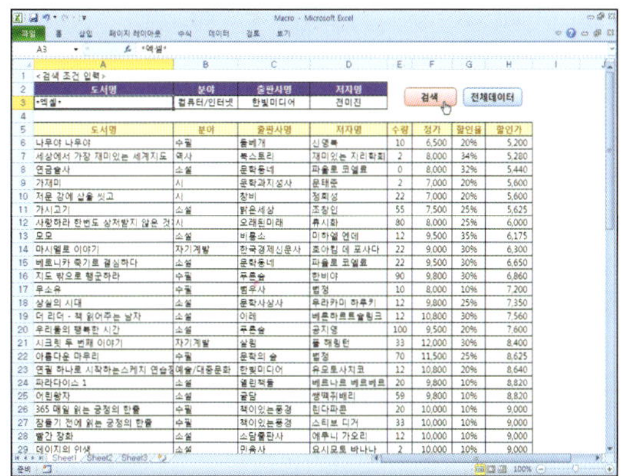

▲ 자동 매크로 기능

엑셀은 자동 매크로 기능이 있어 반복되는 작업을 마우스 클릭 한 번으로 끝낼 수 있습니다. 복잡한 작업은 Visual Basic Editor를 이용해서 프로그래밍합니다.

section 02

엑셀 2010의 인터페이스

• 엑셀 화면 구성 • 빠른 실행 도구 모음 • 리본 메뉴 편집 • Excel 옵션 대화상자 • 상태 표시줄

알아봐요 엑셀 화면 구성 살펴보기

엑셀 2010은 2007에서 조금 더 업그레이드된 아이콘 형식 메뉴로 더 쉽게 명령을 실행할 수 있고, 탭 형식으로 배치되어 보다 빠르게 필요한 명령을 찾아 사용할 수 있습니다.

기본 화면 구성

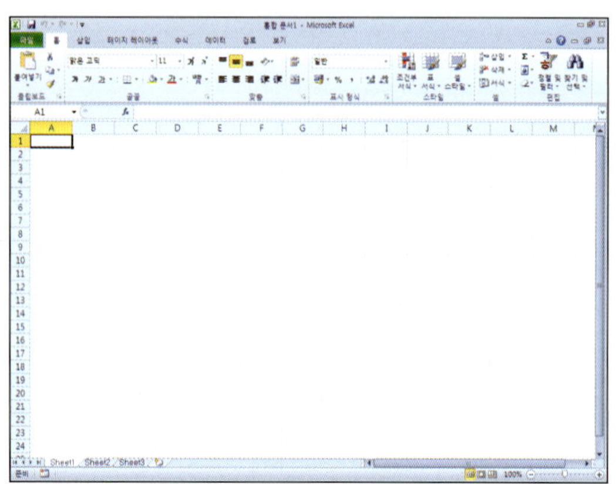

엑셀을 실행하면 나타나는 기본 화면은 크게 리본 메뉴, 워크시트, 상태 표시줄로 구성되어 있습니다. 리본 메뉴는 화면 상단의 텍스트와 아이콘을 모아 놓은 부분으로 명령을 실행합니다. 워크시트는 모눈종이처럼 보이는 공간, 상태 표시줄은 화면 하단에 작업 상태를 표시하거나 화면 보기를 선택하는 공간입니다.

리본 메뉴

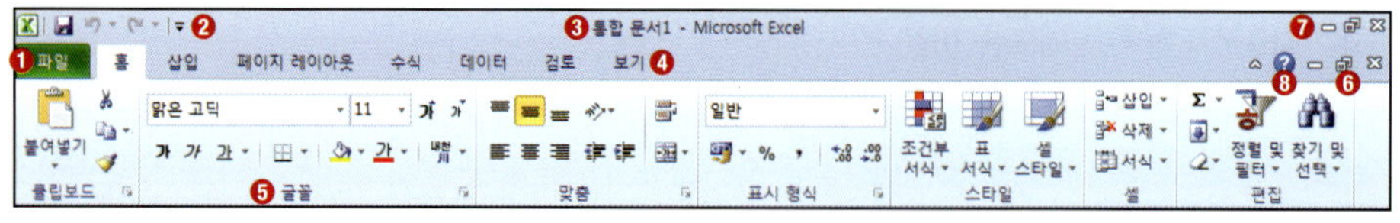

① **파일 탭** : 파일을 관리하는 메뉴가 모여 있으며 개인 정보, 저장, 공유, 인쇄 및 옵션 관련 설정을 수행할 수 있습니다.

② **빠른 실행 도구 모음** : 자주 사용하는 기능을 빠르게 실행할 수 있습니다.

③ **제목 표시줄** : 프로그램 이름과 현재 작업 중인 파일 이름이 표시되며 작업 상태에 따라 '읽기 전용', '호환 모드', '공유', '그룹'이 표시됩니다.

④ **탭** : 비슷한 종류의 명령을 그룹별로 모아 놓은 형식으로 기본 탭 7개가 있습니다.

⑤ **그룹** : 각각의 탭에서 관련 있는 기능을 세부적으로 구분해 놓았습니다.

⑥ **문서 창 조절 버튼** : 문서창을 최소화/최대화하거나 닫을 때 사용합니다.

⑦ **프로그램 창 조절 버튼** : 엑셀 창을 최소화/최대화하거나 닫을 때 사용합니다.

⑧ **도움말 버튼** : 엑셀 도움말 창을 엽니다. F1을 눌러도 됩니다.

상태 표시줄

① **셀 모드** : 준비, 입력, 편집 등의 셀 작업 상태를 표시합니다.

② **표시 영역** : 키보드 기능키의 선택 상태를 표시하며, 숫자가 입력된 셀 범위를 지정하면 자동 계산 결과를 표시합니다.

③ **보기 바로 가기** : 기본, 페이지 레이아웃, 페이지 나누기 미리보기 등 워크시트 보기 상태를 선택합니다.

④ **확대/축소 비율** : 확대/축소를 지정하는 대화상자를 열어 원하는 배율을 지정합니다.

⑤ **확대/축소 슬라이드** : 확대/축소 버튼을 클릭하여 10% 단위로 확대/축소하거나, 조절 바를 드래그하여 확대/축소할 수 있습니다.

작업 영역(워크시트)

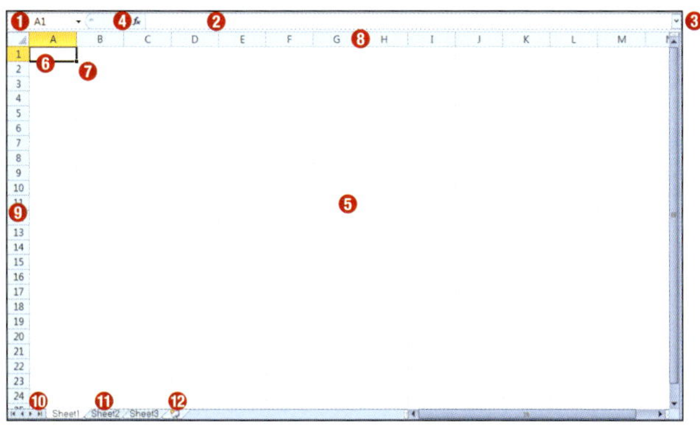

① **이름상자** : 셀 주소와 정보 또는 수식이나 함수 목록이 나타납니다.

② **수식 입력줄** : 선택한 셀에 입력한 내용이나 수식이 나타나며 셀 내용을 직접 입력하거나 수정할 수 있습니다.

③ **수식 입력줄 확장/축소** : 수식 입력줄을 확장/축소합니다.

④ **함수 삽입** : 함수 마법사를 실행하여 함수를 삽입합니다.

⑤ **셀** : 행과 열이 만나는 격자 형태의 사각형 영역으로 데이터나 수식 등을 입력할 수 있습니다.

⑥ **셀 포인터** : 셀이 선택되었다는 표시로 굵은 테두리가 셀 주위에 표시됩니다.

⑦ **채우기 핸들** : 셀 포인터 오른쪽 아래에 나타나는 검은 점으로 드래그해서 데이터를 연속적으로 채울 수 있습니다.

⑧ **열 머리글** : 열 이름이 표시되는 곳으로 A열부터 XFD열까지 16,384개의 열이 있습니다.

⑨ **행 머리글** : 행 번호가 표시되는 곳으로 1행부터 1,048,576행까지 있습니다.

⑩ **시트 탭 이동 단추** : 가려진 시트 탭을 볼 수 있습니다.

⑪ **시트 탭** : 현재 통합 문서에 있는 시트와 이름이 표시됩니다.

⑫ **워크시트 삽입 단추** : 새 워크시트를 삽입할 수 있습니다.

작업 영역의 기본 구조

엑셀은 통합 문서, 워크시트(Worksheet), 셀(Cell)로 이루어져 있습니다. 엑셀의 기본 구조를 살펴보면 엑셀의 동작 원리와 용도를 명확하게 알 수 있습니다.

엑셀의 시작 셀과 셀 주소

모눈종이 형태의 작업 영역에는 가로 행과 세로 열이 교차하는 격자 모양으로 직사각형이 넓게 펼쳐져 있습니다. 이 격자 모양의 직사각형 하나를 '셀(Cell)'이라고 부르며 데이터를 입력(저장)할 수 있는 공간입니다. 각 셀에는 고유한 주소가 있으며 이것을 '셀 주소'라고 부릅니다. 셀 주소는 열 머리글과 행 머리글을 조합해서 만듭니다. 예를 들면, C열과 2행이 만나는 셀의 주소는 'C2'가 됩니다.

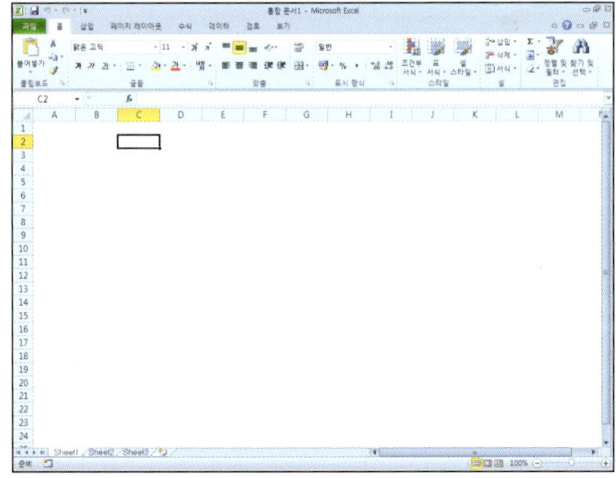

셀이 모이면 워크시트

1,048,576행과 16,384열의 셀이 모여 문서를 만들고 편집하는 공간을 '워크시트'라고 합니다. 엑셀을 실행하면 기본으로 Sheet1, Sheet2, Sheet3으로 3개의 워크시트가 생성되며 총 255개까지 워크시트를 삽입할 수 있습니다. 장부에 견출지를 붙여서 내용을 구분하는 것과 같이 각 워크시트의 이름을 수정하거나 탭 색을 수정할 수 있습니다.

워크시트가 모이면 통합 문서

엑셀은 관련 있는 워크시트(개별 문서)를 묶어서 관리하는데, 이것을 '통합 문서'라고 부릅니다. 엑셀은 통합 문서 단위로 문서를 저장합니다. 관련 있는 문서는 하나로 묶어서 관리하는 것이 좋습니다. 예를 들면 교육 회계 문서에는 일계표, 월계표, 총계장, 수입결의서, 지출결의서, 항목 문서가 모두 들어 있도록 하는 것입니다.

함께해요 1. 빠른 실행 도구 모음과 리본 메뉴 편집하기

빠른 실행 도구 모음은 자주 사용하는 명령을 빠르게 실행할 수 있도록 모아 놓은 메뉴입니다. 기본적으로 저장, 실행 취소, 다시 실행 명령이 있으며 사용자 편의에 따라 명령을 추가하거나 제거할 수 있습니다. 빠른 실행 도구 모음과 리본 메뉴를 사용자의 작업 스타일에 맞게 편집하면 작업 시간을 단축할 수 있습니다.

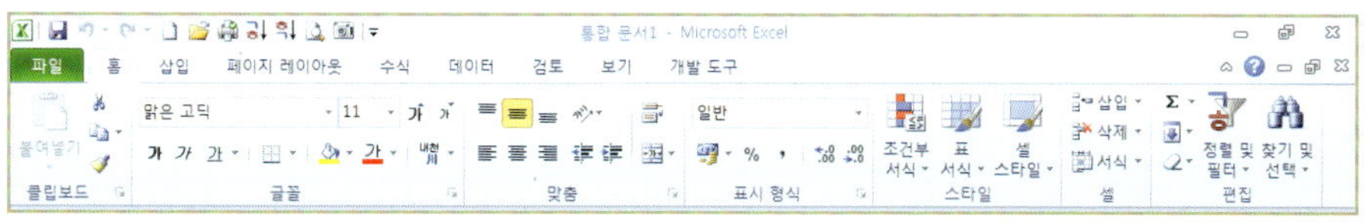

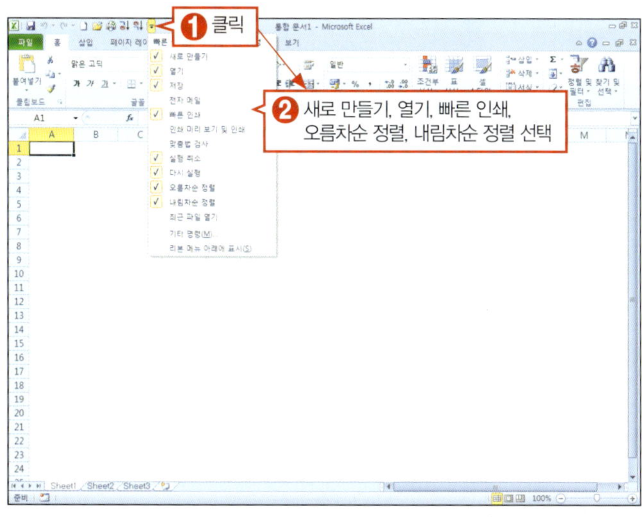

01 빠른 실행 도구 모음에 명령을 추가하겠습니다.

① **빠른 실행 도구 모음 사용자 지정 버튼**을 클릭

② **새로 만들기, 열기, 빠른 인쇄, 오름차순 정렬, 내림차순 정렬**을 각각 선택하여 추가합니다.

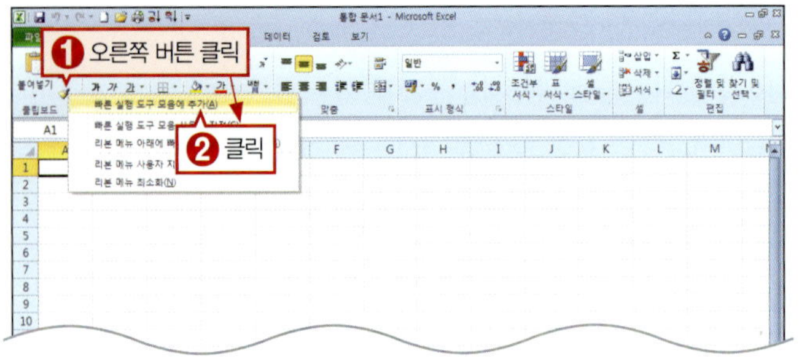

02

① [홈] 탭의 [클립보드] 그룹에 있는 **서식 복사**에서 마우스 오른쪽 버튼을 클릭

② **빠른 실행 도구 모음에 추가**를 선택합니다.

03

①② **빠른 실행 도구 모음 사용자 지정 버튼**을 클릭하고 **기타 명령**을 선택

③ 명령 선택 목록에서 **리본 메뉴에 없는 명령**을 선택

④⑤ 명령 목록에서 [전체 화면 인쇄 미리 보기]와 [카메라]를 각각 더블클릭하여 빠른 실행 도구 모음에 추가합니다.

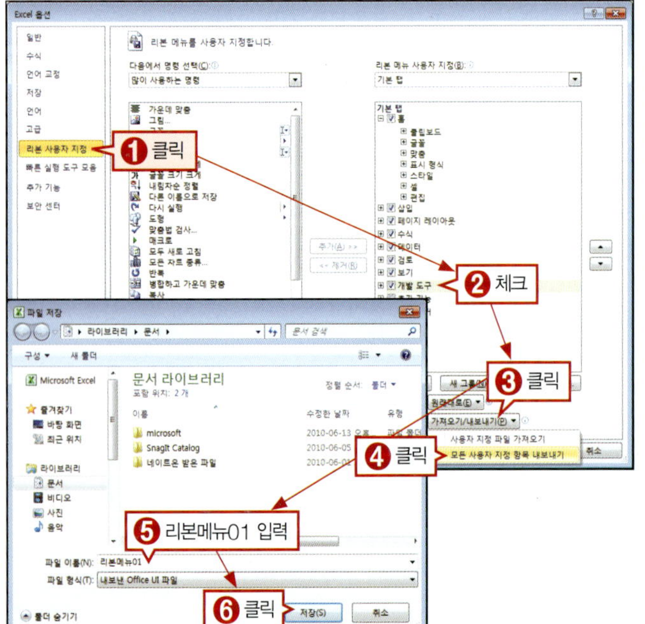

04 개발 도구 리본 탭을 표시하고 Office UI 파일로 저장하겠습니다.

① Excel 옵션 대화상자에서 **리본 사용자 지정**을 클릭

② 리본 메뉴 목록에서 **개발 도구**를 선택하여 체크 표시

③④ **〈가져오기/내보내기〉**를 클릭한 다음 **모든 사용자 지정 항목 내보내기**를 선택

⑤⑥ **리본메뉴01**을 입력한 다음 **〈저장〉**을 클릭합니다.

Tip

[새 탭(W)]을 클릭하면 새로운 리본 메뉴를 만들 수 있으며 [가져오기/내보내기(P)]을 클릭하면 새롭게 정의한 Office UI 파일(*.exportedUI)을 저장하거나 불러올 수 있습니다.

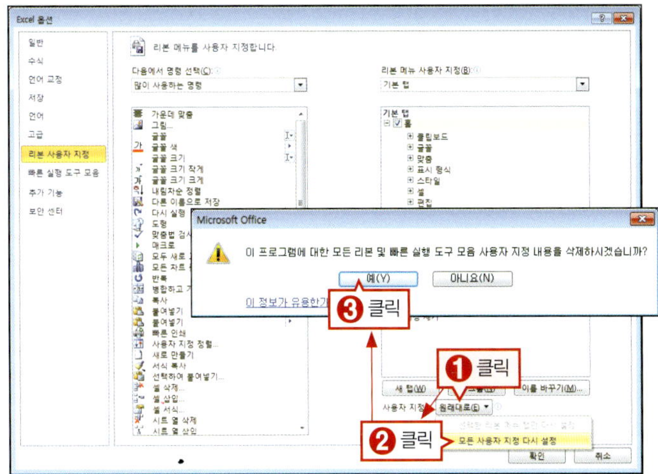

05

①② Excel 옵션 대화상자에서 **〈원래대로〉**를 클릭하고 **모든 사용자 지정 다시 설정**을 선택

③ 경고창에서 **〈예〉**를 클릭해서 리본 메뉴와 빠른 실행 도구 모음을 초기화합니다.

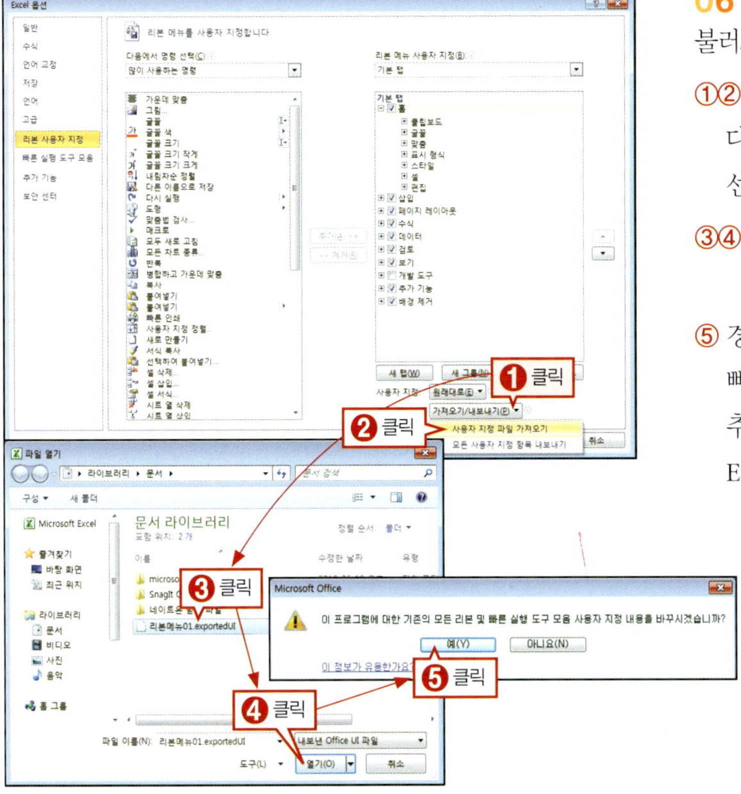

06 앞에서 저장했던 Office UI 파일을 불러오겠습니다.

①② **〈가져오기/내보내기〉**를 클릭한 다음 **사용자 지정 파일 가져오기**를 선택

③④ **리본메뉴01.exportedUI** 파일을 찾아 선택하고 **〈열기〉**를 클릭

⑤ 경고창에서 **〈예〉**를 클릭해서 빠른 실행 도구 모음과 리본 메뉴를 추가한 다음 **〈확인〉**을 클릭하여 Excel 옵션 대화상자를 닫습니다.

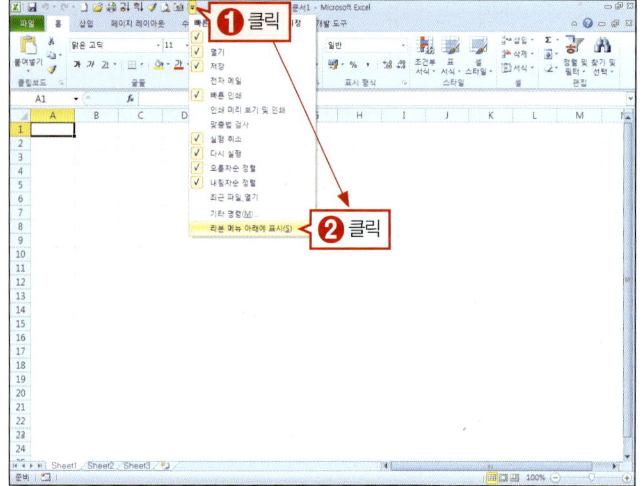

07

① **빠른 실행 도구 모음 사용자 지정 버튼**을 클릭합니다.

② **리본 메뉴 아래에 표시**를 선택하면 리본 메뉴와 빠른 실행 도구 모음의 위치를 바꿀 수 있습니다.

Tip

리본 탭 위에서 마우스 오른쪽 버튼을 클릭하고 '리본 메뉴 아래/위에 빠른 실행 도구 모음 표시'를 선택해도 됩니다.

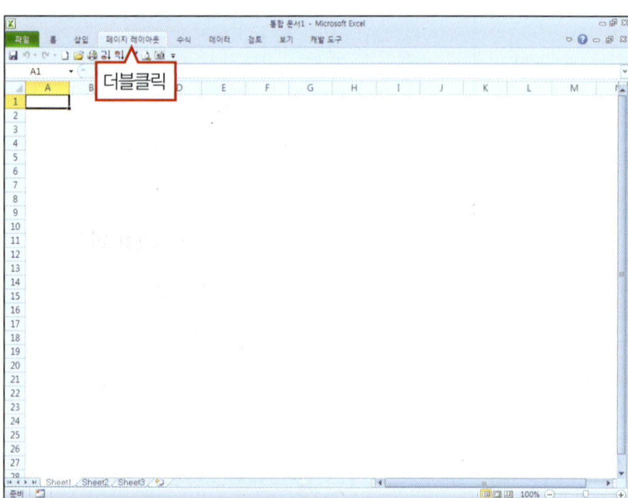

08 임의의 리본 탭을 더블클릭하면 리본 메뉴가 최소화되며 다시 더블클릭하면 원상태로 됩니다.

Tip

리본 메뉴 최소/최대화 단축키는 Ctrl+F1입니다.

함께해요 2. 작업화면 자유롭게 다루기 거래처판매현황

상 반 기 매 출 관 리 현 황

1월	2월	3월	4월	5월	6월
18,250,000	10,050,000	9,119,000	10,775,000	7,760,000	7,700,000
		현재까지 총합계		63,654,000	

회사명	상품명	단가	수량	금액	구성비	구성비누계
푸른가구	가죽소파(3인용)	1,350,000	12	16,200,000	25%	25%
수목가구	대리석탁자	650,000	15	9,750,000	15%	41%
조립가구	가죽의자	155,000	55	8,525,000	13%	54%
조립가구	식탁(6인용)	550,000	15	8,250,000	13%	67%
조립가구	수납장	175,000	44	7,700,000	12%	79%
푸른가구	원탁의자	180,000	15	2,700,000	4%	83%
조립가구	원형탁자	340,000	7	2,380,000	4%	87%
수목가구	가죽소파(1인용)	350,000	6	2,100,000	3%	90%
푸른가구	원목식탁(4인용)	410,000	5	2,050,000	3%	94%
수목가구	책장(3단)	130,000	10	1,300,000	2%	96%
조립가구	책장(5단)	175,000	7	1,225,000	2%	98%
푸른가구	파티션	27,000	22	594,000	1%	99%
수목가구	원목협탁	290,000	2	580,000	1%	100%
푸른가구	장식장(2단)	150,000	2	300,000	0%	100%
수목가구	가죽소파(4인용)	1,950,000	0	0	0%	100%
푸른가구	사각의자	89,000	0	0	0%	100%

상태 표시줄에 있는 확대/축소 버튼이나 조절바를 이용하면 상황에 따라 화면을 축소하거나 확대할 수 있고 Caps Lock, Num Lock 등의 기능키 작동 여부, 자동 계산 값 등도 표시되어 작업 효율을 높일 수 있습니다.

- **실습 파일** :\엑셀\1장\실습\거래처판매현황.xlsx
- **완성 파일** :\엑셀\1장\완성\거래처판매현황_완성.xlsx

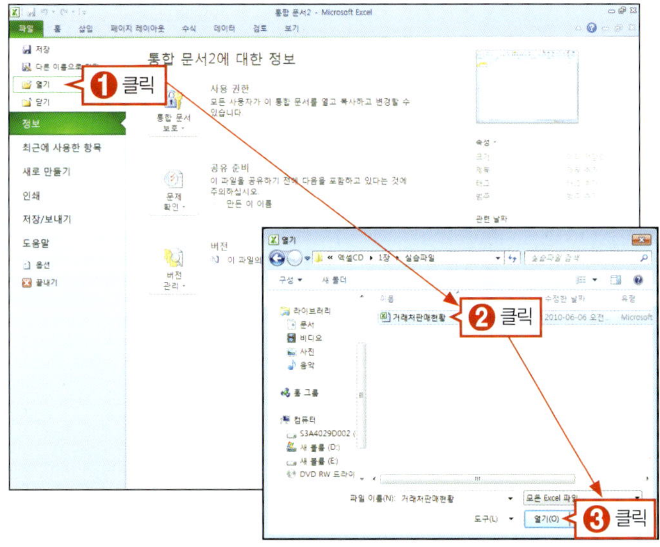

01

① [파일] 탭에서 **열기**를 클릭

②③ CD:\엑셀\1장\실습\ 폴더에서 **거래처판매현황**.xlsx파일을 선택하고 〈**열기**〉를 클릭해서 파일을 불러옵니다.

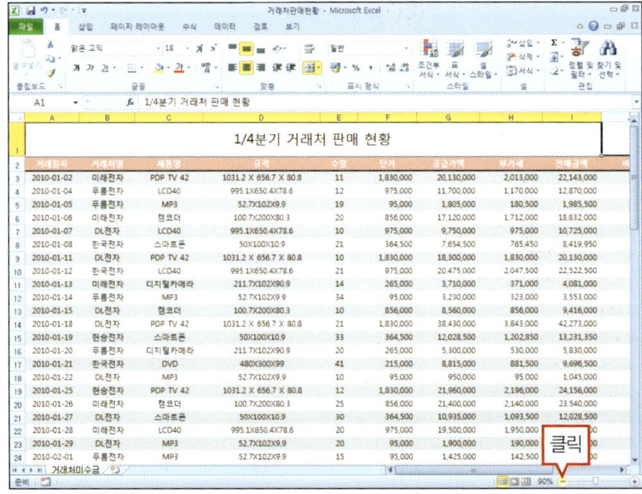

02 상태 표시줄에서 **축소**⊖를 클릭하여 화면 배율을 90%로 조절합니다.

Tip

확대⊕, 축소⊖를 클릭할 때마다 화면 배율을 10%씩 조절할 수 있습니다.

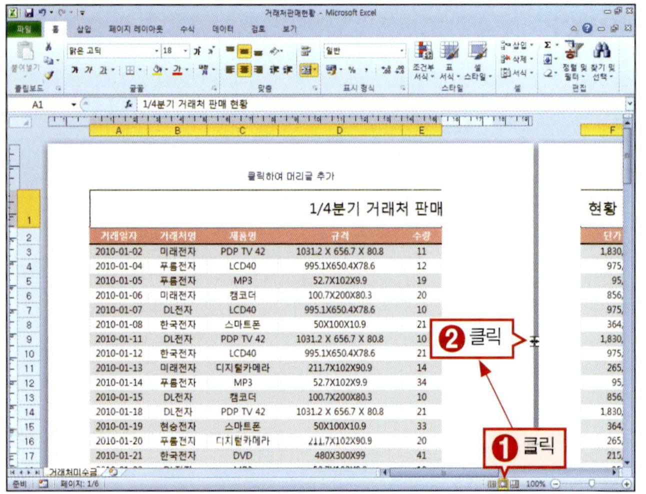

03

① 상태 표시줄에 있는 보기 바로가기 단추 중 가운데 있는 **페이지 레이아웃**을 클릭하면 워크시트 화면이 인쇄용지에 맞춰서 표시되고, 상태 표시줄에 페이지 번호가 표시됩니다.

② 페이지 사이의 경계선을 마우스로 클릭하면 여백 부분이 사라집니다.

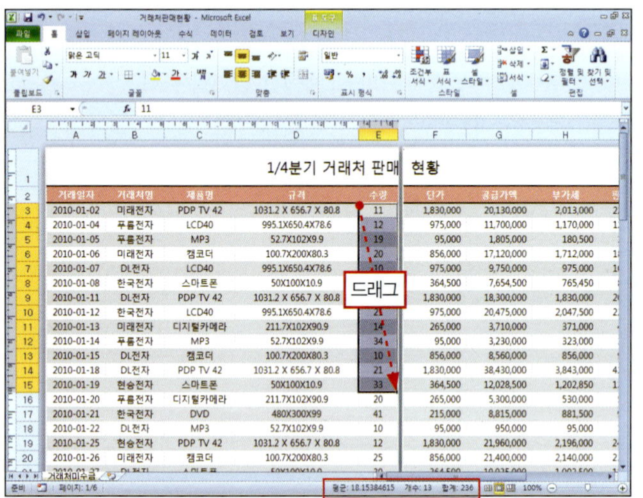

04 숫자 데이터 부분을 드래그해서 범위로 지정하면 상태 표시줄에 해당 범위의 계산 결과가 표시됩니다. E3:E15셀을 마우스로 드래그하여 범위로 지정합니다. 상태 표시줄에 평균, 개수, 합계가 표시됩니다.

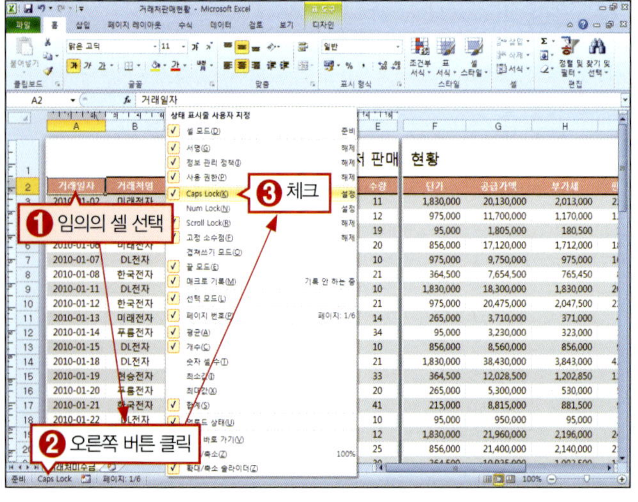

05

① 임의의 셀을 선택

②③ 상태 표시줄에서 마우스 오른쪽 버튼을 클릭하고 Caps Lock을 선택해서 체크합니다. Caps Lock 을 누르면 상태 표시줄에 Caps Lock 상태가 표시됩니다.

Tip

메뉴 앞에 체크된 메뉴는 상태 표시줄에 해당 항목이 나타나며 체크 표시가 없는 메뉴는 상태 표시줄에 나타나지 않습니다.

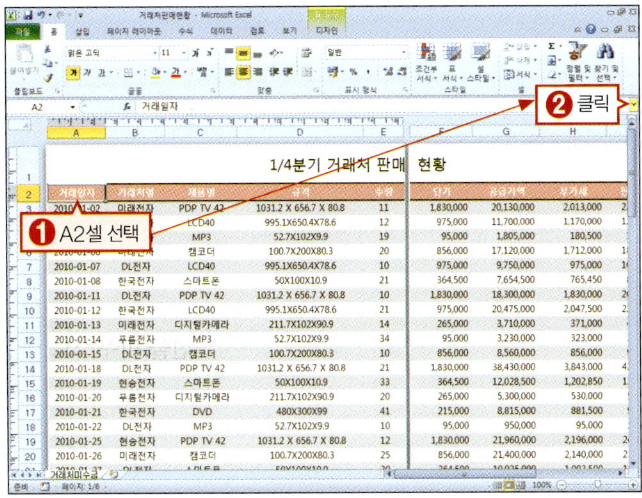

06

① A2셀을 선택

② **수식 입력줄 확장 버튼**을 클릭해서 수식 입력줄을 확장합니다.

Tip

수식 입력줄을 확대/축소하는 단축키는 Ctrl + Shift + U입니다.

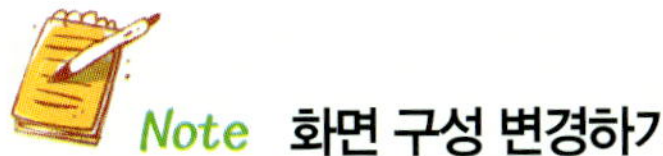

Note 화면 구성 변경하기

화면색 변경하기 엑셀 2010에서는 화면색을 파란색, 은색, 검은색으로 바꿀 수 있습니다. 색을 변경하려면 [파일] 탭에서 **옵션**을 클릭하고 Excel 옵션 대화상자에서 **일반** 항목을 클릭한 다음 색 구성표를 원하는 색으로 설정합니다.

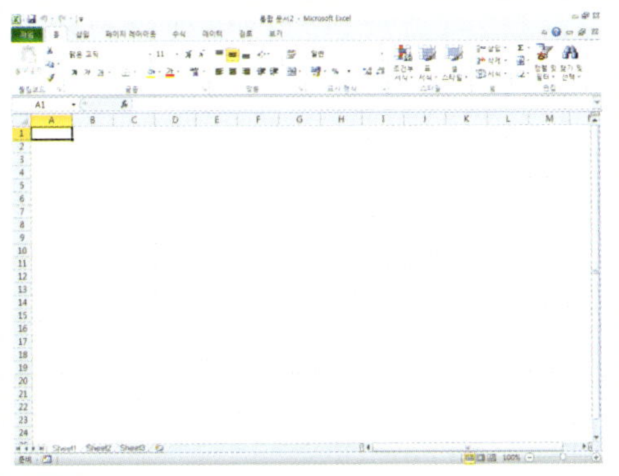

▲ 은색으로 설정

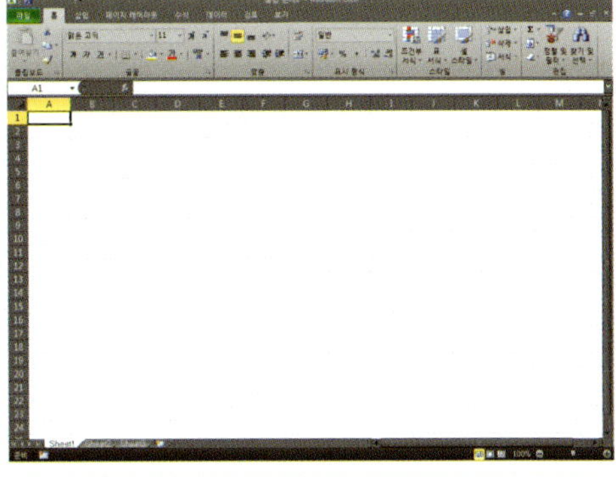

▲ 검은색으로 설정

수식 입력줄, 열/행 머리글, 눈금선 숨기기 문서를 작성할 때는 수식 입력줄, 열/행 머리글, 워크시트에 나타나는 눈금선이 편리하지만 결과물을 보여줄 때는 거슬리는 요소입니다. 이럴 때는 [보기] 탭의 [표시] 그룹에서 필요한 요소만 남기고 나머지는 체크를 해제하여 화면에서 숨길 수 있습니다.

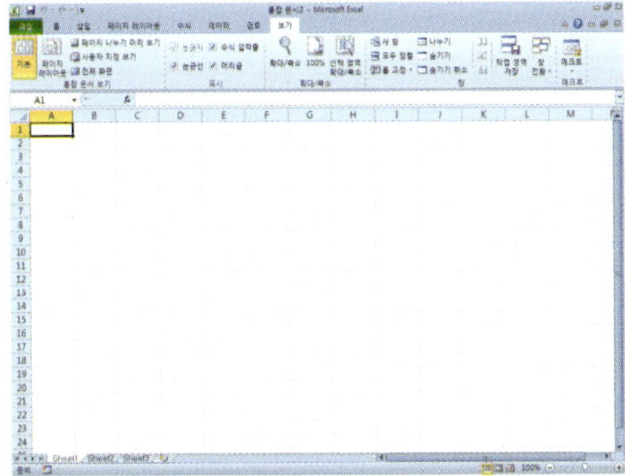

▲ 눈금선, 수식 입력줄, 머리글 표시

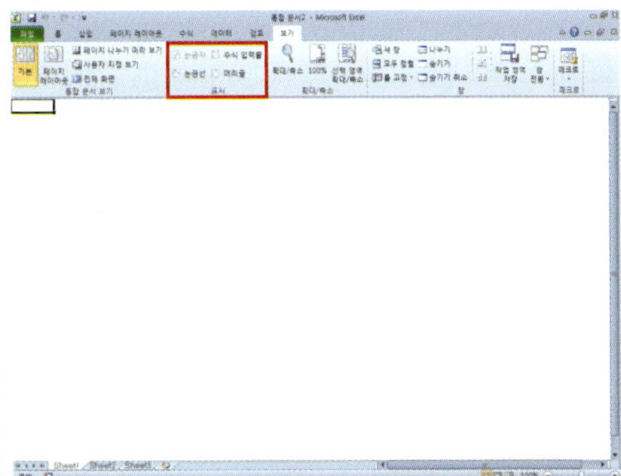

▲ 눈금선, 수식 입력줄, 머리글 표시 해제

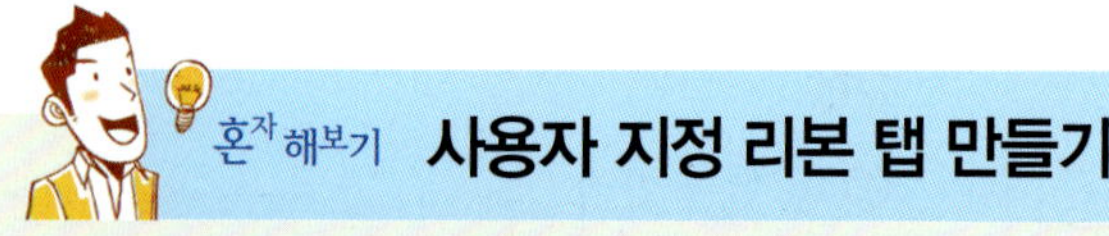

혼자 해보기 사용자 지정 리본 탭 만들기

[명령모음] 탭을 새로 정의하고 자주 사용하는 명령어들을 추가합니다.

• **완성 파일** ⓒ:\엑셀\1장\완성\지니메뉴모음.exportedUI

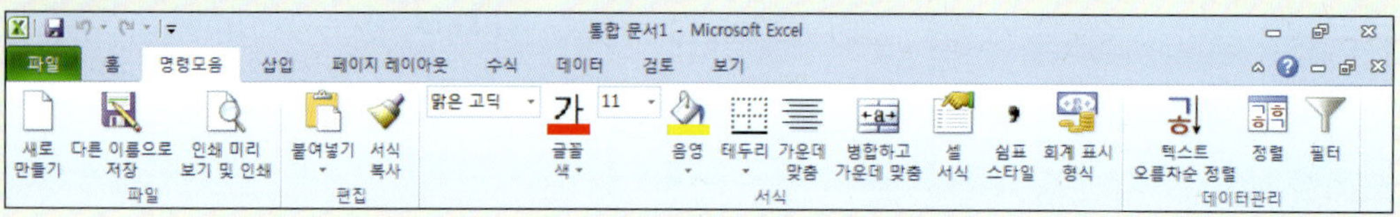

1 **빠른 실행 도구 모음 사용자 지정 버튼**▾을 클릭한 다음 **기타 명령**을 선택합니다.

2 Excel 옵션 대화상자에서 **리본 사용자 지정**을 선택합니다. **〈새 탭〉**과 **〈새 그룹〉**을 선택하여 그림과 같이 탭, 그룹, 명령어들을 추가합니다. 각 탭의 이름과 새 그룹의 이름은 마우스 오른쪽 단추를 클릭하여 **이름 바꾸기**를 선택하여 변경합니다.

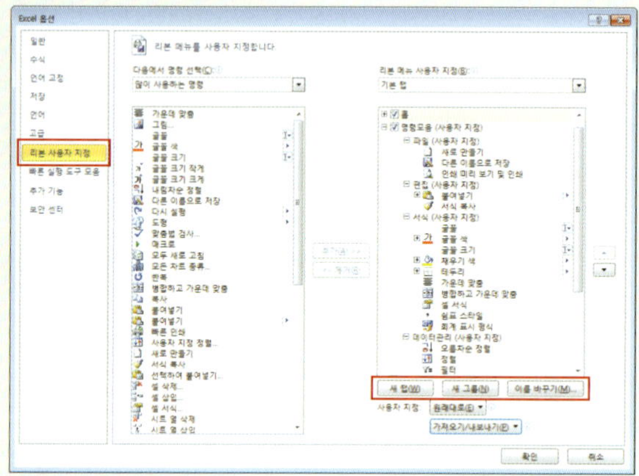

3 **〈가져오기/내보내기〉**를 클릭하여 **모든 사용자 지정 항목 내보내기**를 선택합니다. **지니메뉴모음**이라고 입력하고 저장합니다.

CHAPTER 02

셀과 워크시트 다루기

엑셀에서 셀과 워크시트만 제대로 다루면 기본적인 문서 작성은 손쉽게 처리할 수 있습니다.
데이터를 입력하는 공간인 셀을 선택해 내용을 입력하고
각종 서식을 적용하여 문서를 꾸밀 수 있으며 행, 열의 높이나 너비를 잘 조절하여
일목요연하게 데이터를 정리할 수 있습니다.
2장에서는 셀 편집과 워크시트 관리에 대해 살펴보겠습니다.

셀 선택과 범위 지정하기

• 셀 선택하기 • 이름 정의하기 • 방향키로 이동하기 • 셀 범위 지정하기 • 방향키로 범위 지정

함께해요 1. 셀 선택하기 매출분석

각 셀에는 고유한 주소가 있으며 셀 주소는 선택한 셀의 열 머리글과 행 머리글이 조합되어 만들어집니다. 예를 들어 B열과 3행이 만나는 셀의 주소는 B3이 됩니다. 마우스 포인트가 십자 모양✚일 때 원하는 셀을 클릭하면 셀을 선택할 수 있고 선택한 셀에는 셀 포인터 ▭가 표시됩니다. 또한 이름 상자에 셀 주소가 표시됩니다.

• **실습 파일** ◎:\엑셀\2장\실습\매출분석.xlsx

• **완성 파일** ◎:\엑셀\2장\완성\매출분석_완성.xlsx

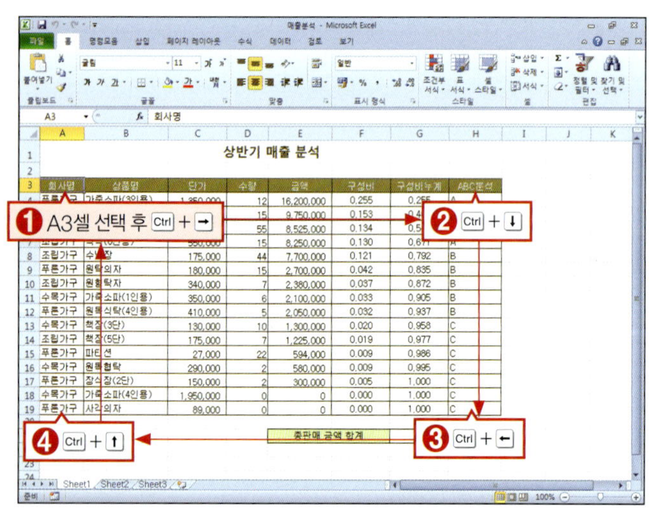

01

① A3셀을 선택한 후 Ctrl + →를 눌러 현재 행의 마지막 열인 H3셀로 이동

②③④ 같은 방법으로 Ctrl + ↓, Ctrl + ←, Ctrl + ↑를 누르면 현재 셀을 기준으로 데이터의 처음과 끝으로 이동합니다.

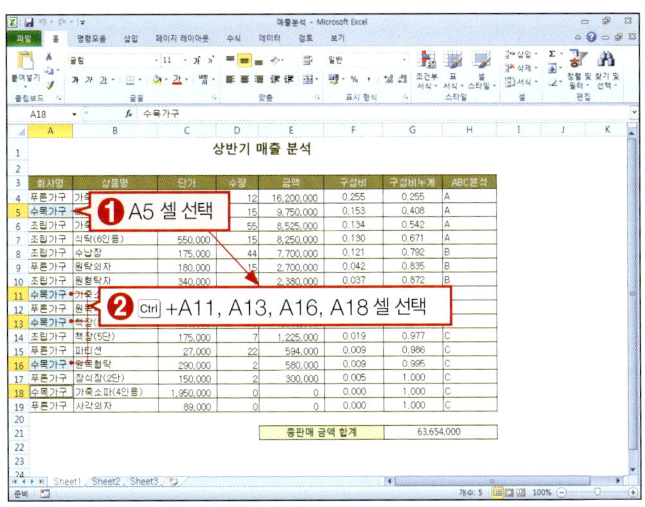

02 회사명이 **수목가구**인 셀만 선택하겠습니다.

① A5셀을 선택

② Ctrl을 누른 상태에서 A11, A13, A16, A18셀을 선택해서 떨어져 있는 여러 셀을 선택합니다.

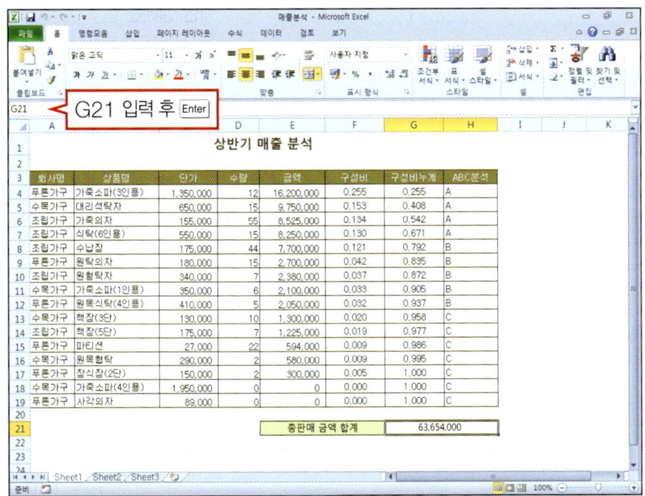

03 이름상자에 G21을 입력하고 Enter를 눌러 총판매 금액이 입력된 G21셀로 이동합니다.

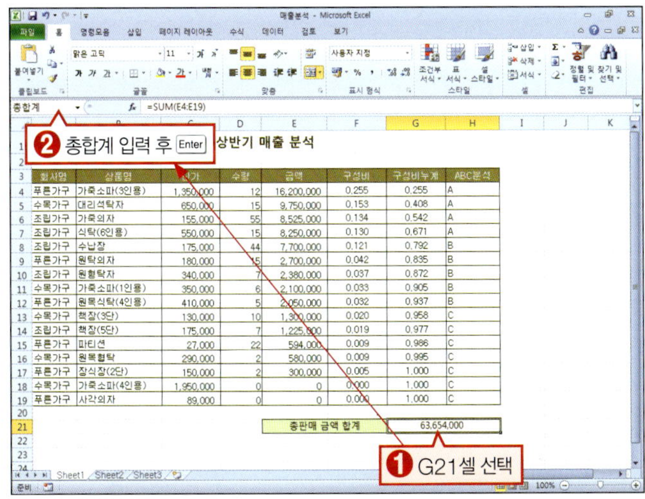

04 G21셀에 이름을 정의하겠습니다.

① G21셀을 선택

② 이름상자에 **총합계**를 입력한 후 Enter를 눌러 이름을 정의합니다.

Tip

셀에 이름을 정의하면 셀 주소 대신 이름을 입력해서 이동할 수 있습니다.

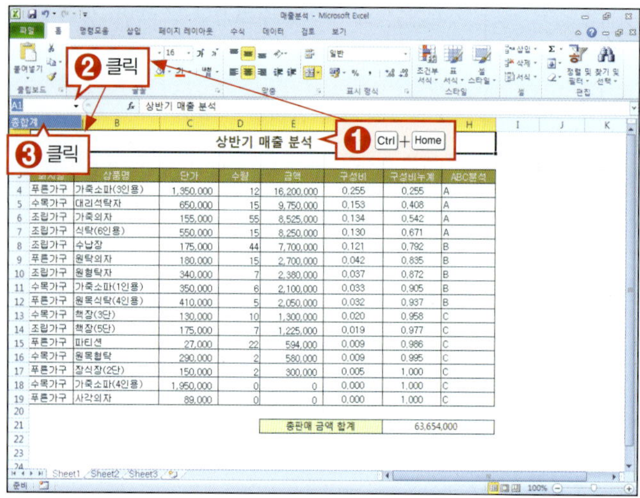

05

① Ctrl + Home을 눌러 A1셀로 이동

②③ **이름상자 목록 버튼**을 클릭하고 **총합계**를 선택해서 G21셀로 이동

Tip

잘못 정의된 셀의 이름은 [수식] 탭의 [정의된 이름] 그룹에서 이름 관리자를 클릭해서 수정하거나 삭제합니다.

Note 방향키를 이용한 셀 이동

현재 선택한 셀 근처로 이동하거나 현재 화면에서 보이지 않는 셀로 이동할 때는 마우스보다 키보드를 이용하는 것이 효과적입니다.

근처 셀로 이동할 때

- →, Tab : 오른쪽 셀로 이동
- ←, Shift + Tab : 왼쪽 셀로 이동
- ↓, Enter : 아래 셀로 이동
- ↑, Shift + Enter : 위쪽 셀로 이동

화면 단위로 이동할 때

- Page Up 또는 Page Down : 화면 단위로 위 또는 아래 셀로 이동
- Alt + Page Up 또는 Alt + Page Down : 화면 단위로 왼쪽 또는 오른쪽 셀로 이동

행/열의 처음이나 끝으로 이동할 때

- Ctrl + ↑/↓/←/→ : 현재 셀에서 데이터가 입력된 첫 행 또는 마지막 행, 첫 열 또는 마지막 열로 이동
  (단, 데이터가 입력되지 않았을 때는 행/열의 처음 또는 마지막 셀로 이동)

함께해요 2. 셀 범위 지정하기 매출분석

여러 셀을 선택할 때 비연속적인 셀이라면 Ctrl을 누른 채 선택하고, 연속적인 셀은 마우스로 드래그하거나 첫 번째 셀을 선택한 후 Shift를 누른 상태에서 마지막 셀을 선택합니다. 이 외에도 Shift, Ctrl, 방향키 등을 조합하여 쉽게 범위를 지정할 수 있습니다.

- 실습 파일 ◎:\엑셀\2장\실습\매출분석.xlsx
- 완성 파일 ◎:\엑셀\2장\완성\매출분석_완성.xlsx

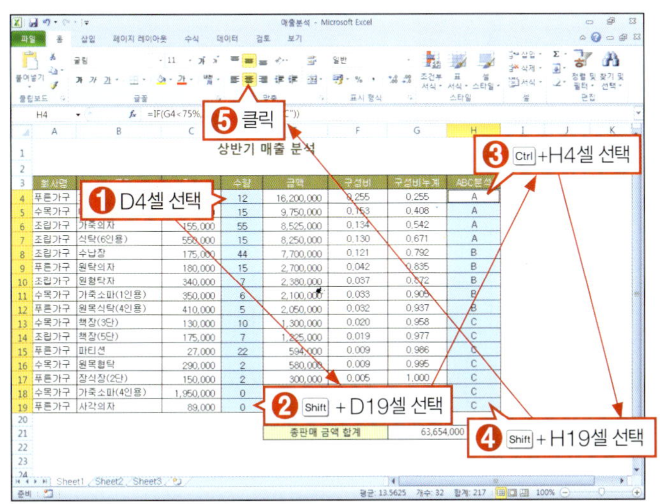

01

① D4셀을 선택

② Shift를 누른 채로 D19셀을 선택해서 D4~D19셀까지 선택

③④ Ctrl을 누른 채 H4셀을 누른 후 Shift를 누른 채로 H19셀을 선택해서 H4~H19셀까지 추가로 선택

⑤ [홈] 탭의 [맞춤] 그룹에서 **가운데 맞춤**을 클릭하여 선택한 셀에 있는 데이터를 가운데 정렬시킵니다.

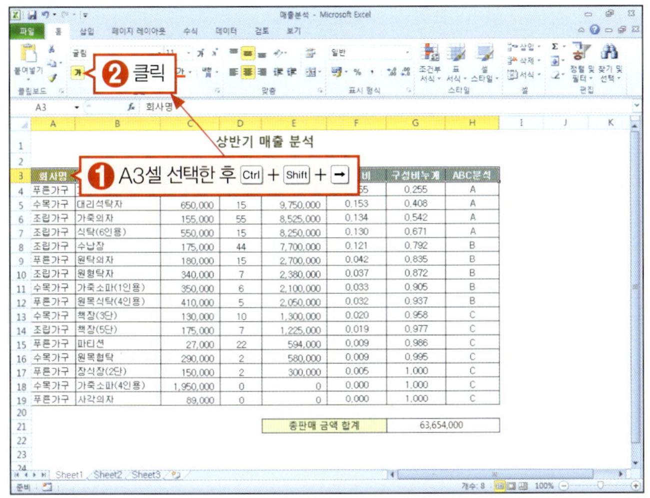

02

① A3셀을 선택한 후 Ctrl+Shift+→를 눌러서 A3셀부터 H3셀까지 범위를 지정

② [홈] 탭의 [글꼴] 그룹에서 **굵게** 가를 클릭해서 선택한 셀의 데이터 스타일을 굵게 합니다.

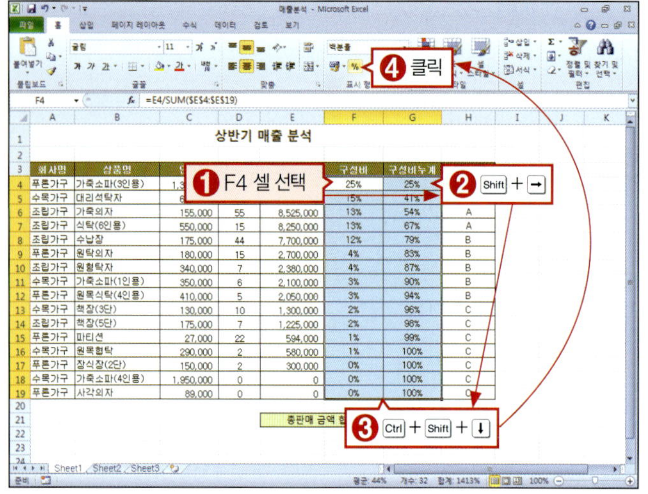

03

① F4셀을 선택

②③ Shift+→을 누른 후 Ctrl+Shift+↓를 눌러 F4부터 G19셀까지 범위 지정

④ [홈] 탭의 [표시 형식] 그룹에서 **백분율 스타일** %을 클릭해서 값을 백분율로 표시합니다.

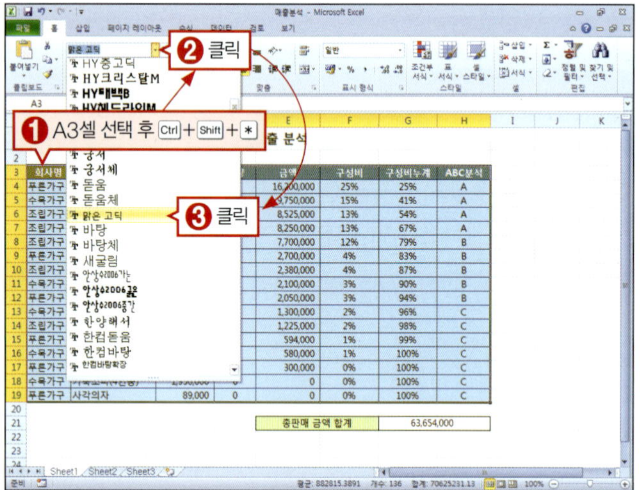

04

① A3셀을 선택하고 Ctrl+Shift+*를 눌러 데이터 전체를 선택

②③ [홈] 탭의 [글꼴] 그룹에서 **글꼴 목록 버튼**을 클릭하고 **맑은 고딕**을 선택하여 글꼴을 바꿉니다.

Tip

워크시트 전체를 선택할 때는 A1셀 왼쪽 위에 있는 모두 선택 버튼을 클릭합니다.

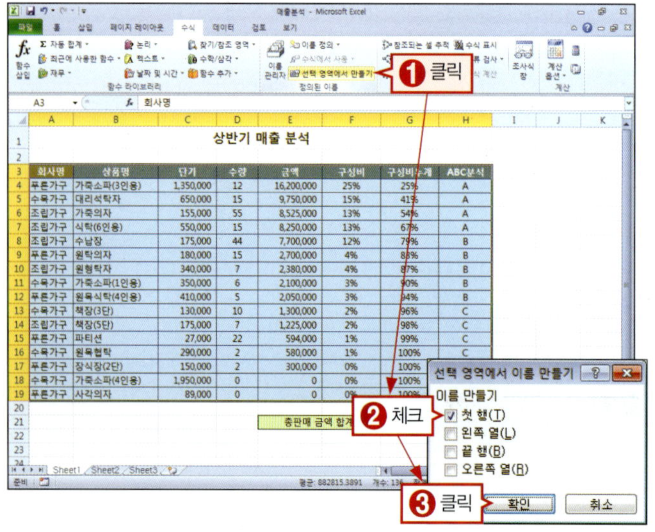

05

① 데이터 전체가 선택된 상태로 [수식] 탭의 [정의된 이름] 그룹에서 **선택 영역에서 만들기**를 클릭

②③ 선택 영역에서 이름 만들기 대화상자에서 **첫 행**을 선택하여 체크 표시하고 **<확인>**을 클릭합니다. 선택 범위에서 각 열의 첫 행이 범위 이름으로 정의됩니다.

Tip

특정 범위를 이름으로 정의하려면 범위를 선택하고 이름상자에 이름을 입력한 후 Enter를 누릅니다.

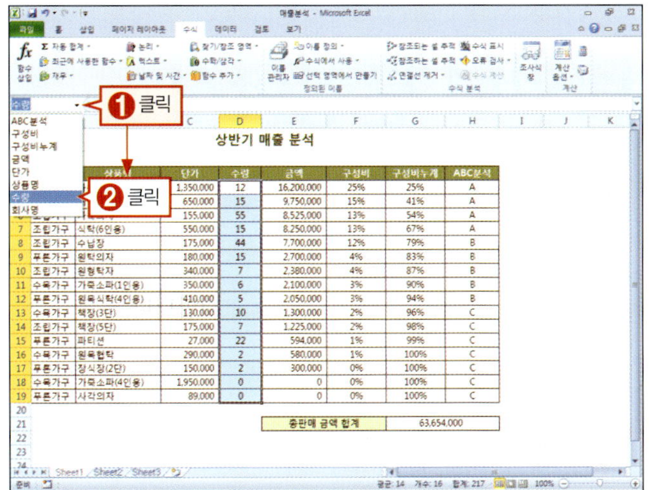

06

① **이름 상자 목록 버튼** ▾ 을 클릭

② 앞서 정의한 범위 이름 중에 **수량**을 선택하면 수량 열만 선택됩니다.

Note 방향키를 이용한 범위 지정하기

- Ctrl + Shift + ↑ / ↓ / ← / → : 데이터가 입력된 현재 셀에서 열의 첫 행 또는 마지막 행, 첫 열 또는 마지막 열까지 범위 지정 (단, 데이터가 입력되지 않았을 때는 현재 열/행의 처음 또는 마지막 셀까지 범위 지정)
- Ctrl + Shift + * : 데이터가 입력된 전체 범위 지정(단, 데이터가 입력되지 않았을 때는 범위 지정이 되지 않음)
- Ctrl + A : 데이터가 입력된 전체 범위 지정(단, 데이터가 입력되지 않았을 때는 현재 워크시트 전체 셀 범위 지정)

Note 정의된 이름 그룹 살펴보기

셀이나 선택 범위에 이름을 정의하면 참조 셀을 잘못 지정할 때 생기는 오류를 줄일 수 있습니다. 또한 수식을 정의할 때 선택 범위 대신 정의된 이름을 사용하면 수식을 좀 더 직관적으로 만들 수 있습니다.

이름을 정의하거나 정의한 이름을 편집할 때는 [정의된 이름] 그룹에 있는 기능을 이용합니다.

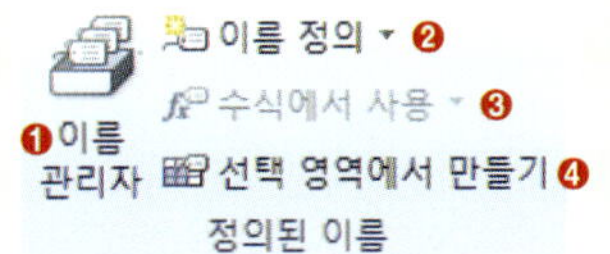

① 셀 이름을 새로 만들거나 수정 또는 삭제할 수 있습니다.
② 셀을 선택하거나 범위를 지정한 후 이름을 정의합니다.
③ 정의한 이름을 수식에 사용합니다.
④ 선택 범위의 첫 행이나 왼쪽 열 등을 이름으로 정의할 때 사용합니다.

section 02

행/열 및 데이터 편집하기

- 행/열 너비 조정
- 행/열 삽입, 삭제
- 행/열 숨기기
- 데이터 복사하기
- 선택하여 붙여넣기
- 실행 취소 선택하기

함께해요 1. 행과 열 너비 조정/삽입/삭제/숨기기 임율표

데이터를 입력하는 셀은 크기가 일정한 영역이므로 많은 내용의 데이터를 입력하면 화면에서나 출력했을 때 일부 내용이 보이지 않을 수 있습니다. 그러므로 데이터에 맞게 행과 열을 적절하게 편집해야 합니다.

- **실습 파일** ◎:\엑셀\2장\실습\임율표.xlsx
- **완성 파일** ◎:\엑셀\2장\완성\임율표_완성.xlsx

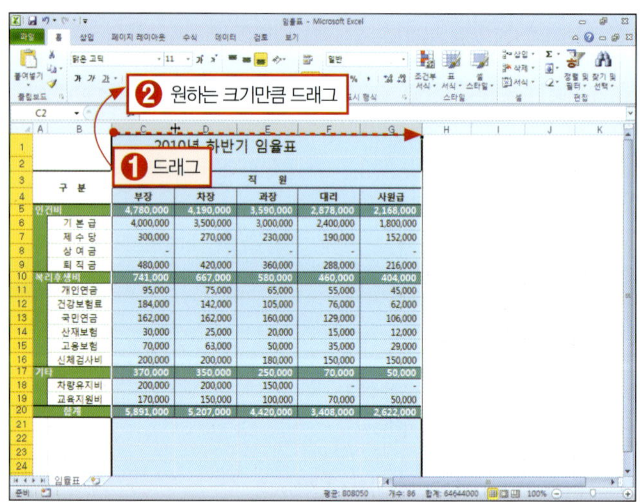

01

① C열 머리글에서 G열 머리글까지 드래그하여 범위를 지정

② C열과 D열 머리글 사이 경계선에 마우스 포인터를 위치시키고 오른쪽으로 원하는 크기만큼 드래그합니다. 드래그해서 조절한 C열의 너비만큼 선택한 나머지 열의 너비도 일괄적으로 변경됩니다.

Tip

행/열 머리글 사이 경계선에서 더블클릭하면 선택 범위 중에서 가장 긴 데이터에 맞게 높이나 너비가 조절됩니다.

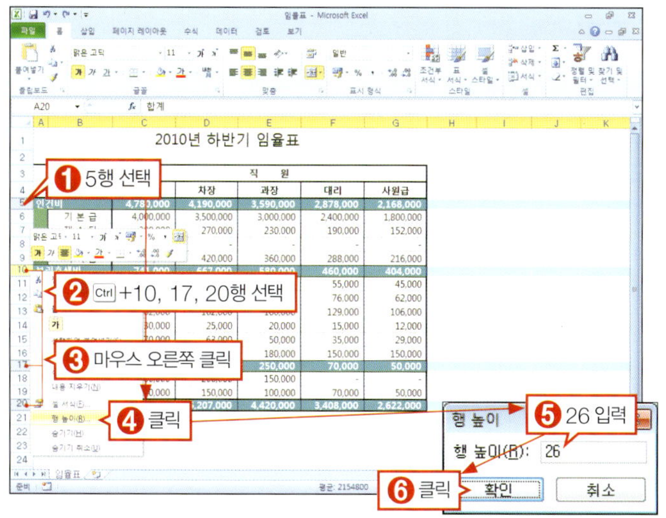

02

① 5행을 선택

② Ctrl을 누른 상태로 10행, 17행, 20행을 선택

③④ 선택한 행 머리글에서 마우스 오른쪽 버튼을 클릭하고 **행 높이**를 선택

⑤⑥ 행 높이 대화상자에 **26**을 입력하고 **〈확인〉**을 클릭합니다. 선택한 행의 높이가 26으로 바뀝니다.

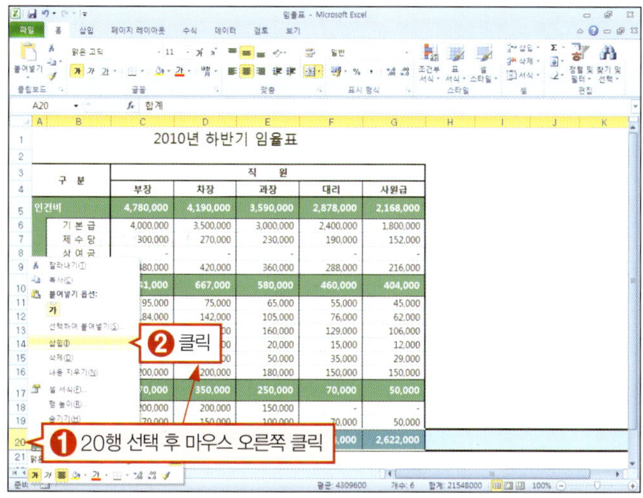

03

①② 20행을 선택한 후 마우스 오른쪽 버튼을 클릭한 후 **삽입**을 선택합니다. 20행 위에 주변 서식이 적용된 빈 행이 삽입됩니다.

Tip

빈 행을 삽입하는 단축키는 Ctrl + Shift + + 입니다.

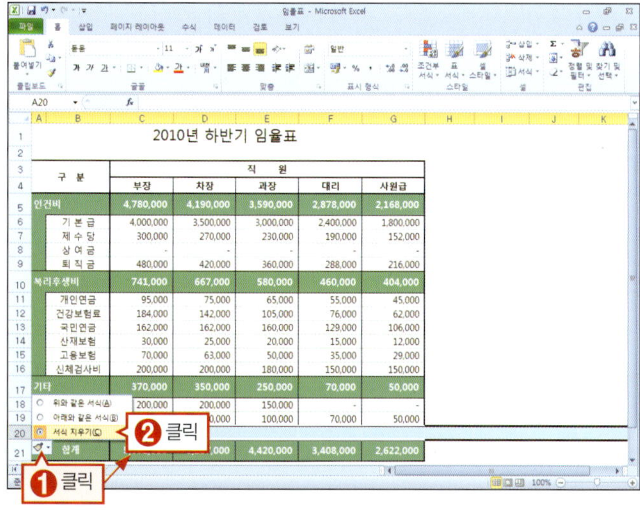

04 자동으로 적용된 서식을 지우겠습니다.

①② 삽입한 셀에서 **삽입 옵션 버튼**을 클릭하고 **서식 지우기**를 선택합니다. 아무런 서식이 적용되지 않은 빈 행으로 바뀝니다.

Tip

행은 선택한 행 위쪽에 빈 행이 삽입되며 열은 선택한 열의 왼쪽에 빈 열이 삽입됩니다.

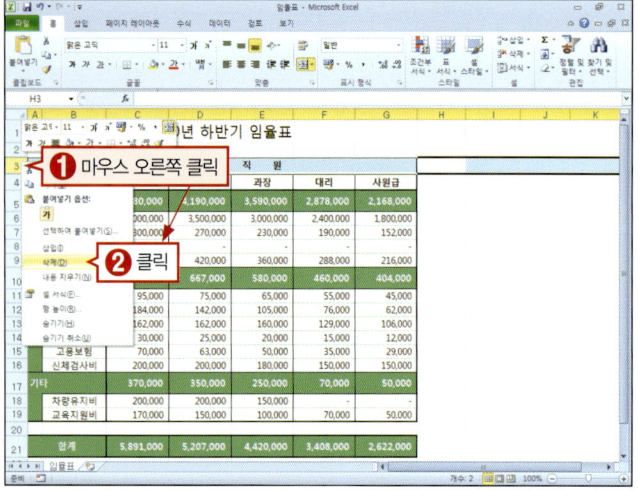

05

①② 3행 머리글에서 마우스 오른쪽 버튼을 클릭하고 **삭제**를 선택해서 행을 삭제합니다.

Tip

행을 삭제하는 단축키는 Ctrl + - 입니다.

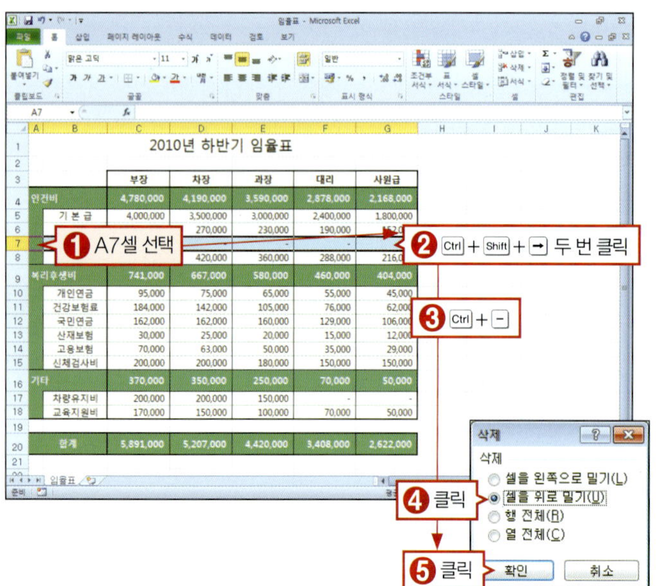

06

① A7셀을 선택

② Ctrl + Shift 를 누른 상태에서 → 를 두 번 눌러 상여금 행을 범위 지정

③ Ctrl + - 를 누릅니다.

④⑤ 삭제 대화상자에서 **셀을 위로 밀기**를 선택하고 **〈확인〉**을 클릭하면 상여금 행이 삭제되고 아래쪽 셀이 한 행씩 당겨집니다.

Tip

A7셀이 빈 셀이므로 Ctrl + Shift + → 를 누르면 데이터가 있는 첫 번째 셀인 B7셀까지만 범위가 지정됩니다. 따라서 → 를 한 번 더 눌러 G7셀까지 범위를 지정합니다.

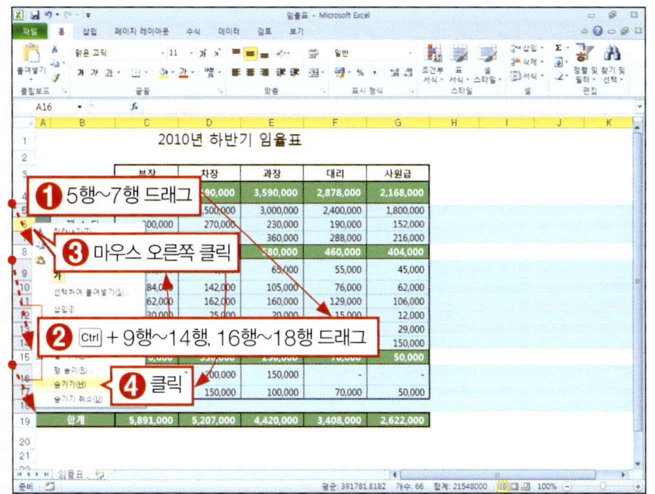

07

① 5행~7행 머리글을 드래그해서 선택

② Ctrl을 누른 상태로 9행~14행, 16행~18행 머리글을 드래그해서 범위를 지정

③④ 선택한 범위에서 마우스 오른쪽 버튼을 클릭하고 **숨기기**를 선택해서 선택한 행을 숨깁니다.

Tip

행을 숨기는 단축키는 Ctrl+9이며, 열을 숨기는 단축키는 Ctrl+0입니다.

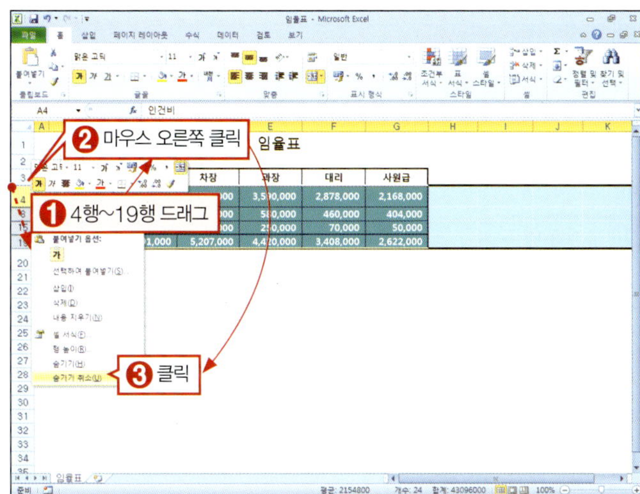

08

① 4행~19행 머리글을 드래그해서 선택

②③ 마우스 오른쪽 버튼을 클릭하여 **숨기기 취소**를 선택해서 선택한 범위 사이에 있는 숨겨진 행을 나타냅니다.

Tip

숨긴 행이나 열을 다시 표시하려면 숨겨진 위치가 포함되도록 인접한 행이나 열을 범위 지정하고 마우스 오른쪽 버튼을 클릭하여 '숨기기 취소'를 선택합니다. 행 숨기기를 취소하는 단축키는 Ctrl+Shift+(입니다.

함께해요 2. 데이터 이동, 복사, 선택하여 붙여넣기 매출분석

상 반 기 매 출 관 리 현 황

1월	2월	3월	4월	5월	6월
18,250,000	10,050,000	9,119,000	10,775,000	7,760,000	7,700,000
		현재까지 총합계		63,654,000	

회사명	상품명	단가	수량	금액	구성비	구성비누계
푸른가구	가죽소파(3인용)	1,350,000	12	16,200,000	25%	25%
수목가구	대리석탁자	650,000	15	9,750,000	15%	41%
조립가구	가죽의자	155,000	55	8,525,000	13%	54%
조립가구	식탁(6인용)	550,000	15	8,250,000	13%	67%
조립가구	수납장	175,000	44	7,700,000	12%	79%
푸른가구	원탁의자	180,000	15	2,700,000	4%	83%
조립가구	원형탁자	340,000	7	2,380,000	4%	87%
수목가구	가죽소파(1인용)	350,000	6	2,100,000	3%	90%
푸른가구	원목식탁(4인용)	410,000	5	2,050,000	3%	94%
수목가구	책장(3단)	130,000	10	1,300,000	2%	96%
조립가구	책장(5단)	175,000	7	1,225,000	2%	98%
푸른가구	파티션	27,000	22	594,000	1%	99%
수목가구	원목협탁	290,000	2	580,000	1%	100%
푸른가구	장식장(2단)	150,000	2	300,000	0%	100%
수목가구	가죽소파(4인용)	1,950,000	0	0	0%	100%
푸른가구	사각의자	89,000	0	0	0%	100%

문서를 작성하다 보면 실수가 있기 마련입니다. 이럴 때마다 일일이 반복해서 입력하거나 지우고 다시 입력하는 번거로움을 해소하기 위해 이동, 복사, 선택하여 붙여넣기 등의 다양한 기능을 사용합니다. 데이터를 편집하는 다양한 방법을 익혀서 상황에 맞는 방법을 사용하는 것이 좋습니다.

- 실습 파일 ◎:\엑셀\2장\실습\매출분석2.xlsx
- 완성 파일 ◎:\엑셀\2장\완성\매출분석2_완성.xlsx

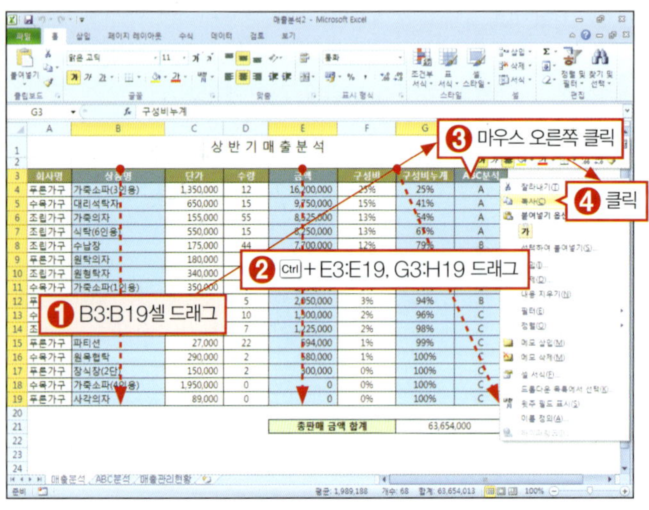

01

① B3셀에서 B19셀까지 드래그하여 선택

② Ctrl을 누른 상태로 E3~E19, G3~H19 셀을 드래그해서 범위를 추가 지정

③④ 범위에서 마우스 오른쪽 버튼을 클릭하고 **복사**를 선택합니다. 선택한 범위의 데이터가 복사됩니다.

Tip

복사 단축키는 Ctrl+C, 잘라내기는 Ctrl+X, 붙여넣기는 Ctrl+V입니다.

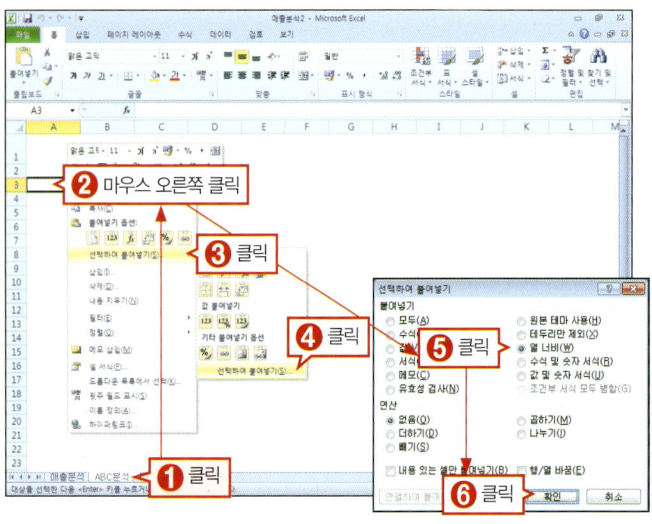

02

① [ABC분석] 시트 탭을 클릭

②③④ A3셀에서 마우스 오른쪽 버튼을 클릭한 후 **선택하여 붙여넣기 – 선택하여 붙여넣기**를 선택

⑤⑥ 선택하여 붙여넣기 대화상자에서 **열너비**를 선택하고 **<확인>**을 클릭하면 복사한 데이터와 동일하게 열 너비가 바뀝니다.

Tip

선택하여 붙여넣기 단축키는 Ctrl+Alt+V입니다.

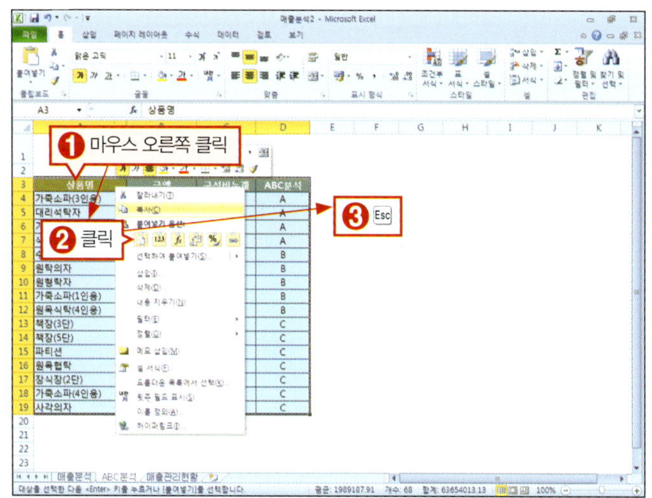

03

①② A3셀에서 마우스 오른쪽 버튼을 클릭하고 붙여넣기 옵션 항목에서 **붙여넣기**를 선택

③ Esc를 눌러 복사 모드를 해제합니다.

Tip

데이터를 복사하면 범위로 지정한 테두리가 깜빡거립니다. 이는 원본 데이터를 계속 붙여 넣을 수 있다는 의미이며 더 이상 붙여넣기를 하지 않으려면 Esc를 누릅니다.

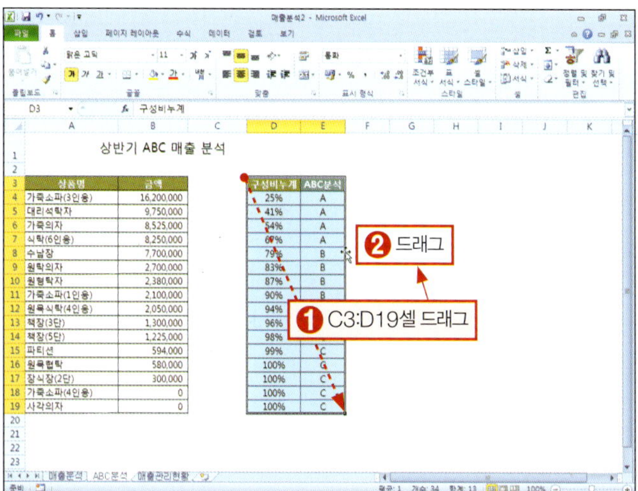

04

① C3셀~D19셀까지 범위를 지정

② 범위 가장자리에서 마우스 포인터 모양이 ✥로 변할 때 드래그해서 D3셀의 위치로 옮깁니다.

Tip

마우스로 데이터를 복제하려면 범위를 지정하고 Ctrl를 누른 상태로 선택 범위의 가장자리를 드래그합니다. 이때 마우스 포인터는 모양입니다.

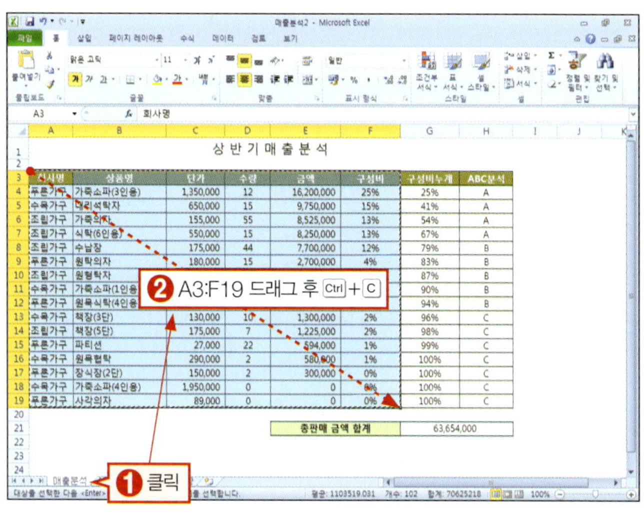

05 열 너비 그대로 여러 종류의 표를 한 곳에 모아 놓을 때 그림 붙여넣기 기능을 이용합니다.

① [매출분석] 시트를 선택

② A3셀에서 F19셀까지 드래그하여 범위를 지정하고 Ctrl+C를 눌러 복사합니다.

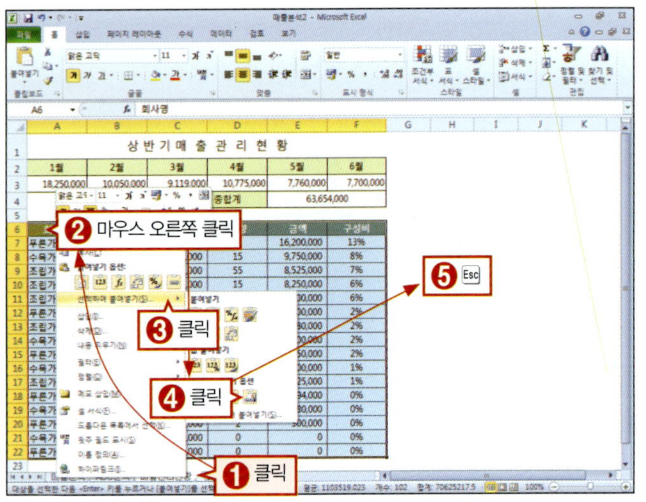

06

① [매출관리현황] 시트를 선택

②③④ A6셀에서 마우스 오른쪽 버튼을 클릭하여 **선택하여 붙여넣기** – 기타 붙여넣기 옵션 항목에서 **연결된 그림** 을 선택

⑤ Esc를 눌러 복사 모드를 해제합니다.

Tip

상반기 매출 데이터는 상품에 따라 내용이 달라질 수 있습니다. 그러므로 연결된 그림 붙여넣기 기능을 사용하면 원본 데이터에 따라 연결된 데이터도 자동으로 수정됩니다. 만약 원본 데이터의 영향을 받지 않으려면 '그림' 을 선택합니다.

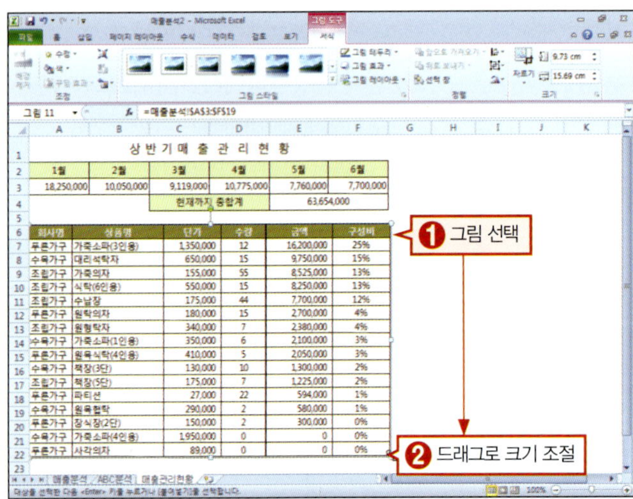

07 붙여 넣은 그림 개체를 선택하고 조절점을 드래그하여 크기를 조절합니다.

Tip

개체를 선택하고 방향키(←, ↑, →, ↓)를 눌러 위치를 옮길 수 있습니다.

Note 실행 취소와 다시 실행

실행 취소나 다시 실행 기능을 이용하면 잘못 실행한 작업이나 명령을 100단계까지 취소하거나 다시 실행할 수 있습니다. 단 [메뉴] 탭을 선택하거나 시트 보호, 통합 문서 저장, 매크로 실행 등의 작업은 취소할 수 없습니다. **실행 취소**와 **다시 실행** 명령은 [빠른 실행 도구 모음]에 있으며 단축키는 Ctrl+Z와 Ctrl+Y입니다.

- 실행 취소(Ctrl+Z) : 최근 작업이나 그 이전 작업을 취소하고 싶을 때는 [빠른 실행도구 모음]에서 **실행 취소 버튼** 을 클릭합니다.
- 다시 실행(Ctrl+Y) : 실행 취소한 최근 작업을 다시 실행하려면 [빠른 실행 도구 모음]에서 **다시 실행 버튼** 을 클릭합니다.

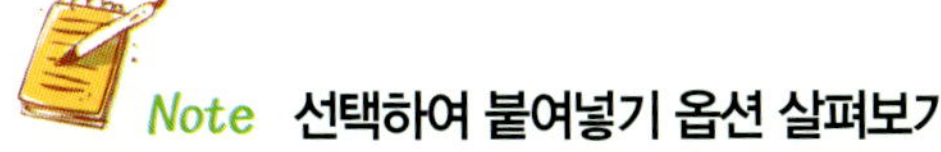

Note 선택하여 붙여넣기 옵션 살펴보기

엑셀 2010에서 마우스 오른쪽 버튼을 클릭하면 나타나는 메뉴에서 붙여넣기 옵션이 아이콘으로 제공되기 때문에 보다 쉽고 다양하게 붙여넣기 옵션을 지정할 수 있습니다.

붙여넣기

- **붙여넣기** : 모든 셀 내용과 수식 및 서식 붙여넣기
- **수식** : 수식 입력줄에 입력한 대로 수식만 붙여넣기
- **수식 및 숫자 서식** : 수식 입력줄에 입력한 대로 수식과 숫자 서식을 붙여넣기
- **원본 서식 유지** : 원본 서식을 유지하면서 셀 내용과 수식을 붙여넣기
- **테두리 없음** : 테두리 없이 셀 내용과 서식, 수식을 붙여넣기
- **원본 열 너비 유지** : 원본 열 너비를 유지하면서 셀 내용과 서식, 수식을 붙여넣기
- **바꾸기** : 행과 열을 바꿔서 셀 내용과 서식, 수식을 붙여넣기

값 붙여넣기

- **값** : 셀 내용만 붙여넣기
- **값 및 숫자 서식** : 셀 내용과 숫자 서식만 붙여넣기
- **값 및 원본 서식** : 셀 내용과 서식을 붙여넣기

기타 붙여넣기

- **서식** : 셀 서식만 붙여넣기
- **연결하여 붙여넣기** : 셀 내용만 연결하여 붙여넣기
- **그림** : 원본과 연결없이 그림으로 붙여넣기
- **연결된 그림** : 원본과 연결하여 그림으로 붙여넣기

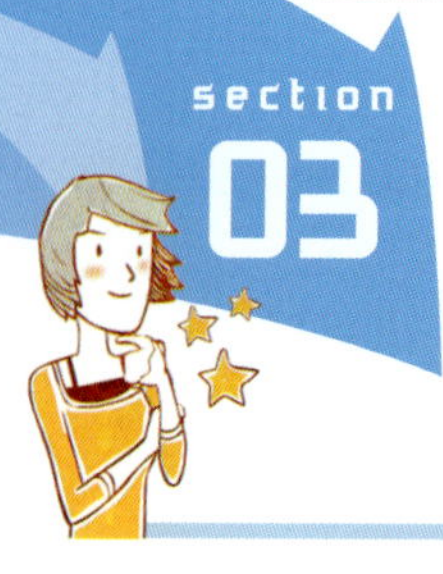

워크시트 관리하기

• 워크시트 이름 변경 • 워크시트 복제 • 시트 삽입 • 통합 문서 암호 지정 • 셀 잠금 • 시트 보호

함께해요 1. 워크시트 편집하기 청구서

하나의 엑셀 문서에는 기본적으로 3개의 시트가 있으며 필요에 따라 추가, 삭제할 수 있습니다. 각각의 시트마다 서로 다른 문서를 입력해 두면 여러 개의 파일을 관리해야 하는 번거로움을 해소할 수 있습니다. 또한 탭 이름이나 색을 바꿔서 필요한 내용을 쉽게 찾을 수 있도록 구분하고 워크시트 복사, 삽입, 이동, 그룹 등의 기능을 사용하여 효과적으로 데이터를 관리할 수 있습니다.

• **실습 파일** ◎:\엑셀\2장\실습\청구서양식.xlsx

• **완성 파일** ◎:\엑셀\2장\완성\청구서양식_완성.xlsx

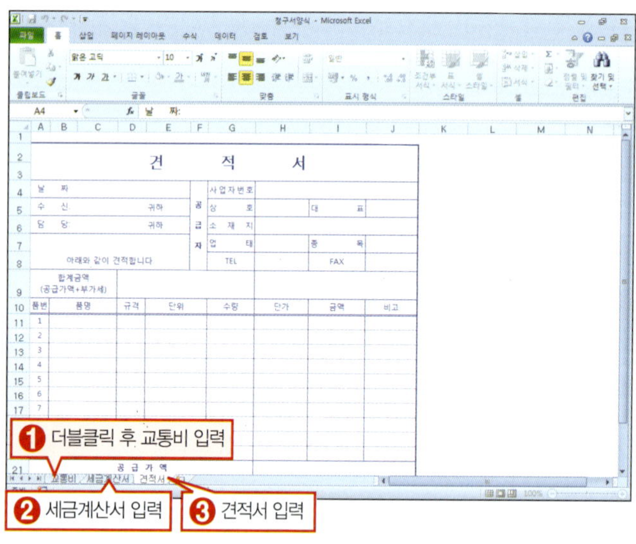

01

① [Sheet1] 시트 탭을 더블클릭하고 이름으로 **교통비**를 입력

②③ [Sheet2]와 [Sheet3] 시트 이름으로 각각 **세금계산서**, **견적서**를 입력합니다.

Tip

시트 탭에서 마우스 오른쪽 버튼을 클릭하고 '이름 바꾸기'를 선택해서 이름을 바꾸거나 '탭 색'을 선택해서 원하는 색으로 바꿀 수 있습니다. 워크시트 이름은 31자를 넘지 않아야 하며 ₩ / ? * [ ] '를 포함하지 않아야 합니다.

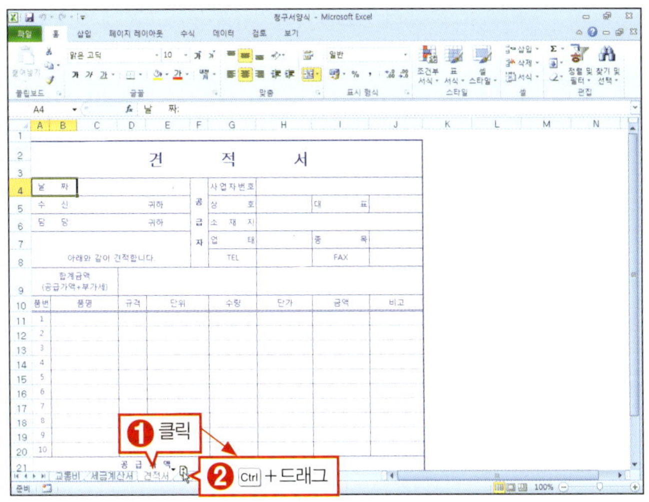

02

① [견적서] 시트 탭을 선택

② Ctrl을 누른 상태로 시트 탭을 오른쪽으로 드래그합니다. [견적서] 시트가 [견적서 (2)] 시트로 복제됩니다.

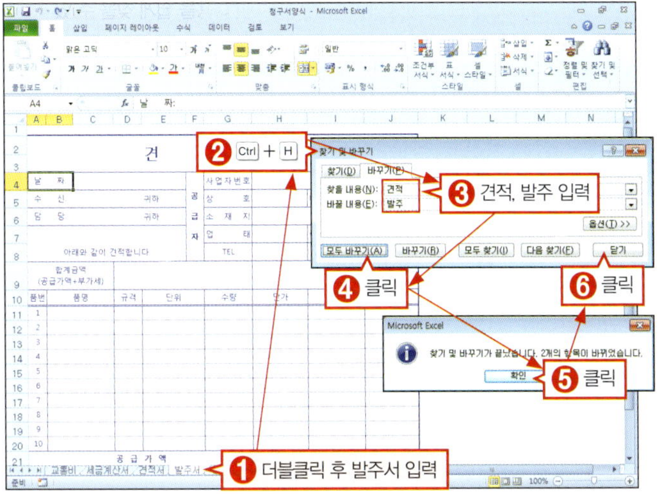

03

① 복제한 시트 탭을 더블클릭하고 **발주서**를 입력

② Ctrl + H를 눌러 찾기 및 바꾸기 대화상자를 띄웁니다.

③ 찾을 내용에 **견적**, 바꿀 내용에 **발주**를 입력

④⑤⑥ **〈모두 바꾸기〉**를 클릭하고 **〈확인〉**을 클릭한 후 **〈닫기〉**를 클릭합니다. **견적**이 모두 **발주**로 바뀝니다.

04

① [교통비] 시트 탭을 선택

② Shift를 누른 상태에서 [발주서] 시트 탭을 선택해서 워크시트 전체를 그룹화합니다.

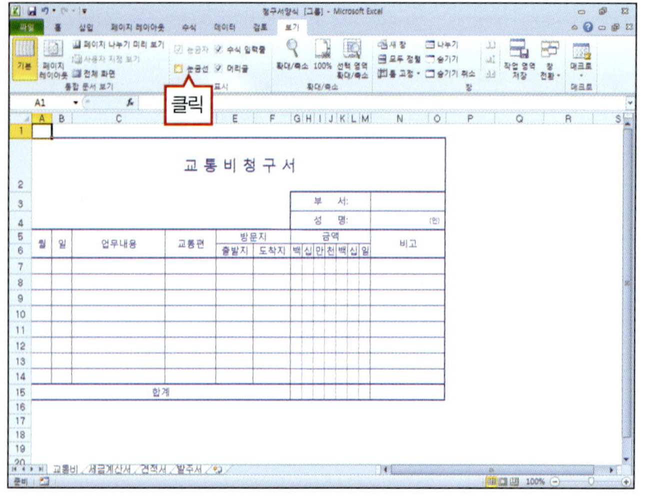

05 [보기] 탭의 [표시] 그룹에서 **눈금선**을 클릭하여 체크 표시를 해제합니다. 그룹화한 워크시트 모두 눈금선이 사라집니다.

Tip

시트의 그룹화를 해제할 때는 그룹이 아닌 다른 시트 탭을 클릭합니다.

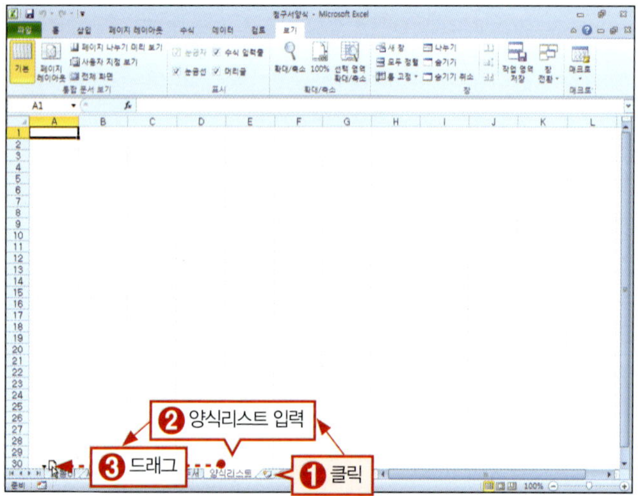

06

① **시트 삽입 버튼**을 클릭

② 새로운 시트 탭을 이름을 **양식리스트**로 수정

③ [양식리스트] 시트 탭을 드래그하여 [교통비] 시트 왼쪽으로 옮깁니다.

Tip

새로 만든 통합 문서에는 기본적으로 세 개의 시트가 있으며 개수를 조정하려면 [파일] 탭에서 '옵션'을 선택한 후 엑셀 옵션 대화상자 일반 항목의 포함할 시트 수에 1~255 사이의 값을 입력합니다.

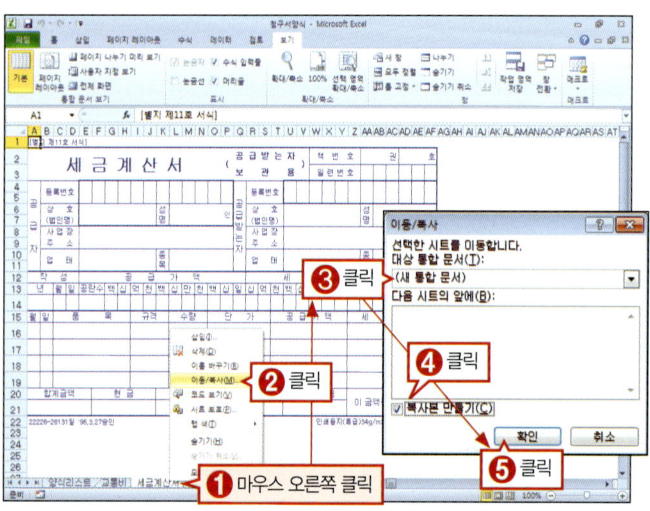

07 통합 문서에서 [세금계산서] 시트만 새 통합 문서에 복제하겠습니다.

①② [세금계산서] 시트 탭에서 마우스 오른쪽 버튼을 클릭하고 **이동/복사**를 선택

③ 이동/복사 대화상자에서 대상 통합 문서를 **새 통합 문서**로 설정

④⑤ **복사본 만들기**를 클릭하여 체크 표시하고 〈**확인**〉을 클릭합니다.

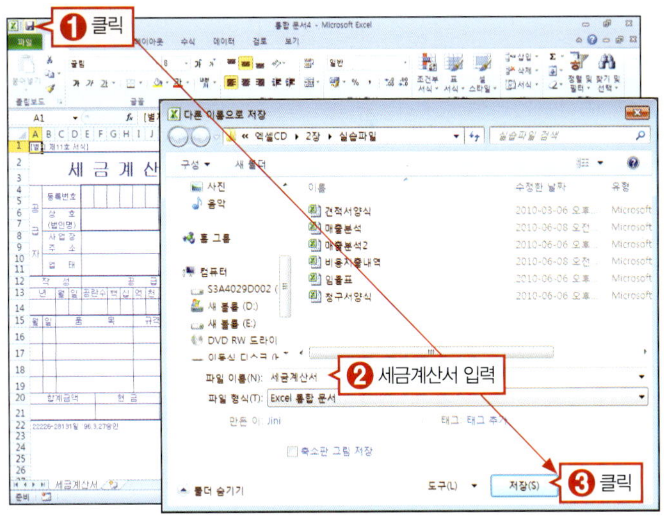

08

① [빠른 실행 도구 모음]에서 **저장**을 클릭

②③ 파일 이름에 **세금계산서**를 입력한 다음 **<저장>**을 클릭하여 **세금계산서.xlsx**로 저장합니다.

Note 통합 문서 저장 옵션 및 암호 지정하기

저장 옵션 설정하기

통합 문서를 지정하기 전에 자동 복구 간격이나 저장 위치 등의 저장 옵션을 지정할 수 있습니다. 저장 옵션은 [파일] 탭에서 **옵션**을 선택하고 엑셀 옵션 대화상자의 저장 항목에서 설정합니다.

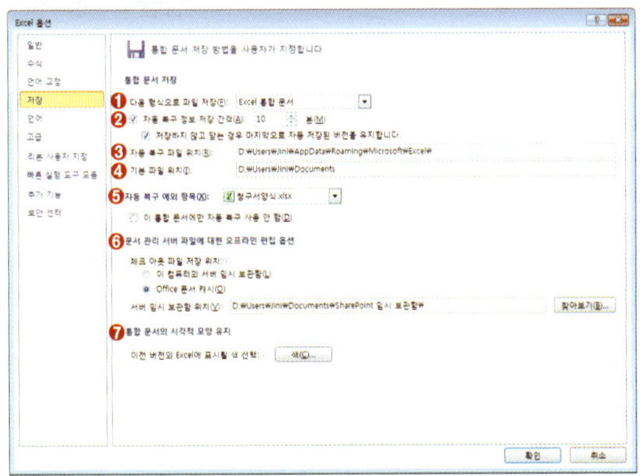

① 기본, 매크로, 바이너리, 이전 버전 등으로 저장 형식을 지정(기본은 통합 문서(*.xlsx))
② 자동 복구를 위해 저장할 일정 간격을 지정
③ 자동 복구될 파일의 위치 지정
④ 통합 문서를 저장할 기본 위치 지정
⑤ 자동 복구 예외 항목에 통합 문서를 지정하고 **이 통합 문서에만 자동 복구 사용 안 함**에 체크 표시하면 자동 복구되지 않음
⑥ 체크 아웃된 파일이 웹 서버에 저장되어 있더라도 다른 사용자가 파일의 변경 내용을 볼 수 있도록 서버 임시 보관함 위치 또는 웹 서버 위치를 지정
⑦ 이전 버전에서 엑셀 2010 통합 문서를 열 때 사용될 색상표를 편집(색상표를 편집하지 않으면 색상표 내에서 가장 유사한 색으로 자동 적용)

통합 문서 읽기/쓰기 암호 및 자동으로 통합 문서 복사본 파일 만들기

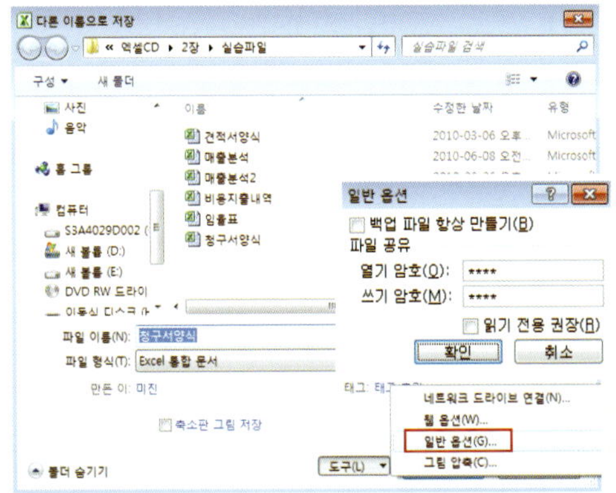

중요한 문서일 경우 통합 문서를 저장할 때 읽기 또는 쓰기 암호를 지정하면 보안을 유지할 수 있습니다. 또한 현재 작업 중인 통합 문서에 새로운 기능을 지정하거나 새로운 데이터를 추가했을 때 변경하기 전 데이터를 백업할 수 있습니다.

[파일] 탭에서 **저장** 또는 **다른 이름으로 저장**을 선택합니다. 다른 이름으로 저장 대화상자에서 **<도구>**를 클릭하고 **일반 옵션**을 선택하여 문서의 읽기/쓰기 암호 및 백업 파일 작성 여부를 지정합니다.

백업 파일 항상 만들기에 체크하면 원본 파일과 같은 위치에 확장자가 xlk인 백업 파일이 생성됩니다.

함께해요 2. 셀 잠금과 시트 보호하기 견적서

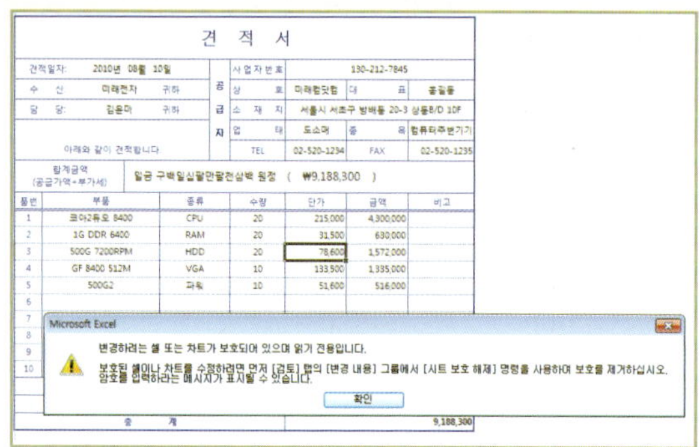

특정 셀이나 범위를 잠그고 시트 보호하기를 설정하면 잠근 셀이나 범위를 마음대로 편집할 수 없어 데이터를 보호할 수 있습니다. 셀 잠금과 시트 보호하기 기능은 둘 중 하나만 따로 쓰는 기능이 아닌 순차적으로 실행해야 효과를 발휘하는 기능입니다. 전체 셀을 잠그고 상황에 따라 수정해야 하는 셀만 잠금을 해제한 후 시트 보호하기를 설정하면 견적서와 같이 폼이 정해진 문서의 변형을 막을 수 있습니다.

- 실습 파일 ◎:\엑셀\2장\실습\견적서양식.xlsx
- 완성 파일 ◎:\엑셀\2장\완성\견적서양식_완성.xlsx

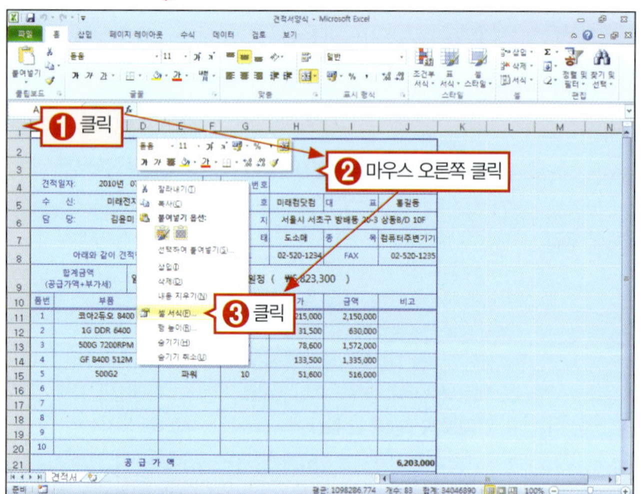

01

① **셀 전체 선택 버튼**을 클릭해서 셀 전체를 선택

②③ 마우스 오른쪽 버튼을 클릭하고 **셀 서식**을 선택해서 셀 서식 대화상자를 띄웁니다.

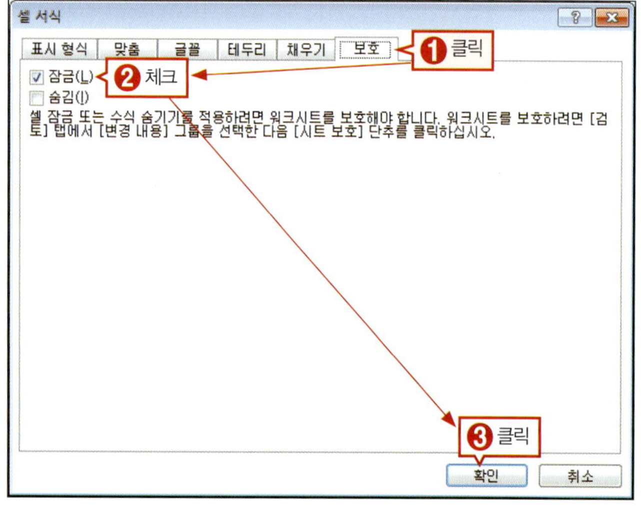

02

① 셀 서식 대화상자에서 [보호] 탭을 클릭

②③ **잠금**에 체크 표시한 후 〈**확인**〉을 클릭합니다.

선택한 영역이 모두 잠깁니다.

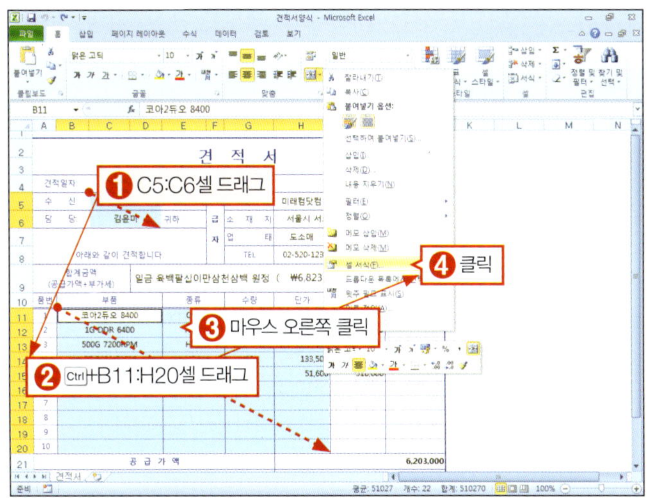

03

① C5셀부터 C6셀을 드래그해서 선택

② Ctrl을 누른 상태로 B11셀~H20셀을 드래그해서 범위에 추가

③④ 범위에서 마우스 오른쪽 버튼을 클릭하고 **셀 서식**을 선택합니다.

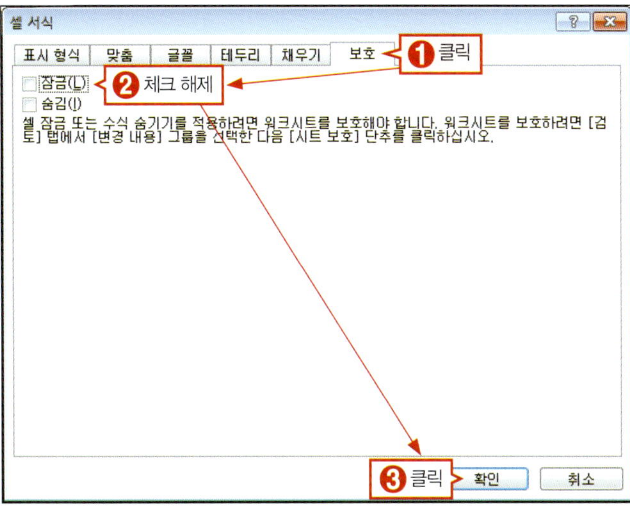

04

① 셀 서식 대화상자에서 [보호] 탭을 클릭

②③ **잠금**에 체크 표시를 해제한 후 **〈확인〉**을 클릭해서 선택한 영역의 잠금을 해제합니다.

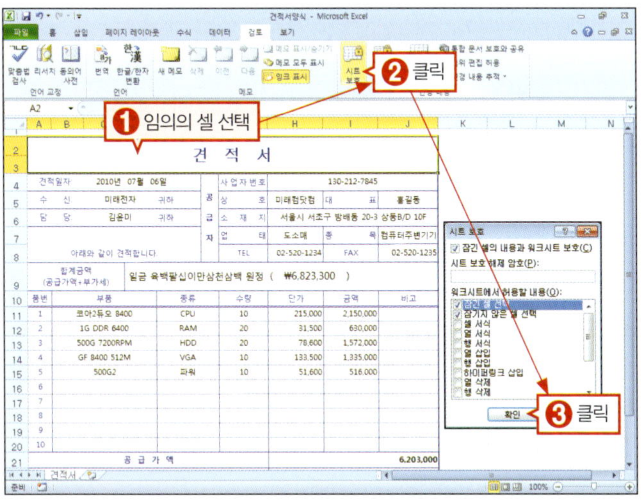

05

① 임의의 셀을 선택

② [검토] 탭의 [변경 내용] 그룹에서 **시트 보호**를 클릭

③ 시트 보호 대화상자에서 **〈확인〉**을 클릭합니다.

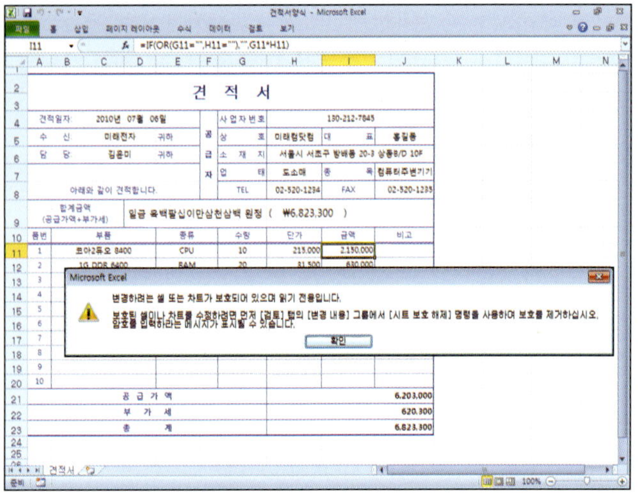

06 셀 잠금을 해제한 수신, 담당, 부품, 종류, 수량, 단가 이외의 셀에서 데이터를 수정하려고 하면 경고 메시지가 나타납니다.

혼자 해보기 시트 이름 바꾸기 및 그림 복사하기

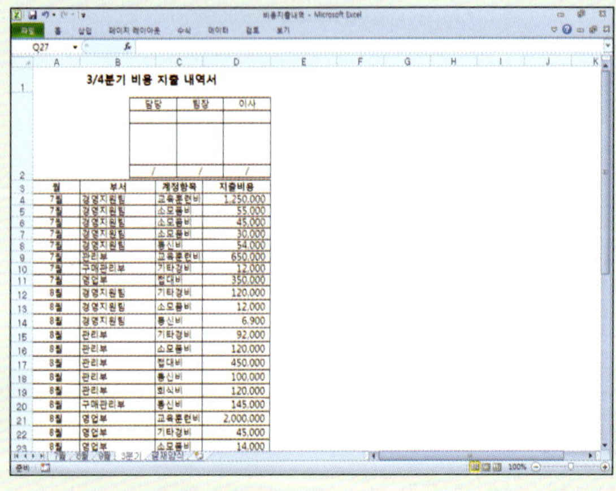

3/4분기 지출 내역서에서 각 시트의 이름을 지정하고, 시트 전체의 글꼴을 지정한 다음 결재양식을 그림으로 복사합니다.

- **실습 파일** ◎:\엑셀\2장\실습\비용지출내역.xlsx
- **완성 파일** ◎:\엑셀\2장\완성\비용지출내역_완성.xlsx

1 각 시트의 이름을 **7월**, **8월**, **9월**, **3분기**로 지정합니다.

2 [7월] 시트 탭을 클릭하고 Shift를 누른 채 [3분기] 시트 탭을 클릭합니다. **셀 전체 선택 버튼**을 클릭하고, [홈] – [글꼴] 그룹에서 글꼴을 **맑은 고딕**으로 지정하면 그룹 지정된 시트 전체의 글꼴이 변경됩니다. 임의의 셀을 클릭하여 범위를 해제합니다.

3 [결재양식] 시트를 선택합니다. B3~D6셀을 범위 지정하고 Ctrl+C를 눌러 복사합니다. [3분기] 시트에서 A2셀을 선택하고 마우스 오른쪽 버튼을 클릭한 후 **선택하여 붙여넣기–그림**을 선택합니다. 결재양식을 보기 좋게 조절합니다.

4 [결재양식] 시트 탭에서 마우스 오른쪽 버튼을 클릭하고 **삭제**를 선택하여 시트를 삭제합니다.

CHAPTER 03

엑셀 데이터 다루기

문서를 만들 때 예쁘게 꾸며서 보기 좋게 하는 것도 중요하지만
가장 중요한 것은 데이터를 입력하거나 삭제, 편집하는 방법입니다.
엑셀에서 데이터를 다루는 과정은 단순하지만 중요하기 때문에
확실하게 익혀 두는 것이 좋습니다. 또한 제대로 알고 사용해야
작업 시간을 단축할 수 있으므로 기본기를 확실하게 할 필요가 있습니다.

데이터 입력하기

• 문자 데이터 • 숫자 데이터 • 날짜/시간 데이터 • 한자 입력하기 • 특수문자 입력하기

함께해요 1. 문자, 숫자, 날짜/시간 입력하기 배송일지

배송일지

운송장번호	고객명	배송지	요금부담	배송료	물품가격	배송일	배송시간
4009-02-101	홍길동	서울	선불	10000	1,050,000	05월 02일	4:00 PM
4009-02-102	김성미	부산	선불	5000	75,000	05월 04일	10:30 AM
4009-02-103	홍성길	서울	착불	2500	100,000	05월 04일	1:00 PM
4009-02-104	박상훈	인천	선불	5500	55,000	05월 04일	2:00 PM
4009-02-105	이미영	경기	착불	4500	100,000	05월 03일	11:20 AM
4009-02-106	최수미	충남	선불	6500	35,000	05월 03일	2:20 PM
4009-02-107	강미영	전남	선불	6000	55,000	05월 02일	5:00 PM
4009-02-108	송수근	제주	착불	12000	80,000	05월 05일	12:30 PM
4009-02-109	김남국	서울	착불	3000	200,000	05월 03일	3:40 PM
4009-02-110	방성일	광주	선불	5000	15,000	05월 04일	4:30 PM

셀에 입력하는 데이터에 따라 입력하는 형식과 지정 서식, 사용하는 기호 등이 모두 다릅니다. 데이터를 입력하고 Enter 나 Tab을 누르면 데이터 입력이 완료되고, Esc를 누르면 입력이 취소됩니다. 한 셀에 여러 줄의 데이터를 입력할 때는 Alt + Enter를 눌러 줄 바꿈을 합니다.

• **실습 파일** ◎:\엑셀\3장\실습\배송일지.xlsx
• **완성 파일** ◎:\엑셀\3장\완성\배송일지_완성.xlsx

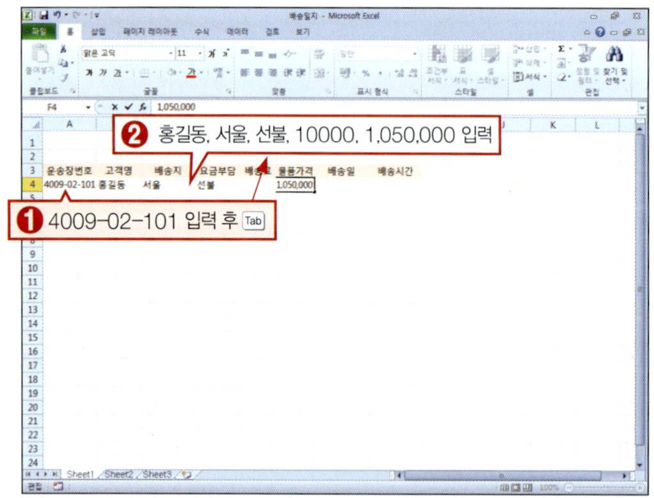

01

① A4셀에 4009-02-101을 입력한 후 Tab을 눌러 B4셀로 이동

② 계속해서 B4셀에 **홍길동**, C4셀에 **서울**, D4셀에 **선불**, E4셀에 10000, F4셀에 1,050,000을 입력합니다.

Tip

데이터를 입력하고 Enter를 누르면 아래쪽 셀로 이동하고 Tab을 누르면 오른쪽 셀로 이동합니다.

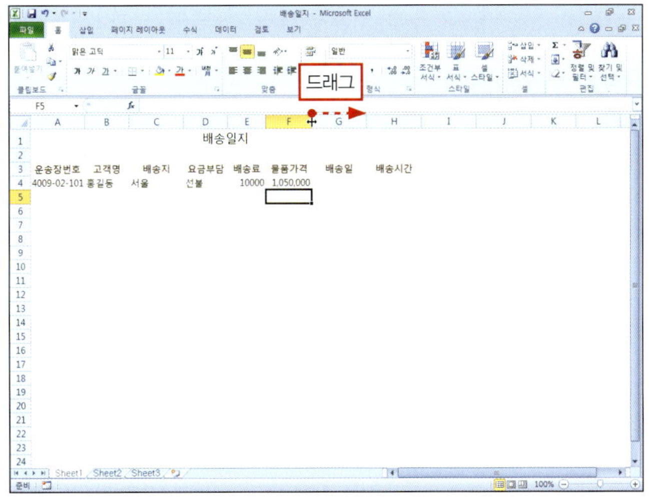

02 숫자 데이터의 길이가 열 너비보다 길면 #으로 채워집니다. F열과 G열 머리글 사이에서 오른쪽 방향으로 드래그하여 F4셀의 데이터가 보이도록 F열의 폭을 넓힙니다.

Tip

열 머리글 경계를 더블클릭하면 입력된 데이터 길이에 맞게 셀 너비가 자동으로 조절됩니다.

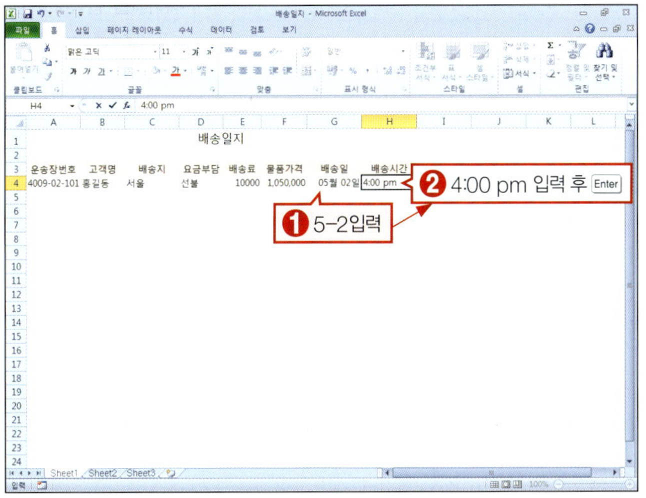

03

① G4셀에 5-2입력

② H4셀에 4:00 pm을 입력하고 Enter를 누릅니다.

Tip

Ctrl+;를 누르면 컴퓨터에 설정된 현재 날짜가, Ctrl+Shift+;를 누르면 현재 시간이 자동으로 입력됩니다.

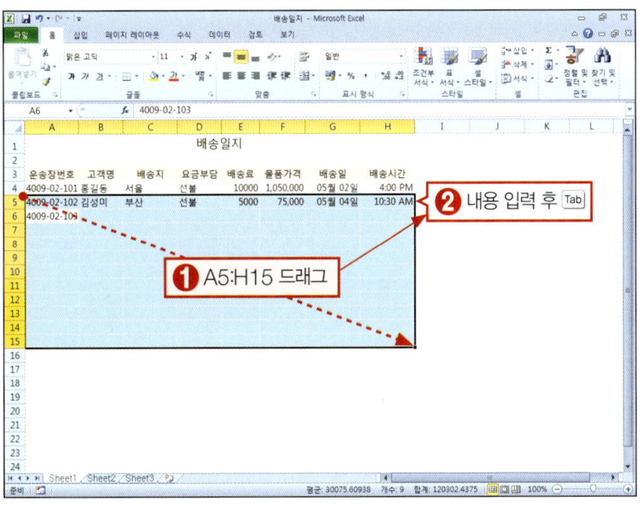

04

① A5~H15셀까지 범위를 지정

② A5셀부터 내용을 입력하고 Tab을 누르면서 나머지 셀을 채웁니다. 범위를 지정하고 Tab을 누르면 왼쪽 위에 있는 셀부터 오른쪽 셀로 이동하고 행의 마지막 셀에서 Tab을 누르면 다음 행 처음 셀로 이동합니다.

	A	B	C	D	E	F	G	H
1	배송일지							
2								
3	운송장번호	고객명	배송지	요금부담	배송료	물품가격	배송일	배송시간
4	4009-02-101	홍길동	서울	선불	10000	1,050,000	05월 02일	4:00 PM
5	4009-02-102	김성미	부산	선불	5000	75,000	05월 04일	10:30 AM
6	4009-02-103	홍성길	서울	착불	2500	100,000	05월 04일	1:00 PM
7	4009-02-104	박상훈	인천	선불	5500	55,000	05월 04일	2:00 PM
8	4009-02-105	이미영	경기	착불	4500	100,000	05월 03일	11:20 AM
9	4009-02-106	최수미	충남	선불	6500	35,000	05월 03일	2:20 PM
10	4009-02-107	강미영	전남	선불	6000	55,000	05월 02일	5:00 PM
11	4009-02-108	송수근	제주	착불	12000	80,000	05월 05일	12:30 PM
12	4009-02-109	김남국	서울	착불	3000	200,000	05월 03일	3:40 PM
13	4009-02-110	방성일	광주	선불	5000	15,000	05월 04일	4:30 PM

05 다음과 같이 데이터를 모두 입력해서 배송일지를 완성합니다.

Tip

같은 열에 입력된 내용과 비슷한 글자를 입력하면 자동으로 나머지 글자가 완성됩니다. 이때 입력하고자 하는 내용과 일치하면 Enter나 Tab을 누르고, 그렇지 않으면 무시하고 나머지 글자를 입력합니다.

Note 엑셀에서 데이터 입력하기

문자 입력하기

문자 데이터는 한글, 영문, 일본어, 한자, 특수문자 등과 같이 계산할 수 없는 데이터를 말하며 숫자와 문자가 혼용되어 있어도 문자로 취급합니다. 문자 데이터는 기본적으로 왼쪽 정렬되며 열 너비보다 문자 길이가 길 때는 오른쪽 셀을 넘어서 표시되고, 오른쪽 셀에 데이터가 있을 때는 셀 너비만큼만 화면에 표시됩니다. 숫자 데이터를 문자 데이터처럼 취급하려면 숫자 앞에 **'(아포스트로피)**를 입력합니다.

숫자 입력하기

수치 데이터는 숫자, 날짜, 시간 등과 같이 계산할 수 있는 데이터를 말하며 기본적으로 오른쪽 정렬됩니다. 수치 데이터는 통화(₩$), 백분율(%), 양수와 음수(+-), 소수점(.), 콤마(,), 괄호(())와 같은 기호와도 함께 사용할 수 있습니다. 숫자를 12자리 이상 입력하면 지수 형태로 표시되고 16자리 이상 입력하면 나머지 자릿수는 0으로 채워집니다. 또한 숫자 길이가 열 너비보다 길면 #으로 표시됩니다. 숫자 데이터 중 분수를 표현하려면 0을 입력한 후 한 칸을 띄고 원하는 값을 입력합니다. 예를 들어 **0 1/4**를 입력하면 셀에는 **1/4**로 표시되고 수식 입력줄에는 **0.25**로 나타납니다.

날짜/시간 입력하기

엑셀에서 날짜나 시간은 정해진 형식에 맞춰 입력해야 합니다. 날짜를 입력할 때는 슬래시(/)나 하이픈(-)을 구분 기호로 사용하고(년-월-일 또는 년/월/일), 시간은 콜론(:)을 구분 기호로 입력합니다(시:분:초). 시간을 입력한 후 한 칸을 띄우고 AM이나 PM을 입력하면 12시간제로 표시되고 입력하지 않으면 24시간제로 표시됩니다.

함께해요 2. 한자, 특수문자 입력하기 고객관리카드

고 객 관 리 카 드 (個人)

관리번호 100-12345 관 리 자 홍길동 작 성 일 2010 年 4 月 3 日
성 명 이일삼 남 주민등록번호 750101—1234567 생년월일 (음력) 1975年 1 月 1 日
주 소 (150-123) 서울시 종로구 관훈동 70-19번지 10/56 전화번호 (☎) 02-222-2222 주 택 ○ 자가 전세(기타)
직 업 (근 무 처) 사무직 (상호물산) 직장전화번호 (☎) 02-454-1122 차 량 ○ 없음 소유 월 수 입 200 만원
학 력 대졸 출 신 교 천하대 출 신 도 서울 의 욕 ★★★★☆
취 미 독서 종 교 무교 경 력 무 관 심 도 ★★★☆☆
재산현황 소 재 지 종 별 수 량 시 가 비 고
서울 관리신탁 1 22,500,000
신탁사항 회 사 종 별 계약일 신탁기간 신탁재산 보수 신 탁 경 로
신편 투자 퇴직신탁 2010年 4月2日 10年 300,000,000 120% ○ 소개 연고 개척 기타

한자를 입력할 때는 한글을 입력한 후 [한자]를 누르거나 [검토] 탭의 [언어] 그룹에서 한글/한자 변환 기능을 이용합니다. 한자를 한글로 변환할 때도 동일한 방법으로 [한자]를 누르거나 한글/한자 변환 기능을 이용합니다. 특수문자를 입력할 때는 [삽입] 탭의 [기호] 그룹에서 [Ω 기호]를 클릭하고 기호 대화상자에서 글꼴과 하위 집합 목록을 선택하여 다양한 특수문자를 삽입할 수 있습니다.

- **실습 파일** ◎:\엑셀\3장\실습\고객관리카드.xlsx
- **완성 파일** ◎:\엑셀\3장\완성\고객관리카드_완성.xlsx

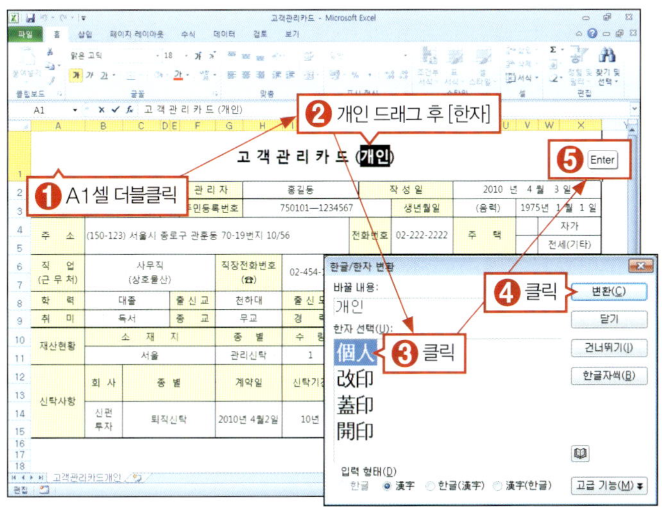

01

① A1셀을 더블클릭합니다. 셀 편집 상태로 바뀌면서 마우스 커서가 깜빡입니다.

② **개인**을 드래그하여 선택하고 [한자]를 누릅니다.

③④ 한글/한자 변환 대화상자에서 **個人**을 선택하고 **〈변환〉**을 클릭하여 한자로 변환

⑤ [Enter]를 눌러 변환을 마칩니다.

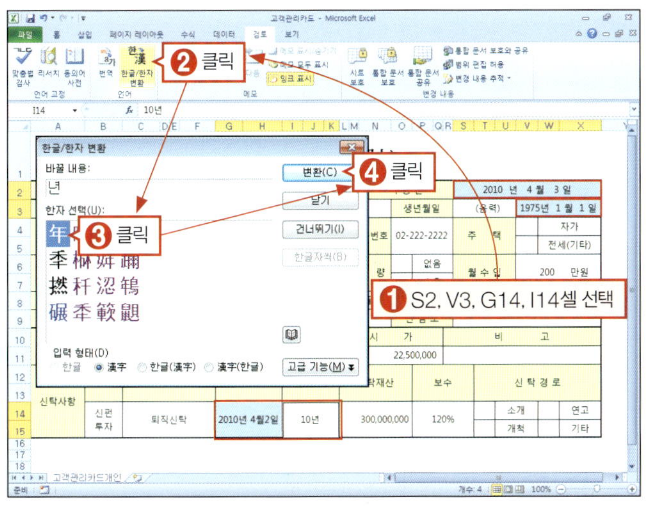

02

① [Ctrl]을 누른 상태로 S2셀, V3셀, G14셀, I14셀을 선택

② [검토] 탭의 [언어] 그룹에서 **한글/한자 변환**을 클릭

③④ 한글/한자 변환 대화상자에서 **年**을 선택한 후 **〈변환〉**을 클릭하여 한자를 변환하고 계속해서 **月**, **日**을 순서대로 변환합니다. 한자 변환이 모두 끝나면 메시지 창이 뜨고 **〈확인〉**을 클릭하여 변환을 마칩니다.

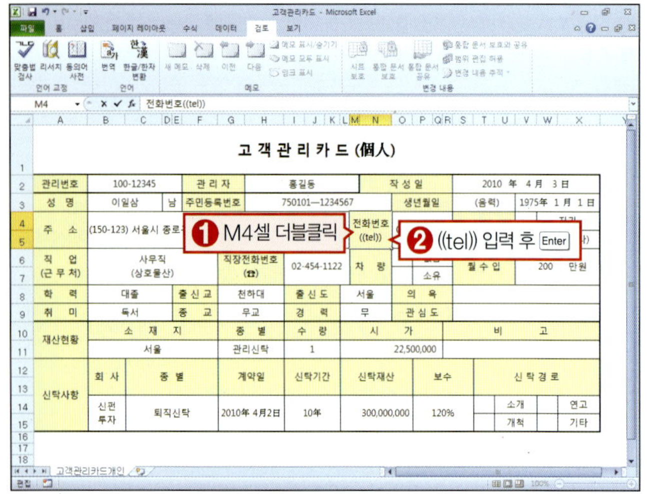

03

① M4셀을 더블클릭

② **전화번호** 뒤에 ((tel))을 입력하고 Enter를 누르면 (☎)로 자동 변환됩니다.

Tip

[파일] 탭에서 옵션을 선택하고 언어 교정 항목에서 〈자동 고침 옵션〉을 클릭하면 자동 고침 기능을 설정할 수 있습니다. 특정한 문구를 기호로 변환하거나 대/소문자를 자동으로 고칠 수 있습니다.

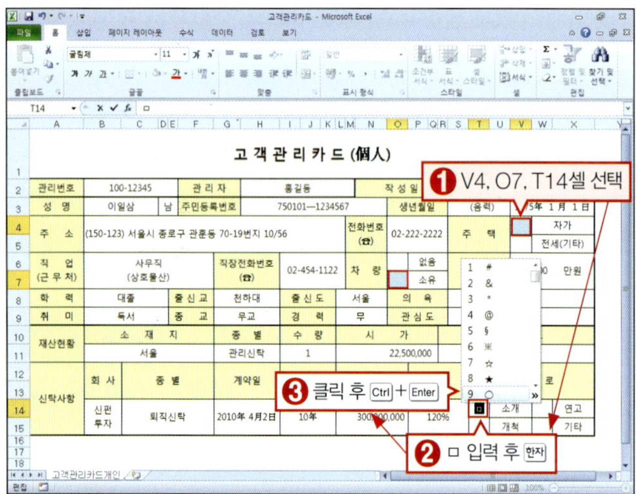

04

① Ctrl을 누른 상태로 V4셀, O7셀, T14셀 선택

② ㅁ을 입력하고 한자를 누릅니다.

③ 목록에서 9 ○를 선택하고 Ctrl+Enter를 눌러 선택한 셀에 ○를 입력합니다.

Tip

여러 셀을 선택하고 데이터를 입력한 후 Ctrl+Enter를 누르면 선택한 셀에 동일한 내용을 한 번에 입력할 수 있습니다.

Note 한자를 이용해서 특수문자 입력하기

한글 자음을 입력한 후 한자를 눌러서 특수문자를 입력할 수 있습니다. 자음을 입력한 후 한자를 누르면 특수문자 목록이 나타납니다. 여기서 원하는 특수문자를 선택하거나 특수문자 옆에 있는 숫자를 입력합니다.

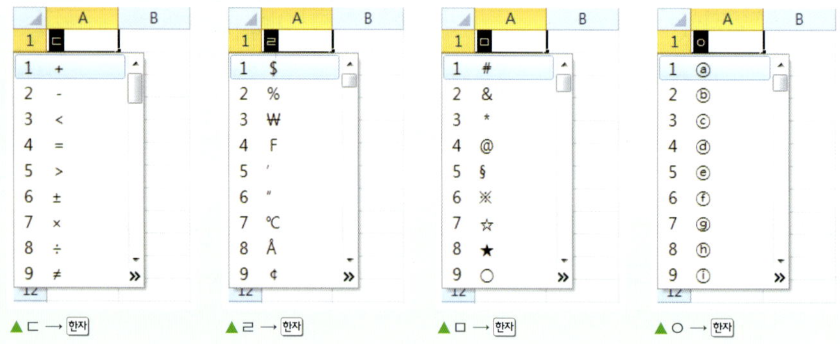

▲ㄷ → 한자 ▲ㄹ → 한자 ▲ㅁ → 한자 ▲ㅇ → 한자

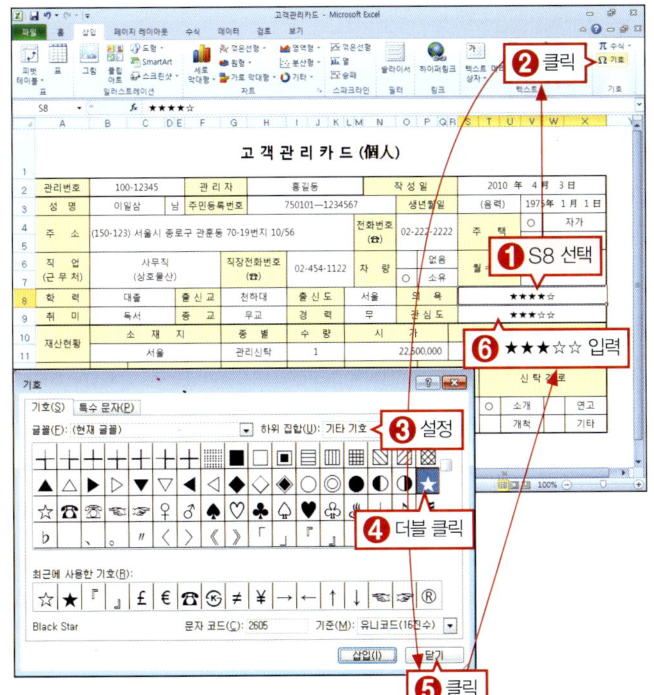

05

① S8셀을 선택

② [삽입] 탭의 [기호] 그룹에서 Ω 기호를 클릭

③④ 하위 집합에서 **기타 기호**를 선택하고 ★★★★☆를 순서대로 더블클릭하여 입력

⑤ 〈닫기〉를 클릭하고 Enter를 누릅니다.

⑥ 같은 방법으로 S9셀에 ★★★☆☆를 입력합니다.

Tip

하위 집단이 보이지 않을 때는 오른쪽 아래 있는 기준을 '유니코드(16진수)'로 바꿉니다.

데이터 편집하기

• 데이터 수정 • 데이터 삭제 • 지우기 옵션 • 찾기 및 바꾸기 • 채우기 핸들
• 사용자 지정 목록 • 자동 채우기 옵션

함께해요 1. 데이터 수정하고 삭제하기 복리 투자 수익표

연복리 투자 대비 수익금

	변동복리	
	초기투자금	수익금액(5년)
	20,000,000	28,448,644

투자년수	변동수익율	수익금액
1	12.0%	22,400,000
2	15.5%	25,872,000
3	-3.0%	25,095,840
4	4.0%	26,099,674
5	9.0%	28,448,644

셀을 선택하고 데이터를 입력하면 기존에 입력되어 있던 데이터는 삭제되고 새로운 데이터만 남습니다. 데이터의 일부만 수정하려고 할 때는 수식 입력줄을 이용하거나 셀 더블클릭 또는 F2를 눌러 편집 상태를 만든 뒤에 내용을 수정합니다. 데이터를 삭제할 때도 셀을 선택하고 Delete를 누르면 셀에 있는 모든 데이터가 삭제되고 편집 상태에서 Delete를 누르면 커서 오른쪽에 있는 데이터만 삭제됩니다. [홈] 탭의 [편집] 그룹에서 지우기를 클릭해서 지울 수도 있습니다.

• **실습 파일** ◎:\엑셀\3장\실습\복리투자수익표.xlsx
• **완성 파일** ◎:\엑셀\3장\완성\복리투자수익표_완성.xlsx

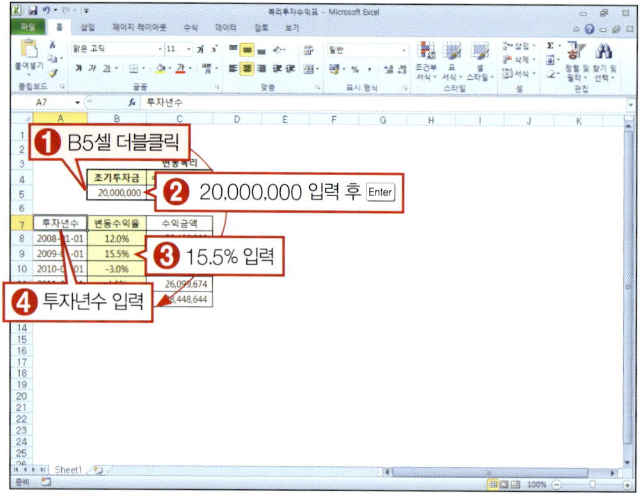

01

① B5셀을 더블클릭

② 데이터를 20,000,000으로 수정한 후 Enter를 누릅니다.

③④ 수식 입력줄을 이용하거나 F2를 눌러 B9셀은 15.5%, A7셀은 **투자년수**로 수정합니다.

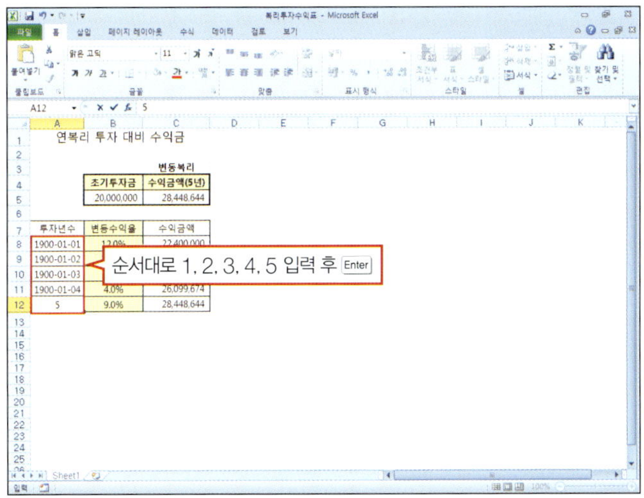

02 A8~A12셀에 각각 1, 2, 3, 4, 5를 순서대로 입력하고 Enter를 누릅니다.

기존 셀에 날짜 서식이 적용되어 있어서 숫자를 입력해도 날짜 형식으로 표시됩니다.

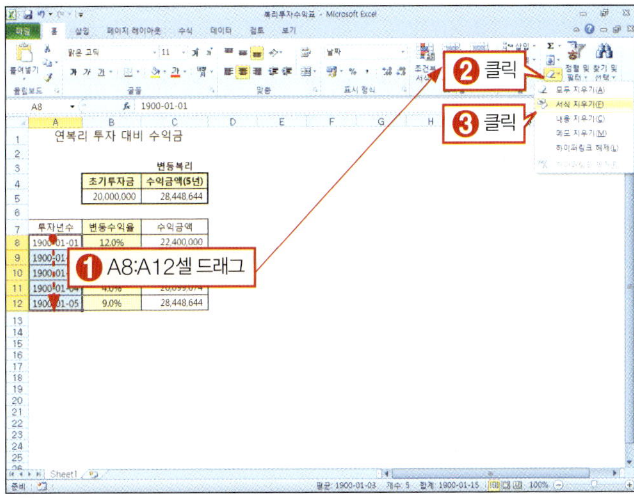

03

① A8~A12셀을 드래그하여 범위로 지정

②③ [홈] 탭의 [편집] 그룹에서 **지우기** 를 클릭하고 **서식 지우기**를 선택합니다. 범위에 적용된 날짜 서식이 지워져서 숫자만 나타납니다.

Note 지우기 옵션

지우기 에는 모두 지우기, 서식 지우기, 내용 지우기, 메모 지우기, 하이퍼링크 해제 등이 있습니다. 메뉴를 선택하여 필요한 항목을 지울 수 있습니다.

증권사	수익률	수익금액
K증권	13.50%	22,700,000
H증권	12.0%	22,400,000
B증권	15.5%	25,872,000

▶

증권사	수익률	수익금액
K증권	0.135	
H증권	0.12	
B증권	0.155	

▲ 링크 해제 / 서식 지우기 / 내용 지우기

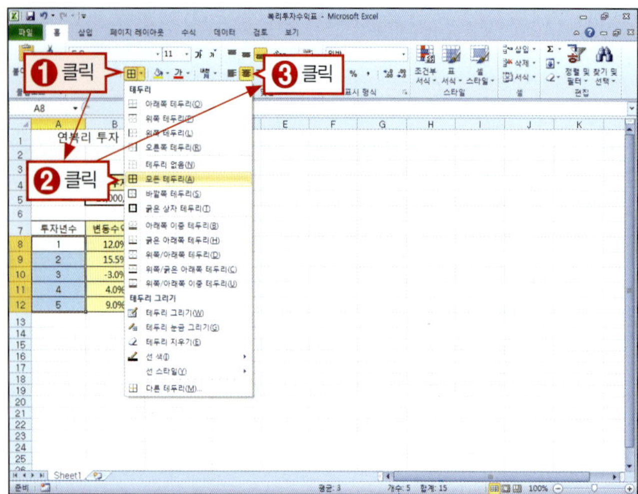

04

①② [홈] 탭의 [글꼴] 그룹에서 **테두리 목록** 을 클릭하고 **모든 테두리**를 선택해서 선택한 범위에 테두리를 그립니다.

③ [맞춤] 그룹에서 **가운데 맞춤** 을 클릭해서 데이터를 가운데로 정렬합니다.

Note 찾기 및 바꾸기 기능으로 데이터 검색, 수정, 삭제하기

[홈] 탭의 [편집] 그룹에서 **찾기 및 선택** 을 클릭하거나 Ctrl+F를 누르면 찾기 및 바꾸기 대화상자가 나타납니다. 대화상자에서 [찾기] 탭을 선택하면 원하는 내용을 검색할 수 있고 [바꾸기] 탭을 선택하면 특정한 내용을 찾아서 원하는 내용으로 일괄 수정할 수 있습니다.

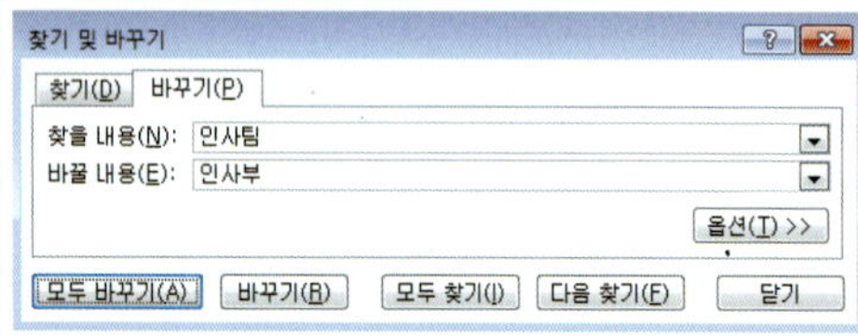

검색할 때 유용한 와일드 카드 문자

필요한 데이터의 정확한 문구를 모르는 상태에서 검색할 때 와일드 카드 문자인 별표(*)나 물음표(?)를 사용하면 효과적입니다. 별표(*)는 다수 문자를, 물음표(?)는 한 개의 문자를 대체합니다. 예를 들어 **서울***을 입력하면 서울, 서울시, 서울특별시 등이 검색되며 **영업?팀**을 입력하면 영업1팀, 영업2팀, 영업3팀 등이 검색됩니다.

함께해요 2. 채우기 핸들로 데이터 채우기 주간 회의실 예약표

구분	담당자	예약일
Room1	박철수	2010-07-05
Room2	박철수	2010-07-06
Room3	박철수	2010-07-07
Room4	박철수	2010-07-08
Room5	박철수	2010-07-09
Room6	김소라	2010-07-05
Room7	김소라	2010-07-05
Room8	김소라	2010-07-05
Room9	김소라	2010-07-05
Room10	김소라	2010-07-05
Room11	이민수	2010-07-05
Room12	이민수	2010-07-06
Room13	이민수	2010-07-07
Room14	이민수	2010-07-08
Room15	이민수	2010-07-09

연속적인 데이터나 일정한 규칙이 있는 데이터를 채우려면 채우기 핸들을 이용합니다. 셀 포인터 오른쪽 아래에 검은 점▭을 '채우기 핸들'이라고 부릅니다. 마우스 포인터를 채우기 핸들로 가져가면 십자가 모양+으로 바뀌며 이때 채우기 핸들을 드래그해서 데이터를 채울 수 있습니다. 숫자 데이터는 1씩 증가하고 문자와 숫자가 혼합된 데이터도 숫자만 1씩 증가합니다. 또한 숫자 데이터 두 셀을 범위로 설정하고 드래그하면 두 셀의 차이만큼 데이터가 증가합니다.

- **실습 파일** ◎:\엑셀\3장\실습\주간회의실예약표1.xlsx
- **완성 파일** ◎:\엑셀\3장\완성\주간회의실예약표1_완성.xlsx

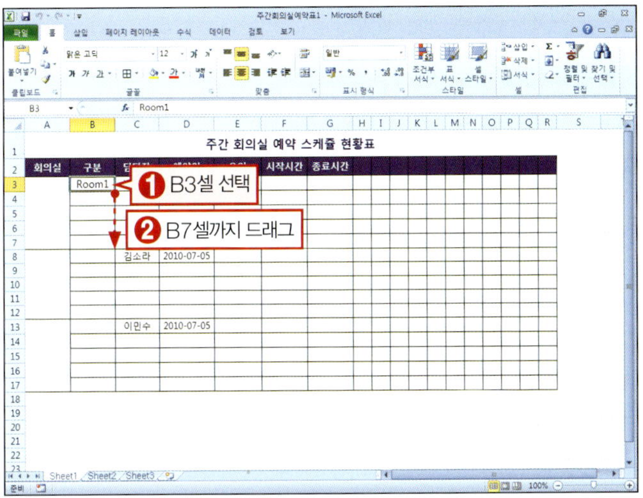

01

① B3셀을 선택

② 채우기 핸들을 B7셀까지 드래그합니다.
문자는 그대로 있고 숫자만 1씩 증가하므로 Room1~Room5가 채워집니다.

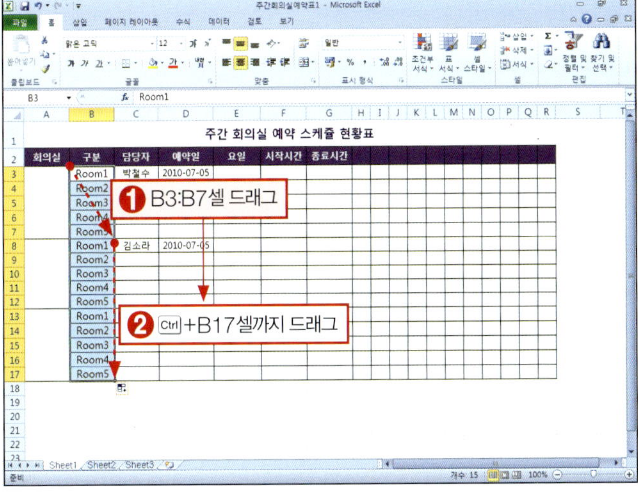

02

① B3~B7셀까지 드래그해서 범위로 지정

② Ctrl을 누른 상태로 채우기 핸들을 B17셀까지 드래그합니다. 지정한 범위 안의 내용이 반복해서 채워집니다.

Tip

Ctrl을 누른 상태로 채우기 핸들을 드래그하면 숫자 데이터가 증가하지 않고 동일한 내용이 복제됩니다.

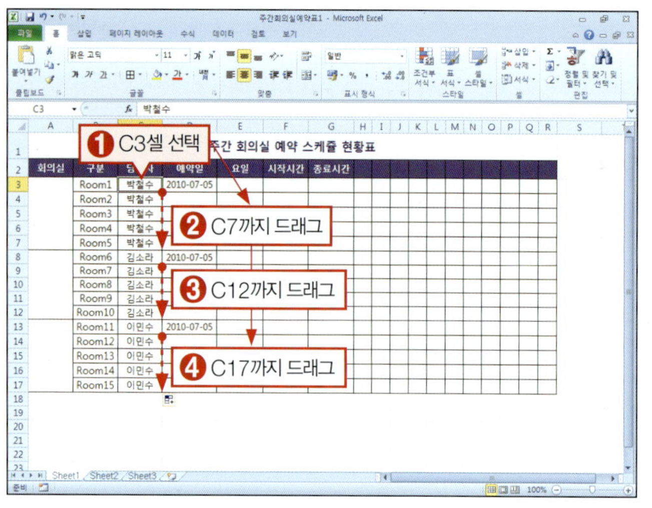

03

① C3셀을 선택

② 채우기 핸들을 C7셀까지 드래그해서 문자 데이터를 복제

③④ 같은 방법으로 C8셀과 같은 내용을 C12셀까지 채우고 C13셀과 같은 내용을 C17셀까지 채웁니다.

Tip

문자 데이터를 채우기 핸들로 드래그하면 내용이 변하지 않고 동일한 내용이 복제됩니다.

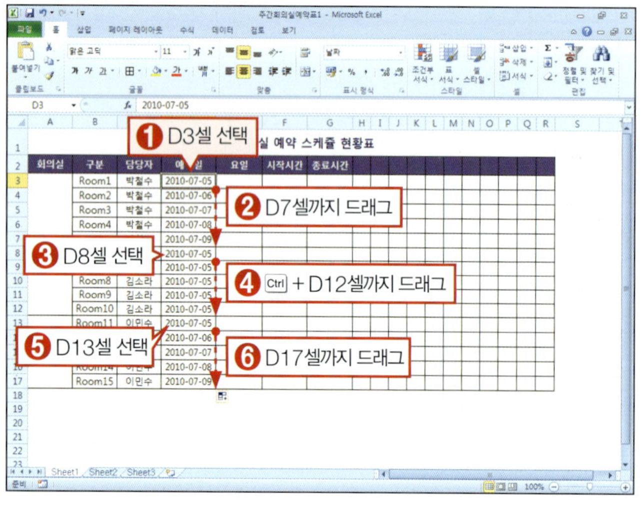

04

① D3셀을 선택

② 채우기 핸들을 D7셀까지 드래그합니다. 날짜가 1씩 증가하면서 채워집니다.

③④ D8셀을 선택하고 Ctrl을 누른 상태로 채우기 핸들을 D12셀까지 드래그해서 동일한 날짜를 복제

⑤⑥ D13셀을 선택하고 채우기 핸들을 D17셀까지 드래그해서 날짜를 1씩 증가시킵니다.

Tip

날짜는 숫자 데이터이므로 채우기 핸들을 드래그하면 데이터가 1씩 증가합니다.

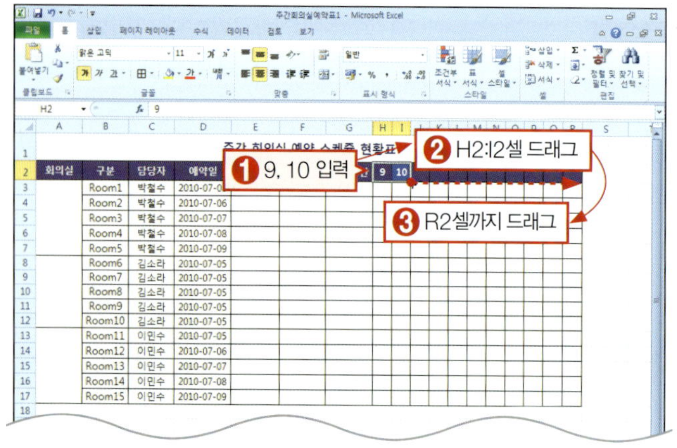

05

①② H2셀에 9, I2셀에 10을 입력한 후 H2셀에서 I2셀까지 드래그해서 범위를 지정

③ 채우기 핸들을 R2셀까지 드래그해서 번호를 채웁니다.

함께해요 3. 사용자 지정 목록을 이용해서 자동 채우기 주간 회의실 예약표

주간 회의실 예약 스케쥴 현황표

회의실	구분	담당자	예약일	요일	시작시간	종료시간	9	10	11	12	13	14	15	16	17	18	19
소회의실	Room1	박철수	2010-07-05	월													
	Room2	박철수	2010-07-06	화													
	Room3	박철수	2010-07-07	수													
	Room4	박철수	2010-07-08	목													
	Room5	박철수	2010-07-09	금													
대회의실	Room1	김소라	2010-07-05	월													
	Room2	김소라	2010-07-05	월													
	Room3	김소라	2010-07-05	월													
	Room4	김소라	2010-07-05	월													
	Room5	김소라	2010-07-05	월													
세미나실	Room1	이민수	2010-07-05	월													
	Room2	이민수	2010-07-06	화													
	Room3	이민수	2010-07-07	수													
	Room4	이민수	2010-07-08	목													
	Room5	이민수	2010-07-09	금													

1월~12월, 월요일~일요일, 1사분기~4사분기와 같은 데이터는 무한대로 늘어나면서 채워지는 것이 아니라 시작과 끝 값이 정해진 상태에서 반복됩니다. 이런 데이터는 사용자 지정 목록에 등록되어 있으며 필요에 따라 사용자 지정 목록에 직접 추가하여 사용할 수 있습니다.

- 실습 파일 ⓒ:\엑셀\3장\실습\주간회의실예약표2.xlsx
- 완성 파일 ⓒ:\엑셀\3장\완성\주간회의실예약표2_완성.xlsx

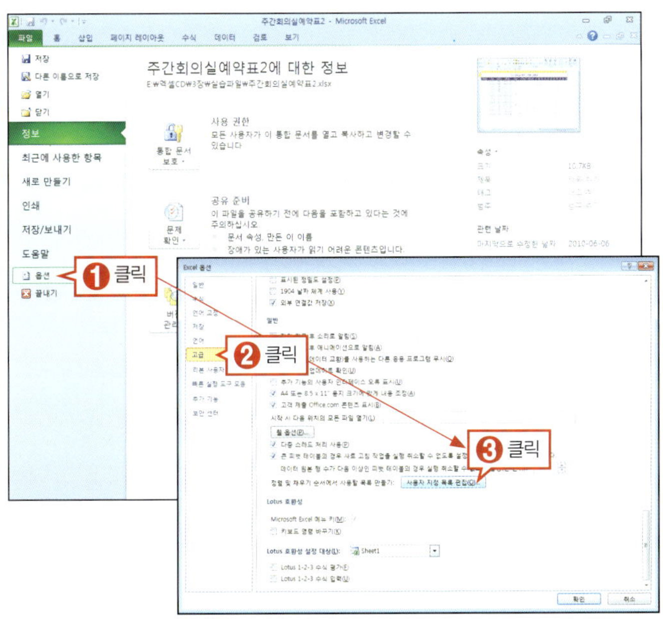

01

① [파일] 탭에서 **옵션**을 선택

②③ Excel 옵션 대화상자에서 **고급** 항목을 선택하고 일반 영역의 **〈사용자 지정 목록 편집〉**을 클릭합니다.

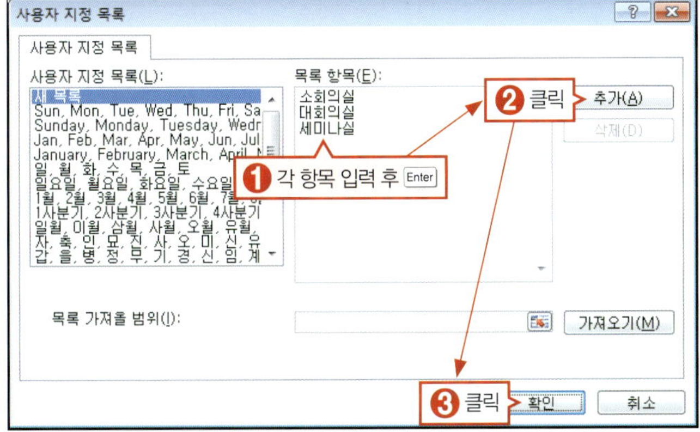

02

① 사용자 지정 목록 대화상자의 목록 항목에 **소회의실, 대회의실, 세미나실**을 Enter를 눌러 구분해서 입력

②③ 〈**추가**〉를 클릭해서 사용자 지정 목록에 등록하고 〈**확인**〉을 클릭합니다. Excel 옵션 대화상자에서 〈**확인**〉을 클릭하여 대화상자를 닫습니다.

Tip

목록 항목을 입력할 때 각 항목과 항목 사이는 Enter나 콤마(,)로 구분합니다.

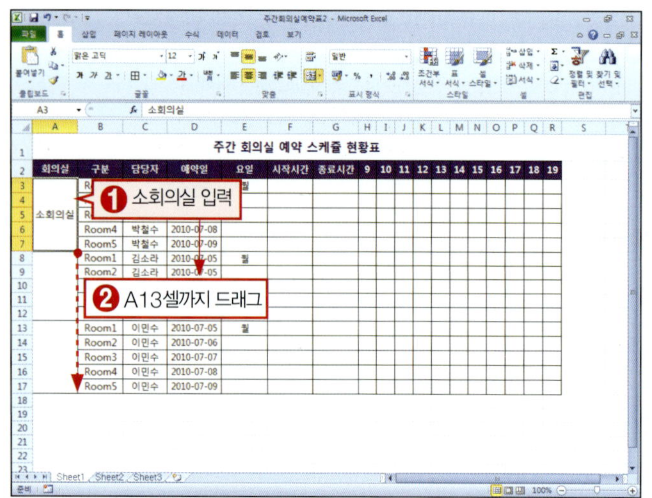

03

① A3셀에 **소회의실**을 입력

② 채우기 핸들을 A13셀까지 드래그합니다. 사용자 지정 목록에 추가한 순서대로 셀이 채워집니다.

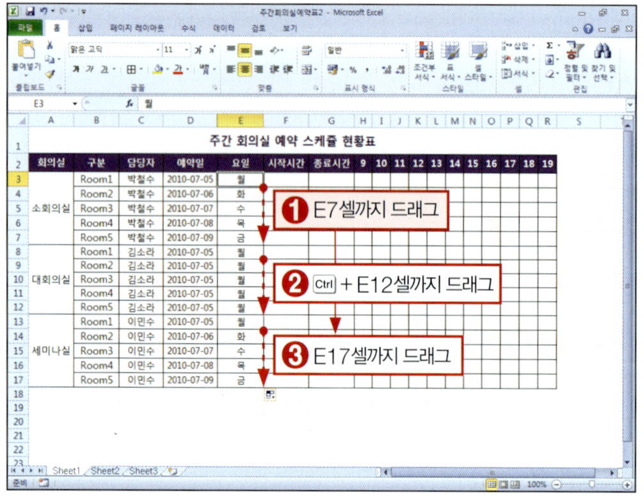

04

① E3셀에서 채우기 핸들을 E7셀까지 드래그하여 요일을 채웁니다.

② E8셀에서 Ctrl 을 누른 상태로 채우기 핸들을 E12셀까지 드래그해서 동일한 내용을 복제

③ E13셀에서 채우기 핸들을 E17셀까지 드래그합니다.

Note 자동 채우기 옵션 버튼

채우기 핸들을 드래그해서 셀을 채우면 마지막 셀 아래쪽에 **자동 채우기 옵션** 이 나타납니다. 자동 채우기 옵션을 이용하면 셀 복사, 연속 데이터 채우기, 서식만 채우기, 서식 없이 채우기 중 선택하여 데이터를 채울 수 있습니다.

	A	B ❶	C ❷	D ❸	E ❹
1	옵션	셀 복사	연속 데이터 채우기	서식만 채우기	서식없이 채우기
2	원본데이터	엑셀2010	엑셀2010	엑셀2010	엑셀2010
3	채운결과	엑셀2010	엑셀2011		엑셀2011
4		엑셀2010	엑셀2012		엑셀2012
5		엑셀2010	엑셀2013		엑셀2013
6		엑셀2010	엑셀2014		엑셀2014

① 셀 복사 : 값은 그대로, 서식도 그대로 채우기

② 연속 데이터 채우기 : 숫자 값은 1씩 증가, 서식은 그대로 채우기

③ 서식만 채우기 : 값은 무시하고 서식만 그대로 채우기

④ 서식 없이 채우기 : 숫자 값은 1씩 증가, 서식은 무시

section 03

데이터 유효성 검사하기

• 데이터 도구 • 데이터 유효성 검사 • 오류 메시지

함께해요 1. 데이터 유효성 검사하기 교통비 내역서

교통비 산출 상세 내역

교통수단	구분	구간1			구간2			구간3			여 비 합 계
		출발	도착	요금	출발	도착	요금	출발	도착	요금	
항공기	일반	서울	부산	61,400							61,400
철도	우등				부산	대구	18,300				18,300
항공기	일반							대구	서울	72,000	72,000
										120000	120,000
소 계				61,400			18,300			192,000	271,700

Microsoft Excel
입력한 값이 잘못되었습니다.
이 셀에 입력할 수 있는 값은 제한되어 있습니다.
다시 시도(R) 취소 도움말(H)
이 정보가 유용한가요?

요금
교통비는
10만원 이하

데이터 유효성 검사는 자동으로 오류를 검색하여 셀에 유효한 데이터만 입력하도록 설정하는 기능입니다. 또한 이미 입력되어 있는 데이터에도 데이터 유효성 검사를 설정해 놓으면 잘못 입력되거나 유효하지 않는 셀을 찾아서 오류 표시를 할 수 있습니다.

- **실습 파일** ◎:\엑셀\3장\실습\교통비내역서.xlsx
- **완성 파일** ◎:\엑셀\3장\완성\교통비내역서_완성.xlsx

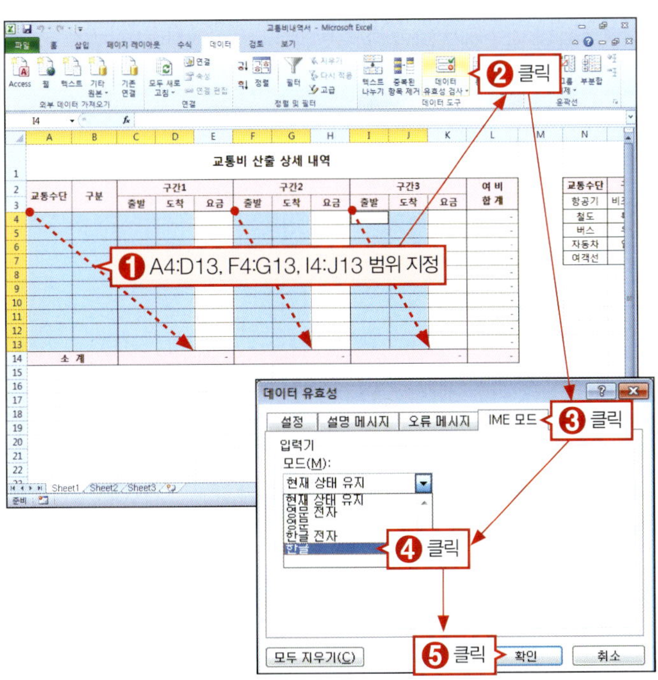

01

① A4~D13, F4~G13, I4~J13셀을 범위로 지정

② [데이터] 탭의 [데이터 도구] 그룹에서 **데이터 유효성 검사**를 클릭

③ 데이터 유효성 검사 대화상자에서 [IME 모드] 탭을 클릭

④⑤ 입력기 모드를 **한글**로 설정한 후 **〈확인〉**을 클릭합니다.

Tip

입력기 모드를 설정한 셀은 한/영을 눌러 한글과 영문을 바꿀 필요 없이 설정한 형식이 기본 모드로 설정됩니다.

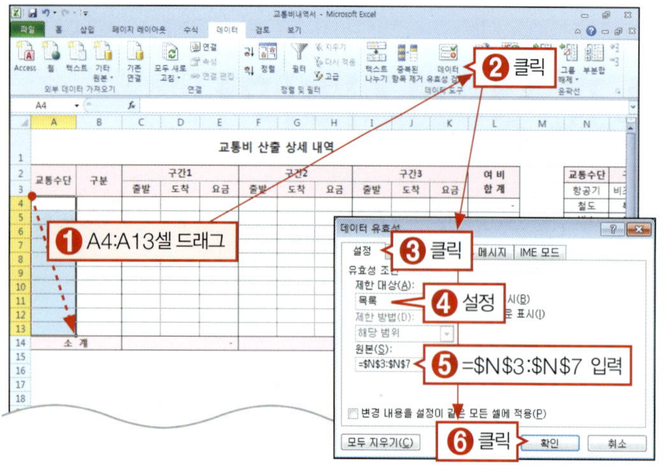

02

①② A4~A13셀까지 드래그해서 범위로 지정하고 **데이터 유효성 검사**를 클릭

③④ [설정] 탭을 클릭하고 제한 대상을 **목록**으로 설정

⑤⑥ 원본에 =$N$3:$N$7을 입력하고 **〈확인〉**을 클릭합니다.

Tip

원본 항목은 "항공기, 철도, 버스, 자동차, 여객선"처럼 각 데이터의 구분을 콤마(,)로 직접 입력해도 됩니다.

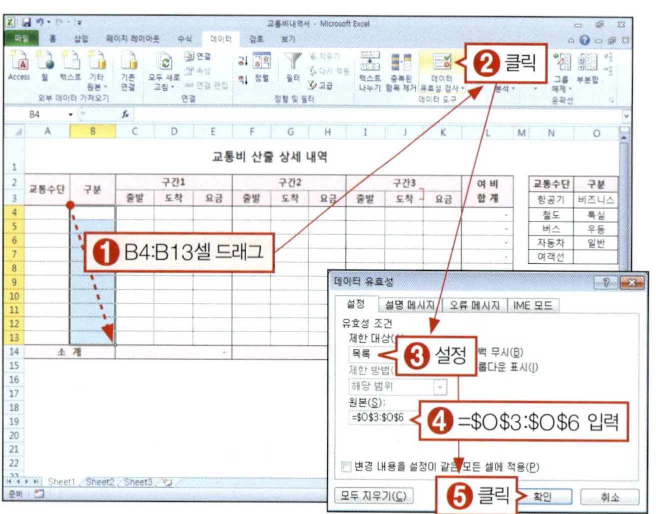

03

①② B4~B13셀을 드래그해서 범위로 지정하고 **데이터 유효성 검사**를 클릭

③ [설정] 탭에서 제한 대상을 **목록**으로 설정

④⑤ 원본에 =$O$3:$O$6을 입력하고 **〈확인〉**을 클릭합니다.

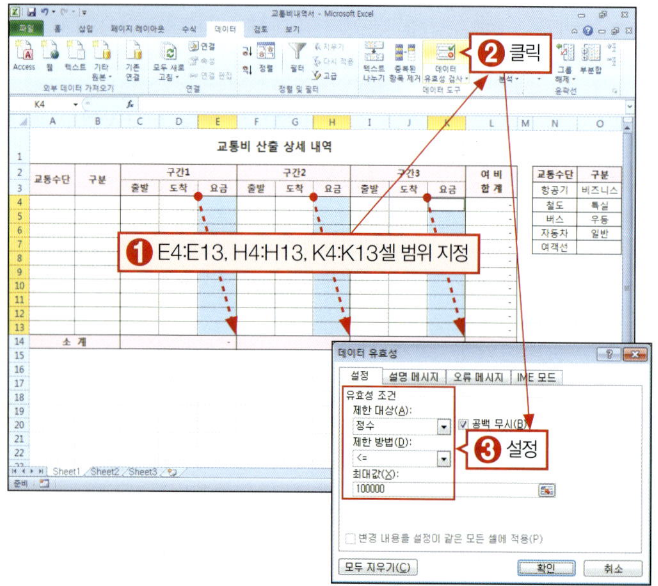

04

①② E4~E13, H4~H13, K4~K13셀을 범위로 지정하고 **데이터 유효성 검사**를 클릭

③ [설정] 탭에서 대화상자에서 제한 대상을 **정수**, 제한 방법을 〈=, 최대값을 100000으로 설정합니다.

Tip

[설정] 탭에서 설정한 사항은 입력할 때의 제한 조건이며 각 셀마다 서로 다른 조건을 설정할 수 있습니다.

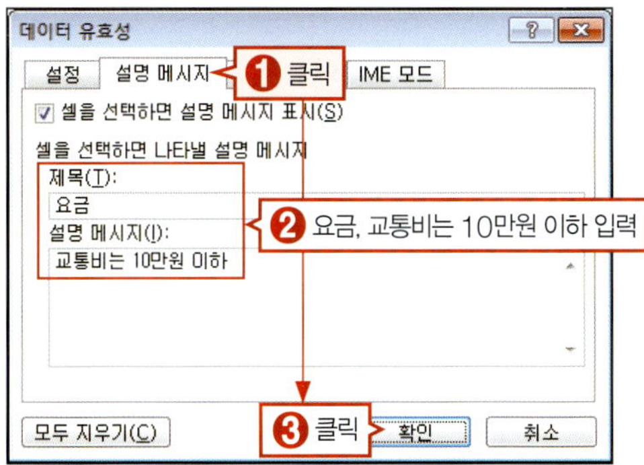

05 요금 셀에 유효한 데이터 값을 설명하기 위한 메시지를 입력하겠습니다.

① 데이터 유효성 대화상자에서 [설명 메시지] 탭을 클릭

②③ 제목에 **요금**, 설명 메시지에 **교통비는 10만원 이하**를 입력하고 〈**확인**〉을 클릭합니다.

Tip

유효성 검사에서 설정한 유효 값 이외의 값을 입력하였을 때 나타나는 오류 메시지는 [오류 메시지] 탭에 입력합니다.

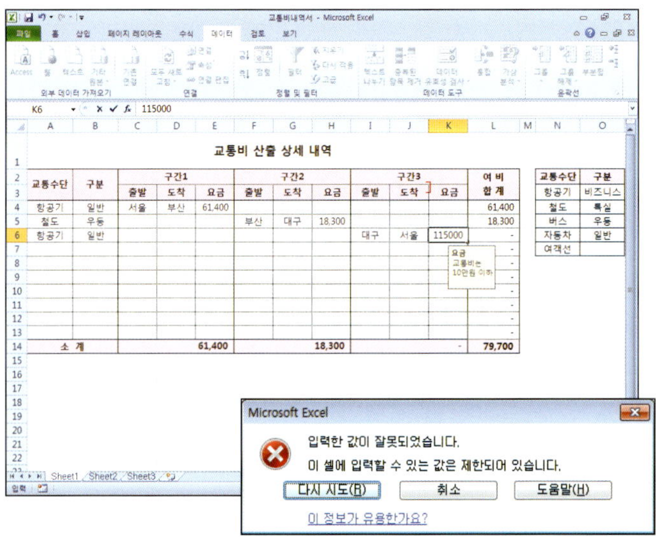

06 유효성 검사를 모두 설정했습니다. 교통수단과 구분은 셀을 선택한 후 목록 상자에서 선택하거나 목록에 있는 내용을 직접 입력합니다. 출발, 도착은 한/영을 누르지 않아도 한글로 입력되며 요금은 10만원 이하로 입력해야 합니다.

Tip

[홈] 탭의 [편집] 그룹에서 찾기 및 선택을 클릭한 후 '데이터 유효성 검사'를 선택하면 유효성 검사 기능이 설정된 셀 또는 범위를 찾을 수 있습니다.

혼자 해보기 유효성 검사로 오류 데이터 찾기

고객번호	가입일자	가입지점	이름	나이
4212445	6월 5일	강서지점	강성옥	33
4212453	99년5월10일	중부지점	고민주	30
4212488	2004-03-10	경인지점	김미진	67
4212496	2009-04-10	경인지점	김민지	44
42125	2006-03-04	중부지점	김소영	20
421255	2010-11-02	강남지점	김철진	55
4212704	2007-03-10	강남지점	남보미	18
4212879	2010-02-03	강북지점	박민옥	30
42118	1980-05-10	경기지점	박성미	88
4212577	4월 10일	강서지점	성진우	21
4212844	2010-03-05	강남지점	손미화	45
4212593	2001년12월10일	강남지점	송승희	15
4212607	2005-10-06	강서지점	신윤주	45
4212623	2006-03-04	강남지점	안재환	60
4212631	2010-03-05	중부지점	유미경	31
4212691	2000-05-10	강서지점	이광민	20
4212895	2009-02-04	경기지점	이유민	35
4212917	1999-05-10	강남지점	이지민	50
212640	5월10일	강서지점	이지영	12
4212780	2009-12-01	중부지점	전수미	20
4212771	2010-01-05	강북지점	정지희	20
4212755	2009-04-10	강남지점	정회진	33
4212682	2007년3월5일	강서지점	최철국	18

개인고객정보를 관리하는 문서에서 고객번호, 가입일자, 가입지점, 나이 데이터에 유효성 검사를 설정하고 잘못된 데이터가 있는지 검사합니다.

- **실습 파일** ⓒ:\엑셀\3장\실습\개인고객정보.xlsx
- **완성 파일** ⓒ:\엑셀\3장\완성\개인고객정보_완성.xlsx

1 A4~A26셀을 범위 지정하고 [데이터]탭의 [데이터 도구] 그룹에서 **데이터 유효성 검사**를 클릭합니다. 제한 대상은 **텍스트 길이**, 제한 방법은 =, 길이는 **7**로 설정합니다.

2 B4~B26셀을 범위 지정하고 [데이터] 탭의 [데이터 도구] 그룹에서 **데이터 유효성 검사**를 클릭합니다. 제한 대상은 **날짜**, 제한 방법은 **해당 범위**, 시작 날짜는**2000-1-1**, 끝 날짜는 **=today()**로 설정합니다.

3 C4~C26셀을 범위 지정하고 [데이터] 탭의 [데이터 도구] 그룹에서 **데이터 유효성 검사**를 클릭합니다. 제한 대상은 **목록**, 원본은 **강남지점, 강서지점, 강북지점, 중부지점**으로 설정합니다.

4 E4~E26셀을 범위 지정하고 [데이터] 탭의 [데이터 도구] 그룹에서 **데이터 유효성 검사**를 클릭합니다. 제한 대상을 **정수**로, 제한 방법은 **해당범위**, 최소값은**18**, 최대값은 **60**으로 설정합니다.

5 A4~E26셀을 범위 지정하고 [데이터] 탭의 [데이터 도구] 그룹에서 **데이터 유효성 검사 목록 버튼**을 클릭하고 **잘못된 데이터**를 선택합니다.

CHAPTER 04

엑셀 문서 꾸미기

표 서식이나 셀 스타일을 이용하면 세련된 스타일의 표를 만들 수 있으며
글꼴이나 테두리, 표시 형식 등의 서식을 지정하여 문서를 보기 좋은 형태로 꾸밀 수 있습니다.
이외에도 조건부 서식을 이용하면 조건에 따라 자동으로 서식을 적용할 수 있습니다.
4장에서는 다양한 방법으로 문서를 보기 좋게 꾸미는 방법에 대해 알아보겠습니다.

section 01

표 서식, 셀 스타일, 테마 사용하기

• 표 서식 • 표 스타일 • 요약 행 • 표 구조 • 구조적 참조 • 셀 스타일 • 사용자 정의 스타일

함께해요 1. 표 서식과 셀 스타일 적용하기 매출실적

부서별 년간 매출 실적

부서명	1사분기	2사분기	3사분기	4사분기	합계
영업1팀	25,100,000	21,000,000	27,500,000	23,750,000	97,350,000
영업2팀	41,300,000	36,750,000	38,500,000	33,250,000	149,800,000
영업3팀	60,000,000	73,500,000	33,000,000	61,750,000	228,250,000
영업4팀	72,300,000	54,600,000	44,000,000	66,500,000	237,400,000
영업5팀	13,100,000	12,600,000	12,100,000	47,500,000	85,300,000
영업6팀	65,000,000	68,250,000	71,500,000	61,750,000	266,500,000
영업7팀	19,000,000	23,100,000	22,000,000	21,850,000	85,950,000
영업8팀	44,300,000	36,750,000	39,600,000	33,250,000	153,900,000
영업9팀	51,200,000	47,250,000	38,500,000	42,750,000	179,700,000
영업10팀	56,000,000	47,250,000	57,200,000	44,650,000	205,100,000
영업11팀	71,000,000	77,700,000	93,500,000	42,750,000	284,950,000
영업12팀	12,000,000	10,500,000	14,500,000	25,000,000	62,000,000
영업13팀	23,000,000	24,150,000	25,300,000	21,850,000	94,300,000
영업14팀	12,000,000	12,600,000	13,200,000	11,400,000	49,200,000
영업15팀	37,500,000	11,550,000	49,500,000	47,500,000	146,050,000
영업16팀	35,000,000	42,300,000	34,000,000	38,000,000	149,300,000
요약	637,800,000	599,850,000	613,900,000	623,500,000	2,475,050,000

표 서식이나 셀 스타일 기능을 이용하면 문서를 다양한 스타일로 꾸밀 수 있습니다. 스타일 갤러리에서 원하는 형태를 선택하면 서식이 적용됩니다. 일일이 서식을 지정할 필요가 없고 디자인도 깔끔해서 문서 서식을 지정할 때 유용합니다. 특히 표 서식은 표로 변환된 영역에 행과 열을 추가하면 기존 스타일이 자동으로 지정되어 편리하게 사용할 수 있습니다.

- 실습 파일 ◎:\엑셀\4장\실습\매출실적.xlsx
- 완성 파일 ◎:\엑셀\4장\완성\매출실적_완성.xlsx

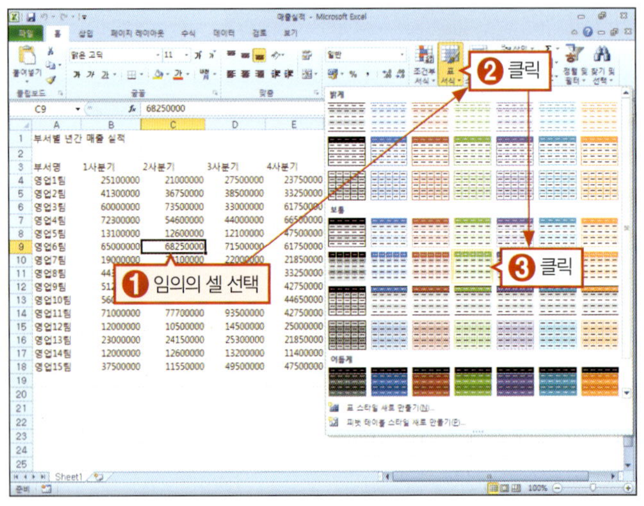

01

① 데이터 목록에서 임의의 셀을 선택

②③ [홈] 탭의 [스타일] 그룹에서 **표 서식**을 클릭하고 보통 영역의 **표 스타일 보통 11**을 선택합니다.

Tip

표 서식을 적용할 범위에 병합된 셀이 있으면 자동으로 병합이 해제됩니다.

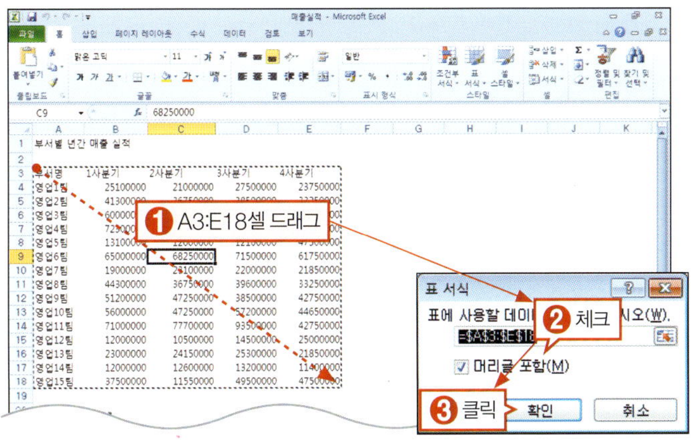

02

①②③ 표 서식 대화 상자가 나타나면 A3~E18셀까지 드래그해서 범위로 지정하고 **머리글 포함**을 체크한 후 **〈확인〉**을 클릭하여 서식을 적용합니다.

Tip

표에 사용할 데이터로 지정한 범위에 첫째 행이 제목 행일 경우 '머리글 포함'에 체크합니다. 체크하지 않으면 선택 범위 맨 위에 열1, 열2, 열3,… 순으로 임시 제목 행이 삽입됩니다.

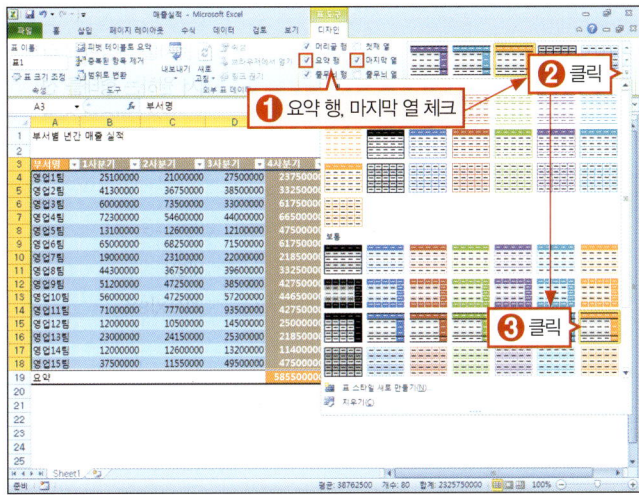

03

① [표 도구〉디자인] 탭의 [표 스타일 옵션] 그룹에서 **요약 행, 마지막 열**을 추가로 체크해서 스타일 옵션을 변경

②③ **표 스타일 목록 자세히**를 클릭한 후 보통 영역의 **표 스타일 보통 21**을 선택해서 스타일을 변경합니다.

Tip

표 서식 스타일이 적용된 머리글 행에는 필터 버튼이 있어 데이터를 빠르게 필터링하거나 정렬할 수 있습니다. 필터 기능은 10장에서 자세히 다룹니다.

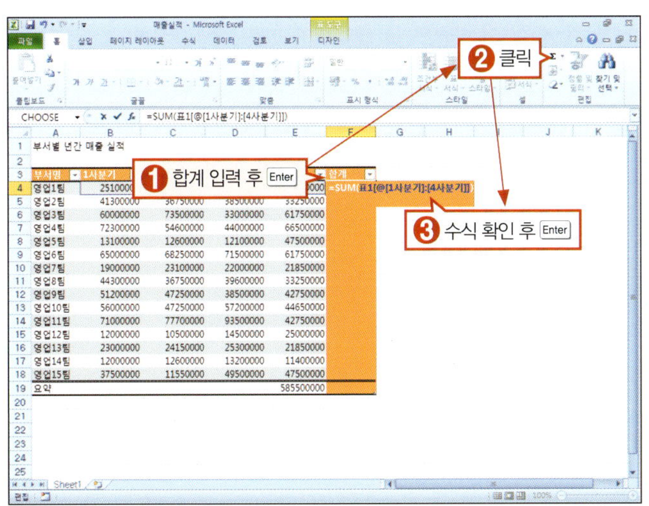

04

① F3셀에 **합계**를 입력한 후 Enter를 누릅니다. 자동으로 표 구조가 오른쪽으로 확장됩니다.

② [홈] 탭의 [편집] 그룹에서 **자동 합계Σ**를 클릭

③ F4셀에 합계를 구할 함수 **=SUM(표1[@[1사분기]:[4사분기]])**가 나타나면 Enter를 눌러 전체 열의 합계를 구하는 셀을 만듭니다.

Tip

=SUM(표1[@[1사분기]:[4분기]]) 수식은 구조적 참조로 표1의 1사분기~4사분기까지 행(@)의 합계(SUM)를 구합니다.

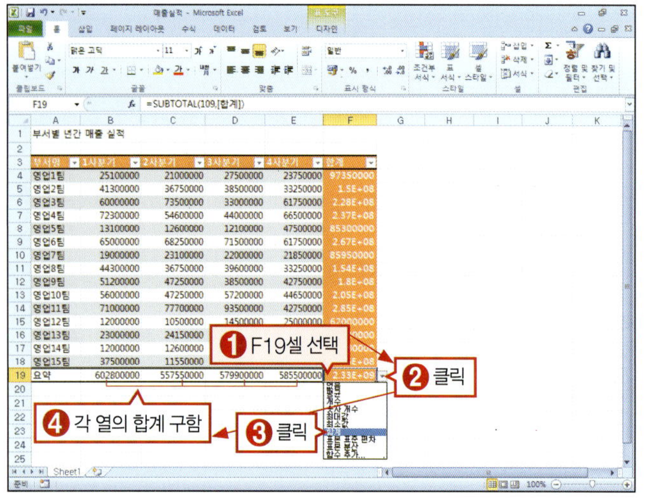

05

① F19셀을 선택

②③ **요약 목록 버튼**을 클릭한 후 **합계**를 선택해서 열의 합계를 구합니다.

④ 같은 방법으로 B19, C19, D19, E19 셀에 열의 합계를 구합니다.

Tip

요약 행은 표의 마지막 행으로 열 합계, 평균, 개수, 최대, 최소값 등을 자동으로 계산합니다.

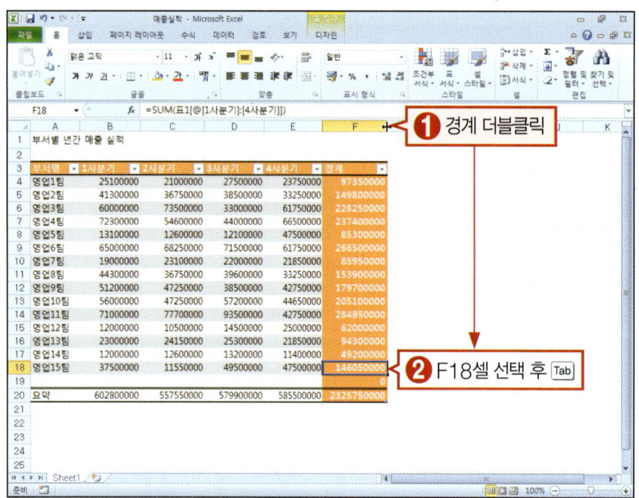

06

① F열과 G열 경계를 더블클릭하여 셀 너비를 조절

② F18셀을 선택한 다음 Tab을 누릅니다. 범위의 마지막 셀에서 Tab을 누르면 자동으로 행이 추가됩니다.

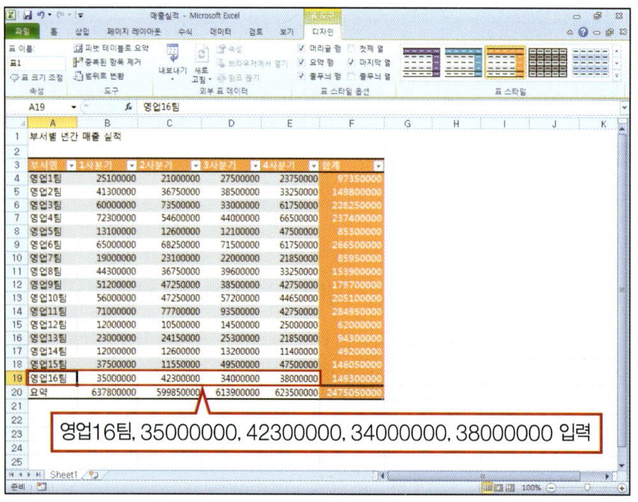

07

추가한 A19~E19셀에 **영업16팀, 35000000, 42300000, 34000000, 38000000**을 각각 입력합니다.

표 기능 이해하기

표 구조 살펴보기

부서별 년간 매출 실적					
부서명	1사분기	2사분기	3사분기	4사분기	합계
영업1팀	25,100	21,000	27,500	23,750	97,350
영업2팀	41,300	36,750	38,500	33,250	149,800
영업3팀	60,000	73,500	33,000	61,750	228,250
영업4팀	72,300	54,600	44,000	66,500	237,400
영업5팀	13,100	12,600	12,100	47,500	85,300
영업6팀	65,000	68,250	71,500	61,750	266,500
영업7팀	19,000	23,100	22,000	21,850	85,950
합계	295,800	289,800	248,600	316,350	1,150,550

① 표 영역 : 표의 전체 범위

② 열 머리글 : 표의 첫 번째 행에 해당되는 열 머리글입니다.

③ 데이터 영역 : 표의 열 머리글과 요약 행을 제외한 데이터 전체 범위입니다.

④ 요약 행 : 표의 마지막 행에 해당되는 요약 행으로 열의 합계, 평균, 개수, 최대, 최소값 등을 자동으로 계산합니다.

⑤ 계산 열 : 표 안의 데이터에 수식을 입력하여 계산되어진 열입니다.

⑥ 표 크기 조정 핸들 : 표 오른쪽 맨 아래에 있는 핸들을 드래그해서 표 크기를 줄이거나 늘릴 수 있습니다.

⑦ 행/열 범위 지정 : 표 안에서 열의 왼쪽이나 제목 행의 위쪽으로 마우스를 이동해 마우스 포인터 모양이 ➡ ⬇으로 변할 때 클릭하면 제목을 제외한 행 전체 또는 열 전체를 선택할 수 있습니다.

⑧ 전체 범위 지정 : 표의 첫째 셀의 행 머리글로 마우스를 이동하여 마우스 포인터 모양이 ↘일 때 클릭하면 제목 행을 제외한 전체 데이터 영역이 선택됩니다. 이때 마우스로 한 번 더 클릭하면 제목을 포함한 표 영역 전체가 선택됩니다.

[표 도구>디자인] 탭 메뉴 살펴보기

표 영역을 선택하면 리본 메뉴 오른쪽에 [표 도구>디자인] 탭이 나타납니다. 표와 관련된 명령어가 모여 있는 리본 메뉴입니다.

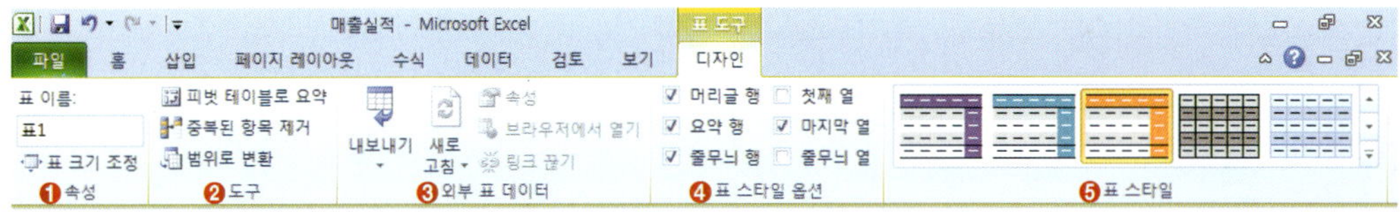

① 속성 : 표 이름을 정의하거나 표 범위를 조정합니다.

② 도구 : 표 서식을 피벗 테이블로 요약, 중복된 항목을 제거, 표를 데이터 범위로 변환합니다.

③ 외부 표 데이터 : 외부 데이터 원본을 연결한 표 서식을 SharePoint 목록으로 내보내어 사이트를 사용하는 다른 사용자와 공유합니다.

④ 표 스타일 옵션 : 머리글 행, 요약 행, 행/열 줄무늬 옵션을 설정합니다.

⑤ 표 스타일 : 표 스타일을 바꿀 수 있습니다.

표 안의 구조적 참조 방식 이해하기

표 안의 데이터를 참조하여 만든 수식은 대괄호([ ])와 열 머리글을 사용하는 구조적 참조 방식을 사용합니다. 구조적 참조는 일반적으로 사용하는 A1, B$1, $A$2 등의 셀 참조를 수식에서 사용하지 않는 대신 표 이름과 행, 열 머리글을 참조하는 방식입니다.

구조적 참조	일반 셀 참조
=SUM(매출표[1사분기])	=SUM(B4:B10)

▲ 매출표의 1사분기 열의 합계를 계산　　▲ B4~B10셀까지 합계 계산

위와 같이 구조적 참조를 사용하면 수식의 이해가 쉽고 표 안의 데이터가 수정, 추가, 삭제된다 하더라도 구조적 참조 안의 수식을 수정하지 않아도 자동으로 셀 참조가 조정되기 때문에 일반 셀 참조에 비해 매우 유용합니다.

표를 데이터 범위로 변환하기

표 서식을 적용하면 표 안의 행이나 열은 삭제할 수 있지만 일부 셀은 삭제할 수 없습니다. 부득이하게 일부 셀을 삭제해야 할 때, 셀을 병합할 때, 표 디자인이 마음에 들지 않을 때, 구조적 참조를 사용하지 않고 일반 셀 참조를 사용할 때는 표를 다시 데이터 범위로 바꿔야 합니다. 표 영역을 선택하고 [표 도구 디자인] 탭의 [도구] 그룹에서 **범위로 변환**을 클릭하거나 마우스 오른쪽 버튼을 클릭하고 **테이블 – 범위로 변환**을 선택하면 표가 데이터 범위로 바뀝니다.

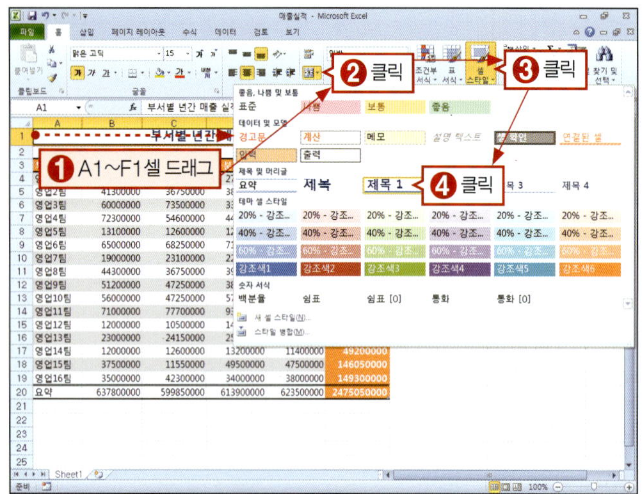

08

① A1~F1셀을 범위로 지정

② [홈] 탭의 [맞춤] 그룹에서 **병합하고 가운데 맞춤**을 클릭

③④ [스타일] 그룹에서 **셀 스타일**을 클릭한 후 제목 및 머리글 영역의 **제목1**을 선택해서 스타일을 변경합니다.

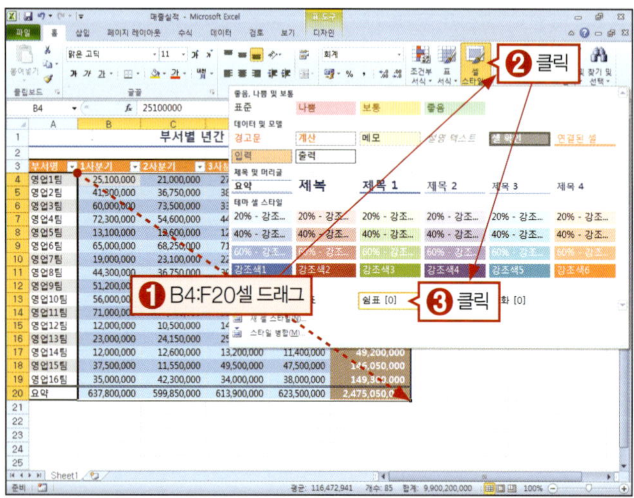

09

① B4~F20셀까지 범위로 지정

②③ [스타일] 그룹에서 **셀 스타일**을 클릭하고 숫자 서식 영역에서 **쉼표[0]**를 선택합니다. 숫자에 천 단위마다 쉼표가 표시됩니다.

Tip

숫자 서식에서 '쉼표'와 '쉼표[0]'는 둘 다 천 단위로 쉼표를 표시하지만 '쉼표'는 소수 둘째 자리까지 표시하고 '쉼표[0]'는 정수로 표시합니다.

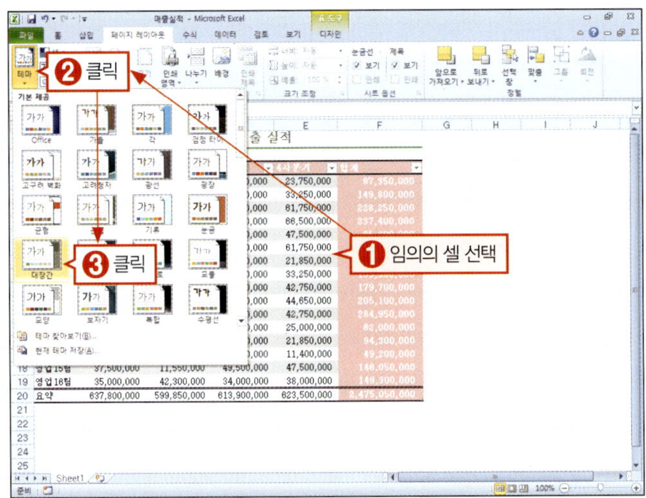

10

① 표 안에 있는 임의의 셀을 선택

②③ [페이지 레이아웃] 탭의 [테마] 그룹에서 **테마**를 클릭하고 **대장간**을 선택합니다. 표 스타일과 글꼴 서식 등이 자동으로 변경됩니다.

Note 테마란?

테마란 오피스 문서 성격에 맞게 통일된 디자인을 구성하는 것으로 일관된 색상이나 효과, 글꼴 등이 지정되어 문서 전체의 통일감을 줄 수 있습니다.

온라인에서 테마 다운받기

기본으로 제공하는 44가지 테마 이외의 다른 테마를 온라인에서 내려받을 수 있습니다. [페이지 레이아웃] 탭의 [테마] 그룹에서 **테마**를 클릭하고 Office.com 영역에서 원하는 테마를 선택합니다.

새 테마 색 및 글꼴 지정하기

[페이지 레이아웃] 탭의 [테마] 그룹에서 [색] 또는 [글꼴]을 클릭하여 **새 테마 색 만들기** 또는 **새 테마 글꼴 만들기**를 선택하면 새 테마를 만들 수 있습니다.

함께해요 2. 사용자 정의 스타일 만들기 인사고가 평가표

인사고과 평가표

성명	업무성과	기여도	업무수행	자기계발	고과점수
박진아	14	18	20	20	72
이철수	20	24	10	15	69
김상민	23	25	20	19	87
이미옥	24	15	14	14	67
송철진	20	20	23	11	74
이승철	14	14	16	20	64
강송구	20	20	18	20	78
이민지	18	23	15	14	70
박민중	21	24	20	23	88
김송인	23	20	15	16	74
오민지	16	14	19	18	67
김명수	18	20	14	15	67
최민국	15	15	11	20	61
평균	18.9231	19.3846	16.5385	17.3077	72.1538

엑셀에서 제공하는 표 서식이나 셀 스타일 이외에 사용자가 자주 사용하는 표 서식과 셀 스타일을 사용자 지정 목록에 추가해 놓고 사용할 수 있습니다.

- **실습 파일** ◎:\엑셀\4장\실습\인사고가표1.xlsx
- **완성 파일** ◎:\엑셀\4장\완성\인사고가표1_완성.xlsx

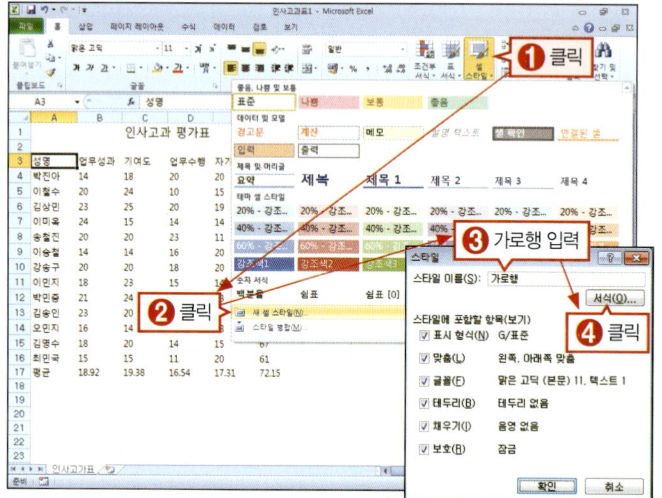

01

①② [홈] 탭의 [스타일] 그룹에서 **셀 스타일**을 클릭하고 **새 셀 스타일**을 선택하여 대화상자를 띄웁니다.

③④ 스타일 대화상자에서 스타일 이름에 **가로행**을 입력하고 〈서식〉을 클릭합니다.

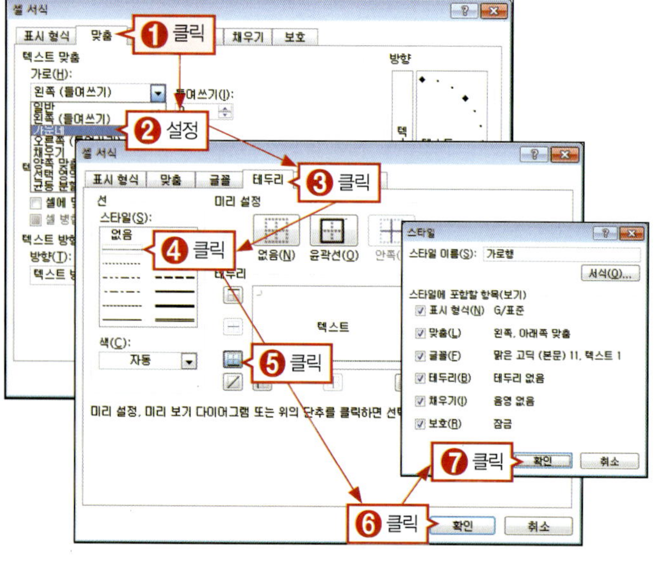

02

① 셀 서식 대화상자에서 [맞춤] 탭을 클릭

② 텍스트 맞춤 가로를 **가운데**로 선택

③ [테두리] 탭을 클릭

④⑤⑥ 둥근 점선 ------- 을 클릭해 아래쪽 테두리에 적용하고 〈확인〉을 클릭

⑦ 스타일 대화상자에서 〈확인〉을 클릭하고 **가로행** 스타일을 등록합니다.

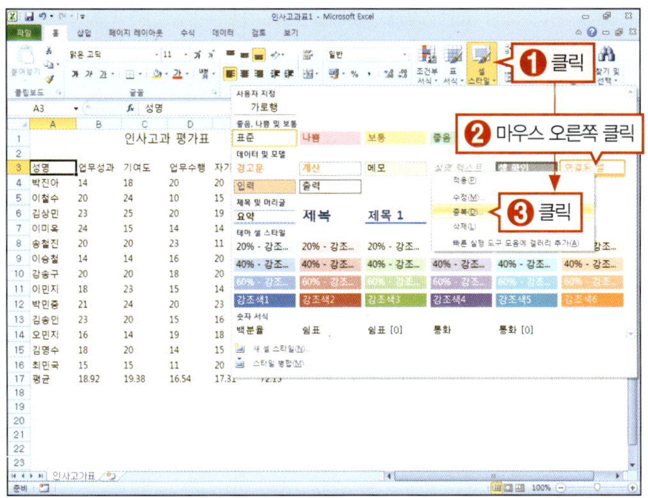

03

① [홈] 탭의 [스타일] 그룹에서 **셀 스타일**을 클릭

②③ **연결된 셀**에서 마우스 오른쪽 버튼을 클릭하고 **중복**을 선택해서 대화상자를 띄웁니다.

Tip

셀 스타일은 삭제 및 편집할 수 있으며 기본 셀 스타일을 복제해서 일부만 수정할 경우에는 '중복'을 선택합니다.

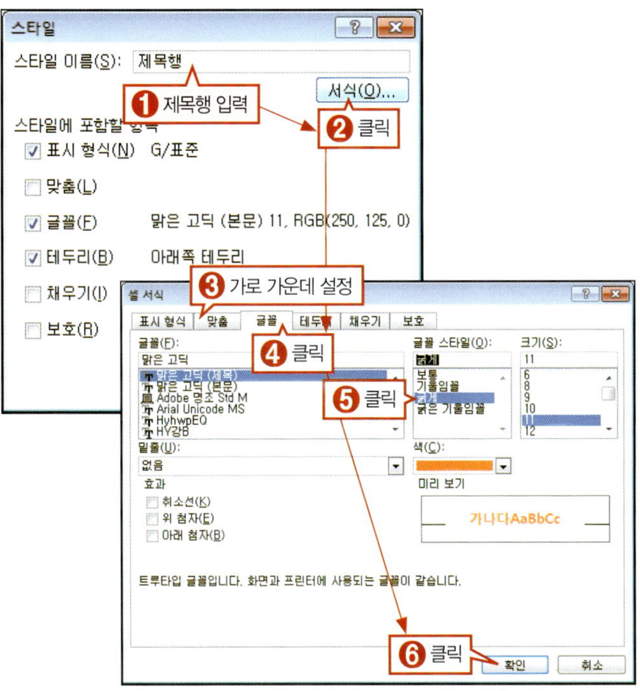

04

①② 스타일 대화상자에서 스타일 이름에 **제목행**을 입력하고 〈서식〉을 클릭

③ 셀 서식 대화상자의 [맞춤] 탭에서 가로를 **가운데**로 설정

④⑤ [글꼴] 탭에서 스타일을 **굵게**로 설정

⑥ 〈확인〉을 클릭하여 스타일을 등록합니다.

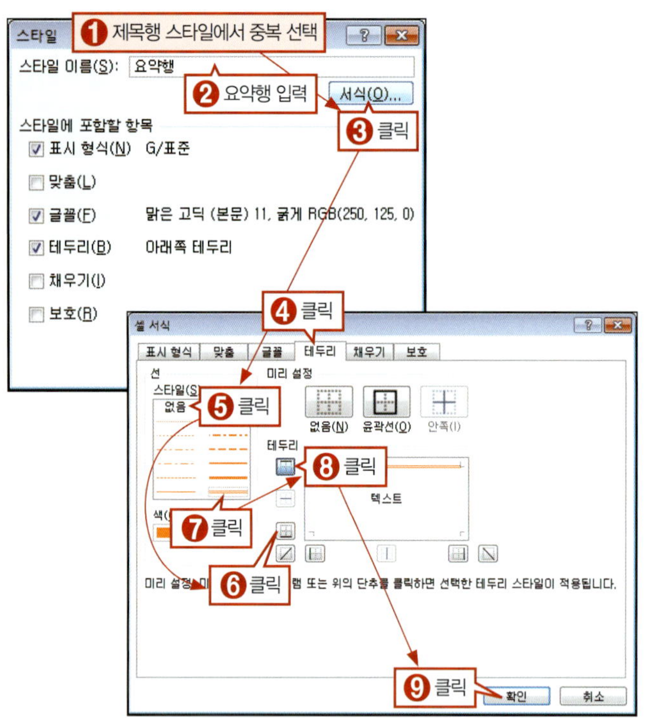

05

① 앞서 만든 **제목행** 스타일에서 마우스 오른쪽 버튼을 클릭한 후 **중복**을 선택

②③ 스타일 대화상자에서 스타일 이름에 **요약행**을 입력하고 **〈서식〉**을 클릭

④ 셀 서식 대화상자의 [테두리] 탭을 클릭

⑤⑥ 아래쪽 테두리를 **없음**으로 설정

⑦⑧ 위쪽 테두리를 **이중선**으로 설정

⑨ **〈확인〉**을 클릭합니다.

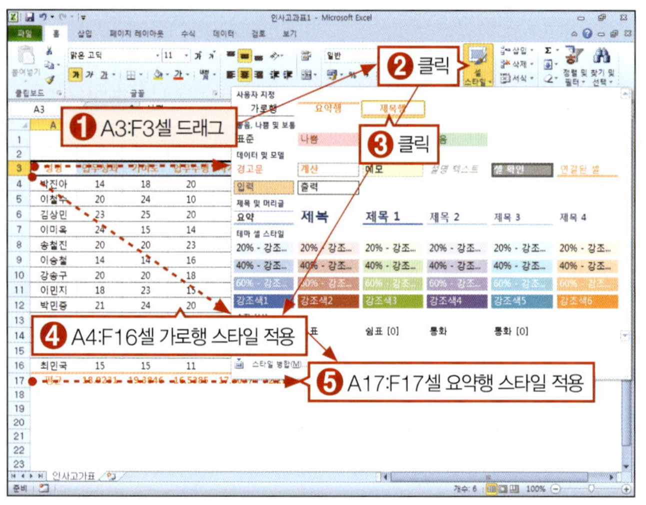

06

① A3~F3셀을 범위로 지정

②③ [홈] 탭의 [스타일] 그룹에서 **셀 스타일**을 클릭하고 사용자 지정 목록의 **제목행**을 선택해서 스타일을 적용

④⑤ 같은 방법으로 A4~F16셀에는 **가로행**, A17~F17셀에는 **요약행** 스타일을 적용합니다.

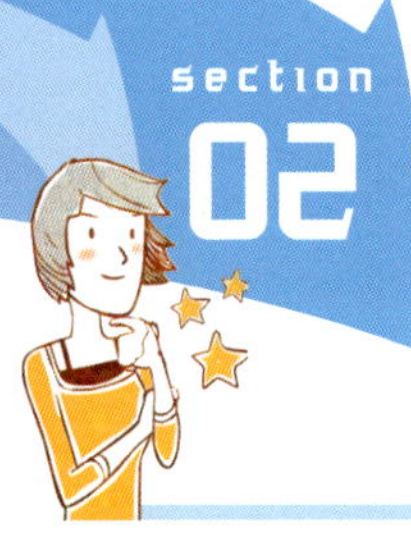

section 02

기본 서식 지정하기

• 병합하고 가운데 맞춤 • 가운데 맞춤 • 셀 서식 대화상자 • 셀 전체 선택 버튼
• 테두리 그리기 • 표시 형식 지정 • 사용자 지정 서식

함께해요 1. [글꼴]과 [맞춤] 그룹에서 서식 지정하기 견적서

문자를 꾸밀 때는 글꼴, 크기, 스타일, 색 등을 조절하거나 셀에 입력되어 있는 데이터 쓰기 방향, 회전 방향, 병합, 줄 바꿈 등을 설정합니다. 이러한 요소들은 [홈] 탭의 [글꼴]이나 [맞춤] 그룹에서 설정할 수 있으며 표시 형식도 설정할 수 있습니다.

• 실습 파일 ◎:\엑셀\4장\실습\견적서1.xlsx
• 완성 파일 ◎:\엑셀\4장\완성\견적서1_완성.xlsx

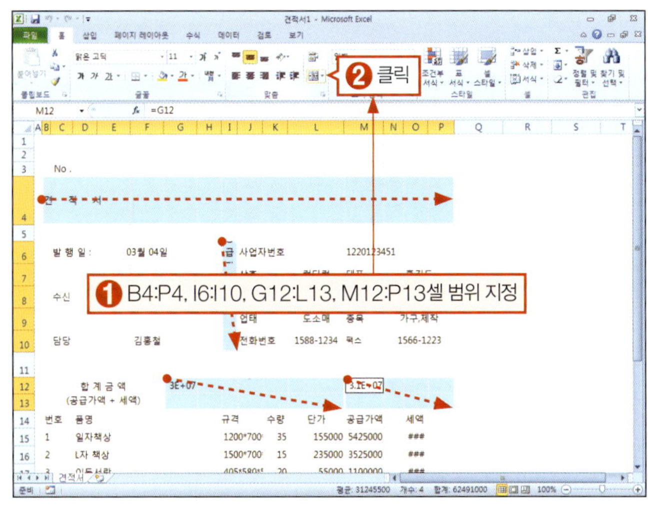

01

① Ctrl을 누른 상태로 B4~P4, I6~I10, G12~L13, M12~P13셀을 범위로 지정

② [홈] 탭의 [맞춤] 그룹에서 **병합하고 가운데 맞춤**을 클릭합니다.
이웃한 셀들이 하나로 병합되고 텍스트는 가운데 정렬됩니다.

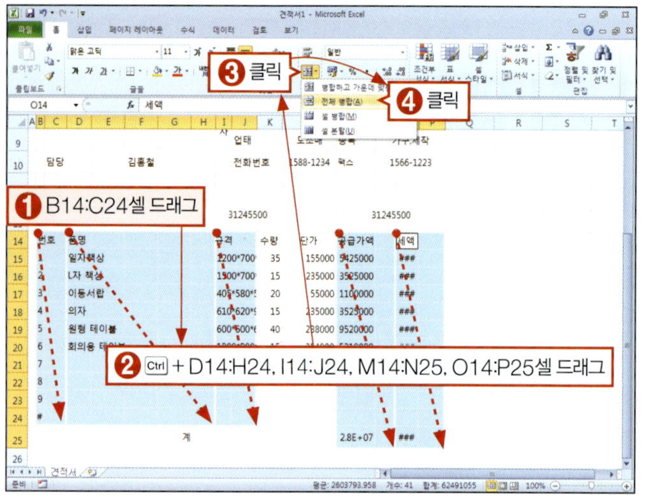

02

① B14~C24셀을 범위로 지정

② Ctrl을 누른 상태로 D14~H24, I14~J24, M14~N25, O14~P25셀을 드래그해서 범위로 추가

③④ [홈] 탭의 [맞춤] 그룹에서 **병합하고 가운데 맞춤 목록 버튼**을 클릭하고 **전체 병합**을 선택합니다. 전체 병합은 지정된 셀 범위를 각각 행 단위로 병합합니다.

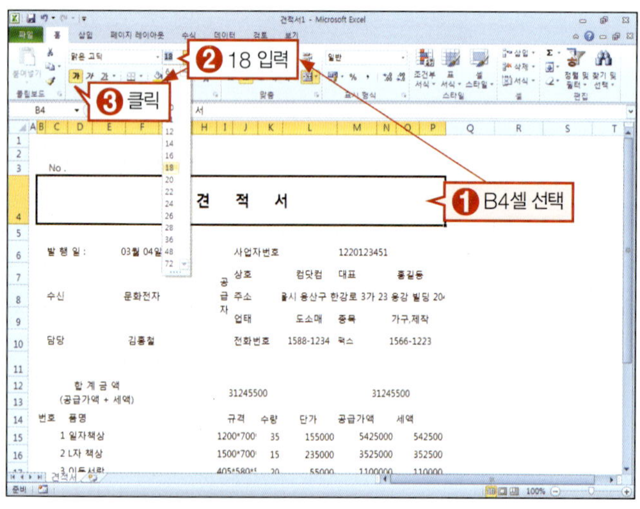

03

① B4셀을 선택

②③ [홈] 탭의 [글꼴] 그룹에서 글꼴 크기를 18로 입력하고, **굵게**를 클릭합니다.

Tip

셀을 선택하고 마우스 오른쪽 버튼을 클릭하면 나타나는 서식 미니 도구모음에서 원하는 서식을 지정할 수 있습니다.

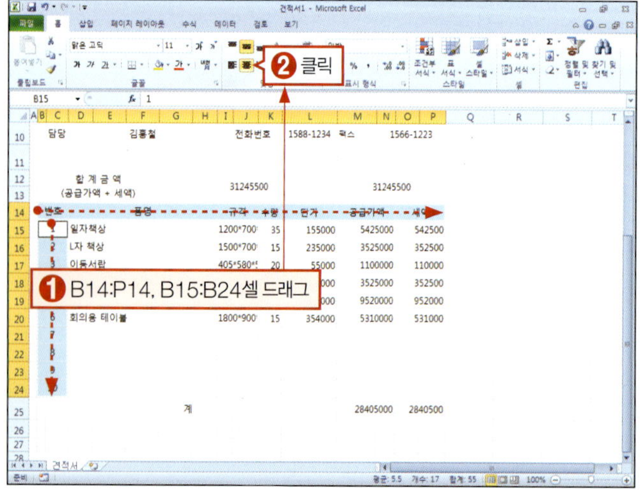

04

① B14~P14, B15~B24셀을 범위로 지정

② [홈] 탭의 [맞춤] 그룹에서 **가운데 맞춤**을 클릭합니다.

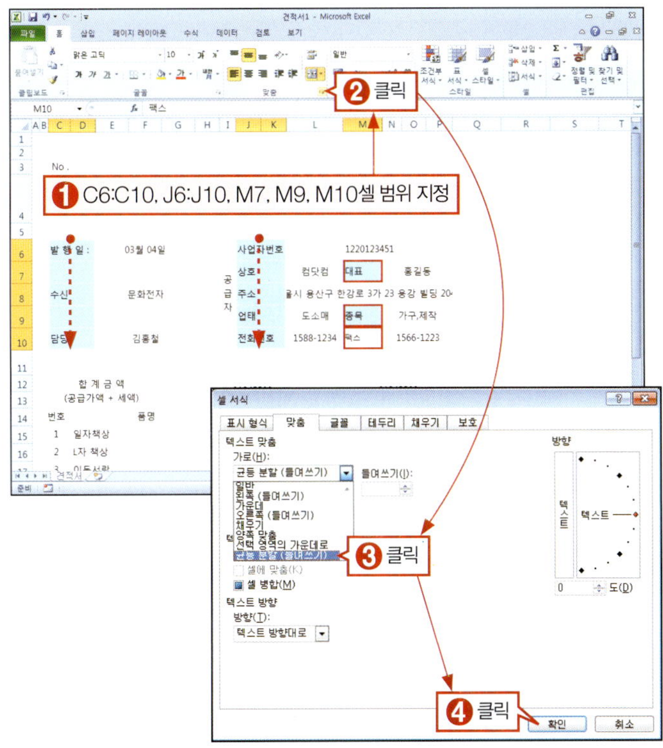

05

① C6~C10, J6~J10, M7, M9, M10셀을 범위로 지정

② [홈] 탭의 [맞춤] 그룹에서 **대화상자 표시 버튼**을 클릭

③④ 텍스트 맞춤 가로에서 **균등 분할(들여쓰기)**를 선택하고 **〈확인〉**을 클릭합니다. 내용이 셀에 가득 차게 양쪽으로 분할됩니다.

Tip

글꼴과 맞춤 옵션을 상세하게 지정하려면 대화상자 표시 버튼을 클릭해서 셀 서식 대화상자를 불러옵니다.

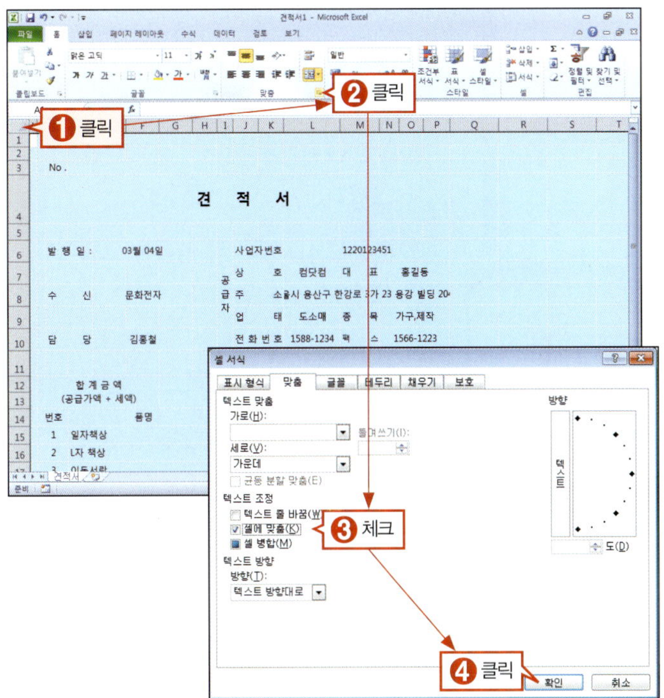

06

① **셀 전체 선택 버튼**을 클릭

② [홈] 탭의 [맞춤] 그룹에서 **대화상자 표시 버튼**을 클릭

③④ 텍스트 조정의 **셀에 맞춤**에 체크하고 **〈확인〉**을 클릭합니다. **주소, 규격** 셀과 같이 셀의 너비보다 텍스트 길이가 길 경우 셀에 맞춰 글자 크기가 조정됩니다.

Tip

'셀에 맞춤'에 체크 표시가 안 될 경우 '텍스트 줄 바꿈'의 체크를 해제한 다음 '셀에 맞춤'에 체크합니다.

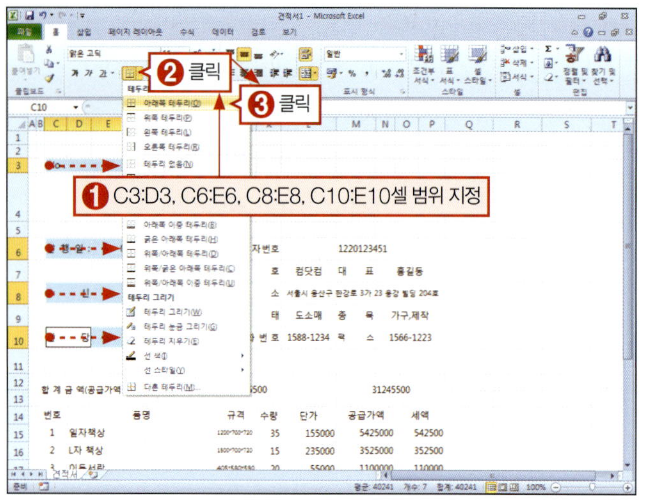

07

① C3~D3, C6~E6, C8~E8, C10~E10셀을 범위로 지정

②③ [홈] 탭의 [글꼴] 그룹에서 **테두리 목록 버튼**을 클릭하고 **아래쪽 테두리**를 선택해서 각 선택 영역 아래쪽에 테두리를 그립니다.

Tip

테두리 그리기 항목에서 '테두리 그리기'는 마우스로 드래그한 범위의 바깥쪽 가로/세로 선만 그릴 수 있으며 '테두리 눈금 그리기'는 드래그한 범위의 안쪽 가로/세로 선까지 그려 줍니다. 테두리를 그린 다음에는 Esc를 눌러 테두리 그리기를 해제합니다.

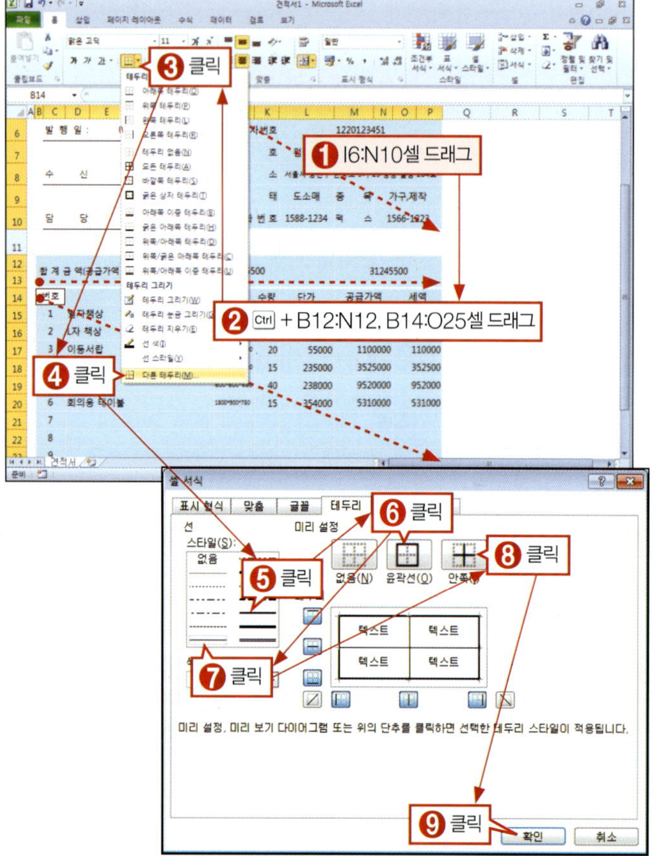

08

① I6~N10셀을 범위로 지정

② Ctrl을 누른 상태로 B12~N12, B14~O25셀까지 범위로 지정

③④ [홈] 탭의 [글꼴] 그룹에서 **테두리 목록 버튼**을 클릭하고 **다른 테두리**를 선택

⑤⑥ **중간 굵기**로 테두리 윤곽선을 그립니다.

⑦⑧ **실선**으로 테두리 안쪽을 그립니다.

⑨ **〈확인〉**을 클릭합니다.

Tip

셀이 병합되면 병합된 셀의 첫 행과 열이 셀 이름으로 지정됩니다. 셀 이름은 이름상자에서 확인할 수 있습니다.

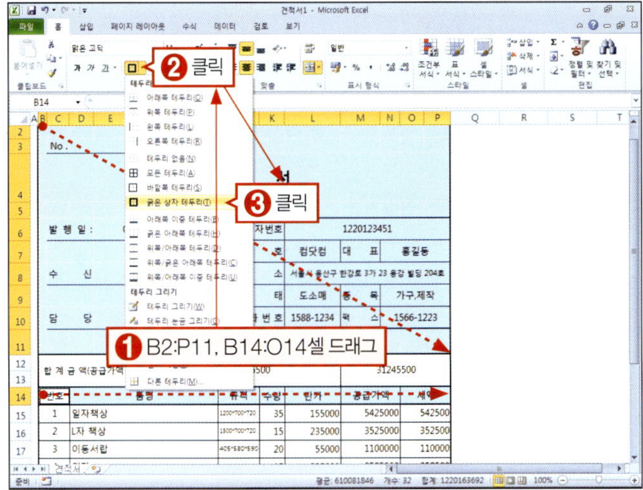

09

① B2~P11, B14~O14셀을 범위로 지정

②③ [홈] 탭의 [글꼴] 그룹에서 **테두리 목록 버튼**을 클릭하고 **굵은 상자 테두리**를 선택해서 윤곽선을 그립니다.

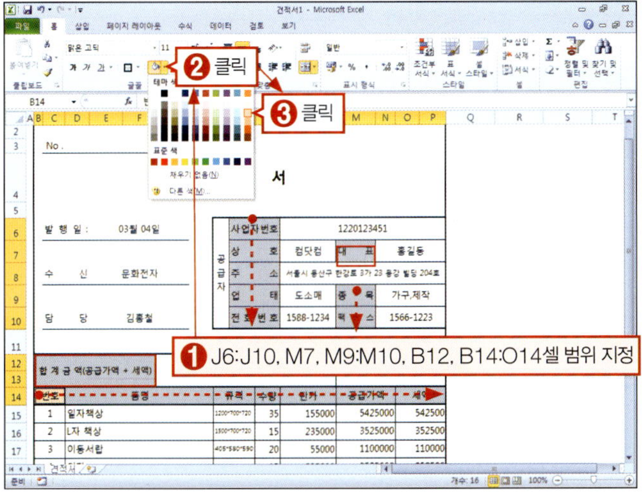

10

① J6~J10, M7, M9~M10, B12, B14~O14셀을 범위로 지정

②③ [홈] 탭의 [글꼴] 그룹에서 **채우기 색 목록 버튼**을 클릭하고 테마 색의 **주황, 강조 6, 60% 더 밝게**를 선택합니다.

함께해요 2. [표시 형식] 그룹에서 서식 지정하기 견적서

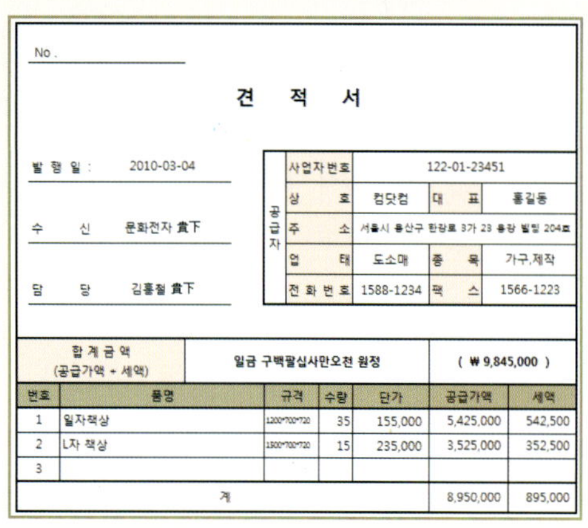

No .

견 적 서

발 행 일 : 2010-03-04	공급자	사업자번호	122-01-23451		
		상 호	컴닷컴	대 표	홍길동
수 신 문화전자 貴下		주 소	서울시 용산구 한강로 3가 23 용향 빌딩 204호		
		업 태	도소매	종 목	가구,제작
담 당 김홍철 貴下		전 화 번 호	1588-1234	팩 스	1566-1223

합 계 금 액 (공급가액 + 세액)	일금 구백팔십사만오천 원정	(₩ 9,845,000)				
번호	품명	규격	수량	단가	공급가액	세액
1	일자책상	1200*700*720	35	155,000	5,425,000	542,500
2	L자 책상	1500*700*720	15	235,000	3,525,000	352,500
3						
계					8,950,000	895,000

셀에 입력한 문자와 수치 데이터를 화면에 어떻게 나타낼지 결정하는 것이 표시 형식입니다. 표시 형식에는 숫자, 통화, 회계, 날짜, 시간, 문자, 사용자 정의 등이 있습니다.

- **실습 파일** ◎:\엑셀\4장\실습\견적서2.xlsx
- **완성 파일** ◎:\엑셀\4장\완성\견적서2_완성.xlsx

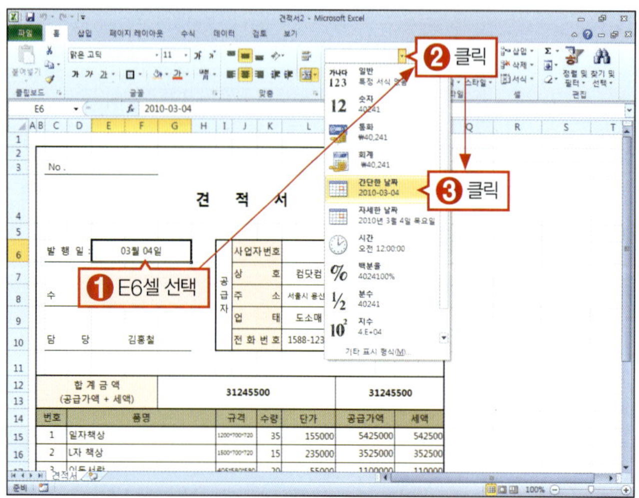

01

① E6셀을 선택

②③ [홈] 탭의 [표시 형식] 그룹에서 **표시 형식 목록 버튼**을 클릭하고 **간단한 날짜**를 선택하여 날짜 형식을 년-월-일 형태로 바꿉니다.

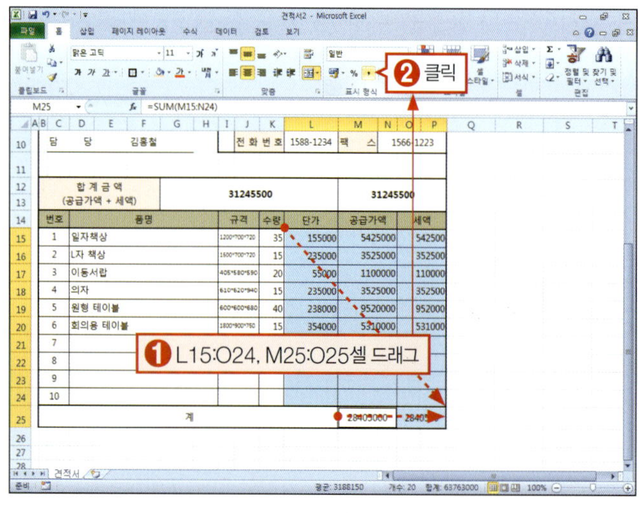

02

① L15~O24, M25~O25셀을 범위로 지정

② [홈] 탭의 [표시 형식] 그룹에서 **쉼표 스타일** , 을 클릭해서 숫자 세 자리마다 구분 기호로 쉼표를 넣습니다.

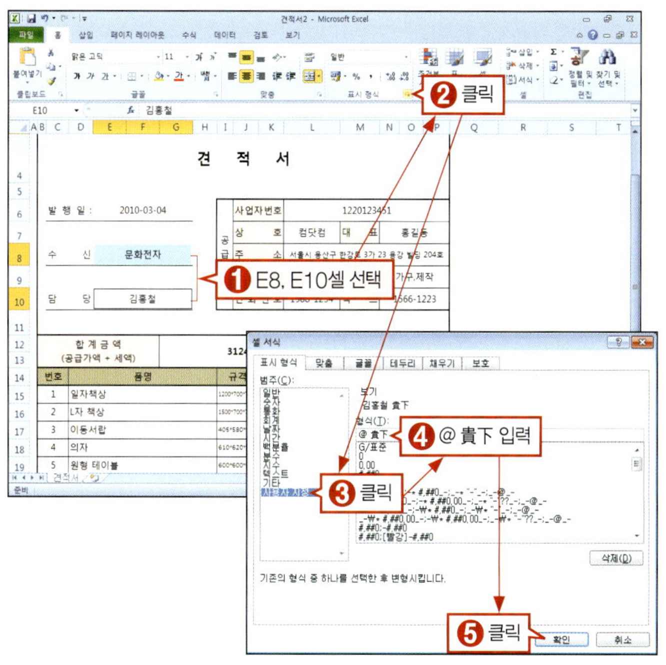

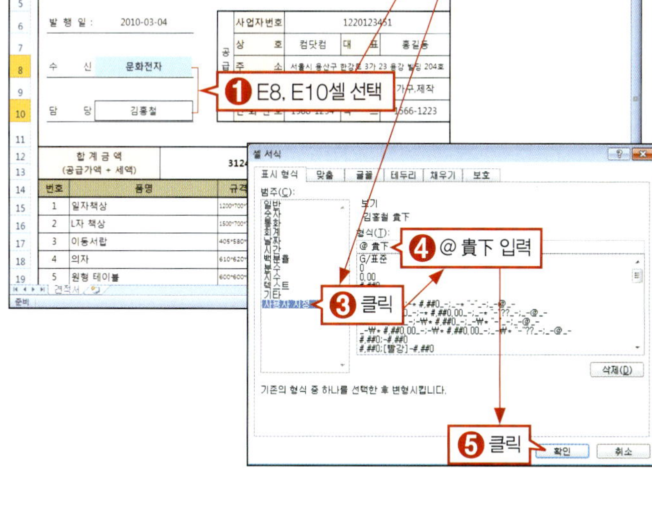

03

① E8, E10셀을 선택

② [홈] 탭의 [표시 형식] 그룹에서 **셀 서식 대화상자 표시 버튼**을 클릭

③④ 셀 서식 대화상자의 [표시 형식] 탭에서 범주 목록의 **사용자 지정**을 선택하고 형식 입력란에 **@ 貴下**(귀하)를 입력

⑤ **〈확인〉**을 클릭해서 셀에 입력한 내용에 貴下가 자동으로 붙도록 서식을 적용합니다.

Tip

마우스 오른쪽 버튼을 클릭하고 '셀 서식' 메뉴를 선택하여 셀 서식 대화상자를 불러올 수도 있습니다.

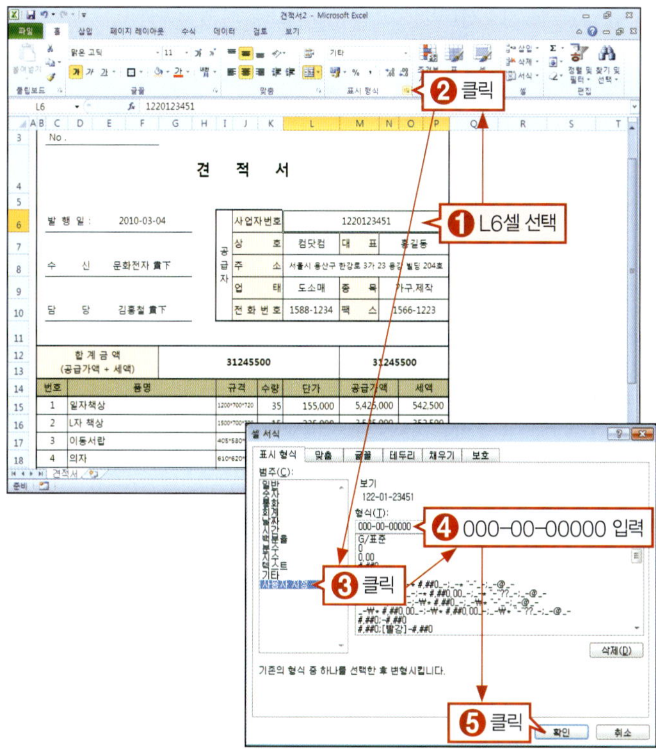

04

① L6셀을 선택

② [홈] 탭의 [표시 형식] 그룹에서 **셀 서식 대화상자 표시 버튼**을 클릭

③④ **사용자 지정**을 선택하고 형식 입력란에 **000-00-00000**을 입력

⑤ **〈확인〉**을 클릭해서 서식을 적용합니다.

Tip

0은 유효한 자릿수가 아니더라도 숫자의 자릿수를 맞추는 기호로 000-00-00000은 사업자번호를 3자-2자-5자 형식으로 표시합니다.

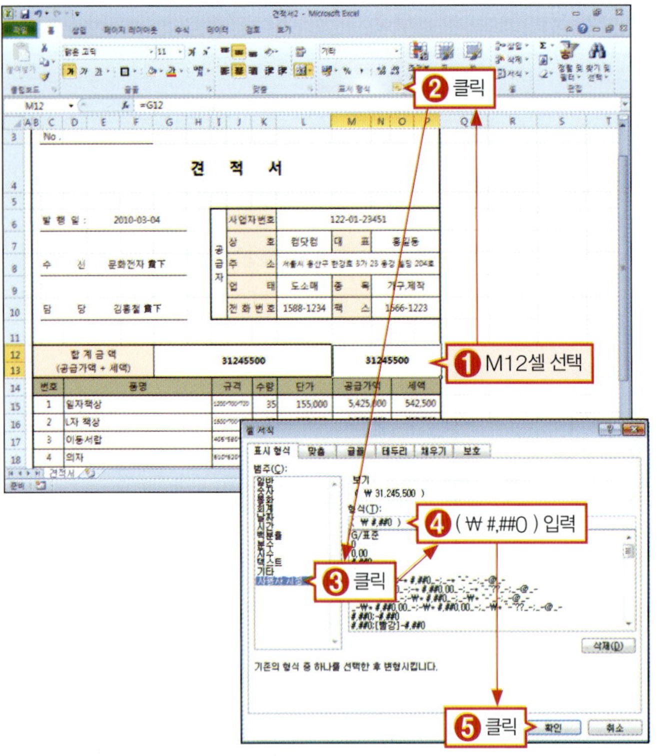

05

①② M12셀을 선택하고 셀 서식 대화상자를 띄웁니다.

③④ **사용자 지정**을 선택하고 형식 입력란에 (**₩ #,##0**)를 입력

⑤ **〈확인〉**을 클릭하여 서식을 적용합니다.

Tip

#은 유효한 자릿수의 숫자를 표시하는 기호입니다. (₩ #,##0)는 괄호 안에 통화 기호를 표시하고 천 단위마다 콤마를 표시하라는 뜻입니다. 사용자 형식 코드가 #,###이면 입력한 값이 0일 경우 화면에 아무것도 표시하지 않는데 비해 #,##0은 0도 화면에 표시합니다.

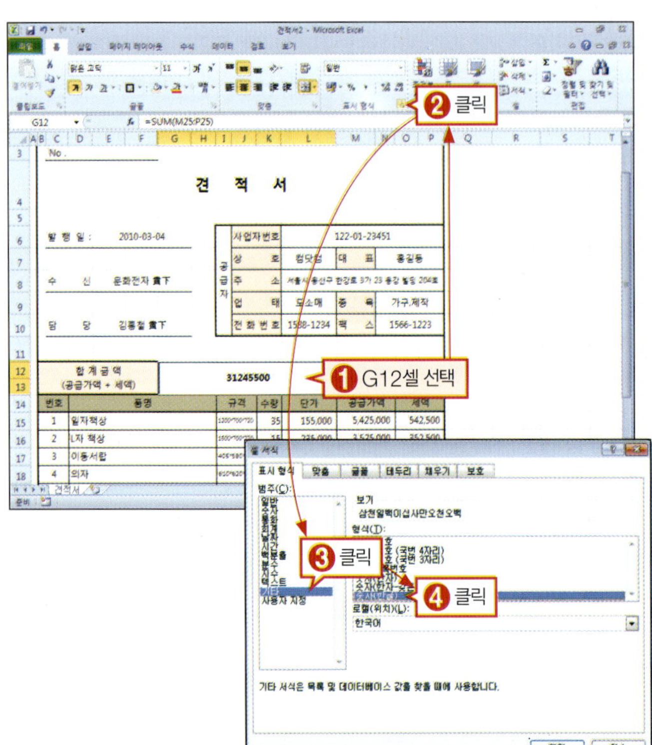

06

①② G12셀을 선택하고 셀 서식 대화상자를 띄웁니다.

③④ **기타**를 선택하고 형식에서 **숫자(한글)**을 선택합니다.

Tip

숫자(한글) 서식은 숫자를 입력하면 한글로 표시해 주는 서식입니다. 만약 기타형식에 '우편번호'에서부터 '숫자(한글)' 형식이 표시되지 않으면 아래 로컬(위치) 목록 버튼을 클릭하여 '한국어'로 변경합니다.

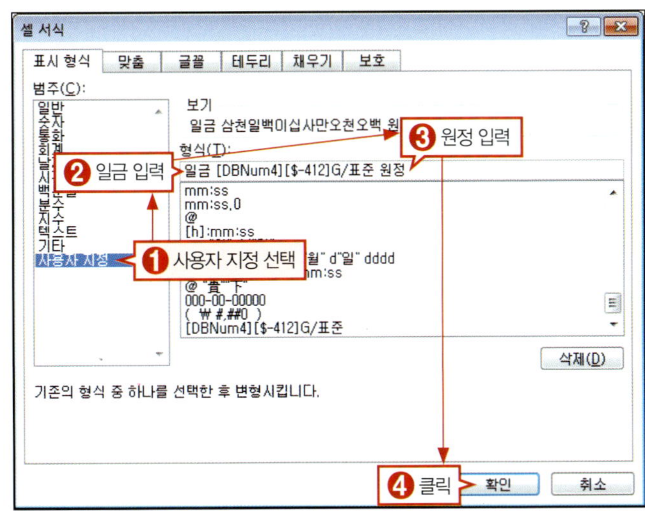

07

① 범주 목록에서 **사용자 지정**을 선택

②③ 형식 입력란에 입력되어 있는 서식 코드 맨 앞에는 **일금**을, 맨 뒤에는 **원정**을 입력

④ 〈**확인**〉을 클릭해서 숫자(한글) 서식을 수정 적용합니다. 숫자가 한글로 표기되며 앞에 **일금**, 뒤에 **원정**이 붙습니다.

Note 표시 형식과 사용자 지정 서식

표시 형식 도구

① 표시 형식 지정 목록 : 일반, 숫자, 통화, 회계 등의 다양한 표시 형식을 지정합니다.
② 통화 기호 : 원화(₩), 달러($), 엔화(￥)를 지정하고 숫자 세 자리마다 쉼표를 표시합니다.
③ 백분율 스타일 : 숫자에 100을 곱한 후 % 기호를 붙입니다.
④ 쉼표 스타일 : 숫자 세 자리마다 구분 기호로 쉼표(,)를 표시합니다.
⑤ 소수부의 자릿수 늘림 : 소수부 이하 자릿수를 한 자리씩 늘립니다.
⑥ 소수부의 자릿수 줄임 : 소수부 이하 자릿수를 반올림하며 한 자리씩 줄입니다.
⑦ 셀 서식 대화상자 표시 버튼 : 셀 서식 대화상자를 띄웁니다.

사용자 지정 서식 코드

셀 서식 대화상자에서 지정하고 싶은 형식을 찾을 수 없을 때는 사용자가 직접 서식을 입력합니다. 사용자 지정 형식은 한 번에 4개까지 지정할 수 있으며 기본적으로 양수, 음수, 0, 문자 형식을 세미콜론(;)으로 구분하여 다음과 같이 표현합니다.

양수 형식 ; 음수 형식 ; 0 ; 문자 형식

사용자 서식에서는 조건이나 색을 지정할 수 있으며 대괄호([])에 조건이나 색을 입력하면 됩니다. 입력 가능한 색상은 [검정], [파랑], [녹청], [녹색], [자홍], [빨강], [흰색], [노랑]으로 8가지가 있으며 색상을 맨 앞에 입력합니다.

[조건]형식;[조건]형식	[색][조건]형식;[색][조건]형식

	A	B
1	입력값	증감율
2	12.46%	▲12.5%
3	7.57%	▲7.6%
4	0.00%	-
5	5.35%	▲5.3%
6	-10.35%	▼10.3%
7	0.00%	-
8	-5.32%	▼5.3%

사용자 형식 코드 등락률 : [빨강]▲0.0%;[파랑]▼0.0%;"–"

양수일 때에는 빨간색에 ▲ 소수부 첫째 자리 백분율로 표시;
음수일 때에는 파란색에 ▼ 소수부 첫째 자리 백분율로 표시;
0 일 때에는 – 기호로 표시

사용자 지정 형식을 만들 때는 다음과 같이 데이터 형식 별로 약속된 기호가 있습니다.

데이터 형식	서식 기호	기능
숫자	#	유효한 숫자를 표시하는 기호(무효한 0은 표시하지 않음)
	0	숫자를 표시하는 기호(무효한 0을 표시하여 자릿수를 맞춤)
	?	숫자를 표시하는 기호(무효한 0을 공백으로 표시하여 자릿수를 맞춤)
	%	백분율을 표시
	.	소수점을 표시
	,	숫자 세 자리마다 구분 기호
	₩,$,¥	통화 유형 기호
문자	@	문자를 대표하는 형식으로 문자에 특정 문자를 표시하고 싶을 때 사용
날짜	YY/YYYY	년도를 두 자리 또는 네 자리로 표시
	M/MM/MMMM	월을 1~12 또는 01~12로 표시
	D/DD	일을 1~31 또는 01~31로 표시
	DDD/DDDD	요일을 영문 세 자리 또는 영문으로 표시(예 : Mon 또는 Monday)
날짜	AAA/AAAA	요일을 한글 한 자리 또는 한글로 표시(예 : 월 또는 월요일)
	H/HH	시간을 0~23 또는 00~23 으로 표시
	M/MM	분을 0~59 또는 00~59 로 표시
	S/SS	초를 0~59 또는 00 ~59 로 표시

천 단위 또는 백만 단위로 표시하기

자릿수가 큰 숫자는 셀 공간을 많이 차지하기도 하고 데이터를 읽기도 불편합니다. 이럴 때는 세 자리씩 잘라서 표시할 수 있습니다.

사용자 형식 코드 단위(천원) : #,##0,
사용자 형식 코드 금액(백만원) : #,##0,,

	A	B	C
1	입력값	천단위	백단위
2	12,340,000	12,340	12
3	34,500,000	34,500	35
4	45,670,000	45,670	46
5	24,554,600	24,555	25
6	25,454,200	25,454	25

누적 시간 표시하기

시간 형식은 주로 시:분:초 형태의 h:m:s 형식을 사용합니다. 시간 형식에서 24시간이 넘어서는 누적 시간을 표시할 때는 대괄호와 함께 h, m, s 기호를 사용합니다. 다음과 같이 입고시간부터 출고시간까지 걸린 시간(=출고시간−입고시간)을 표시하려면 결과값 셀 서식을 [h], [m], [s]로 지정합니다.

사용자 지정 형식 누적 시간 : [h]
사용자 지정 형식 누적 분 : [m]
사용자 지정 형식 누적 초 : [s]

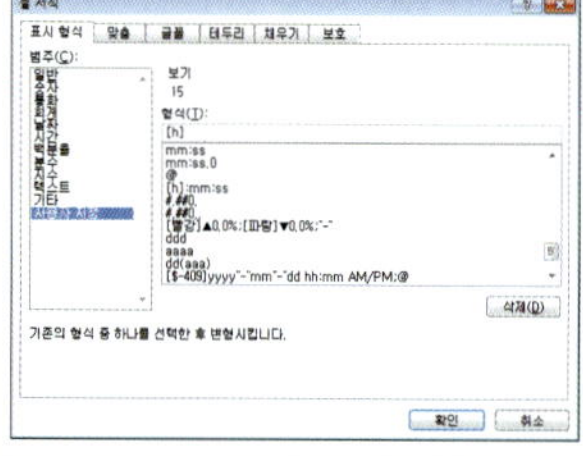

	A	B	C	D	E
1	입고시간	출고시간	누적(시)	누적(분)	누적(초)
2	2010-05-10 05:40 AM	2010-05-10 08:40 PM	15	900	54000
3	2010-05-10 01:40 PM	2010-05-11 01:40 PM	24	1440	86400
4	2010-05-11 09:40 AM	2010-05-13 09:40 AM	48	2880	172800
5	2010-05-13 11:30 AM	2010-05-14 11:30 AM	24	1440	86400
6	2010-05-14 01:00 PM	2010-05-17 01:00 PM	72	4320	259200

숫자를 한글, 한자로 표시하는 형식 코드

형식 코드	설명	표시 형식
[DBNum1][$-412]G/표준	한자로 표시	一千二百五十万
[DBNum2][$-412]G/표준	한자 갖은자 표시	壹阡貳百伍拾萬
[DBNum3][$-412]G/표준	단위만 한자로 표시	千2百5十万
[DBNum4][$-412]G/표준	한글로 표시	일천이백오십만

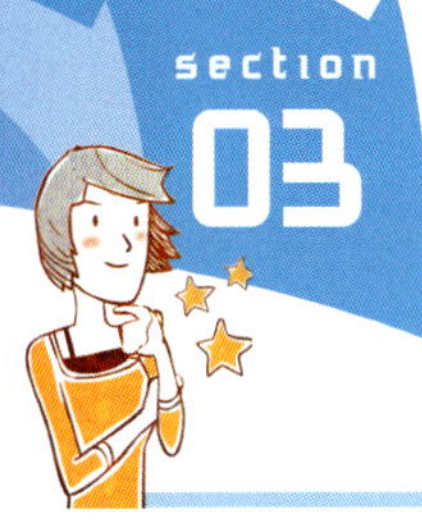

section 03 조건부 서식 지정하기

• 조건부 서식 • 셀 강조 규칙 • 상위/하위 규칙 • 데이터 막대 • 색조
• 아이콘 집합 • 조건부 서식 규칙 관리자

함께해요 1. 셀 강조, 상/하위 규칙에 따른 조건부 서식 지정하기 인사고과 평가표

인사고과 평가표

성명	직급	업적평가(50)		능력평가(50)		고과점수
		업무성과	기여도	업무수행	자기계발	
박진아	대리	24	22	23	23	92
이철수	사원	20	24	10	15	69
김상민	사원	23	25	20	19	87
이미옥	사원	24	15	14	14	67
송철진	대리	20	20	23	11	74
이승철	사원	14	14	16	20	64
강송구	주임	20	20	18	20	78
이민지	사원	23	23	23	21	90
박민중	주임	21	24	20	23	88
김송인	주임	23	20	15	16	74
오민지	사원	16	14	19	18	67
김명수	사원	18	20	18	15	71
최민국	주임	15	15	11	20	61
평균		20.08	19.69	17.69	18.08	75.54

셀 강조 규칙은 지정한 데이터 범위에서 비교 연산자를 기준으로 조건에 맞는 셀을 찾아 사용자가 지정한 셀 서식을 적용하는 것이며 상위/하위 규칙은 지정한 데이터 범위에서 셀 값을 기준으로 상위 값 또는 하위 값을 찾아 지정한 서식을 적용하는 것입니다.

• **실습 파일** ⓒ:\엑셀\4장\실습\인사고가표2.xlsx

• **완성 파일** ⓒ:\엑셀\4장\완성\인사고가표2_완성.xlsx

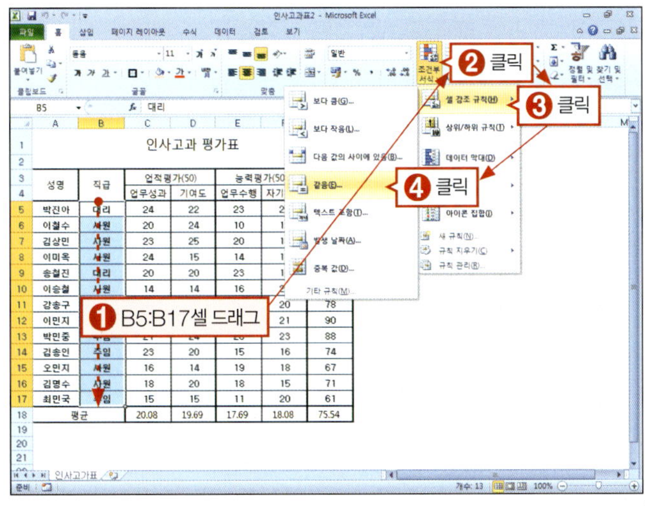

01

① B5~B17셀을 범위로 지정

② [홈] 탭의 [스타일] 그룹에서 **조건부 서식**을 클릭

③④ **셀 강조 규칙 – 같음**을 선택해서 대화상자를 띄웁니다.

Tip

조건부 서식을 수정 또는 삭제하려면 [스타일] 그룹에서 '조건부 서식'을 클릭하고 '규칙 관리'를 선택합니다.

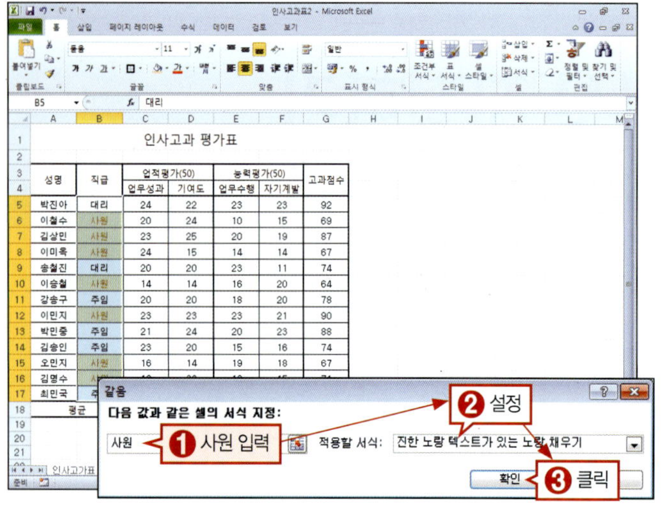

02

①② 서식을 지정할 셀 값으로 **사원**을 입력하고 적용할 서식 목록에서 **진한 노랑 텍스트가 있는 노랑 채우기**를 선택

③ **<확인>**을 클릭해서 **사원**이 입력된 셀에 서식을 적용합니다.

Tip

적용할 서식에서 '사용자 지정 서식'을 선택하면 셀 서식을 직접 지정할 수 있습니다.

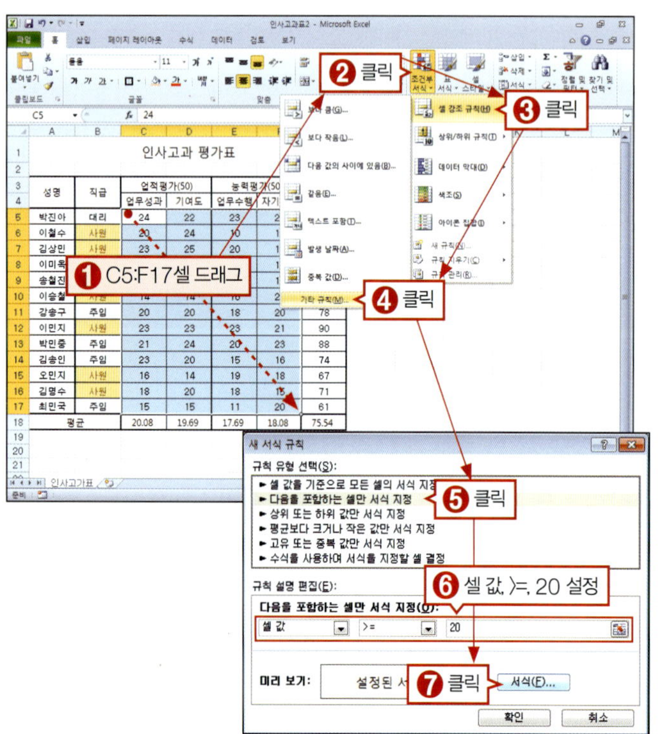

03

① C5~F17셀을 범위로 지정

② [홈] 탭의 [스타일] 그룹에서 **조건부 서식**을 클릭

③④ **셀 강조 규칙** – **기타 규칙**을 선택

⑤ 새 서식 규칙 대화상자에서 **다음을 포함하는 셀만 서식 지정**을 선택

⑥ 규칙을 **셀 값, >=, 20**으로 설정

⑦ **<서식>**을 클릭해서 셀 서식 대화상자를 띄웁니다.

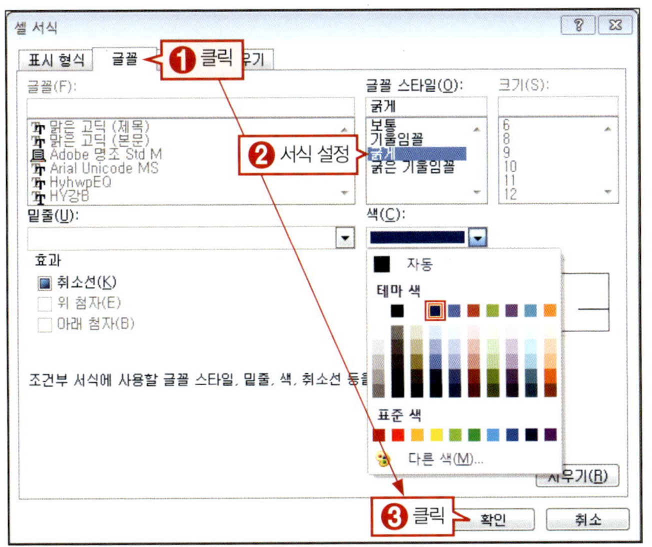

04

① 셀 서식 대화상자에서 [글꼴] 탭을 클릭

② 글꼴 스타일을 **굵게**, 색을 **진한 파랑, 텍스트 2**로 설정

③ **〈확인〉**을 클릭하고 새 서식 규칙 대화상자에서도 **〈확인〉**을 클릭합니다. 셀 값이 20보다 크거나 같은 셀에 서식이 적용됩니다.

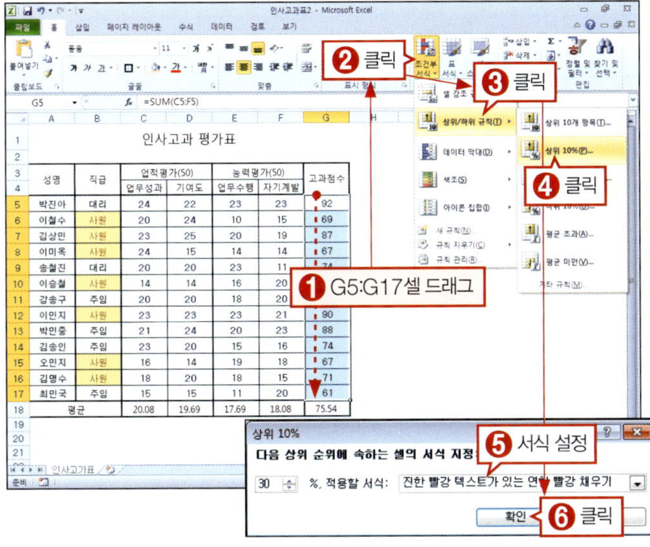

05

① G5~G17셀을 범위로 지정

② [홈] 탭의 [스타일] 그룹에서 **조건부 서식**을 클릭

③④ **상위/하위 규칙 – 상위 10%**를 선택

⑤ 입력란에 **30**을 입력하고 적용할 서식에서 **진한 빨강 텍스트가 있는 연한 빨강 채우기**를 선택

⑥ **〈확인〉**을 클릭해서 상위 30%에 해당하는 점수에 서식을 적용합니다.

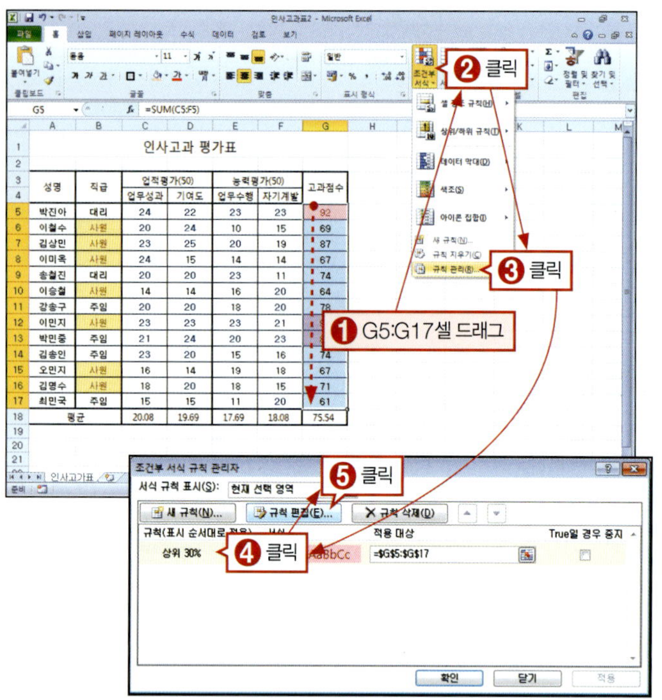

06

① G5~G17셀을 범위로 지정

②③ [홈] 탭의 [스타일] 그룹에서 **조건부 서식**을 클릭하고 **규칙 관리**를 선택

④⑤ **상위 30%** 규칙을 선택하고 **〈규칙 편집〉**을 클릭합니다.

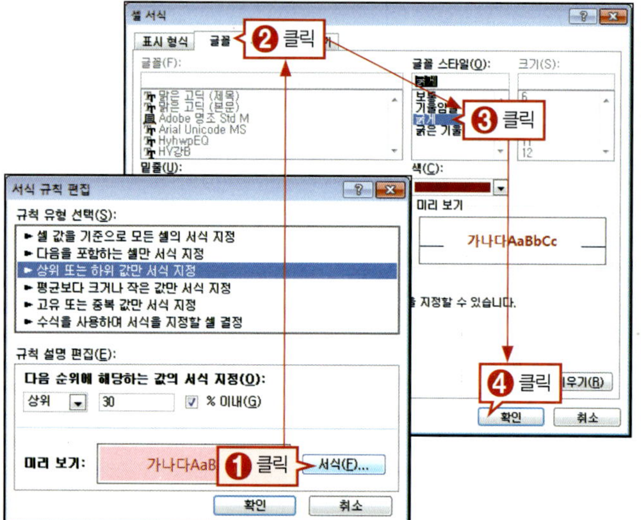

07

① 서식 규칙 편집 대화상자에서 **〈서식〉**을 클릭

②③ 셀 서식 대화상자의 [글꼴] 탭을 클릭하고 글꼴 스타일에서 **굵게**를 선택

④ 모든 대화상자에서 **〈확인〉**을 클릭해서 대화상자를 닫고 서식을 적용합니다.

2. 데이터의 시각화(막대, 색조) 및 수식으로 조건부 서식 지정하기 매출일보

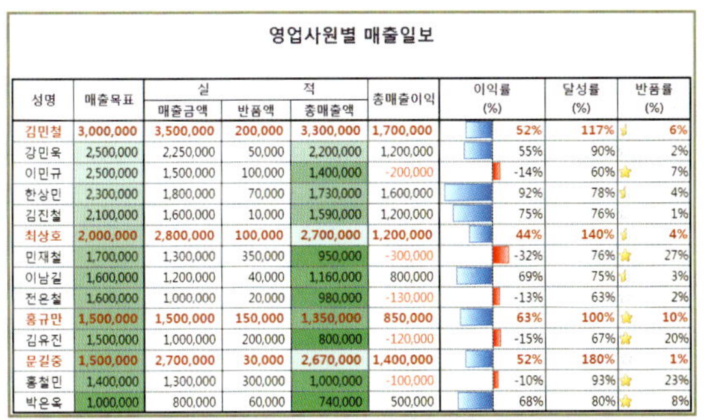

영업사원별 매출일보

성명	매출목표	실적			총매출이익	이익률 (%)	달성률 (%)	반품률 (%)
		매출금액	반품액	총매출액				
김민철	3,000,000	3,500,000	200,000	3,300,000	1,700,000	52%	117%	6%
강민욱	2,500,000	2,250,000	50,000	2,200,000	1,200,000	55%	90%	2%
이민규	2,500,000	1,500,000	100,000	1,400,000	-200,000	-14%	60%	7%
한상민	2,300,000	1,800,000	70,000	1,730,000	1,600,000	92%	78%	4%
김진철	2,100,000	1,600,000	10,000	1,590,000	1,200,000	75%	76%	1%
최상호	2,000,000	2,800,000	100,000	2,700,000	1,200,000	44%	140%	4%
민재철	1,700,000	1,300,000	350,000	950,000	-300,000	-32%	76%	27%
이남길	1,600,000	1,200,000	40,000	1,160,000	800,000	69%	75%	3%
전은철	1,600,000	1,000,000	20,000	980,000	-130,000	-13%	63%	2%
홍규만	1,500,000	1,500,000	150,000	1,350,000	850,000	63%	100%	10%
김유진	1,500,000	1,000,000	200,000	800,000	-120,000	-15%	67%	20%
문길중	1,500,000	2,700,000	30,000	2,670,000	1,400,000	52%	180%	1%
홍철민	1,400,000	1,300,000	300,000	1,000,000	-100,000	-10%	93%	23%
박은옥	1,000,000	800,000	60,000	740,000	500,000	68%	80%	8%

데이터 막대와 색조, 아이콘 집합을 사용하면 데이터를 시각화할 수 있으며 전체적인 추세를 한눈에 전달할 수 있습니다. 셀 값에 따른 막대 길이, 색의 진하기, 아이콘의 형태 등으로 데이터의 값을 비교해서 나타내며 함수나 논리 수식 등을 사용하여 조건을 보다 다양하게 지정할 수 있습니다.

- **실습 파일** ⓒ:\엑셀\4장\실습\매출일보1.xlsx
- **완성 파일** ⓒ:\엑셀\4장\완성\매출일보1_완성.xlsx

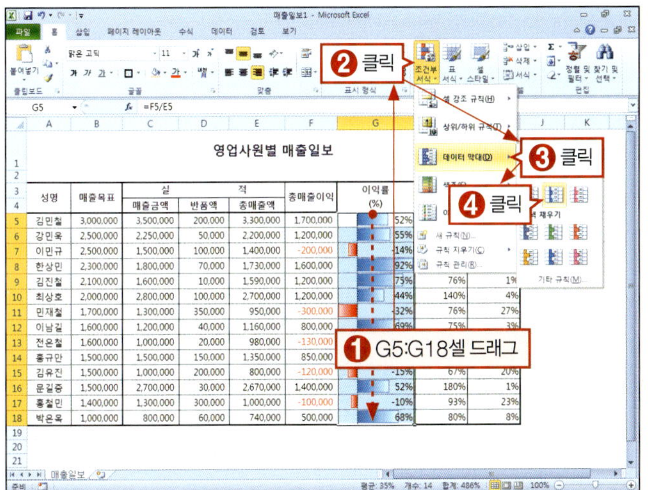

01

① G5~G18셀을 범위로 지정

② [홈] 탭의 [스타일] 그룹에서 **조건부 서식**을 클릭

③④ **데이터 막대** – 그라데이션 채우기의 **연한 파랑 데이터 막대**를 선택합니다. 셀 값에 따라 막대 길이가 다르게 표시됩니다.

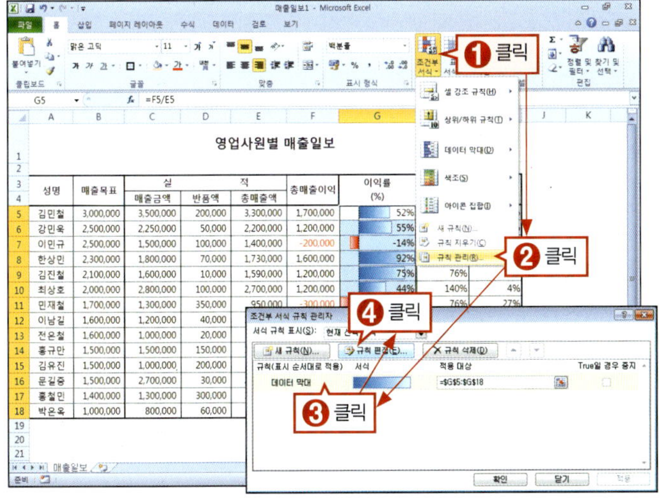

02 음수와 양수의 막대를 반대 방향으로 표시하겠습니다.

①② 범위가 지정된 상태로 [홈] 탭의 [스타일] 그룹에서 **조건부 서식**을 클릭하고 **규칙 관리**를 선택

③ 대화상자에서 **데이터 막대** 규칙을 선택

④ **<규칙 편집>**을 클릭합니다.

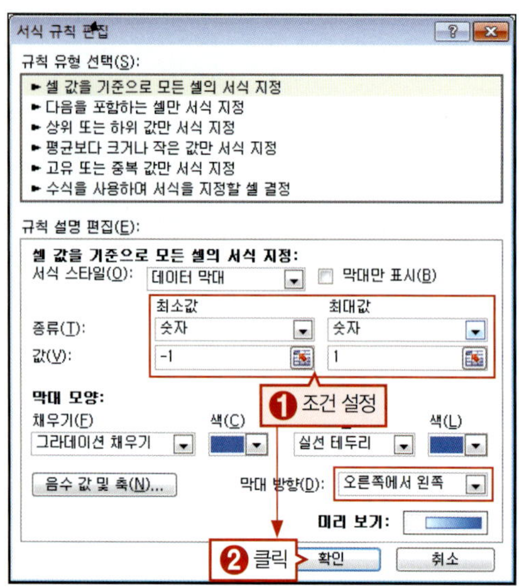

03

① 규칙 설명 편집 영역에서 최소값을 **숫자**, -1로, 최대값을 **숫자**, 1로, 막대 방향을 **오른쪽에서 왼쪽**으로 설정

② **〈확인〉**을 클릭해서 대화상자를 모두 닫습니다. 양수는 최대값 1, 음수는 최소값 -1을 기준으로 막대의 길이가 조정되고, 막대의 방향이 오른쪽에서 왼쪽으로 변경됩니다.

Tip

[음수 값 및 축(N)...]을 클릭하여 음수 값을 표시할 색 설정 및 데이터 막대의 축 위치를 지정할 수 있습니다.

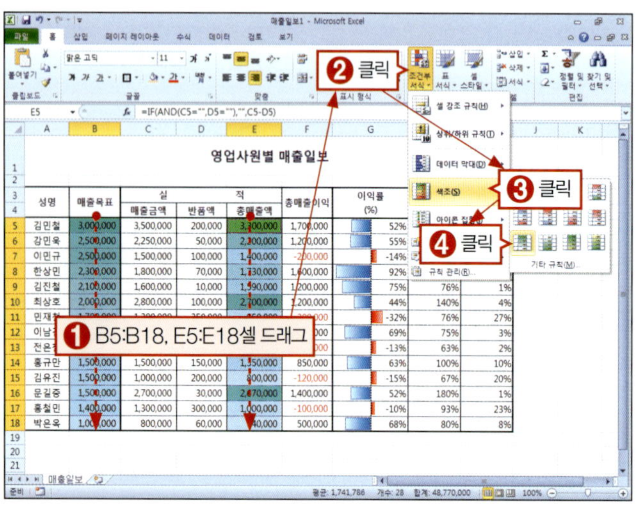

04

① B5~B18, E5~E18셀을 범위로 지정

② [홈] 탭의 [스타일] 그룹에서 **조건부 서식**을 클릭

③④ **색조-녹색-흰색 색조**를 선택합니다.

큰 값일수록 녹색, 작은 값일수록 흰색에 가깝게 표현됩니다.

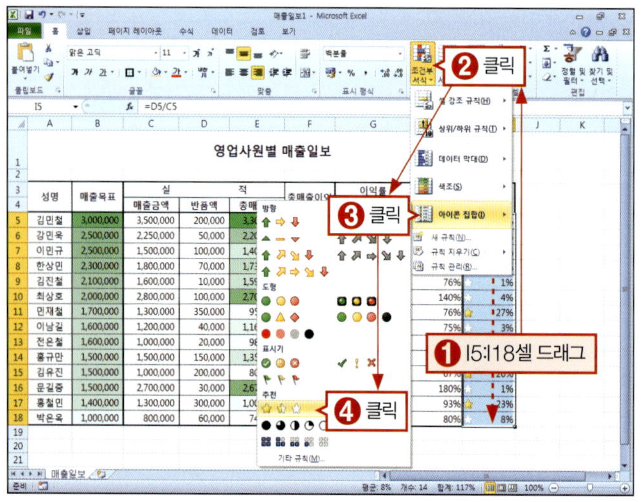

05

① I5~I18셀을 범위로 지정

② [홈] 탭의 [스타일] 그룹에서 **조건부 서식**을 클릭

③④ **아이콘 집합 - 별 3개**를 선택해서 값에 따라 아이콘을 표시합니다.

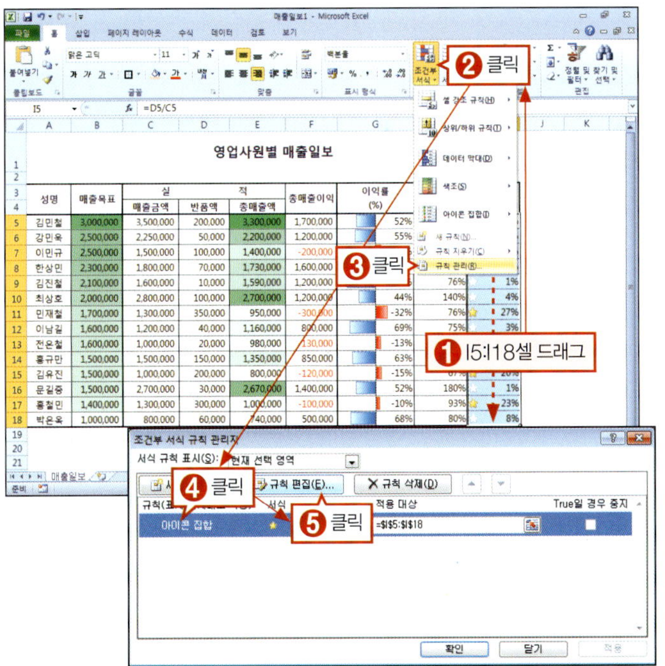

06

① I5~I18셀을 범위로 지정

②③ [홈] 탭의 [스타일] 그룹에서 **조건부 서식**을 클릭하고 **규칙 관리**를 선택

④⑤ 조건부 서식 규칙 관리자 대화상자에서 **아이콘 집합** 규칙을 선택하고 〈**규칙 편집**〉을 클릭합니다.

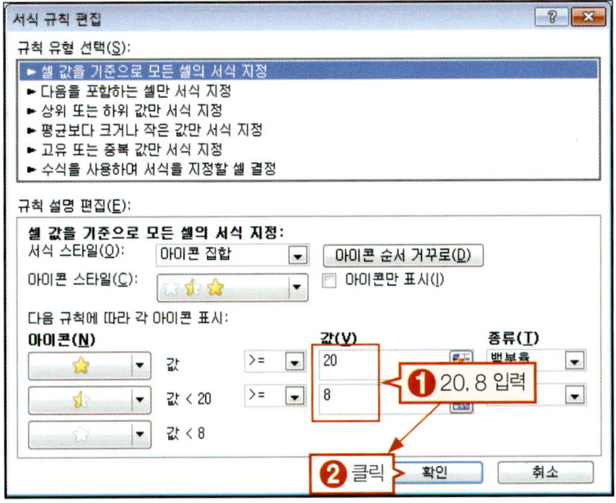

07

① 규칙 설명 편집 영역에서 ☆ 아이콘 값에 20, ☆ 아이콘 값에 8을 입력

② 〈확인〉을 클릭하여 대화상자를 모두 닫습니다. 셀 값이 20% 이상이면 ☆, 20% 미만 8% 이상이면 ☆, 8% 미만이면 ☆이 표시됩니다.

Tip

셀 값을 기준으로 백분율, 숫자, 백분위수, 수식으로 변경할 수 있습니다. 백분율과 백분위수는 0~100 사이 값을 입력합니다.

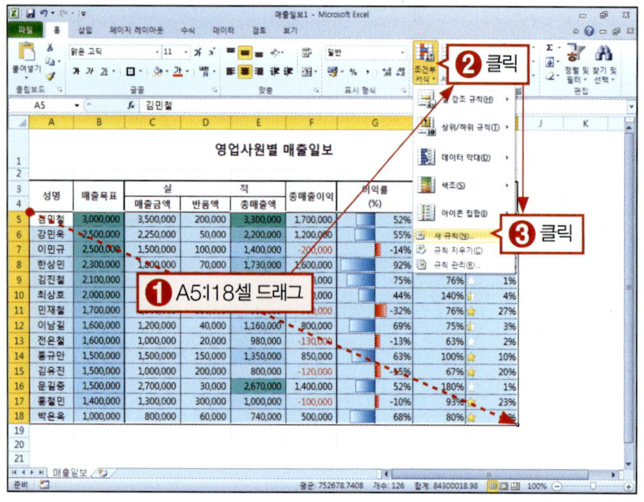

08 수식을 사용하여 서식을 지정하겠습니다.

① A5~I18셀을 범위로 지정

②③ [홈] 탭의 [스타일] 그룹에서 **조건부 서식**을 클릭하고 **새 규칙**을 선택

Note 조건부 서식 규칙 관리자 살펴보기

조건부 서식 규칙 관리자 대화상자에서 규칙 목록을 편집하거나 새로운 규칙을 만들 수 있습니다.

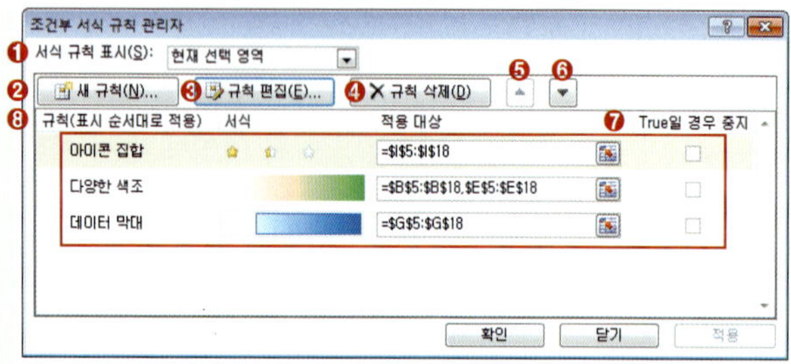

① 서식 규칙 표시 : 서식 규칙을 설정해 놓은 대상(현재 선택 영역, 현재 시트, 시트2, 시트3…)을 선택합니다.

② 새 규칙 : 새로운 조건부 서식을 만듭니다.

③ 규칙 편집 : 선택한 조건부 서식을 편집합니다.

④ 규칙 삭제 : 선택한 조건부 서식을 삭제합니다.

⑤ [▲] : 선택한 규칙의 우선순위를 위쪽으로 이동합니다.

⑥ [▼] : 선택한 규칙의 우선순위를 아래쪽으로 이동합니다.

⑦ True일 경우 중지 : 여러 개의 조건부 서식 규칙을 지원하지 않는 엑셀 2007 이전 버전과의 호환성을 위해 확인란에 체크하면 이전 버전으로 저장 시 규칙 평가를 중지합니다.

⑧ 규칙 : 조건부 서식의 종류가 표시되며 위에 있을수록 우선순위가 높습니다. 둘 이상의 조건부 서식이 True로 평가될 때는 규칙이 충돌할 수도 있습니다. 이럴 때는 우선순위가 높은 규칙만 적용됩니다.

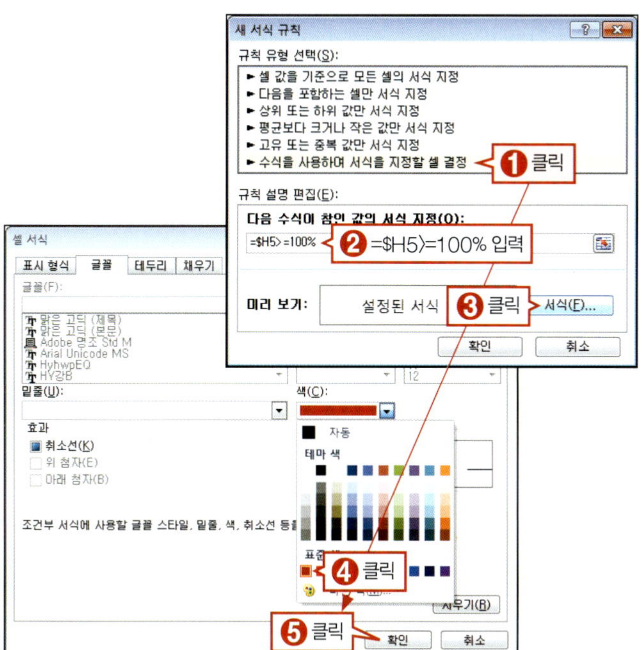

09

① **수식을 사용하여 서식을 지정할 셀 결정**을 선택

② 달성율 100% 이상인 행 전체에 서식을 적용하기 위해 수식 입력란에 **=$H5>=100%**를 입력

③④ **〈서식〉**을 클릭해서 적당한 서식을 설정

⑤ **〈확인〉**을 클릭합니다.

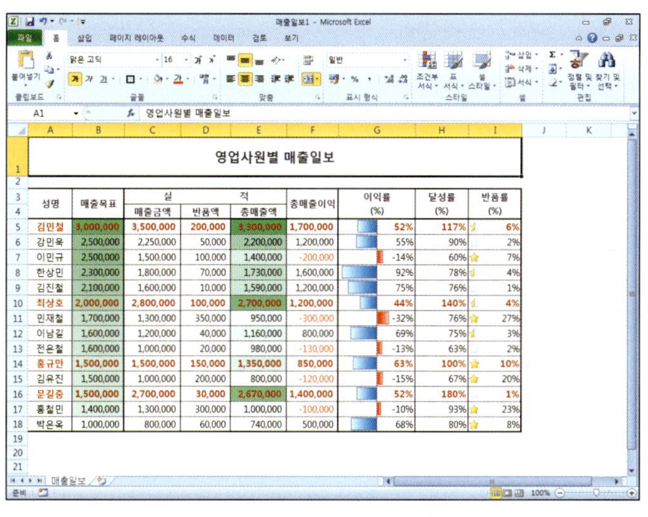

10 달성율이 100% 이상인 행의 글꼴이 앞서 지정한 서식(굵게, 진한빨강)으로 바뀝니다.

혼자 해보기 표 서식과 조건부 서식 지정하기

코스피 일별 시세

날짜	체결가	전일비	등락율	거래량(천주)	거래대금(백만)
2010-06-08(화)	1,654.52	16.55 ▲	1.01%	168,815	2,822,477
2010-06-07(월)	1,637.97	26.16 ▼	-1.57%	297,442	4,802,099
2010-06-04(금)	1,664.13	2.29 ▬	0.00%	279,767	4,971,542
2010-06-03(목)	1,661.84	31.44 ▲	1.93%	304,394	5,095,178
2010-06-01(화)	1,630.40	10.85 ▼	-0.66%	307,728	4,753,957
2010-05-31(월)	1,641.25	18.47 ▲	1.14%	292,623	4,285,932
2010-05-28(금)	1,622.78	15.28 ▲	0.95%	308,971	5,857,887
2010-05-27(목)	1,607.50	25.38 ▲	1.60%	351,304	6,077,186
2010-05-26(수)	1,582.12	21.29 ▲	1.36%	350,974	6,439,338
2010-05-25(화)	1,560.83	44.1 ▼	-2.75%	468,104	6,697,241
2010-05-24(월)	1,604.93	4.75 ▬	0.00%	266,236	4,707,959
2010-05-20(목)	1,600.18	29.9 ▼	-1.83%	352,307	6,414,796

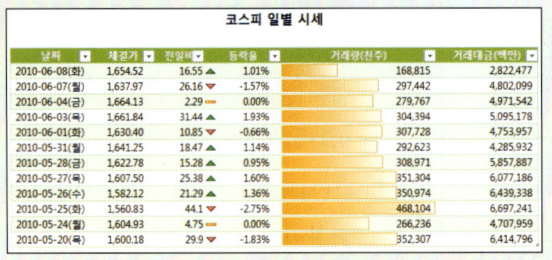

코스피 일별 시세표에서 다음과 같이 표 서식과 사용자 지정 서식, 조건부 서식을 지정합니다.

- **실습 파일** ⓞ:\엑셀\4장\실습\코스피일별시세.xlsx
- **완성 파일** ⓞ:\엑셀\4장\완성\코스피일별시세_완성.xlsx

1 A4~A15셀을 범위로 지정한 후 [홈] 탭의 [표시 형식] 그룹에서 **셀 서식 대화상자 표시 버튼**을 클릭합니다. 셀 서식 대화상자의 [표시 형식] 탭에서 범주 목록의 **사용자 지정**을 선택하고 형식 입력란에 다음과 같이 사용자 지정 표시 형식을 지정합니다. E4~E15셀과 F4~F15셀도 같은 방법으로 표시 형식을 지정합니다.

- 날짜 : yyyy-mm-dd(aaa)
- 거래량(천주) : #,##0,_-
- 거래대금(백만) : #,##0,,_-

2 D4~D15셀 범위를 지정하고 [홈] 탭의 [스타일] 그룹에서 **조건부 서식**을 클릭하고 **아이콘 집합** – 방향의 **삼각형 3개** ▲ ▬ ▼를 선택합니다.

3 D4~D15셀 범위가 지정된 상태에서 [홈] 탭의 [스타일] 그룹에서 **조건부 서식**을 클릭하고 **규칙 관리**를 선택합니다. 조건부 서식 규칙 관리자 대화상자에서 **아이콘 집합** 규칙을 선택하고 **<규칙 편집>**을 클릭합니다. 규칙 설명 편집 영역에서 ▲값을 **>, 0, 숫자**, ▬값을 **>=, 0, 숫자**로 설정합니다.

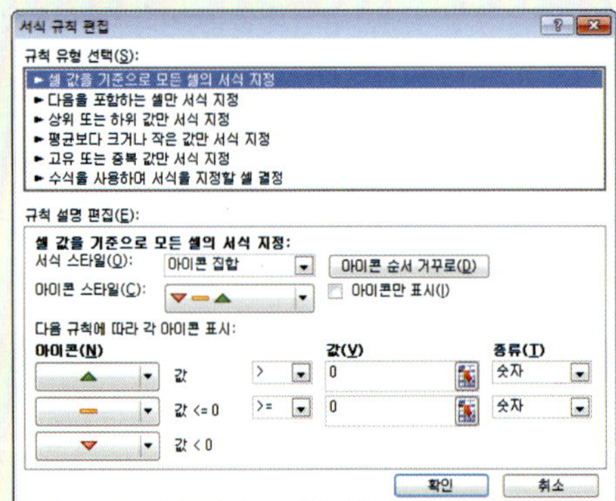

4 E4~E15셀을 범위로 지정하고 [홈] 탭의 [스타일] 그룹에서 **조건부 서식**을 클릭하고 **데이터 막대** – 그라데이션 채우기의 **주황 데이터 막대**를 선택합니다.

CHAPTER 05

화면 보기와 인쇄하기

다양한 형태의 화면 보기 방법이나 창 정렬 기능을 이용하면 보다 편리한 작업 환경을 만들 수 있으며 작업한 문서는 네트워크를 통해 공유하거나 인쇄할 수 있습니다. 이번 장에서는 보기 좋게 화면이나 창을 구성하고, 인쇄할 때 실수하지 않도록 다양한 인쇄 설정을 변경하는 방법에 대해 살펴보겠습니다.

section 01

창 관리하기

• 창 정렬 • 창 전환 • 작업 영역 저장 • 틀 고정 • 틀 고정 취소

함께해요 1. 창 정렬하기 거래선 관리 대장

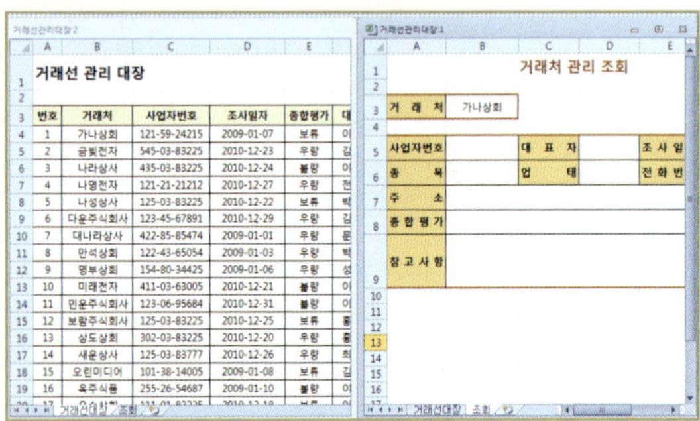

[보기] 탭의 [창] 그룹에 있는 기능을 알고 있으면 창을 쉽게 다룰 수 있으며 여러 문서를 띄워 놓고 작업하더라도 문서 간 이동을 자유롭게 할 수 있습니다. 일례로 하나의 엑셀 파일에 있는 워크시트를 동시에 보면서 작업해야 할 경우 현재 작업 중인 문서를 하나 더 띄우고 정렬 기능을 이용해서 각각의 워크시트를 동시에 보면서 작업할 수 있습니다.

- **실습 파일** ◎:\엑셀\5장\실습\거래선관리대장.xlsx
- **완성 파일** ◎:\엑셀\5장\완성\거래선비교창_완성.xlw

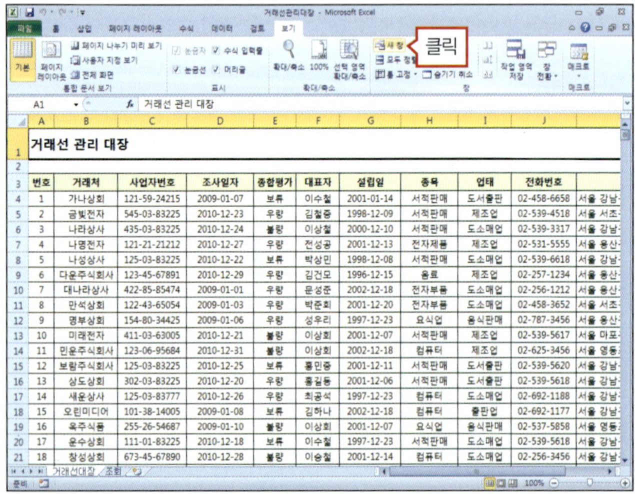

01 [보기] 탭의 [창] 그룹에서 **새 창**을 클릭해서 작업 중인 문서를 새 창에 띄웁니다.

Tip

[창] 그룹에서 '창 전환'을 클릭하면 '거래선관리대장:1', '거래선관리대장:2' 두 개의 문서가 열려 있는 것을 확인할 수 있습니다.

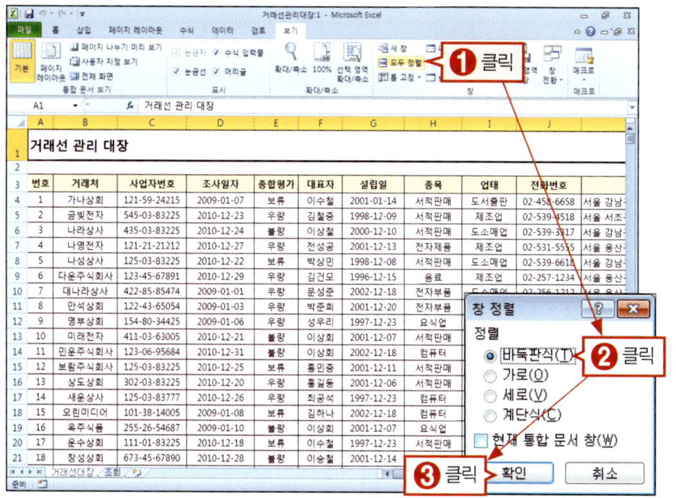

02

① [보기] 탭의 [창] 그룹에서 **모두 정렬**을 클릭

②③ 창 정렬 대화상자에서 **바둑판식**을 선택한 후 **〈확인〉**을 클릭합니다. 작업 창 두 개가 바둑판식으로 정렬됩니다.

Tip

통합 문서가 2개일 경우 나란히 보기[]를 클릭하면 가로로 정렬할 수 있습니다.

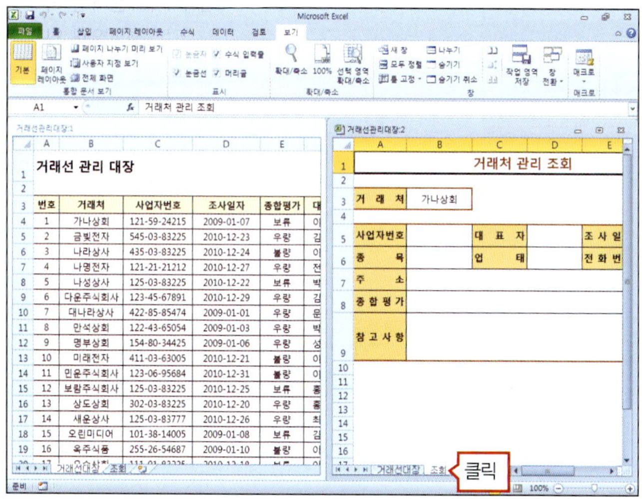

03 오른쪽 창에서 [조회] 시트 탭을 클릭해서 [거래선대장] 시트와 [조회] 시트를 비교하면서 작업합니다.

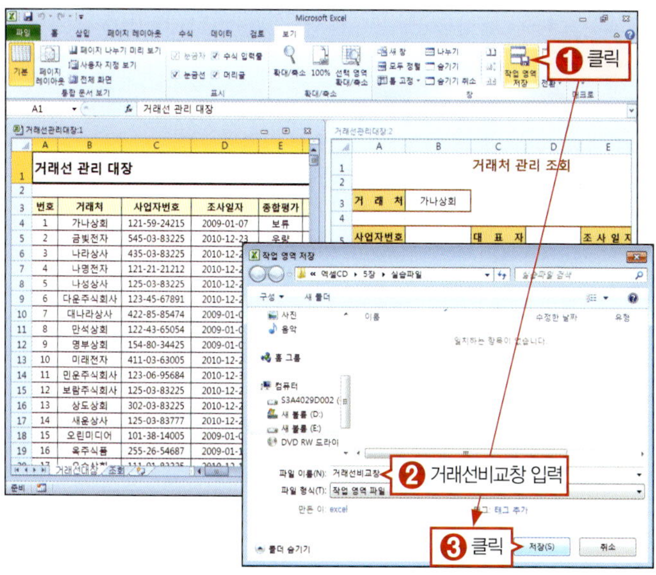

04

① [보기] 탭의 [창] 그룹에서 **작업 영역 저장**을 클릭

②③ 파일 이름을 **거래선비교창**으로 입력하고 **〈저장〉**을 클릭합니다. 현재 작업 화면 그대로 저장되며 확장자는 *.xlw입니다.

Tip

작업 영역으로 저장한 파일을 불러오면 저장할 당시 통합 문서와 작업 창 배치가 그대로 나타납니다.

함께해요 2. 틀 고정하기 거래선 관리 대장

워크시트에 많은 양의 데이터가 입력되어 있는 경우 제목 행이나 제목 열과 같은 특정 셀을 고정시키면 편리합니다. 틀 고정 기능을 사용하면 화면 이동에 관계없이 고정된 셀은 항상 화면에 나타나므로 행이나 열 제목을 쉽게 파악할 수 있습니다.

• **실습 파일** ⓒ:\엑셀\5장\실습\거래선관리대장.xlsx

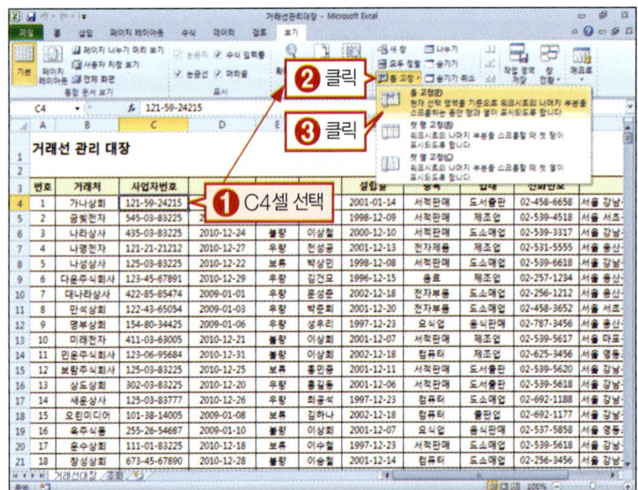

01

① C4셀을 선택

②③ [보기] 탭의 [창] 그룹에서 **틀 고정**을 클릭하고 **틀 고정**을 선택합니다.

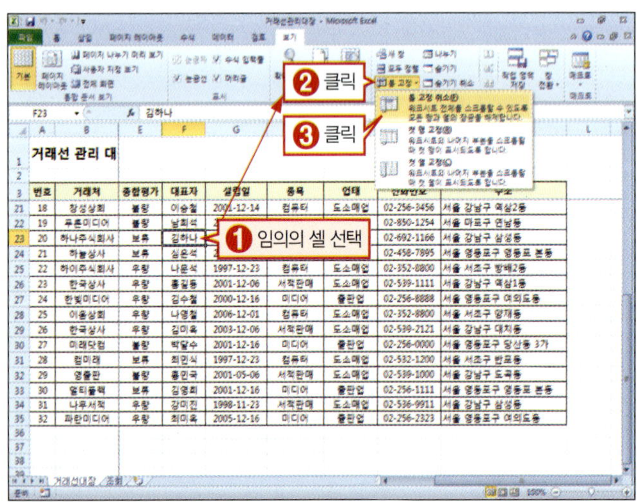

02 틀 고정을 하면 셀 포인터를 기준으로 위쪽과 왼쪽에 있는 셀이 고정됩니다. 그러므로 화면을 이동해도 C4셀 위쪽인 1~3행, 왼쪽인 A~B열은 계속해서 나타납니다.

① 임의의 셀을 선택

②③ [보기] 탭의 [창] 그룹에서 **틀 고정**을 클릭하고 **틀 고정 취소**를 선택합니다.

section 02

페이지 레이아웃 설정 및 인쇄하기

• 페이지 레이아웃 • 용지 방향 • 페이지 나누기 • 인쇄 제목
• 인쇄 백 스테이지 • 머리글/바닥글 • 페이지 번호 표기 • PDF/XPS 문서 만들기

함께해요 1. 페이지 레이아웃 설정하기 미수금현황

엑셀에서 작성한 내용을 인쇄하려면 페이지 레이아웃을 정해야 합니다. 엑셀은 작업 영역이 워낙 넓기 때문에 어디서부터 어디까지가 한 페이지인지 알 수 없습니다. 따라서 인쇄하기 전에 미리 여백, 용지 방향, 크기, 인쇄 영역 등을 설정하는 것이 좋습니다.

• **실습 파일** ⓒ:\엑셀\5장\실습\미수금현황.xlsx
• **완성 파일** ⓒ:\엑셀\5장\완성\미수금현황_완성.xlsx

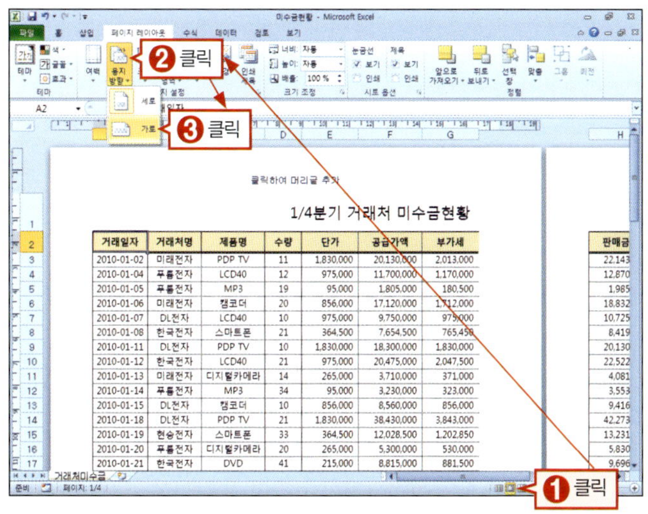

01

① 상태 표시줄에서 **페이지 레이아웃**을 클릭해 데이터를 여러 페이지로 분리

②③ [페이지 레이아웃] 탭의 [페이지 설정] 그룹에서 **용지 방향**을 클릭하고 **가로**를 선택해서 용지 방향을 바꿉니다.

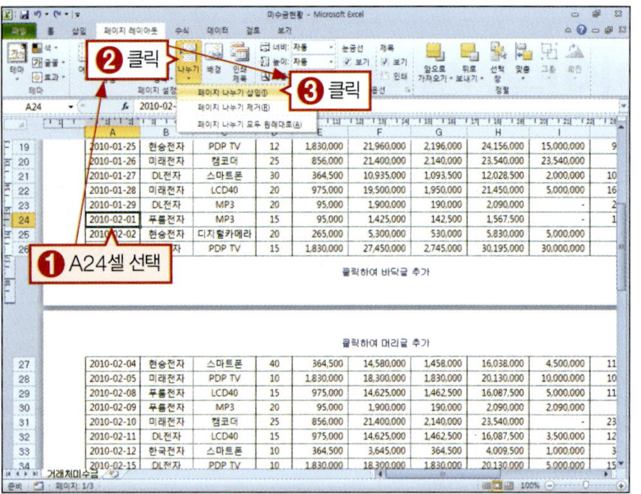

02 1~4월까지 거래처 데이터를 월별로 나누겠습니다.

① A24셀을 선택

②③ [페이지 설정] 그룹에서 **나누기**를 클릭한 후 **페이지 나누기 삽입**을 선택합니다. 선택한 셀부터 다음 페이지로 바뀝니다.

Tip

페이지를 잘못 나눴을 경우 페이지 나눈 셀을 선택하고 '페이지 나누기 제거'나 '페이지 나누기 모두 원래대로'를 실행합니다.

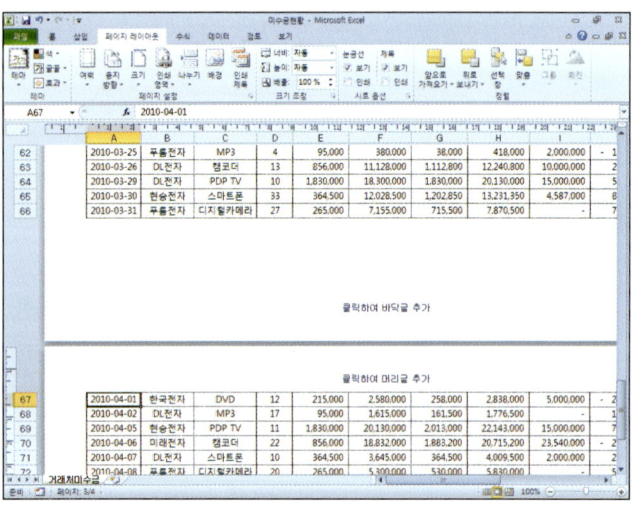

03 위와 같은 방법으로 각 월이 시작하는 셀(A44, A67)을 선택하고 **페이지 나누기 삽입**을 실행해서 월별로 페이지를 나눕니다.

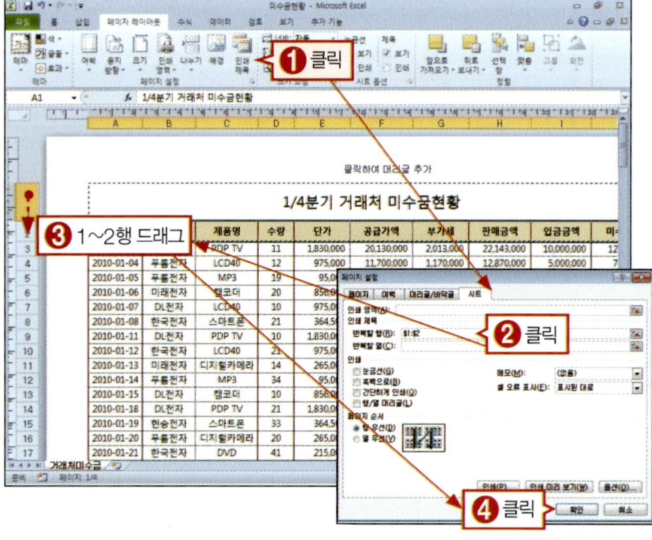

04

① [페이지 레이아웃] 탭의 [페이지 설정] 그룹에서 **인쇄 제목**을 클릭

②③ 페이지 설정 대화상자의 **반복할 행** 란을 클릭하고 1~2행을 드래그

④ 〈**확인**〉을 클릭해서 각 페이지를 인쇄할 때마다 드래그해서 설정한 부분을 제목으로 인쇄합니다.

Note 페이지 설정 대화상자의 [시트] 탭 살펴보기

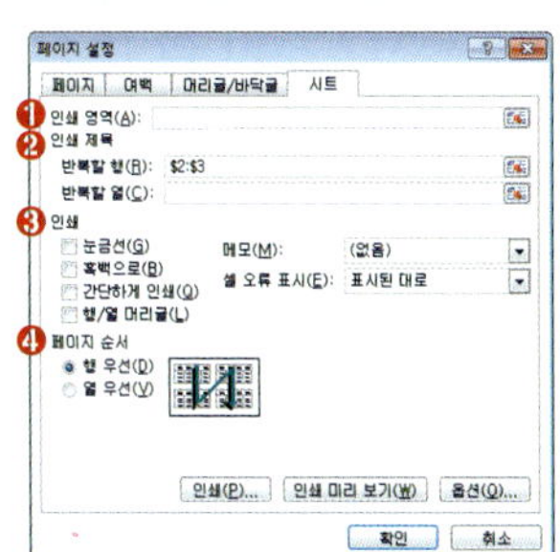

① 인쇄 영역 : 일부 데이터만 인쇄하려면 인쇄할 데이터의 범위를 지정합니다.

② 인쇄 제목 : 페이지마다 반복될 행 제목 또는 열 제목의 범위를 지정합니다.

③ 인쇄 : 워크시트에 셀 눈금선과 행/열 머리글을 인쇄할지, 흑백으로 인쇄할지, 워크시트 내에 테두리를 두를지, 셀 채우기 색/도형/그림 등을 포함할지, 간단하게 인쇄할지, 메모나 셀 오류 표시를 인쇄할지 선택합니다.

④ 페이지 순서 : 페이지의 인쇄 순서를 행 방향 또는 열 방향으로 지정합니다.

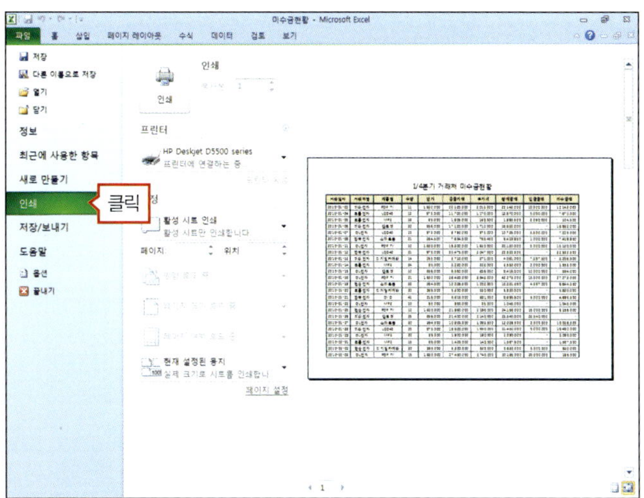

05 [파일] 탭에서 **인쇄**를 선택하면 오피스 백 스테이지에 인쇄 관련 메뉴와 미리 보기가 나타납니다.

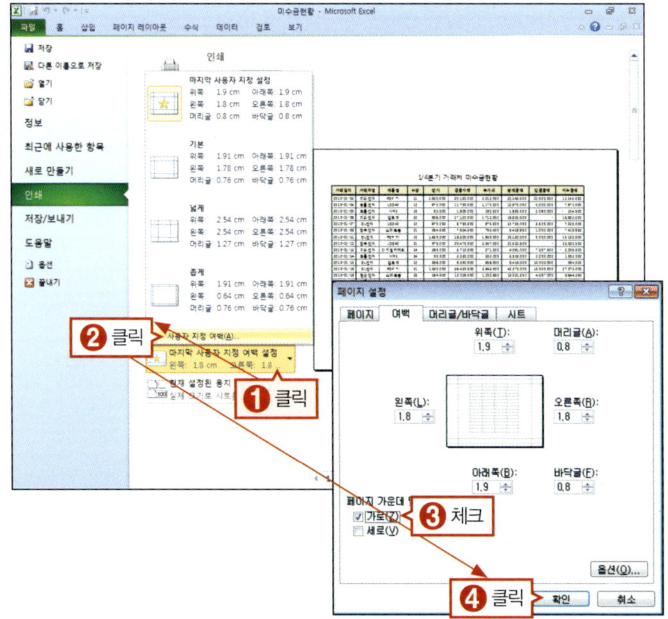

06

①② 여백 설정 항목을 클릭하고 **사용자 지정 여백**을 선택

③ 페이지 설정 대화상자에서 **가로**에 체크해서 문서 내용을 페이지 가운데로 정렬

④ **<확인>**을 클릭합니다.

Tip

백 스테이지 미리 보기에서 여백 표시를 클릭한 후 드래그로 여백을 조절할 수 있습니다.

Tip

백 스테이지 미리 보기에서 이동 단추를 클릭해서 다른 페이지를 보거나 확대를 클릭해서 미리 보기 화면을 확대/축소할 수 있습니다.

Note 인쇄 백 스테이지 화면 살펴보기

백 스테이지 인쇄 보기 화면은 엑셀 2010에 새롭게 추가된 기능으로 인쇄와 관련된 모든 작업과 메뉴가 모여 있어 업무 처리 시간을 단축할 수 있습니다.

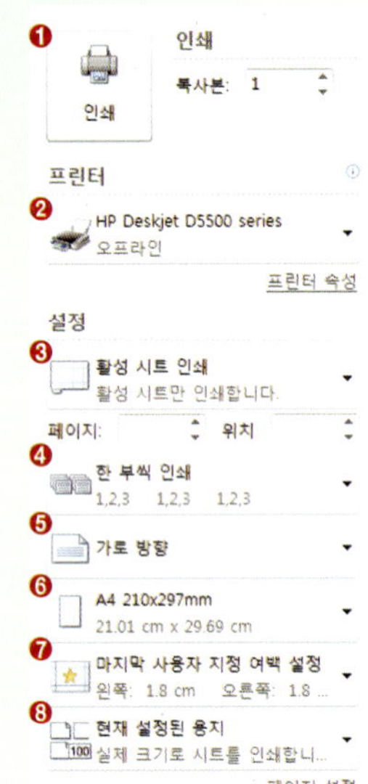

① 컴퓨터와 연결된 프린터기에서 문서를 인쇄하고 인쇄 매수를 지정합니다.
② 프린터의 종류를 설정합니다.
③ 인쇄 영역 : 인쇄할 영역(워크시트, 통합 문서, 일부 영역)의 페이지를 설정합니다.
설정하지 않으면 현재 워크시트의 전체 내용이 인쇄됩니다.
④ 여러 장의 문서를 인쇄할 경우 인쇄 페이지의 순서를 설정합니다.
⑤ 인쇄용지의 방향을 설정합니다.
⑥ 인쇄용지의 크기를 설정합니다.
⑦ 여백을 설정합니다.
⑧ 인쇄 영역의 가로, 세로 배율을 조정합니다.

함께해요 2. 머리글/바닥글 설정 및 인쇄하기 주간 판매 현황표

기간 : 2010.2.8~2010.2.14 작성일자 : 2010-08-10

주간 판매 현황

판매일자	제품명	수량	단가	할인율	금액
02/08	L자형 책상	10	308,000	10%	₩ 2,772,000
02/08	일자형 책상	8	275,000	5%	₩ 2,090,000
02/08	원형 탁자	20	245,000	5%	₩ 4,655,000
02/08	회의용 탁자	10	697,000	7%	₩ 6,482,100
02/08	3단 의자	10	256,000	10%	₩ 2,304,000
02/08	2단 의자	15	154,600	20%	₩ 1,855,200
02/08	이동 서랍장	16	78,900	10%	₩ 1,136,160
02/09	L자형 책상	7	308,000	5%	₩ 2,048,200
02/09	일자형 책상	8	275,000	5%	₩ 2,090,000

각 페이지마다 페이지 번호를 표기하거나 파일 이름을 인쇄하려면 머리글/바닥글을 추가합니다. 엑셀에서는 머리글/바닥글을 빠르고 쉽게 추가할 수 있도록 [머리글/바닥글 도구〉디자인] 탭에 관련 메뉴가 준비되어 있습니다.

- **실습 파일** ⓞ:\엑셀\5장\실습\주간판매현황.xlsx
- **완성 파일** ⓞ:\엑셀\5장\완성\주간판매현황_완성.xlsx

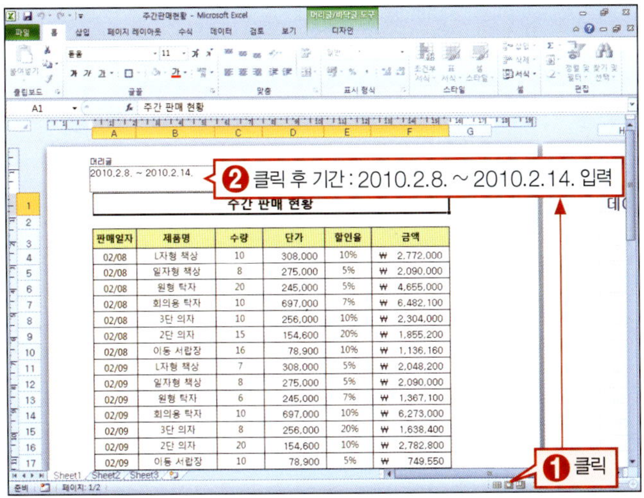

01

① 상태 표시줄에서
페이지 레이아웃 보기를 클릭

② **클릭하여 머리글 추가** 영역에서
왼쪽을 클릭한 후
기간 : 2010.2.8. ~ 2010.2.14.을
입력합니다.

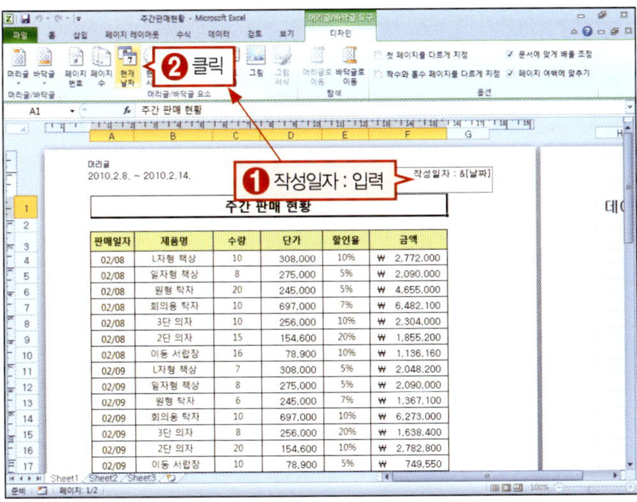

02

① 머리글 오른쪽 영역을 클릭하고
작성일자 : 를 입력

② [머리글/바닥글 도구〉디자인] 탭의
[머리글/바닥글 요소] 그룹에서
현재 날짜를 클릭해서 날짜를
표기합니다.

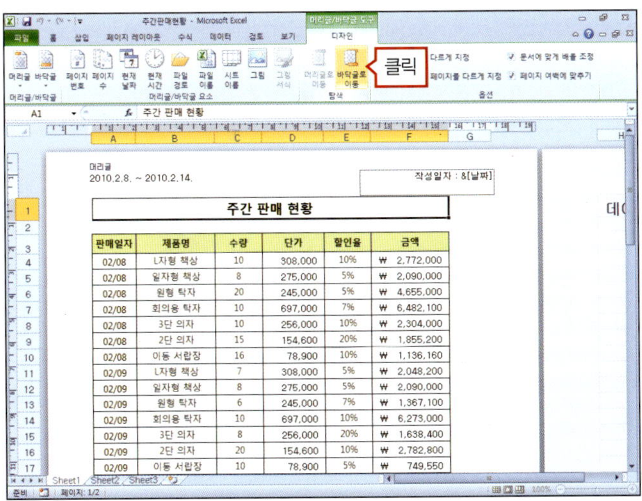

03 바닥글에 페이지 번호를 입력하겠습니다. [머리글/바닥글 도구〉디자인] 탭의 [탐색] 그룹에서 **바닥글로 이동**을 클릭해서 바닥글로 이동합니다.

Tip

[머리글/바닥글 도구〉디자인] 탭은 머리글 또는 바닥글 영역을 클릭한 상태에서만 나타납니다.

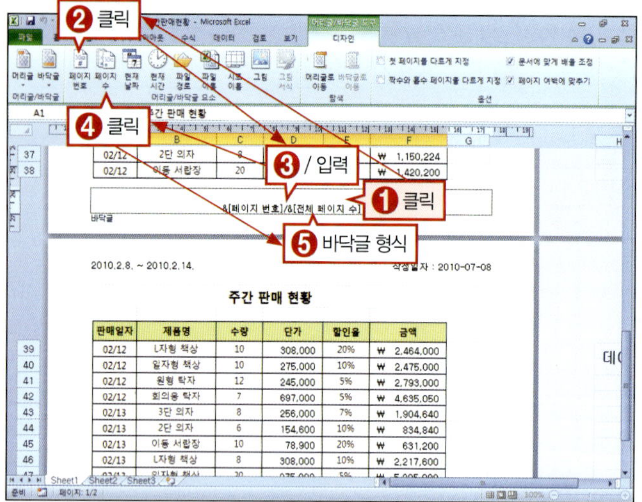

04

① 바닥글 가운데 영역을 클릭

② [머리글/바닥글 도구〉디자인] 탭의 [머리글/바닥글 요소] 그룹에서 **페이지 번호**를 클릭

③④⑤ /를 입력한 후 **페이지 수**를 클릭합니다.
바닥글이 **페이지 번호/전체 페이지 수** 형식으로 표기됩니다.

Note PDF 및 XPS 파일 형식으로 저장하기

엑셀 문서를 전자 문서인 PDF 또는 XPS 파일로 저장할 수 있습니다. 전자 문서로 저장하면 온라인상에서 공유하거나 인쇄할 때도 원하는 형식이 그대로 유지되며 데이터를 쉽게 변경할 수 없습니다.

다른 형식의 파일로 저장할 때는 [파일] 탭의 [저장/보내기]를 클릭하고 **PDF/XPS 문서 만들기 – PDF/XPS 만들기**를 클릭하여 파일 이름을 입력한 후 **〈저장〉**을 클릭합니다.

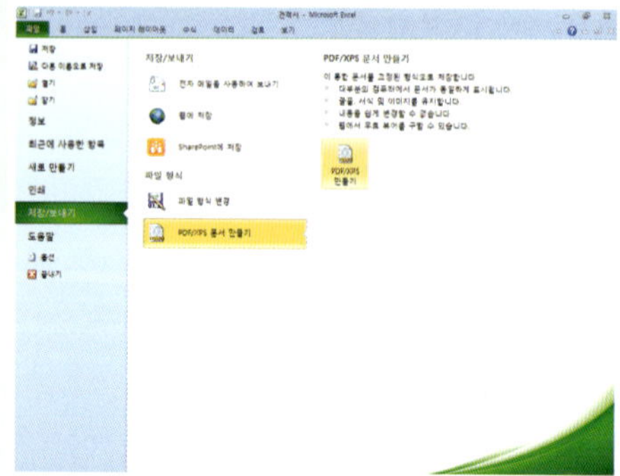

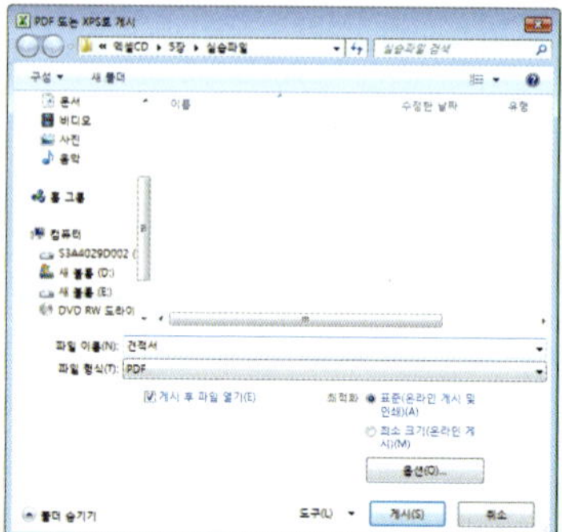

PDF나 XPS 형식으로 저장할 때 인쇄 품질을 높이려면 최적화 항목에서 **표준(온라인 게시 및 인쇄)**을 선택하고 파일 크기를 줄이려면 **최소 크기(온라인 게시)**를 선택합니다. 그밖에 파일의 옵션을 설정하려면 **〈옵션〉**을 클릭합니다.

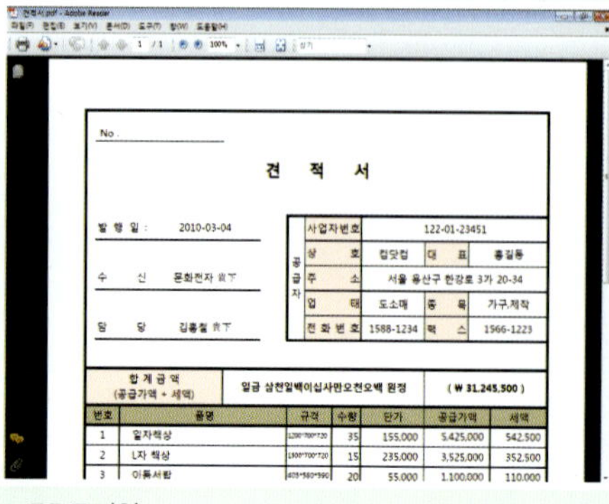

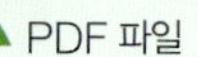
▲ PDF 파일

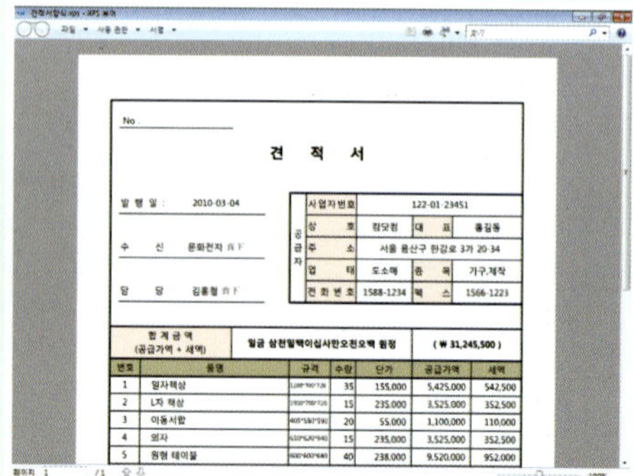
▲ XPS 파일

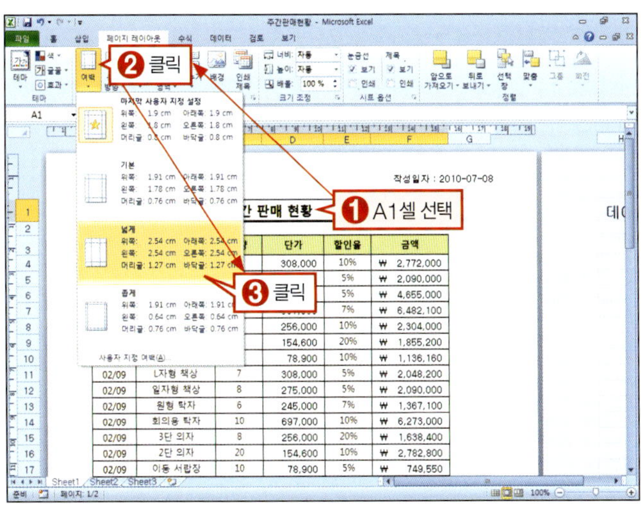

05 왼쪽으로 치우친 문서에서 여백을 조절하여 가운데로 배치하겠습니다.

① A1셀을 선택

②③ [페이지 레이아웃] 탭의 [페이지 설정] 그룹에서 **여백**을 클릭하고 **넓게**를 선택합니다. 여백이 넓어지면서 문서가 가운데 배치됩니다.

혼자 해보기 배경 및 로고 인쇄하기

HANBIT

1/4분기 거래처 현황

거래일자	거래처명	제품명	수량	단가	공급가액	부가세	판매금액	입금금액	미수금액
2010-01-02	미래전자	PDP TV	11	1,830,000	20,130,000	2,013,000	22,143,000	10,000,000	12,143,000
2010-01-04	푸름전자	LCD40	12	975,000	11,700,000	1,170,000	12,870,000	5,000,000	7,870,000
2010-01-05	푸름전자	MP3	19	95,000	1,805,000	180,500	1,985,500	2,090,000	- 104,500
2010-01-06	미래전자	캠코더	20	856,000	17,120,000	1,712,000	18,832,000	-	18,832,000
2010-01-07	DL전자	LCD40	10	975,000	9,750,000	975,000	10,725,000	3,500,000	7,225,000
2010-01-08	한국전자	스마트폰	21	364,500	7,654,500	765,450	8,419,950	1,000,000	7,419,950
2010-01-11	DL전자	PDP TV	10	1,830,000	18,300,000	1,830,000	20,130,000	5,000,000	15,130,000
2010-01-12	한국전자	LCD40	21	975,000	20,475,000	2,047,500	22,522,500	-	22,522,500
2010-01-13	미래전자	디지털카메라	14	265,000	3,710,000	371,000	4,081,000	7,287,500	- 3,206,500
2010-01-14	푸름전자	MP3	34	95,000	3,230,000	323,000	3,553,000	2,000,000	1,553,000
2010-01-15	DL전자	캠코더	10	856,000	8,560,000	856,000	9,416,000	10,000,000	- 584,000
2010-01-18	DL전자	PDP TV	21	1,830,000	38,430,000	3,843,000	42,273,000	15,000,000	27,273,000
2010-01-19	현승전자	스마트폰	33	364,500	12,028,500	1,202,850	13,231,350	4,587,000	8,644,350
2010-01-20	푸름전자	디지털카메라	20	265,000	5,300,000	530,000	5,830,000	-	5,830,000
2010-01-21	한국전자	DVD	41	215,000	8,815,000	881,500	9,696,500	5,000,000	4,696,500
2010-01-22	DL전자	MP3	10	95,000	950,000	95,000	1,045,000	-	1,045,000
2010-01-25	현승전자	PDP TV	12	1,830,000	21,960,000	2,196,000	24,156,000	15,000,000	9,156,000
2010-01-26	미래전자	캠코더	25	856,000	21,400,000	2,140,000	23,540,000	23,540,000	-
2010-01-27	DL전자	스마트폰	30	364,500	10,935,000	1,093,500	12,028,500	2,000,000	10,028,500

1/4분기 거래처 현황 문서에 대외비 배경을 설정하고, 회사 로고 및 페이지 번호를 머리글/바닥글에 설정하여 인쇄합니다.

- **실습 파일** ◎:\엑셀\5장\실습\거래처현황.xlsx
- **완성 파일** ◎:\엑셀\5장\완성\거래처현황_완성.xlsx

1 상태 표시줄에서 페이지 레이아웃 보기▣를 클릭합니다. **클릭하여 머리글 추가** 영역 가운데를 선택하고 [머리글/바닥글 도구〉디자인] 탭의 [머리글/바닥글 요소] 그룹에서 **그림**을 클릭합니다.

2 **대외비.png**(CD:\엑셀\5장\실습\)파일을 불러옵니다. 머리글 가운데 영역에 **&그림**이 나타나면 그림을 가운데 배치하기 위해 & 앞에 커서를 두고 Enter 를 여러 번 누릅니다.

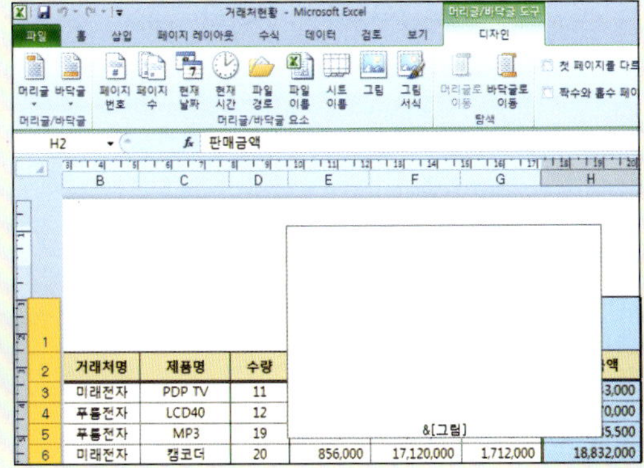

3 [머리글/바닥글 도구>디자인] 탭의 [머리글/바닥글 요소] 그룹에서 **그림 서식**을 클릭하고 [그림] 탭에서 이미지 조절 색을 **회색조**로 설정한 후 다시 **희미하게**로 설정합니다.

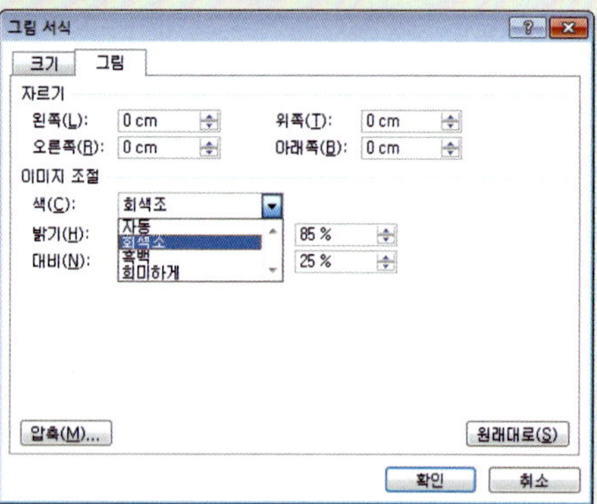

4 머리글 오른쪽 영역을 선택하고 [머리글/바닥글 도구>디자인] 탭의 [머리글/바닥글 요소] 그룹에서 **그림**을 클릭합니다. **logo.gif**(CD:\엑셀\5장\실습\)파일을 불러옵니다.

5 [머리글/바닥글 도구>디자인] 탭의 [탐색] 그룹에서 **바닥글로 이동**을 클릭해서 바닥글 가운데 영역으로 이동합니다. [머리글/바닥글 도구>디자인] 탭의 [머리글/바닥글 요소] 그룹에서 **페이지 번호**를 클릭하고 **&[페이지 번호]** 앞뒤로 **-**를 입력합니다.

6 [페이지 레이아웃] 탭의 [페이지 설정] 그룹에서 **여백**을 클릭하고 **좁게**를 선택합니다.

7 [페이지 레이아웃] 탭의 [페이지 설정] 그룹에서 **여백**을 클릭하고 **사용자 지정 여백**을 선택하여 페이지 가운데 맞춤에서 **가로**, **세로**를 모두 체크합니다.

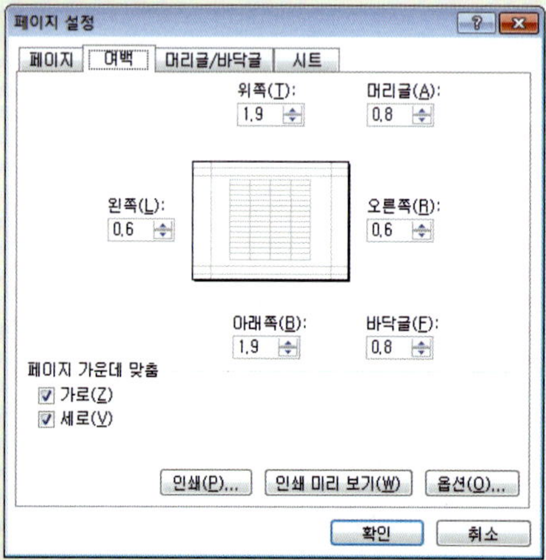

CHAPTER 06

엑셀 수식 만들기

엑셀에 수많은 기능들이 있지만 그중에 가장 중요한 것은 계산 기능입니다.
계산을 위해서는 기본적으로 피연산자와 연산자 개념을 알아야 하며
이러한 피연산자와 연산자를 조합하여 수식을 완성할 수 있어야 합니다.
수식을 이용하면 복잡한 계산도 쉽게 해결할 수 있습니다.
6장에서는 수식을 만드는데 기본이 되는 수식 구조와 참조 개념에 대해 살펴봅니다.

수식 입력과 연산자

• 피연산자 • 연산자 • 연산자 우선순위 • 수식 입력하기 • 수식 복사하기 • 수식 오류 메시지

알아봐요 수식의 구조

수식은 등호(=)를 처음 입력하고 연산자, 피연산자, 함수 등을 조합하여 만듭니다. 피연산자는 숫자일 수도 있지만 셀 주소가 될 수도 있습니다. 연산자는 산술, 문자, 비교 연산자로 데이터를 계산하라는 명령 기호입니다.

피연산자 사용하기

=	피연산자	연산자	피연산자
① 등호	② 숫자 또는 셀 주소	③ 산술, 문자, 비교 연산자 등	④ 숫자 또는 셀 주소

피연산자로는 숫자뿐만 아니라 셀 주소를 사용할 수 있습니다. 셀 주소를 피연산자로 사용하면 셀 값이 변경되었을 때 수식에 따른 결과 값이 자동으로 바뀌므로 수식의 오류와 수정하는 번거로움을 줄일 수 있어 편리합니다.

수식을 입력하면 셀에는 수식의 결과 값이 표시되고 수식 입력줄에는 수식이 표시됩니다. 만약 수식을 잘못 입력하면 셀에 수식의 오류가 표시됩니다.

C2 fx =50000*4

	A	B	C	D	E
1	출장비	출장일수	출장경비		
2	50,000	4	200,000		
3					

▲ 피연산자로 숫자를 사용

C2 fx =A2*B2

	A	B	C	D	E
1	출장비	출장일수	출장경비		
2	50,000	4	200,000		
3					

▲ 피연산자로 셀 주소를 사용

D2 fx =C2*50%

	A	B	C	D	E
1	출장비	출장일수	출장경비	선경비지급	
2	50,000	4	200,000	100,000	
3					

▲ 피연산자로 셀 주소와 숫자 사용

D2 fx =출장경비*50%

	A	B	C	D	E
1	출장비	출장일수	출장경비	선경비지급	
2	50,000	4	200,0	#NAME?	
3					

▲ 피연산자의 잘못된 사용으로 인한 수식 오류

연산자 종류와 우선순위

연산자는 산술, 비교, 문자, 참조 연산자가 있습니다. 산술, 문자, 참조 연산자는 수식에 직접 사용하지만 비교 연산자는 True, False 값을 결과로 표시하기 때문에 함수식에 주로 쓰입니다.

산술 연산자

더하기, 빼기, 곱하기와 같은 기본적인 수학 연산을 수행합니다.

기능	백분율	거듭제곱	곱하기	나누기	더하기	빼기
연산자	%	^	*	/	+	−

비교 연산자

두 값을 비교하여 참 또는 거짓으로 결과 값이 나타납니다.

기능	같다	크다	크거나 같다	작다	작거나 같다	같지않다
연산자	=	〉	〉=	〈	〈=	〈〉

문자 연결 연산자

문자열을 여러 개 연결해서 하나로 만듭니다.

기능	연결
연산자	&

각 연산자 사이의 우선순위는 다음과 같으며 우선순위가 같은 연산자는 왼쪽에 있는 연산자를 먼저 계산합니다. 연산자 우선순위를 바꾸려면 괄호()를 씁니다. 괄호 연산자 안에 있는 수식을 가장 먼저 계산합니다.

= 산술 연산자 → 문자 연결 연산자 → 비교 연산자

① (−(음수), %, ^, *, /, +, −) ② (&) ③ (=, 〈, 〉, 〈=, 〉=, 〈〉) 셀 주소

함께해요 1. 수식 입력 및 수식 복사하기 지점별 판매 현황

서울 지점별 판매 현황

						조사지역:	서울
지점	상품명	단가	입고량	판매량	재고량	판매금액	판매율(%)
강남점	스마트폰	387,000	100	100	0	38,700,000	100.0
강남점	PDA폰	354,000	100	77	23	27,258,000	77.0
강남점	3D폰	325,000	100	86	14	27,950,000	86.0
강남점	2D폰	298,000	60	54	6	16,092,000	90.0
강서점	스마트폰	387,000	100	100	0	38,700,000	100.0
강서점	PDA폰	354,000	80	70	10	24,780,000	87.5
강서점	3D폰	325,000	100	80	20	26,000,000	80.0
강서점	2D폰	298,000	60	50	10	14,900,000	83.3
강동점	스마트폰	387,000	100	100	0	38,700,000	100.0
강동점	PDA폰	354,000	50	49	1	17,346,000	98.0
강동점	3D폰	325,000	90	82	8	26,650,000	91.1
강동점	2D폰	298,000	50	46	4	13,708,000	92.0
강북점	스마트폰	387,000	100	99	1	38,313,000	99.0
강북점	PDA폰	354,000	80	67	13	23,718,000	83.8
강북점	3D폰	325,000	50	48	2	15,600,000	96.0
강북점	2D폰	298,000	100	78	22	23,244,000	78.0

간단한 수식만 사용하더라도 문서 작성이 훨씬 수월해집니다. 판매 현황과 같은 문서에서 판매량의 합계, 판매금액, 재고량, 판매율을 하나하나 계산해서 결과 값을 입력하려면 여간 번거로운 일이 아닙니다. 하나의 셀에 수식을 입력해서 결과 값을 구하고 채우기 핸들로 나머지 셀에 간단하게 수식을 적용할 수 있습니다.

- **실습 파일** ◎:\엑셀\6장\실습\판매현황_수식입력.xlsx
- **완성 파일** ◎:\엑셀\6장\완성\판매현황_수식입력_완성.xlsx

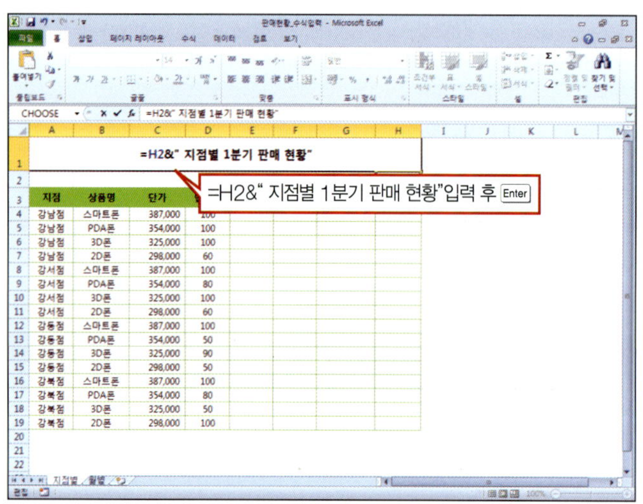

01 조사지역인 H2셀과 문자열을 연결하는 수식을 작성하겠습니다. A1셀에 **=H2&" 지점별 1분기 판매 현황"**을 입력하고 Enter를 누릅니다.

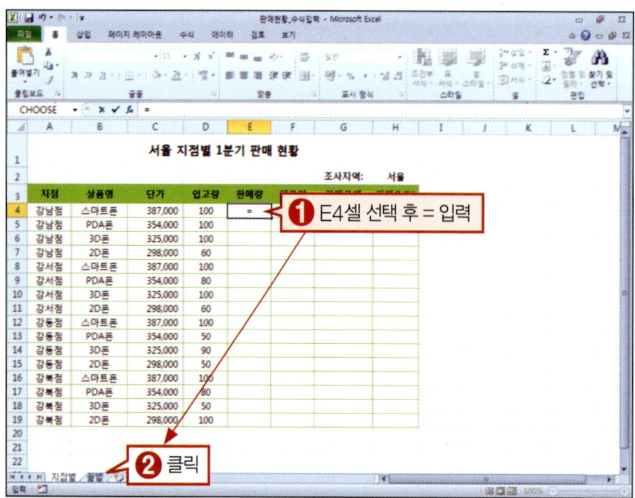

02 [월별] 시트를 참조하여 지점별 1/4분기 판매량을 구하겠습니다.

① 판매량을 표기할 E4셀을 선택하고 등호 =를 입력

② 월별 판매량이 있는 [월별] 시트 탭을 클릭합니다.

Tip

판매량=1월 수량+2월 수량+3월 수량

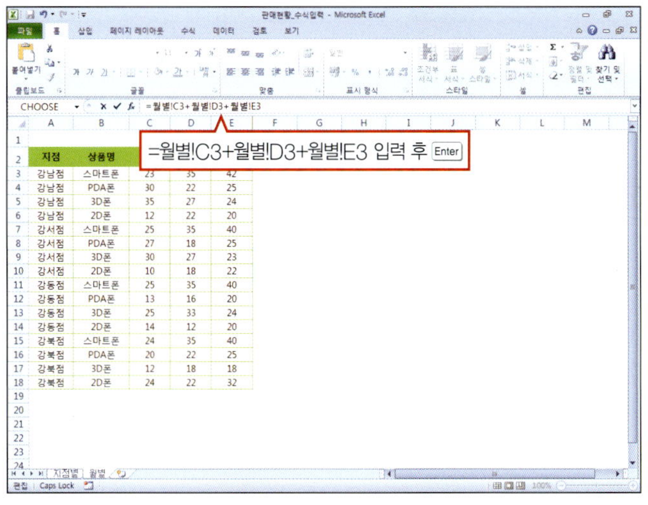

03 [월별] 시트에 있는 C3~E3셀 값의 합을 구해야 하므로 수식 입력줄에 **=월별!C3+월별!D3+월별!E3**을 입력하고 Enter를 누릅니다.

Tip

다른 시트에 있는 셀을 참조할 때는 '시트이름!셀주소' 형식으로 입력하며 외부 통합 문서를 참조할 때는 '[통합 문서이름.xlsx]시트이름!셀주소' 형식으로 입력합니다.

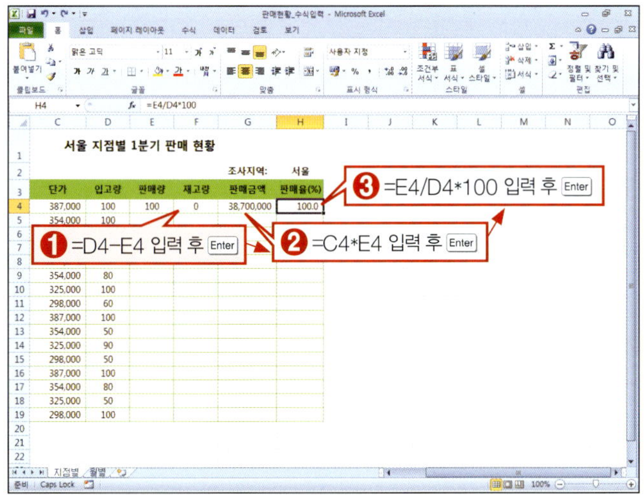

04

① [지점별] 시트에서 F4셀에 **=D4-E4**를 입력하고 Enter를 눌러 재고량을 구합니다.

②③ G4셀과 H4셀에 각각 **=C4*E4**, **=E4/D4*100**을 입력하고 Enter를 눌러 판매금액과 판매율을 구합니다.

Tip

재고량=입고량-판매량, 판매금액=단가*판매량, 판매율=판매량/입고량*100

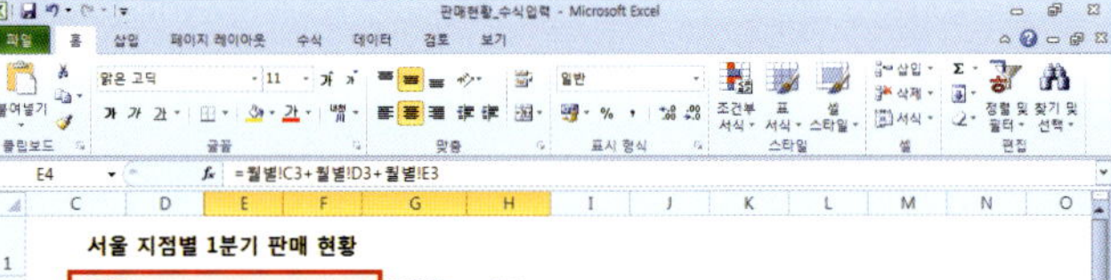

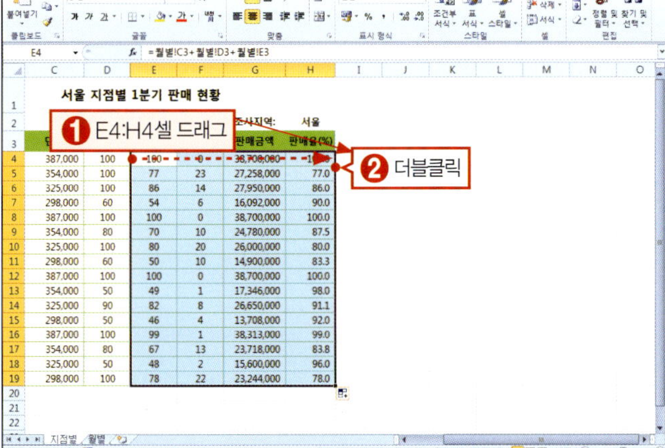

05

① E4~H4셀을 범위로 지정

② H4셀에 있는 채우기 핸들을 더블클릭하거나 드래그하여 수식을 복사합니다.

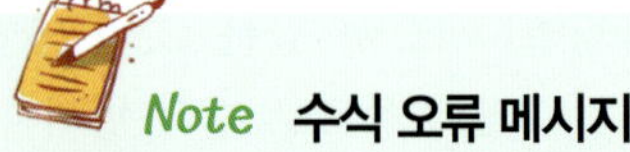

Note 수식 오류 메시지

잘못된 수식을 입력한 셀에는 초록색 삼각형 #NAME? 으로 수식 오류가 표시됩니다. 초록색 삼각형 옆으로 마우스를 가져가면 **수식 오류 검사 단추**가 나타나고 오류 검사 단추를 클릭하면 오류를 해결할 수 있는 방법이 나타납니다.

- #### 오류 : 열 너비가 충분하지 않거나 음수 날짜 또는 시간을 사용했거나 계산한 결과 값의 자릿수가 엑셀의 숫자 범위를 넘었습니다.
- #DIV/0! : 숫자를 0으로 나눴습니다.
- #N/A : 데이터가 없거나 VLOOKUP, LOOKUP, HLOOKUP, MATCH 함수에서 인수가 부적절합니다.
- #NAME? : 잘못된 이름을 사용했습니다.
- #NULL! : 교차하지 않는 두 영역의 논리곱을 지정했습니다.
- #NUM! : 수식이나 함수가 잘못되었거나 숫자가 범위를 벗어났습니다.
- #REF! : 유효하지 않은 셀을 참조했습니다.
- #VALUE! : 인수나 피연산자 형식이 잘못되었습니다.

section 02

셀 참조

• 상대 참조 • 절대 참조 • 혼합 참조 • 수식 분석하기

알아봐요 셀 참조 유형 살펴보기

수식에서 셀을 참조하는 방식은 크게 세 가지로 나눌 수 있습니다. 수식을 입력하는 위치에 따라 피연산자로 사용한 셀 주소가 바뀌면 상대 참조이고, 수식을 입력하는 위치가 어디이든 상관없이 피연산자로 사용한 셀 주소가 고정되면 절대 참조, 상대 참조와 절대 참조를 섞어서 사용하면 혼합 참조입니다.

상대 참조

상대 참조는 열 머리글과 행 머리글을 참조해서 만든 일반적인 셀 주소 형식입니다. A1 또는 B3 형태로 수식을 입력한 후 복제하면 **셀 위치에 따라 참조한 셀 주소도 바뀝니다**. 수식을 아래로 복제하면 행 머리글이 증가하고, 오른쪽으로 복제하면 열 머리글이 증가합니다.

D3 fx =C3-B3

	A	B	C	D	E	
2	거래처	거래일자	납품일자	납품기간(일)		
3	A상사	2010-02-01	2010-02-04	3		=C3-B3
4	B전자	2010-02-03	2010-02-06	3		=C4-B4
5	B전자	2010-02-05	2010-02-06	1		=C5-B5
6	A상사	2010-02-06	2010-02-10	4		=C6-B6
7	C식품	2010-02-07	2010-02-12	5		=C7-B7
8						

절대 참조

절대 참조는 열 머리글과 행 머리글 앞에 $(달러) 기호를 붙여서 $A$1 또는 $B$3 형태로 입력합니다. 수식을 입력한 후 복제해도 **셀 위치에 관계없이 참조한 셀 주소가 일정하게 유지됩니다**.

E4 fx =D4*$E$1

	A	B	C	D	E	
1				세율	10%	
2						
3	제품명	수량	단가	금액	세액	
4	잉크	10	23,400	234,000	23,400	=D4*$E$1
5	토너	5	115,000	575,000	57,500	=D5*$E$1
6	복사용지	15	25,000	375,000	37,500	=D6*$E$1
7	공CD	10	7,500	75,000	7,500	=D7*$E$1
8						

혼합 참조

혼합 참조는 열 또는 행 중 한 군데만 $를 붙여서 A$1 또는 $B3 형태로 입력합니다. 혼합 참조를 사용하면 **셀 위치에 따라 $가 붙은 행(열)은 고정되고 열(행)만 바뀝니다.**

C4 =$B4*C$3+$B4

	A	B	C	D	E
1					
2	지역	운임료	할인율		
3			3%	5%	8%
4	서울	55,000	56,650	57,750	59,400
5	중부	65,000	66,950	68,250	70,200
6	남부	85,000	87,550	89,250	91,800
7	제주	100,000	103,000	105,000	108,000
8					

=$B4*C$3+$B4
=$B5*C$3+$B5
=$B6*C$3+$B6
=$B7*C$3+$B7

=$B4*C$3+$B4 =$B4*D$3+$B4 =$B4*E$3+$B4

C2셀에 =$B4*C$3+$B4를 입력한 다음 오른쪽으로 수식을 복사하면 B열은 고정되고 C 열의 열 이름이 바뀝니다. 수식을 아래로 복사하면 C열의 행 번호는 고정되고, B열의 행 번호는 바뀝니다.

Note 참조 유형 빠르게 변경하기

참조 영역을 고정할 때는 $ 기호를 직접 입력할 수도 있지만 F4를 누르면 셀 참조 유형을 상대참조→절대참조→혼합참조… 순서로 빠르게 변경할 수 있습니다.

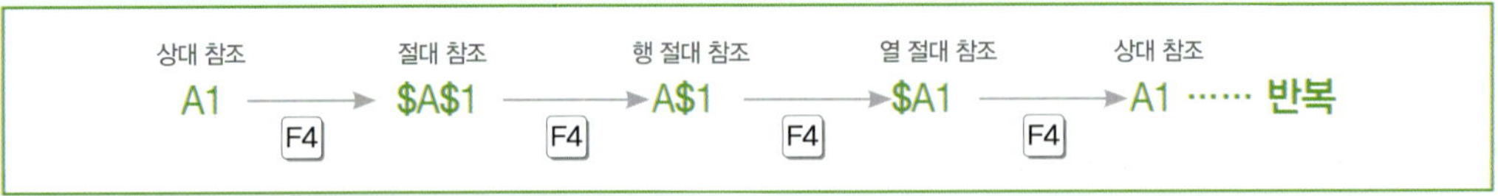

함께해요 1. 셀 참조 이용하여 계산하기 시간외 근무 수당

시간외 근무 수당

사번	성명	부서	기본급	시급	일급	야간근무	휴일근무	야간근무 수당	휴일근무 수당	근무외수당합계
				160(H)	8(H)	(H)	(D)	50%	150%	
JH10897	고은주	전산팀	1,500,000	9,375	75,000	8	2	37,500	225,000	262,500
JH10896	김남주	총무팀	1,580,000	9,875	79,000		2	-	237,000	237,000
JH10901	김송인	영업1팀	1,200,000	7,500	60,000	7		26,250	-	26,250
JH10894	김전우	인사팀	1,200,000	7,500	60,000	5		18,750	-	18,750
JH10891	김진우	인사팀	1,580,000	9,875	79,000	2	1	9,875	118,500	128,375
JH10905	나문이	기획예산팀	1,580,000	9,875	79,000			-	-	-
JH10906	마상태	영업1팀	2,100,000	13,125	105,000	2	1	13,125	157,500	170,625
JH10900	박민중	재무팀	2,100,000	13,125	105,000		1	-	157,500	157,500
JH10898	박상일	홍보팀	1,450,000	9,063	72,500	10		45,313	-	45,313
JH10904	박상중	전산팀	2,100,000	13,125	105,000		5	-	787,500	787,500
JH10895	박철수	영업2팀	1,850,000	11,563	92,500			-	-	-
JH10893	박철중	인사팀	1,500,000	9,375	75,000		4	-	450,000	450,000
JH10907	이남주	정보전략팀	1,200,000	7,500	60,000	9		33,750	-	33,750
JH10903	이명수	총무팀	1,850,000	11,563	92,500	7		40,469	-	40,469
JH10892	전소미	기획팀	1,580,000	9,875	79,000			-	-	-
JH10902	정수남	인사팀	1,200,000	7,500	60,000		3	-	270,000	270,000
JH10899	최은지	재무팀	1,580,000	9,875	79,000	8		39,500	-	39,500

일반적으로 사용하는 재무 관련 문서의 경우 직책별로 다른 부분도 있고 공통적인 부분도 있어 참조 유형을 적절하게 사용해야 합니다. 시간외 근무 수당 문서에서 기본급을 기준으로 시간당 급여, 1일 급여, 야간과 주말 근무 수당을 계산하면서 절대, 상대, 혼합 참조의 사용법을 연습해 봅시다.

- **실습 파일** ⓒ:\엑셀\6장\실습\시간외근무수당_셀참조.xlsx
- **완성 파일** ⓒ:\엑셀\6장\완성\시간외근무수당_셀참조_완성.xlsx

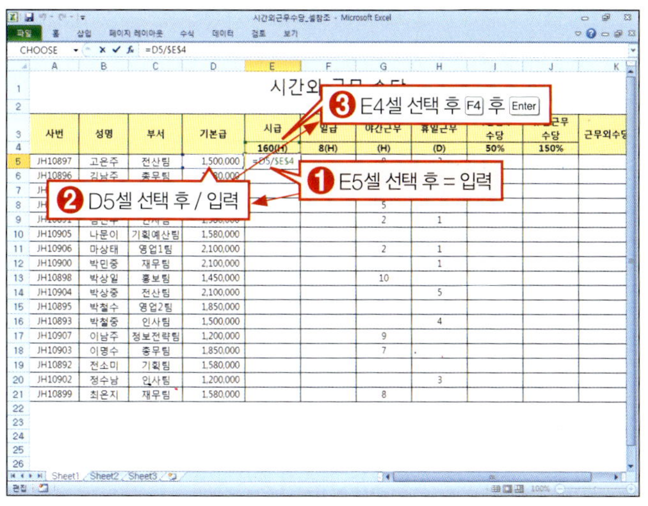

01 시급은 기본급을 총 근무 시간(E4)으로 나눠서 구합니다.

① E5셀을 선택하고 등호 =를 입력

② D5셀을 선택하고 나누기 연산자 /를 입력

③ E4셀을 선택하고 F4를 눌러 E4를 절대 참조로 바꾼 후 Enter를 누릅니다. 수식 =D5/$E$4이 완성됩니다.

Tip

수식을 입력할 때 셀 주소를 직접 입력할 수 있지만 등호를 입력한 후 참조할 셀을 선택해서 입력할 수도 있습니다.

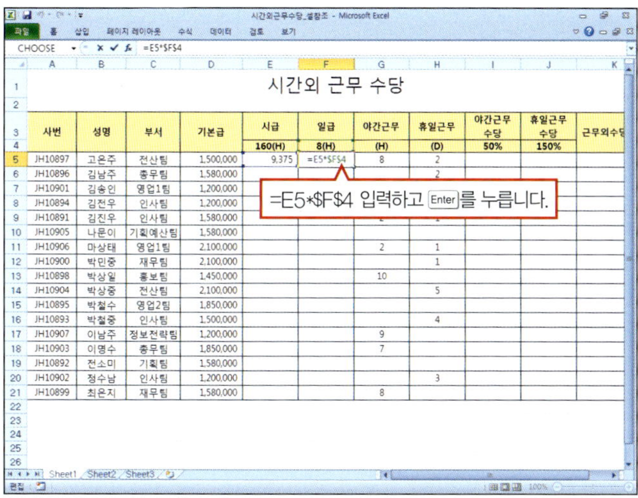

02 일급은 시급에 일일 근무 시간(F4)을 곱해서 구합니다. F5셀에 =E5*$F$4를 입력하고 Enter를 누릅니다.

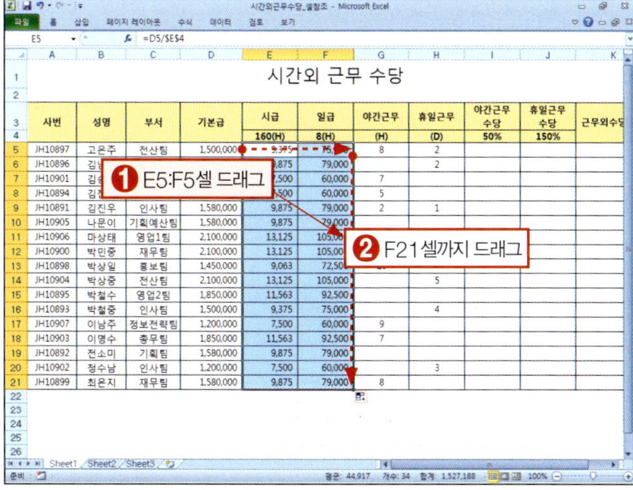

03

① E5~F5셀을 범위로 지정

② 채우기 핸들을 F21셀까지 드래그하여 수식을 복사합니다. 셀 위치에 따라 기본급이나 시급은 바뀌고, 총 근무 시간이나 일일 근무 시간은 그대로 복제됩니다.

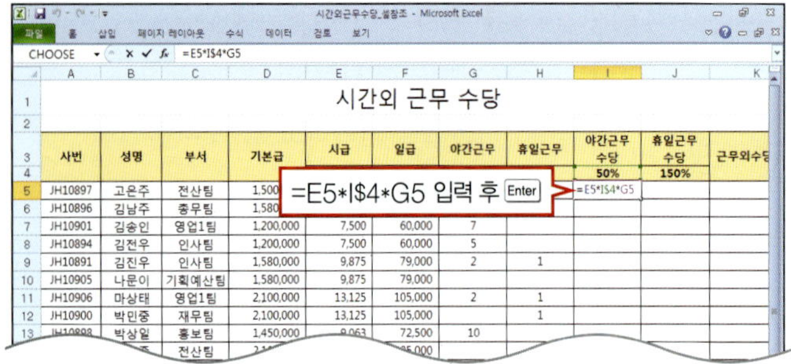

04 야간 근무 수당은 시급에 50% 할증, 휴일 근무 수당은 일급에 150% 할증합니다. I5셀에 =E5*I$4*G5를 입력하고 Enter를 눌러 야간 근무 수당을 구합니다.

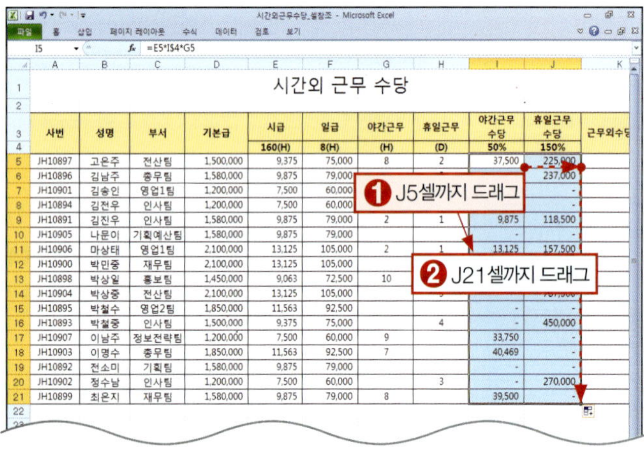

05

① I5셀의 채우기 핸들을 J5셀까지 드래그하여 수식을 복사

② J5셀의 채우기 핸들을 J21셀까지 드래그하여 수식을 복사합니다.

Note 수식 분석하기

여러 셀을 참조하여 수식을 만들면 복잡하기 때문에 정확도 검사나 오류의 원인 찾기가 어려울 수 있습니다. 이럴 때 [수식] 탭의 [수식 분석] 그룹에 있는 기능을 활용합니다. 수식 간의 관계를 시각적으로 나타내거나 추적하여 수식 검사를 쉽게 할 수 있습니다.

오류가 없는 셀에는 파란색 화살표가, 오류가 있는 셀에는 빨간색 화살표가 나타납니다. 다른 워크시트나 통합 문서에서 선택한 셀을 참조하면 워크시트 아이콘과 함께 검은색 화살표가 나타납니다.

① 참조되는 셀 추적 : 선택한 셀에서 참조하는 셀을 추적하여 연결선을 표시합니다.
② 참조하는 셀 추적 : 선택한 셀을 참조하는 셀을 추적하여 연결선으로 표시합니다.
③ 연결선 제거 : 셀과 셀의 관계를 나타내는 연결선을 제거합니다.
④ 수식 표시 : 각 셀에 결과 값 대신 수식을 표시합니다(Ctrl+~).
⑤ 오류 검사 : 수식에서 발생하는 일반 오류를 검사합니다.
⑥ 수식 계산 : 수식 계산 대화상자에서 하나하나 디버그하면서 수식을 계산합니다.
⑦ 조사식 창 : 변경된 특정 셀 값을 조사식 창을 사용하여 수식 계산과 결과를 모니터링합니다.

	E	F	G	H	I	J
3	시급	일급	야간근무	휴일근무	야간근무 수당	휴일근무 수당
4	160(H)	8(H)	(H)	(D)	50%	150%
5	9,375	75,000	8	2	37,500	225,000
6	9,875	79,000		2	-	237,000
7	7,500	60,000	7		26,250	-
8	7,500	60,000	5		18,750	-
9	9,875	79,000	2	1	9,875	118,500
10	9,875	79,000			-	-
11	13,125	105,000	2	1	13,125	157,500
12	13,125	105,000		1	-	157,500

▲ 휴일 근무 수당 수식 셀에서 참조되는 셀 추적

	E	F	G	H	I	J
3	시급	일급	야간근무	휴일근무	야간근무 수당	휴일근무 수당
4	160(H)	8(H)	(H)	(D)	50%	150%
5	9,375	75,000	8	2	37,500	225,000
6	9,875	79,000		2	-	237,000
7	7,500	60,000	7		26,250	-
8	7,500	60,000	5		18,750	-
9	9,875	79,000	2	1	9,875	118,500
10	9,875	79,000			-	-
11	13,125	105,000	2	1	13,125	157,500
12	13,125	105,000		1	-	157,500

▲ 휴일 근무 수당 할증율을 참조하는 셀 추적

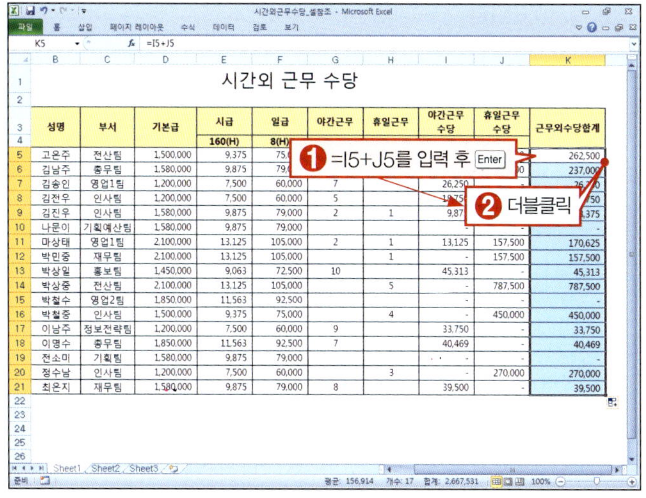

06

① K5셀에 =I5+J5를 입력하고 Enter 를 누릅니다.

② K5셀의 채우기 핸들을 더블클릭하여 수식을 복사합니다.

혼자 해보기 셀 이름을 정의하여 제품 환율표 만들기

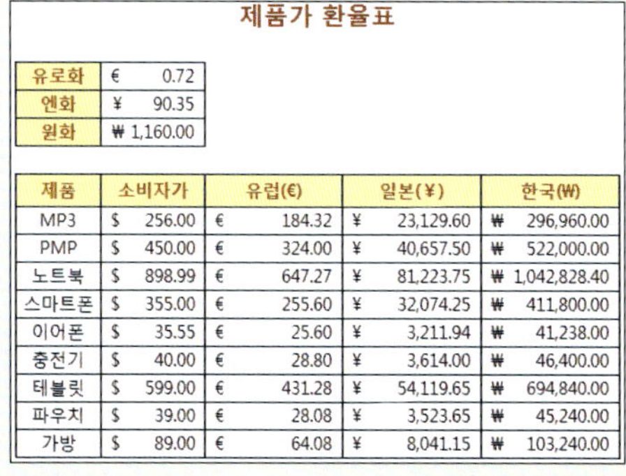

제품가 환율표

유로화	€ 0.72
엔화	¥ 90.35
원화	₩ 1,160.00

제품	소비자가	유럽(€)	일본(¥)	한국(₩)
MP3	$ 256.00	€ 184.32	¥ 23,129.60	₩ 296,960.00
PMP	$ 450.00	€ 324.00	¥ 40,657.50	₩ 522,000.00
노트북	$ 898.99	€ 647.27	¥ 81,223.75	₩ 1,042,828.40
스마트폰	$ 355.00	€ 255.60	¥ 32,074.25	₩ 411,800.00
이어폰	$ 35.55	€ 25.60	¥ 3,211.94	₩ 41,238.00
충전기	$ 40.00	€ 28.80	¥ 3,614.00	₩ 46,400.00
태블릿	$ 599.00	€ 431.28	¥ 54,119.65	₩ 694,840.00
파우치	$ 39.00	€ 28.08	¥ 3,523.65	₩ 45,240.00
가방	$ 89.00	€ 64.08	¥ 8,041.15	₩ 103,240.00

환율은 서로 다른 통화의 교환 비율입니다. 달러로 책정된 제품의 소비자가를 유럽, 일본, 한국의 통화로 환산 했을 때 각각의 가격이 얼마인지 계산하려고 합니다. 유로, 엔화, 원화의 환율을 셀 이름으로 정의하여 환율표를 완성합니다.

- **실습 파일** ◎:\엑셀\6장\실습\환율표_이름정의.xlsx
- **완성 파일** ◎:\엑셀\6장\완성\환율표_이름정의_완성.xlsx

1 A3셀~B5셀까지 범위를 지정한 다음 [수식] 탭의 [정의된 이름] 그룹에서 **선택 영역에서 만들기**를 클릭합니다.

2 선택 영역에서 이름 만들기 대화상자에서 **왼쪽 열**에 체크한 다음 **〈확인〉**을 클릭해서 유로화, 엔화, 원화로 셀 이름을 정의합니다.

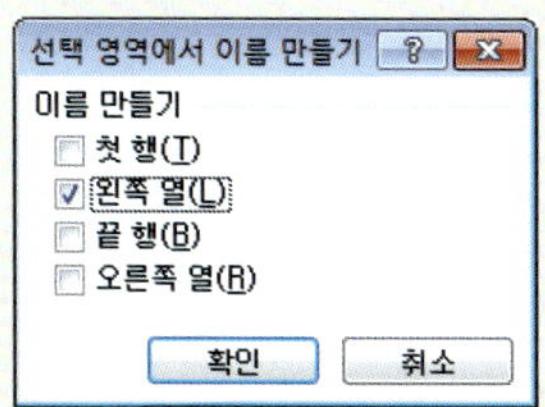

3 제품의 소비자가를 유로화, 엔화, 원화로 환산했을 때 가격을 계산하려면 B3, B4, B5셀을 절대 참조해서 수식을 만들어야 하지만 여기서는 정의된 이름으로 수식을 만듭니다.

- C8셀 수식 : =B8*유로화
- D8셀 수식 : =B8*엔화
- E8셀 수식 : =B8*원화

4 C8~E8셀을 범위로 지정한 다음 채우기 핸들을 더블클릭하여 수식을 복사합니다.

자동 합계

• 자동 합계 • 상태 표시줄에 합계, 평균, 개수, 최대값, 최소값 나타내기

함께해요 1. 자동 합계 기능 이용하기 신입사원 교육 평가표

신입사원 교육 평가표

성명	태도및소양	OA교육	Off-JT	OJT	총점	평균
					인원수	15
이철수	89	63	65	90	307	76.75
민대철	80	45	50	85	260	65
이수진	60	75	80	78	293	73.25
김철민	85	80	87	84	336	84
김희정	60	40	90	82	272	68
나상희	60	80	60	56	256	64
전대국	85	90	90	80	345	86.25
최국진	100	90	90	89	369	92.25
정혜주	95	100	95	85	375	93.75
송민국	78	46	85	78	287	71.75
김은지	60	80	78	80	298	74.5
전미수	75	95	95	90	355	88.75
정수남	56	70	76	80	282	70.5
김남주	95	88	89	92	364	91
최은지	55	90	80	72	297	74.25
평균	75.5333333	75.4666667	80.6666667	81.4		

	태도및소양	OA교육	Off-JT	OJT
최고점수	100	100	95	92
최저점수	55	40	50	56

자동 수식 도구는 [홈] 탭의 [편집] 그룹과 [수식] 탭의 [함수 라이브러리] 그룹에 있습니다. 자동 합계Σ를 클릭하면 셀에 SUM 함수가 입력됩니다. 이 때 합계를 구할 범위를 드래그하고 Enter를 누르면 합계가 계산됩니다. 합계 이외에 다른 자동 수식을 구할 경우 자동 합계 옆에 확장 단추를 클릭하여 원하는 수식을 선택합니다.

• **실습 파일** ◎:\엑셀\6장\실습\신입사원교육_자동합계.xlsx

• **완성 파일** ◎:\엑셀\6장\완성\신입사원교육_자동합계_완성.xlsx

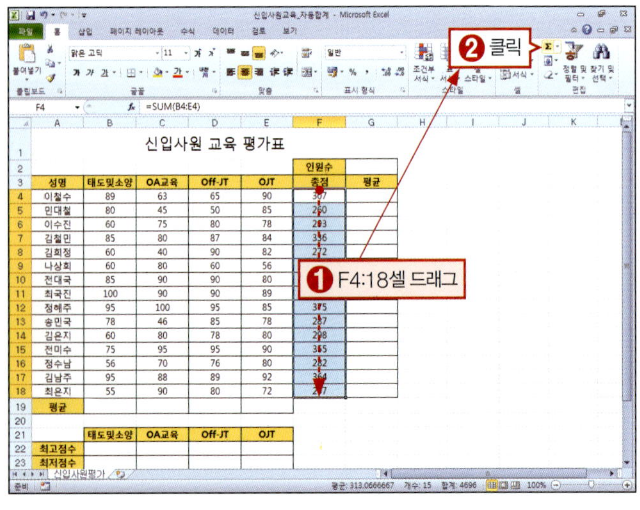

01

① F4셀~F18셀까지 범위를 지정

② [홈] 탭의 [편집] 그룹에서 **자동 합계Σ**를 클릭합니다. 행 방향으로 개인별 교육 점수 합계가 계산됩니다.

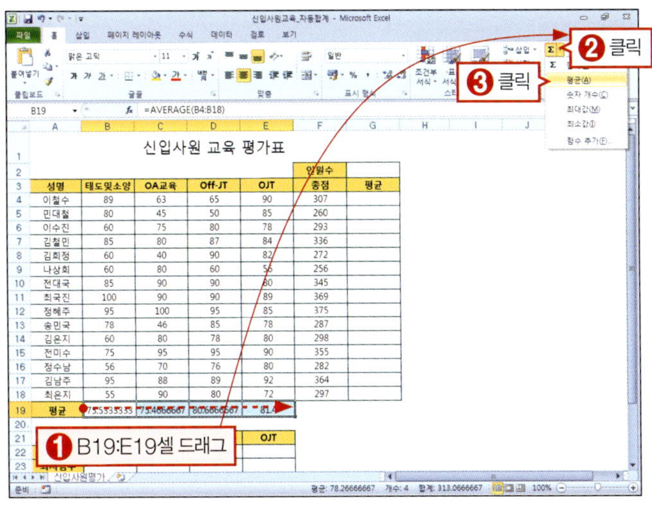

02

① B19~E19셀을 범위로 지정

②③ [홈] 탭의 [편집] 그룹에서 **자동 합계 확장 버튼**Σ ▾을 클릭하고 **평균**을 선택해서 과목별 평균을 구합니다.

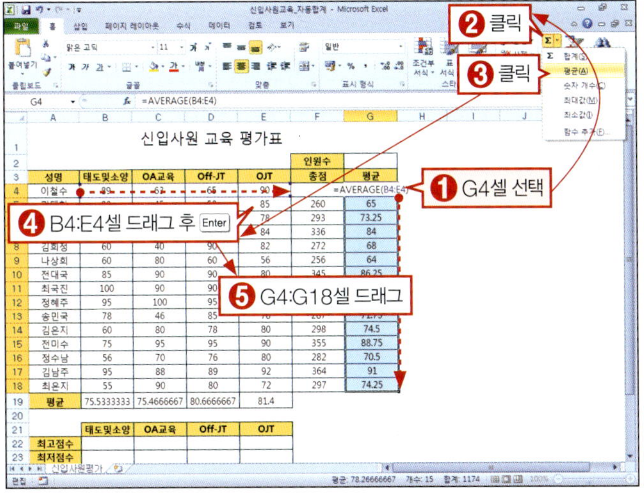

03

① G4셀을 선택

②③ **자동 합계 확장 버튼**Σ ▾을 클릭하고 **평균**을 선택

④ G4셀에 =AVERAGE(B4:F4)가 입력되면 B4~E4셀을 범위로 지정하고 Enter를 눌러 사원별 평균을 구합니다.

⑤ G4셀의 채우기 핸들을 G18셀까지 드래그해서 수식을 복사합니다.

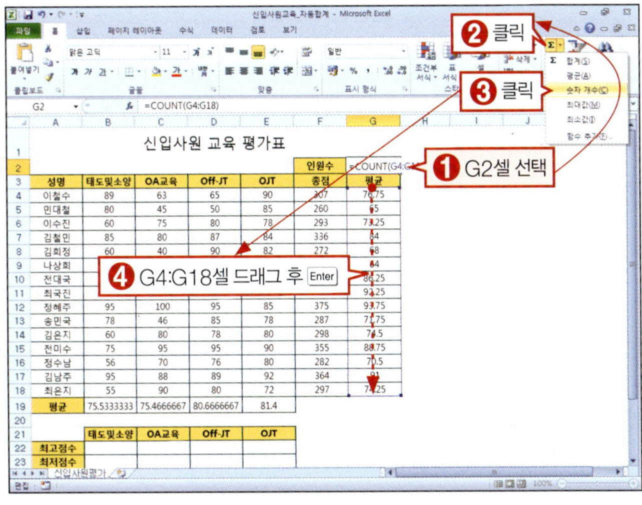

04

① G2셀을 선택

②③ **자동 합계 확장 버튼**Σ ▾을 클릭하고 **숫자 개수**를 선택

④ G2셀에 =COUNT()가 입력되면 G4~G18셀을 범위로 지정하고 Enter를 눌러 사원수를 구합니다.

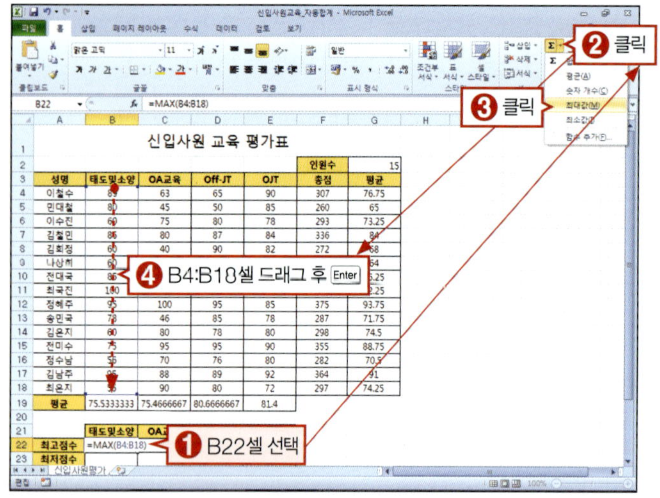

05

① B22셀을 선택

②③ **자동 합계 확장 버튼** Σ ▾ 을 클릭하고 **최대값**을 선택

④ B4~B18셀을 범위로 지정하고 Enter 를 눌러 태도 및 소양의 최고 점수를 구합니다.

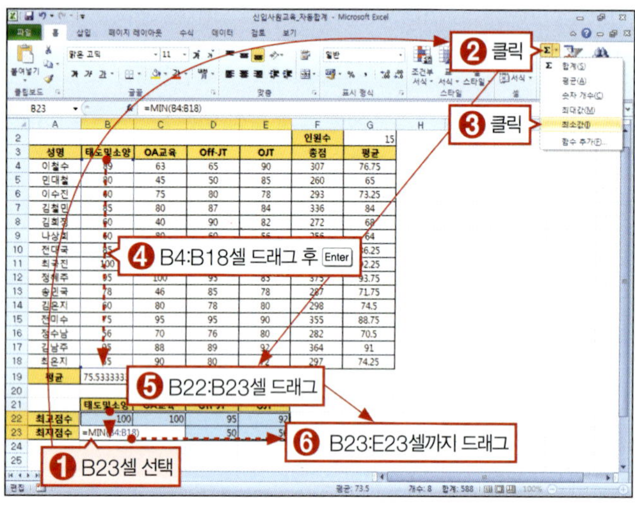

06

①②③ B23셀을 선택하고 **자동 합계 확장 버튼** Σ ▾ 을 클릭한 후 **최소값**을 선택

④ B4~B18셀을 범위로 지정하여 태도 및 소양의 최저 점수를 구합니다.

⑤ B22~B23셀을 범위로 지정

⑥ B23셀의 채우기 핸들을 E23셀까지 드래그하여 수식을 복사합니다.

Note 상태 표시줄에 합계, 평균, 개수, 최대값, 최소값 나타내기

상태 표시줄에서 마우스 오른쪽 버튼를 클릭하고 합계 평균, 개수, 최대값, 최소값 중 상태 표시줄에 나타낼 항목에 체크합니다. 특정 셀을 범위로 지정하면 체크한 항목이 상태 표시줄에 나타납니다

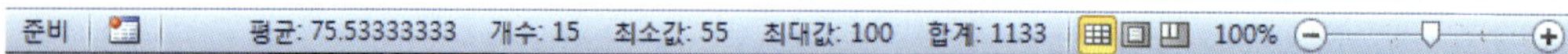

CHAPTER 07

엑셀 기본 함수

함수는 계산에 필요한 값을 미리 만들어 놓은 수식에 대입하여
계산한 결과 값을 반환해 주는 계산식입니다.
엑셀에는 340여 개가 넘는 함수가 있지만
이 모든 함수의 사용법을 익혀야 하는 것은 아닙니다.
이번 장에서는 함수를 사용하는 방법 및 실무에서 가장 많이 사용하는
기본 함수 위주로 살펴보겠습니다.

section 01

자주 사용하는 기본 함수

- IF 함수
- ROUND 계열 함수
- COUNT 계열 함수
- 함수 마법사
- SUM 계열 함수
- 자동 채우기 옵션
- RANK 계열 함수
- 함수 중첩하기
- AVERAGEIF 함수

알아봐요 꼭 알아야 할 기본 함수

함수는 기능과 형식, 인수만 제대로 알고 있으면 유용하게 사용할 수 있습니다. 실무에서 사용하는 함수는 많이 있지만 주로 쓰이는 함수만 제대로 파악하고 그 외의 함수는 필요할 때 함수 마법사를 이용하는 것이 좋습니다.

조건에 따라 결과를 구하는 IF 함수

IF 함수는 조건식에 따라 참 또는 거짓으로 구분할 때 사용하는 함수입니다. 다른 함수와 중첩해서 사용하는 경우가 많습니다.

함수 범주	논리
함수 형식	=IF(조건식, 조건식이 참일 때 결과 값, 거짓일 때 결과 값)

개수를 세는 COUNT, COUNTA, COUNTBLANK 함수

COUNT는 숫자가 입력되어 있는 셀의 개수를, COUNTA는 공백을 제외한 모든 데이터 개수를, COUNTBLANK는 빈 셀의 개수를 세는 함수입니다.

함수 범주	통계
함수 형식	=COUNT(셀 또는 범위, 셀 또는 범위,…) =COUNTA(셀 또는 범위, 셀 또는 범위,…) =COUNTBLANK(셀의 범위)

조건에 맞는 셀의 개수를 세는 COUNTIF, COUNTIFS 함수

COUNTIF는 조건에 만족하는 셀의 개수를, COUNTIFS는 다중 조건에 만족하는 셀의 개수를 세는 함수입니다.

함수 범주	통계
함수 형식	=COUNTIF(범위, 조건) =COUNTIFS(범위1, 조건1, 범위2, 조건2,…) 조건을 지정할 때는 큰따옴표를 사용합니다(예. ">=90")

조건에 맞는 셀의 합계를 구하는 SUMIF, SUMIFS 함수

SUMIF는 조건에 만족하는 셀의 합계를, SUMIFS는 다중 조건에 만족하는 셀의 합계를 구하는 함수입니다.

함수 범주	수학/삼각
함수 형식	=SUMIF(조건을 검사할 범위, 조건, 합계를 계산할 범위) =SUMIFS(합계를 계산할 범위, 조건을 검사할 범위1, 조건1, 조건을 검사할 범위2, 조건2,…)

순위를 구하는 RANK, RANK.AVG, RANK.EQ 함수

RANK와 RANK.EQ는 범위에서 특정 데이터의 순위를 구하는 함수로 동순위가 나올 경우 동순위를 표시하고, RANK.AVG는 동순위가 나올 경우 순위의 구간 평균값을 순위로 나타냅니다.

함수 범주	통계함수
함수 형식	=RANK(순위를 구하려는 수, 범위, 순위 결정 방법) =RANK.EQ(순위를 구하려는 수, 범위, 순위 결정 방법) =RANK.AVG(순위를 구하려는 수, 범위, 순위 결정 방법) 순위 결정 방법에 0을 입력하거나 생략하면 내림차순으로, 1을 입력하면 오름차순으로 순위를 구합니다.

조건에 맞는 셀의 평균을 구하는 AVERAGEIF 함수

AVERAGEIF 함수는 조건에 맞는 셀의 평균을 구합니다.

함수 범주	통계함수
함수 형식	=AVERAGEIF(조건을 검사할 범위, 조건, 평균을 계산할 범위)

반올림, 올림, 내림하는 ROUND, ROUNDUP, ROUNDDOWN 함수

ROUND 함수는 반올림(4 이하는 내리고 5 이상은 올림)하고, ROUNDUP 함수는 무조건 올림하고, ROUNDDOWN 함수는 무조건 내림합니다.

함수 범주	수학/삼각
함수 형식	=ROUND(반올림할 수 또는 수식, 반올림할 자릿수) =ROUNDUP(올림할 수 또는 수식, 올림할 자릿수) =ROUNDDOWN(내림할 수 또는 수식, 내림할 자릿수) 자릿수는 0을 기준으로 1, 2, 3,… 같이 양수를 지정하면 소수 이하로 자릿수를 조정하고, -1, -2, -3,… 같이 음수를 지정하면 소수점 이상으로 자릿수를 조정합니다.

함께해요 1. 함수 마법사 사용하기 거래처별 판매 현황

거래처별 판매 현황

거래처명	제품명	판매금액
나무의류	롱자케BK	1,595,000
나무의류	솔리드셔즈ZM	2,090,000
나무의류	클래식셔즈WI	2,227,500
나무의류	트렌치코트B	4,587,000
나무의류	집업재킷R	1,958,000
나무의류	롱사파리재킷K	2,124,000

거래처명	제품명	판매금액
패션닷컴	새틴일자팬즈GY	3,685,000
패션닷컴	세미정장팬즈B	789,000
패션닷컴	일자팬즈B	2,574,000
패션닷컴	새틴일자팬즈B	2,450,000
패션닷컴	세미정장팬즈K	501,600
패션닷컴	트랜치코트BR	3,120,000

거래처명	제품명	판매금액
스웨터몰	가디건YB	935,550
스웨터몰	니트베스트GR	569,250
스웨터몰	니트블라우스M	594,000
스웨터몰	니트블라우스W	973,500
스웨터몰	V넥 가디건P	2,125,000
스웨터몰	네트넥 스웨터BR	1,789,000
스웨터몰	미니 가디건BL	2,156,000
스웨터몰	가디건BK	858,000
스웨터몰	롱가디건세트B	2,062,500

총판매금액	39,763,900
평균판매금액	1,893,519
최대판매금액	4,587,000
최소판매금액	501,600

함수는 직접 입력하거나 함수 마법사를 이용합니다. 자주 사용하는 함수라면 직접 입력해서 사용하는 것이 빠르지만 모든 함수를 외우기에는 한계가 있습니다. 함수 마법사를 사용하면 다양한 함수를 범주별로 구분해서 필요한 함수를 골라 사용할 수 있습니다. 또한 기본적인 함수 사용 방법이 제공되어 초보자도 쉽게 사용할 수 있습니다.

- **실습 파일** ⓒ:\엑셀\7장\실습\판매현황.xlsx
- **완성 파일** ⓒ:\엑셀\7장\완성\판매현황_완성.xlsx

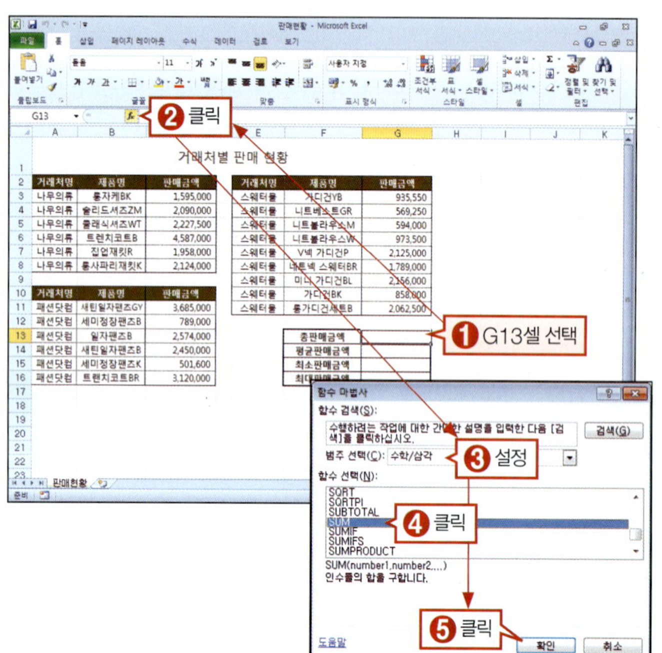

01

① G13셀을 선택

② 수식 입력줄에서 **함수 삽입** fx 을 클릭

③④ 함수 마법사 대화상자의 범주 선택 목록에서 **수학/삼각**을 선택하고 함수 선택 상자에서 SUM 함수를 선택

⑤ **〈확인〉**을 클릭합니다. 함수 인수 대화상자가 나타납니다.

Note 함수의 형식

함수를 이용한 수식 역시 등호(=)로 시작하고, 함수 이름을 입력한 후 괄호 안에 인수를 입력합니다.

= 함수명 (인수1, 인수2, 인수3…인수n)

① 함수명 : 엑셀에서 제공하는 함수를 입력합니다.

② 인수 : 함수의 결과를 구하는 데 필요한 값입니다(데이터, 셀 주소, 논리값, 수식, 함수식 등).

③ 쉼표 : 인수와 인수를 구분하는 기호입니다.

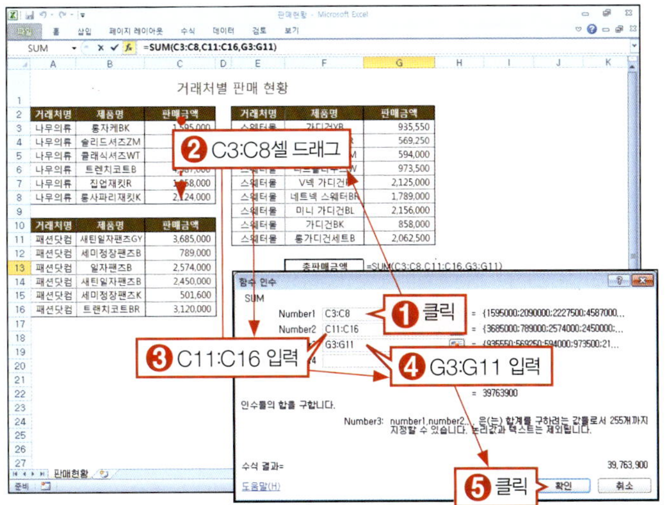

02

① 함수 인수 대화상자에서 Number1의 입력란을 클릭

② C3~C8셀을 드래그하여 범위로 지정

③④ 같은 방법으로 Number2란에는 C11~C16셀, Number3란에는 G3~G11셀을 범위로 지정

⑤ **〈확인〉**을 클릭해서 범위로 지정한 모든 셀의 합계를 구합니다.

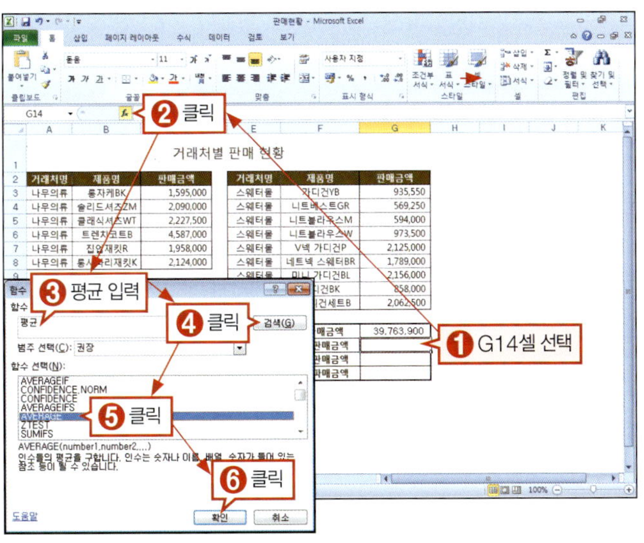

03

①② G14셀을 선택한 후 **함수 삽입**[fx]을 클릭

③④ 함수 마법사 대화상자에서 함수 검색에 **평균**을 입력하고 **〈검색〉**을 클릭

⑤⑥ 함수 선택 상자에서 AVERAGE를 선택하고 **〈확인〉**을 클릭합니다.

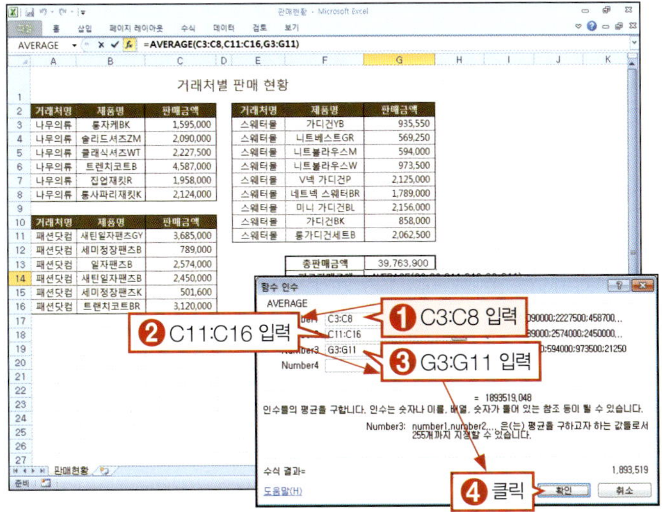

04

①②③ 함수 인수 대화상자에서 Number1란에 C3:C8을, Number2란에 C11:C16을, Number3란에 G3:G11을 입력

④ **〈확인〉**을 클릭해서 입력한 범위의 평균을 구합니다.

Tip

셀과 셀 사이의 콜론(:)은 앞에 있는 셀부터 뒤에 있는 셀까지의 범위를 의미합니다.

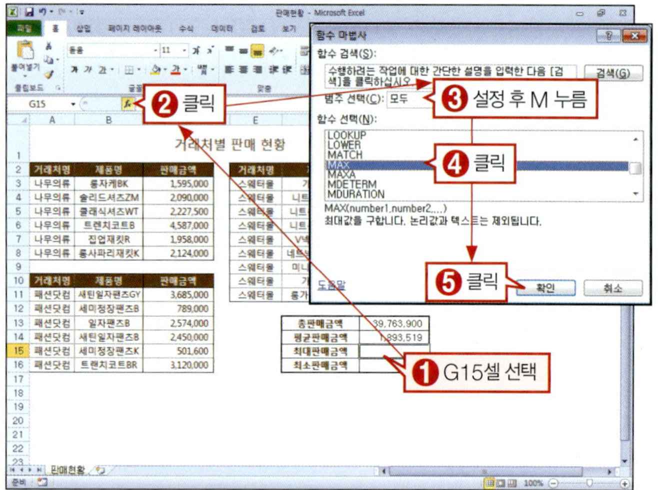

05

①② G15셀을 선택하고 함수 삽입 [fx] 을 클릭

③ 함수 마법사 대화상자에서 범주를 **모두**로 선택하고 M을 누릅니다. M으로 시작하는 함수가 나타납니다.

④⑤ MAX를 선택하고 **〈확인〉**을 클릭합니다.

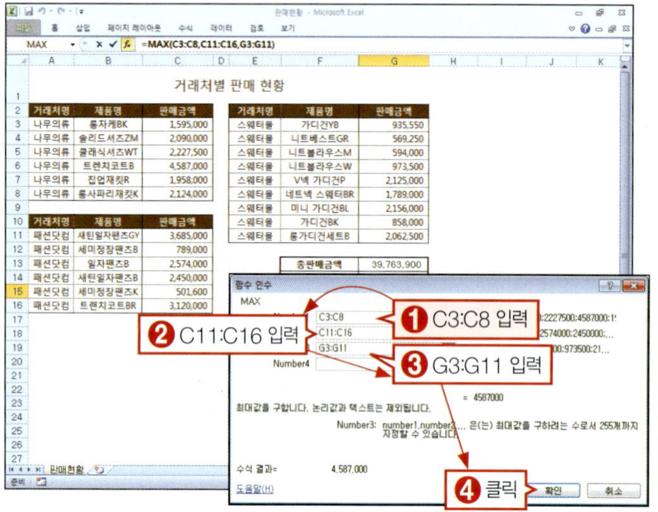

06

①②③ 함수 인수 대화상자에서 Number1란에 C3:C8을, Number2란에 C11:C16을, Number3란에 G3:G11을 입력

④ **〈확인〉**을 클릭해서 선택한 범위에서 최고값을 구합니다.

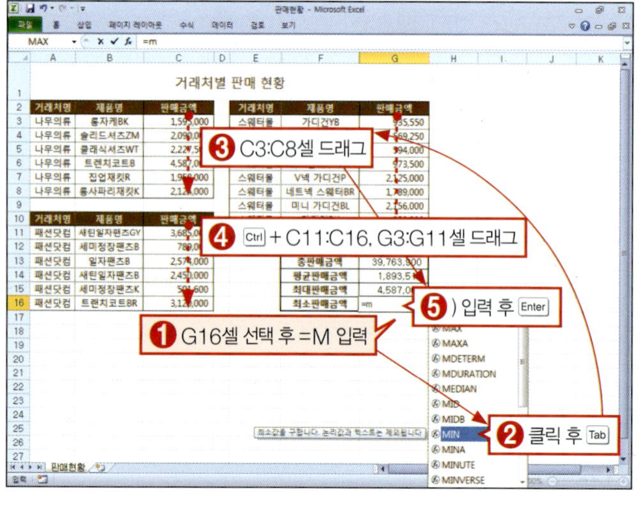

07

① G16셀을 선택하고 =M을 입력

② 수식 자동 완성 목록 상자에서 MIN을 선택하고 [Tab]을 누릅니다.

③ C3~C8셀을 드래그

④ [Ctrl]을 누르고 C11~C16셀, G3~G11셀을 각각 드래그

⑤)를 입력해서 수식을 완성하고 [Enter]를 눌러 최소값을 구합니다.

Tip

완성 수식 =MIN(C3:C8,C11:C16,G3:G11)

Note 기초 함수

합계를 계산하는 SUM, 평균을 계산하는 AVERAGE, 최대값을 찾는 MAX, 최소값을 찾는 MIN 함수는 가장 기초적인 함수에 해당합니다.

함수 범주	수학/삼각, 통계
함수 형식	=SUM(Number1, Number2,…)
	=AVERAGE(Number1, Number2,…)
	=MAX(Number1, Number2,…)
	=MIN(Number1, Number2,…)
인수	합계, 평균, 최대, 최소값을 계산할 숫자 데이터 또는 셀 주소 또는 데이터 범위를 입력합니다.

함께해요 2. 재실사 여부와 폐기처분 비용 구하기 부품 관리 현황

부품 관리 현황

실사부서	부품 관리팀	조사원	이명수 外 2명
실사기간	2010.5.2 ~ 2010.5.10	실사공장	울산 공장

생산라인	부품코드	부품명	상태	재고량	실사량	재실사	폐기처분
생산1팀	S10-MY2	소켓MY2	불량	50	45	재실사	500
생산1팀	S10-MK2	소켓MK2	불량	80	80		500
생산1팀	Z20-22A	버저22A	양호	45	45		0
생산1팀	CNT-12	컨넥터12	양호	70	50	재실사	0
생산2팀	S10-MY2	소켓MY2	불량	45	45		500
생산2팀	Z20-22A	버저22A	양호	100	100		0
생산2팀	CNT-12	컨넥터12	양호	70	70		0
생산3팀	S10-MY2	소켓MY2	불량	10	10		500
생산3팀	S10-MK2	소켓MK2	불량	20	20		500
생산3팀	R10-T90	릴레이T90	불량	10	10		500
생산3팀	B20-14A	버저14A	양호	50	48	재실사	0
생산3팀	CNT-14	컨넥터16	양호	40	40		0

부품 관리 현황표에서 IF 함수를 사용하여 재고량과 실사량에 따른 재실사 여부와 제품 상태에 따른 폐기처분 비용을 구합니다.

- **실습 파일** ⓒ:\엑셀\7장\실습\부품관리현황_if.xlsx
- **완성 파일** ⓒ:\엑셀\7장\완성\부품관리현황_if_완성.xlsx

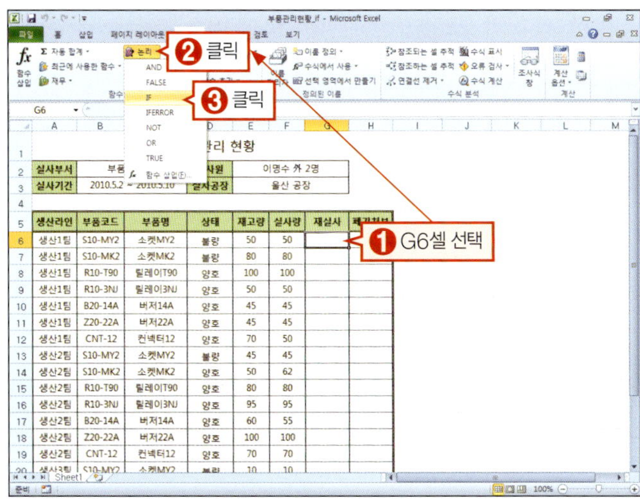

01 재고량과 실사량을 비교하여 다르면 재실사를, 같으면 공백으로 표시합니다.

① G6셀을 선택

②③ [수식] 탭의 [함수 라이브러리] 그룹에서 **논리**를 클릭하고 IF를 선택합니다.

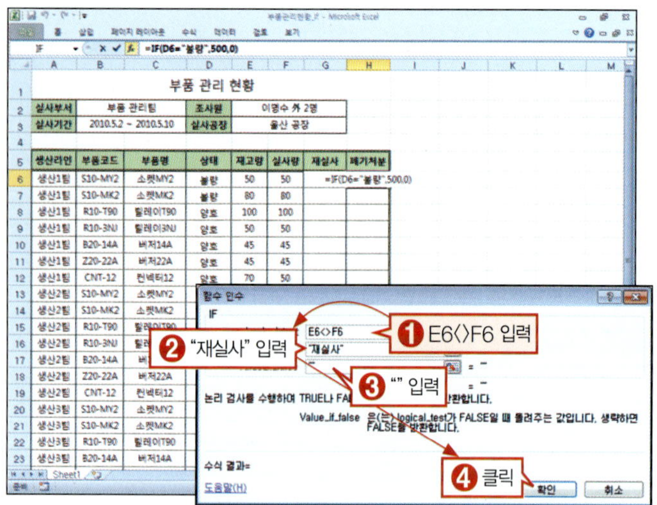

02

①②③ Logical_test(조건)에 **E6<>F6**을, Value_if_true(참 값)에 **"재실사"**를, Value_if_false(거짓 값)에 **""**를 입력

④ **〈확인〉**을 클릭합니다.

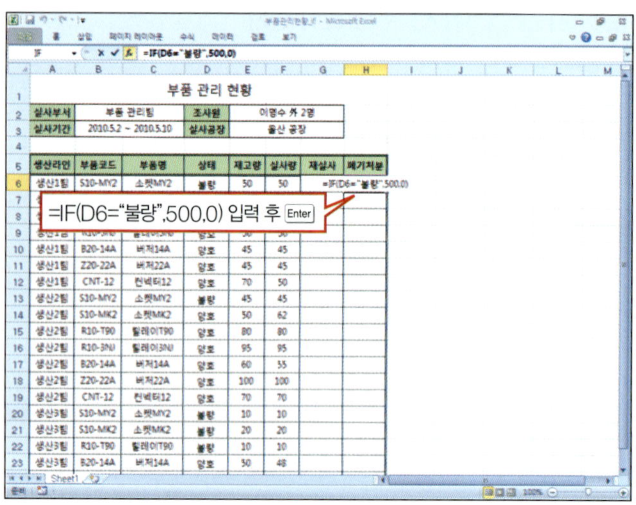

03

H6셀을 선택하고 제품 상태(D6)에 따라 폐기 처분 비용(500)이 발생할지 안할지 결정하는 함수식 **=IF(D6="불량",500,0)**을 입력하고 Enter를 누릅니다.

Tip

참 값이나 거짓 값이 숫자 데이터일 경우 큰따옴표("")를 사용하지 않습니다. 큰따옴표를 사용할 경우 문자 데이터로 인식되어 합계, 평균 등을 계산할 수 없습니다.

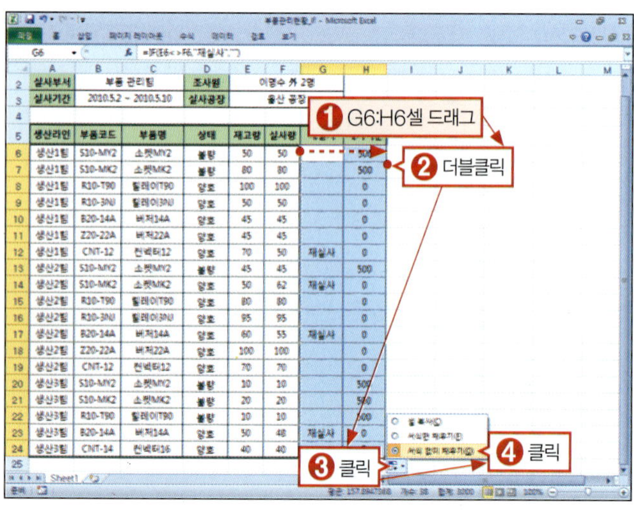

04

① G6~H6셀을 범위로 지정

② H6셀의 채우기 핸들을 더블클릭해서 수식을 복사합니다. 수식과 함께 테두리 이중선도 복사됩니다.

③④ **자동 채우기 옵션**을 클릭하고 **서식 없이 채우기**를 선택해서 테두리 이중선을 제거합니다.

Tip

자동 채우기 옵션에서 '채우기'는 서식과 수식을 복사하고, '서식만 채우기'는 서식만 복사하고, '서식 없이 채우기'는 수식만 복사합니다.

함께해요 3. 상활별 개수 구하기 교육 평가표

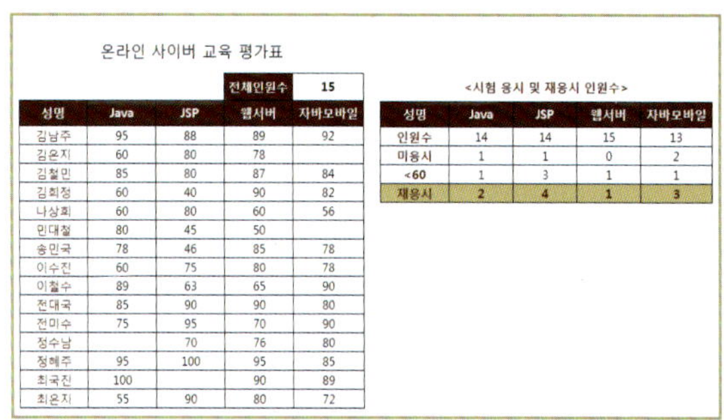

온라인 사이버 교육 평가표

			전체인원수	15
성명	Java	JSP	웹서버	자바모바일
김남주	95	88	89	92
김은지	60	80	78	
김철민	85	80	87	84
김희정	60	40	90	82
나상희	60	80	60	56
민대철	80	45	50	
송민국	78	46	85	78
이수진	60	75	80	78
이철수	89	63	65	90
전대국	85	90	90	80
전미수	75	95	70	90
정수남		70	76	80
정혜주	95	100	95	85
최국진	100		90	89
최은지	55	90	80	72

<시험 응시 및 재응시 인원수>

성명	Java	JSP	웹서버	자바모바일
인원수	14	14	15	13
미응시	1	1	0	2
<60	1	3	1	1
재응시	2	4	1	3

직원들을 대상으로 교육을 실시한 후에 시험 응시 인원 및 재응시 인원을 파악할 수 있는 표를 COUNT, COUNTA, COUNTBLANK, COUNTIF 함수를 사용하여 구합니다.

- **실습 파일** Ⓞ:\엑셀\7장\실습\사원교육평가표_count.xlsx
- **완성 파일** Ⓞ:\엑셀\7장\완성\사원교육평가표_count_완성.xlsx

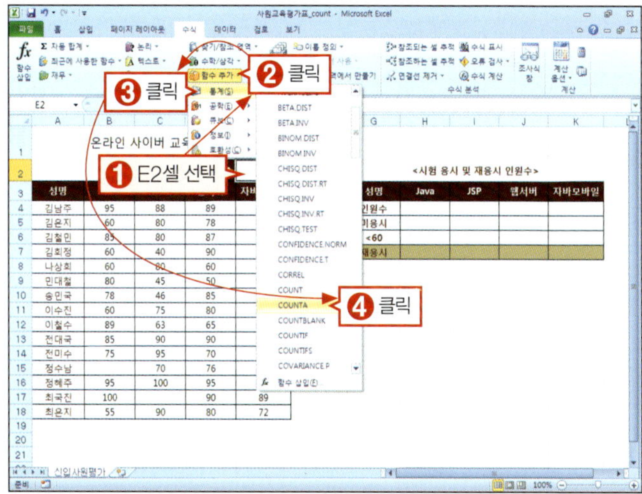

01 교육을 실시한 전체 인원수를 파악하겠습니다.

① E2셀을 선택

② [수식] 탭의 [함수 라이브러리] 그룹에서 **함수 추가**를 클릭

③④ **통계** – COUNTA를 선택합니다.

Tip

COUNTA는 공백을 제외한 셀의 개수를 구하는 함수입니다.

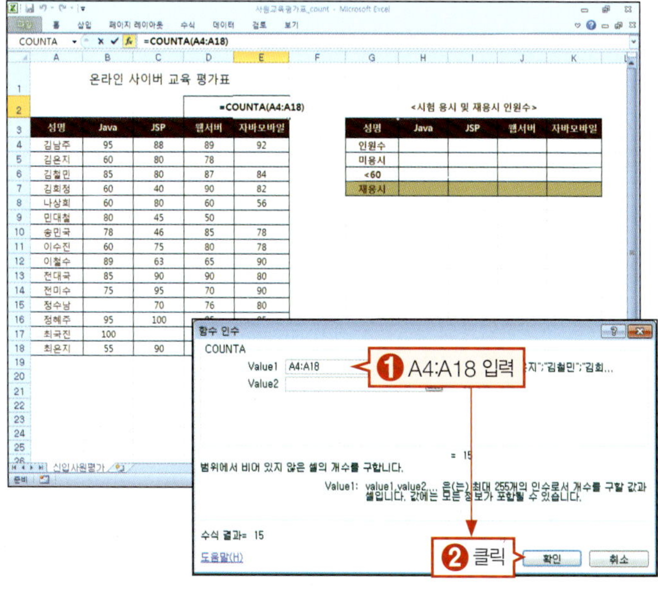

02

① 함수 인수 대화상자에서 데이터를 구할 범위로 Value1에 **A4:A18**을 입력(또는 드래그해서 선택)

② **〈확인〉**을 클릭합니다. 수식 =COUNTA(A4:A18)이 완성됩니다.

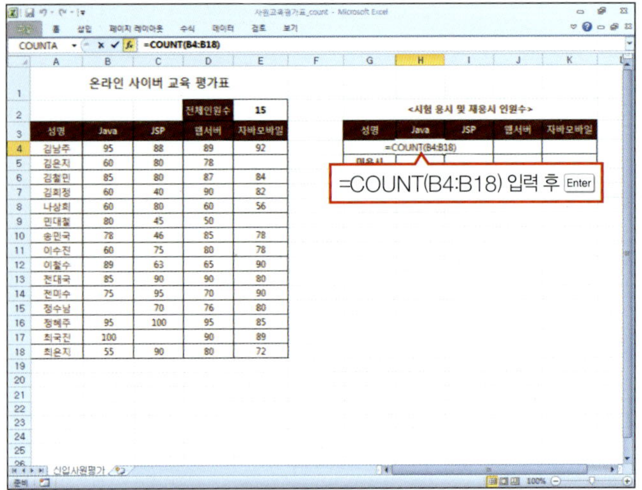

03 Java 시험에 응시한 인원수를 구하겠습니다.

H4셀에 =COUNT(B4:B18)을 입력하고 Enter 를 누릅니다. 범위(B4~B18)에서 숫자 데이터가 있는 셀의 개수를 구합니다.

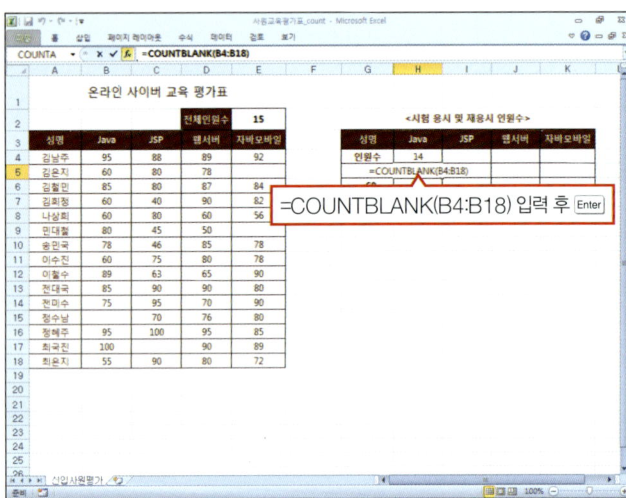

04 Java 시험 미응시자수를 구하겠습니다.

H5셀에 =COUNTBLANK(B4:B18)를 입력하고 Enter 를 누릅니다.

범위(B4~B18)에서 빈 셀의 개수를 구합니다.

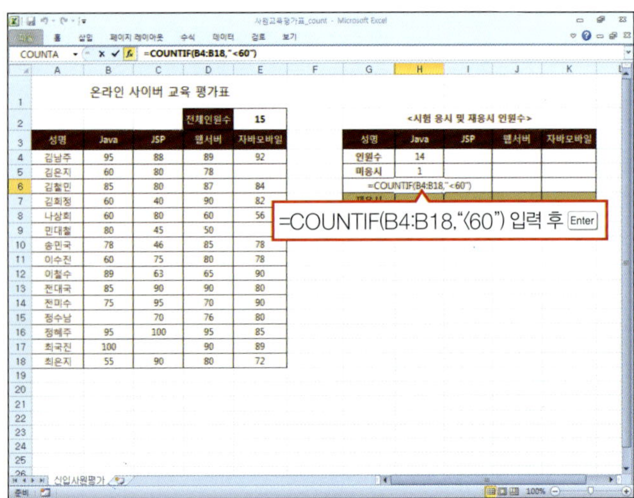

05 Java 점수가 60점 미만인 인원수를 구하겠습니다.

H6셀에 =COUNTIF(B4:B18,"<60")를 입력하고 Enter 를 누릅니다.

범위(B4~B18)에서 조건 <60에 만족하는 셀의 개수를 구합니다.

Tip

조건("<60")을 직접 입력하는 대신 조건이 입력된 셀 주소(G6)를 지정해도 됩니다. 셀 주소를 조건으로 지정하면 큰따옴표는 사용하지 않습니다. =COUNTIF(B4:B18,G6)

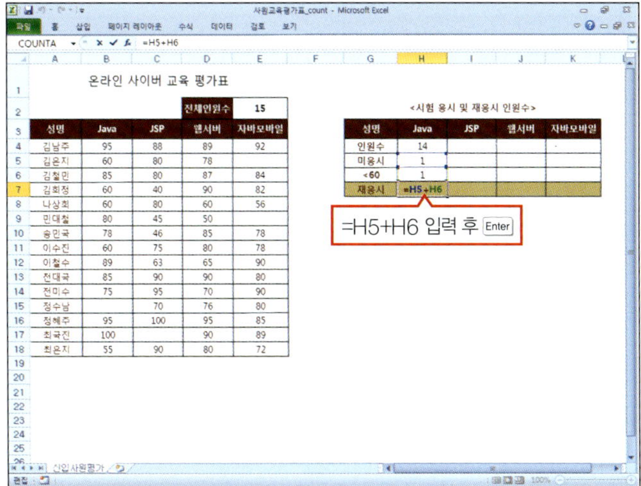

06 H7셀에 =H5+H6을 입력하고 Enter를 눌러 재응시 인원을 구합니다. 재응시는 미응시자와 60점 미만인 인원입니다.

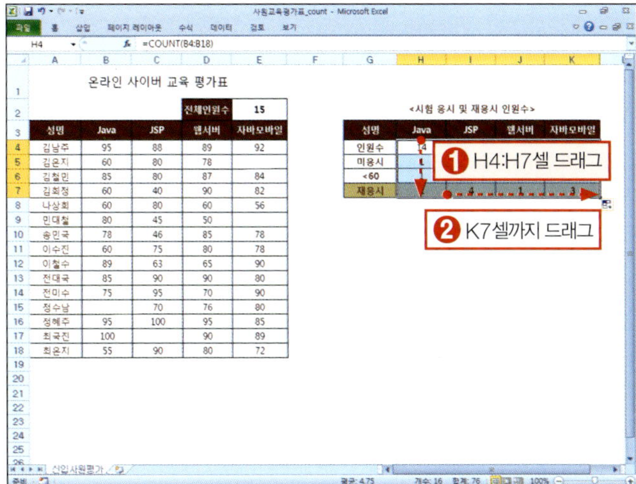

07

① H4~H7셀을 범위로 지정

② H7셀의 채우기 핸들을 K7셀까지 드래그해서 수식을 복사합니다.

4. 순위와 평균 구하기 생산 현황표

생산 현황표

<평균 불량생산수 및 순위>

교대조	이름	생산	불량	순위
생산직1조	김성철	280	1	4
생산직2조	이병욱	300	2	2
생산직3조	서기린	270	4	6
생산직3조	유태현	220	1	8.5
생산직4조	박민우	200	0	11
생산직4조	김태성	190	1	12
생산직2조	남진섭	210	1	10
생산직1조	강은철	320	0	1
생산직4조	최진우	189	1	13
생산직5조	황욱진	220	0	8.5
생산직1조	김진섭	180	1	14
생산직5조	박태수	280	1	4
생산직2조	민태명	280	2	4
생산직5조	문정미	245	0	7

교대조	불량평균	불량순위
생산직1조	0.67	2
생산직2조	1.67	4
생산직3조	2.50	5
생산직4조	0.67	2
생산직5조	0.33	1

직원별 생산량의 순위를 구하고 생산직 교대조별 불량건수의 평균 및 순위를 RANK.AVG, RANK.EQ, AVERAGEIF 함수를 사용하여 구합니다.

- **실습 파일** ⓒ:\엑셀\7장\실습\생산현황_rank.xlsx
- **완성 파일** ⓒ:\엑셀\7장\완성\생산현황_rank_완성.xlsx

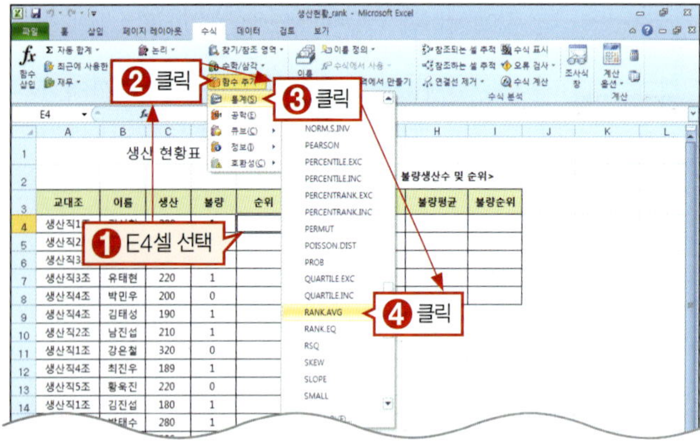

01 생산량을 기준으로 내림차순으로 순위를 구합니다.

① E4셀을 선택

② [수식] 탭의 [함수 라이브러리] 그룹에서 **함수 추가**를 클릭

③④ **통계–RANK.AVG**를 선택합니다.

Tip

RANK.AVG는 순위를 구하는 함수로 동순위가 나올 경우 순위의 구간 평균값을 순위로 나타냅니다.

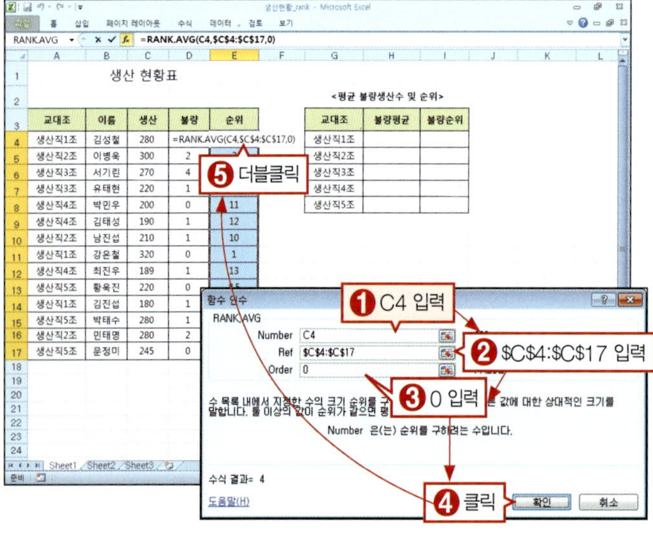

02

①②③ 함수 인수 대화상자에서 Number(순위를 구할 셀)에 C4를, Ref(순위를 구할 때 참조할 범위)에 $C$4:$C$17을, Order(오름차순/내림차순)에 0을 입력

④ **〈확인〉**을 클릭하면 수식 =RANK.AVG(C4,$C$4:$C$17,0)이 입력됩니다.

⑤ 채우기 핸들을 더블클릭하여 수식을 복사합니다.

Tip

2위 다음 동순위가 3명이므로 순위를 3으로 표시하지 않고 동순위 3명(3위, 4위, 5위)의 평균인 4위가 표시됩니다. Order에 0을 입력하거나 생략하면 내림차순으로 순위가 표시됩니다.

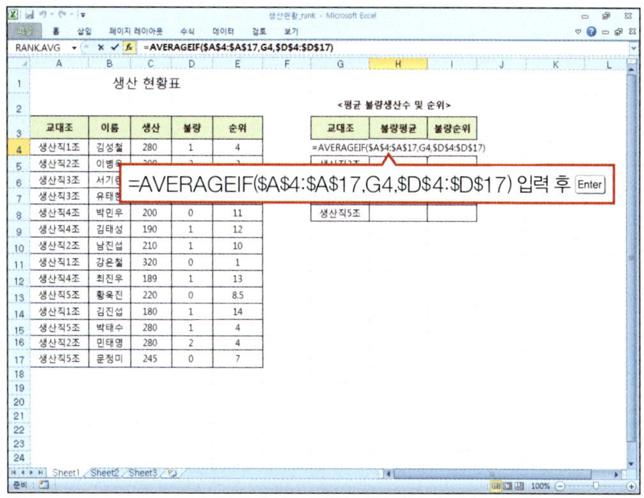

03 교대조별로 불량건수의 평균을 구하겠습니다. H4셀에 =AVERAGEIF($A$4:$A$17,G4,$D$4:$D$17)을 입력하고 Enter 를 누릅니다. 범위(A4~A17)에서 조건(G4)에 만족하는 셀을 찾아 계산 범위(D4~D17)에서 평균을 구합니다.

Tip

조건에 만족하는 값을 찾을 범위나 계산할 범위는 고정이므로 $를 붙여 절대 참조로 입력합니다.

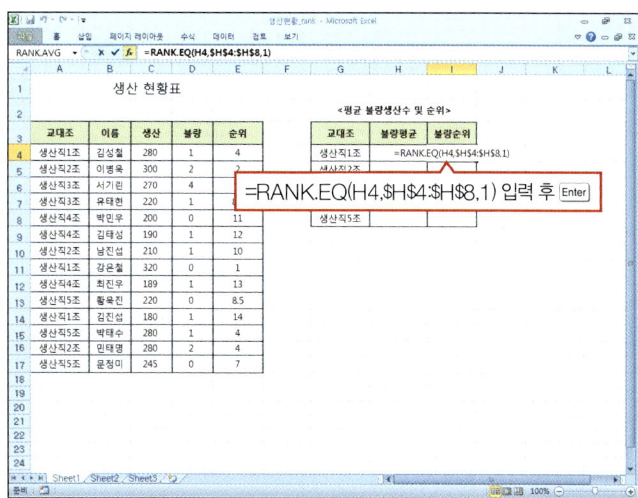

04 불량건수의 평균에 대한 순위를 오름차순으로 구하겠습니다. I4셀에 =RANK.EQ(H4,$H$4:$H$8,1)을 입력하고 Enter 를 누릅니다. 특정 셀(H4)이 범위(H4~H8)에서 몇 위인지 오름차순(1)으로 순위를 구합니다.

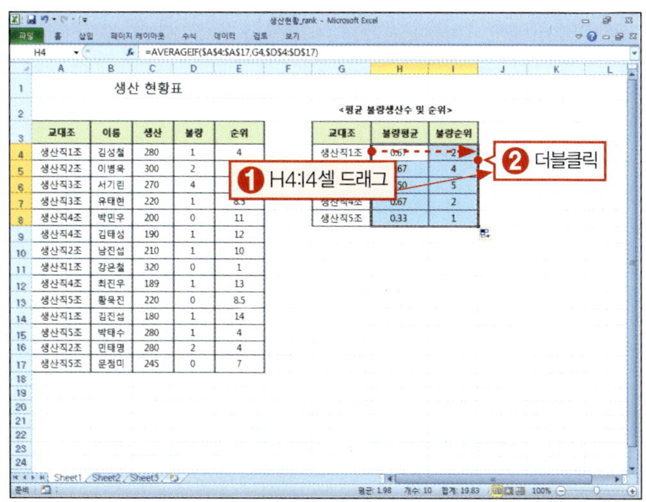

05

① H4~I4셀을 범위로 지정

② 채우기 핸들을 더블클릭하여 수식을 복사합니다.

Tip

AVERAGEIF, SUMIFS, COUNTIFS 함수는 엑셀 2007에서 추가되었고, RANK.EQ, RANK.AVG 함수는 2010에서 추가되었습니다. 그러므로 이전 버전에서 파일을 열면 #NAME? 오류가 나타납니다.

함께해요 5. 데이터 반올림, 내림, 올림하기 도서 주문 내역서

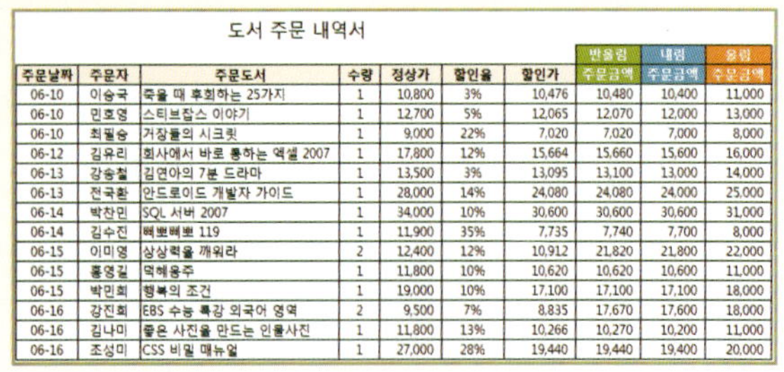

도서 주문 내역서

							반올림	내림	올림
주문날짜	주문자	주문도서	수량	정상가	할인율	할인가	주문금액	주문금액	주문금액
06-10	이승국	죽을 때 후회하는 25가지	1	10,800	3%	10,476	10,480	10,400	11,000
06-10	민호영	스티브잡스 이야기	1	12,700	5%	12,065	12,070	12,000	13,000
06-10	최필승	거장들의 시크릿	1	9,000	22%	7,020	7,020	7,000	8,000
06-12	김유리	회사에서 바로 통하는 엑셀 2007	1	17,800	12%	15,664	15,660	15,600	16,000
06-13	강승철	김연아의 7분 드라마	1	13,500	3%	13,095	13,100	13,000	14,000
06-13	전국환	안드로이드 개발자 가이드	1	28,000	14%	24,080	24,080	24,000	25,000
06-14	박찬민	SQL 서버 2007	1	34,000	10%	30,600	30,600	30,600	31,000
06-14	김수진	뻐뽀뻐뽀 119	1	11,900	35%	7,735	7,740	7,700	8,000
06-15	이미영	상상력을 깨워라	2	12,400	12%	10,912	21,820	21,800	22,000
06-15	홍영길	먹혜옹주	1	11,800	10%	10,620	10,620	10,600	11,000
06-15	박민희	행복의 조건	1	19,000	10%	17,100	17,100	17,100	18,000
06-16	강진희	EBS 수능 특강 외국어 영역	2	9,500	7%	8,835	17,670	17,600	18,000
06-16	김나미	좋은 사진을 만드는 인물사진	1	11,800	13%	10,266	10,270	10,200	11,000
06-16	조성미	CSS 비밀 매뉴얼	1	27,000	28%	19,440	19,440	19,400	20,000

도서 주문 내역서에서 수식 '정상가*(1−할인율)'로 할인 가격을 구하고, 그 결과를 ROUND, ROUNDDOWN, ROUNDUP 함수로 반올림, 올림, 내림합니다.

- **실습 파일** ⓒ:\엑셀\7장\실습\도서주문_round.xlsx
- **완성 파일** ⓒ:\엑셀\7장\완성\도서주문_round_완성.xlsx

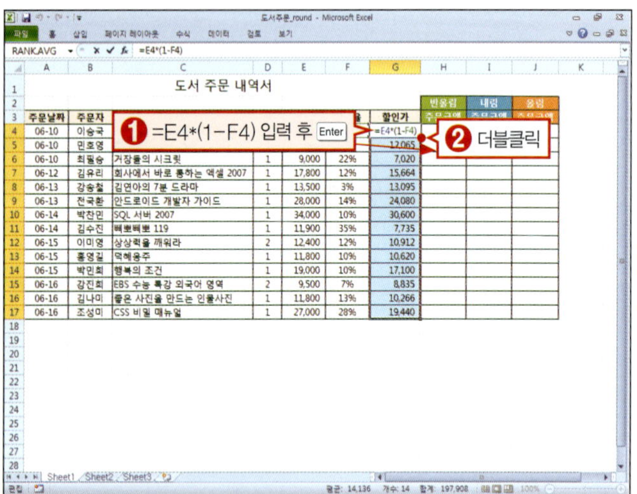

01

① G4셀에 **=E4*(1-F4)**를 입력하고 Enter 를 눌러 할인가를 구합니다.

② G4셀의 채우기 핸들을 더블클릭하여 수식을 복사합니다.

Tip

할인가 = 정상가*(1−할인율)

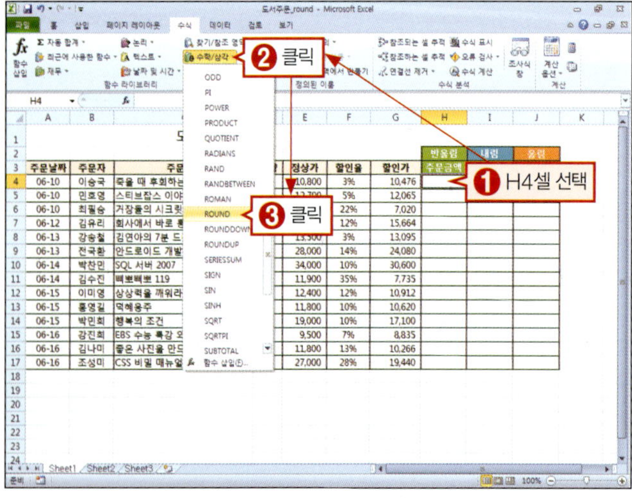

02

① H4셀을 선택

②③ [수식] 탭의 [함수 라이브러리] 그룹에서 **수학/삼각**을 클릭하고 **ROUND**를 선택합니다.

Tip

ROUND 함수는 데이터를 반올림(4 이하는 내림 5 이상은 올림)합니다.

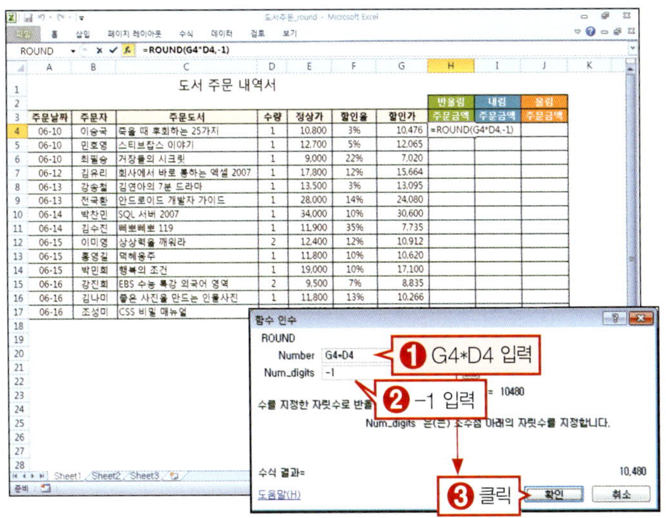

03

①② Number(반올림할 수)에 G4*D4를, Num_digits(반올림할 자릿수)에 -1을 입력합니다.

③ 〈확인〉을 클릭하면 수식 =ROUND(G4*D4, -1)이 입력됩니다.

Tip

총 주문 금액을 구해야 하므로 반올림할 수는 '수량*할인가'이며 반올림할 자릿수는 1원 단위에서 반올림해서 10원 단위까지 표현하기 위해 '−1'을 입력합니다.

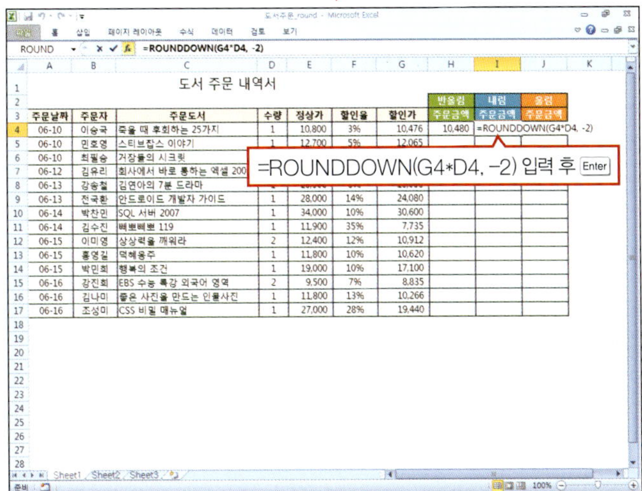

04 10 단위에서 내림한 주문금액을 구하겠습니다.

I4셀에 =ROUNDDOWN(G4*D4, -2)를 입력하고 Enter를 누릅니다. 주문 수량과 할인가를 곱한 주문 금액(G4*D4)을 10 단위(−2)에서 내림합니다.

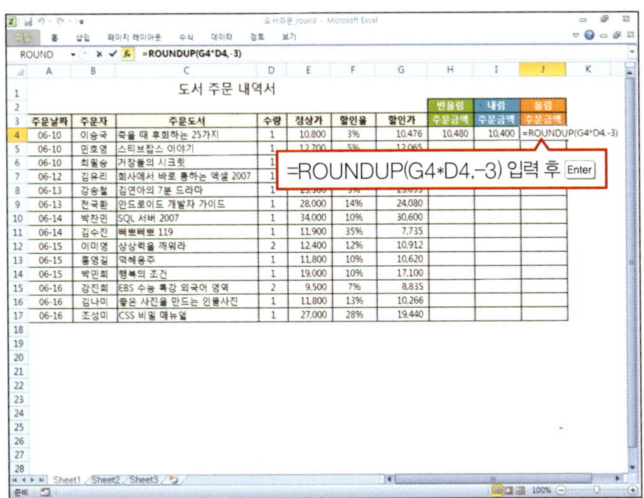

05 J4셀에 =ROUNDUP(G4*D4,-3)을 입력하고 Enter를 눌러 100 단위에서 올림한 주문금액을 구합니다.

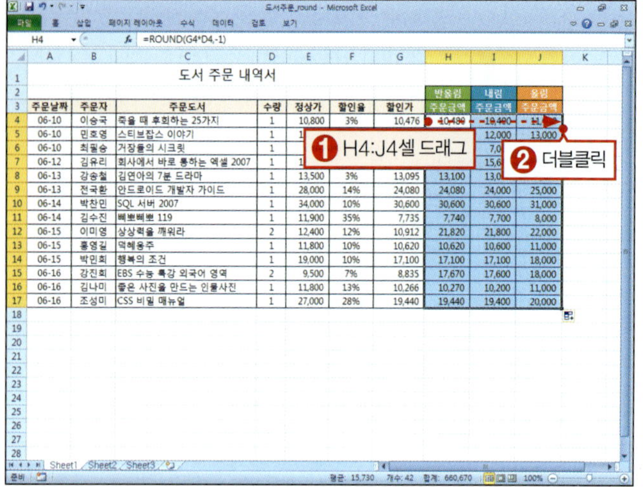

06

① H4~J4셀을 범위로 지정

② J4셀의 채우기 핸들을 더블클릭해서 수식을 복사합니다.

함께해요 6. 항목별 개수와 비용 합계 구하기 지출 내역서

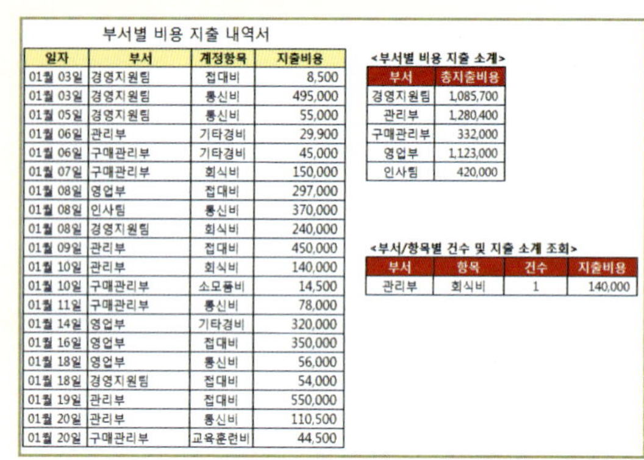

부서별 비용 지출 내역서

일자	부서	계정항목	지출비용
01월 03일	경영지원팀	접대비	8,500
01월 03일	경영지원팀	통신비	495,000
01월 05일	경영지원팀	통신비	55,000
01월 06일	관리부	기타경비	29,900
01월 06일	구매관리부	기타경비	45,000
01월 07일	구매관리부	회식비	150,000
01월 08일	영업부	접대비	297,000
01월 08일	인사팀	통신비	370,000
01월 08일	경영지원팀	회식비	240,000
01월 09일	관리부	접대비	450,000
01월 10일	관리부	회식비	140,000
01월 10일	구매관리부	소모품비	14,500
01월 11일	구매관리부	통신비	78,000
01월 14일	영업부	기타경비	320,000
01월 16일	영업부	접대비	350,000
01월 18일	영업부	통신비	56,000
01월 18일	경영지원팀	접대비	54,000
01월 19일	관리부	접대비	550,000
01월 20일	관리부	통신비	110,500
01월 20일	구매관리부	교육훈련비	44,500

<부서별 비용 지출 소계>

부서	총지출비용
경영지원팀	1,085,700
관리부	1,280,400
구매관리부	332,000
영업부	1,123,000
인사팀	420,000

<부서/항목별 건수 및 지출 소계 조회>

부서	항목	건수	지출비용
관리부	회식비	1	140,000

예산 지출 내역서에서 SUMIF로 부서별 비용 지출의 합계를 구하고, COUNTIFS로 조건에 맞는 데이터의 개수를 구합니다. 데이터 유효성 검사를 통해 부서, 항목별 개수와 지출 비용을 조회할 수 있습니다.

- **실습 파일** ◎:\엑셀\7장\실습\예산지출내역서_sumif.xlsx
- **완성 파일** ◎:\엑셀\7장\완성\예산지출내역서_sumif_완성.xlsx

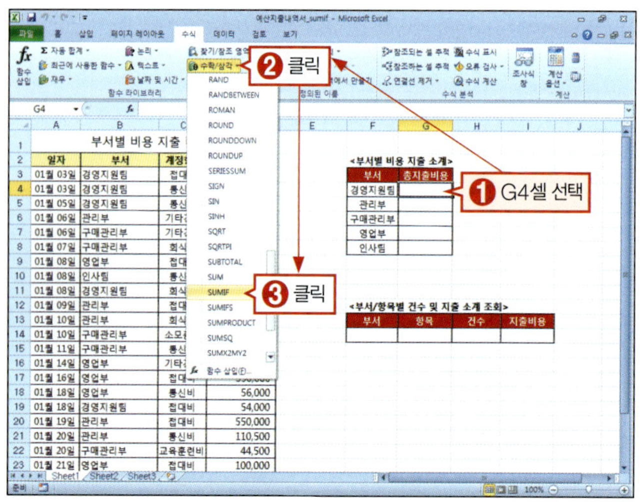

01 부서별 비용 합계를 구하겠습니다.

① G4셀을 선택

②③ [수식] 탭의 [함수 라이브러리] 그룹에서 **수학/삼각**을 클릭하고 SUMIF를 선택합니다.

Tip

SUMIF는 조건에 만족하는 셀의 합계를 구하는 함수입니다.

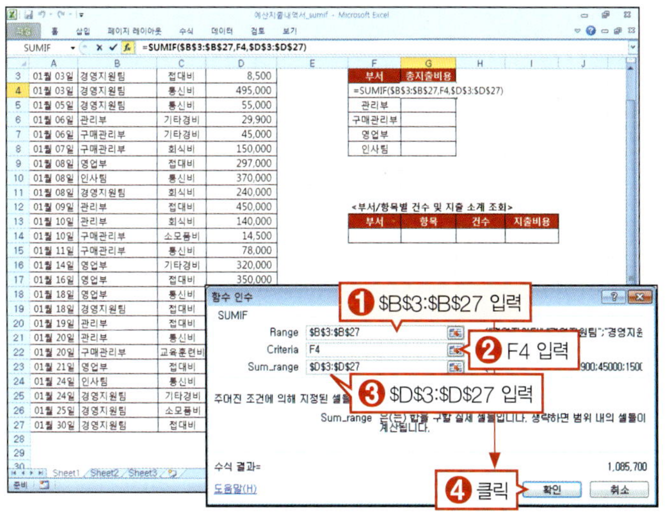

02

①②③ 함수 인수 대화상자에서
Range(범위)에 **$B$3:$B$27**을,
Criteria(조건)에 **F4**를,
Sum_range(합계 범위)에
$D$3:$D$27을 입력

④ 〈**확인**〉을 클릭하면 수식 **=SUMIF($B$3:$B$27,F4,$D$3:$D$27)**이 입력됩니다.

Tip

Criteria(조건)에 "=경영지원팀"을 입력하면 수식을 복사할 때 조건이 변하지 않고 고정됩니다. 따라서 F4셀을 지정하여 조건이 바뀌게 합니다.

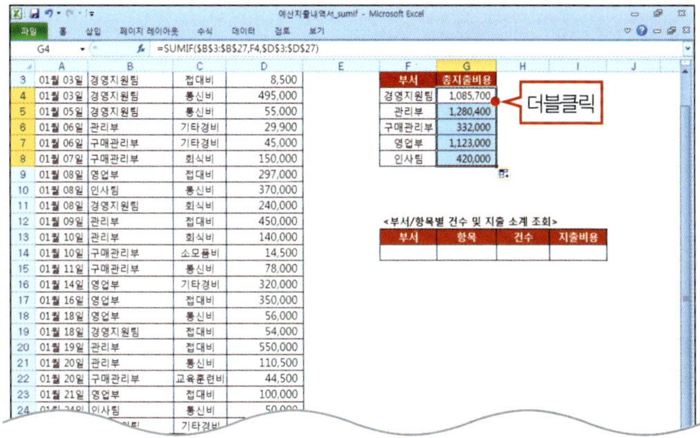

03 G4셀의 채우기 핸들을 더블클릭하여 수식을 복사합니다.

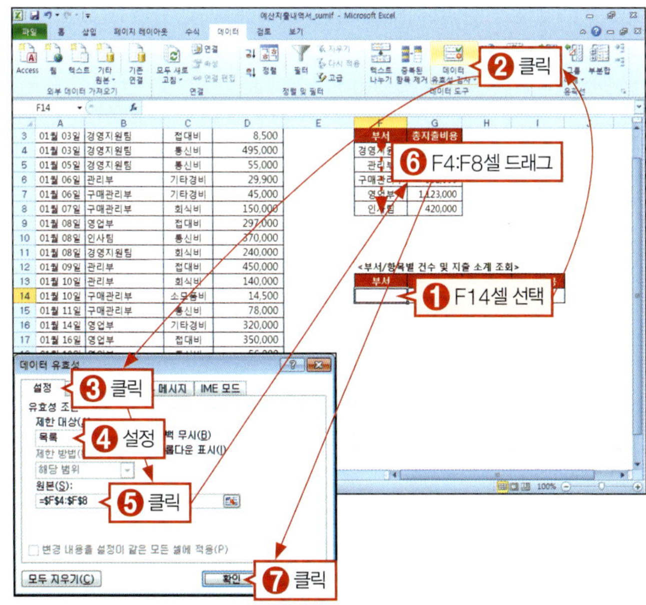

04 데이터 유효성 검사로 부서와 항목 목록을 지정하겠습니다.

① F14셀을 선택

② [데이터] 탭의 [데이터도구] 그룹에서 **데이터 유효성 검사**를 클릭

③④ 데이터 유효성 검사 대화상자에서 [설정] 탭을 클릭하고 제한 대상을 **목록**으로 선택

⑤⑥⑦ 원본 입력란을 클릭한 후 F4~F8셀을 드래그하고 〈**확인**〉을 클릭합니다.

Tip

데이터 유효성 검사의 자세한 내용은 3장을 참조합니다.

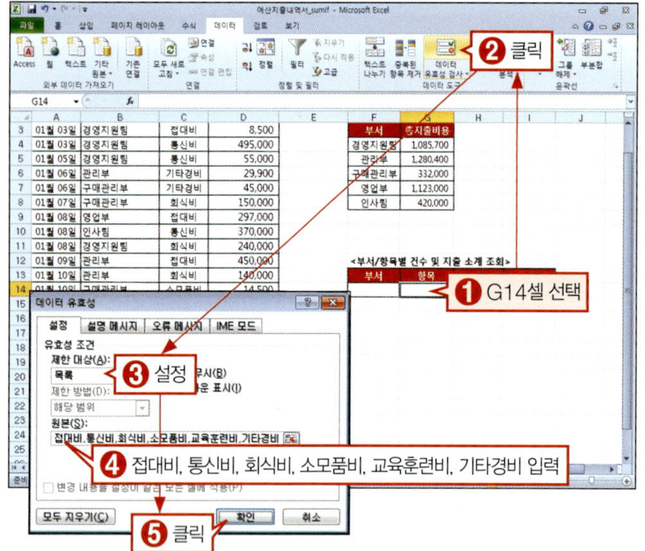

05

①② G14셀을 선택하고
데이터 유효성 검사를 클릭

③④ 데이터 유효성 검사 대화상자에서
제한 대상을 **목록**으로 선택하고,
원본 입력란에 **접대비, 통신비, 회식비, 소모품비, 교육훈련비, 기타경비**를 입력

⑤ **〈확인〉**을 클릭합니다.

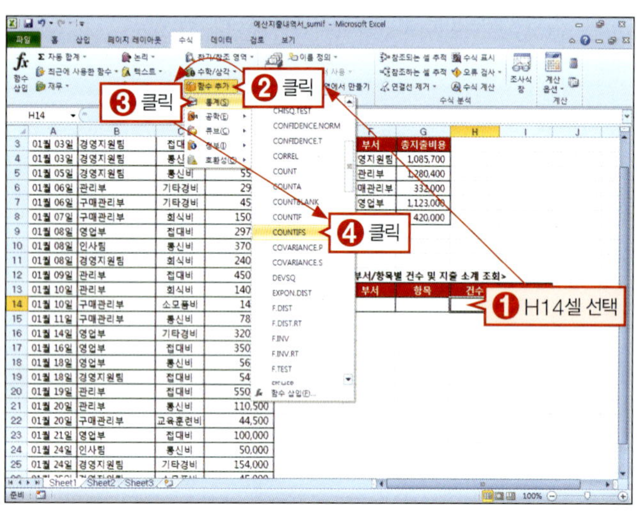

06

① H14셀을 선택

② [수식]탭의 [함수 라이브러리]
그룹에서 **함수 추가**를 클릭

③④ **통계–COUNTIFS**를 선택합니다.

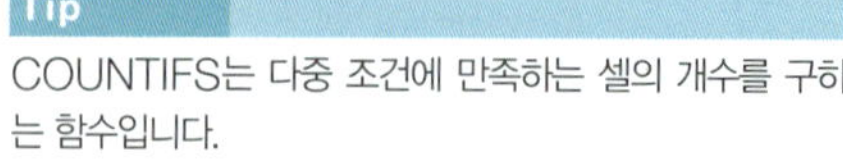

COUNTIFS는 다중 조건에 만족하는 셀의 개수를 구하는 함수입니다.

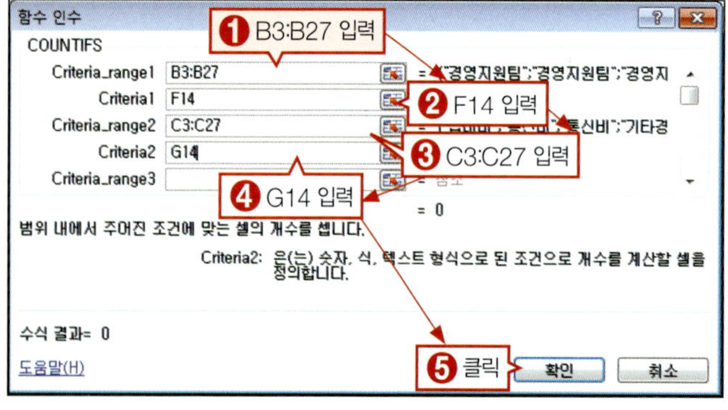

07

① 함수 인수 대화상자에서
Criteria_range1(조건1 범위)에
B3:B27 입력

② Criteria1(조건1)에 **F14** 입력

③ Criteria_range2(조건2 범위)에
C3:C27입력

④ Criteria2(조건2)에 **G14**를 입력

⑤ **〈확인〉**을 클릭합니다.
수식 **=COUNT IFS(B3:B27,F14,C3:C27,G14)**가 입력됩니다.

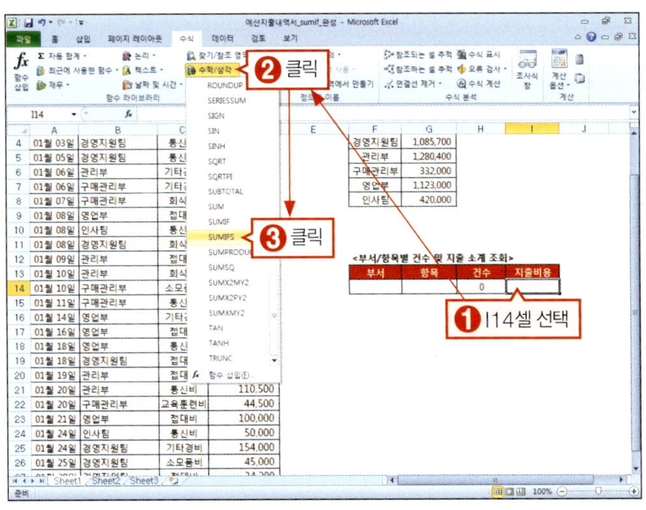

08 부서와 항목을 조건으로 지출비용 합계를 구합니다.

① I14셀을 선택

②③ [수식] 탭의 [함수 라이브러리] 그룹에서 **수학/삼각**을 클릭하고 SUMIFS를 선택합니다.

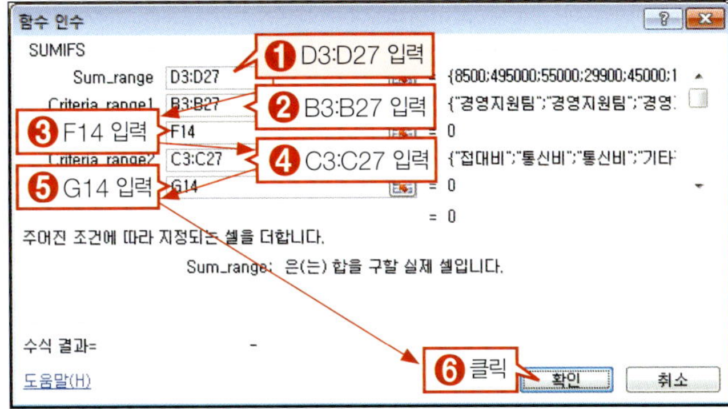

09

①②③④⑤ Sum_range(합계 범위)에 D3:D27, Criteria_range1(조건1 범위)에 B3:B27, Criteria1(조건1)에 F14, Criteria_range2(조건2 범위)에 C3:C27, Criteria2(조건2)에 G14를 입력

⑥ <확인>을 클릭합니다. 수식 =SUMIFS(D3:D27,B3:B27,F14,C3:C27,G14)가 입력됩니다.

부서별 비용 지출 내역서

일자	부서	계정항목	지출비용
01월 03일	경영지원팀	접대비	8,500
01월 03일	경영지원팀	통신비	495,000
01월 05일	경영지원팀	통신비	55,000
01월 06일	관리부	기타경비	29,900
01월 06일	구매관리부	기타경비	45,000
01월 07일	구매관리부	회식비	150,000
01월 08일	영업부	접대비	297,000
01월 08일	인사팀	통신비	370,000
01월 08일	경영지원팀	회식비	240,000
01월 09일	관리부	접대비	450,000
01월 10일	관리부	회식비	140,000
01월 10일	구매관리부	소모품비	14,500
01월 11일	구매관리부	통신비	78,000
01월 14일	영업부	기타경비	320,000
01월 16일	영업부	접대비	350,000
01월 18일	영업부	통신비	56,000
01월 18일	경영지원팀	접대비	54,000
01월 19일	관리부	접대비	550,000
01월 20일	관리부	통신비	110,500
01월 20일	구매관리부	교육훈련비	44,500
01월 21일	영업부	접대비	100,000
01월 24일	인사팀	통신비	50,000
01월 24일	경영지원팀	기타경비	154,000
01월 25일	경영지원팀	소모품비	45,000
01월 30일	경영지원팀	접대비	34,200

<부서별 비용 지출 소계>

부서	총지출비용
경영지원팀	1,085,700
관리부	1,280,400
구매관리부	332,000
영업부	1,123,000
인사팀	420,000

<부서/항목별 건수 및 지출 소계 조회>

부서	항목	건수	지출비용
관리부	회식비	1	140,000

10 부서와 항목 목록 상자에서 조회하고 싶은 부서와 항목을 선택하면 부서별 항목의 개수와 비용의 소계가 나타납니다.

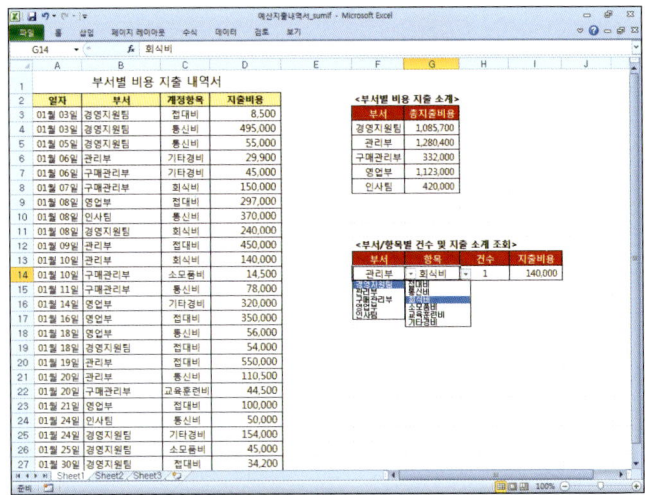

함께해요 7. 함수 중첩하기 설문조사 통계표

설문조사 통계표

조사기간: 2010.04.10 ~ 2010.04.20

Q1	남자	여자					합계
인원수	27	41					68
비율	39.71	60.29					100
Q2	10대	2대	30대	40대	50대	60대이상	합계
인원수	10	22	18	10	5	3	68
비율	14.71	32.35	26.47	14.71	7.35	4.41	100
Q3	매우좋다	좋다	보통이다	나쁘다	매우나쁘다		합계
인원수	2	3	12	36	15		68
비율	2.94	4.41	17.65	52.94	22.06		100
Q4	있다	없다					합계
인원수	27	41					68
비율	39.71	60.29					100
Q5	매우그렇다	대체로 그렇다	보통이다	그렇지않다	전혀아니다	잘모르겠다	합계
인원수	2	3	10	36	15	2	68
비율	2.94	4.41	14.71	52.94	22.06	2.94	100
Q6	찬성	반대	관심없다				합계
인원수	23	37	8				68
비율	33.82	54.41	11.76				100

대부분의 설문 조사 자료는 질문 항목별 보기 수가 다릅니다. 따라서 IF, ROUND 함수를 사용하여 설문에 응답한 인원수 셀이 비어 있으면 공백으로 표시하고, 그렇지 않으면 수식 '설문에 응답한 인원수/총 인원수*100'으로 구한 비율을 소수 둘째 자리에서 반올림합니다.

- **실습 파일** ⓞ:\엑셀\7장\실습\설문조사_중첩함수.xlsx
- **완성 파일** ⓞ:\엑셀\7장\완성\설문조사_중첩함수_완성.xlsx

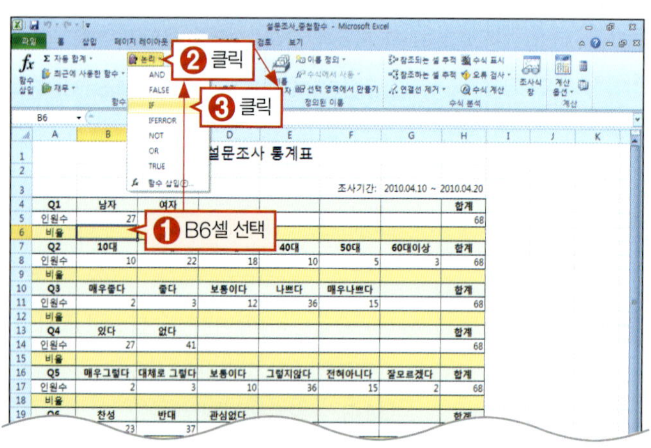

01 인원수 셀을 참조하여 전체 인원에서 해당 인원의 비율을 구합니다.

① B6셀을 선택

②③ [수식] 탭의 [함수 라이브러리] 그룹에서 **논리**를 클릭하고 **IF**를 선택합니다.

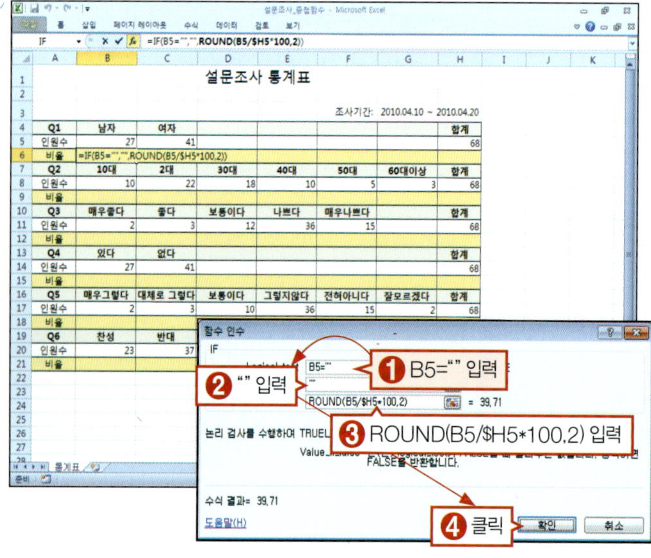

02

①②③ Logical_test(조건)에 B5=""을, Value_if_true(참 값)란에 ""를, Value_if_false(거짓 값)에 ROUND(B5/$H5*100,2)를 입력

④ <확인>을 클릭하면 수식 =IF(B5="","",ROUND(B5/$H5*100,2))가 완성됩니다.

Tip

위 식은 B5 셀이 비어 있는지 확인하여 비어 있으면 공백을 표기하고, 그렇지 않으면 수식 ROUND(B5/$H5*100,2)의 값을 나타냅니다. ROUND(B5/$H5*100,2)는 '응답자수/총 인원수*100'을 계산하여 소수부 셋째 자리에서 반올림하여 둘째 자리까지 표시합니다.

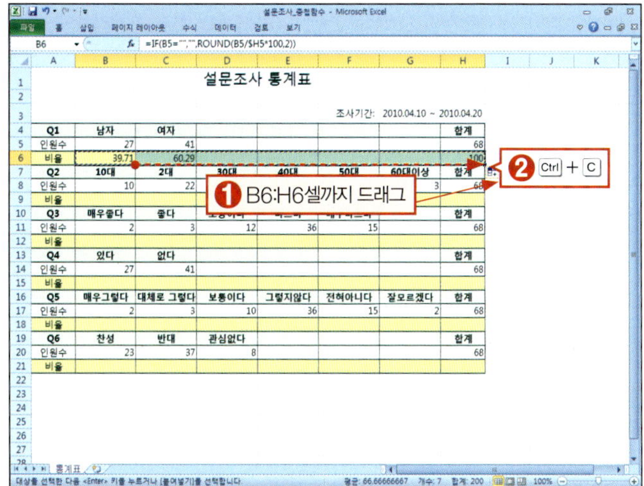

03

① B6셀의 채우기 핸들을 H6셀까지 드래그해서 수식을 복사

② B6~H6셀의 범위가 지정되어 있는 상태에서 Ctrl+C를 눌러 복사합니다.

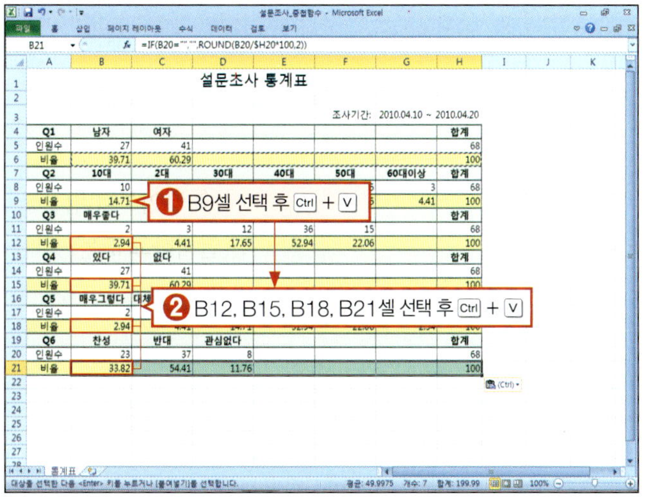

04

① B9셀을 선택하고 Ctrl+V를 눌러 수식을 붙여 넣습니다. 상대 참조 주소는 자동으로 바뀌고 절대 참조 주소는 그대로 복제

② 계속해서 B12, B15, B18, B21셀을 선택하고 Ctrl+V를 눌러 수식을 붙여 넣습니다.

혼자 해보기 기본 함수로 급여대장 완성하기

급여대장

								총인원수	21	급여총계	46,998,200
								간부인원수	8	간부급여소계	22,654,000
부서명	성명	직급	기본급	직급수당	시간외수당	부양가족	가족수당	총액	공제액	실수령액	순위
인사팀	강미라	사원	1,650,000	-	105,000	1	20,000	1,775,000	85,000	1,690,000	18위
영업팀	강상철	사원	1,650,000	-	80,000	3	60,000	1,790,000	78,000	1,712,000	15.5위
기획팀	강수경	사원	1,650,000	-	105,000	3	60,000	1,815,000	184,000	1,631,000	14위
인사팀	김길동	대리	1,900,000	-	90,300	2	40,000	2,030,300	112,000	1,918,300	11.5위
영업팀	김미경	사원	1,650,000	-	80,000	3	60,000	1,790,000	78,000	1,712,000	15.5위
영업팀	김미숙	과장	2,150,000	150,000	120,000	4	100,000	2,520,000	239,000	2,281,000	7위
기획팀	김상식	대리	1,900,000	-	105,000	3	60,000	2,065,000	184,000	1,881,000	9위
인사팀	김세롬	부장	2,750,000	300,000	150,000	-	-	3,200,000	125,000	3,075,000	3위
인사팀	김수진	사원	1,650,000	-	50,000	1	20,000	1,720,000	65,000	1,655,000	21위
기획팀	김진철	사원	1,650,000	-	105,000	-	-	1,755,000	156,000	1,599,000	19위
총무팀	나철수	사원	1,650,000	-	88,000	-	-	1,738,000	148,000	1,590,000	20위
총무팀	남궁희	차장	2,350,000	220,000	135,000	2	40,000	2,745,000	236,000	2,509,000	4위
총무팀	남희철	과장	2,150,000	150,000	135,000	5	100,000	2,535,000	236,000	2,299,000	6위
총무팀	문소라	대리	1,900,000	-	90,300	3	60,000	2,050,300	87,000	1,963,300	10위
총무팀	문정숙	사원	1,650,000	-	90,300	2	40,000	1,780,300	87,000	1,693,300	17위
영업팀	민상욱	차장	2,350,000	220,000	120,000	2	40,000	2,730,000	239,000	2,491,000	5위
총무팀	박경순	부장	2,750,000	300,000	154,000	3	60,000	3,264,000	345,000	2,919,000	1위
총무팀	박재환	부장	2,750,000	300,000	150,000	1	20,000	3,220,000	345,000	2,875,000	2위
인사팀	박한수	과장	2,150,000	150,000	120,000	1	20,000	2,440,000	85,000	2,355,000	8위
기획팀	소남정	대리	1,900,000	-	105,000	-	-	2,005,000	156,000	1,849,000	13위
인사팀	송홍민	대리	1,900,000	-	90,300	2	40,000	2,030,300	112,000	1,918,300	11.5위

급여대장에서 기본 함수를 사용하여 가족수당, 합계, 인원수, 순위 등을 구합니다.

- 실습 파일 :\엑셀\7장\실습\급여대장.xlsx
- 완성 파일 :\엑셀\7장\완성\급여대장_완성.xlsx

1 가족수당(H5:H25)은 IF 함수를 이용하여 부양가족이 4인 이상이면 10만원이고, 아니면 부양가족*20000을 계산하여 구합니다.

- **완성수식** : =IF(G5>=4,100000,G5*20000) _ H5셀 기준

2 총인원수(J2)는 COUNTA 함수를 이용하여 인원수를 구합니다.

- **완성수식** : =COUNTA(B5:B25)

3 급여총계(L2)는 SUM 함수를 이용하여 급여총액의 합을 구합니다.

- **완성수식** : =SUM(I5:I25)

4 간부 인원수(J3)는 COUNTIF를 이용하여 과장, 차장, 부장의 인원수를 구합니다.

- **완성수식** : =J2−COUNTIF(C5:C25,"사원")−COUNTIF(C5:C25,"대리")

5 간부급여 소계(L3)는 SUMIF를 이용하여 과장, 차장, 부장의 급여총액의 합을 구합니다.

- **완성수식** : =L2-SUMIF(C5:C25,"사원",I5:I25)-SUMIF(C5:C25,"대리",I5:I25)

6 순위(L5:L25)는 RANK.AVG 함수를 이용하여 급여총액을 기준으로 내림차순으로 순위를 구합니다.

- **완성수식** : =RANK.AVG(I5,$I$5:$I$25,0)&"위" _ L5셀 기준

CHAPTER 08

다양한 실무 함수

일반적으로 실무에서 자주 사용하는 함수는 논리함수, 수학/삼각 함수, 찾기/참조 함수, 텍스트 함수 등이 있습니다. 엑셀에는 수많은 함수가 있기 때문에 모든 함수를 외워서 사용하기에는 무리가 있습니다. 그러므로 자주 사용하는 함수 위주로 확실한 사용법을 익혀서 적재적소에 잘 활용하는 것이 좋습니다. 8장에서는 실무에서 자주 사용하는 함수 위주로 그 쓰임새와 사용법에 대해 살펴보겠습니다.

section 01

논리 함수

• IF 함수의 중첩 • AND 함수 • NOT 함수 • OR 함수 • 배열 수식

알아봐요 논리 함수 살펴보기

논리 함수는 조건을 만족시키면 참 값을 반환하고 조건을 만족시키지 못하면 거짓 값을 반환하는 함수입니다. 대표적인 함수는 IF가 있으며 IF 함수는 단독으로 쓰거나 다른 함수와 중첩해서 사용합니다.

여러 조건에 맞는 값을 구하는 IF 함수의 중첩

IF 함수의 형식은 IF(Logical_test, Value_if_true, Value_if_false)입니다. 조건이 하나일 때는 IF 함수를 하나만 사용하고 조건이 여러 개일 때는 IF 함수를 64개까지 중첩해서 사용할 수 있습니다.

예를 들면, 점수가 90점 이상이면 A등급, 70점 이상이면 B등급, 70점 미만이면 C등급을 주는 경우를 함수식으로 표현하면 다음과 같습니다. 점수 자리에는 주소를 입력합니다.

조건식 ② 참 값 ② 거짓 값 ②

=IF(점수>=90, "A등급", IF(점수>=70, "B등급", "C등급"))

조건식 ① 참 값 ① 거짓 값 ①

=만약(점수가 90점 이상이면, A등급, 만약(점수가 70점 이상이면 B등급, 70점 미만이면 C등급을 준다))

여러 항목에 대한 조건이 맞는지 판단하는 AND, OR, NOT 함수

수식에 조건을 지정하다 보면 여러 조건을 지정한 후 비교해야 할 때가 있습니다. 이럴 때는 AND, OR, NOT 함수를 사용합니다. AND, OR 함수의 조건은 255개까지 지정할 수 있으며 형식과 인수는 다음과 같습니다.

함수 범주	논리 함수
함수 형식	=AND(조건1, 조건2,…) : 여러 조건을 모두 만족할 때 참 값을 반환 =OR(조건1, 조건2,…) : 여러 조건 중에 하나라도 만족하면 참 값을 반환 =NOT(조건) : 조건을 만족하지 않을 때 참 값을 반환

함께해요 1. 중첩 IF 함수로 등급 표시하기 기업경영 평가표

기업경영평가표

평가지표	평점	등급
경영관리	89.12	2등급
경영전략	90.10	1등급
경영혁신	80.00	2등급
경영성과	70.11	3등급
조직관리	80.11	2등급
인사관리	78.45	3등급
교육훈련	72.12	3등급
채용관리	65.22	4등급
노사관리	89.30	2등급
재무관리	85.45	2등급
회계관리	90.00	1등급
재무상태	80.42	2등급
정책준수	69.55	4등급
고객만족	90.11	1등급
환경관리	89.34	2등급

기업경영 평가표에서 IF 함수를 중첩하여 점수가 90점 이상이면 1등급, 80점 이상이면 2등급, 70점 이상이면 3등급, 70점 미만이면 4등급으로 표시합니다.

- 실습 파일 ◎:\엑셀\8장\실습\기업평가_논리함수1.xlsx
- 완성 파일 ◎:\엑셀\8장\완성\기업평가_논리함수1_완성.xlsx

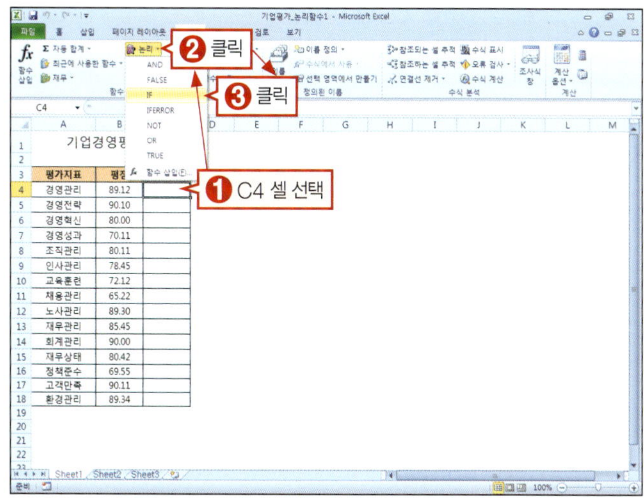

01

① 등급을 표시할 C4셀을 선택

②③ [수식] 탭의 [함수 라이브러리] 그룹에서 **논리**를 클릭하고 IF를 선택합니다.

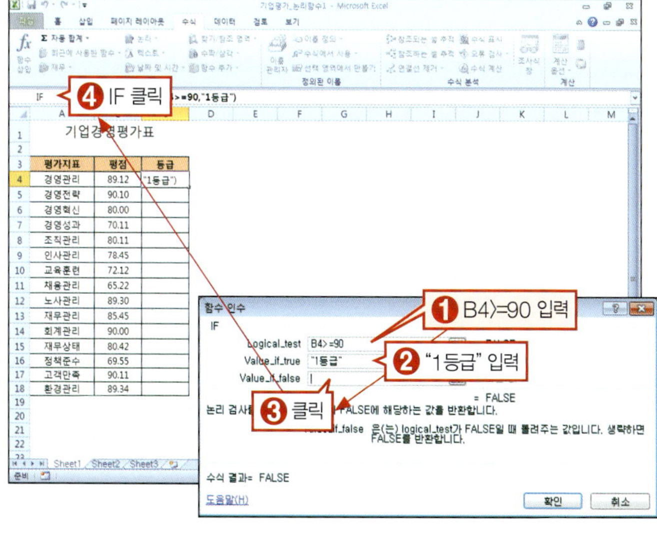

02

①② 함수 인수 대화상자에서 Logical_test에 **B4>=90**, Value_if_true에 **"1등급"**을 입력

③④ Value_if_false 입력란을 클릭한 다음 이름 상자의 IF를 클릭합니다.

수식 설명

Logical_test(조건식) : 점수가 90이상인지를 판단하는 조건식 입력

Value_if_true(참 값) : 점수가 90이상일 때 반환 값 입력

Value_if_false(거짓 값) : 조건이 거짓인 경우 IF 함수 중첩

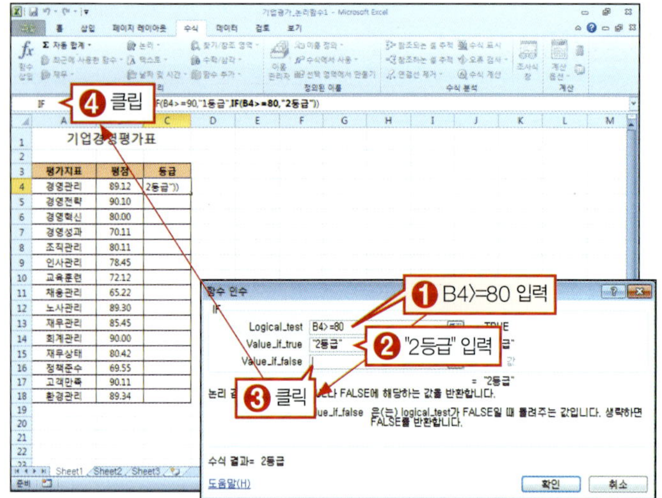

03

①② 새로운 함수 인수 대화상자에서 Logical_test에 **B4>=80**, Value_if_true에 **"2등급"**을 입력

③④ Value_if_false 입력란을 클릭한 다음 이름 상자의 **IF**를 클릭합니다.

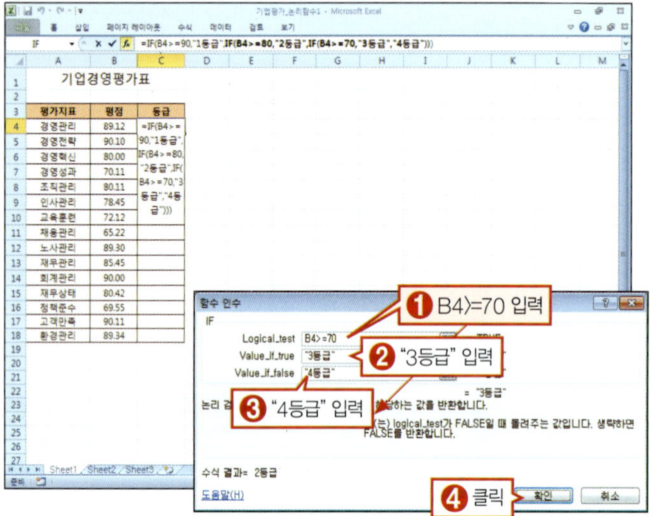

04

①②③ 새로운 함수 인수 대화상자에서 Logical_test에 **B4>=70**, Value_if_true에 **"3등급"**, Value_if_false에 **"4등급"**을 입력

④ **<확인>**을 클릭하면 수식 **=IF(B4>=90,"1등급",IF(B4>=80,"2등급",IF(B4>=70,"3등급","4등급")))** 이 완성됩니다.

수식 설명

Logical_test : 점수가 70 이상인지 판단하는 조건식 입력
Value_if_true : 점수가 70 이상일 때 반환할 값 입력
Value_if_false : 점수가 70 이상이 아닐 때(70 미만일 때) 반환할 값 입력

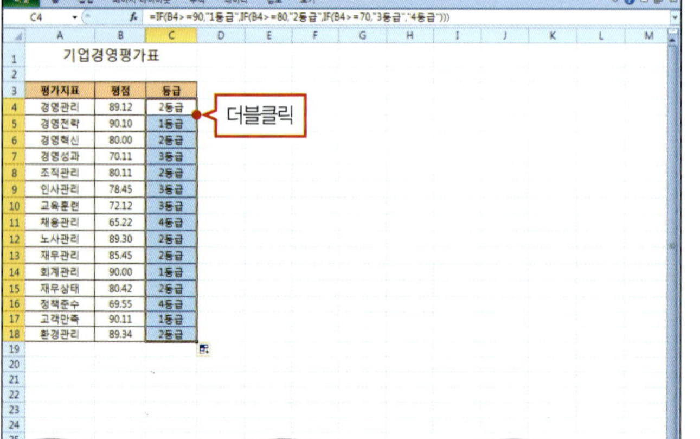

05

C4셀의 채우기 핸들을 더블클릭하여 나머지 셀에 수식을 복사합니다.

Tip

함수를 중첩해서 사용할 경우 중첩한 함수의 개수만큼 수식의 마지막 괄호의 개수를 맞춰야 합니다.

함께해요 2. 여러 항목을 비교하여 조건에 맞는 업체 찾기 협력업체 선정 기준 및 심사

협력업체 선정 기준 및 심사

1. 품질기준 : 품질이 8점 이상이고, 납품기한이 10일 이하
2. 서비스기준 : 서비스가 C만 아닌 경우
3. 가격 기준 : 공급가격이 최저가 42000원이거나 43000원인 경우
4. 최종심사 : 품질, 서비스, 가격심사가 모두 '통과'일 경우 협력업체로 선정

공급처	품질	가격	납품기한(일)	서비스	품질심사	서비스심사	가격심사	최종심사
영우산업	10	42,000	10	A	통과	통과	통과	선정
대명기기	8	42,000	14	B		통과	통과	
명진산업	9	52,000	7	C	통과			
강진기기	10	50,000	10	A	통과	통과		
동진기기	10	42,000	8	A	통과	통과	통과	선정
라보산업	9	46,000	12	B		통과		
나진셀틱	10	42,000	15	C			통과	
민성기기	5	43,000	14	C			통과	
영우산업	10	43,000	6	A	통과	통과	통과	선정
송명엑틱	8	56,700	10	C	통과			
한상기기	9	46,000	14	A		통과		

협력업체 선정 기준 및 심사표에 입력된 평가 항목을 바탕으로 조건에 맞는 협력업체를 선정해야 합니다. 제품 심사 기준은 품질이 8점 이상이면 통과, 납품기한이 10일 이하면 통과이고 서비스 심사 기준은 C만 아니면 통과, 가격 심사 기준은 최저가가 42,000원이거나 43,000원인 경우 통과입니다. 최종 심사에서는 제품, 서비스, 가격 심사가 모두 통과일 경우 협력업체로 선정합니다.

- **실습 파일** ⓒ:\엑셀\8장\실습\협력업체_논리함수2.xlsx
- **완성 파일** ⓒ:\엑셀\8장\완성\협력업체_논리함수2_완성.xlsx

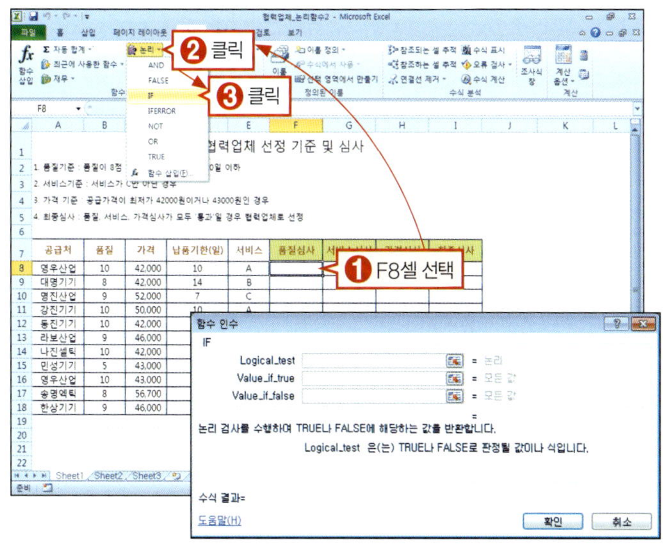

01 IF와 AND 함수를 중첩해서 품질심사 통과 여부를 파악하겠습니다.

① F8셀을 선택

②③ [수식] 탭의 [함수 라이브러리] 그룹에서 **논리**를 클릭한 후 IF를 선택해서 함수 인수 대화상자를 불러옵니다.

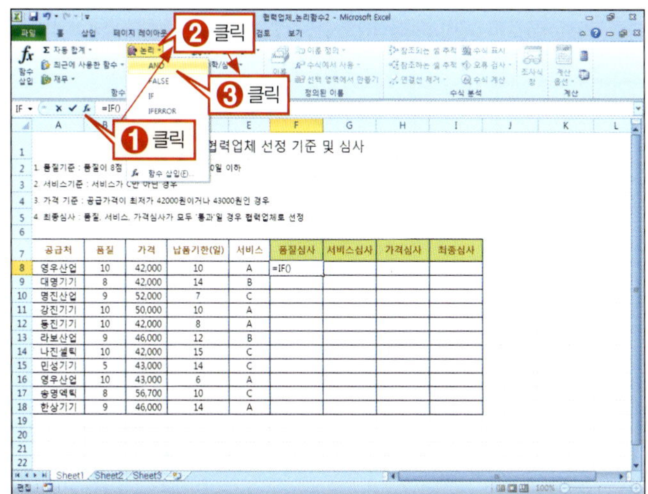

02 두 가지 조건이 모두 만족해야 하므로 조건식에 AND 함수를 중첩합니다.

① 수식 입력줄에서 **함수 삽입 아이콘** f_x 을 클릭해서 함수 인수 대화상자를 닫습니다.

②③ [함수 라이브러리] 그룹에서 **논리**를 클릭하고 AND를 선택합니다.

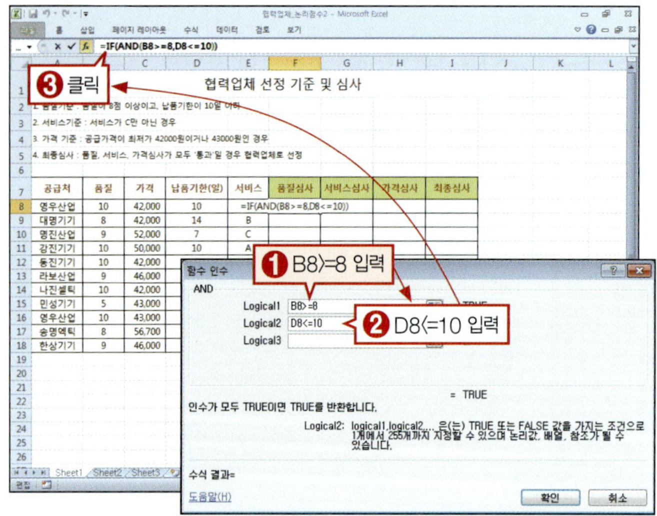

03

①② AND 함수 인수 대화상자에서 Logical1에 **B8>=8**, Logical2에 **D8<=10**을 입력

③ IF 함수 인수 대화상자로 돌아가기 위해 수식 입력줄에서 **IF**를 클릭합니다.

수식 설명

Logical1(조건1) : 품질이 8점 이상인지를 판단하는 조건
Logical2(조건2) : 납품기한이 10일 이하인지를 판단하는 조건

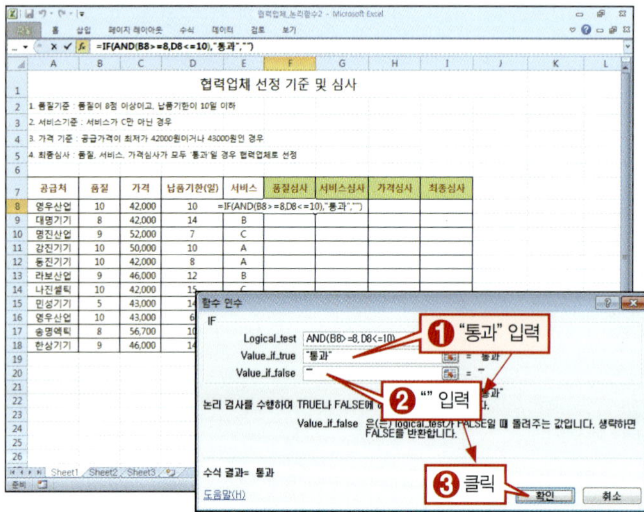

04 IF 함수 인수 대화상자가 나타나며 Logical_test에 AND 함수 수식이 입력되어 있습니다.

①② Value_if_true에 **"통과"**, Value_if_false에 **""**을 입력

③ **<확인>**을 클릭하면 수식 **=IF(AND(B8>=8,D8<=10),"통과","")**이 완성됩니다.

수식 설명

Logical_test : 품질이 8점 이상이고, 납품 기한이 10일 이하인 조건식 입력
Value_if_true : 조건 결과가 참이면 '통과' 표기
Value_if_false : 조건 결과가 거짓이면 공란

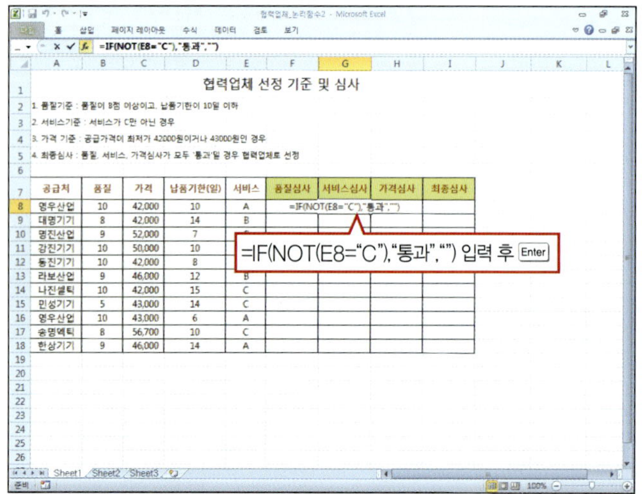

05 IF와 NOT 함수를 중첩하여 서비스 심사 통과 여부를 파악하겠습니다. G8셀에 **=IF(NOT(E8="C"),"통과","")**를 입력하고 Enter를 누릅니다. 서비스 항목(E8)이 C가 아니면 **통과**를 표기하고, C이면 공백으로 둡니다.

Tip

NOT 함수는 조건(E8="C")을 만족하지 않을 때 참 값을 반영합니다. 그러므로 서비스 항목이 C가 아니면 '통과'를, C이면 공백을 반영합니다.

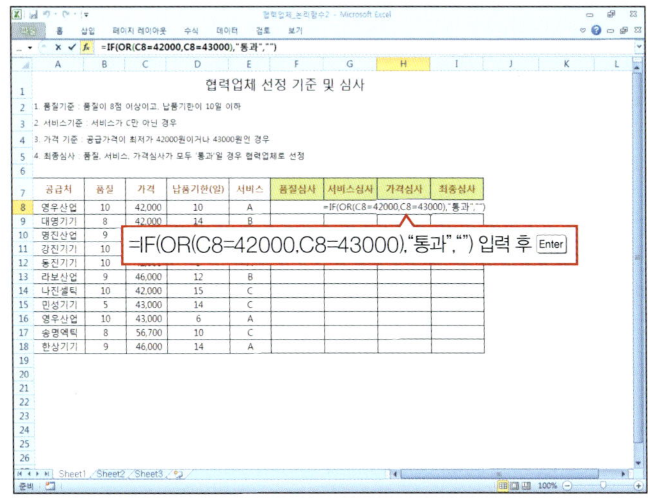

06 IF와 OR 함수를 중첩하여 가격심사 통과 여부를 파악하겠습니다. H8셀에 수식 **=IF(OR(C8=42000,C8=43000),"통과","")**를 입력하고 Enter를 누릅니다. 가격(C8)이 42000이거나 43000이면 **통과**를 표기하고, 둘 다 아니면 공백을 표기합니다.

Tip

OR 함수는 조건들(C8=42000, C8=43000) 중 하나라도 만족하면 참 값을 반영합니다. 그러므로 가격이 42000이거나 43000이면 '통과'를, 아니면 공백을 반영합니다.

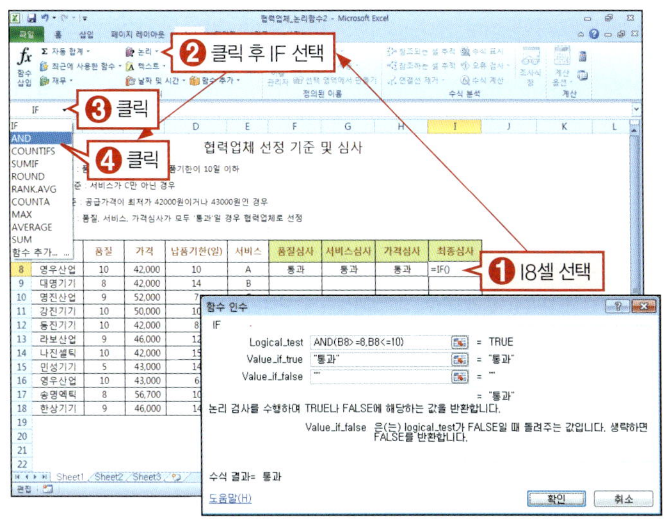

07 IF와 AND 함수로 최종 선정업체를 구하겠습니다.

① I8셀을 선택

② [함수 라이브러리] 그룹에서 **논리**를 클릭하고 IF를 선택

③④ AND 함수를 중첩하기 위하여 이름 상자의 **목록 단추**를 클릭하고 AND를 선택합니다.

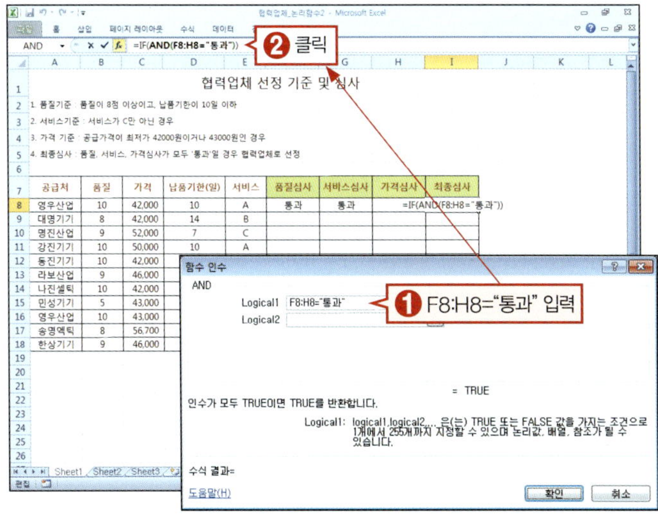

08

① Logical1에 **F8:H8="통과"**를 입력

② IF 함수 인수 대화상자로 돌아가기 위해 수식 입력줄에서 IF를 클릭합니다.

Tip

Logical1(조건1)에 F8셀부터 H8셀의 각 값들이 '통과'인지를 판단하기 위해서는 배열 수식으로 마쳐야 합니다. 위와 같이 입력하고 배열 수식으로 완성하려면 Ctrl+Shift를 누른 상태에서 Enter를 누르거나 <확인>을 클릭합니다.

Note 배열 수식

하나의 셀이 아닌 셀의 범위를 비교하는 조건을 수식으로 만들고자 할 경우 배열 수식을 사용합니다. 배열 수식을 마칠 때는 일반 수식과 구분하기 위해 Ctrl + Shift + Enter 를 눌러 수식을 완성하며 수식의 앞과 뒤에는 중괄호({})가 나타납니다.

만약 위의 수식에서 배열 수식으로 작성하지 않으면 다음과 같이 Logical1~Logical3에 각 항목에 대한 조건을 각각 입력해야 합니다.

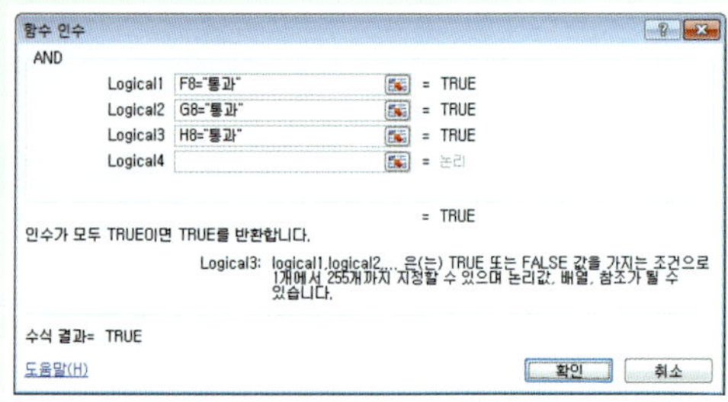

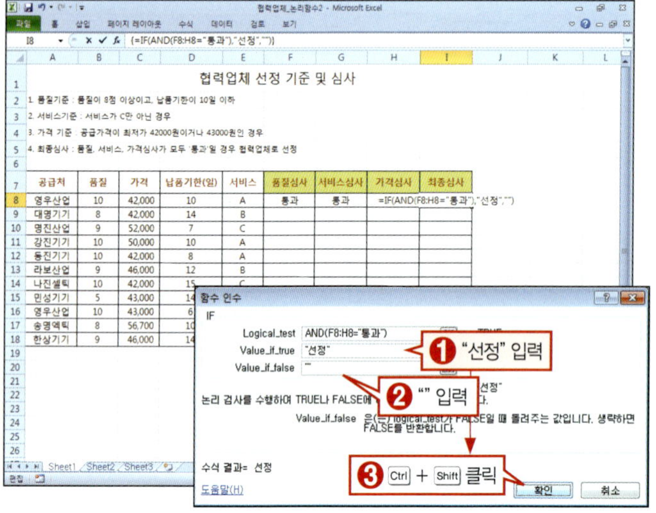

09 IF 함수 인수 대화상자가 나타나며 Logical_test에 AND 함수 수식이 입력되어 있습니다.

①② Value_if_true에 **"선정"**, Value_if_false에 **""**을 입력

③ Ctrl + Shift 를 누른 상태에서 **<확인>**을 클릭합니다.
수식 **{=IF(AND(F8:H8="통과"), "선정","")}**이 완성됩니다.

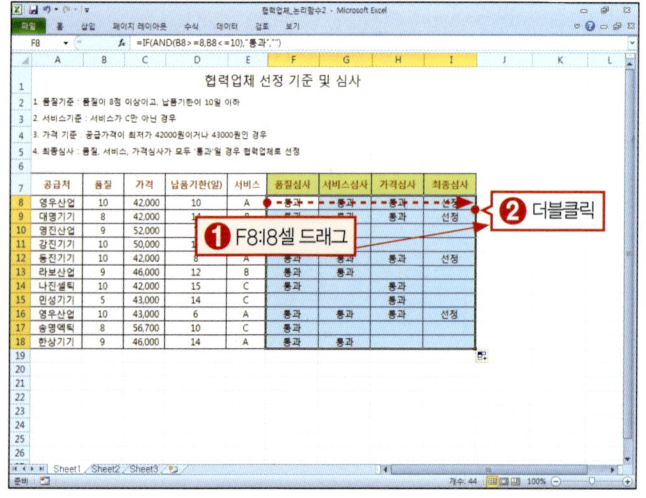

10

① F8~I8셀까지 범위로 지정

② 채우기 핸들을 더블클릭하여 수식을 복사합니다.

수학/삼각 함수

• PRODUCT 함수 • SUMPRODUCT 함수

알아봐요 수학/삼각 함수 살펴보기

수학/삼각 함수는 수와 연산에 관련한 함수가 많아 실무에 유용합니다. 대표적인 수학 함수에는 7장에서 살펴본 SUM과 ROUND 계열 함수가 있으며 그 외에 자주 사용하는 함수로 PRODUCT와 SUMPRODUCT 함수가 있습니다.

여러 값을 곱하는 PRODUCT, 곱하고 더하는 SUMPRODUCT 함수

PRODUCT 함수는 숫자들의 곱을 구할 때 사용합니다. 일반적으로 간단한 곱셈은 곱셈 연산자(*)를 사용하지만, 곱할 숫자가 연속적으로 많을 경우에는 PRODUCT 함수를 사용하는 것이 좋습니다. SUMPRODUCT 함수는 배열 또는 범위에서 같은 행에 있는 셀과 셀끼리 값을 곱한 후 곱한 값들을 더합니다.

함수 범주	수학/삼각 함수
함수 형식	=PRODUCT(숫자나 셀 주소 또는 범위1, 숫자나 셀 주소 또는 범위2, 숫자나 셀 주소 또는 범위3,…) =SUMPRODUCT(셀 범위 배열1, 셀 범위 배열2, 셀 범위 배열3,…)

함께해요 1. 공급가액과 세액 구하기 거래명세표

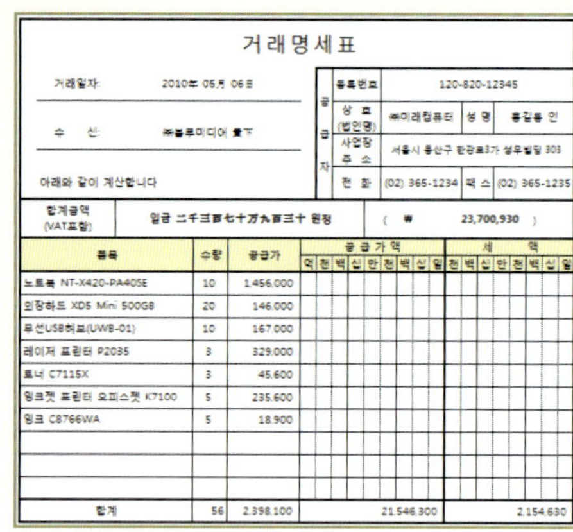

거래명세표

거래일자: 2010年 05月 06日

수 신: ㈜블루미디어 貴下

아래와 같이 계산합니다

공급자				
등록번호	120-820-12345			
상호(법인명)	㈜미래컴퓨터	성명	홍길동	인
사업장 주소	서울시 용산구 한강로3가 성우빌딩 303			
전화	(02) 365-1234	팩스	(02) 365-1235	

합계금액(VAT포함) 일금 二千三百七十万九百三十 원정 (₩ 23,700,930)

품목	수량	공급가	공급가액	세액
노트북 NT-X420-PA40SE	10	1,456,000		
외장하드 XD5 Mini 500GB	20	146,000		
무선USB허브(UWB-01)	10	167,000		
레이저 프린터 P2035	3	329,000		
토너 C7115X	3	45,600		
잉크젯 프린터 오피스젯 K7100	5	235,600		
잉크 C8766WA	5	18,900		
합계	56	2,398,100	21,546,300	2,154,630

거래명세표에는 공급가액과 세액의 합계를 계산할 별도의 합계란이 없으므로 거래 품목의 공급가액과 수량을 일일이 더하고 곱하려면 번거롭고 시간도 많이 소요됩니다. 따라서 SUMPRODUCT 함수를 사용하여 총 공급가액과 총 세액의 합계를 구합니다.

- **실습 파일** ⓒ:\엑셀\8장\실습\거래명세표1_수학삼각.xlsx
- **완성 파일** ⓒ:\엑셀\8장\완성\거래명세표1_수학삼각_완성.xlsx

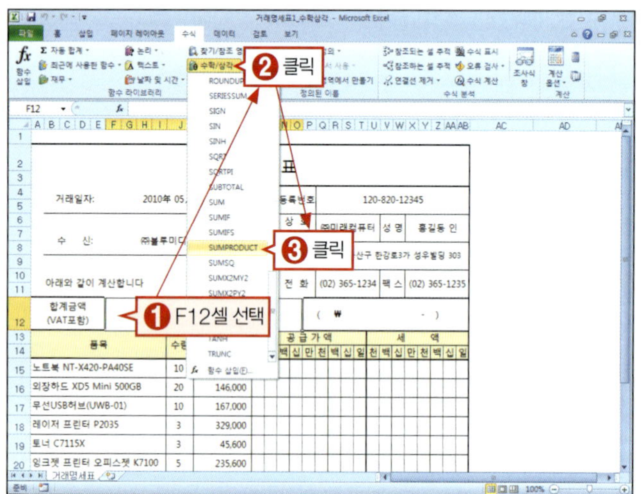

01 SUMPRODUCT 함수로 품목별 공급가액의 합계를 구하겠습니다.

① F12셀을 선택

②③ [수식] 탭의 [함수 라이브러리] 그룹에서 **수학/삼각**을 클릭하고 SUMPRODUCT를 선택합니다.

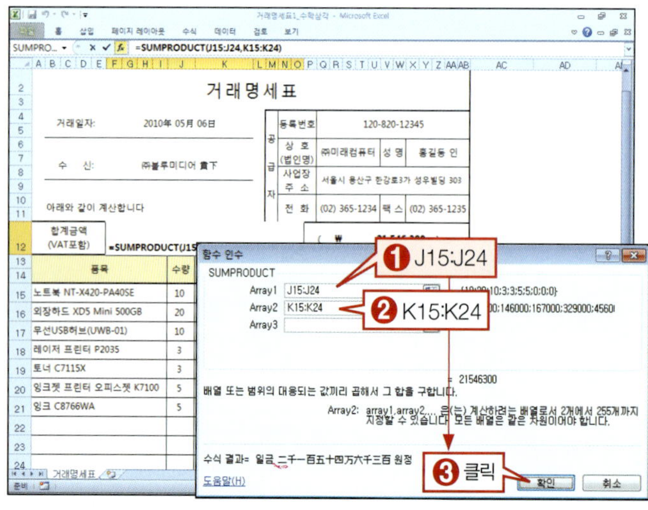

02

①② 함수 인수 대화상자에서 Array1(대응하여 곱할 범위1)에 J15:J24, Array2(대응하여 곱할 범위2)에 K15:K24를 입력

③ 〈**확인**〉을 클릭하면 수식 =SUMPRODUCT(J15:J24,K15:K24)이 완성됩니다.

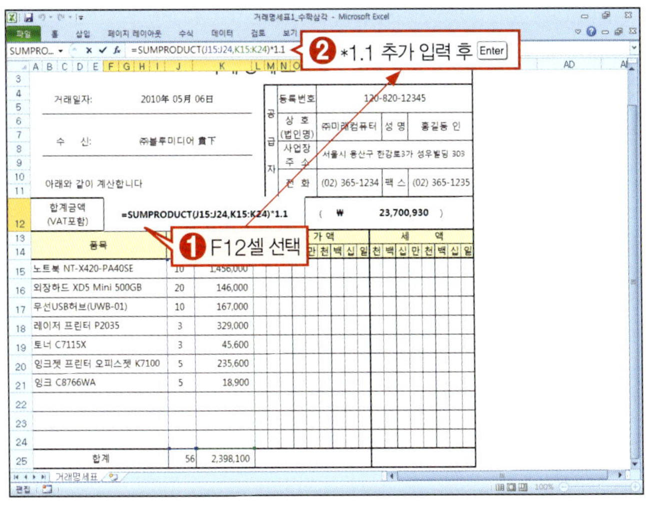

03 합계금액에는 세금을 포함하므로 결과값에 10%를 추가합니다.

① F12셀을 선택

② 수식 입력줄에서 수식의 마지막에 *1.1을 추가로 입력한 다음 Enter 를 누릅니다. 수식 =SUMPRODUCT(J15:J24,K15:K24)*1.1이 완성됩니다.

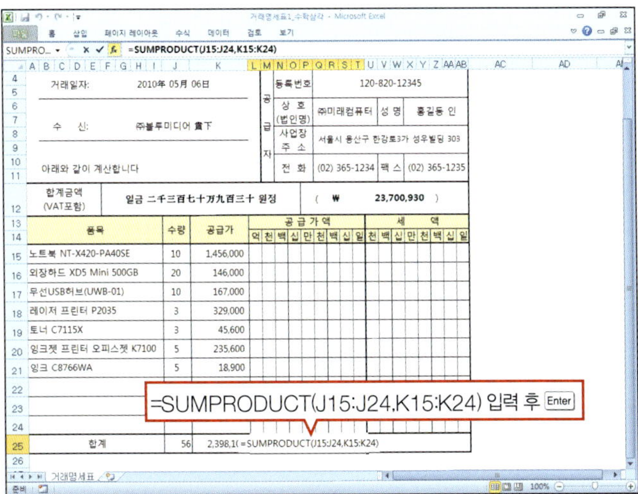

04 공급가액 합계를 구하겠습니다. L25셀에 수식 =SUMPRODUCT(J15:J24,K15:K24)를 입력하고 Enter를 누릅니다.

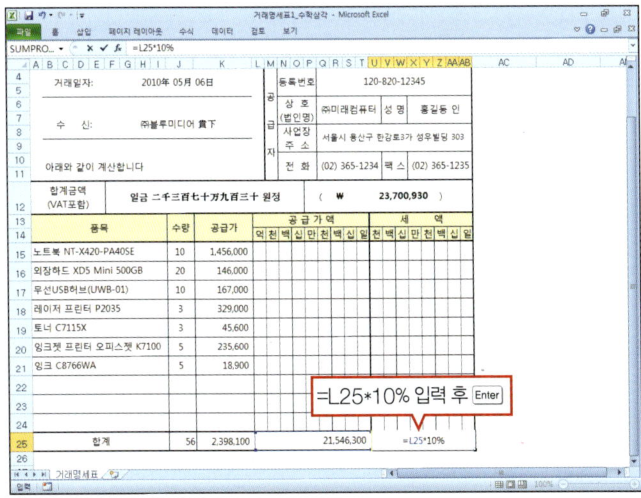

05 U25셀에 =L25*10%를 입력한 다음 Enter를 눌러 공급가액의 10%에 해당하는 세액을 구합니다.

section 03

찾기/참조 함수

• VLOOKUP 함수 • HLOOKUP 함수 • CHOOSE 함수 • ROW 함수 • COLUMN 함수

알아봐요 찾기/참조 함수 살펴보기

찾기/참조 함수에는 VLOOKUP, HLOOKUP, ROW, COLUMN 등이 있습니다. 특히 VLOOKUP과 HLOOKUP 함수는 사용 방법이나 기능이 비슷해서 헷갈릴 수 있으므로 검색 방향과 함수의 종류를 명확하게 기억해야 합니다.

원하는 값을 찾고 싶을 때는 VLOOKUP과 HLOOKUP 함수

VLOOKUP 함수는 목록 범위의 첫째 열에서 세로(Vertical) 방향으로 검색하면서 원하는 값을 추출하며 HLOOKUP 함수는 목록 범위의 첫째 행에서 가로(Horizontal) 방향으로 검색하면서 원하는 값을 추출합니다.

함수 범주	찾기/참조 함수
함수 형식	=VLOOKUP(데이터 범위에서 찾을 값, 데이터를 검색하고 참조할 범위, 범위에서 추출할 열, 옵션) =HLOOKUP(데이터 범위에서 찾을 값, 데이터를 검색하고 참조할 범위, 범위에서 추출할 행, 옵션) ※ 옵션의 종류 • TRUE : 근사 값을 찾음(데이터 목록의 첫 번째 열 또는 행의 값이 오름차순으로 정렬되어 있어야 함) • FALSE : 정확하게 일치하는 값을 찾음

목록 값을 번호로 검색하는 CHOOSE, 행/열 번호를 알려 주는 ROW와 COLUMN 함수

CHOOSE는 인덱스 번호(색인 값)에 따라 원하는 목록을 직접 입력하여 인덱스 값에 따른 목록을 찾는 함수입니다. CHOOSE 함수의 인덱스 번호는 반드시 1부터 254까지의 숫자로 입력하고 목록 개수도 인덱스 번호와 일치해야 합니다. ROW와 COLUMN은 현재 셀의 행 번호와 열 번호를 알려 주는 함수입니다. 현재 셀의 번호를 알고 싶다면 ROW 함수를 인수 없이 사용하고, 특정 셀의 번호를 알고 싶다면 인수에 셀 주소를 입력합니다.

함수 범주	찾기/참조 함수
함수 형식	=CHOOSE(색인 값, 목록1, 목록2, 목록3,…) =ROW(셀 주소) =COLUMN(셀 주소) ※ ROW나 COLUMN 함수의 인수를 생략하면 현재 위치의 셀 번호를 반환함

함께해요 1. 행번호, 지점명, 수수료율 구하기 지점별 대출 현황

지점별 대출 현황

번호	대출일자	은행코드	지점명	전화번호	대출기간 (월)	대출금	수수료율	수수료
2	09월 02일	A023252	종로 (지)	02-398-6000	6	3,000,000	3.0%	90,000
	09월 03일	A028503	구미 (지)	054-450-7777	12	1,000,000	6.5%	65,000
	09월 10일	A023101	압구정 (지)	02-3218-0000	11	1,000,000	3.0%	30,000
	09월 12일	A028309	포항(지)	054-288-4000	3	2,000,000	3.0%	60,000
	09월 14일	A028639	평택 (지)	031-659-0606	5	4,000,000	3.0%	120,000
	09월 17일	A028626	분당 (지)	031-789-1515	24	2,000,000	13.0%	260,000
	09월 20일	A023126	여의도 (지)	02-2000-1234	18	5,000,000	10.0%	500,000
	09월 21일	A023252	종로 (지)	02-398-6000	10	10,000,000	3.0%	300,000
	09월 20일	A028309	포항(지)	054-288-4000	36	5,000,000	13.0%	650,000
	09월 21일	A028503	구미 (지)	054-450-7777	10	10,000,000	3.0%	300,000

지점별 대출 현황표에서 ROW 함수를 이용하여 행 번호를 자동으로 입력하고, VLOOKUP 함수를 이용하여 은행코드를 입력하면 [지점코드] 테이블을 참조하여 지점명과 전화번호가 자동으로 입력되도록 합니다. 마지막으로 HLOOKUP 함수를 이용하여 대출기간에 따른 수수료율을 [수수료율] 테이블을 참조하여 입력합니다.

- **실습 파일** ◎:\엑셀\8장\실습\대출현황_찾기참조함수1.xlsx
- **완성 파일** ◎:\엑셀\8장\완성\대출현황_찾기참조함수1_완성.xlsx

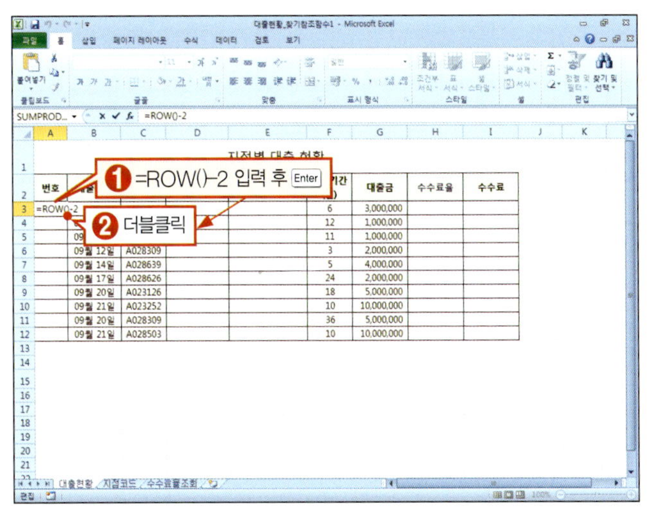

01 자동으로 행 번호를 입력하겠습니다.

① A3셀에 =ROW()-2를 입력한 다음 Enter를 누릅니다.

② A3셀의 채우기 핸들을 더블클릭하여 수식을 복사합니다.

Tip

ROW()함수는 현재 셀의 행 번호를 알려 줍니다. A3셀의 행 번호는 3이지만 3행부터 처음 시작하므로 2를 빼서 1번으로 입력합니다.

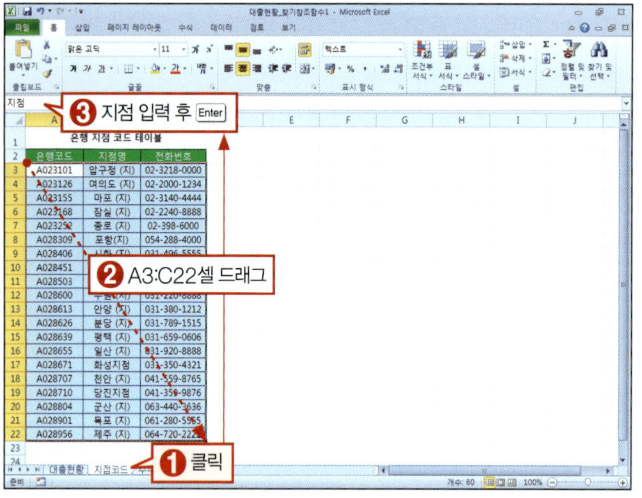

02 함수식 작성 시 데이터 범위를 참조 주소 대신 이름으로 정의하여 사용하겠습니다.

① [지점코드] 시트 탭을 클릭

② A3:C22셀을 범위로 지정

③ 이름 상자에 **지점**을 입력하고 Enter를 눌러 셀 범위에 이름을 정의합니다.

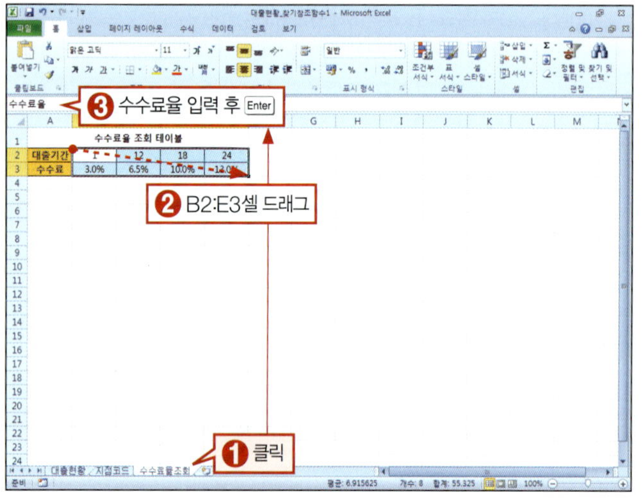

03

① 계속해서 [수수료율조회] 시트 탭을 클릭

② B2:E3셀을 범위로 지정

③ 이름 상자에 **수수료율**을 입력하고 Enter를 눌러 이름을 정의합니다.

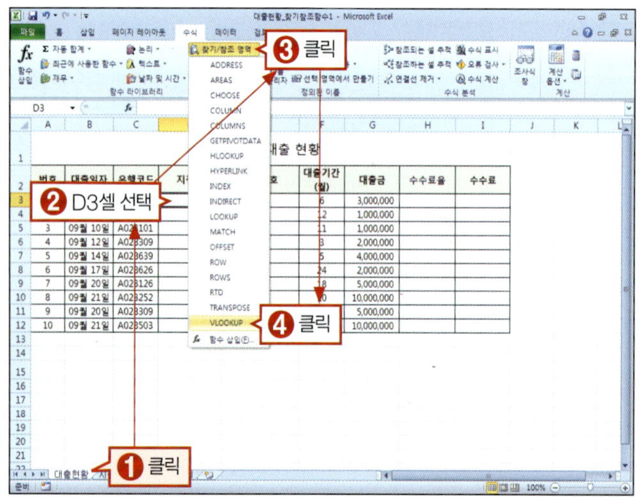

04 VLOOKUP 함수를 이용하여 지점명, 전화번호를 입력하겠습니다.

①② [대출현황] 시트에서 D3셀을 선택

③④ [수식] 탭의 [함수 라이브러리] 그룹에서 **찾기/참조영역**을 클릭하고 VLOOKUP을 선택합니다.

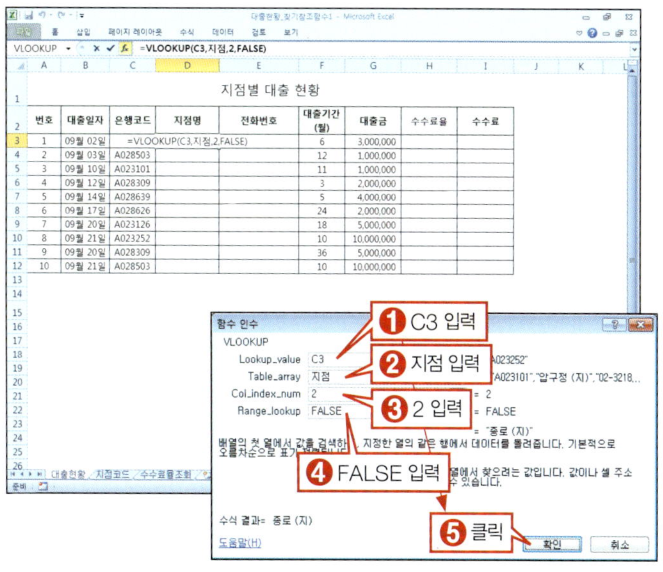

05

①②③④ Lookup_value(찾을 값)에 C3, Table_array(범위)에 **지점**, Col_index_num(추출할 열)에 2, Range_lookup(옵션)에 FALSE를 입력

⑤ <확인>을 클릭하면 수식 =VLOOKUP(C3,지점,2,FALSE)가 완성됩니다.

수식 설명

Lookup_value : 은행코드를 찾아 지점명을 입력해야 하므로 C3셀 입력

Table_array : C3셀 값을 찾을 범위로 앞서 이름으로 정의한 '지점' 입력

Col_index_num : 범위에서 C3셀 값을 찾아 반영할 열 번호

Range_lookup : 찾는 값과 정확하게 일치하는 값을 찾기 위해서 FALSE 또는 0을 입력

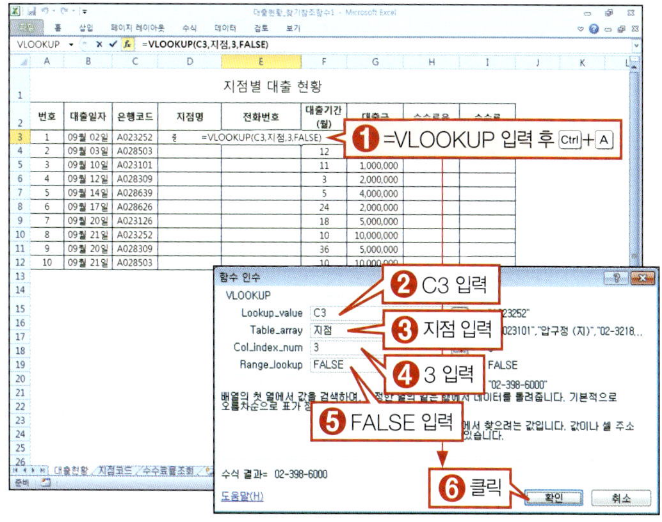

06

① E3셀에 =VLOOKUP을 입력하고 Ctrl+A를 눌러 함수 인수 대화상자를 불러옵니다.

②③④⑤ Lookup_value에 C3, Table_array에 **지점**, Col_index_num에 3, Range_lookup에 FALSE를 입력

⑥ <확인>을 클릭하면 수식 =VLOOKUP(C3,지점,3,FALSE)가 완성됩니다.

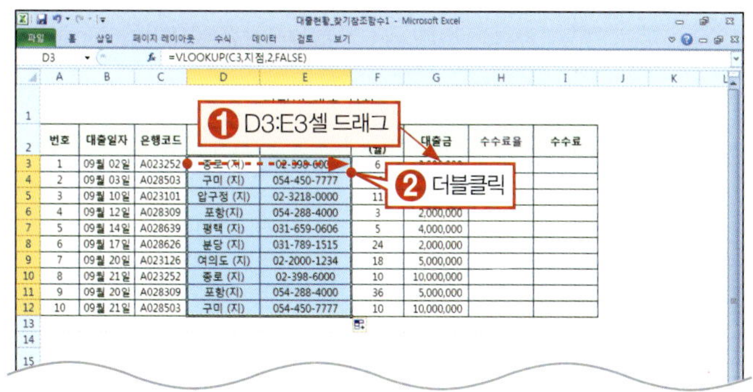

07

① D3:E3셀을 범위로 지정

② 채우기 핸들을 더블클릭하여 수식을 복사합니다.

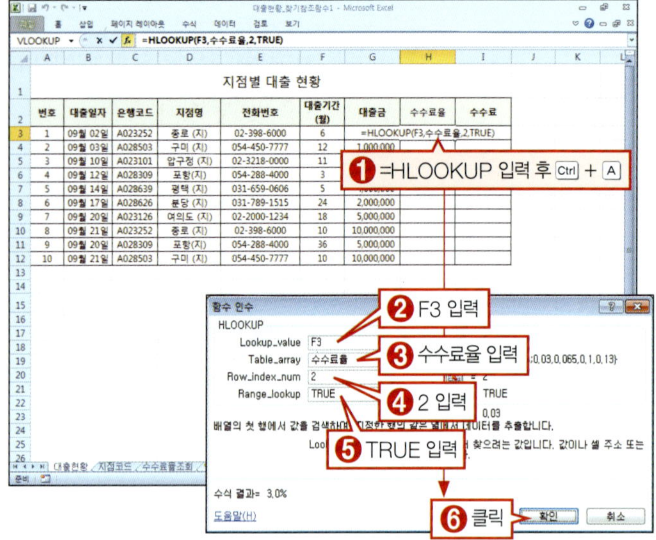

08 HLOOKUP 함수로 수수료율을 구하겠습니다.

① H3셀에 **=HLOOKUP**을 입력한 다음 Ctrl+A를 눌러 함수 인수 대화상자를 불러옵니다.

②③④⑤ Lookup_value에 **F3**, Table_array에 **수수료율**, Row_index_num에 **2**, Range_lookup에 **TRUE**를 입력

⑥ <**확인**>을 클릭하면 수식 **=HLOOKUP(F3,수수료율,2,TRUE)**가 완성됩니다.

Tip

VLOOKUP과 HLOOKUP은 사용 방법과 기능이 유사합니다. VLOOKUP은 첫 행에서 원하는 값을 찾아 지정한 열에 있는 값을 반환하고 HLOOKUP은 첫 열에서 원하는 값을 찾아 지정한 행에 있는 값을 반환합니다.

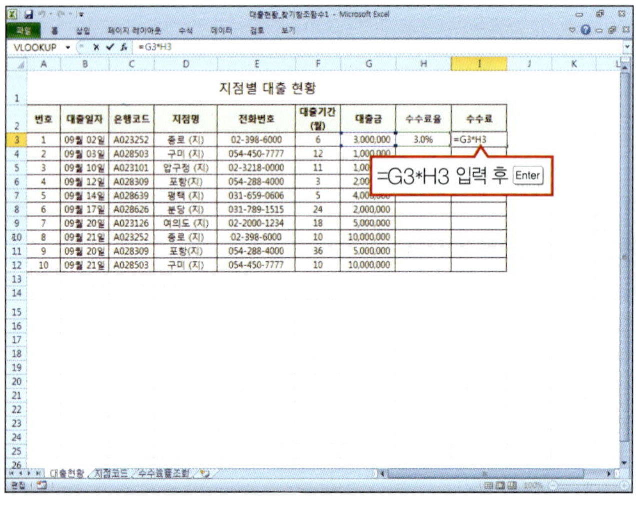

09 대출금과 수수료율을 바탕으로 수수료를 구하겠습니다. I3셀에 **=G3*H3**을 입력하고 Enter를 누릅니다.

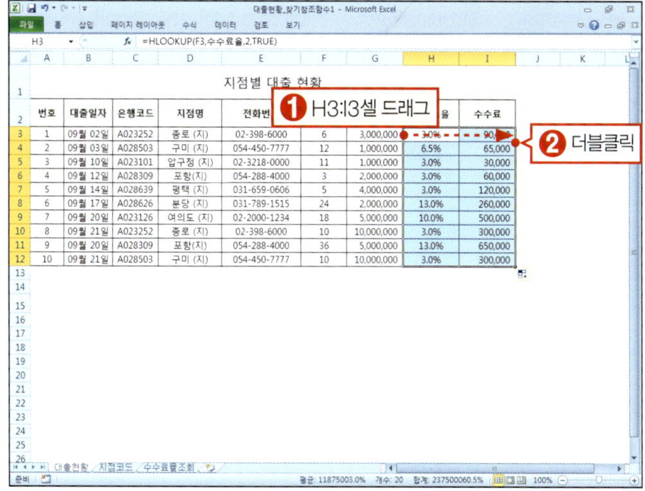

10

① H3:I3셀을 범위로 지정

② 채우기 핸들을 더블클릭하여 수식을 복사합니다.

Note Table_array(데이터 범위)에 대한 규칙과 에러

VLOOKUP, HLOOKUP 함수에서 사용하는 Table_array는 다음과 같은 규칙으로 작성합니다.

❶ 찾는 값(Lookup_value)은 반드시 범위(Table_array)의 첫 번째 행(열)에 있어야 합니다. 예를 들어 VLOOKUP 함수로 지점코드를 찾아서 전화번호를 반환하려고 합니다. 이때 Table_array는 A2:C8을 지정하면 안 되고 B2:C8을 범위로 지정해야 합니다.

지점코드	전화번호
A023101	02-3218-0000
A023168	02-2240-8888
A023155	02-3140-4444
A023252	02-398-6000
A023126	02-2000-1234

→

	A	B	C
1	지점명	은행코드	전화번호
2	압구정 (지)	A023101	02-3218-0000
3	여의도 (지)	A023126	02-2000-1234
4	마포 (지)	A023155	02-3140-4444
5	잠실 (지)	A023168	02-2240-8888
6	종로 (지)	A023252	02-398-6000
7	포항(지)	A028309	054-288-4000
8	시화 (지)	A028406	031-496-5555

❷ Table_array의 첫 번째 열(행)에서 근사값을 찾을 경우에는 반드시 오름차순으로 정렬되어 있어야 합니다.

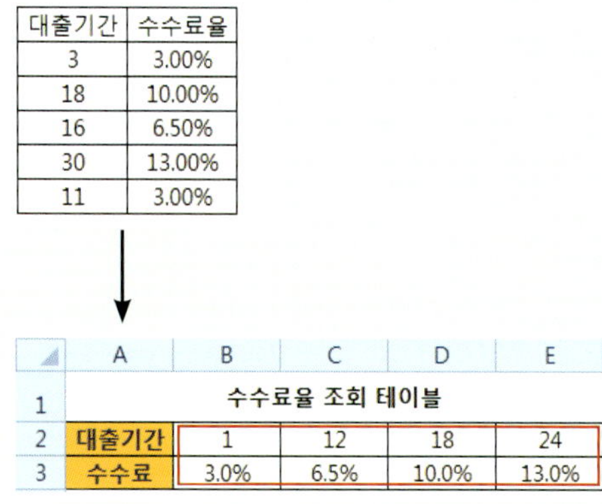

대출기간	수수료율
3	3.00%
18	10.00%
16	6.50%
30	13.00%
11	3.00%

↓

	A	B	C	D	E
1	수수료율 조회 테이블				
2	대출기간	1	12	18	24
3	수수료	3.0%	6.5%	10.0%	13.0%

◀ 오름차순 정렬

- 1 : 대출 기간이 1~11 사이에 수수료율은 3.0%
- 12 : 대출 기간이 12~17 사이에 수수료율은 6.5%
- 18 : 대출 기간이 18~23 사이는 수수료율 10.0%
- 24 : 대출기간 24 이상은 수수료율 13.0%

❸ VLOOKUP이나 HLOOKUP 함수를 사용할 때 원하는 값을 찾지 못하면 해당 셀에 #N/A 오류가 나타납니다.

텍스트 함수

• LEFT 함수 • RIGHT 함수 • MID 함수 • TEXT 함수 • VALUE 함수

알아봐요 텍스트 함수 살펴보기

텍스트 함수는 문자열에서 일부 글자만 추출하거나 서로 다른 문자열을 조합하거나, 혹은 셀 서식을 지정할 때 사용합니다. 문자열과 같이 텍스트와 관련한 작업이라면 어디에나 쓸 수 있는 유용한 함수입니다.

일부 글자를 추출하는 LEFT, RIGHT, MID 함수

LEFT, RIHGT, MID 함수는 문자열에서 글자 일부를 추출하는 함수입니다. 왼쪽으로부터 몇 글자를 추출하려면 LEFT 함수, 오른쪽으로부터 몇 글자를 추출하려면 RIGHT 함수, 문자열 중간에 있는 글자 일부를 추출하려면 MID 함수를 사용합니다.

함수 범주	텍스트 함수
함수 형식	=LEFT(문자열 또는 셀 주소, 추출할 문자의 수) =MID(문자열 또는 셀 주소, 추출할 시작 위치, 추출할 문자 수) =RIGHT(문자열 또는 셀 주소, 추출할 문자의 수)

서식을 지정하는 TEXT, 텍스트를 숫자로 바꾸는 VALUE 함수

TEXT 함수는 숫자로 표시된 값을 문자열로 변환하는 함수이며 VALUE 함수는 LEFT, RIGHT, MID 함수로 추출한 숫자처럼 보이는 문자 데이터를 숫자로 바꿀 때 사용합니다.

함수 범주	텍스트 함수
함수 형식	=TEXT(사용자 지정 형식을 지정할 값, 사용자 지정 형식) =VALUE(숫자처럼 보이지만 문자인 텍스트 또는 셀 주소)

1. 문자 추출하기 세미나 참석자 명단

세미나 참석자 명단

번호	이름	성별	주민번호	주민번호(앞자리)	연락처	연락처(뒷번호)	참석 확인란
1	강송구	남	771126-1345789	771126	010-456-3456	3456	
2	김미연	여	541220-2545612	541220	019-4522-0233	0233	
3	김수철	남	550712-1546891	550712	011-6780-1234	1234	
4	김희정	여	760720-2099887	760720	017-343-3099	3099	
5	나문수	남	600530-1045777	600530	010-2456-2101	2101	
6	마상미	여	650407-2145678	650407	019-4522-0988	0988	
7	박민중	남	660101-1234567	660101	011-6780-1239	1239	
8	박상중	남	770505-1245781	770505	010-4561-9999	9999	
9	송선아	여	781212-2014335	781212	017-4443-0678	0678	
10	이남수	남	791105-1020112	791105	010-456-3456	3456	
11	이명진	여	800504-2085741	800504	019-4522-1111	1111	
12	이미현	여	770607-2546789	770607	011-6780-1234	1234	
13	이승철	남	840103-1058456	840103	017-343-3456	3456	
14	이진우	남	580715-1356789	580715	010-456-5678	5678	
15	김성철	남	801009-1045897	801009	019-4555-1564	1564	
16	정지수	남	620825-1054789	620825	011-780-1234	1234	
17	최성수	남	450825-1546789	450825	010-8044-0000	0000	
18	최은지	여	600108-2085741	600108	019-3333-9090	9090	

세미나 참석자 명단에서 주민번호와 전화번호 같은 개인 신상 정보를 보호하기 위해 주민번호는 앞 6자리, 전화번호는 뒤 4자리만 추출합니다. 그리고 주민번호의 7번째 자리 숫자를 추출하여 남자와 여자를 구분합니다.

- **실습 파일** ◎:\엑셀\8장\실습\참석자명단_텍스트함수.xlsx
- **완성 파일** ◎:\엑셀\8장\완성\참석자명단_텍스트함수_완성.xlsx

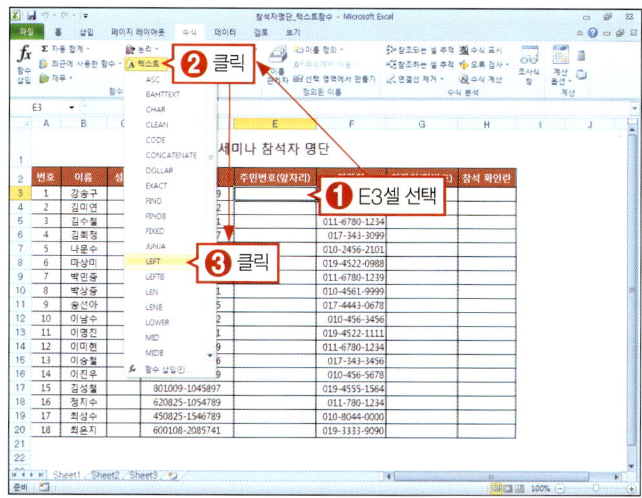

01 LEFT 함수로 주민번호 앞 6자리를 추출합니다.

① E3셀을 선택

②③ [수식] 탭의 [함수 라이브러리] 그룹에서 **텍스트**를 클릭하고 LEFT를 선택합니다.

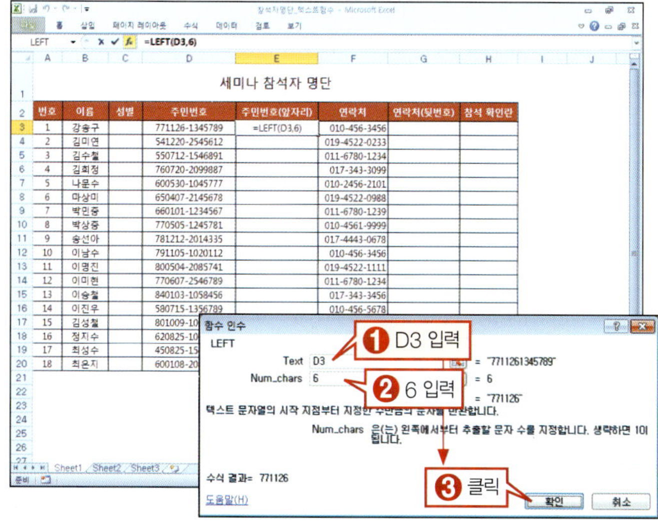

02

①② Text에 D3, Num_chars에 6을 입력

③ 〈확인〉을 클릭하면 수식 =LEFT(D3, 6)이 완성됩니다.

수식 설명

Text : 주민번호가 있는 셀 주소 지정

Num_chars : 추출할 숫자의 개수 입력

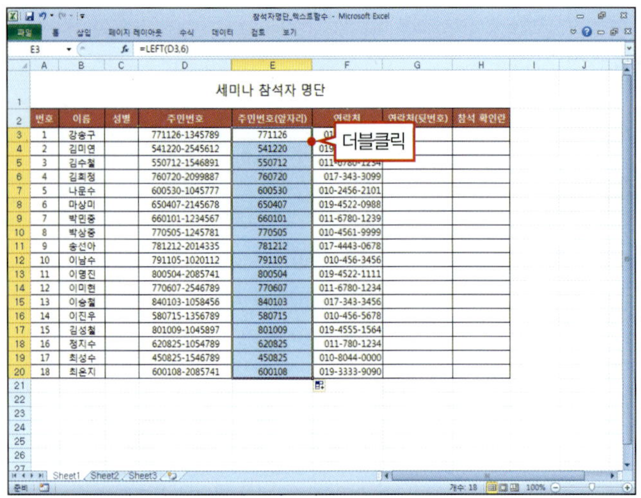

03 D3셀의 채우기 핸들을 더블클릭하여 수식을 복사합니다.

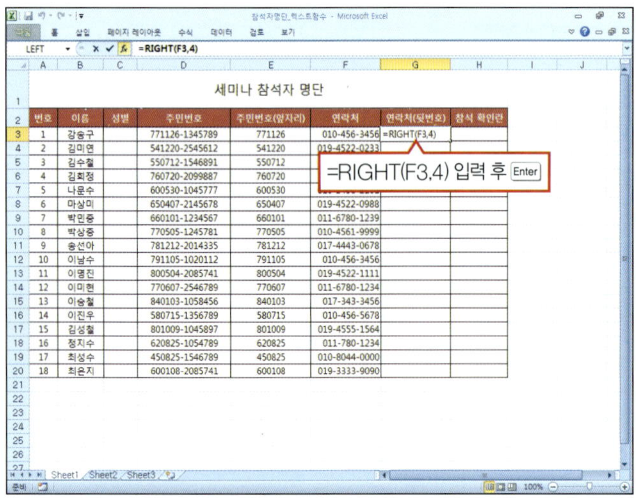

04 RIGHT 함수로 전화번호 뒤 4자리를 추출합니다. G3셀에 **=RIGHT(F3,4)**를 입력하고 Enter를 누릅니다. 전화번호(F3) 뒤에서 4자리를 추출합니다.

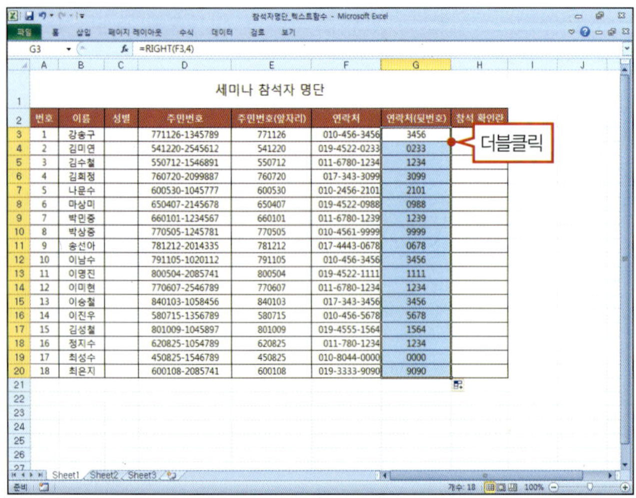

05 G3셀의 채우기 핸들을 더블클릭하여 수식을 복사합니다.

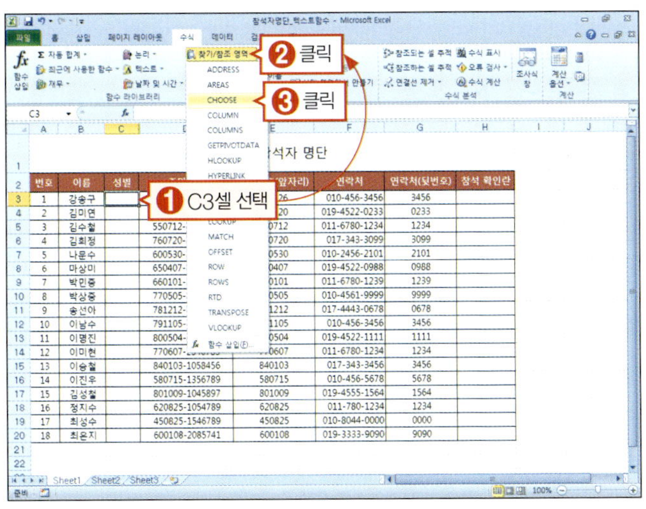

06 CHOOSE와 MID를 중첩하여 주민번호를 바탕으로 성별을 파악합니다.

① C3셀을 선택

②③ [수식] 탭의 [함수 라이브러리] 그룹에서 **찾기/참조 영역**을 클릭하고 CHOOSE를 선택합니다.

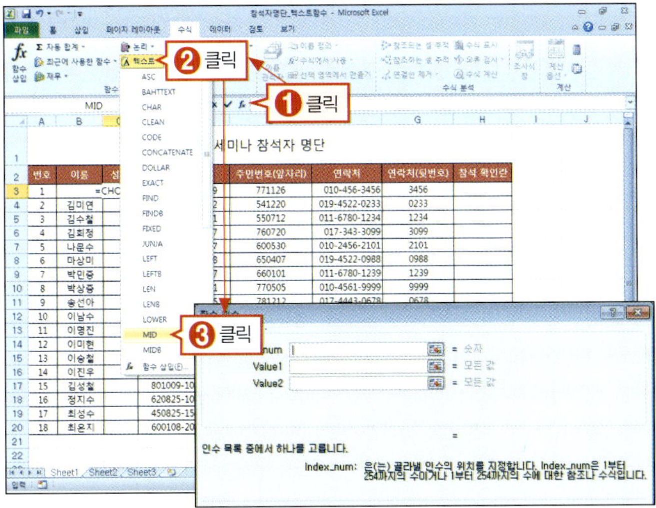

07

① MID함수를 중첩하기 위해 수식 입력줄에서 **함수 삽입 아이콘** 을 클릭

②③ [함수 라이브러리] 그룹에서 **텍스트**를 클릭하고 MID를 선택합니다.

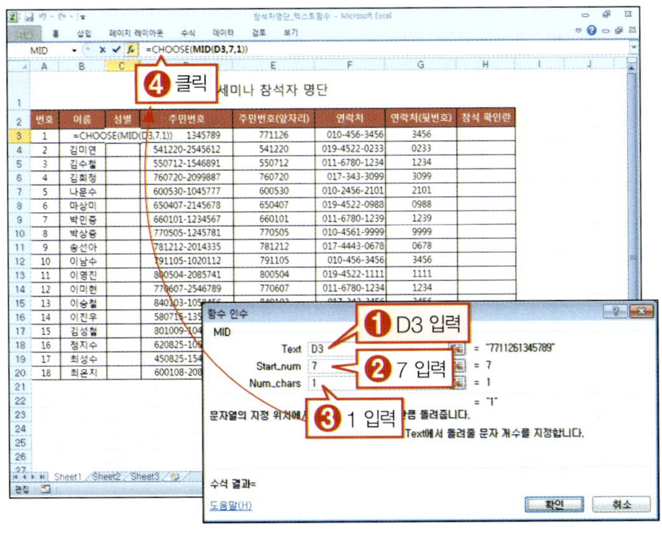

08

①②③ Text에 D3, Start_num에 7, Num_chars에 1을 입력

④ CHOOSE 함수 인수 대화상자로 돌아가기 위해 수식 입력줄에서 CHOOSE를 클릭합니다.

수식 설명

Text : 주민번호가 있는 셀 주소 지정

Start_num : 주민번호에서 추출할 시작 위치 입력

Num_chars : 시작 위치부터 추출할 문자 개수 입력

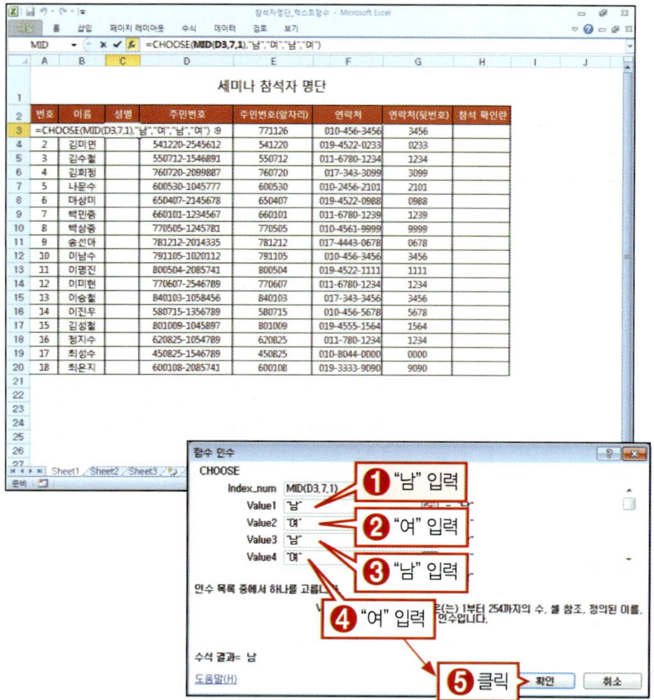

09 주민번호의 7번째 자리에 첫 글자가 1 또는 3이면 남자이고, 2 또는 4이면 여자입니다.

①②③④ Value1에 **"남"**, Value2에 **"여"**, Value3에 **"남"**, Value4에 **"여"**를 입력

⑤ **〈확인〉**을 클릭하면 수식 =CHOOSE(MID(D3,7,1),"남","여", "남", "여")가 완성됩니다.

Tip

MID 함수로 추출한 1, 2, 3, 4는 문자로 인식됩니다. 이 값을 가지고 연산을 하거나 숫자와 비교 연산을 할 경우에는 숫자 타입으로 변환해야 합니다. CHOOSE 함수는 내부적으로 문자를 숫자로 변환하므로 큰 문제가 없지만 IF 함수나 그 밖의 함수를 사용할 경우에는 Value 함수(VALUE(MID(D3,7,1)))를 사용하여 문자를 숫자로 변환해야 수식의 오류를 줄일 수 있습니다.

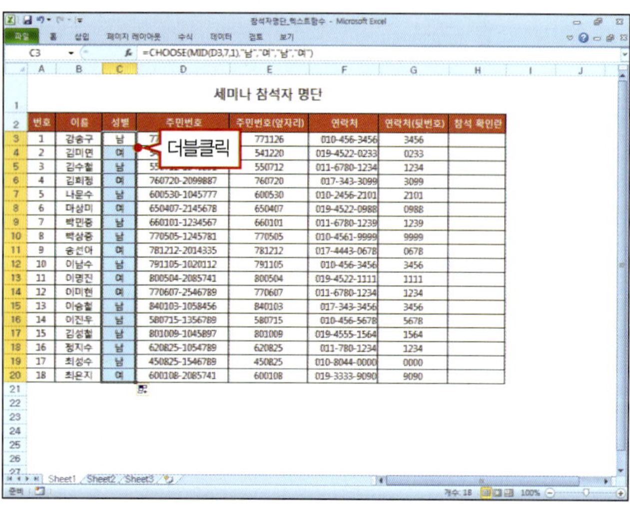

10 C3셀의 채우기 핸들을 더블클릭하여 수식을 복사합니다.

Tip

참석자 명단에서 주민번호와 연락처를 숨기려면 E열과 F열 머리글에서 마우스 오른쪽 버튼을 클릭한 다음 '숨기기'를 선택합니다.

함께해요 2. 금액을 자릿수별로 입력하기 거래명세표

세금 계산서나, 교통비 청구서, 거래 명세서, 발주서 등의 양식에는 일반 회계 장부처럼 금액을 자릿수별로 한 칸에 하나씩 입력합니다. 하나하나 입력하기도 번거롭고 자릿수를 맞추기도 쉽지 않습니다. TEXT, MID, COLUMN 함수를 사용하면 자릿수별로 한 칸씩 숫자를 표시할 수 있습니다.

- **실습 파일** :\엑셀\8장\실습\거래명세표2_텍스트함수.xlsx
- **완성 파일** :\엑셀\8장\완성\거래명세표2_텍스트함수_완성.xlsx

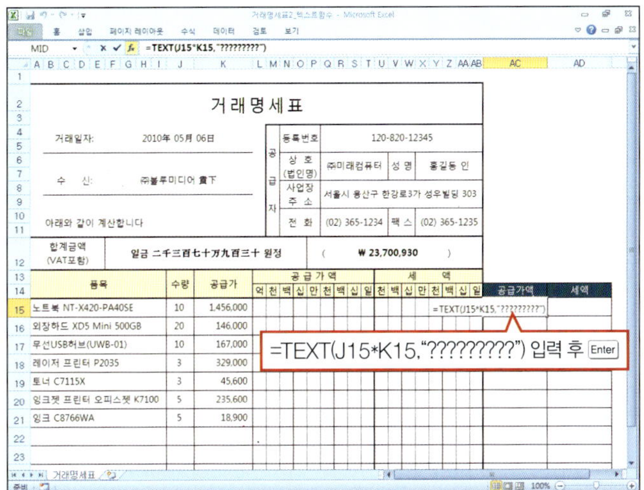

01 TEXT 함수로 결과값의 자릿수를 고정하겠습니다.

AC15셀에 =TEXT(J15*K15,"?????????")를 입력하고 Enter를 누릅니다. 수량(J15)과 공급가(K15)를 곱한 금액을 9자리로 나타냅니다.

Tip

? 기호로 자릿수를 지정하면 지정한 자릿수보다 부족한 자리를 공백으로 채웁니다.

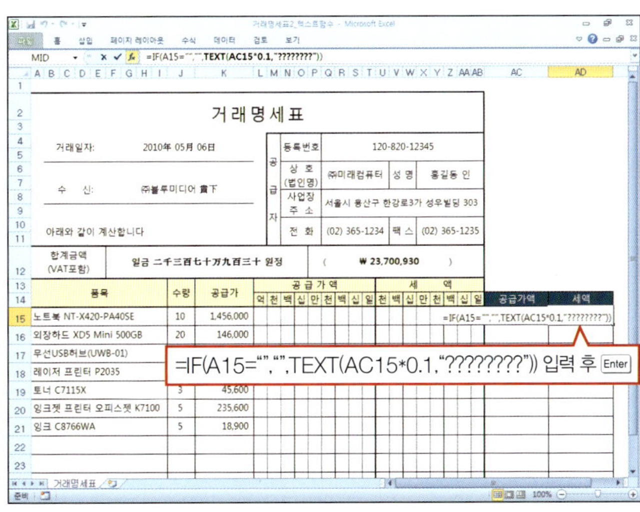

02 IF와 TEXT 함수를 중첩하여 세액 계산 여부를 결정하고 결과값을 8자리로 고정합니다.

AD15셀에 =IF(A15="","",TEXT(AC15*0.1,"????????"))를 입력하고 Enter를 누릅니다. 품목(A15)이 공백이면 결과를 공백으로 두고 품목이 공백이 아니면 공급가액(AC15)에 0.1을 곱하여 세액을 구하고 결과를 8자리로 나타냅니다.

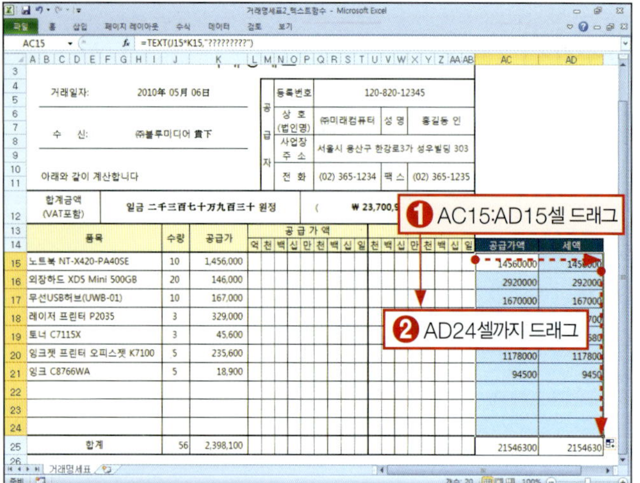

03

① AC15:AD15셀을 범위로 지정

② 채우기 핸들을 AD24셀까지 드래그하여 수식을 복사합니다.

Tip

AC25셀(공급가액 합계) 수식
=TEXT(SUMPRODUCT(J15:J24,K15:K24),"?????????")
AD25셀(세액 합계) 수식
=TEXT(SUMPRODUCT(J15:J24,K15:K24)*0.1,"????????")

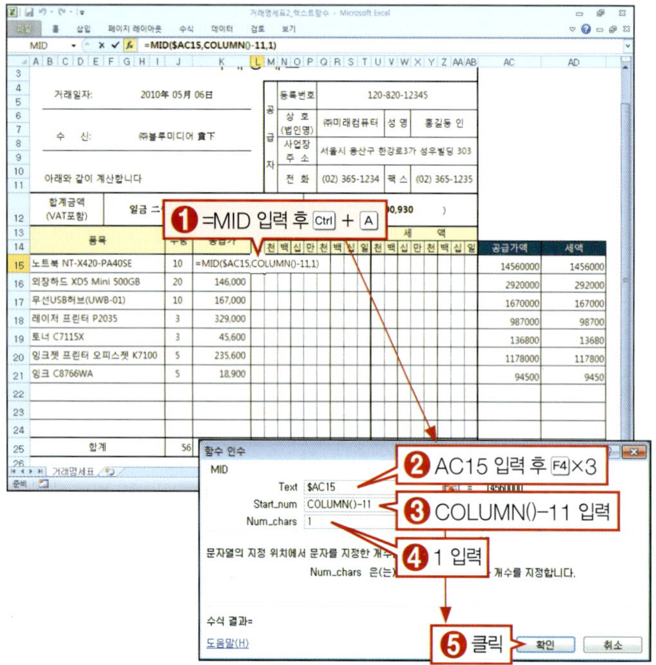

04 각 자릿수에 맞게 공급가액을 입력하겠습니다.

① L15셀에 =MID를 입력하고 Ctrl+A를 눌러 함수 인수 대화상자를 불러옵니다.

② Text에 AC15를 입력하고 F4를 3번 눌러 행을 고정

③④ Start_num에 COLUMN()-11, Num_chars에 1을 입력

⑤ <확인>을 클릭하면 수식 =MID($AC15,COLUMN()-11,1)이 완성됩니다.

수식 설명

Text : 문자열로 공급가액이 있는 셀을 입력하고 열만 고정
Start_num : 추출할 시작 위치로 첫 번째 글자부터 순차적으로 가져오기 위해 COLUMN() 함수 사용(L열 번호는 12이므로 11을 빼면 1부터 1씩 증가함)
Num_chars : 시작 위치부터 추출할 문자 수를 입력

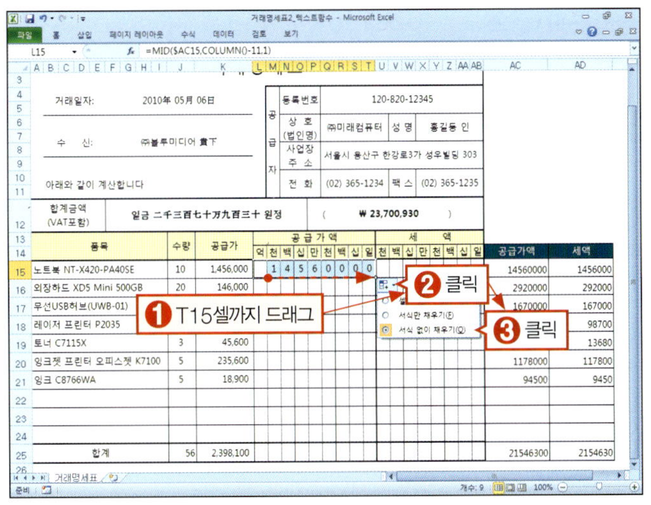

05

① L15셀의 채우기 핸들을 T15셀까지 드래그하여 수식을 복사

②③ **자동 채우기 옵션 버튼**을 클릭하고 **서식 없이 채우기**를 선택합니다.

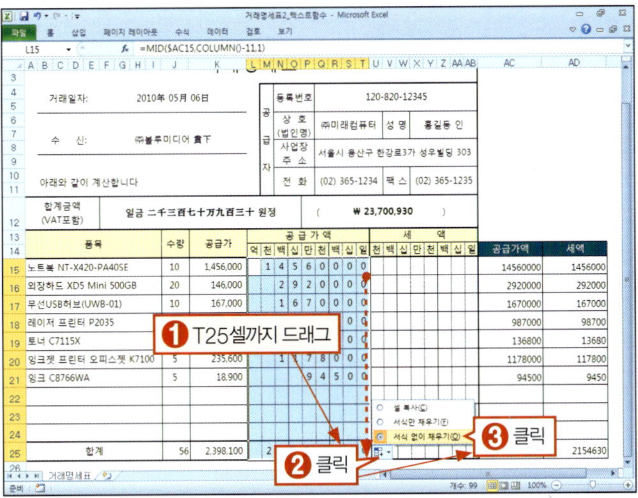

06

① L15:T15셀이 범위로 지정되어 있는 상태에서 T25셀까지 드래그하여 수식을 복사

②③ **자동 채우기 옵션 버튼**을 클릭하고 **서식 없이 채우기**를 선택합니다.

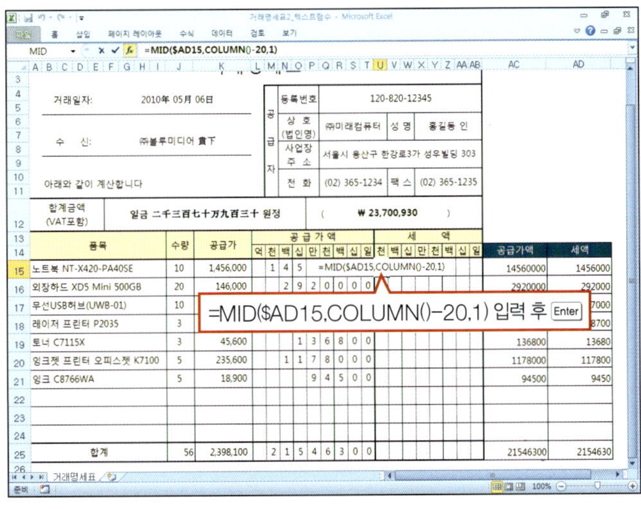

07 각 자릿수에 맞게 세액을 입력합니다. U15셀에 **=MID($AD15,COLUMN()-20,1)**을 입력하고 Enter를 누릅니다. 문자열로 세액(AD15)을 지정하고, U열 번호가 21이므로 **COLUMN()-20**을 해서 시작 위치가 1부터 1씩 증가하게 합니다.

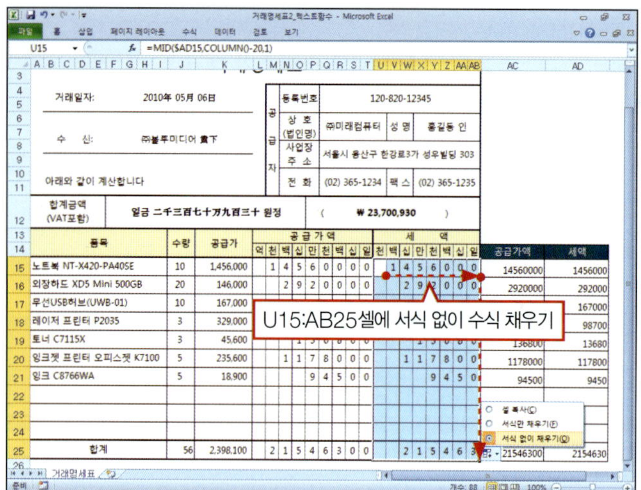

08 5~6번과 같은 방법으로 U15:AB25셀에 서식 없이 수식을 채웁니다.

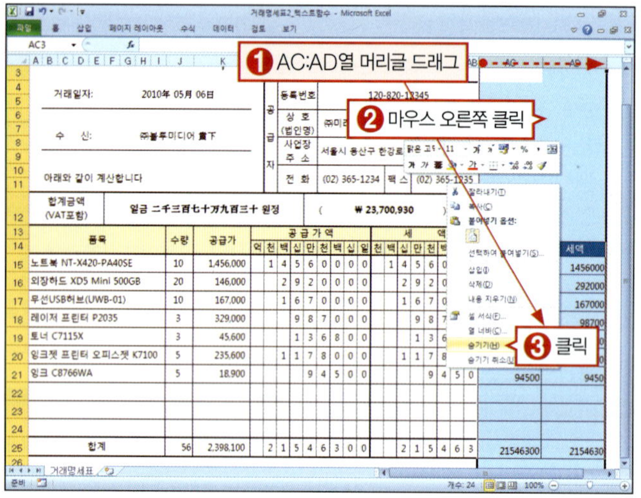

09 AC와 AD열은 공급가액과 세액을 한 자리씩 입력하기 위한 참고 자료이므로 화면에서 숨깁니다.

① AC:AD열 머리글을 범위로 지정

②③ 범위 내에서 마우스 오른쪽 버튼을 클릭하여 **숨기기**를 선택합니다.

Tip

AC:AD열의 숨기기를 취소하려면 AB:AE열 머리글을 범위로 지정하고 마우스 오른쪽 버튼을 클릭하여 '숨기기 취소'를 선택합니다.

날짜 및 시간 함수

- NOW 함수 • TODAY 함수 • DATE 함수 • YEAR 함수 • MONTH 함수 • DAY 함수
- DATEDIF 함수 • WEEKDAY 함수

알아봐요 날짜/시간 함수 살펴보기

날짜 및 시간 함수는 두 날짜 사이의 연수, 월수, 일수, 요일을 계산할 때 쓸 수 있는 함수입니다.

년, 월, 일 표시하는 YEAR, MONTH, DAY 함수

날짜 데이터는 연, 월, 일로 구분된 것처럼 보이지만 실제로는 1900년 1월 1일을 기준으로 특정 날짜까지 누적된 숫자로 표현됩니다. 따라서 날짜 데이터에서 년도를 추출하려면 YEAR, 월을 추출하려면 MONTH, 일수를 추출하려면 DAY 함수를 사용합니다.

함수 범주	날짜 및 시간 함수
함수 형식	=NOW() =TODAY() =DATE(년, 월, 일) =YEAR(날짜 데이터 또는 날짜를 일수로 누적한 숫자) =MONTH(날짜 데이터 또는 날짜를 일수로 누적한 숫자) =DAY(날짜 데이터 또는 날짜를 일수로 누적한 숫자) ※ NOW와 TODAY 함수는 인수가 없으며 NOW는 오늘 날짜와 시간을, TODAY는 오늘 날짜를 표시합니다.

날짜 사이의 년, 월, 일 간격을 계산하는 DATEDIF 함수

두 날짜 사이의 간격을 계산하려면 종료 일자에서 시작 일자를 뺍니다. 하지만 두 날짜 사이의 개월 수나 연 수를 계산하려면 수식이 조금 복잡해집니다. 하지만 DATEDIF 함수를 사용하면 두 날짜 사이의 년, 월, 일 간격을 간단하게 계산할 수 있습니다.

함수 범주	날짜 및 시간 함수
함수 형식	=DATEDIF(시작일, 종료일, 옵션) **※ 옵션의 종류** • y : 두 날짜 사이 경과된 년 수 • m : 두 날짜 사이 경과된 개월 수 • d : 두 날짜 사이 경과된 일 수 • ym : 두 날짜 사이 경과 년도를 제외한 나머지 개월 수 • yd : 두 날짜 사이 경과 년도를 제외한 나머지 일 수 • md : 두 날짜 사이 경과 년도와 개월 수를 제외한 나머지 일 수

요일을 숫자로 표시하는 WEEKDAY

WEEKDAY 함수는 날짜 데이터에서 요일을 숫자로 알려 주는 함수입니다.

함수 범주	날짜 및 시간 함수
함수 형식	=WEEKDAY(날짜 데이터 또는 날짜를 일수로 누적한 숫자, 옵션) ※ 옵션의 종류 • 1 또는 생략 : 1(일요일) ~ 7(토요일) • 2 : 1(월요일) ~ 7(일요일) • 3 : 0(월요일) ~ 6(일요일)

Tip

날짜 데이터를 셀에 직접 입력할 때는 '년-월-일' 형태로 입력하고, 함수를 사용할 때는 'DATE(년, 월, 일)' 형태로 입력합니다. 또한 날짜 형식 데이터에 요일을 표시하려면 셀 서식의 사용자 지정 형식에 aaa나 aaaa 코드를 지정합니다.

함께해요 1. 근무기간 구하기 사원 명부

2010년 사원 명부

기준일: 2010-08-10

이름	주민번호	생년월일	나이	입사일자	근무기간
김선문	660101-1234567	1966-01-01	44	1990-02-01	20년 6개월 9일
김송인	701220-2545612	1970-12-20	39	1996-10-02	13년 10개월 8일
정수남	750606-1567891	1975-06-06	35	1998-05-03	12년 3개월 7일
이수진	800504-2085741	1980-05-04	30	1999-12-02	10년 8개월 8일
박상중	770505-1245781	1977-05-05	33	2000-03-02	10년 5개월 8일
김상태	600530-1045777	1960-05-30	50	1987-07-01	23년 1개월 9일
마주희	650407-2145678	1965-04-07	45	1995-04-05	15년 4개월 5일
김민중	791105-1020112	1979-11-05	30	1998-02-02	12년 6개월 8일
최성수	750825-1546789	1975-08-25	34	2000-12-01	9년 8개월 9일
이철진	800712-1546891	1980-07-12	30	2001-06-01	9년 2개월 9일
최은지	600108-2085741	1960-01-08	50	1988-06-01	22년 2개월 9일
박민중	690530-2545698	1969-05-30	41	1995-05-05	15년 3개월 5일
김송인	741208-1045678	1974-12-08	35	1995-06-04	15년 2개월 6일
정수남	750306-1587988	1975-03-06	35	1998-12-01	11년 8개월 9일
이명수	810914-2078788	1981-09-14	28	2004-02-02	6년 6개월 8일

주민번호에서 생년월일을 추출하여 나이를 계산하고, 입사일부터 현재까지 근무기간을 구합니다.

- **실습 파일** ◎:\엑셀\8장\실습\사원명부_날짜함수.xlsx
- **완성 파일** ◎:\엑셀\8장\완성\사원명부_날짜함수_완성.xlsx

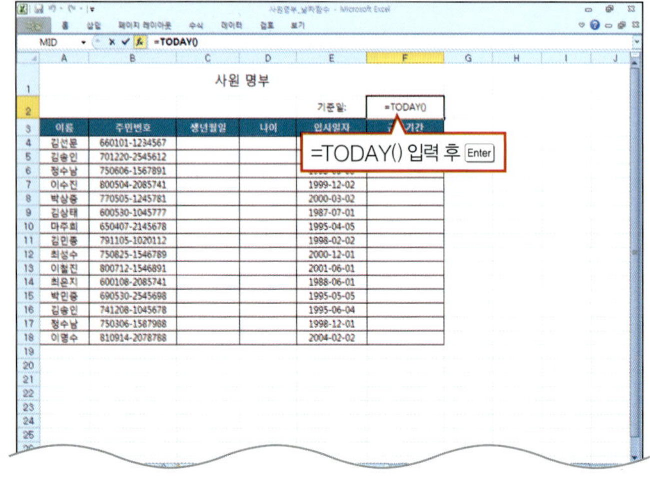

01 TODAY 함수로 기준이 될 현재 날짜를 구합니다. F2셀에 =TODAY()를 입력하고 Enter를 누릅니다.

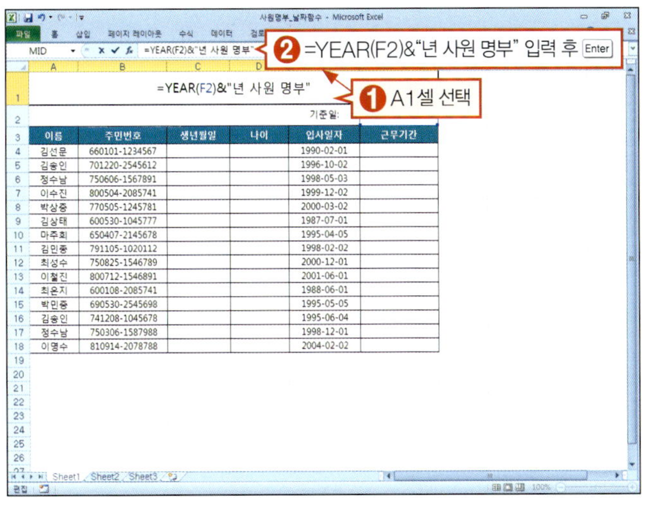

02 YEAR 함수로 현재 날짜에서 연도를 추출하여 제목에 표시합니다.

① A1셀을 선택

② 수식 입력줄에 =YEAR(F2)&"년 사원 명부"를 입력하고 Enter를 누릅니다.

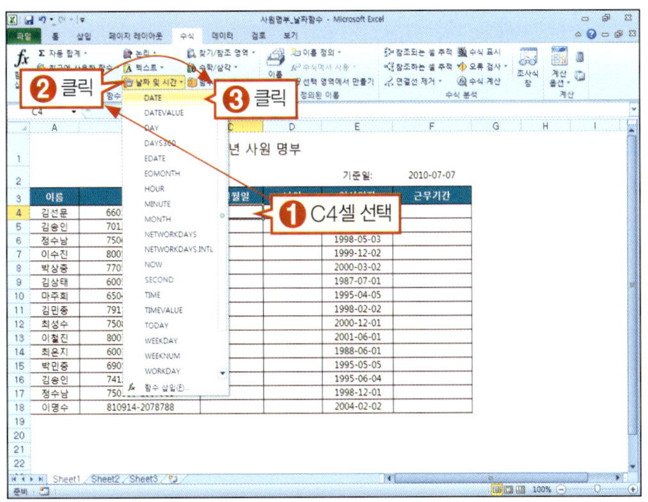

03 주민번호 앞 6자리에서 2자는 년도, 2자는 월, 2자는 일자이므로 LEFT, MID 함수로 년, 월, 일을 각각 추출하고, 추출한 문자를 DATE 함수를 사용하여 날짜 속성으로 바꿉니다.

① C4셀을 선택

②③ [수식] 탭의 [함수 라이브러리] 그룹에서 **날짜 및 시간**을 클릭하고 DATE를 선택합니다.

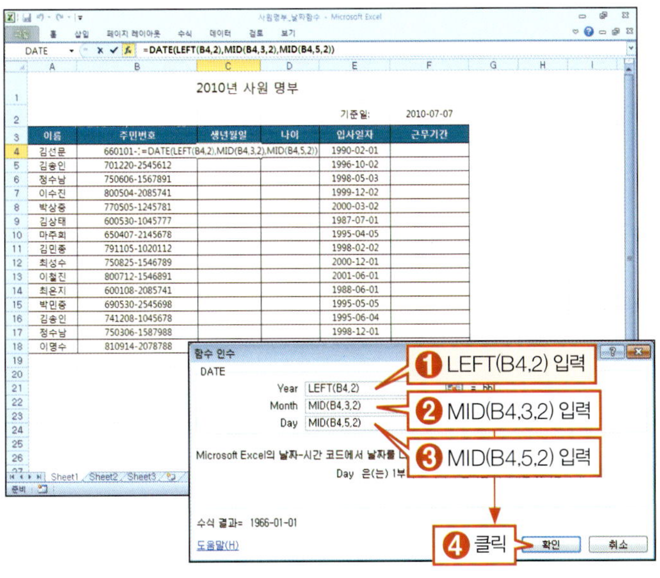

04

①②③ Year에 LEFT(B4,2), Month에 MID(B4,3,2), Day에 MID(B4,5,2)를 입력

④ 〈확인〉을 클릭하면 수식 =DATE(LEFT(B4,2),MID(B4,3,2), MID(B4,5,2))가 완성됩니다.

수식 설명

Year : 주민번호(B4)의 왼쪽에서 두 글자를 가져와 년도를 지정

Month : 주민번호의 세 번째 글자부터 두 글자를 가져와 월로 지정

Day : 주민번호의 다섯 번째 글자부터 두 글자를 가져와 일로 지정

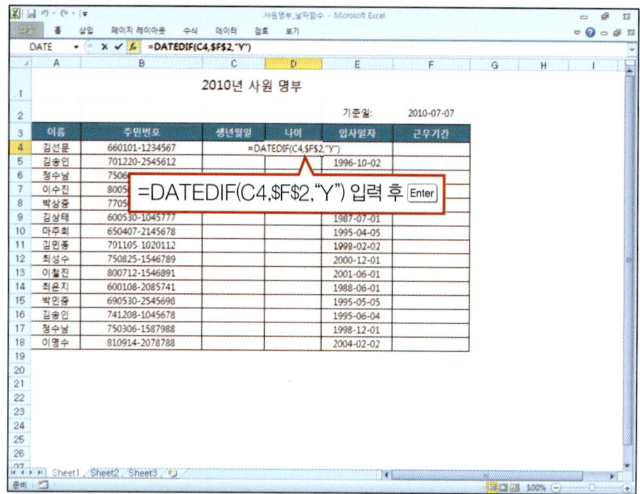

05 DATEDIF 함수로 나이를 계산하겠습니다.

D4셀에 =DATEDIF(C4,$F$2,"Y")를 입력하고 Enter를 누릅니다. 생년월일(C4)과 현재 날짜(F2) 사이의 경과 연수가 계산됩니다.

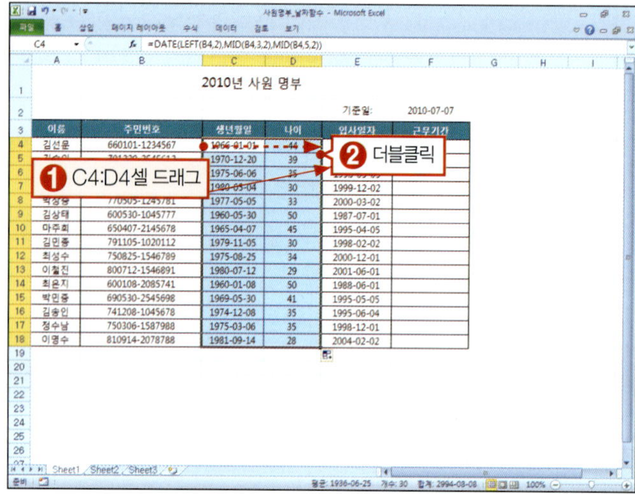

06

① C4:D4셀을 범위로 지정

② 채우기 핸들을 더블클릭하여 수식을 복사합니다.

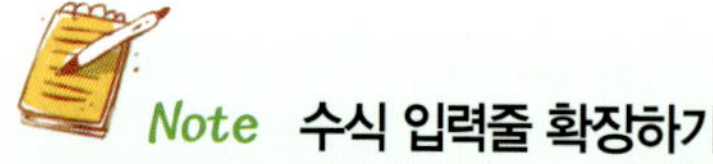

Note 수식 입력줄 확장하기

셀에 입력된 텍스트 길이가 길거나 수식이 복잡하면 수식 입력줄에 모두 나타나지 않습니다. 이럴 때는 **수식 입력줄 확장 버튼**을 클릭하거나 수식 입력줄 경계 부분을 드래그해서 수식 입력줄 영역을 조절하면 좀 더 넓게 수식이나 문자열을 볼 수 있습니다.

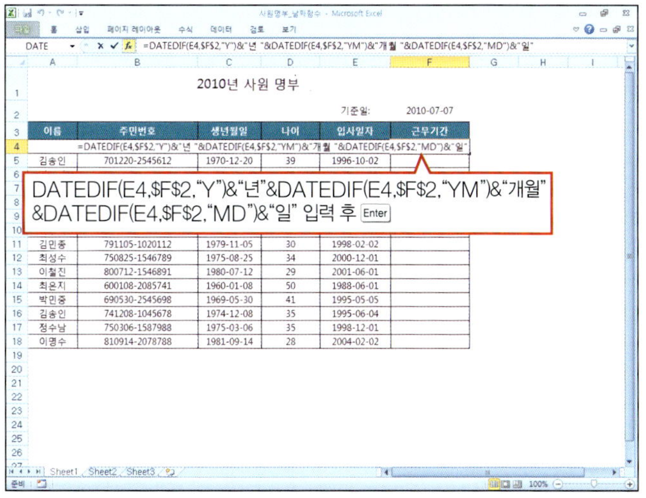

07 F4셀에 =DATEDIF(E4,$F$2,"Y")&"년" &DATEDIF(E4,$F$2,"YM")&"개월" &DATEDIF(E4,$F$2,"MD")&"일"을 입력하고 Enter를 눌러 근무 기간을 계산합니다.

수식 설명

=DATEDIF(E4,$F$2,"Y")&"**년**" : 입사일(E4셀)로부터 기준일($F$2셀)까지의 경과 년도("Y")를 구한 다음 "년"과 연결

&DATEDIF(E4,$F$2,"YM")&"**개월**" : 입사일(E4셀)로부터 기준일($F$2셀)까지의 경과 년도를 제외한 개월 수("YM")를 구한 다음 "개월"과 연결

&DATEDIF(E4,$F$2,"MD")&"**일**" : 입사일(E4셀)로부터 기준일($F$2셀)까지의 경과 개월 수를 제외한 일 수("MD")를 구한 다음 "일"과 연결

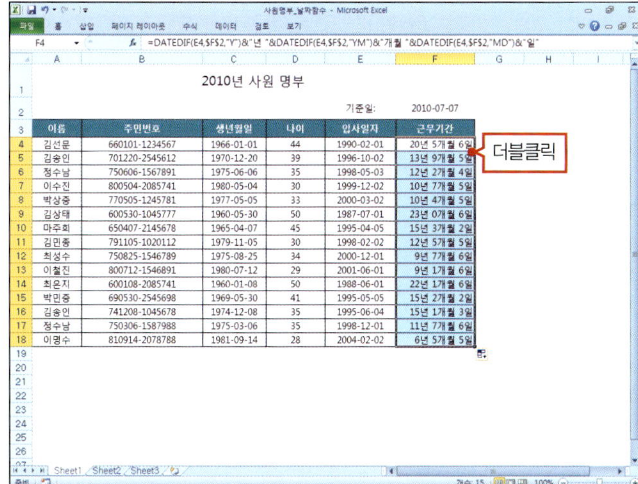

08 F4셀의 채우기 핸들을 더블클릭하여 수식을 복사합니다.

함께해요 2. 요일 표시하기 주간일정표

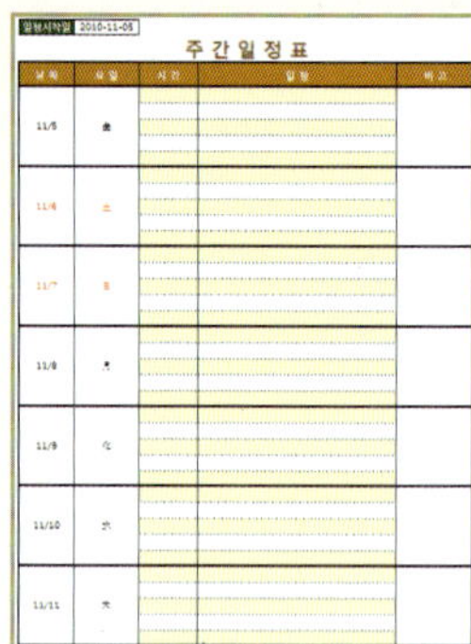

WEEKDAY, CHOOSE 함수를 사용하여 주간일정표에 한자로 요일을 표시하고 조건부 서식으로 토요일과 일요일의 글자 색을 빨강으로 표시합니다.

- 실습 파일 ⓒ:\엑셀\8장\실습\주간일정표_날짜함수.xlsx
- 완성 파일 ⓒ:\엑셀\8장\완성\주간일정표_날짜함수_완성.xlsx

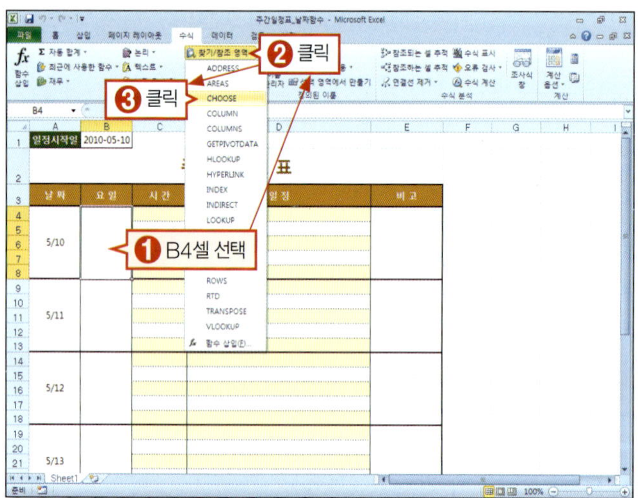

01 CHOOSE와 WEEKDAY 함수를 중첩하여 요일을 표시하겠습니다.

① B4셀을 선택

②③ [수식] 탭의 [함수 라이브러리] 그룹에서 **찾기/참조 영역**을 클릭하고 CHOOSE를 선택합니다.

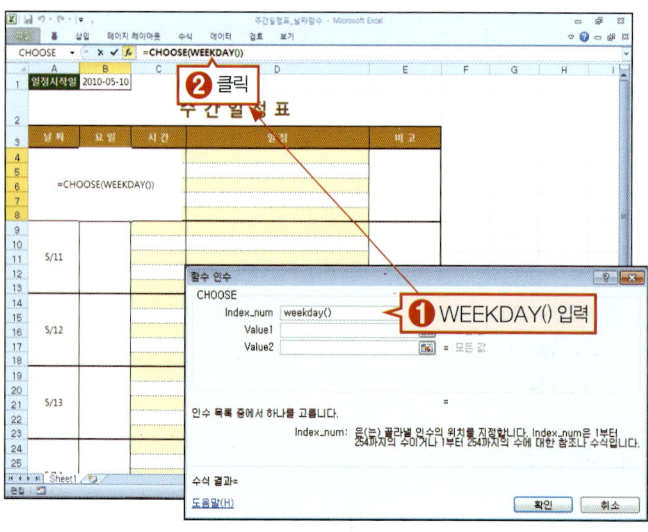

02

① Index_num에 WEEKDAY()를 입력해서 함수를 중첩

② WEEKDAY 인수를 입력하기 위해 수식 입력줄에서 WEEKDAY() 부분을 클릭합니다.

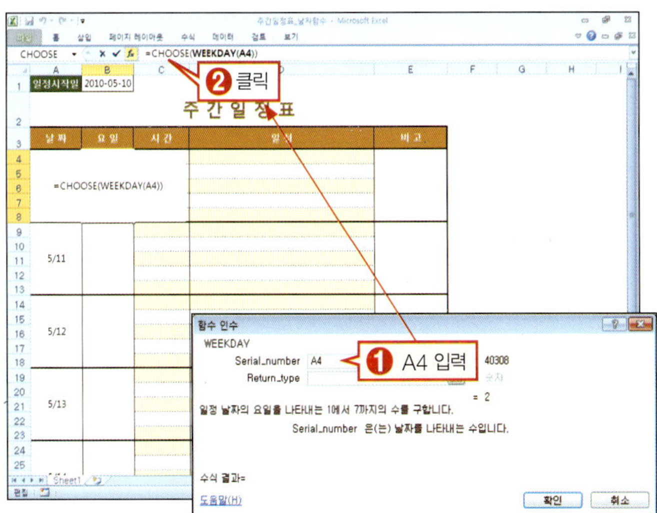

03

① WEEKDAY 함수 인수 대화상자에서 Serial_number에 A4를 입력

② 수식 입력줄에서 CHOOSE를 클릭해서 CHOOSE 함수 인수 대화상자로 돌아갑니다.

수식 설명

Serial_number : 요일로 반환하기 위한 날짜로 A4셀을 지정

Return_type : 숫자로 요일을 반환할 옵션으로 생략하면 1(일요일) ~ 7(토요일)

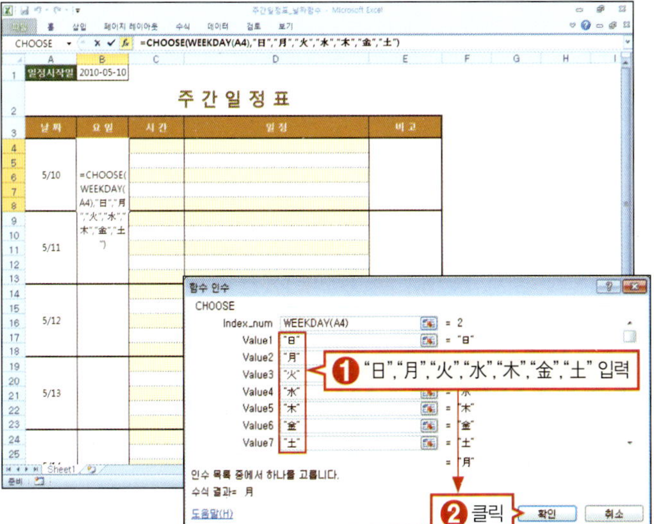

04

① Value1에 **"日"**, Value2에 **"月"**, Value3에 **"火"**, Value4 에 **"水"**, Value5 에 **"木"**, Value6 에 **"金"**, Value7 에 **"土"**를 입력

② 〈확인〉을 클릭하면 수식 =CHOOSE(WEEKDAY(A4), "日","月", "火","水","木","金","土")가 완성됩니다.

수식 설명

Value1~7 : 요일값(1~7)에 따라 순서대로 "日", "月", "火", "水", "木", "金", "土"를 반환

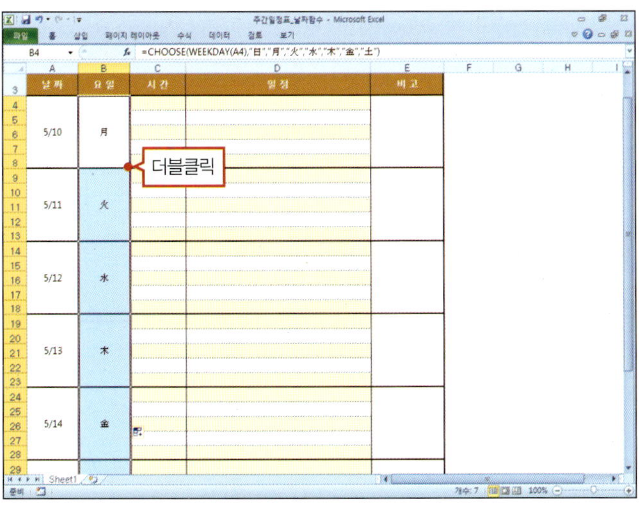

05 B4셀의 채우기 핸들을 더블클릭해서 수식을 복사합니다.

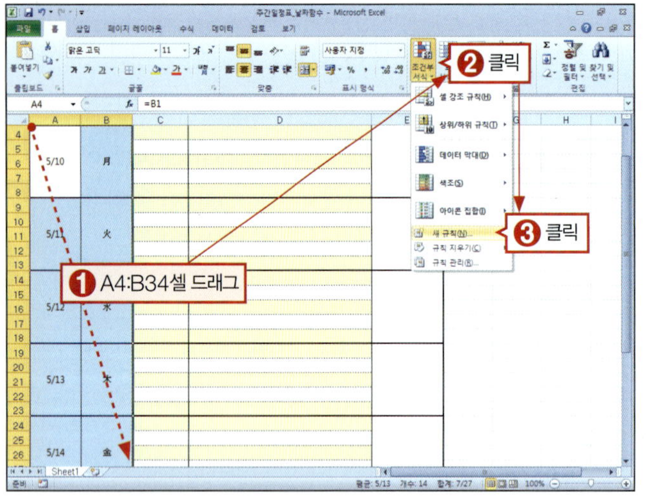

06 수식으로 土, 日에 조건을 지정하겠습니다.

① A4~B34셀을 범위로 지정

②③ [홈] 탭의 [스타일] 그룹에서 **조건부 서식**을 클릭하고 **새 규칙**을 선택합니다.

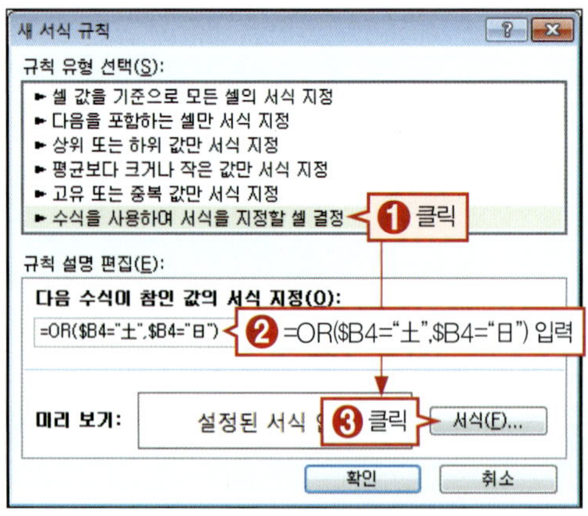

07

① **수식을 사용하여 서식을 지정할 셀 결정**을 선택

②③ 토요일, 일요일 전체에 서식을 적용하기 위해 수식 입력란에 =OR($B4="土",$B4="日")을 입력한 후 **<서식>**을 클릭합니다.

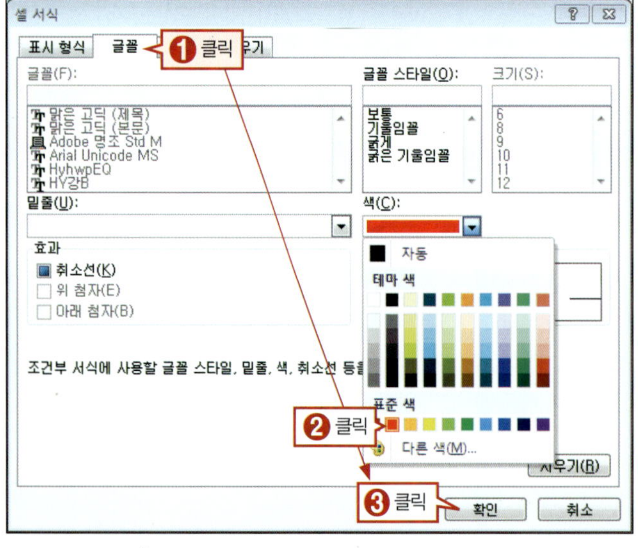

08

①② 셀 서식 대화상자에서 [글꼴] 탭을 클릭하고 **빨강**을 선택

③ **<확인>**을 클릭한 다음 새 서식 규칙 대화상자로 돌아와 **<확인>**을 클릭합니다.

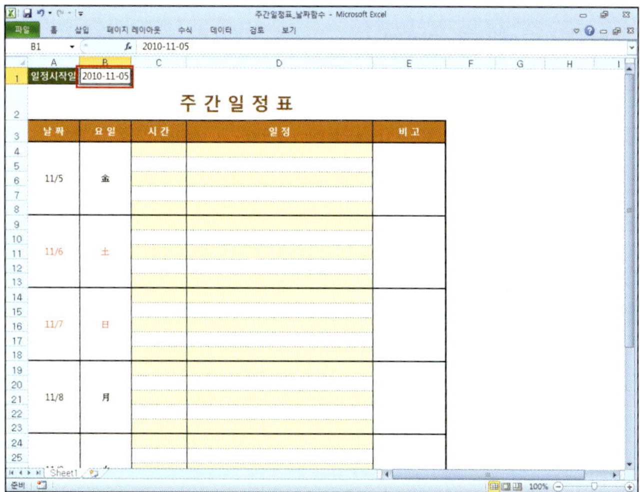

09 B1셀을 선택하고 시작일을 변경하면 주간일정표의 요일도 자동으로 변경됩니다.

혼자 해보기 실무 함수로 거래처 관리 조회 화면 완성하기

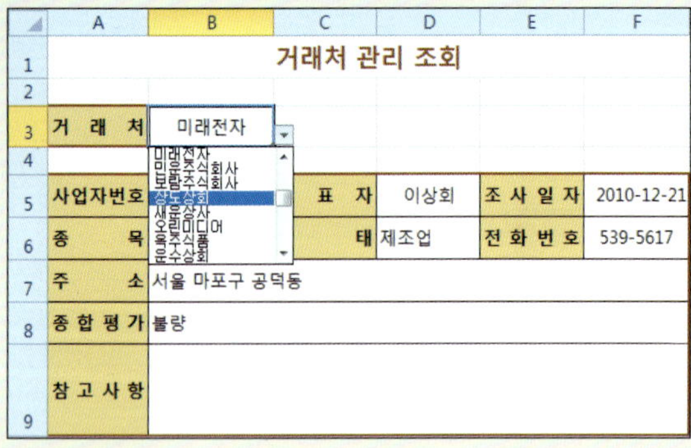

거래처 관리대장를 참조하고 VLOOKUP함수를 사용하여 거래처 관리 조회 화면을 완성합니다.

- 실습 파일 ◎:\엑셀\8장\실습\거래선관리대장.xlsx
- 완성 파일 ◎:\엑셀\8장\완성\거래선관리대장_완성.xlsx

1 [거래선 대장] 시트에 B4~B35셀 범위를 지정하고 이름상자에 **거래처**로 이름을 정의합니다.

2 [거래선 대장] 시트에 B4~K35셀 범위를 지정하고 이름상자에 **전체범위**로 이름을 정의합니다.

3 [조회] 시트에 B3셀을 선택하고 [데이터] 탭의 [데이터 도구] 그룹에서 **데이터 유효성 검사**를 클릭합니다. [설정] 탭을 클릭하고 제한 대상을 **목록**으로 설정합니다. 원본을 클릭하고 **=거래처**로 입력합니다.

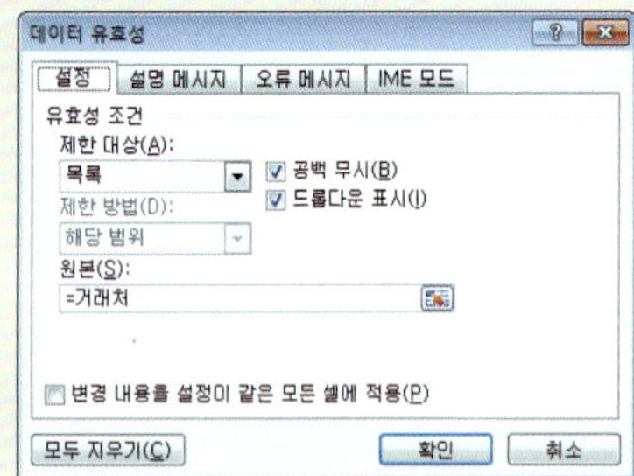

4 B3셀에서 거래처를 선택한 다음 B5, D5, F5, B6, D6, F6, B7, B8의 값을 VLOOKUP 함수를 사용하여 구합니다.

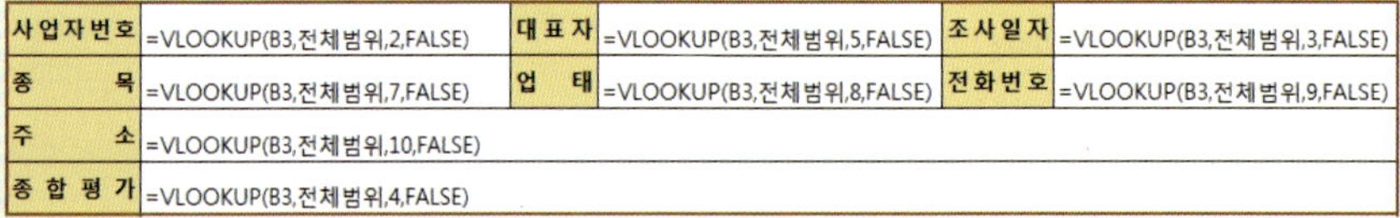

사업자번호	=VLOOKUP(B3,전체범위,2,FALSE)	대표자	=VLOOKUP(B3,전체범위,5,FALSE)	조사일자	=VLOOKUP(B3,전체범위,3,FALSE)
종 목	=VLOOKUP(B3,전체범위,7,FALSE)	업 태	=VLOOKUP(B3,전체범위,8,FALSE)	전화번호	=VLOOKUP(B3,전체범위,9,FALSE)
주 소	=VLOOKUP(B3,전체범위,10,FALSE)				
종 합 평 가	=VLOOKUP(B3,전체범위,4,FALSE)				

CHAPTER 09

차트 만들기

표가 담고 있는 정보를 빠르게 파악할 수 있도록 차트를 함께 작성하면 좋습니다.

차트는 표 형태의 자료를 분석해서 데이터 변화와 추이,

분포와 상관관계를 시각적으로 보여 주기 때문에 누구라도 쉽게 내용을 파악할 수 있습니다.

9장에서는 차트를 만들고 편집하는 다양한 방법에 대해 살펴보겠습니다.

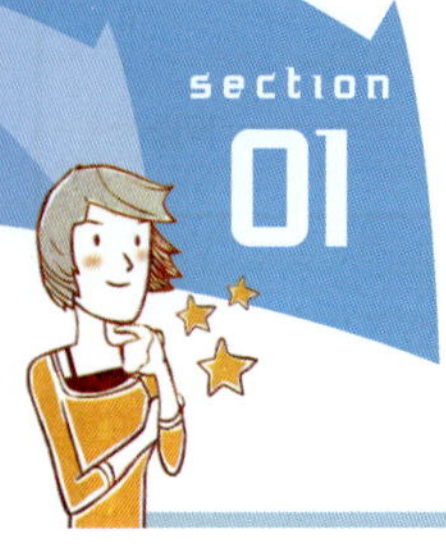

section 01

차트의 종류와 삽입 방법

• 차트 종류 • 차트 삽입 • 차트 종류 변경 • 레이아웃 변경 • 차트 이동

알아봐요 엑셀에서 제공하는 차트의 종류

엑셀에서 제공하는 차트는 총 11가지이며 각 차트는 2차원은 물론 3차원으로도 만들 수 있습니다. 차트는 데이터 내용, 전달하려는 메시지와 목적에 따라 다르게 만들어야 하므로 각 차트의 특징을 알고 있어야 합니다.

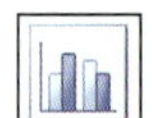

세로 막대형

시간적 추이와 일정 기간 동안의 각 항목 간의 데이터를 비교하여 증가 또는 감소를 표시할 때 사용합니다. 2차원/3차원 세로 막대, 원통, 원뿔, 피라미드 형태가 있습니다.

꺾은선형

일정한 기간 동안 데이터가 변하는 추이를 선으로 표시합니다. 2개 이상의 데이터를 비교하며, 오랜 기간 데이터의 변화 추이를 비교할 때 주로 사용합니다. 막대 차트와 함께 혼합해서 사용하는 경우도 많습니다.

원형

데이터 전체에서 각 항목의 크기와 비율을 나타냅니다. 데이터 계열이 하나일 때만 사용할 수 있습니다.

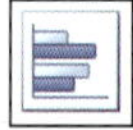

가로 막대형

일정한 기간을 비교하기보다는 각 계열의 항목 값을 비교할 때 사용합니다. 2차원/3차원 가로 막대, 원통, 원뿔, 피라미드 형태가 있습니다.

영역형

시간의 흐름에 따른 데이터 변화를 강조할 때 사용합니다. 항목별로 값의 합계를 표시함으로써 전체와 부분 간의 관계를 나타낼 수 있습니다.

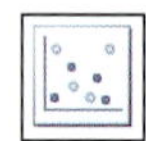

분산형

X, Y 좌표에 표식을 나타내어 데이터의 불규칙한 간격이나 분포를 나타낼 때 사용합니다. 주로 과학 데이터 분석에 많이 사용합니다.

주식형

주식 가격과 거래량의 추이를 나타낼 때 사용합니다. 엑셀에서 주식 차트를 만들려면 차트에 맞게 데이터의 정확한 순서를 구성해야 합니다.

표면형

두 데이터 집합에서 최적의 조합을 찾을 때 유용합니다. 주로 지도에서 색과 무늬를 다르게 표시한 지형 지도를 그릴 때 사용합니다.

도넛형

원형 차트와 마찬가지로 데이터 계열을 구성하는 전체에 대한 항목별 비율을 도넛 형태로 구분한 차트입니다. 원형 차트와 달리 하나 이상의 데이터 계열을 가질 수 있습니다.

거품형

데이터의 분포 상황을 나타냅니다. 3번째 데이터 계열을 기준으로 삼아 거품의 크기로 데이터를 표시합니다. 즉, X, Y 좌표에서 3번째 변수인 데이터 표식의 값을 이용하여 분포 위치와 거품의 크기를 비교하는 차트입니다.

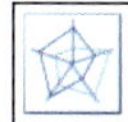

방사형

원각 데이터 계열의 값이 중심으로부터 바깥으로 퍼져 나가는 형태로, 각각의 값을 모두 선으로 연결하여 표시합니다. 주로 두 개 이상의 데이터 계열의 대칭 비교를 통하여 정치, 사회 분야의 여론 조사나 스포츠 기술 분석 등을 비교할 때 많이 사용합니다.

함께해요 1. 차트 삽입하고 디자인 변경하기 국가별 수주 실적 비교

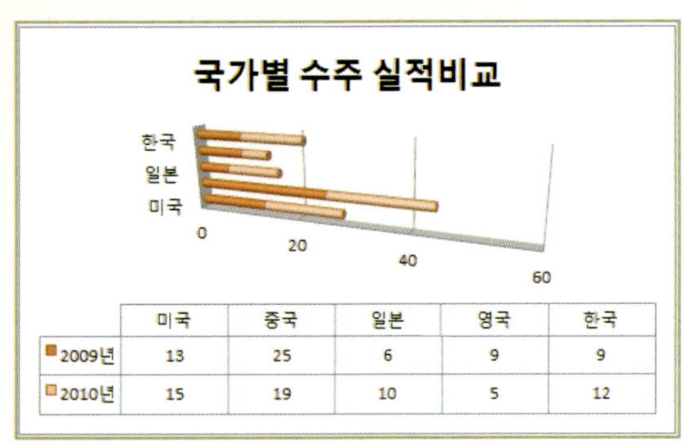

[삽입] 탭의 [차트] 그룹에서 세로 막대형, 꺾은선형, 원형, 가로 막대형, 영역형, 분산형, 기타 차트 중 원하는 차트를 선택하거나 차트 만들기 대화상자 표시 버튼을 클릭하여 차트를 만들 수 있습니다. 삽입한 차트는 [차트 도구]-[디자인] 탭에서 차트 종류, 레이아웃, 스타일 등을 변경할 수 있습니다.

- **실습 파일** ◎:\엑셀\9장\실습\국가수주실적.xlsx
- **완성 파일** ◎:\엑셀\9장\완성\국가수주실정_완성.xlsx

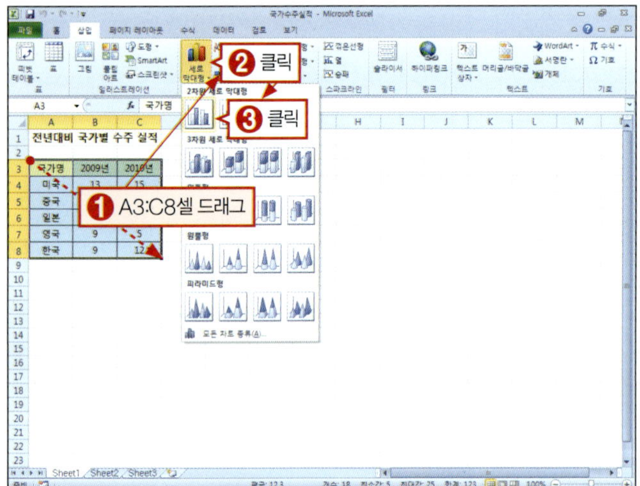

01

① 차트로 만들 데이터인 A3~C8셀을 범위로 지정

②③ [삽입] 탭의 [차트] 그룹에서 **세로 막대형**을 클릭하고 **묶은 세로 막대형**을 클릭해서 차트를 삽입합니다.

Tip

Alt+F1을 누르면 현재 워크시트에 기본 차트인 '묶은 세로 막대형' 차트가 만들어지고 F11을 누르면 별도의 차트 시트에 '묶은 세로 막대형' 차트가 만들어집니다.

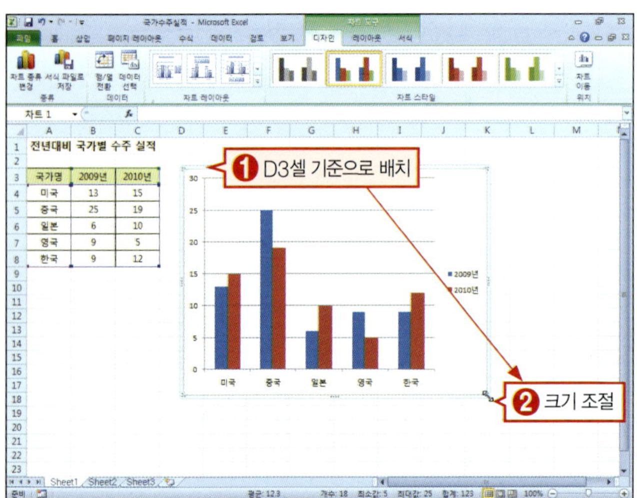

02

① 삽입한 차트를 드래그하여 그림과 같이 D3셀을 기준으로 배치

② 차트 조절점을 드래그해서 적당한 크기로 조절합니다.

Tip

차트를 선택하고 Delete를 누르면 삭제할 수 있습니다.

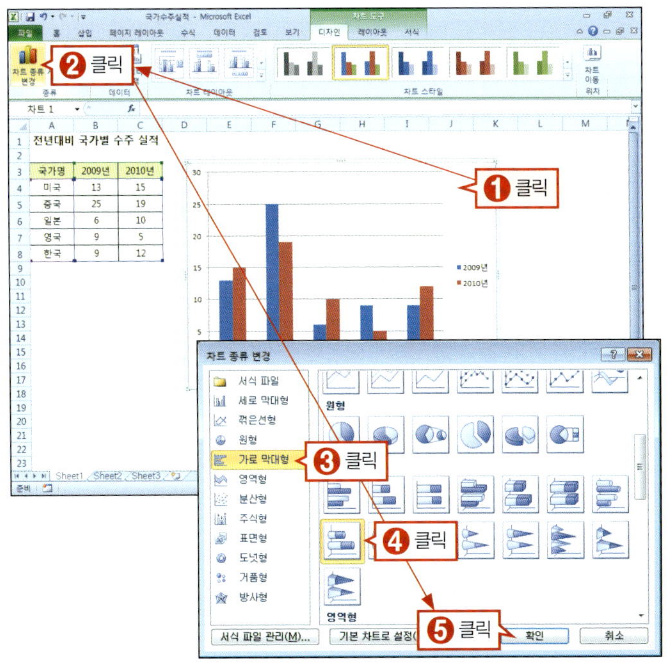

03 차트 종류를 변경하겠습니다.

① 차트 영역을 클릭

② [차트 도구〉디자인] 탭의 [종류] 그룹에서 **차트 종류 변경**을 클릭

③④ 차트 종류 변경 대화상자에서 가로 막대형 항목을 클릭하고 **묶은 원통형(세로)**를 선택

⑤ 〈**확인**〉을 클릭해서 2009~2010년 국가별 수주 건수가 누적된 형태의 가로 원통형 차트로 변경합니다.

Tip

차트의 일부 데이터 계열(막대 부분)만 선택하고 차트 종류를 변경하면 선택한 계열만 다른 종류의 차트로 변경됩니다. 일부 데이터 계열만 변경할 경우 2차원 차트를 3차원 차트로 변경할 수 없습니다.

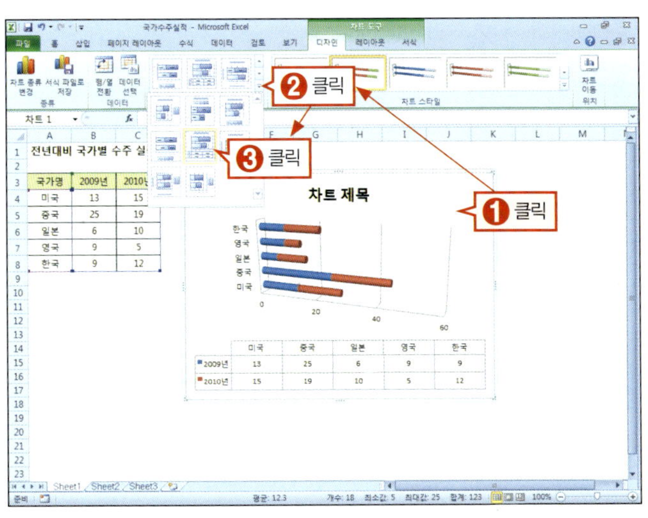

04 차트 레이아웃 스타일을 바꾸겠습니다.

① 차트 영역을 클릭

②③ [차트 도구〉디자인] 탭의 [차트 레이아웃] 그룹에서 **차트 레이아웃 자세히 버튼**을 클릭한 후 **레이아웃 5**를 선택합니다.

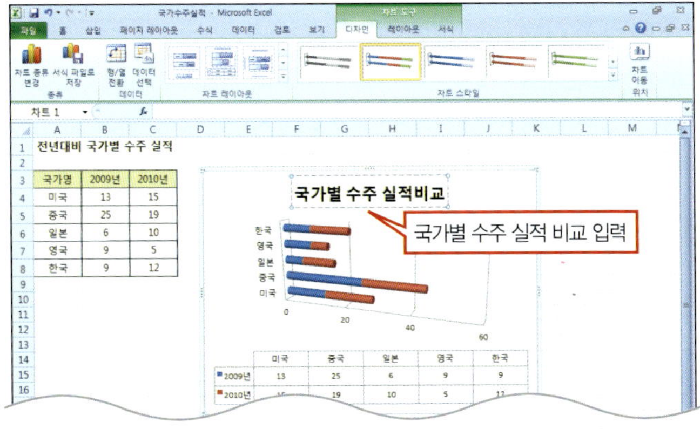

05 **차트 제목**을 클릭하고 **국가별 수주 실적 비교**를 입력합니다.

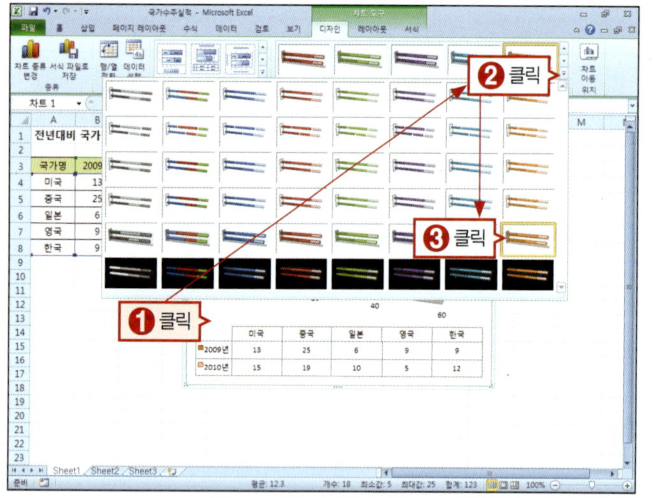

06 차트 스타일을 바꾸겠습니다.

① 차트 영역을 클릭

②③ [차트 스타일] 그룹에서 **차트 스타일 자세히 버튼**을 클릭하고 **스타일 40**을 선택합니다.

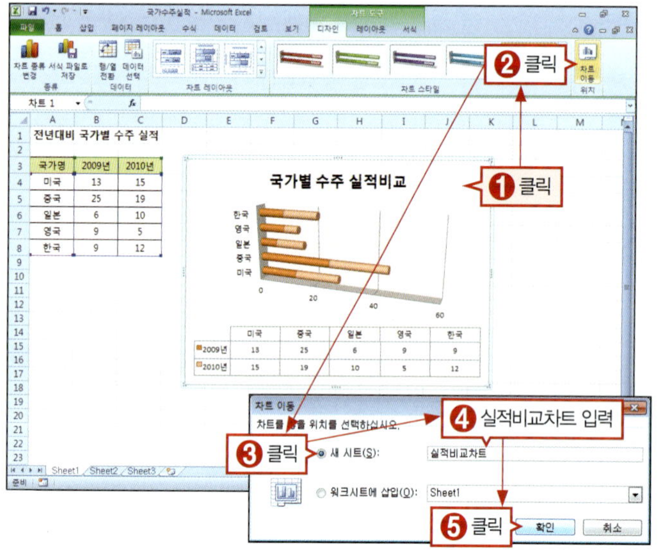

07

① 차트 영역을 클릭

② [위치] 그룹에서 **차트 이동**을 클릭

③④ 차트 이동 대화상자에서 **새 시트**를 선택하고 **실적비교차트**를 입력

⑤ **〈확인〉**을 클릭합니다.

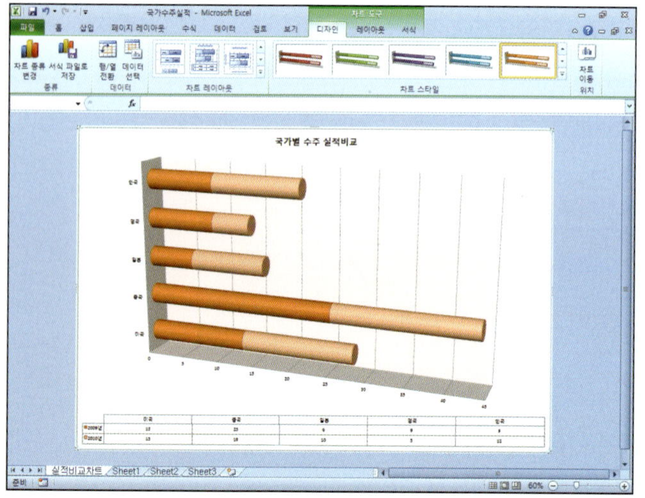

08 [실적비교차트] 시트가 삽입되고 [Sheet1] 시트에 있던 차트가 이동됩니다.

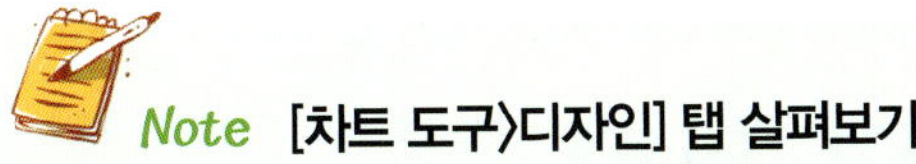

Note [차트 도구>디자인] 탭 살펴보기

[디자인] 탭에는 [종류], [데이터], [차트 레이아웃], [차트 스타일] 그룹이 있습니다.

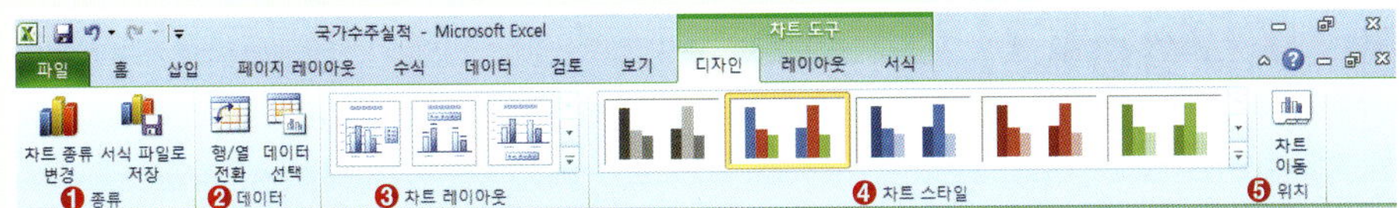

① **종류** : 차트 종류를 바꾸거나 현재 적용된 서식과 레이아웃을 다른 차트에 적용할 수 있습니다.

② **데이터** : 데이터 계열에서 X축과 Y축을 바꾸거나 차트의 원본 데이터 범위를 바꿀 수 있습니다.

③ **차트 레이아웃** : 엑셀에서 제공하는 11가지 레이아웃 중 하나를 선택할 수 있습니다. 현재 차트에 제목, 눈금선, 범례, 데이터 테이블, 데이터 레이블, 세로/가로축 등의 서식을 빠르게 바꿀 수 있습니다.

④ **차트 스타일** : 엑셀에서 제공하는 48가지 스타일 중 하나를 선택할 수 있습니다. 현재 차트의 데이터 계열 색, 차트 영역, 그림 영역 등의 서식을 빠르게 바꿀 수 있습니다.

⑤ **위치** : 차트를 통합 문서 내의 다른 시트나 새로운 시트로 옮깁니다.

차트 구성 요소 및 서식 지정하기

• 차트 구성 요소 • 이중 축 혼합 차트 • 그림 막대 차트 • 3차원 원형 차트 • 차트 서식 파일 • 스파크라인

알아봐요 차트 구성 요소 살펴보기

차트의 각 구성 요소들은 차트 안에서 각각 독립적으로 이동, 크기 조절, 수정, 삭제 등이 가능합니다. 차트의 구성 요소에는 크게 차트 영역, 그림 영역, 제목, 데이터 계열, 축, 범례 등이 있습니다.

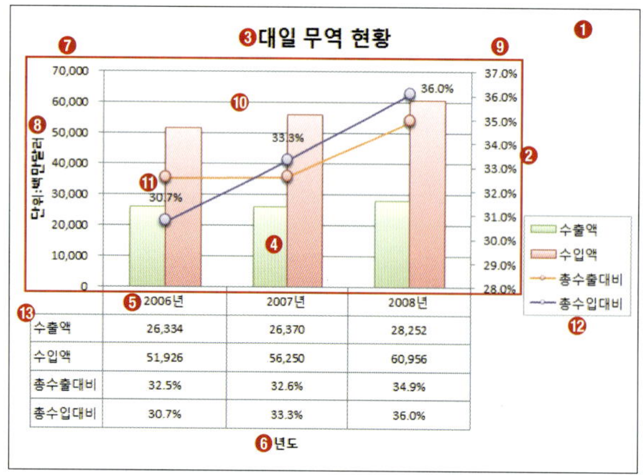

	2006년	2007년	2008년
수출액	26,334	26,370	28,252
수입액	51,926	56,250	60,956
총수출대비	32.5%	32.6%	34.9%
총수입대비	30.7%	33.3%	36.0%

① 차트 영역 : 차트 전체 영역으로 모든 구성 요소를 포함합니다. 차트의 위치, 크기 조절 및 글꼴 조절을 할 수 있습니다.

② 그림 영역 : 차트가 그려지는 영역으로 X축과 Y축을 이루는 사각형 안에 데이터 계열, 항목, 항목 이름, 눈금선, 레이블 등을 포함합니다.

③ 차트 제목 : 차트 제목을 표시합니다.

④ 데이터 계열/요소 : 데이터 요소나 값을 막대, 영역, 점, 조각 등으로 표시합니다. 각 데이터 계열은 고유한 색이나 무늬를 가집니다.

⑤ 가로(항목) 축 : 데이터 계열의 이름을 표시합니다.

⑥ 가로 축 제목 : 가로축이 무엇을 의미하는지 나타냅니다.

⑦ 세로(값)축 : 데이터 계열의 값을 표시합니다.

⑧ 세로축 제목 : 세로축이 무엇을 의미하는지 나타냅니다.

⑨ 보조 세로(값)축 : 두 번째 세로(값)축으로 보조적으로 데이터 계열의 값을 표시합니다.

⑩ 눈금선 : 데이터 값을 알기 쉽게 가로축이나 세로축 선으로 표시합니다.

⑪ 데이터 레이블 : 데이터 계열 또는 요소의 값과 이름을 표시합니다.

⑫ 범례 : 각 데이터 계열이나 항목을 식별할 수 있도록 데이터 계열별 이름과 색(무늬)을 표시합니다. 위치를 바꿀 수 있습니다.

⑬ 데이터 테이블 : 차트를 그리는 데이터의 원본 데이터를 표시합니다.

함께해요 1. 이중 축 혼합 차트 만들기 대일 무역 현황

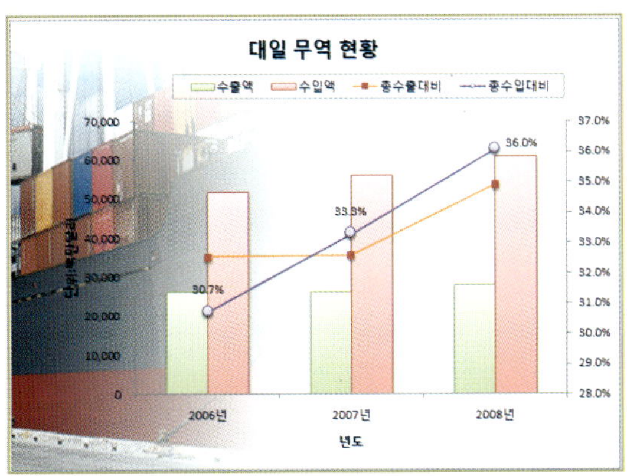

차트의 각 구성 요소별 서식을 지정하려면 먼저 서식을 지정할 구성 요소를 선택해야 합니다. 마우스를 사용하여 빠르게 선택할 수 있지만, 특정 요소의 위치를 모를 경우에는 [레이아웃] 탭이나 [서식] 탭의 차트 요소 목록에서 선택합니다.

- **실습 파일** :\엑셀\9장\실습\무역현황.xlsx
- **완성 파일** :\엑셀\9장\완성\무역현황_완성.xlsx

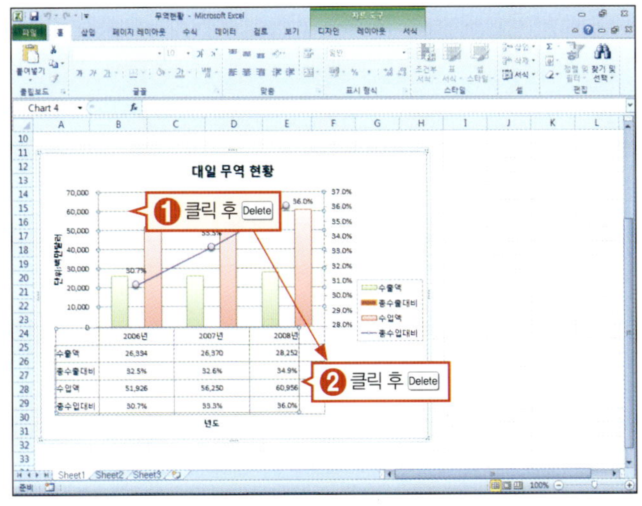

01

① **세로(값)축 주 눈금선**을 클릭한 다음 Delete를 눌러 삭제

② **데이터 표**를 클릭한 다음 Delete를 눌러 삭제합니다.

Tip

차트 구성 요소 위에 마우스 포인터를 놓고 잠시 기다리면 해당하는 구성 요소의 이름과 정보가 스크린 팁으로 나타납니다.

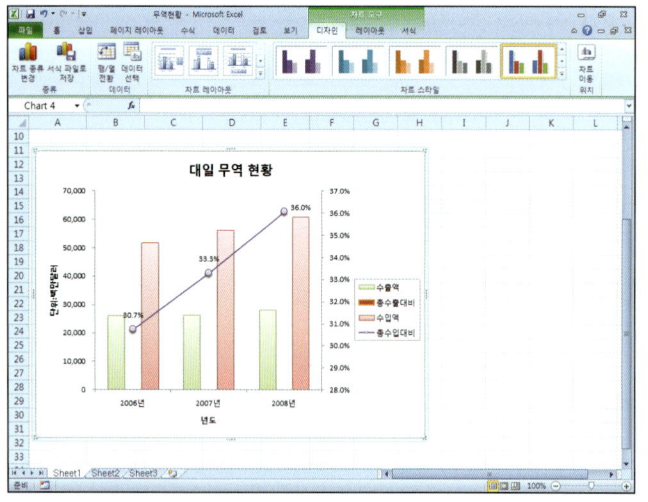

02 **총수출대비** 계열은 왼쪽의 기본 축을 기준으로 막대가 표시되는데 데이터 값의 차이가 너무 커서 화면에 나타나지 않습니다. 그러므로 **총수출대비** 계열을 오른쪽 보조 축으로 지정한 후 꺾은선형으로 변경하겠습니다.

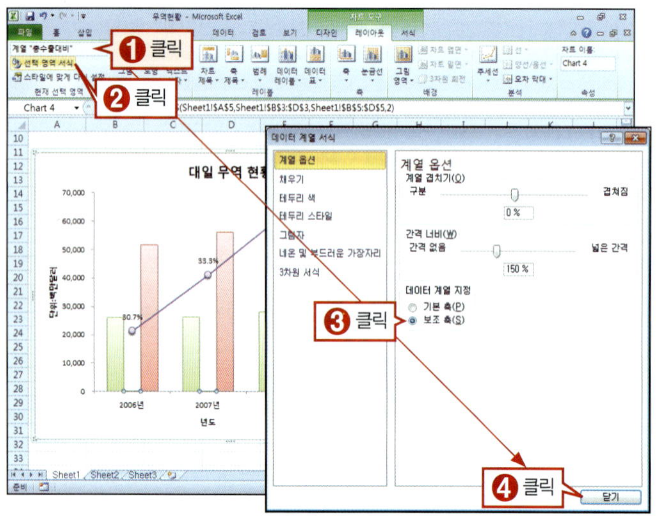

03

①② [차트 도구〉레이아웃] 탭의 [현재 선택 영역] 그룹에서 **계열 "총수출대비"**를 선택하고 **선택 영역 서식**을 클릭

③④ 계열 옵션 항목에서 데이터 계열 지정을 **보조 축**으로 선택하고 〈**닫기**〉를 클릭합니다.

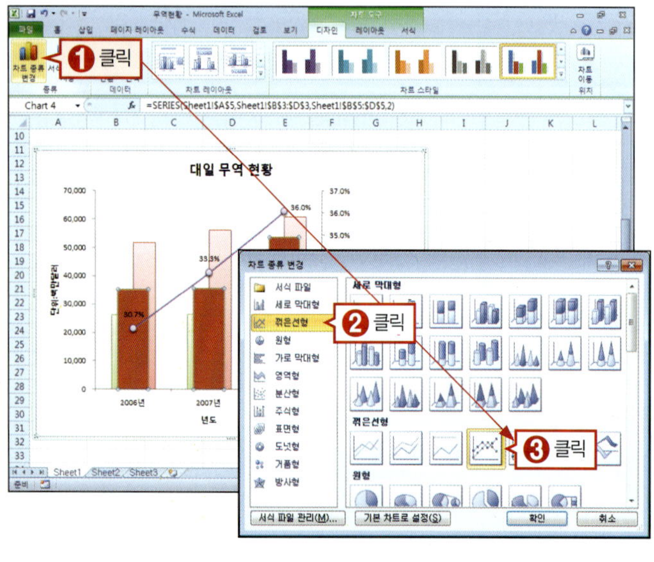

04

① **총수출대비** 계열이 선택된 상태에서 [차트 도구〉디자인] 탭의 [종류] 그룹에서 **차트 종류 변경**을 클릭

②③ 꺾은선형 항목을 클릭하고 **표식이 있는 꺾은선형**을 선택합니다. **총수출대비** 계열의 차트 종류가 바뀝니다.

Tip

혼합형 차트는 두 종류 이상의 차트를 사용하여 차트에 다른 정보가 있음을 강조하며, 각 데이터 계열별로 서로 다른 유형의 데이터 값을 가지고 있거나 두 계열의 데이터 값의 차이가 클 경우 이중 축(보조 축)을 사용합니다.

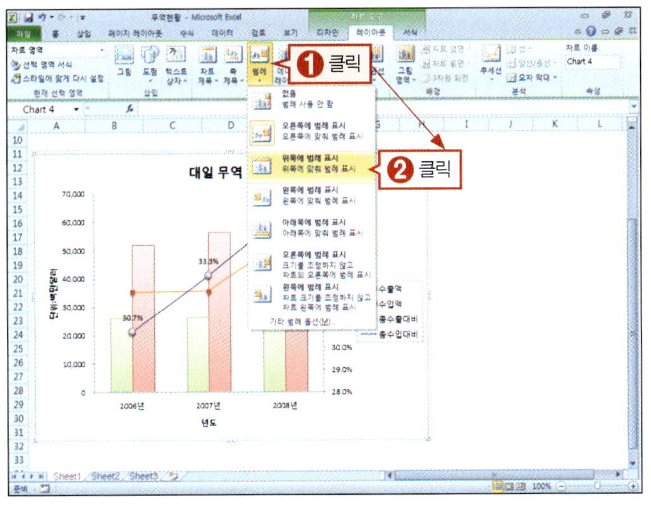

05 범례 위치를 옮기겠습니다.

①② [차트 도구〉레이아웃] 탭의 [레이블] 그룹에서 **범례**를 클릭하고 **위쪽에 범례 표시**를 선택합니다. 범례가 그림 영역 위에 표시됩니다.

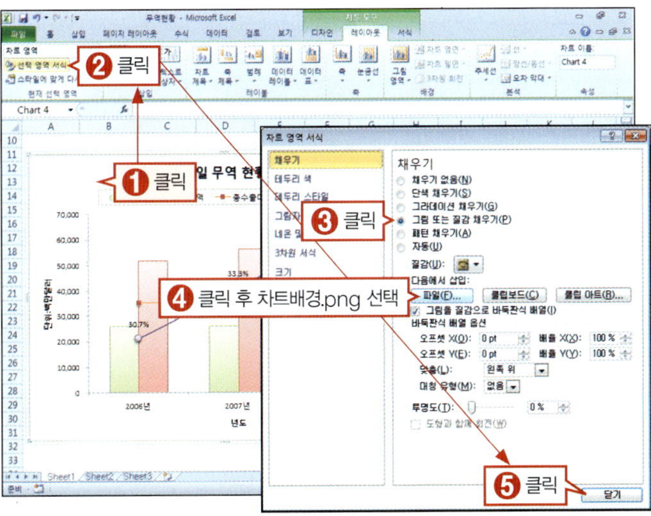

06 차트 배경을 꾸미겠습니다.

①② 차트 영역을 클릭하고 [차트 도구〉레이아웃] 탭의 [현재 선택 영역] 그룹에서 **선택 영역 서식**을 클릭

③ 채우기 항목에서 **그림 또는 질감 채우기**를 선택

④ 〈**파일**〉을 클릭하여 **차트배경.png** (CD:\엑셀\9장\실습\) 더블클릭

⑤ 〈**닫기**〉를 클릭합니다.

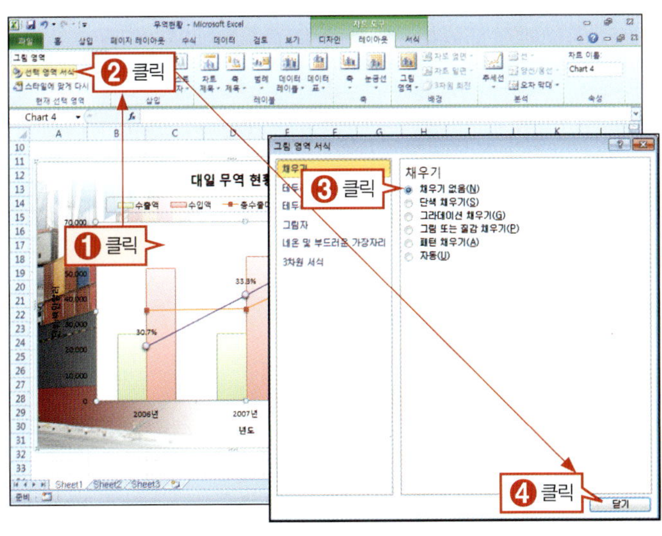

07

① **그림 영역**을 클릭

② [차트 도구〉레이아웃] 탭의 [현재 선택 영역] 그룹에서 **선택 영역 서식**을 클릭

③④ 채우기 항목에서 **채우기 없음**을 선택하고 〈**닫기**〉를 클릭합니다.

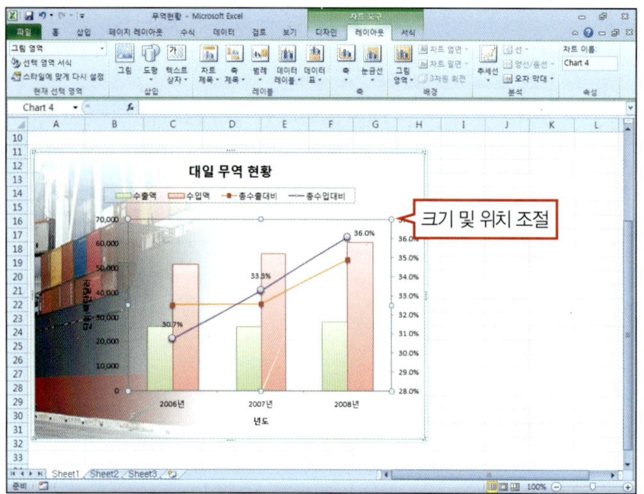

08 그림 영역의 크기 및 위치를 조정하여 차트를 완성합니다.

Note [차트 도구]〉레이아웃] 탭 살펴보기

[레이아웃] 탭에서는 차트를 구성하고 있는 각 구성 요소의 서식을 사용자가 원하는 대로 지정해서 편집할 수 있습니다.

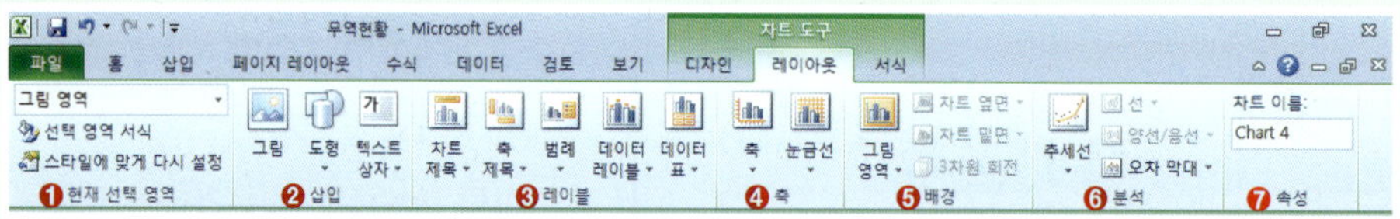

① **현재 선택 영역** : 현재 선택한 영역의 구성 요소 이름과 서식을 지정합니다. 사용자가 직접 정의한 서식을 원래 차트에 적용된 스타일로 복구할 수 있습니다.

② **삽입** : 그림, 도형, 텍스트 상자를 삽입합니다.

③ **레이블** : 차트에서 레이블에 해당하는 차트 제목, 축 제목, 범례, 데이터 레이블, 데이터 표의 서식을 지정합니다. 이외에도 레이블의 표시 여부, 레이블의 위치 등을 지정합니다.

④ **축** : 가로/세로 축의 표시 여부, 축 레이블의 위치, 레이블 단위 등을 지정합니다. 또한 눈금선의 표시 여부, 주 눈금선과 보조 눈금선 중 어느 선을 보여줄지 등을 지정합니다.

⑤ **배경** : 차트의 그림, 옆면, 밑면 영역 등의 서식을 바꿉니다. 3차원 차트를 삽입한 경우 3차원 회전 등의 효과를 지정합니다.

⑥ **분석** : 기존 차트에 추세선, 선, 오차 막대 등을 삽입합니다.

⑦ **속성** : 시트의 개체 순서를 지정하거나 VBA에 참조할 차트 이름을 정의합니다.

함께해요 2. 그림 막대 차트 만들기 연도별 신문 구독률

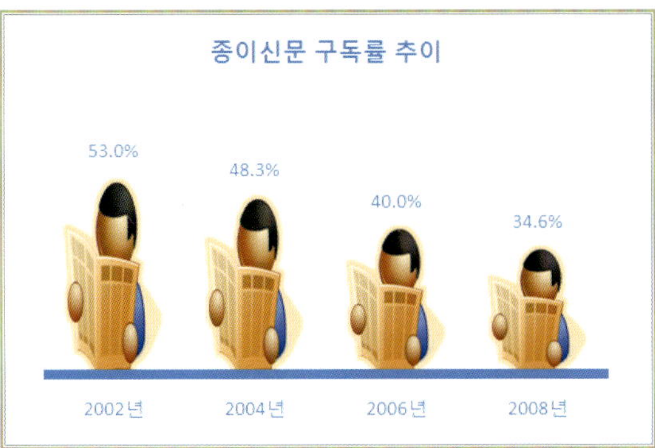

어떤 차트는 막대보다 그림으로 데이터를 시각화했을 때 보다 더 쉽게 메시지를 전달할 수 있습니다.

- 실습 파일 ⓒ:\엑셀\9장\실습\신문구독률.xlsx
- 완성 파일 ⓒ:\엑셀\9장\완성\신문구독률_완성.xlsx

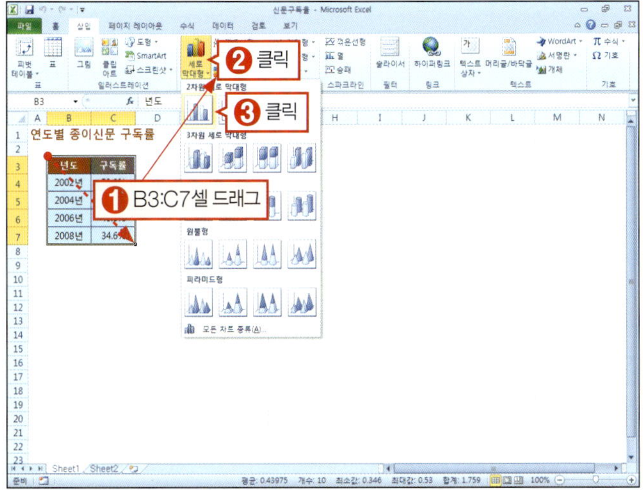

01

① B3~C7셀을 범위로 지정

②③ [삽입] 탭의 [차트] 그룹에서 **세로 막대형**을 클릭한 후 2차원 영역에서 **묶은 세로 막대형**을 선택해서 차트를 삽입합니다.

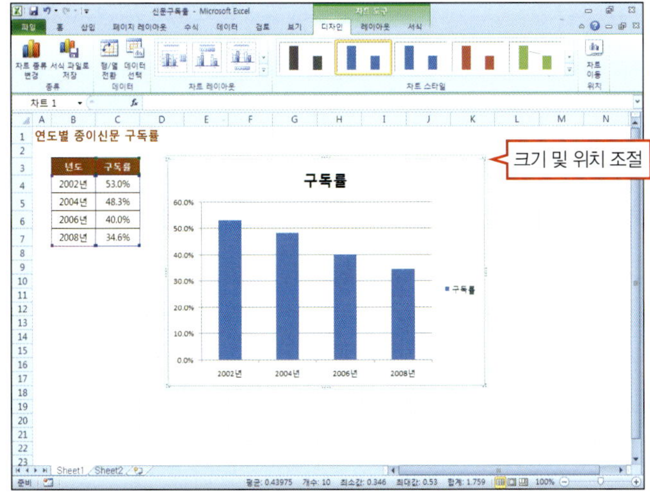

02 차트를 드래그해서 그림과 같이 크기와 위치를 조절합니다.

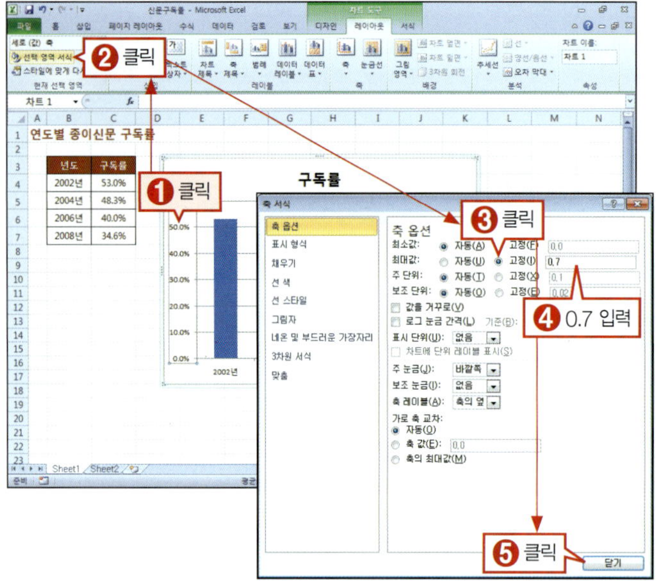

03 자동으로 표시되는 세로(값)축의 최대값을 조정하겠습니다.

① 세로(값)축을 클릭

② [차트 도구〉레이아웃] 탭의 [현재 선택 영역] 그룹에서 **선택 영역 서식**을 클릭

③④ 축 서식 대화상자의 축 옵션 항목에서 최대값을 **고정**으로 선택한 후 0.7을 입력

⑤ 〈닫기〉를 클릭합니다.

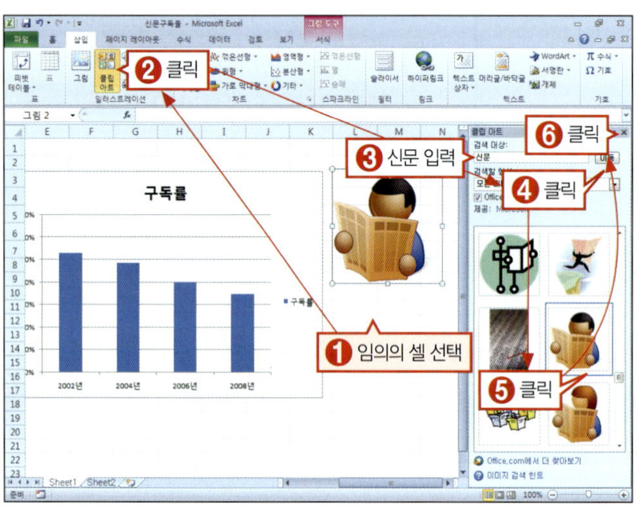

04

① 임의의 빈 셀을 선택

② [삽입] 탭의 [일러스트레이션] 그룹에서 **클립아트**를 클릭

③④ 검색 대상에 **신문**을 입력하고 〈**이동**〉을 클릭

⑤⑥ 적당한 이미지를 클릭하여 삽입하고 **클립아트 창 닫기 버튼** ✖ 을 클릭합니다.

Tip

인터넷이 연결되어 있지 않으면 일부 클립아트가 검색되지 않습니다. 적절한 클립아트를 찾지 못하면 실습 파일 [Sheet2]에 있는 클립아트를 사용합니다.

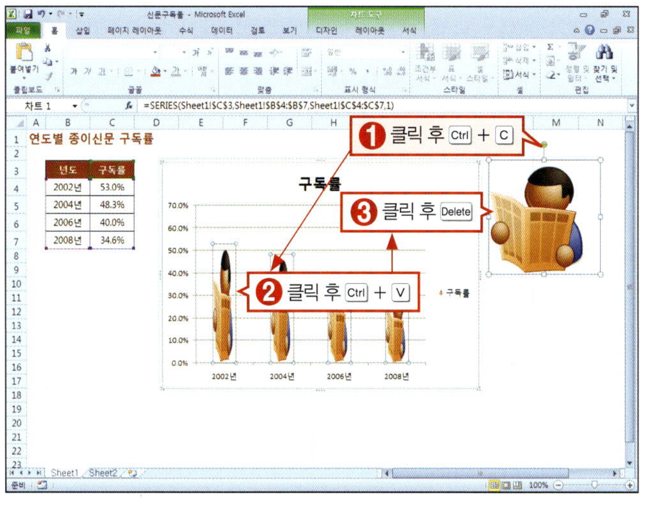

05

① 삽입한 클립아트를 선택하고 Ctrl+C를 누릅니다.

② 데이터 계열 막대를 클릭하고 Ctrl+V를 눌러 막대를 그림으로 바꿉니다.

③ 원본 클립아트를 선택하고 Delete를 눌러 삭제합니다.

Tip

데이터 막대에서 마우스 오른쪽 버튼을 클릭하고 '데이터 계열 서식'을 선택한 후 데이터 계열 서식 대화상자에서 그림 또는 질감을 선택하여 그림을 변경할 수 있습니다.

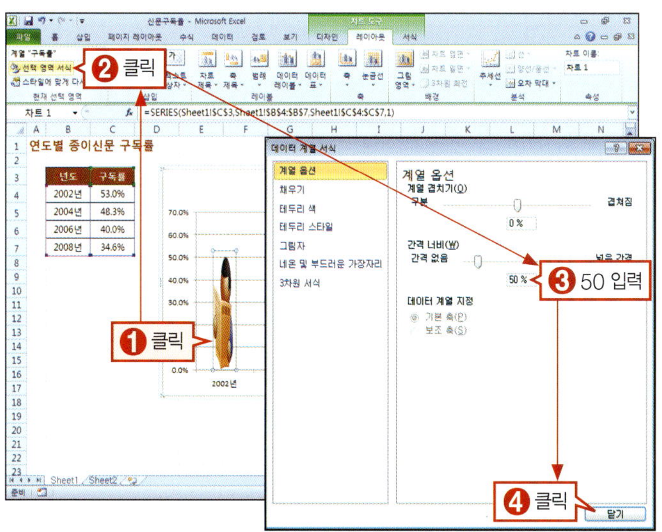

06 계열 간 간격을 좁히겠습니다.

① 데이터 구독률 계열 막대를 클릭

② [차트 도구>레이아웃] 탭의 [현재 선택 영역] 그룹에서 **선택 영역 서식**을 클릭

③④ 계열 옵션 항목에서 간격 너비를 50으로 입력하고 **<닫기>**를 클릭합니다.

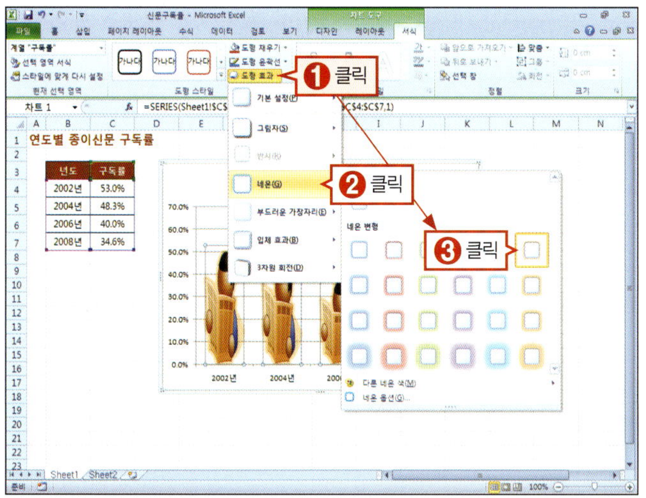

07

① 데이터 계열 막대가 선택된 상태에서 [차트 도구>서식] 탭의 [도형 스타일] 그룹에서 **도형 효과**를 클릭

②③ **네온 – 주황, 5pt 네온, 강조색 6**을 선택해서 계열 막대에 효과를 적용합니다.

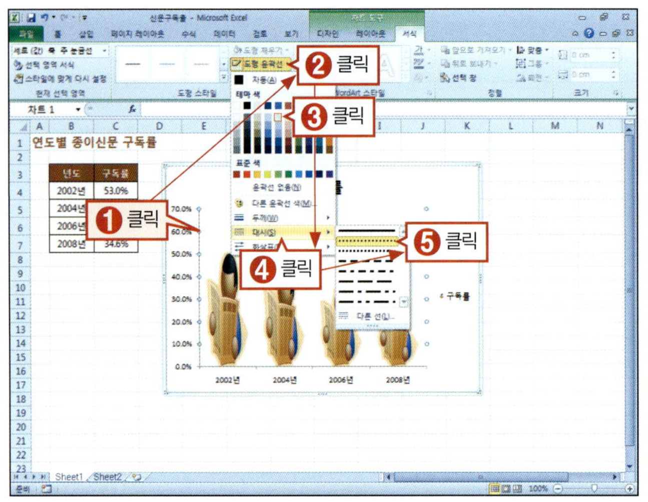

08

① 주 눈금선을 클릭

②③ [도형 스타일] 그룹에서 **도형 윤곽선**을 클릭하고 **파랑, 강조1, 80% 더 밝게**를 선택

④⑤ 계속해서 **대시 – 둥근 점선**을 선택하여 눈금선에 서식을 적용합니다.

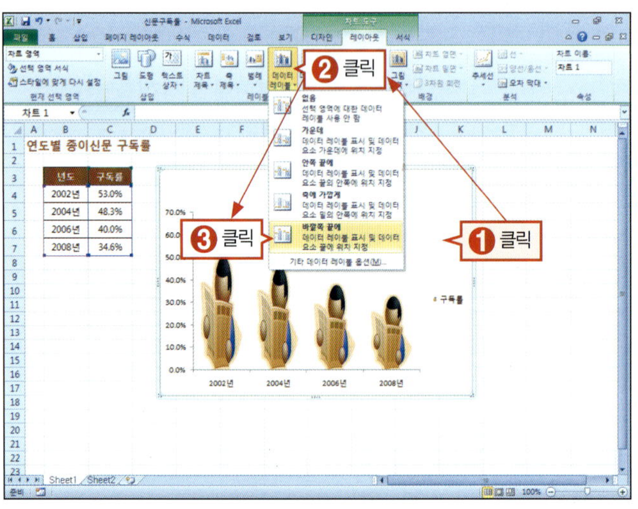

09

① 차트 영역을 클릭

②③ [차트 도구〉레이아웃] 탭의 [레이블] 그룹에서 **데이터 레이블**을 클릭하고 **바깥쪽 끝에**를 선택해서 레이블을 표시합니다.

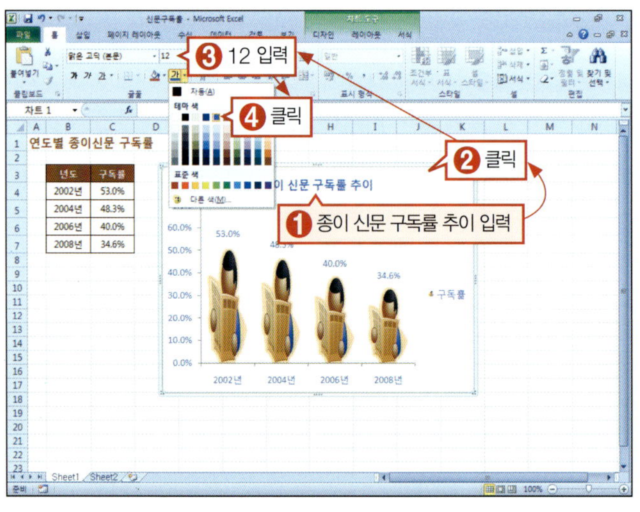

10

① 차트 제목을 **종이 신문 구독률 추이**로 수정

② 차트 영역을 클릭

③④ [홈] 탭의 [글꼴] 그룹에서 글꼴 크기를 12, 글꼴 색을 **파랑, 강조 1**로 설정합니다.

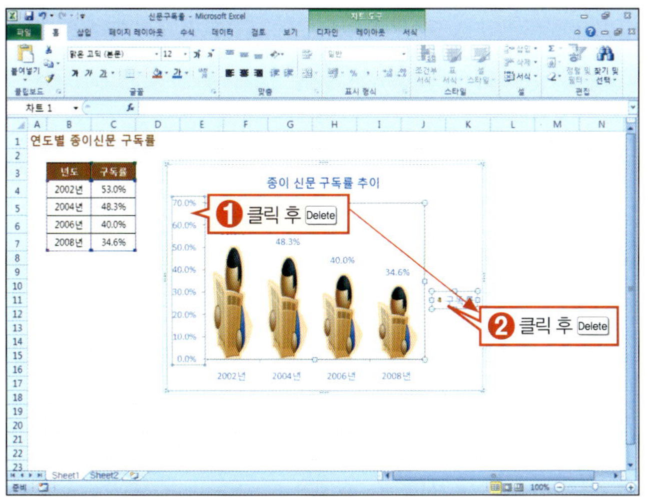

11

① 세로축을 클릭한 후 Delete 를 눌러 삭제

② 범례를 클릭하고 Delete 를 눌러 삭제합니다.

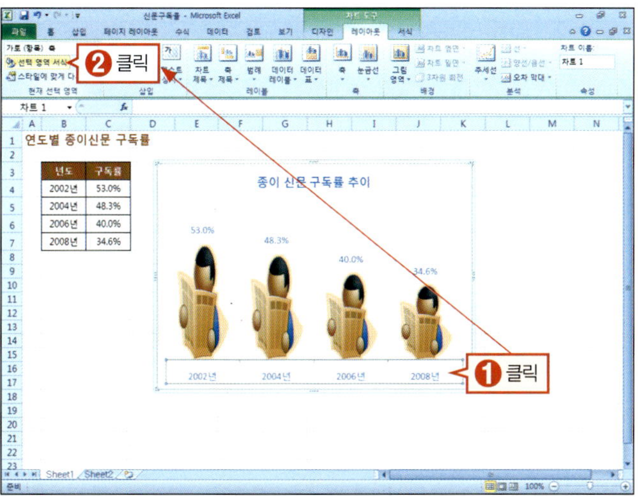

12

① 가로(항목)축을 클릭

② [차트 도구〉레이아웃] 탭의 [현재 선택 영역] 그룹에서 **선택 영역 서식**을 클릭합니다.

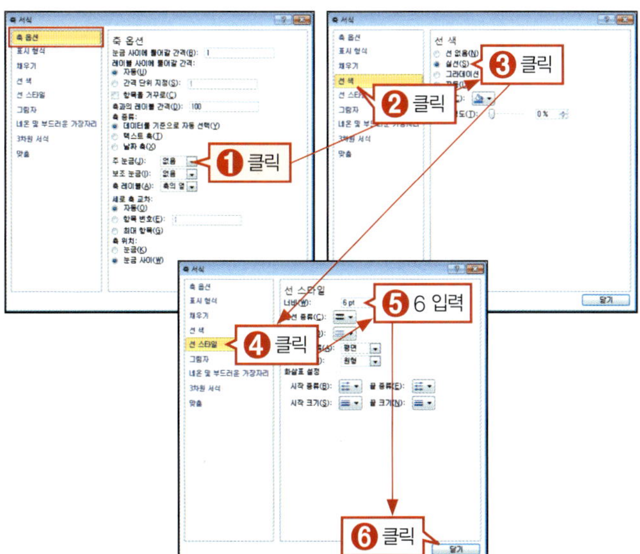

13

① 축 옵션 항목에서 주 눈금을 **없음**으로 선택

②③ 선 색 항목에서 **실선**을 선택

④⑤ 선 스타일 항목에서 너비에 6을 입력

⑥ 〈닫기〉를 클릭해서 가로축 서식을 적용합니다.

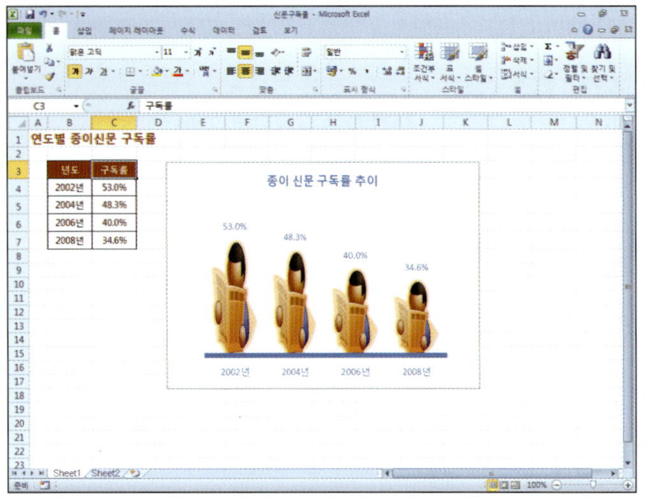

14 그림과 같은 차트가 완성됩니다.

함께해요 3. 원형 차트 3차원 서식 지정하고 테마 변경하기 스마트폰 OS 시장 점유율

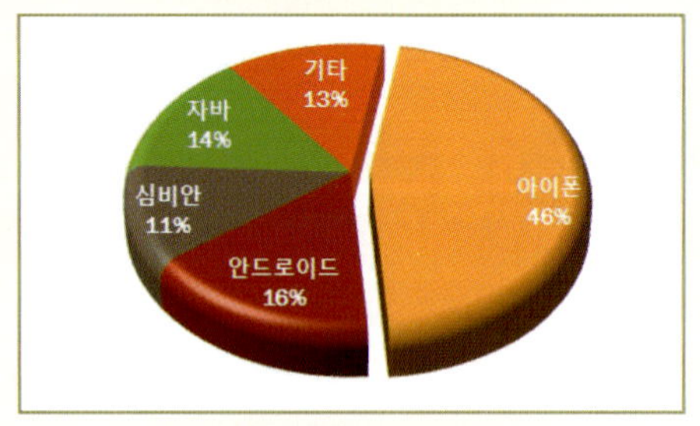

원형 차트는 전체에 대한 비율을 나타낼 때 사용합니다. 원을 나누는 항목은 5~6개가 적당합니다. 항목이 6개를 넘으면 나머지 항목을 기타로 빼서 원형 대 원형 차트 또는 원형 대 가로 막대 차트로 만드는 것이 좋습니다. 원형 차트는 계열 하나의 구성비를 나타내는 차트이므로 계열이 여러 개일 때는 원형 차트 여러 개를 만들거나 도넛 차트, 반원 차트를 만듭니다.

- **실습 파일** ⓒ:\엑셀\9장\실습\OS점유율.xlsx
- **완성 파일** ⓒ:\엑셀\9장\완성\OS점유율_완성.xlsx

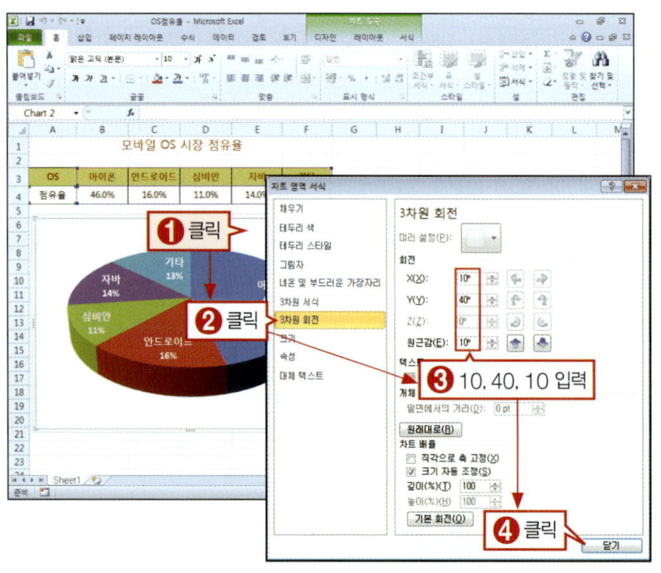

01

①② 차트 영역에서 마우스 오른쪽 버튼을 클릭하고 **3차원 회전**을 선택

③ 3차원 회전 항목에서 X값을 10, Y값을 40, 원근감을 10으로 설정

④ 〈닫기〉를 클릭해서 회전값을 수정합니다.

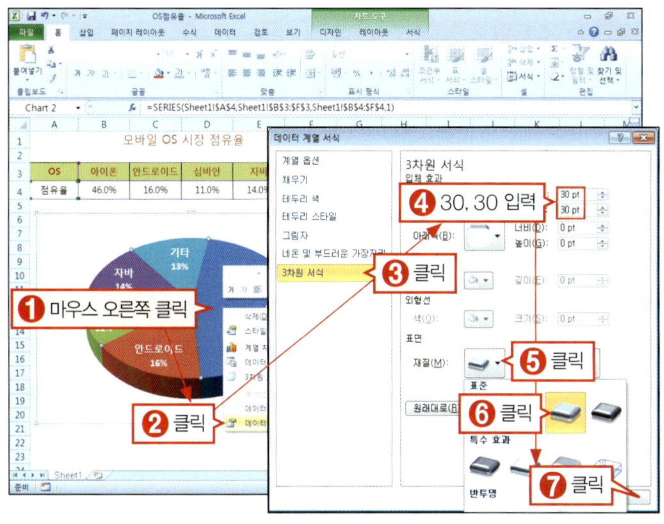

02

①② 원형 차트 데이터 계열에서 마우스 오른쪽 버튼을 클릭하고 **데이터 계열 서식**을 선택

③④ **3차원 서식 항목**을 클릭하고 입체 효과의 위쪽 너비와 높이를 모두 30으로 입력

⑤⑥ 표면 재질을 표준 영역의 **플라스틱**으로 선택

⑦ 〈닫기〉를 클릭해서 3차원 서식을 적용합니다.

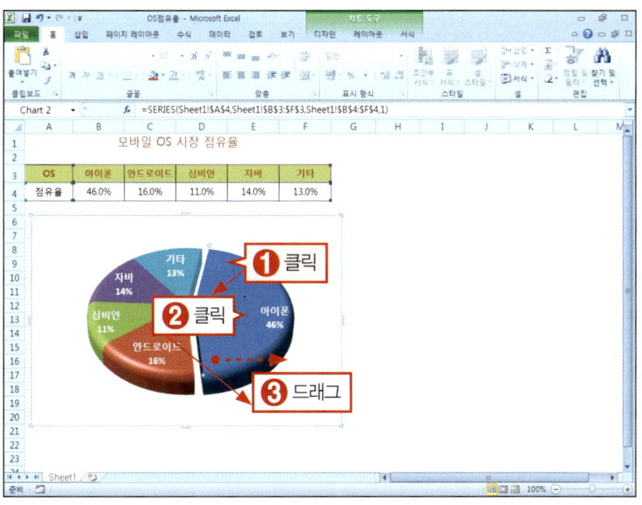

03

① 원형 차트 데이터 계열을 클릭

② **아이폰** 항목만 한 번 더 클릭하여 선택

③ **아이폰 항목**을 오른쪽을 드래그하여 조각을 분리합니다.

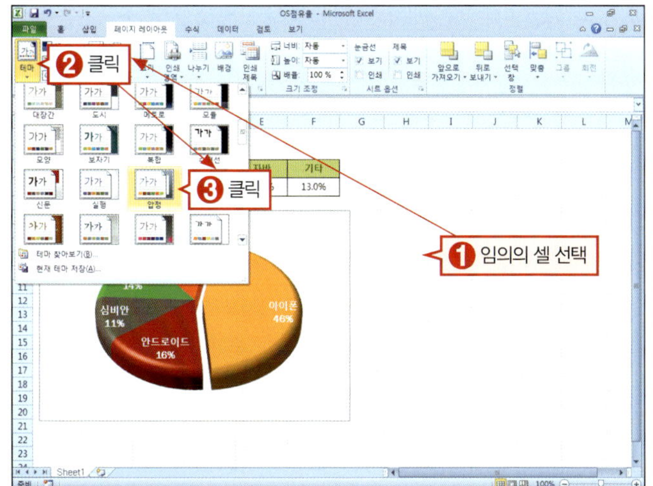

04

① 임의의 빈 셀을 선택

②③ [페이지 레이아웃] 탭의 [테마] 그룹에서 **테마**를 클릭한 다음 **압정**을 선택해서 테마를 변경합니다.

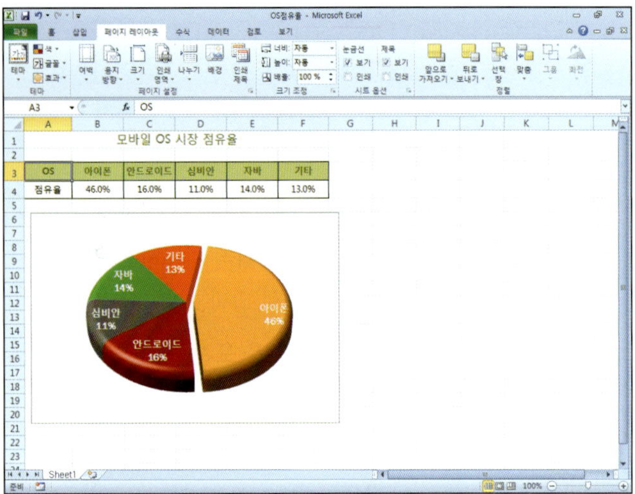

05 테마에 따라 차트의 색상도 바뀝니다.

Note 차트 서식 파일 만들기

자주 사용하는 서식의 차트라면 매번 서식을 다시 지정할 필요 없이 차트 서식 파일(*.ctrx)로 저장한 후 필요할 때 불러와서 적용할 수 있습니다.

서식을 적용한 차트를 선택한 후 [차트도구〉디자인] 탭의 [종류] 그룹에서 **서식 파일로 저장**을 클릭해서 차트에 적용한 서식을 저장합니다.

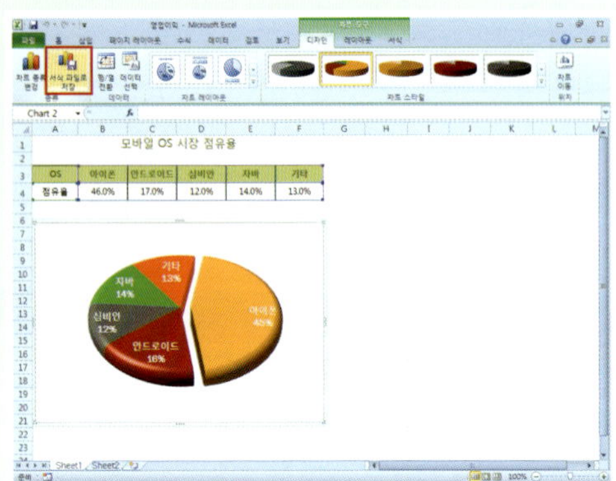

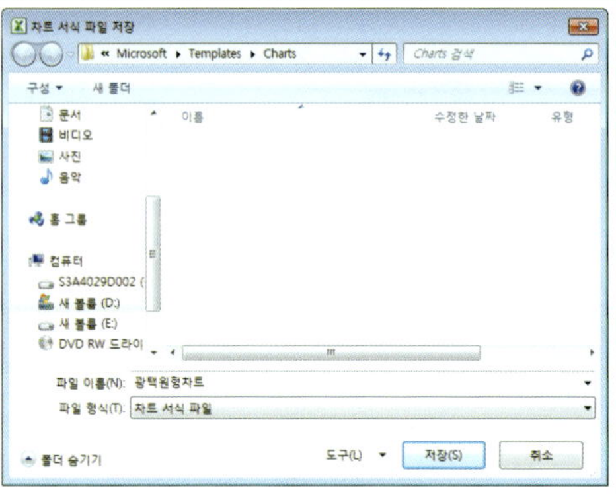

저장한 서식을 적용할 때는 [차트 도구〉디자인] 탭의 [종류] 그룹에서 **차트 종류 변경**을 클릭한 후 서식 파일 항목에서 저장한 서식을 선택합니다.

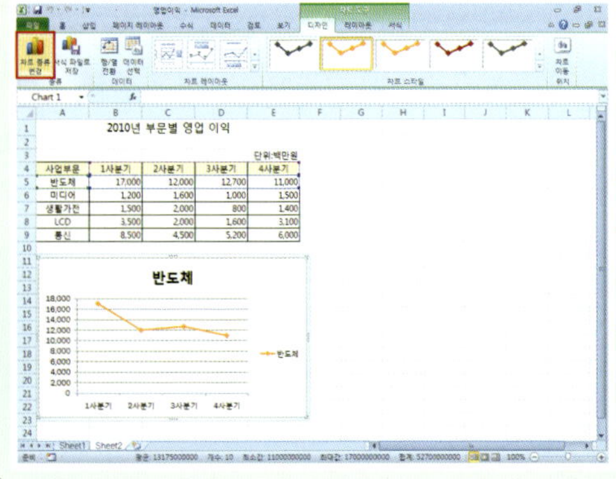

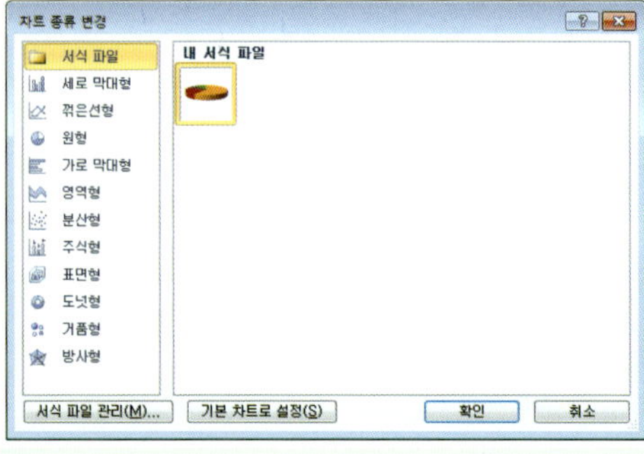

함께해요 4. 스파크라인 차트 만들기 분기별 매출 분석표

스파크라인은 엑셀 2010의 새로운 기능으로 셀 배경에 표시되는 작은 차트입니다. 스파크라인을 사용하면 데이터의 추세를 쉽게 분석하고 강조, 비교할 수 있습니다. [삽입] 탭의 [스파크라인] 그룹에서 꺾은선형, 열, 승패 스파크라인을 삽입할 수 있습니다.

- 실습 파일 ◎:\엑셀\9장\실습\매출분석.xlsx
- 완성 파일 ◎:\엑셀\9장\완성\매출분석_완성.xlsx

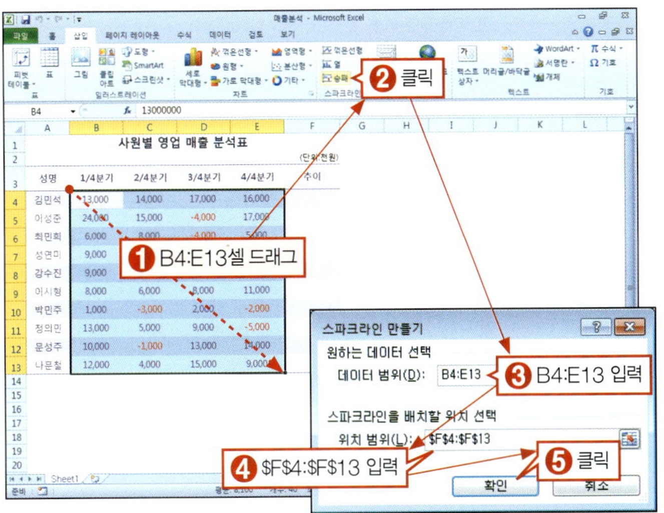

01

① B4:E13셀을 범위로 지정

② [삽입] 탭의 [스파크라인] 그룹에서 **승패**를 클릭

③④ 데이터 범위란에 **B4:E13**, 위치 범위란에 **$F$4:$F$13**을 입력

⑤ **<확인>**을 클릭합니다.

F4:F13셀에 1사분기~4사분기까지의 사원별 매출 실적 추이가 스파크라인으로 표시됩니다.

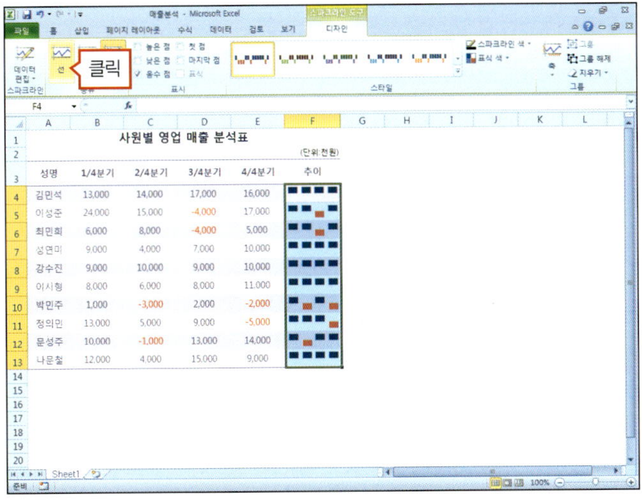

02 스파크라인의 종류를 변경하겠습니다. F4:F13셀이 범위로 지정되어 있는 상태에서 [스파크라인 도구>디자인] 탭의 [종류] 그룹에서 **선**을 클릭합니다.

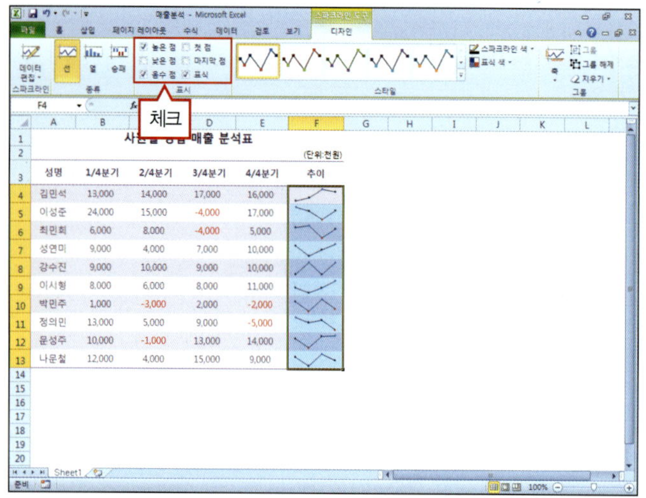

03 [스파크라인 도구〉디자인] 탭의 [표시] 그룹에서 **높은 점**, **음수 점**, **표식**을 클릭하여 체크 표시합니다. 분기별로 매출 실적에 표식이 나타나며 최대값, 음수는 다른 색으로 표시됩니다.

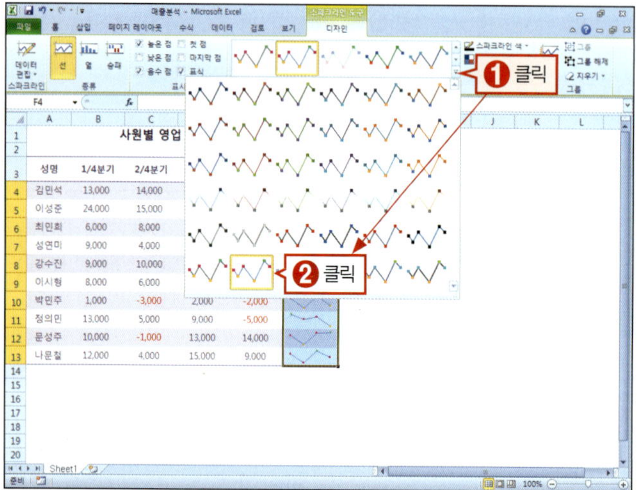

04

①② [스파크라인 도구〉디자인] 탭의 [스타일] 그룹에서 **스타일 자세히 버튼**을 클릭하고 **스파크라인 스타일 색 상형 #2**를 선택해서 스파크라인 스타일을 변경합니다.

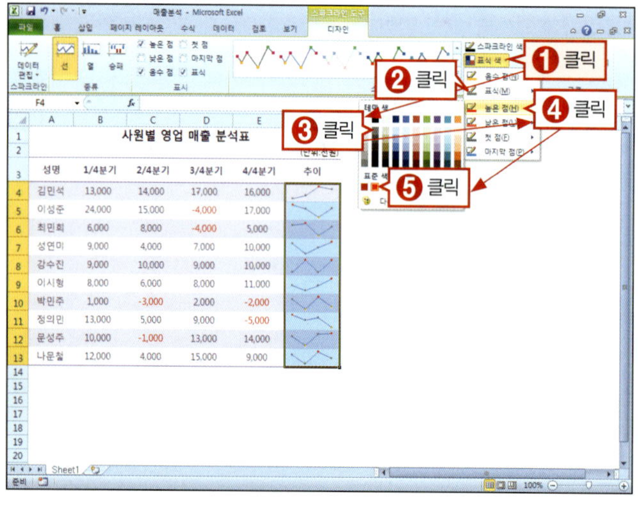

05

① [스타일] 그룹에서 **표식 색**을 클릭

②③ **표식 – 검정, 텍스트1, 50% 더 밝게**를 선택

④⑤ 계속해서 **높은 점 – 빨강**을 선택합니다. 최대값 표식은 빨강으로, 분기별 표식은 회색으로 변경됩니다.

Tip

스파크라인을 지우려면 [스파크라인 도구〉디자인] 탭의 [그룹] 그룹에서 '지우기'를 클릭합니다.

혼자 해보기 연도별 기초 연구 투자 비중 추이를 꺾은선형 차트로 만들기

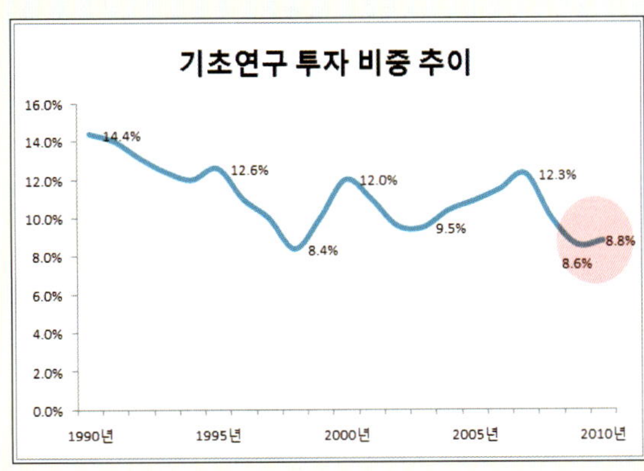

20년의 기간 동안 기초 연구 투자 비중에 대한 데이터가 변하는 추이를 표식 없는 꺾은선 차트로 작성합니다. 꺾은선에 '완만하게' 서식을 지정하고, '도형'을 삽입하여 일부 계열을 강조합니다.

- **실습 파일** ◎:\엑셀\9장\실습\투자비중.xlsx
- **완성 파일** ◎:\엑셀\9장\완성\투자비중_완성.xlsx

1 A3셀을 선택하고 Ctrl+A를 눌러 데이터 전체 범위(A3:V4)를 지정합니다. [삽입] 탭의 [차트] 그룹에서 **꺾은선형**을 클릭하고 2차원의 **꺾은선형**을 선택합니다. 차트 위치와 크기를 적당하게 조절합니다.

2 차트 제목을 **기초 연구 투자 비중 추이**로 입력하고, 글꼴 크기를 **16**으로 설정합니다.

3 **가로(항목)축**을 클릭하고 [차트 도구]레이아웃] 탭의 [현재 선택 영역] 그룹에서 **선택 영역 서식**을 클릭합니다. 축 서식 대화상자의 **축 옵션** 항목에서 레이블 사이에 들어갈 간격을 **5**로 입력해서 가로축을 5년 간격으로 표시합니다.

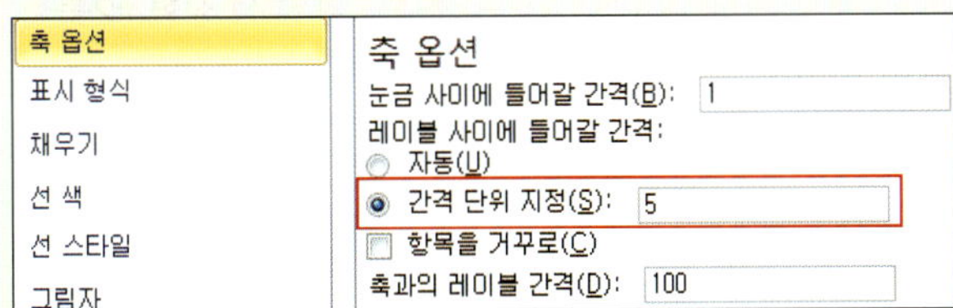

4 **비중 계열**을 클릭하고 [차트 도구]레이아웃] 탭의 [현재 선택 영역] 그룹에서 **선택 영역 서식**을 클릭합니다. 축 서식 대화상자의 **선 스타일** 항목에서 **완만한 선**에 체크해서 완만한 곡선으로 표시합니다.

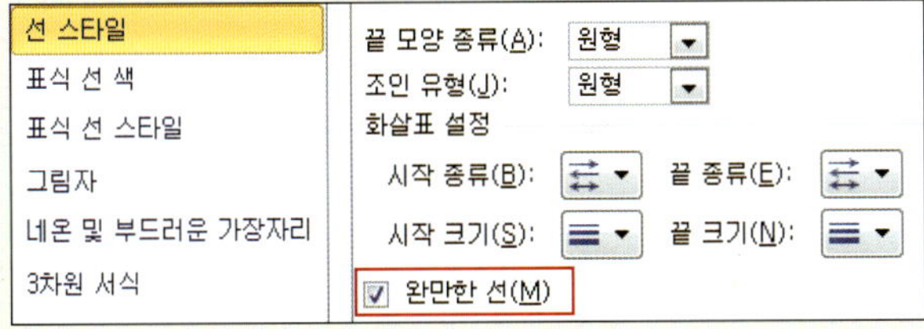

5 세로(값)축 주 눈금선과 범례를 각각 클릭해서 Delete를 눌러 삭제합니다.

6 **비중 계열**을 클릭한 후 **1990년 값**만 한 번 더 클릭해서 선택하고 마우스 오른쪽 버튼을 클릭하여 **데이터 레이블 추가**를 선택하여 데이터 레이블을 표시합니다. 같은 방법으로 1995년, 1998년, 2000년, 2003년, 2007년, 2009년, 2010년에 데이터 레이블을 추가합니다.

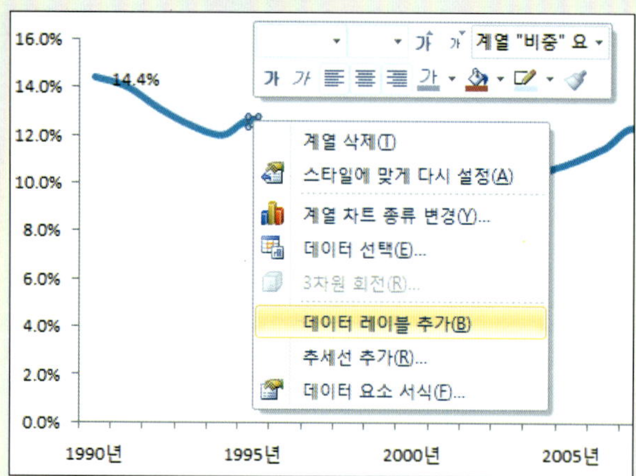

7 차트 영역을 클릭하고 [삽입] 탭의 [일러스트레이션] 그룹에서 **도형**을 클릭하고 **기본도형 – 타원**을 선택한 다음 차트 영역에 **2009년**과 **2010년** 위치에 드래그하여 원을 그립니다. 타원에서 마우스 오른쪽 버튼을 클릭하고 **개체 서식**을 선택한 후 채우기 항목에서 채우기 색을 **진한 빨강**으로 설정하고, 투명도를 **80%**로 설정합니다. 선 색 항목에서 **선 없음**을 선택하고 서식 설정을 마칩니다.

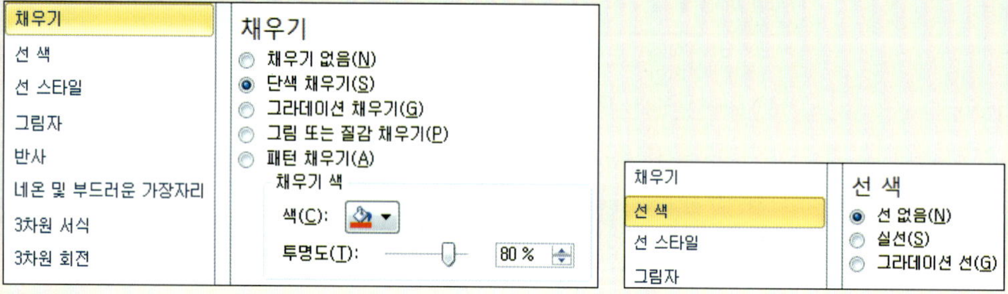

8 차트 영역을 클릭하고 [차트 도구〉디자인] 탭의 [차트 스타일] 그룹에서 **스타일 23**을 선택합니다.

CHAPTER 10

데이터 관리/분석

엑셀에는 많은 양의 데이터를 빠르게 찾고, 관리, 요약 분석할 수 있는 데이터베이스 관리 기능이 있습니다. 10장에서는 데이터를 보기 편하게 관리하고, 필요할 때마다 원하는 조건으로 검색하며, 그 결과를 요약 정리하는 정렬, 필터링, 부분합, 통합, 피벗 테이블 기능에 대해 살펴보겠습니다.

section 01

데이터베이스 작성과 통합하기

- 데이터베이스 만들기
- 외부 데이터 가져오기
- 텍스트 마법사
- 중복 데이터 처리
- 데이터 통합
- 텍스트 나누기

알아봐요 데이터베이스의 의미와 작성 규칙

많은 사용자들이 데이터베이스 관리의 중요성을 간과하고 있지만 데이터베이스 관리는 단순히 몇몇 자료를 관리하는 것이 아니라 새로운 정보를 창출해 낼 수 있는 기본 자료를 관리하는 것이기 때문에 매우 중요합니다.

데이터베이스란?

데이터베이스란 방대한 양의 데이터를 특정한 용도에 맞게 체계적으로 정리한 것을 말합니다. 주소록이나 전화번호부 같은 개인용 데이터베이스부터 사원 명부, 고객 명부, 거래처 관리 대장 같은 회사용 데이터베이스까지 다양한 데이터베이스가 있습니다.

데이터베이스 구성 요소

데이터베이스를 작성하고 관리하려면 데이터를 일정한 형식에 맞춰 분류하고 구분해야 합니다. 데이터베이스는 필드명, 필드, 레코드로 구성됩니다.

❸

	A	B	C	D	E	F	G	H	I
1	성명	부서명	직급	직종구분	성별	생년월일	입사일자	재직구분	기본급
2	강미라	인사팀	사원	관리직	여자	1966-01-01	1990-02-01	근무	1,650,000
3	강상철	생산팀	사원	생산직	남자	1970-12-20	1996-10-02	근무	1,650,000
4	강수경	기획팀	사원	관리직	여자	1975-06-06	1998-05-03	휴직	1,650,000
5	김길홍	인사팀	대리	관리직	남자	1980-05-04	1999-12-02	근무	1,900,000
6	김미경	영업팀	사원	관리직	여자	1977-05-05	2000-03-02	근무	1,650,000
7	김미숙	영업팀	과장	관리직	여자	1960-05-30	1987-07-01	퇴사	2,150,000
8	김상식	생산팀	대리	생산직	남자	1965-04-07	1995-04-05	근무	1,900,000
9	김새롬	인사팀	부장	관리직	여자	1979-11-05	1998-02-02	근무	2,750,000
10	김수진	인사팀	사원	관리직	여자	1975-08-25	2000-12-01	근무	1,650,000
11	김진철	기획팀	사원	관리직	남자	1980-07-12	2001-06-01	근무	1,650,000
12	나철수	생산팀	사원	생산직	남자	1960-01-08	1988-06-01	퇴사	1,650,000
13	남궁희	총무팀	차장	관리직	여자	1969-05-30	1995-05-05	근무	2,350,000
14	남회철	총무팀	과장	관리직	남자	1974-12-08	1995-06-04	퇴사	2,150,000
15	문소라	생산팀	대리	생산직	여자	1975-03-06	1998-12-01	퇴사	1,900,000
16	문정욱	총무팀	사원	관리직	남자	1981-09-14	2004-02-02	근무	1,650,000
17	민상욱	영업팀	차장	관리직	남자	1966-01-11	1990-02-21	근무	2,350,000

❶ ❷

① **필드명** : 각각의 열을 구분할 수 있는 대표 이름으로 '첫 행', 즉 제목행이 필드명에 해당합니다.

② **필드** : 필드명 아래로 같은 종류의 데이터가 모여 있는 '열'을 필드라고 합니다.

③ **레코드** : 제목 행 아래로 각각의 '행'에 나열된 필드와 필드의 데이터 정보를 레코드라고 합니다.

데이터베이스를 작성할 때 주의할 사항(작성 규칙)

데이터베이스로 작성된 자료는 삽입, 삭제, 수정, 검색할 수 있어야 하며 자료가 중복되지 않아야 합니다. 따라서 데이터베이스로 관리할 데이터 목록을 작성할 때는 다음과 같은 사항에 주의합니다.

① 필드명은 한 줄로 입력하고, 필드명이 입력된 셀은 병합하지 않아야 합니다.

② 각 셀에 입력한 데이터는 병합하지 않아야 하고, 빈 행이나 열이 없어야 합니다.

③ 셀 하나에는 하나의 정보만 있어야 입력합니다. 외부에서 데이터를 가져왔을 때 셀 하나에 여러 정보가 있으면 텍스트를 나눠서 여러 필드에 입력합니다.

성명	사원정보						기본급
	부서명	직급(직종)	성별	생년월일	입사일자	재직구분	
강미라	인사팀	사원(관리직)	여자	1966-01-01	1990-02-01	근무	1,650,000
강상철	생산팀	사원(생산직)	남자	1970-12-20	1996-10-02	근무	1,650,000
강수경	기획팀	사원(관리직)	여자	1975-06-06	1998-05-03	휴직	1,650,000
김길홍	인사팀	대리(관리직)	남자	1980-05-04	1999-12-02	근무	1,900,000
김미경	영업팀	사원(관리직)	여자	1977-05-05	2000-03-02	근무	1,650,000
김미숙	영업팀	과장(관리직)	여자	1960-05-30	1987-07-01	퇴사	2,150,000
김상식	생산팀	대리(생산직)	남자	1965-04-07	1995-04-05	근무	1,900,000
김새롬	인사팀	부장(관리직)	여자	1979-11-05	1998-02-02	근무	2,750,000
김수진	인사팀	사원(관리직)	여자	1975-08-25	2000-12-01	근무	1,650,000
김진철	기획팀	사원(관리직)	남자	1980-07-12	2001-06-01	근무	1,650,000
나철수	생산팀	사원(생산직)	남자	1960-01-08	1988-06-01	퇴사	1,650,000
남궁희	총무팀	차장(관리직)	여자	1969-05-30	1995-05-05	근무	2,350,000
남희철	총무팀	과장(관리직)	남자	1974-12-08	1995-06-04	퇴사	2,150,000
문소라	생산팀	대리(생산직)	여자	1975-03-06	1998-12-01	퇴사	1,900,000
문정욱	총무팀	사원(관리직)	남자	1981-09-14	2004-02-02	근무	1,650,000
박재환	생산팀	부장(생산직)	남자	1975-06-16	1998-05-23	휴직	2,750,000
박한수	인사팀	과장(관리직)	남자	1980-05-14	1999-12-22	휴직	2,150,000
소남정	기획팀	대리(관리직)	여자	1977-05-15	2000-03-22	근무	1,900,000

▲ 잘못 작성된 데이터베이스

성명	사원정보						기본급
	부서명	직급(직종)	성별	생년월일	입사일자	재직구분	
강미라	인사팀	사원(관리직)	여자	1966-01-01	1990-02-01	근무	1,650,000
강상철	생산팀	사원(생산직)	남자	1970-12-20	1996-10-02	근무	1,650,000
강수경	기획팀	사원(관리직)	여자	1975-06-06	1998-05-03	휴직	1,650,000
김길홍	인사팀	대리(관리직)	남자	1980-05-04	1999-12-02	근무	1,900,000
김미경	영업팀	사원(관리직)	여자	1977-05-05	2000-03-02	근무	1,650,000
김미숙	영업팀	과장(관리직)	여자	1960-05-30	1987-07-01	퇴사	2,150,000
김상식	생산팀	대리(생산직)	남자	1965-04-07	1995-04-05	근무	1,900,000
김새롬	인사팀	부장(관리직)	여자	1979-11-05	1998-02-02	근무	2,750,000
김수진	인사팀	사원(관리직)	여자	1975-08-25	2000-12-01	근무	1,650,000
김진철	기획팀	사원(관리직)	남자	1980-07-12	2001-06-01	근무	1,650,000
나철수	생산팀	사원(생산직)	남자	1960-01-08	1988-06-01	퇴사	1,650,000
남궁희	총무팀	차장(관리직)	여자	1969-05-30	1995-05-05	근무	2,350,000
남희철	총무팀	과장(관리직)	남자	1974-12-08	1995-06-04	퇴사	2,150,000
문소라	생산팀	대리(생산직)	여자	1975-03-06	1998-12-01	퇴사	1,900,000
문정욱	총무팀	사원(관리직)	남자	1981-09-14	2004-02-02	근무	1,650,000
민상욱	영업팀	차장(관리직)	남자	1966-01-11	1990-02-21	근무	2,350,000
박경순	총무팀	부장(관리직)	여자	1970-12-30	1996-10-22	퇴사	2,750,000
박재환	생산팀	부장(생산직)	남자	1975-06-16	1998-05-23	휴직	2,750,000
박한수	인사팀	과장(관리직)	남자	1980-05-14	1999-12-22	휴직	2,150,000
소남정	기획팀	대리(관리직)	여자	1977-05-15	2000-03-22	근무	1,900,000

▲ 바르게 작성된 데이터베이스

함께해요 1. txt 파일로 데이터베이스 만들기 거래처 관리 대장

탭으로 구분된 텍스트 파일(*.txt)은 워크시트에서 데이터베이스로 만들 수 있습니다. 거래처, 사업자번호, 대표자, 설립일, 종목, 업태, 전화번호, 주소 등이 탭으로 구분되어 있는 텍스트 파일을 불러와 데이터베이스로 만들고 중복 데이터를 제거합니다.

• **완성 파일** ◎:\엑셀\10장\완성\거래처관리대장1_완성.xlsx

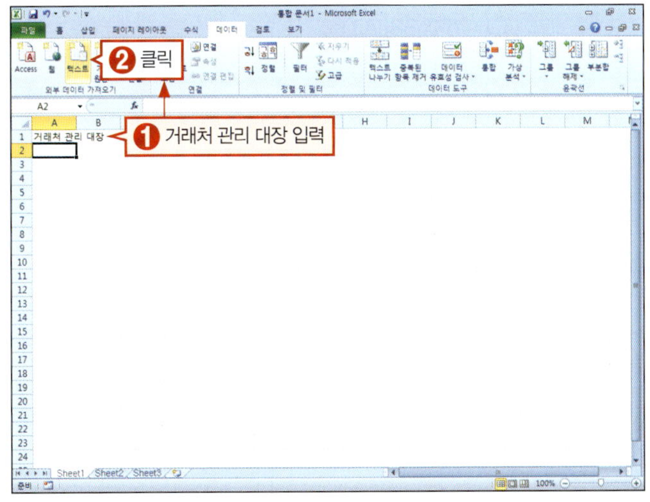

01

① 새 통합 문서의 A1셀에 **거래처 관리 대장**을 입력

② [데이터] 탭의 [외부 데이터 가져오기] 그룹에서 **텍스트**를 클릭합니다.

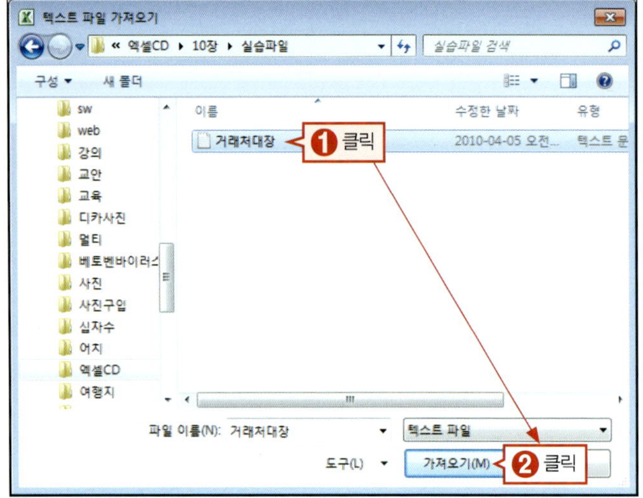

02

①② 텍스트 파일 가져오기 대화상자에서 **거래처대장.txt**(CD:\엑셀\10장\실습\)를 선택하고 〈**가져오기**〉를 클릭합니다.

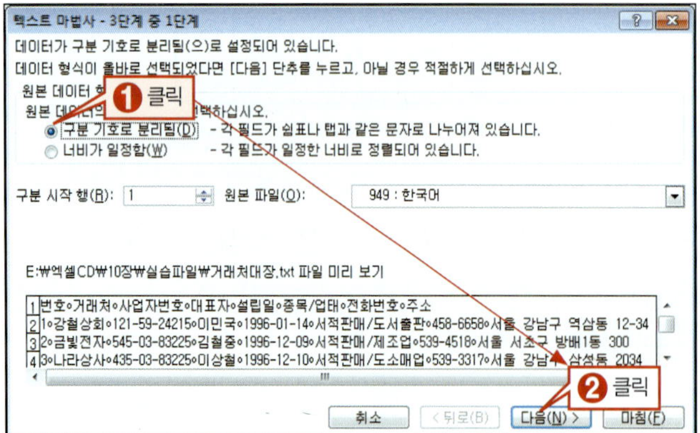

03

①② 텍스트 마법사 1단계에서 원본 데이터의 파일 유형을 **구분 기호로 분리됨**으로 선택하고 〈**다음**〉을 클릭합니다.

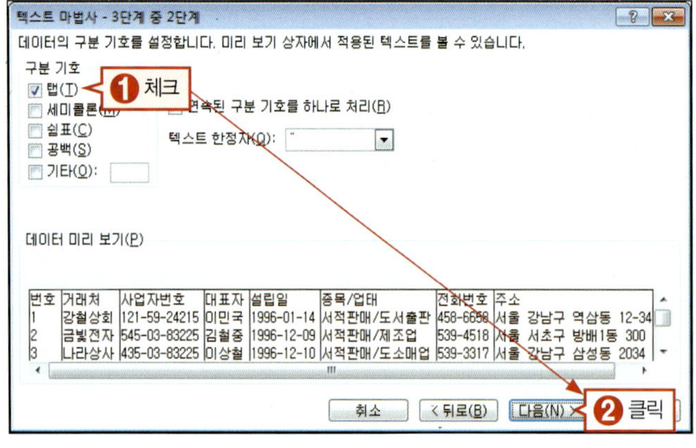

04

①② 텍스트 마법사 2단계에서 구분 기호를 **탭**으로 선택하고 〈**다음**〉을 클릭합니다.

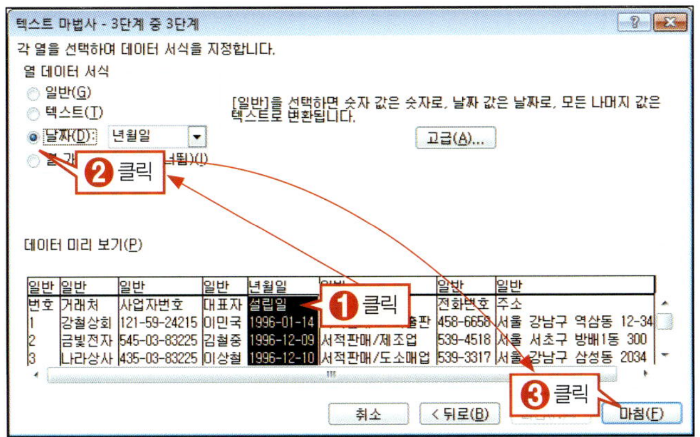

05

①② 텍스트 마법사 3단계에서 데이터 미리보기 목록의 다섯 번째 열인 **설립일**을 선택하고 열 데이터 서식을 **날짜**로 선택

③ **〈마침〉**을 클릭해서 텍스트 마법사를 완료합니다.

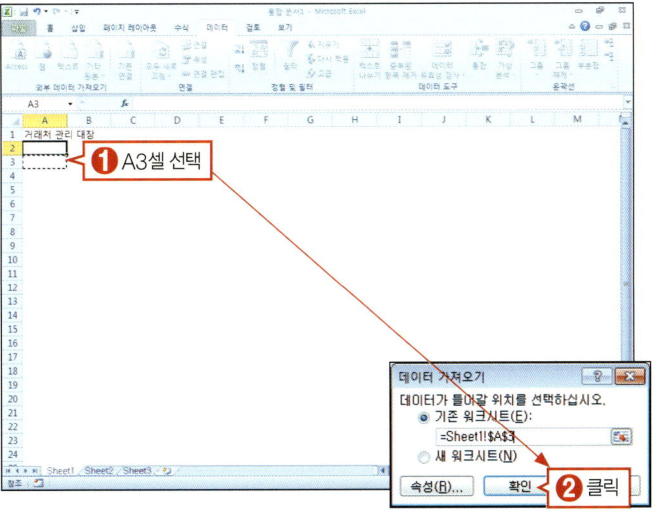

06

① 데이터가 시작될 위치로 A3셀을 선택하여 지정

② **〈확인〉**을 클릭합니다. A3셀부터 데이터가 입력됩니다.

Note 외부 데이터 연결

텍스트 파일을 워크시트로 가져온 경우 원본 텍스트와 워크시트 텍스트는 연결되어 있습니다. 즉 원본을 수정한 후 [데이터] 탭의 [연결] 그룹에서 **모두 새로 고침**을 클릭하면 현재 워크시트에 담긴 텍스트 데이터도 수정됩니다. 원본과 연결을 해제하려면 [데이터] 탭의 [연결] 그룹에서 연결을 클릭한 후 통합 문서 연결 대화상자에서 텍스트 파일의 원본을 선택하고 **〈제거〉**를 클릭합니다.

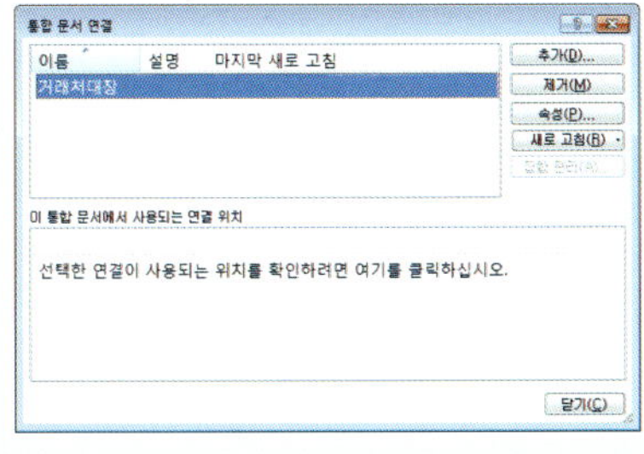

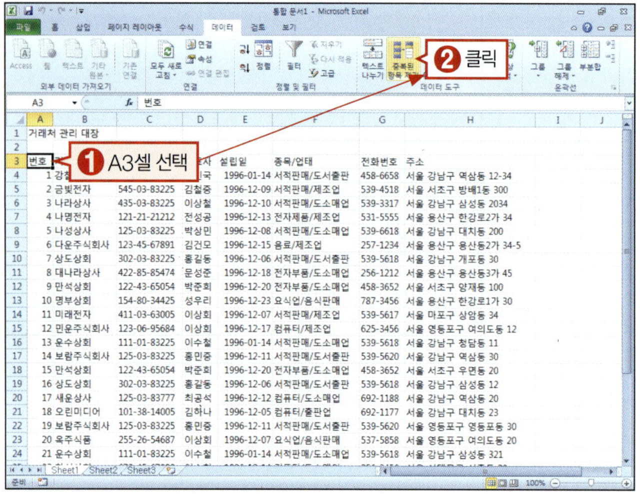

07 거래처 관리대장은 데이터를 분석하는 기초 자료이므로 중복된 데이터를 제거합니다.

① A3셀을 선택

② [데이터] 탭의 [데이터 도구] 그룹에서 **중복된 항목 제거**를 클릭합니다.

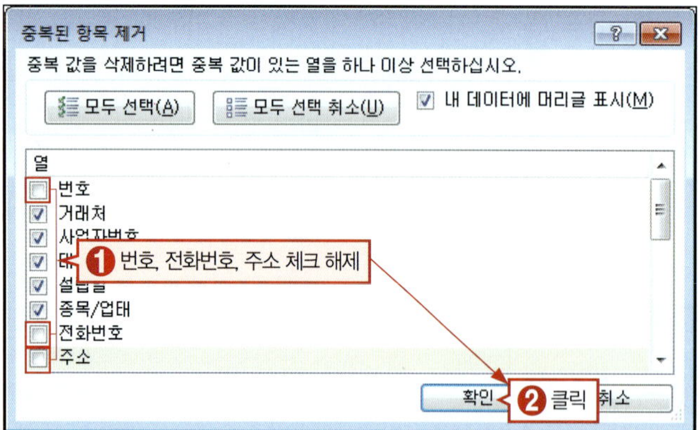

08

① 중복된 항목 제거 대화상자에서 **번호**, **전화번호**, **주소**의 체크 표시를 해제

② **〈확인〉**을 클릭합니다.

체크한 항목이 일치하는 레코드가 제거됩니다.

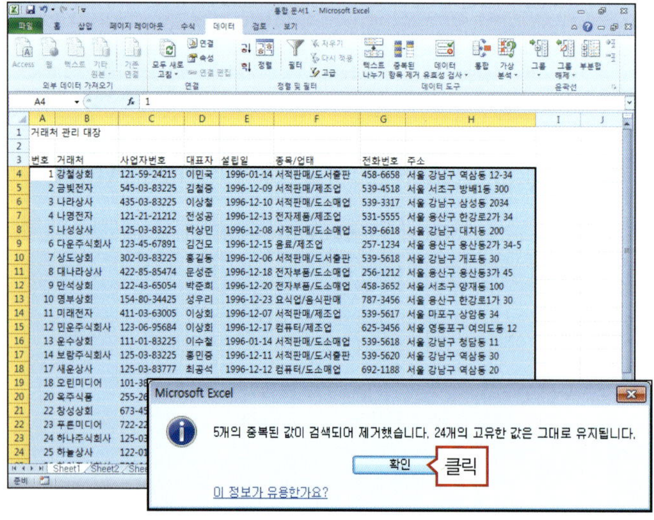

09 5개의 중복된 데이터가 검색되어 제거했다는 메시지가 나타나면 **〈확인〉**을 클릭합니다.

Tip

중복된 데이터는 첫 번째 레코드 하나만 남고 두 번째 레코드부터는 삭제됩니다.

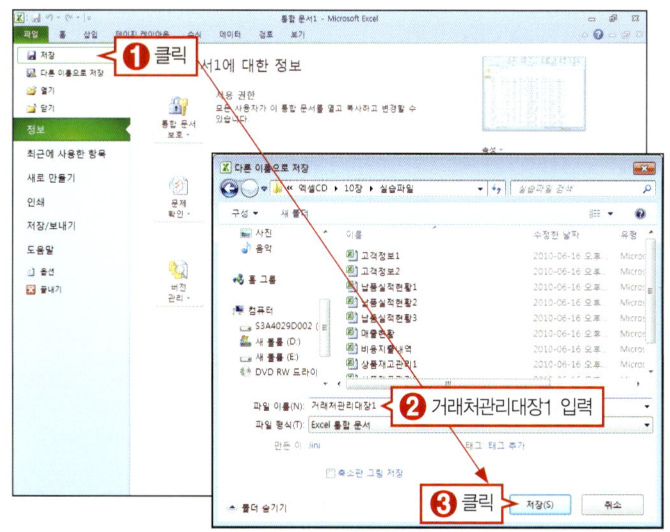

10

① [파일] 탭의 **저장**을 클릭

②③ 파일명에 **거래처관리대장1**을 입력한 다음 〈**저장**〉을 클릭합니다.

Tip

외부 데이터와 연결된 엑셀 문서를 열면 리본 메뉴 아래로 보안 경고 창이 나타납니다. 연결된 문서의 데이터를 사용하려면 '콘텐츠 사용'을 클릭합니다.

Note 중복 데이터 처리 방법

중복 데이터를 처리하는 방법은 여러 가지가 있습니다. 상황에 맞게 적당한 방법을 선택해서 사용합니다.

중복된 항목 제거하기

중복 데이터를 삭제하기 위해서는 [데이터] 탭의 [데이터 도구] 그룹에서 **중복된 항목 제거** 명령을 이용합니다. 하지만 이 명령을 이용하면 어떤 데이터가 중복되어 있었는지 확인할 수 없습니다.

중복된 항목 표시하기

중복된 데이터가 무엇인지 표시하려면 조건부 서식을 사용하여 중복된 데이터의 셀을 색으로 강조하거나 COUNTIF와 IF 함수를 중첩하여 수식으로 중복 유무를 표시합니다.

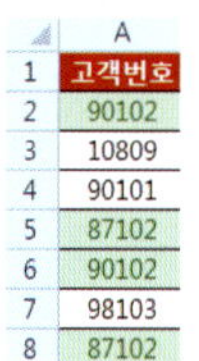

	A
1	고객번호
2	90102
3	10809
4	90101
5	87102
6	90102
7	98103
8	87102
9	34104

① 조건부 서식

중복 데이터의 셀을 강조하려면 데이터 범위를 지정하고 [홈] 탭의 [스타일] 그룹에서 **조건부 서식**을 클릭하고 **셀 강조 규칙 – 중복 값**을 선택합니다.

◀ 중복된 고객번호 셀 강조

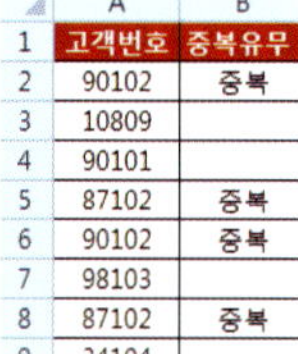

	A	B
1	고객번호	중복유무
2	90102	중복
3	10809	
4	90101	
5	87102	중복
6	90102	중복
7	98103	
8	87102	중복
9	34104	

② COUNTIF, IF 함수로 중복 유무 표시하기

COUNTIF와 IF 함수를 중첩하여 사용하여 중복 유무를 표시합니다. COUNTIF 함수를 이용해서 해당 데이터와 동일한 데이터가 1개보다 많은지 확인하고 IF 함수로 1개보다 많으면 **중복**을 표시하도록 수식을 작성합니다.

◀ =IF(COUNTIF($A$2:$A$9,A2)>1,"중복","")

Tip **중복**으로 표시된 행 전체를 조건부 서식으로 강조하거나 정렬 · 필터 기능을 이용하여 중복 데이터만 정리하여 볼 수 있습니다.

함께해요 2. 동일한 항목으로 데이터 통합하기 분기별 매출 현황표

1분기 매출 현황

(2010.01 ~ 2010.03)

제품명	수량	1월매출액	2월매출액	3월매출액
디지털카메라	105	29,228,000		3,080,000
아이패드	90			52,930,000
스마트폰	165		25,580,000	22,160,000
MP3	195	6,867,000	7,500,000	10,000,000
PDA	240	26,985,000	33,235,000	33,235,000
PMP	20	5,090,000	5,090,000	
전자사전	420	40,500,000	4,620,000	54,960,000
게임기DS	30			4,567,000
PSP	40	14,460,000		2,268,000

데이터 통합은 데이터 형태가 같지 않더라도 같은 필드명을 사용할 경우 필드 항목을 기준으로 여러 워크시트의 데이터를 합계, 개수, 평균, 최대값, 최소값, 곱, 수치 개수, 표본 표준 편차, 표준 편차, 표본 분산, 분산 등으로 요약하고 집계하는 기능입니다.

- 실습 파일 ⓒ:\엑셀\10장\실습\매출현황.xlsx
- 완성 파일 ⓒ:\엑셀\10장\완성\매출현황_완성.xlsx

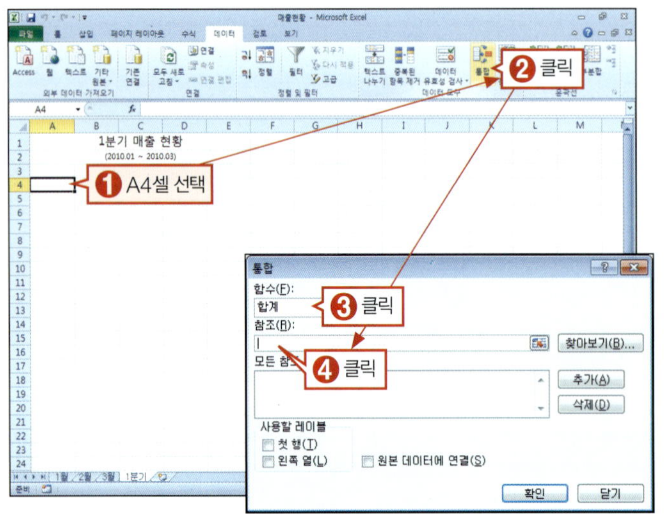

01 제품명을 기준으로 수량, 매출액 통합 데이터를 만듭니다.

① [1분기] 시트에서 A4셀을 선택

② [데이터] 탭의 [데이터 도구] 그룹에서 **통합**을 클릭

③④ 통합 대화상자에서 함수로 **합계**를 선택하고, 참조란을 클릭합니다.

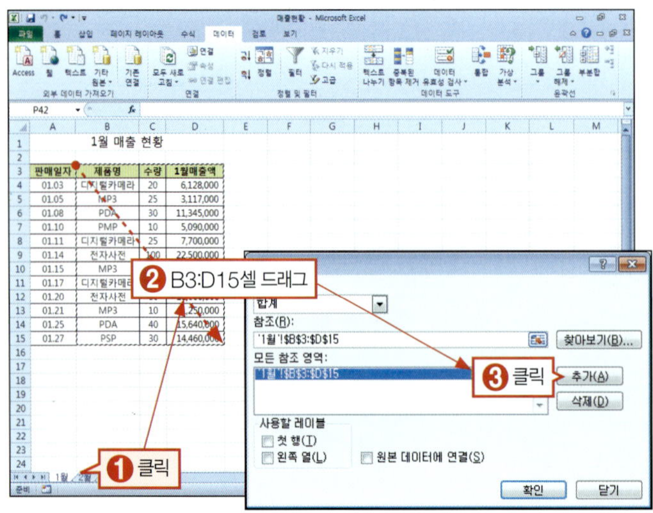

02 통합할 데이터를 선택하겠습니다.

① [1월] 시트 탭을 클릭

② B3:D15셀을 범위로 지정

③ **〈추가〉**를 클릭해서 선택한 범위를 모든 참조 영역으로 보냅니다.

Tip

데이터 통합은 첫 번째 열을 기준으로 여러 데이터를 하나로 합칩니다. 그러므로 일자를 제외하고 제품명부터 범위를 지정합니다. 만약 판매일자를 포함하면 일자별로 수량, 매출액의 통합 데이터가 만들어집니다.

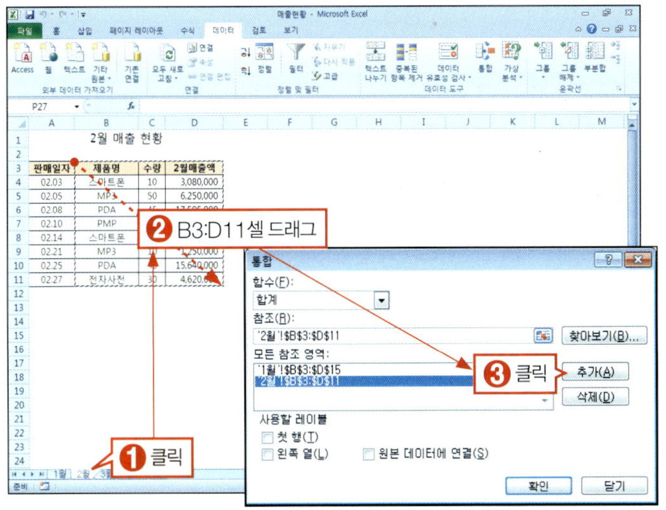

03

① [2월] 시트 탭을 클릭

②③ B3:D11셀을 범위로 지정한 다음 〈추가〉를 클릭합니다

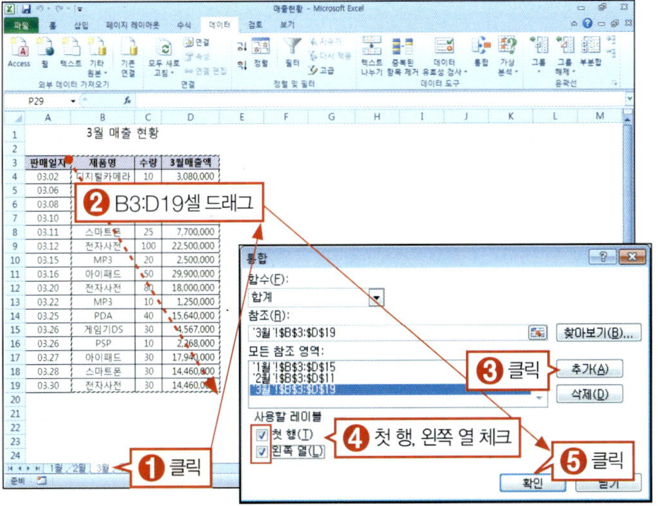

04

① [3월] 시트 탭을 클릭

②③ B3:D19셀을 범위로 지정한 다음 〈추가〉를 클릭

④⑤ 사용할 레이블에 **첫 행**과 **왼쪽 열**에 체크한 다음 〈**확인**〉을 클릭합니다.

Tip

사용할 레이블에 첫 행과 왼쪽 열을 체크하면 제목 행과 제목 열을 기준으로 통합되며 레이블을 사용하지 않으면 행과 열 방향의 순서대로 데이터를 통합하기 때문에 잘못된 통합 결과를 얻을 수 있습니다.

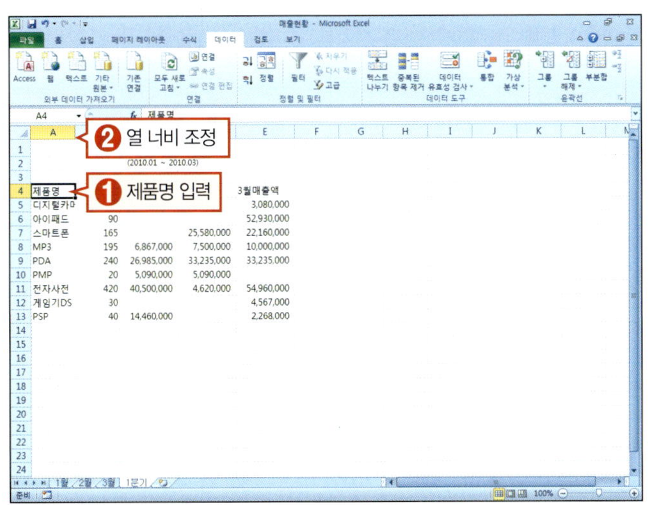

05 1월에서 3월까지의 데이터가 통합되어 [1분기] 시트의 A4셀부터 입력됩니다.

① A4셀에 **제품명**을 입력

② 열 너비를 조정합니다.

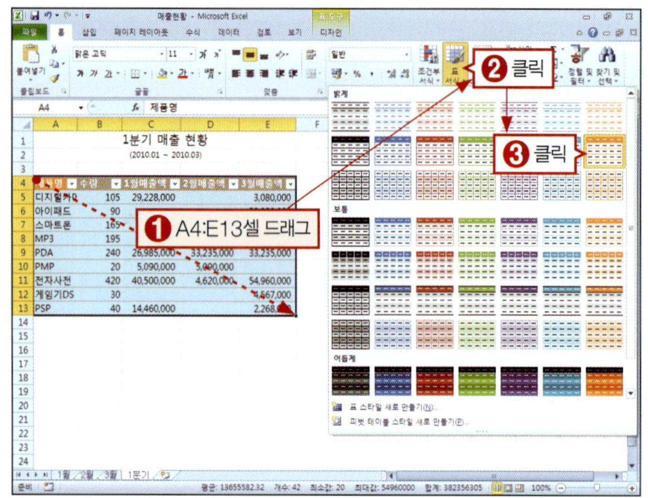

06

① A4:E13셀을 범위로 지정

②③ [홈] 탭의 [스타일] 그룹에서 **표 서식**을 클릭한 다음 원하는 표 스타일을 선적용합니다.

혼자 해보기 거래처 관리 대장에서 업체와 업종 텍스트 나누기

거래처 데이터베이스에 업체와 업종 두 가지 정보가 하나의 필드에 입력되어 있습니다. '종목/업태' 필드를 텍스트 나누기 기능으로 '종목', '업태' 필드로 분리합니다.

- **실습 파일** ⓞ:\엑셀\10장\실습\거래처관리대장2.xlsx
- **완성 파일** ⓞ:\엑셀\10장\완성\거래처관리대장2_완성.xlsx

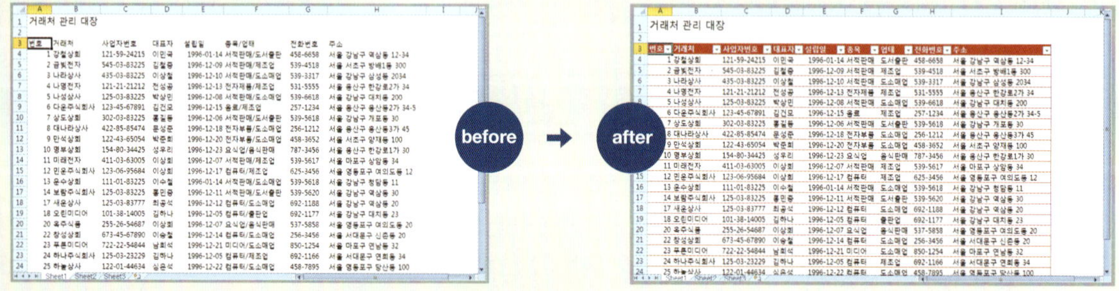

1 G열 머리글에서 마우스 오른쪽 버튼을 클릭하고 **삽입**을 선택합니다.

2 F3:F27셀을 범위로 지정한 후 [데이터] 탭의 [데이터 도구] 그룹에서 **텍스트 나누기**를 클릭하고 텍스트 나누기 구분 기호로 기타에 **/**를 입력하여 **종목**과 **업태** 필드를 나눕니다.

3 [홈] 탭의 [스타일] 그룹에서 **표 서식**을 클릭하고 밝게 영역의 **표 스타일 밝게 10**을 선택하여 표 서식을 적용합니다.

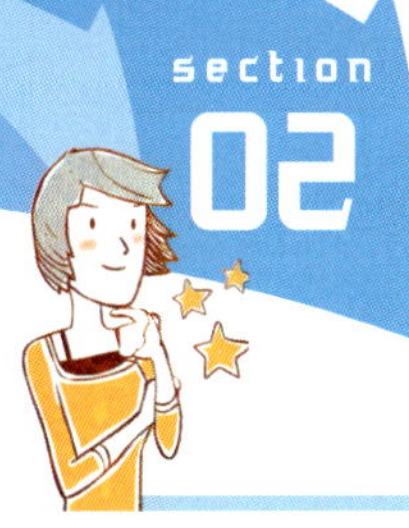

section 02

데이터 정렬하기

• 오름차순 • 내림차순 • 정렬 순서 • 서식으로 정렬

함께해요 1. 셀 값을 기준으로 정렬하기 비용 지출 내역서

정렬은 오름차순 또는 내림차순이 있으며 정렬 기준을 최대 64개까지 지정할 수 있습니다. 오름차순의 순서는 숫자〉문자(특수문자, 영문, 한글)〉논리값〉오류값〉빈 셀 순이며 내림차순은 오름차순의 역순으로 정렬되지만 빈 셀은 항상 마지막으로 정렬됩니다.

• **실습 파일** ◎:\엑셀\10장\실습\비용지출내역서.xlsx

• **완성 파일** ◎:\엑셀\10장\완성\비용지출내역서_완성.xlsx

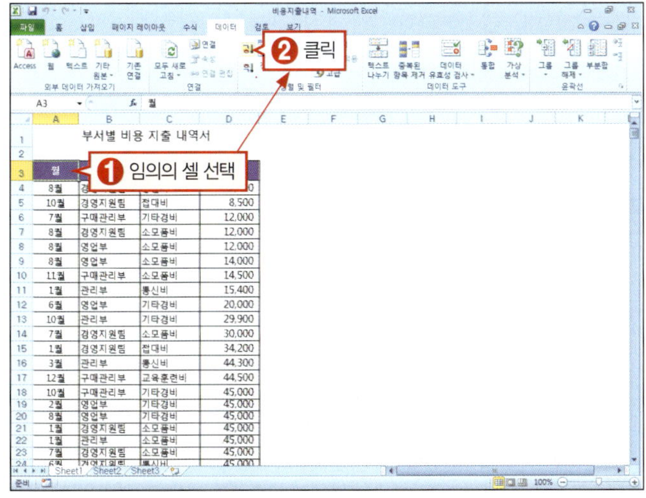

01

① 월 필드에서 임의의 셀을 선택

② [데이터] 탭의 [정렬 및 필터] 그룹에서 **오름차순**을 클릭하여 지출 내역서를 월별로 정렬합니다.

Note 정렬 순서

• 숫자 : 가장 작은 음수에서 가장 큰 양수로 정렬
• 날짜 : 가장 이전 날짜에서 가장 최근 날짜로 정렬
• 문자(문자와 숫자가 섞여 있는 경우) : 0~9 (공백) ! " # $ % & ( ) * , . / : ; ? @ [₩] ^ _ ` { | } ~ + < = > A-Z 순으로 정렬
• 논리값 : FALSE, TRUE 순으로 정렬
• 오류값 : #N/A, #VALUE! 등의 오류 값은 정렬 순서가 모두 동일

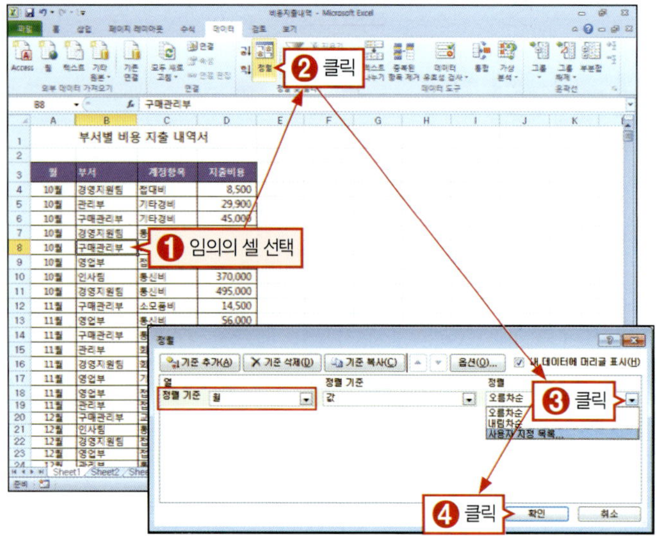

02 여러 기준으로 정렬하겠습니다.

① 데이터에서 임의의 셀을 선택

② [데이터] 탭의 [정렬 및 필터] 그룹에서 **정렬**을 클릭

③④ 월 필드의 정렬 순서에서 **사용자 지정 목록**을 선택합니다. **〈확인〉**을 클릭합니다.

Tip

일반적인 정렬 순서가 아닌 월, 요일, 분기 순으로 정렬하기 위해 '사용자 지정 목록'을 선택합니다.

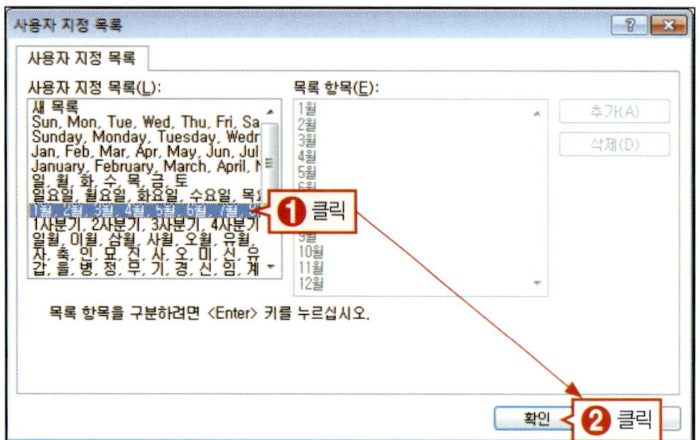

03

① 사용자 지정 목록에서 **1월, 2월, 3월,… 12월**을 선택

② **〈확인〉**을 클릭하여 정렬 대화상자로 돌아옵니다.

Tip

사용자 지정 목록에 원하는 정렬 순서가 없으면 목록 항목을 콤마(,)나 엔터로 구분하여 항목을 입력하고 〈추가〉를 클릭하여 목록을 추가합니다.

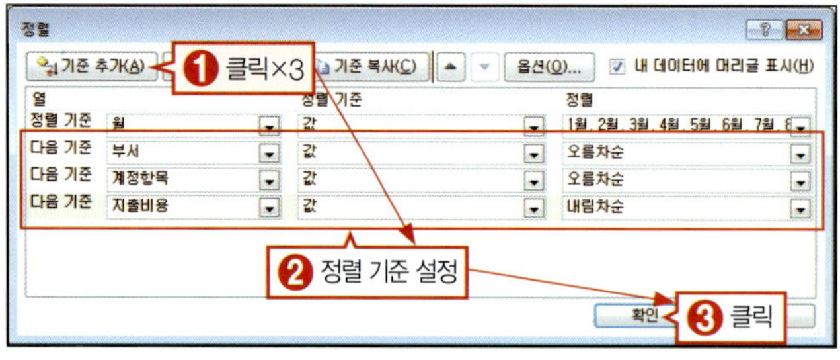

04

① **〈기준 추가〉**를 클릭하여 항목 3개를 추가

② 그림과 같이 부서, 계정항목은 오름차순, 지출비용은 내림차순으로 설정

③ **〈확인〉**을 클릭합니다.

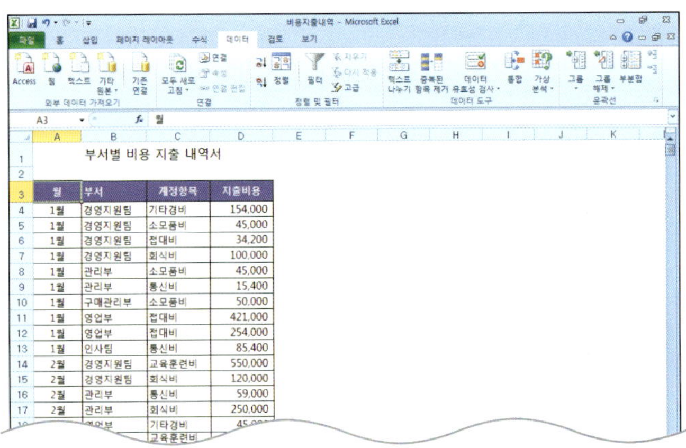

05 그림과 같이 월, 부서명, 계정항목, 비용순으로 정렬됩니다.

함께해요 2. 서식을 기준으로 정렬하기 인사 고과 평가표

인사 고과 평가표

성명	부서명	직급	업적고과	능력고과	토익점수	승격대상자
박철수	인사팀	주임	A	A	910	대상자
박철국	감사팀	주임	A	C	890	비대상자
송주리	총무팀	과장	A	A	910	대상자
오상진	기획팀	과장	A	A	870	대상자
전상민	홍보팀	사원	A	A	810	대상자
최민수	총무팀	부장	A	A	870	대상자
강민국	인사팀	과장	A	A	650	대상자
김희수	인사팀	사원	A	B	780	비대상자
김민우	감사팀	차장	A	B	680	비대상자
남상국	총무팀	대리	A	A	780	대상자
박상민	기획팀	대리	A	A	800	대상자
이명철	총무팀	사원	A	B	780	비대상자
이정길	홍보팀	차장	A	A	789	대상자
이정수	기획팀	주임	A	C	700	비대상자
오남주	인사팀	사원	C	B	870	비대상자
문상철	감사팀	차장	C	C	820	비대상자
민호재	홍보팀	사원	B	A	920	비대상자
김미화	인사팀	부장	B	C	590	비대상자
최철민	인사팀	사원	B	C	650	비대상자
김건중	감사팀	대리	B	C	567	비대상자
박민희	총무팀	사원	B	C	690	비대상자
성민호	기획팀	주임	B	A	800	비대상자
이만철	홍보팀	대리	C	A	780	비대상자
이상민	기획팀	과장	C	C	800	비대상자
임수진	홍보팀	부장	B	A	694	비대상자
전병철	감사팀	과장	B	B	650	비대상자
정수민	총무팀	과장	B	B	740	비대상자

조건부 서식, 셀 색, 글꼴 색, 아이콘 등의 서식이 지정되어 있는 데이터베이스는 서식을 기준으로 정렬할 수 있습니다.

- **실습 파일** ⓒ:\엑셀\10장\실습\인사고과표.xlsx
- **완성 파일** ⓒ:\엑셀\10장\완성\인사고과표_완성.xlsx

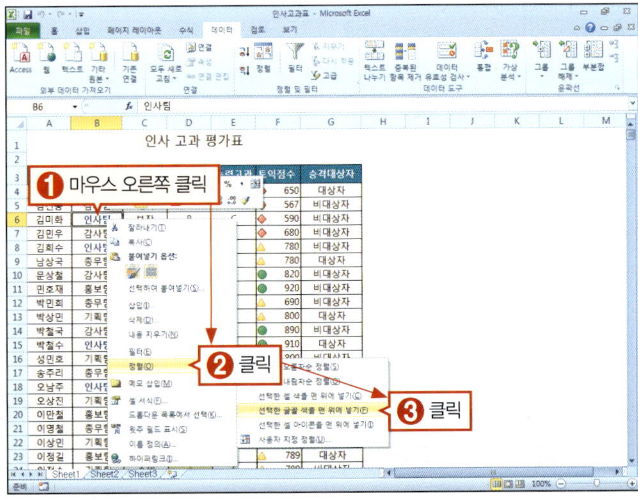

01

① B6셀에서 마우스 오른쪽 버튼을 클릭

②③ **정렬 – 선택한 글꼴 색을 맨 위에 넣기**를 선택합니다.

부서명 필드에서 파랑색 글꼴 색이 지정되어 있는 인사팀이 맨 위에 정렬됩니다.

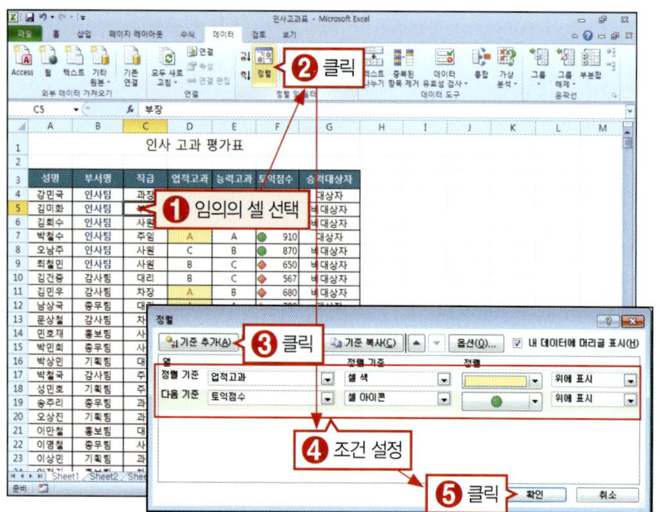

02

① 데이터에서 임의의 셀을 선택

② [데이터] 탭의 [정렬 및 필터] 그룹에서 **정렬**을 클릭

③④ 〈**기준 추가**〉를 클릭한 후 그림과 같이 조건을 설정

⑤ 〈**확인**〉을 클릭합니다.

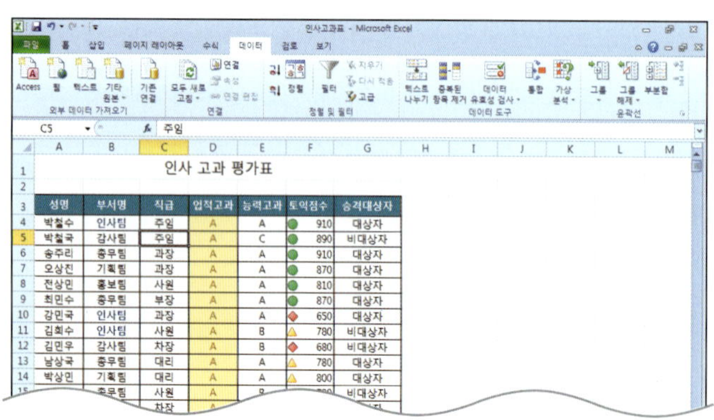

03 업적고과에서 셀 색이 옅은 주황색 [ ]인 데이터가 제일 위로 오고, 업적고과가 같을 경우에는 토익점수에 초록원●이 있는 행이 위로 표시됩니다.

Note 정렬 대화상자 살펴보기

두 가지 이상의 기준으로 데이터를 정렬할 때는 정렬 대화상자에서 정렬 필드와 정렬 기준, 정렬 방식을 지정합니다.

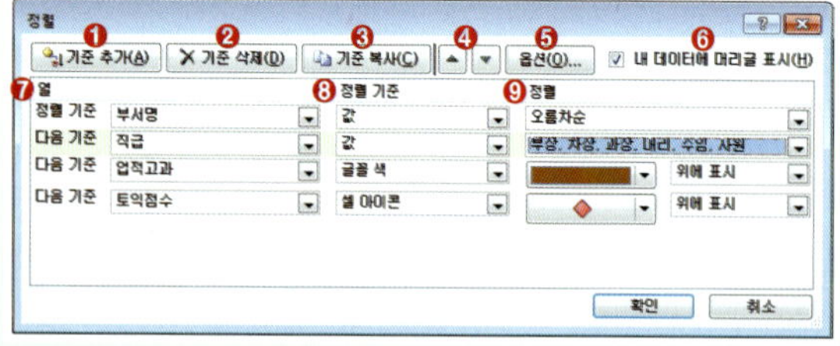

① 기준 추가 : 정렬 기준을 64개까지 추가할 수 있습니다.
② 기준 삭제 : 선택한 정렬 기준을 삭제합니다.
③ 기준 복사 : 선택한 정렬 기준을 복사합니다.
④ 위/아래로 이동 : 정렬 기준 순서를 위 아래로 이동합니다.
⑤ 옵션 : 대소문자 구분 및 정렬 방향을 위/아래 또는 왼쪽/오른쪽으로 지정합니다.
⑥ 내 데이터에 머리글 표시 : 첫 행이 데이터 제목일 경우에는 머리글 표시를 선택하고 첫 행이 제목이 아니면 머리글 표시를 해제합니다.
⑦ 열 : 정렬 기준 필드를 지정합니다.
⑧ 정렬 기준 : 정렬 기준을 데이터 값, 글꼴 색, 셀 색, 셀 아이콘 중 선택합니다.
⑨ 정렬 : 정렬 기준을 내림차순, 오름차순, 사용자 지정, 글꼴 색, 셀 색, 아이콘으로 설정합니다.

section 03

데이터 필터링

• 자동 필터 • 필터 버튼 • 고급 필터 • SUBTOTAL 함수

함께해요 1. 자동 필터로 데이터 추출하고 부분합 계산하기 지점별 상품 재고 관리

지점별 상품 재고 관리 현황

총건수	30	총수량	975	총금액	87,646,830
검색건수	3	검색수량	100	검색금액	3,992,800

지점	구분	분류	상품명	사이즈	생산일자	단가	할인율	재고량	금액
대구지점	여성화	샌들	오픈 펌프스 샌들	230	2005-03-05	118,000	30%	10	826,000
대구지점	여성화	로퍼	토오픈 캐쥬얼 로퍼	240	2006-03-10	134,000	30%	10	938,000
대구지점	여성화	정장구두	토오픈힐 슈즈	235	2008-01-03	39,800	30%	80	2,228,800

자동 필터를 사용하면 데이터 전체 범위에서 첫 행의 각 제목 필드 옆에 필터 버튼이 나타나며 검색하고자 하는 필드에서 필터 버튼을 클릭하여 원하는 데이터를 추출할 수 있습니다. 또한 사용자 지정 필터로 직접 두 가지 조건을 지정하여 데이터를 검색할 수도 있습니다.

• **실습 파일** ⓒ:\엑셀\10장\실습\상품재고관리1.xlsx

• **완성 파일** ⓒ:\엑셀\10장\완성\상품재고관리1_완성.xlsx

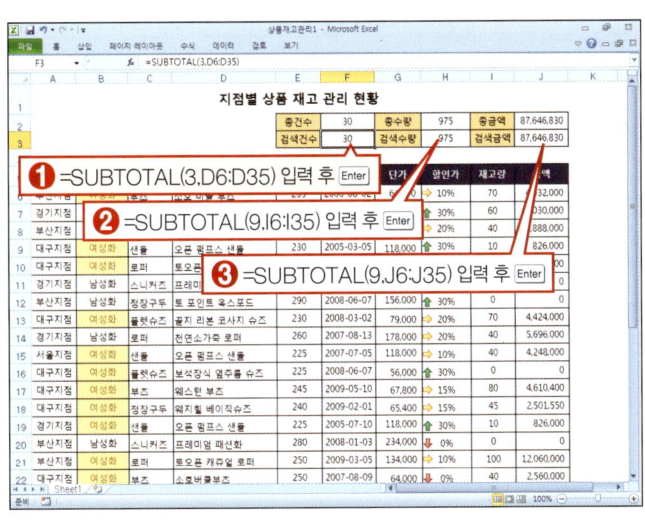

01 SUBTOTAL 함수로 개수와 합계를 계산하겠습니다.

① F3셀에 =SUBTOTAL(3,D6:D35) 입력

② H3셀에 =SUBTOTAL(9,I6:I35) 입력

③ J3셀에 =SUBTOTAL(9,J6:J35)를 입력합니다.

Note 목록이나 데이터베이스의 부분합을 계산하는 SUBTOTAL 함수

자동 필터나 고급 필터 기능으로 데이터를 검색하여 원하는 데이터를 추출하면 결과에 따라 계산된 수식 값도 매번 달라져야 합니다. 하지만 일반적인 SUM 함수나 COUNT, AVERAGE 함수를 사용하면 데이터의 추출 결과와 상관없이 전체 데이터의 계산 결과를 표시합니다. SUBTOTAL 함수는 현재 표시되는 데이터의 목록으로 부분합을 계산하므로 자동 필터나 고급 필터에서 자주 사용되는 함수입니다.

함수 범주 수학/삼각 함수

함수 형식 =SUBTOTAL(함수번호, 범위1, 범위2…)

함수번호 : 데이터 범위나 목록에서 부분합을 계산할 함수를 1~11 또는 101~111 까지 지정할 수 있습니다.

- 1~11 : 숨겨진 행의 셀 값을 포함하여 계산(필터 기능 이외에 일부 행 숨기기를 한 경우)
- 101~111 : 숨겨진 행의 셀 값을 포함하지 않고 계산(필터 기능 이외에 일부 행 숨기기를 한 경우)

fun_num (숨겨진 값 포함)	fun_num (숨겨진 값 무시)	함수유형	계산
1	101	AVERAGE	평균
2	102	COUNT	수치 개수
3	103	COUNTA	개수
4	104	MAX	최대값
5	105	MIN	최소값
6	106	PRODUCT	수치 곱
7	107	STDEV	표본표준편차
8	108	STDEVP	표준편차
9	109	SUM	합계
10	110	VAR	표본분산
11	111	VARP	분산

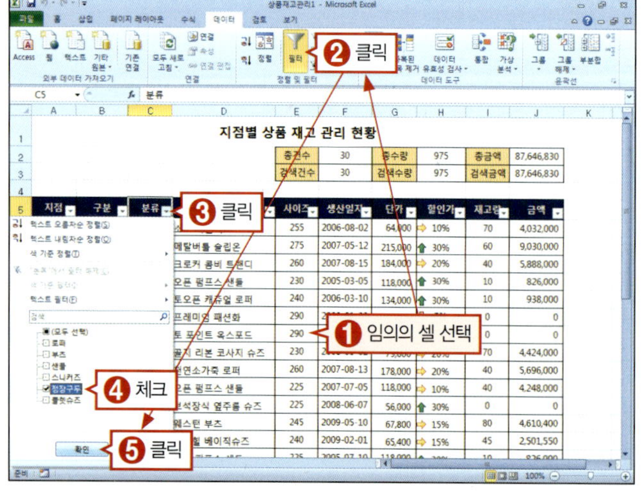

02

① 데이터에서 임의의 셀을 선택

② [데이터] 탭의 [정렬 및 필터] 그룹에서 **필터**를 클릭해서 자동 필터를 적용

③④ 분류 필드의 **필터 버튼**을 클릭하고 **정장구두**만 체크

⑤ <**확인**>을 클릭합니다

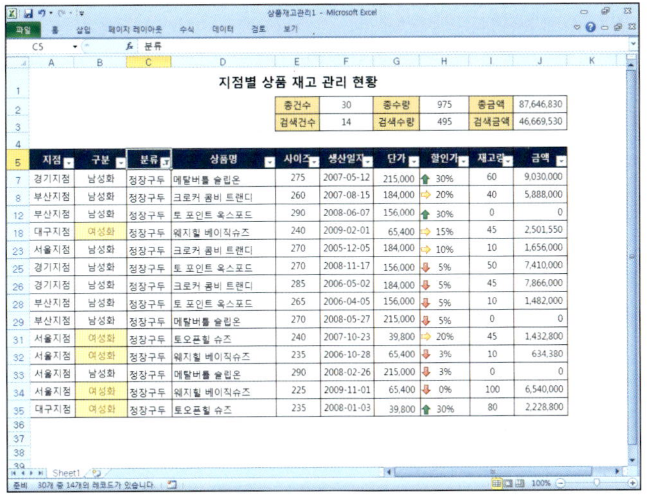

03 분류가 **정장구두**인 레코드만 표시되면서 앞서 SUBTOTAL 함수로 수식을 입력한 F3, H3, J3셀의 값이 검색된 레코드를 기준으로 다시 계산됩니다.

Tip

자동 필터 버튼이 [▾]이면 아무 조건도 지정되지 않은 상태, [필터]이면 현재 필드 열의 조건이 지정된 상태입니다.

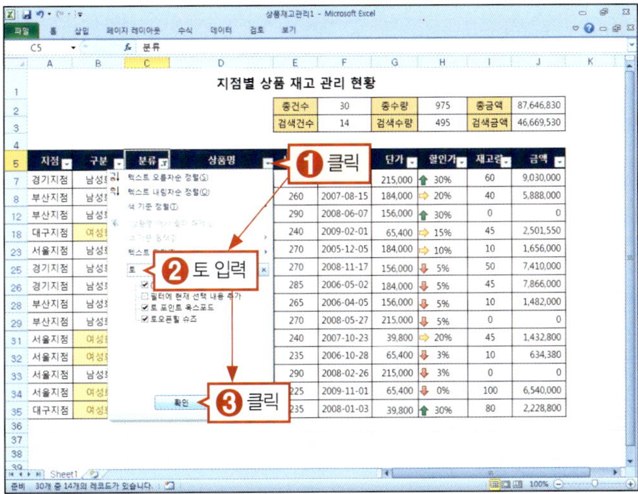

04

① 상품명 필드의 **필터 버튼**[▾]을 클릭

②③ 텍스트 필터 검색란에 **토**를 입력한 후 <**확인**>을 클릭합니다.
상품명 중 **토**라는 문자가 포함된 목록만 표시됩니다.

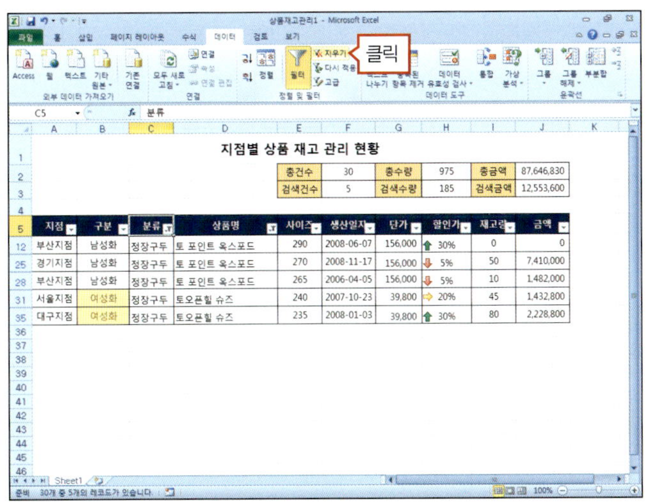

05 분류가 **정장구두**이며 상품명에 **토**라는 문자가 포함된 목록만 표시됩니다. [데이터] 탭의 [정렬 및 필터] 그룹에서 **지우기**[지우기]를 클릭하면 모든 데이터가 표시됩니다.

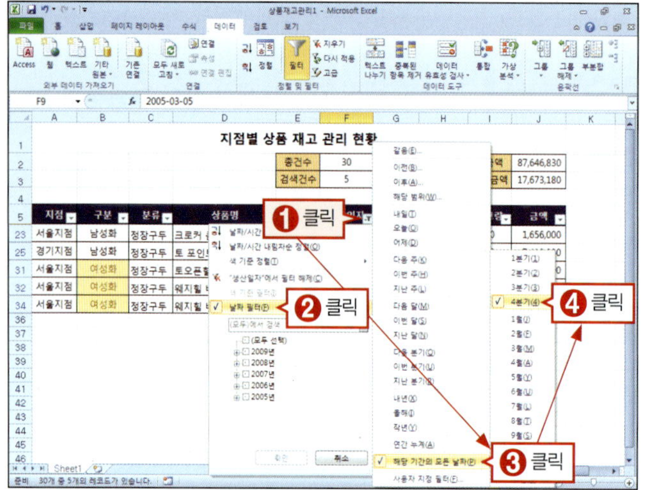

06

① 생산일자 필드의 **필터 버튼**을 클릭

②③④ **날짜 필터 – 해당 기간의 모든 날짜 – 4분기**를 선택해서 4분기에 생산한 제품을 검색합니다.

Tip

필드 열의 데이터가 날짜일 경우 이전, 다음 주, 다음 달, 분기, 년도 별로 데이터를 검색할 수 있습니다.

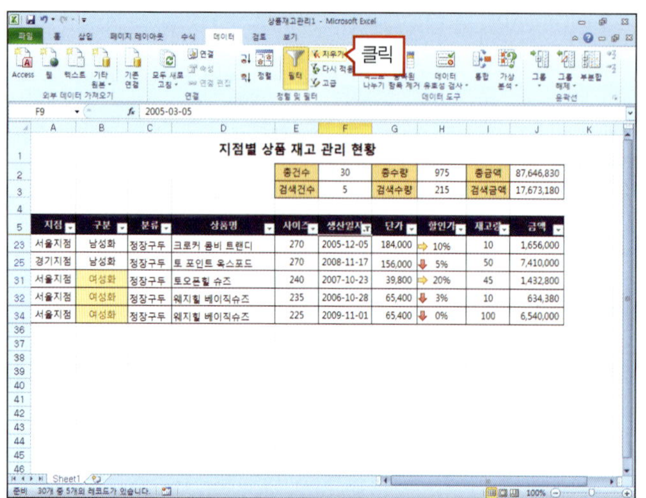

07 각 생산년도에서 4분기(10월~12월)에 생산한 상품을 확인한 후 [데이터] 탭의 [정렬 및 필터] 그룹에서 **지우기** 지우기를 클릭하여 모든 데이터를 표시합니다.

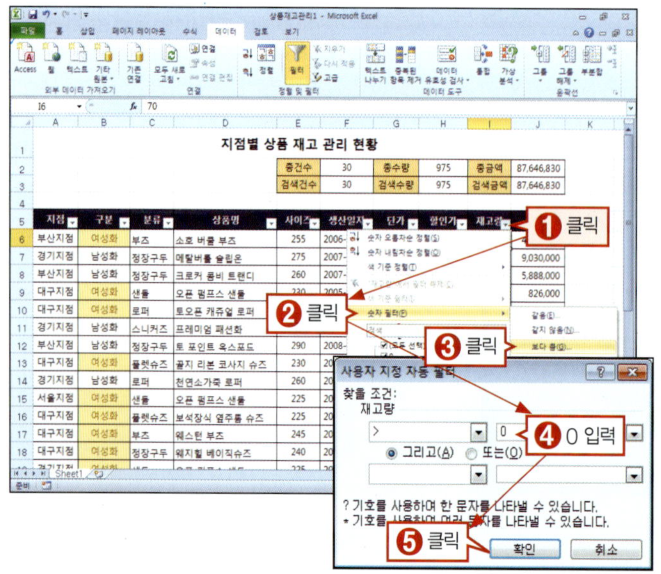

08

① 재고량 필드의 **필터 버튼**을 클릭

②③ **숫자 필터 – 보다 큼**을 선택

④ 대화상자에서 조건 입력란에 0을 입력

⑤ 〈**확인**〉을 클릭하여 재고가 1개 이상 있는 상품을 검색합니다.

Tip

필드 열의 데이터가 숫자일 경우 같은 값, 이상, 이하, 미만, 초과 등의 값을 검색할 수 있습니다.

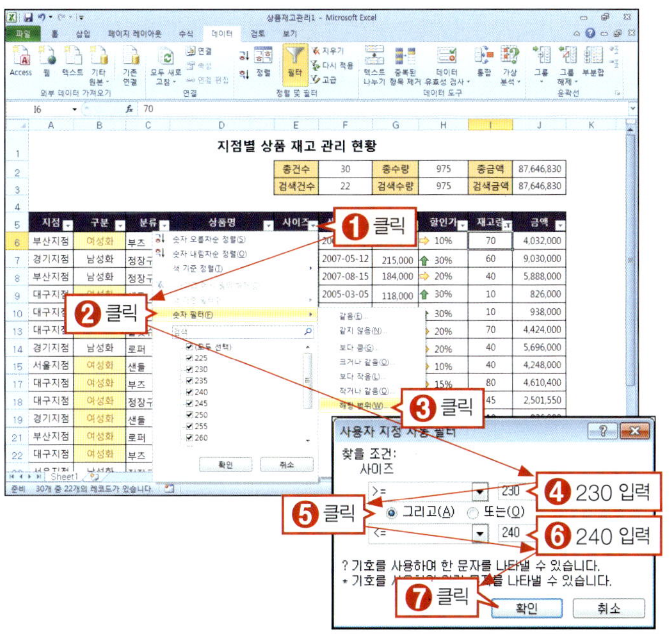

09

① 사이즈 필드의 **필터 버튼**을 클릭

②③ **숫자 필터 – 해당 범위**를 선택

④ 대화상자에서 >= 조건 입력란에 230을 입력

⑤⑥ **그리고(A)**를 선택한 후 <= 조건 입력란에 **240**을 입력

⑦ **<확인>**을 클릭해서 사이즈 230~240인 상품을 검색합니다.

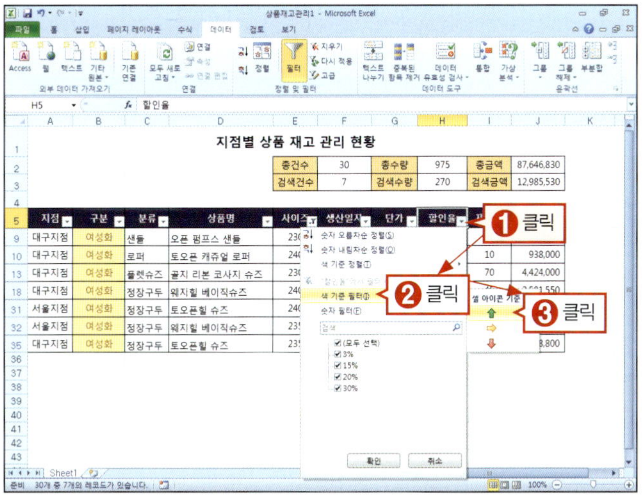

10

① 할인율 필드의 **필터 버튼**을 클릭

②③ **색 기준 필터 – 초록색 화살표 아이콘**을 선택하여 초록 화살표가 있는 셀을 검색합니다.

Tip

필드 열의 데이터에 글꼴 색, 셀 색, 아이콘 서식이 지정되어 있으면 색 기준 필터를 조건으로 검색할 수 있습니다.

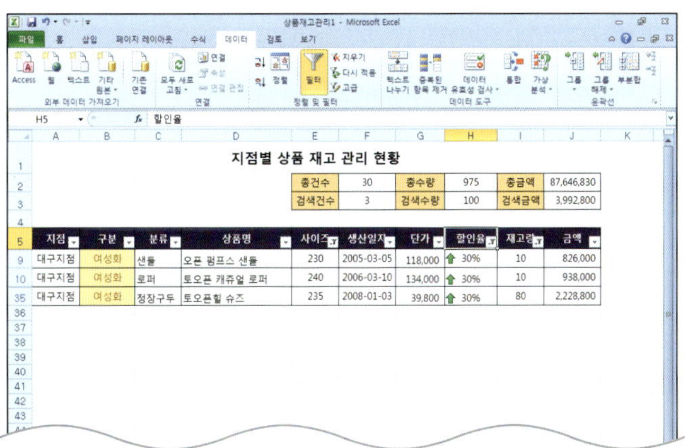

11

재고가 있고 구두 사이즈가 230~240이며 할인율이 높은 상품만 표시됩니다.

Tip

모든 필터링이 끝난 뒤에 자동 필터를 해제하려면 [데이터] 탭의 [정렬 및 필터] 그룹에서 '필터'를 클릭합니다.

함께해요 2. 고급 필터로 복잡한 조건의 데이터 추출하기 지점별 상품 재고 관리 현황

고급 필터 기능은 AND, OR 조건을 다양하게 지정할 수 있고, 중복 레코드에서 동일한 레코드를 하나만 추출할 수 있습니다.

- 실습 파일 ◎:\엑셀\10장\실습\상품재고관리2.xlsx
- 완성 파일 ◎:\엑셀\10장\완성\상품재고관리2_완성.xlsx

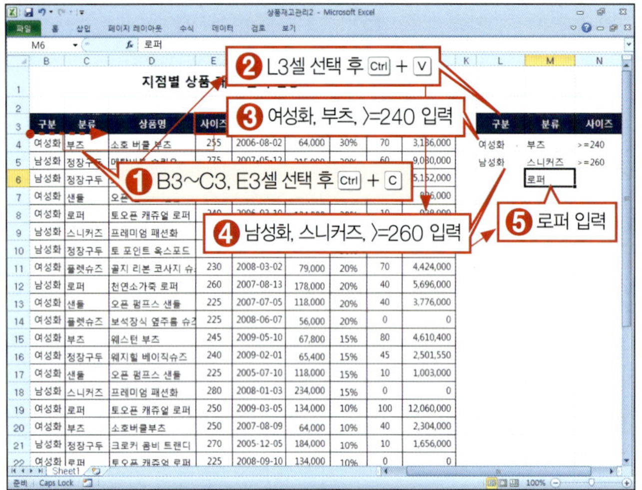

01

① B3~C3셀, E3셀을 선택한 다음 Ctrl+C를 눌러 복사

② L3셀을 선택한 다음 Ctrl+V를 눌러 복사한 내용을 붙여 넣습니다.

③ L4셀에 **여성화**, M4셀에 **부츠**, N4셀에 **>=240**을 입력

④ L5셀에 **남성화**, M5셀에 **스니커즈**, N5셀에 **>=260**을 입력

⑤ M6셀에 **로퍼**를 입력합니다.

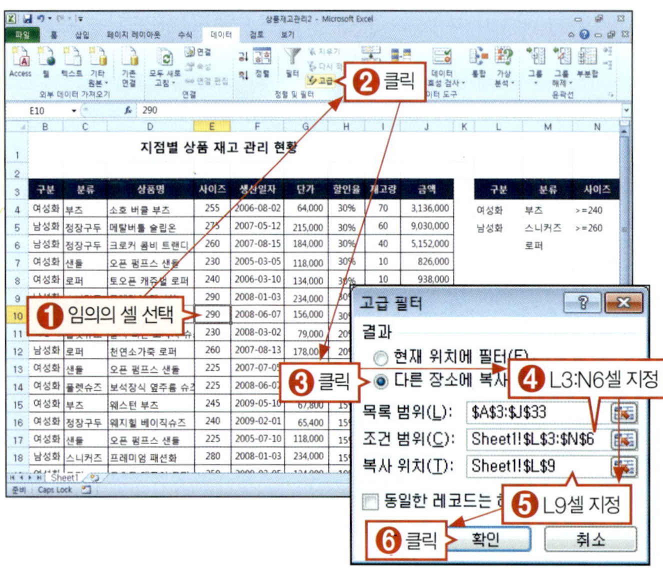

02

① 데이터에서 임의의 셀을 선택

② [데이터] 탭의 [정렬 및 필터] 그룹에서 **고급** 고급 을 클릭

③ **다른 장소에 복사**를 선택

④⑤⑥ 조건 범위는 L3:N6셀을 드래그해서 **Sheet1!$L$3:$N$6**, 복사 위치는 L9셀을 선택하여 **Sheet1!$L$9**를 입력하고 **<확인>**을 클릭합니다.

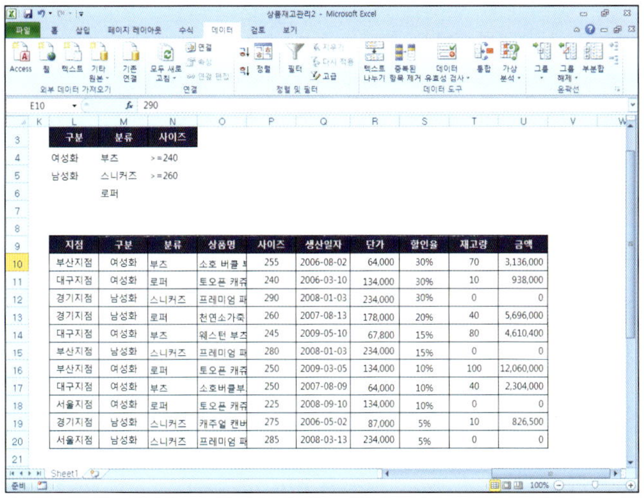

구분	분류	사이즈
여성화	부츠	>=240
남성화	스니커즈	>=260
	로퍼	

지점	구분	분류	상품명	사이즈	생산일자	단가	할인율	재고량	금액
부산지점	여성화	부츠	소호 버클 부	255	2006-08-02	64,000	30%	70	3,136,000
대구지점	여성화	로퍼	토오픈 캐쥬	240	2006-03-10	134,000	30%	10	938,000
경기지점	남성화	스니커즈	프레미엄 패	290	2008-01-03	234,000	30%	0	0
경기지점	남성화	로퍼	천연소가죽	260	2007-08-13	178,000	20%	40	5,696,000
대구지점	여성화	부츠	웨스턴 부츠	245	2009-05-10	67,800	15%	80	4,610,400
부산지점	남성화	스니커즈	프레미엄 패	280	2008-01-03	234,000	15%	0	0
부산지점	여성화	로퍼	토오픈 캐쥬	250	2009-03-05	134,000	10%	100	12,060,000
대구지점	여성화	부츠	소호버클부	250	2007-08-09	64,000	10%	40	2,304,000
서울지점	여성화	로퍼	토오픈 캐쥬	225	2008-09-10	134,000	10%	0	0
경기지점	남성화	스니커즈	캐주얼 캔버	275	2006-05-02	87,000	5%	10	826,500
서울지점	남성화	스니커즈	프레미엄 패	285	2008-03-13	234,000	5%	0	0

03 L9셀 아래로 여성화 중 사이즈가 240 이상인 부츠이거나 남성화 중 사이즈가 250 이상인 스니커즈이거나 분류가 로퍼인 상품이 검색됩니다.

Note 고급 필터 대화상자 살펴보기

고급 필터는 고급 필터 대화상자에서 전체 범위와 조건 범위, 그리고 복사할 위치 등을 지정합니다.

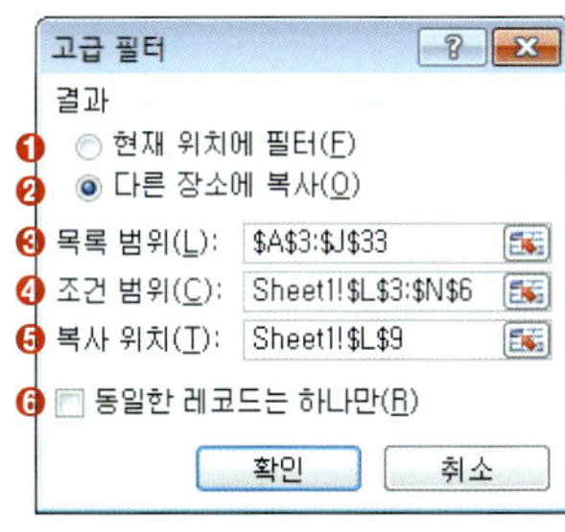

① **현재 위치에 필터** : 추출한 데이터를 원본 데이터 위치에 표시, 원본 데이터를 다시 표시하려면 [데이터] 탭의 [정렬 및 필터] 그룹에서 **지우기**[지우기]를 선택

② **다른 장소에 복사** : 추출한 데이터를 다른 장소에 복사하여 표시

③ **목록 범위** : 데이터 전체 범위를 지정

④ **조건 범위** : 찾을 조건이 입력된 셀의 범위를 지정

⑤ **복사 위치** : 다른 장소로 복사를 선택한 경우 추출한 데이터를 표시할 위치를 지정

⑥ **동일한 레코드는 하나만** : 중복 레코드가 있는 경우 하나만 표시

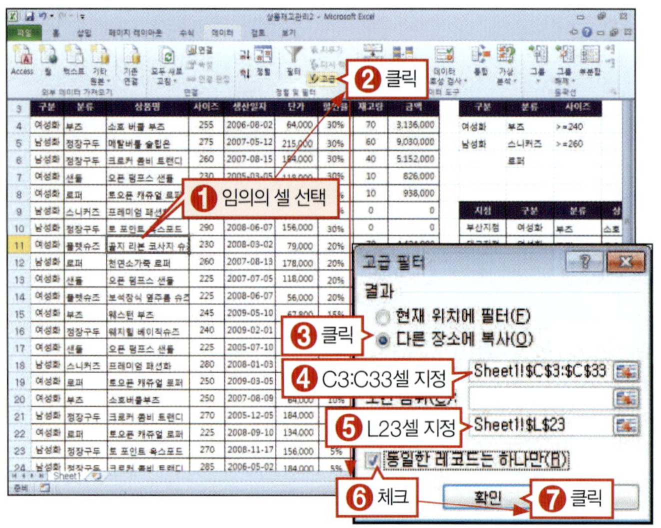

04 동일한 레코드는 하나만 표시되도록 설정합니다.

① 원본 데이터에서 임의의 셀을 선택

② [데이터] 탭의 [정렬 및 필터] 그룹에서 **고급**을 클릭

③ **다른 장소에 복사**를 선택

④⑤ 목록 범위는 C3:C33, 복사 위치는 L23셀을 지정하여 입력

⑥⑦ **동일한 레코드는 하나만**을 체크하고 〈**확인**〉을 클릭합니다.

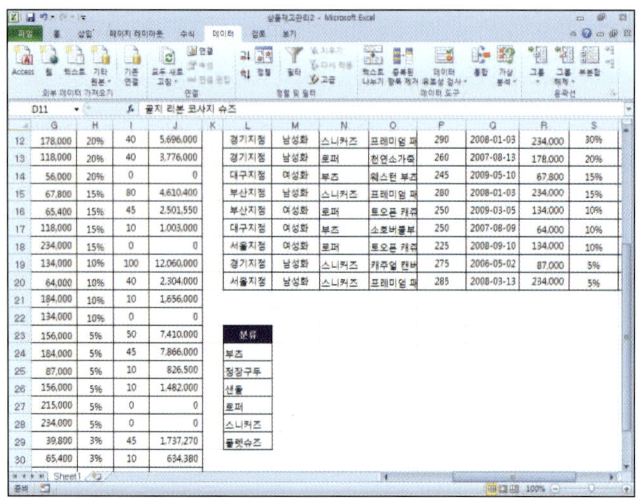

05 다음과 같이 구두의 분류 목록이 각각 하나씩 표시됩니다.

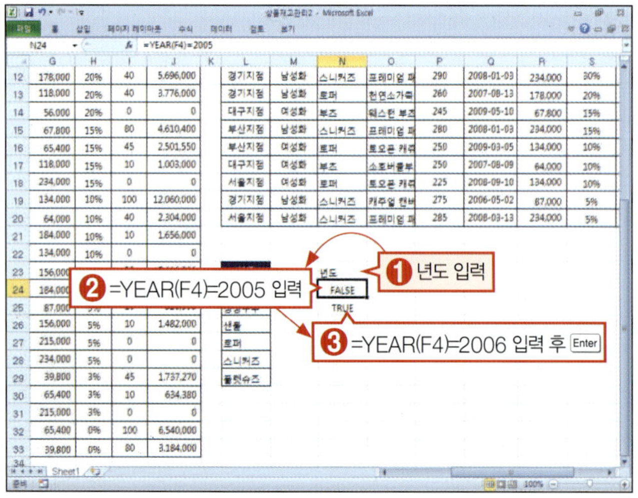

06 수식을 조건으로 사용하겠습니다.

①②③ N23셀에 **년도**, N24셀에 **=YEAR(F4)=2005**, N25셀에 **=YEAR(F4)=2006**을 입력합니다. 다른 행에 입력하면 OR 조건으로 추출됩니다.

Tip

필터 조건을 수식으로 만들 때는 "생산일자" 필드 이름 대신 "년도"로 필드 이름을 지정합니다.

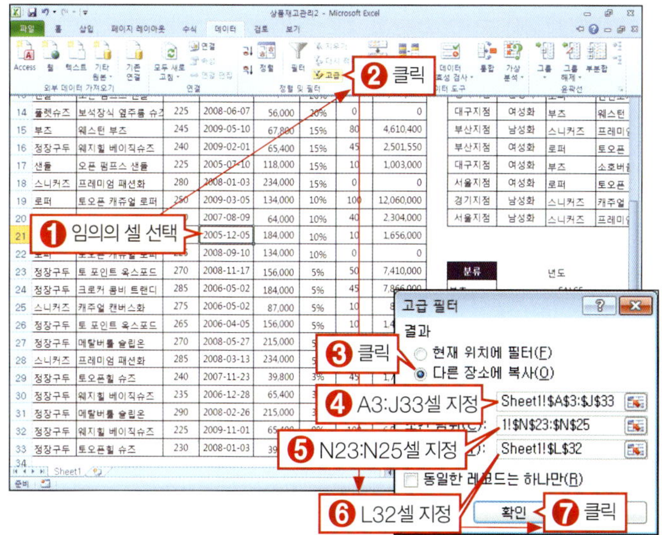

07

① 원본 데이터에서 임의의 셀을 선택

② [데이터] 탭의 [정렬 및 필터] 그룹에서 **고급**을 클릭

③ **다른 장소에 복사**를 선택

④⑤⑥ 목록 범위는 A3:J33, 조건 범위는 N23:N25, 복사 위치는 L32셀을 지정하여 입력

⑦ 〈**확인**〉을 클릭합니다.

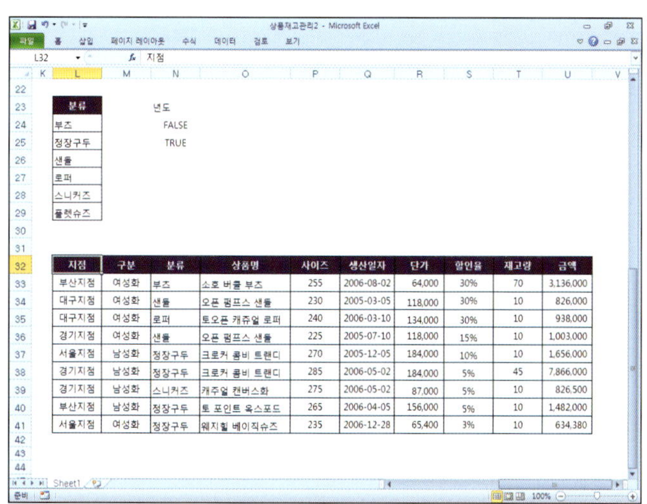

08 생산년도가 2005년이거나 2006년인 데이터가 검색됩니다.

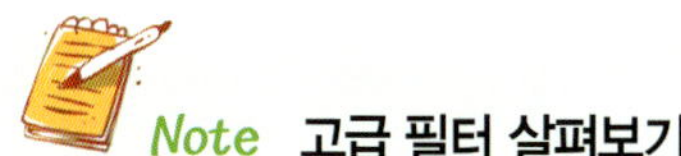

Note 고급 필터 살펴보기

자동 필터는 여러 필드에 조건을 지정하면 AND 조건으로 필터링이 됩니다. 하지만 고급 필터는 AND 조건뿐만 아니라 OR 조건을 이용하여 보다 복잡하고 다양한 조건으로 데이터를 검색할 수 있습니다.

고급 필터의 특징

① 고급 필터는 검색할 조건을 워크시트에 미리 입력해야 합니다.

② 검색한 데이터를 현재 위치 또는 다른 위치로 출력할 수 있습니다.

③ 두 개 이상의 필드를 AND나 OR 조건으로 추출할 수 있습니다.

고급 필터의 조건 지정 규칙

조건을 입력할 때는 필드 이름을 입력하고 필드 이름 아래에 조건을 입력합니다. 이때 조건을 같은 행에 입력하면 AND 조건이 되며 다른 행에 입력하면 OR 조건이 됩니다. 조건을 지정할 때는 대표문자(?,*)를 사용할 수 있습니다.

① AND 조건 : 같은 행에 조건을 입력합니다.

직급	업적고과
과장	A

◀ 직급이 과장이며 업적고과가 A인 레코드를 추출합니다.

② OR 조건 : 다른 행에 조건을 입력합니다.

직급	업적고과
과장	
	A

◀ 직급이 과장이거나 업적고과가 A인 레코드를 추출합니다.

③ AND, OR 복합 조건

직급	토익점수
과장	>=800
사원	>=850

◀ 직급이 과장이면서 토익점수가 800점 이상이거나, 직급이 사원이면서 토익점수가 850점 이상인 레코드를 추출합니다.

수식으로 조건 지정하기

수식으로 조건을 만들 때는 조건 필드를 데이터베이스 필드 이름이 아닌 다른 이름으로 지정하거나 공백으로 표시하며 조건을 입력한 셀에는 TRUE, FALSE 값이 표시됩니다.

인사팀에 근무하면서 토익의 점수가 전체 평균점수보다 큰 데이터를 나타내는 조건 수식은 다음과 같습니다.

부서	평균점수
인사팀	TRUE

- 조건 필드 이름 : 평균점수
- 점수 평균 수식 : =F2>=AVERAGE($F$2:$F$15)

F2:F15 범위의 데이터 평균점수보다 F2셀의 값이 크거나 같을 경우 TRUE가 표시됩니다. 조건이 적용될 필드는 "토익점수"이지만 조건필드의 이름은 "평균점수"로 수정합니다.

	A	B	C	D	E	F
1	성명	부서	직급	업적고과	능력고과	토익점수
2	강민국	인사팀	과장	A	A	650
3	김건중	감사팀	대리	B	C	567
4	김미화	인사팀	부장	B	C	590
5	김민우	감사팀	차장	A	B	680
6	김회수	인사팀	사원	A	B	780
7	남상국	총무팀	대리	A	A	780
8	문상철	감사팀	차장	C	C	820
9	민호재	홍보팀	사원	B	A	920
10	박민희	총무팀	사원	B	C	690
11	박상민	기획팀	대리	A	A	800
12	박철국	감사팀	주임	A	C	890
13	박철수	인사팀	주임	A	A	910
14	성민호	기획팀	주임	B	A	800
15	송주리	총무팀	과장	A	A	910

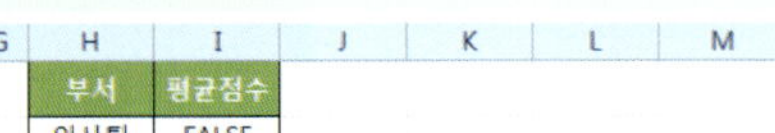

부서	평균점수
인사팀	FALSE

성명	부서	직급	업적고과	능력고과	토익점수
김회수	인사팀	사원	A	B	780
박철수	인사팀	주임	A	A	910

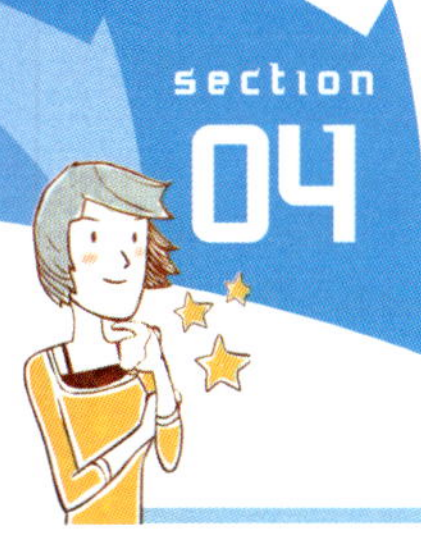

section 04

부분합 이용하기

• 부분합 • 윤곽 기호 • 확장 버튼 • 축소 버튼

함께해요 1. 부분합 작성하기 보험 상품 가입 고객 정보

	A	B	C	D	E	F
1		보험상품 가입 고객 정보				
2						
3	지점	보험상품	가입금액	보험료(월)	납입횟수	납입액
10		무배당암보험 요약	150,000,000	197,100		6,460,700
15		변액연금보험 요약	160,000,000	537,000		16,403,000
17		생명보험 요약	10,000,000	9,870		266,490
20		여성건강보험 요약	40,000,000	64,650		925,350
21	강동점	연금보험	80,000,000	248,000	52	12,896,000
22	강서점	연금보험	80,000,000	156,000	27	4,212,000
23	강남점	연금보험	100,000,000	178,000	35	6,230,000
24	강동점	연금보험	100,000,000	154,000	4	616,000
25		연금보험 요약	360,000,000	736,000		23,954,000
31		의료실비보험 요약	150,000,000	115,440		1,054,980
40		종신보험 요약	540,000,000	1,312,400		50,857,000
41		총합계	1,410,000,000	2,972,460		99,921,520

부분합을 작성하려면 먼저 부분합을 구하려는 필드를 정렬해야 합니다. 그룹화된 부문별로 자동 윤곽선이 표시되면 합계, 평균, 개수, 최대, 최소, 표준편차, 분산 등이 자동 계산됩니다.

• 실습 파일 ⓒ:\엑셀\10장\실습\고객정보1.xlsx

• 완성 파일 ⓒ:\엑셀\10장\완성\고객정보1_완성.xlsx

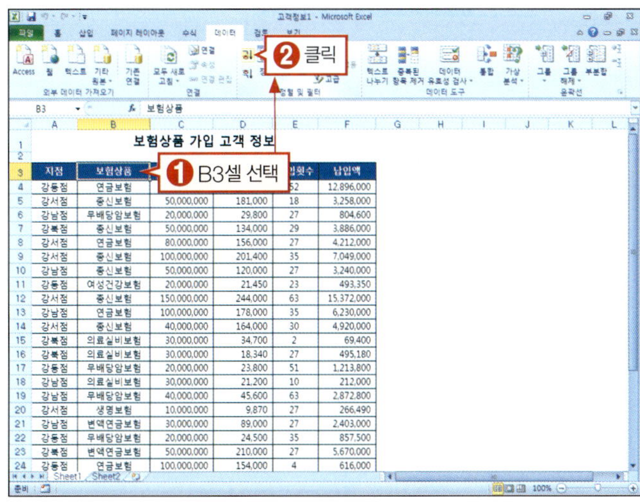

01

① B3셀을 선택

② [데이터] 탭의 [정렬 및 필터] 그룹에서 **오름차순**을 클릭하여 보험상품을 오름차순으로 정렬합니다.

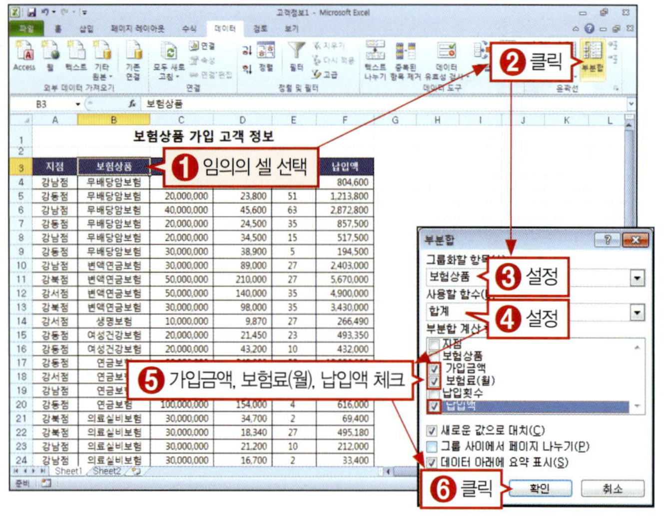

02

① 데이터에서 임의의 셀을 선택

② [윤곽선] 그룹에서 **부분합**을 클릭

③④ 그룹화할 항목을 **보험상품**, 사용할 함수를 **합계**로 설정

⑤⑥ 부분합 계산 항목을 **가입금액**, **보험료(월)**, **납입액**에 체크하고 〈**확인**〉을 클릭합니다.

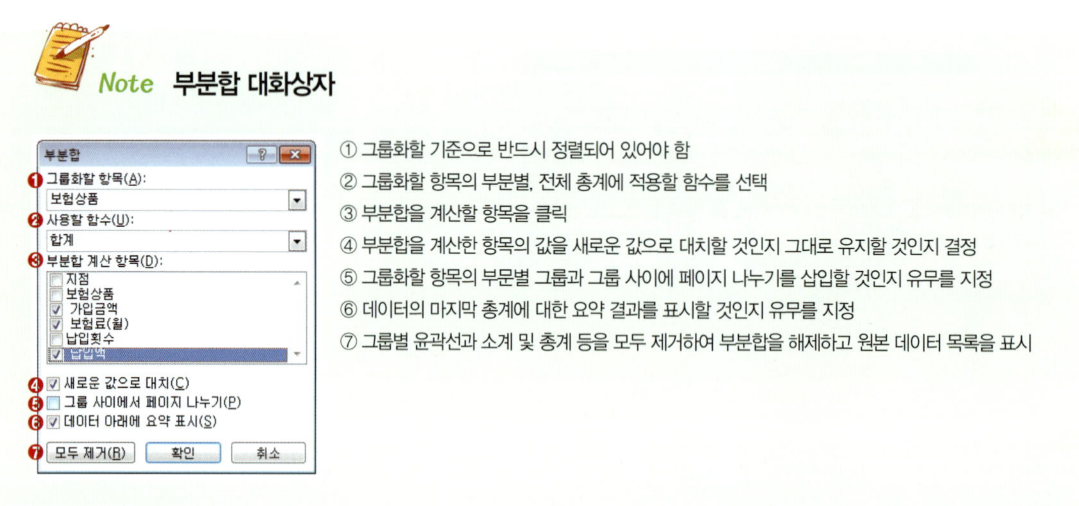

Note 부분합 대화상자

① 그룹화할 기준으로 반드시 정렬되어 있어야 함

② 그룹화할 항목의 부분별, 전체 총계에 적용할 함수를 선택

③ 부분합을 계산할 항목을 클릭

④ 부분합을 계산한 항목의 값을 새로운 값으로 대치할 것인지 그대로 유지할 것인지 결정

⑤ 그룹화할 항목의 부문별 그룹과 그룹 사이에 페이지 나누기를 삽입할 것인지 유무를 지정

⑥ 데이터의 마지막 총계에 대한 요약 결과를 표시할 것인지 유무를 지정

⑦ 그룹별 윤곽선과 소계 및 총계 등을 모두 제거하여 부분합을 해제하고 원본 데이터 목록을 표시

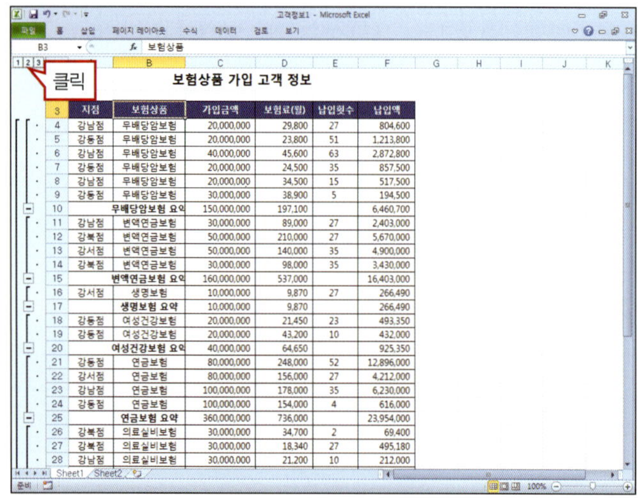

03 그림과 같이 보험 상품별 가입금액, 보험료(월), 납입액의 합계가 구해지며 윤곽 기호가 생깁니다. 윤곽 기호 중에 **2번 버튼** 2 을 클릭해서 부분합 결과만 표시합니다.

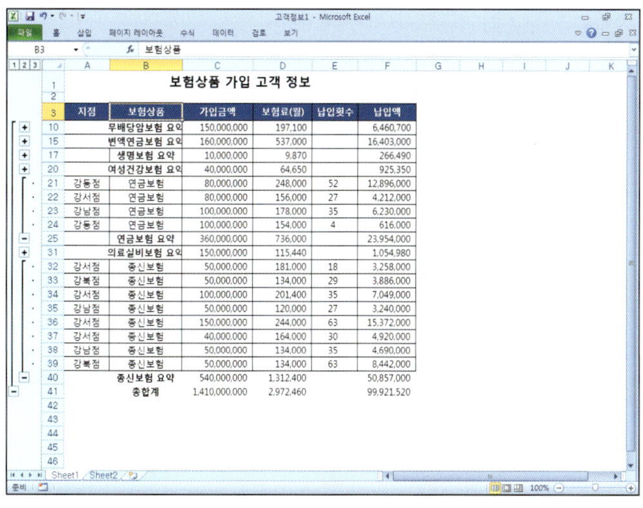

04 확장 버튼[+]이나 축소 버튼[-]을 클릭해서 데이터를 확장하거나 축소할 수 있습니다.

Tip

[1]은 전체 결과(총 합계), [2]는 소계, [3]은 전체 데이터를 표시합니다. 확장 버튼[+]을 클릭하면 숨겨져 있는 하위 수준이 표시되고, 축소 버튼[-]을 클릭하면 하위 수준(그룹)이 가려집니다.

함께해요 2. 여러 그룹으로 부분합 작성하기 고객 정보

두 가지 이상의 그룹으로 부분합을 작성하려면 먼저 큰 그룹의 부분합을 작성하고, 다시 두 번째 그룹에 대한 부분합을 작성합니다. 두 번째 그룹을 부분합으로 작성할 때는 '새로운 값으로 대치' 옵션에 체크를 해제합니다.

- 실습 파일 ⓒ:\엑셀\10장\실습\고객정보2.xlsx
- 완성 파일 ⓒ:\엑셀\10장\완성\고객정보2_완성.xlsx

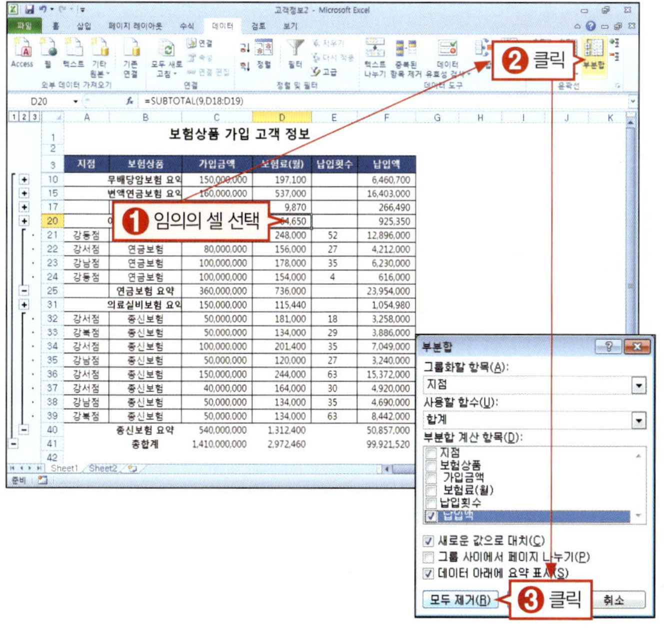

01

① 데이터에서 임의의 셀을 선택

② [데이터] 탭의 [윤곽선] 그룹에서 **부분합**을 클릭

③ 대화상자에서 **<모두 제거>**를 클릭하여 부분합을 제거합니다.

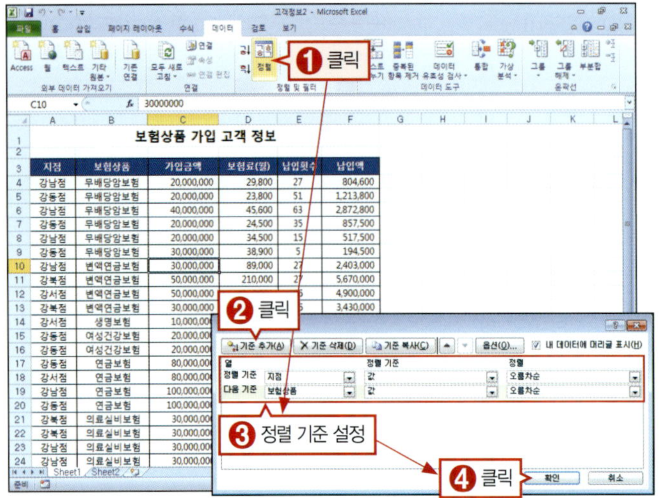

02

① [데이터] 탭의 [정렬 및 필터] 그룹에서 **정렬**을 클릭

②③ 〈**기준 추가**〉를 클릭하고 그림과 같이 **지점**과 **보험상품** 필드를 **오름차순**으로 설정

④ 〈**확인**〉을 클릭해서 부분합 구할 필드를 정렬합니다.

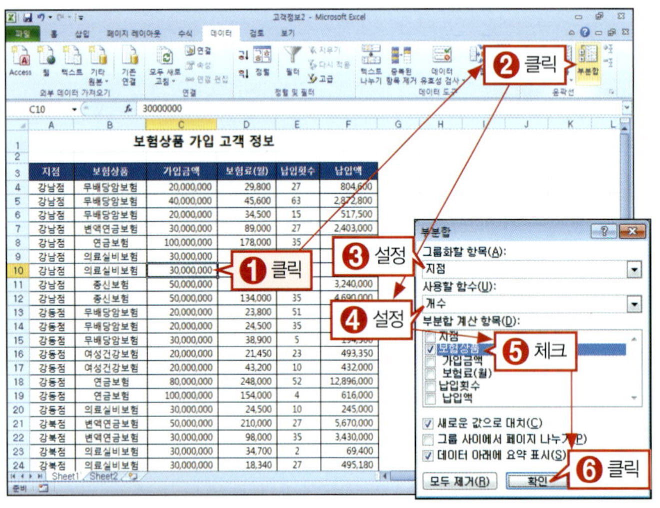

03

① 임의의 셀을 선택

② [윤곽선] 그룹에서 **부분합**을 클릭

③④ 그룹화할 항목을 **지점**, 사용할 함수를 **개수**로 설정

⑤⑥ 부분합 계산 항목을 **보험상품**에 체크하고 〈**확인**〉을 클릭해서 첫 번째 부분합을 구합니다.

04

① [윤곽선] 그룹에서 **부분합**을 클릭

②③ 그룹화할 항목을 **보험상품**, 사용할 함수를 **합계**로 설정

④⑤ 부분합 계산할 항목을 **보험금(월)**, **납입액**에 체크하고 **새로운 값으로 대치**에 체크를 해제

⑥ 〈**확인**〉을 클릭해서 두 번째 부분합을 구합니다.

Tip

'새로운 값으로 대치'의 체크를 해제해야 여러 그룹으로 부분합을 구할 수 있습니다.

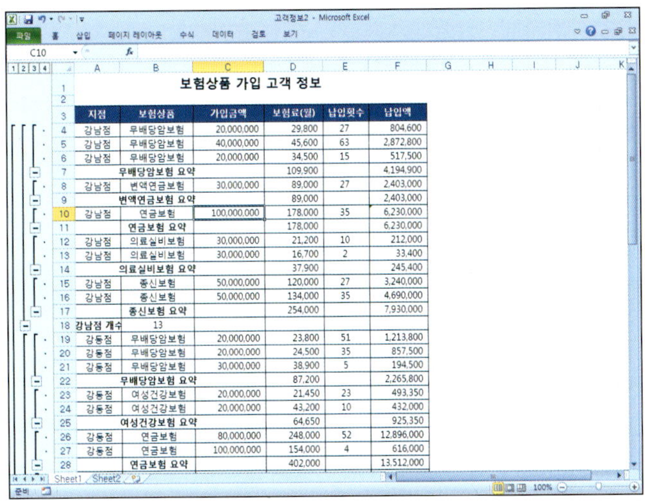

05 그림과 같이 지점별 개수와 보험상품별 보험료 및 납입액의 합계가 나타납니다.

Note 부분합 결과에서 보이는 셀만 선택 및 복사하기

자동 필터로 검색한 일부 데이터를 복사해서 다른 곳으로 붙일 수 있습니다. 하지만 부분합은 일부 축소된 데이터를 복사해서 다른 곳에 붙여 넣으면 숨겨진 하위 수준까지 붙여집니다. 그러므로 화면에 보이는 셀만 붙여 넣기 위해서는 다음과 같은 과정을 거쳐야 합니다.

그림과 같이 요약된 결과만 표시된 상태에서 A3~F55셀을 범위로 지정하고 F5를 누릅니다. 이동 대화상자에서 **〈옵션〉**을 클릭하고, **화면에 보이는 셀만**을 선택한 다음 **〈확인〉**을 클릭하면 화면에 보이는 영역만 범위로 지정됩니다.

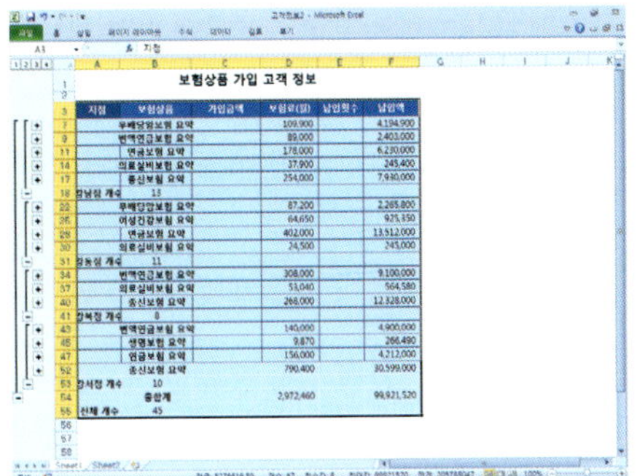

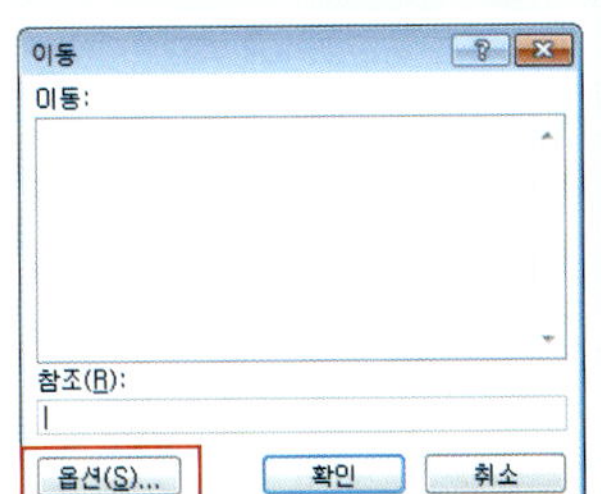

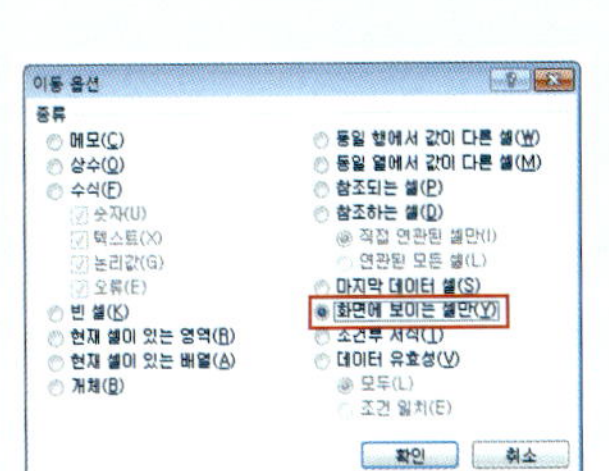

Tip 화면에 보이는 셀 선택 단축키는 Alt+;입니다.

화면에 보이는 셀만 선택된 상태에서 Ctrl+C를 눌러 복사한 다음 붙여 넣을 셀을 선택하고 Ctrl+V를 누르면 화면에 보이는 영역만 붙여 넣을 수 있습니다.

section 05

피벗 테이블과 피벗 차트

• 피벗 테이블 • 슬라이서 • 피벗 테이블 보고서 • 보고서 레이아웃 • 피벗 차트

함께해요 1. 피벗 테이블 보고서 만들기 거래처별 납품 실적 현황

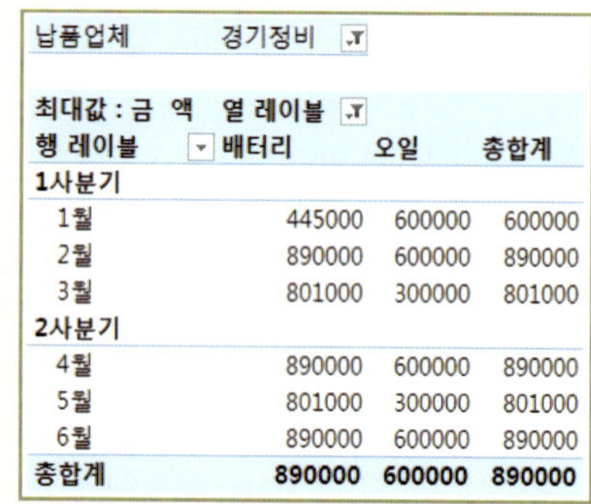

납품업체	경기정비		
최대값 : 금 액	열 레이블		
행 레이블	배터리	오일	총합계
1사분기			
1월	445000	600000	600000
2월	890000	600000	890000
3월	801000	300000	801000
2사분기			
4월	890000	600000	890000
5월	801000	300000	801000
6월	890000	600000	890000
총합계	890000	600000	890000

피벗 테이블은 복잡한 데이터를 분석하여 행과 열 방향으로 그룹화된 항목을 정렬 및 요약하여 표 형태로 나타냅니다. 원하는 항목을 요약할 수 있으며 여러 필드에 대해서도 요약 테이블을 만들 수 있어 많은 양의 데이터를 한눈에 파악할 수 있습니다.

• 실습 파일 ⓒ:\엑셀\10장\실습\납품실적현황1.xlsx

• 완성 파일 ⓒ:\엑셀\10장\완성\납품실적현황1_완성.xlsx

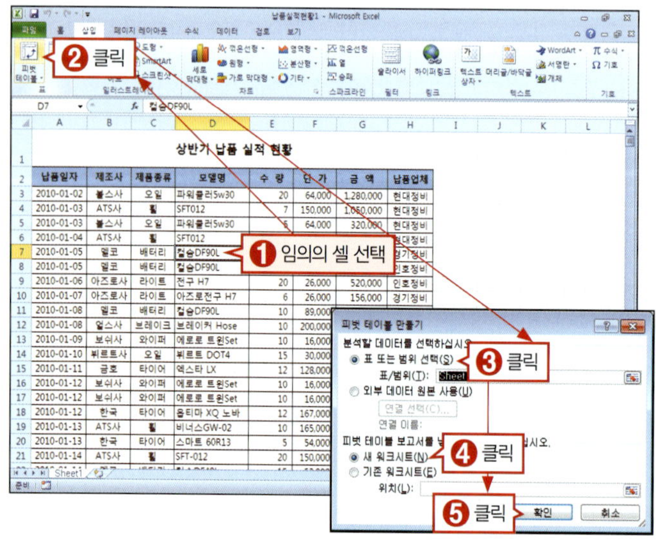

01

① 데이터에서 임의의 셀을 선택

② [삽입] 탭의 [표] 그룹에서 **피벗 테이블**을 클릭

③ **표 또는 범위 선택**을 선택하면 표/범위란에 자동으로 데이터 범위가 지정

④⑤ 피벗 테이블 보고서를 넣을 위치로 **새 워크시트**를 선택한 다음 **〈확인〉**을 클릭합니다.

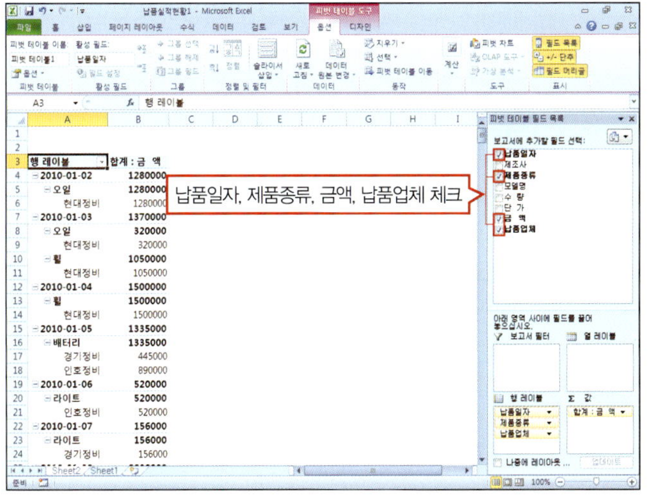

02 새로운 시트가 삽입되면서 왼쪽에는 피벗 테이블 레이아웃 설계 영역이, 오른쪽에는 피벗 테이블 필드 목록 창이 나타납니다. 필드 목록 창에서 **납품일자**, **제품종류**, **금액**, **납품업체**를 선택하여 체크합니다.

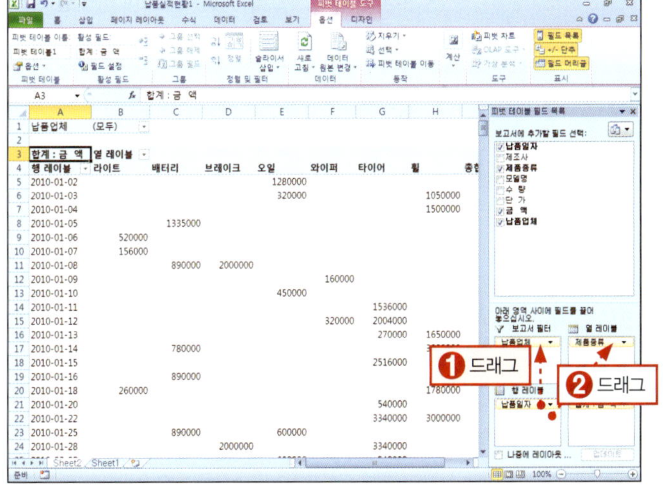

03

① 행 레이블 영역에 있는 **납품업체**를 보고서 필터 영역으로 드래그해서 옮깁니다.

② **제품종류**를 열 레이블 영역으로 드래그하여 옮깁니다.

Tip

행/열 레이블 영역에 있는 필드를 클릭한 후 '필드 제거'를 선택해서 제거할 수 있습니다.

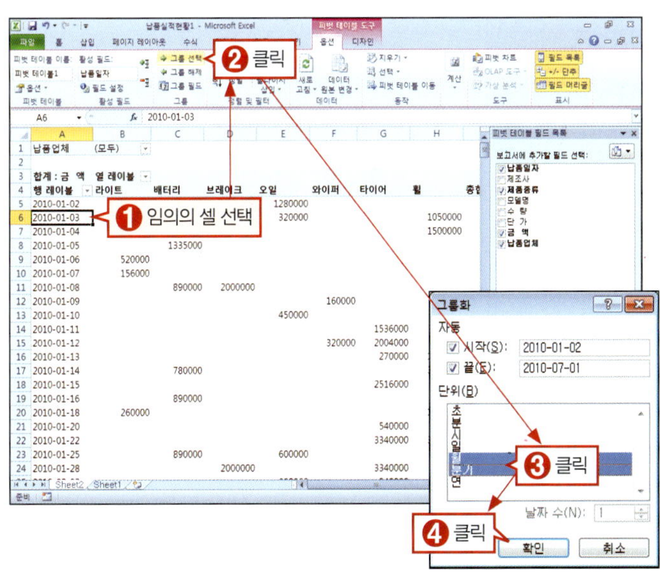

04 날짜와 같은 숫자 데이터는 그룹화할 수 있습니다.

① 설계 영역의 행 레이블에서 임의의 셀을 선택

② [피벗 테이블 도구>옵션] 탭의 [그룹] 그룹에서 **그룹 선택**을 클릭

③ 그룹화할 단위에서 **월**과 **분기**를 선택

④ **<확인>**을 클릭해서 월별, 분기별로 그룹화합니다.

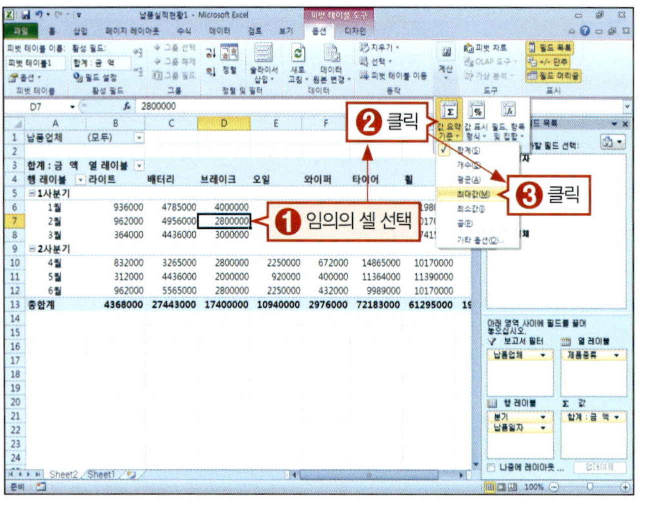

05 피벗 테이블은 기본적으로 합계로 요약됩니다.

① 요약 기준을 변경하기 위해 값 영역 필드에서 임의의 셀을 선택

②③ [피벗 테이블 도구〉옵션] 탭의 [계산] 그룹에서 **값 요약 기준**을 클릭한 후 **최대값**을 선택합니다. 값 영역 필드 요약 기준이 최대값으로 변경됩니다.

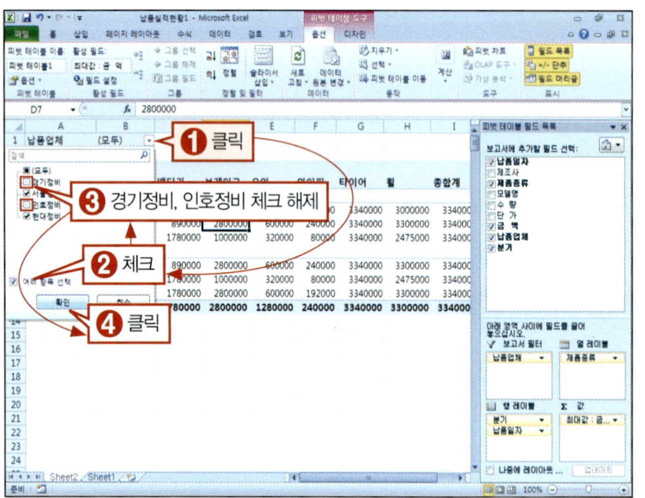

06 분기별, 월별, 제품종류별로 금액의 최대값이 나타납니다.

①② **보고서 필터 버튼**▼을 클릭하고 **여러 항목 선택**에 체크

③④ **경기정비**와 **인호정비**의 체크를 해제하고 〈**확인**〉을 클릭합니다. 보고서에 서울정비와 현대정비에 관한 데이터만 나타납니다.

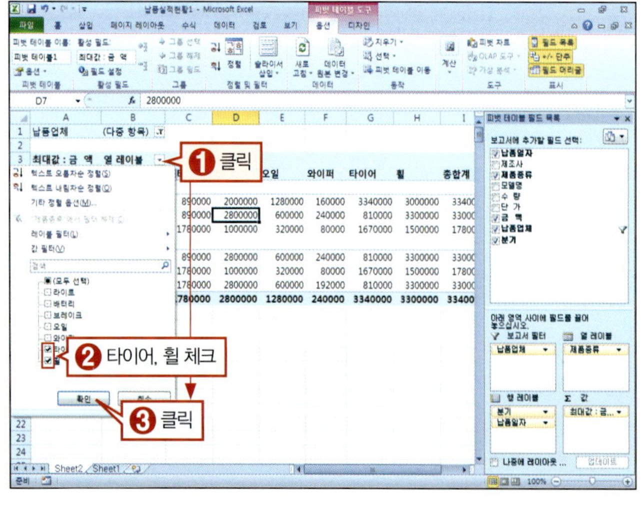

07

① **열 레이블 필터 버튼**▼을 클릭

②③ **타이어**와 **휠**에만 체크하고 〈확인〉을 클릭해서 타이어와 휠 항목만 나타냅니다.

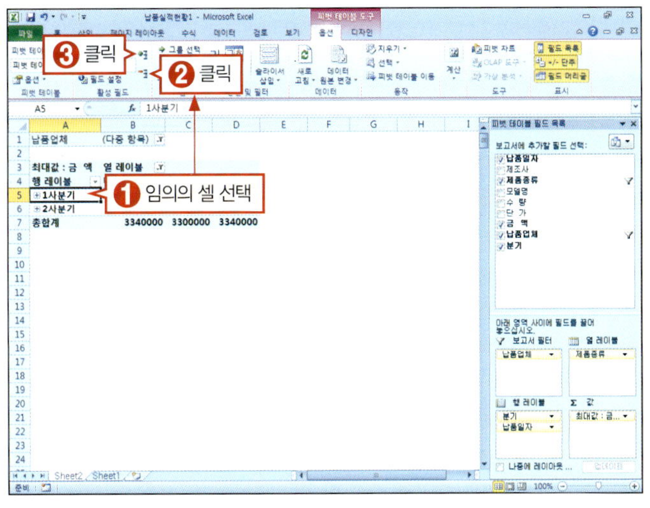

08 행/열 레이블에 2개 이상의 필드가 있으면 전체 필드를 축소하거나 확장할 수 있습니다.

① 행 레이블에서 임의의 셀을 선택

② [피벗 테이블 도구〉옵션] 탭의 [활성 필드] 그룹에서 **전체 필드 축소**를 클릭해서 전체 필드를 축소

③ **전체 필드 확장**을 클릭해서 전체 필드를 확장합니다.

Tip

확장 버튼과 축소 버튼을 클릭해서 하위 레코드 일부를 확장/축소할 수 있습니다.

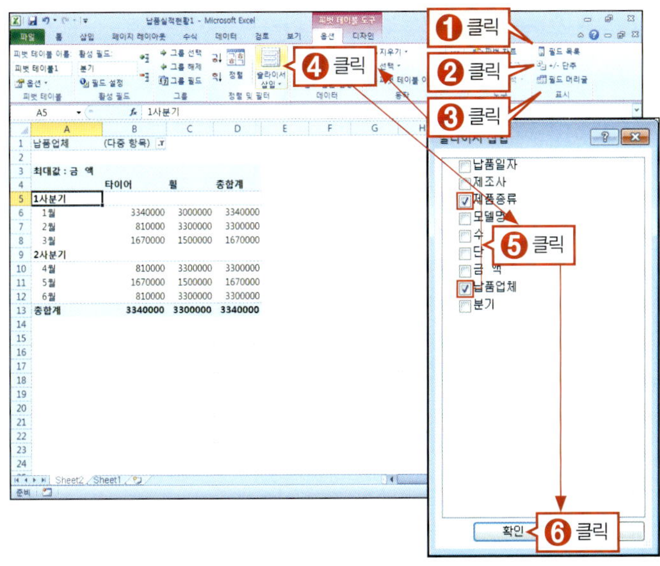

09 피벗 테이블을 완성했으므로 불필요한 창을 숨기겠습니다.

①②③ [옵션] 탭의 [표시] 그룹에서 **필드 목록**, **+/− 단추**, **필드 머리글**을 각각 클릭하여 숨깁니다.

④ [정렬 및 필터] 그룹에서 **슬라이서 삽입**을 클릭

⑤⑥ **제품종류**와 **납품업체**에 체크한 다음 〈**확인**〉을 클릭합니다.

Tip

슬라이서는 피벗 테이블의 데이터를 더욱 세분화하여 필터링하고 필요한 내용만 표시할 때 유용합니다.

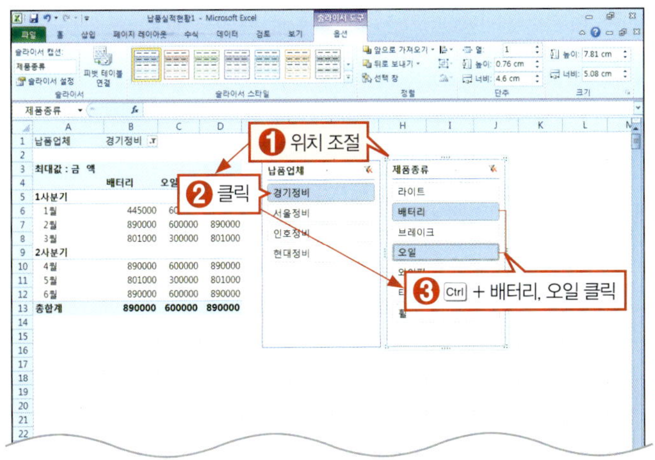

10

① 납품업체와 제품종류 슬라이서 창을 드래그하여 오른쪽 적당한 위치에 배치

② 납품업체 창에서 **경기정비**를 선택

③ 제품종류 창에서 Ctrl을 누른 상태로 **배터리**와 **오일**을 선택하여 필터링합니다.

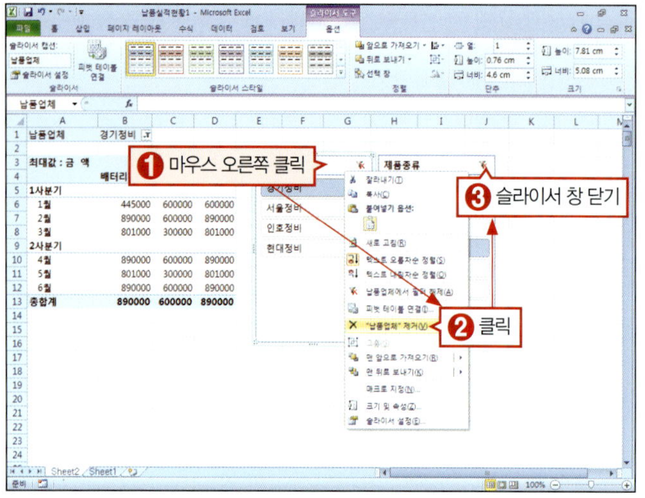

11

①② 납품업체 슬라이서 창에서 마우스 오른쪽 버튼을 클릭하고 **"납품업체" 제거**를 선택한 뒤 슬라이스 창을 닫습니다.

③ 같은 방법으로 제품종류 슬라이서 창도 닫습니다.

Note [피벗 테이블 도구>옵션] 도구 모음 살펴보기

[옵션] 탭에서는 피벗 차트를 삽입하거나 피벗 테이블의 필드 목록, 정렬, 원본 데이터, 필드 설정 등 세부 사항을 지정할 수 있습니다.

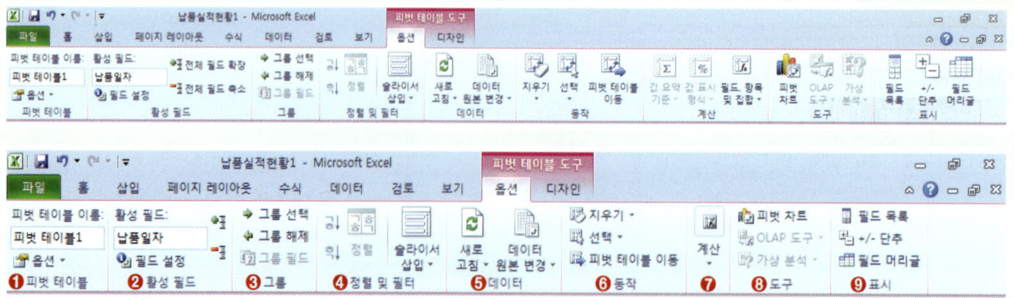

▲ 화면 해상도에 따라 일부 그룹의 아이콘이 보이거나 보이지 않습니다.

① 피벗 테이블 : 피벗 테이블의 이름이 표시됩니다. 피벗 테이블의 세부 사항을 설정할 수 있는 옵션이 있습니다.

② 활성 필드 : 현재 선택한 필드의 이름이 나타납니다. 각 필드의 세부 사항을 설정할 수 있습니다.

③ 그룹 : 숫자나 날짜 필드를 단위별로 그룹화하거나 해제합니다.

④ 정렬 및 필터 : 행, 열, 필드 데이터를 정렬합니다. 슬라이서를 삽입하여 필드의 목록을 슬라이서 창에 표시하고 필터링합니다.

⑤ 데이터 : 원본 데이터의 범위를 변경할 수 있습니다. 피벗 테이블의 레이아웃을 수정할 경우 새로 고침을 눌러 피벗 테이블 보고서에 적용합니다.

⑥ 동작 : 피벗 테이블을 지우거나 선택할 수 있으며 피벗 테이블 전체를 통합 문서의 다른 위치로 옮깁니다.

⑦ 계산 : 피벗 테이블의 요약 기준 함수를 합계, 평균, 개수 등으로 변경하거나 행이나 열방향의 비율에 따른 백분율(%)로 표시합니다. 또한 계산 필드를 추가할 수 있습니다.

⑧ 도구 : 피벗 테이블을 원본으로 피벗 차트를 만들거나 피벗 테이블에 추가로 계산 필드를 삽입합니다.

⑨ 표시/숨기기 : 필드 목록 창, 필드가 그룹화되어 있을 때 표시되는 +/−, 필드 머리글을 표시하거나 숨깁니다.

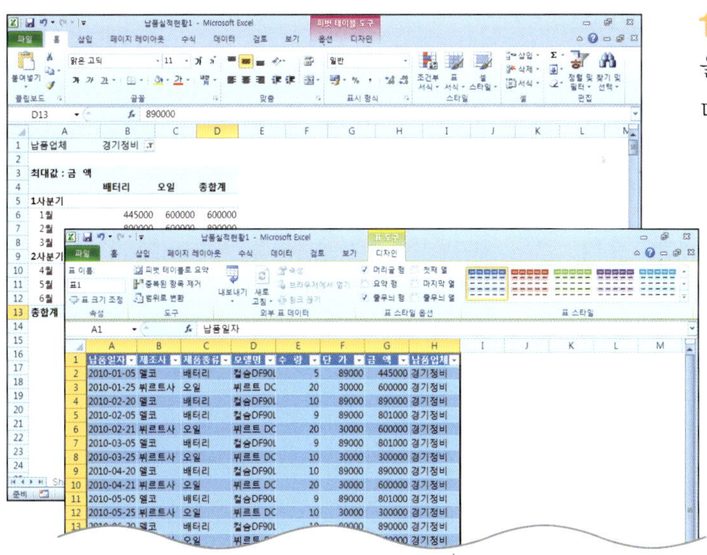

12 피벗 테이블에서 임의의 필드 값 셀을 더블클릭하면 필드 값을 구성한 원본 데이터가 새로운 시트에 만들어집니다.

함께해요 2. 피벗 테이블 레이아웃 및 디자인 변경하기 납품 실적 현황

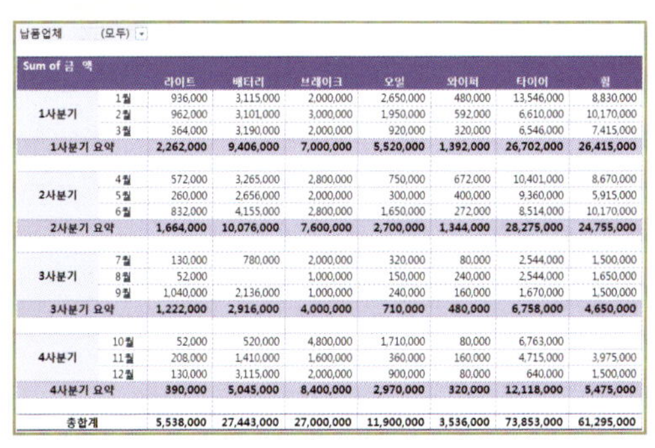

납품업체 (모두)

Sum of 금 액		라이트	배터리	브레이크	오일	와이퍼	타이어	휠
1사분기	1월	936,000	3,115,000	2,000,000	2,650,000	480,000	13,546,000	8,830,000
	2월	962,000	3,101,000	3,000,000	1,950,000	592,000	6,610,000	10,170,000
	3월	364,000	3,190,000	2,000,000	920,000	320,000	6,546,000	7,415,000
1사분기 요약		2,262,000	9,406,000	7,000,000	5,520,000	1,392,000	26,702,000	26,415,000
2사분기	4월	572,000	3,265,000	2,800,000	750,000	672,000	10,401,000	8,670,000
	5월	260,000	2,656,000	2,000,000	300,000	400,000	9,360,000	5,915,000
	6월	832,000	4,155,000	2,800,000	1,650,000	272,000	8,514,000	10,170,000
2사분기 요약		1,664,000	10,076,000	7,600,000	2,700,000	1,344,000	28,275,000	24,755,000
3사분기	7월	130,000	780,000	2,000,000	320,000	80,000	2,544,000	1,500,000
	8월	52,000		1,000,000	150,000	240,000	2,544,000	1,650,000
	9월	1,040,000	2,136,000	1,000,000	240,000	160,000	1,670,000	1,500,000
3사분기 요약		1,222,000	2,916,000	4,000,000	710,000	480,000	6,758,000	4,650,000
4사분기	10월	52,000	520,000	4,800,000	1,710,000	80,000	6,763,000	
	11월	208,000	1,410,000	1,600,000	360,000	160,000	4,715,000	3,975,000
	12월	130,000	3,115,000	2,000,000	900,000	80,000	640,000	1,500,000
4사분기 요약		390,000	5,045,000	8,400,000	2,970,000	320,000	12,118,000	5,475,000
총합계		5,538,000	27,443,000	27,000,000	11,900,000	3,536,000	73,853,000	61,295,000

피벗 테이블로 요약한 보고서에 레이아웃과 서식, 스타일을 적용해서 보고서를 보기 좋고 이해하기 쉽게 꾸밀 수 있습니다.

- **실습 파일** ⓒ:\엑셀\10장\실습\납품실적현황2.xlsx
- **완성 파일** ⓒ:\엑셀\10장\완성\납품실적현황2_완성.xlsx

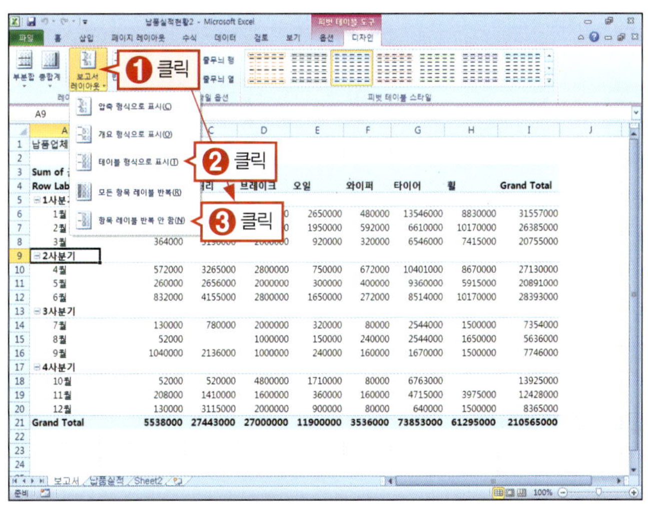

01 피벗 테이블 보고서의 기본 레이아웃은 **압축 형식**입니다.

① [피벗테이블 도구〉디자인] 탭의 [레이아웃] 그룹에서 **보고서 레이아웃**을 클릭

②③ **테이블 형식으로 표시**와 **항목 레이블 반복 안 함**을 각각 선택하여 레이아웃을 테이블 형식으로 변경합니다.

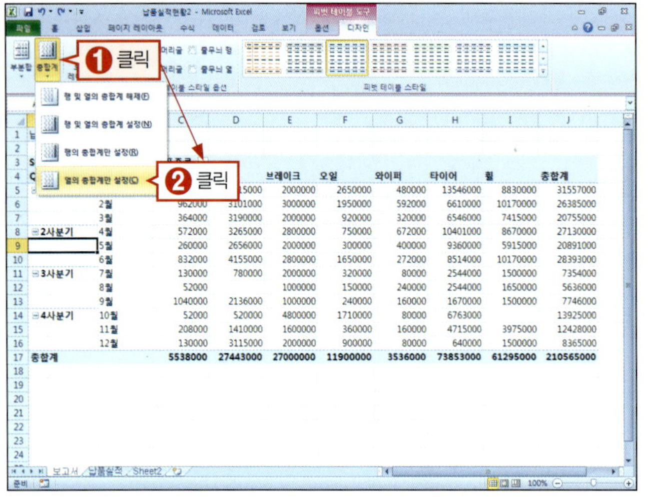

02 피벗 테이블은 기본적으로 행과 열의 총합계가 표시됩니다.

①② [디자인] 탭의 [레이아웃] 그룹에서 **총합계**를 클릭하고 **열의 총합계만 설정**을 선택해서 열의 총합계만 표시합니다.

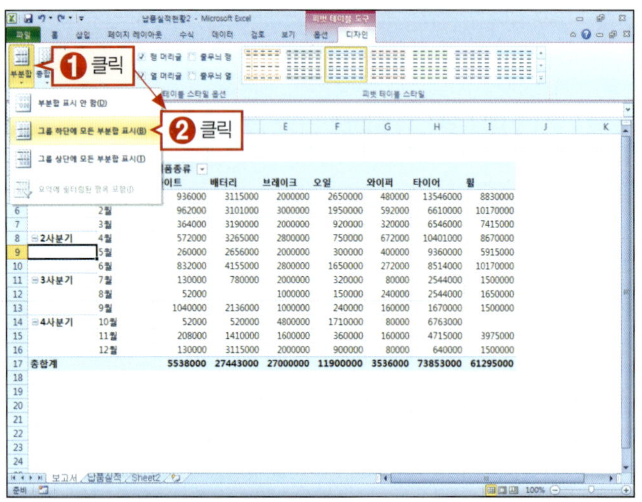

03 행 레이블의 그룹 항목에 부분합을 표시하겠습니다.

①② [디자인] 탭이 [레이아웃] 그룹에서 **부분합**을 클릭하고 **그룹 하단에 모든 부분합 표시**를 선택합니다.

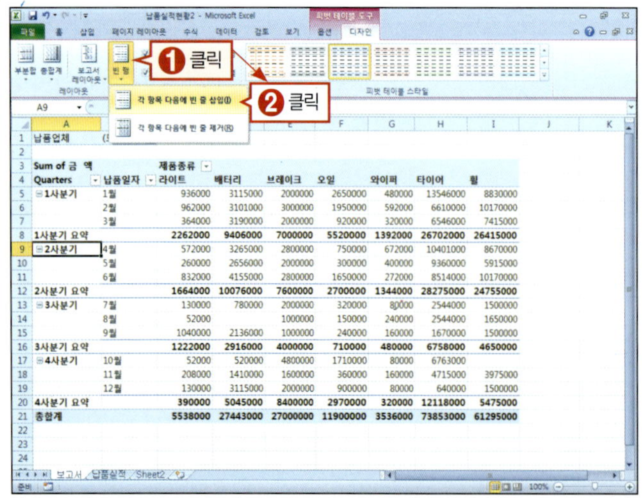

04 행 레이블의 그룹 항목 다음에 빈 줄을 삽입하겠습니다.

①② [디자인] 탭의 [레이아웃] 그룹에서 **빈 행**을 클릭한 다음 **각 항목 다음에 빈 줄 삽입**을 선택합니다.

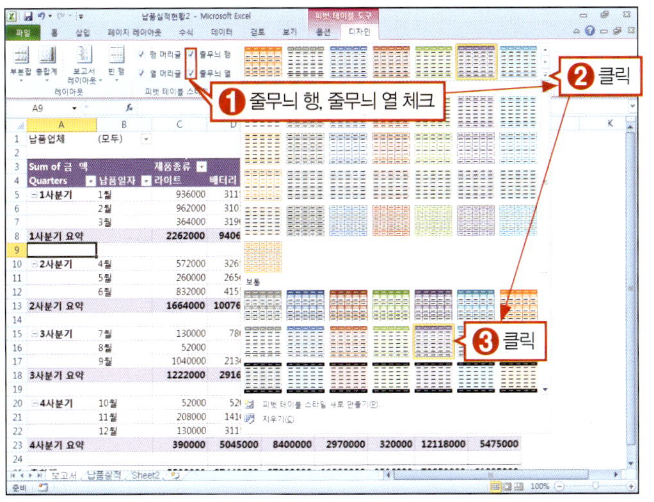

05

① [디자인] 탭의 [피벗 테이블 스타일 옵션] 그룹에서 **줄무늬 행, 줄무늬 열**에 체크

②③ [피벗 테이블 스타일] 그룹에서 **자세히**를 클릭하여 **피벗 스타일 보통 12**를 선택해서 피벗 스타일을 변경합니다.

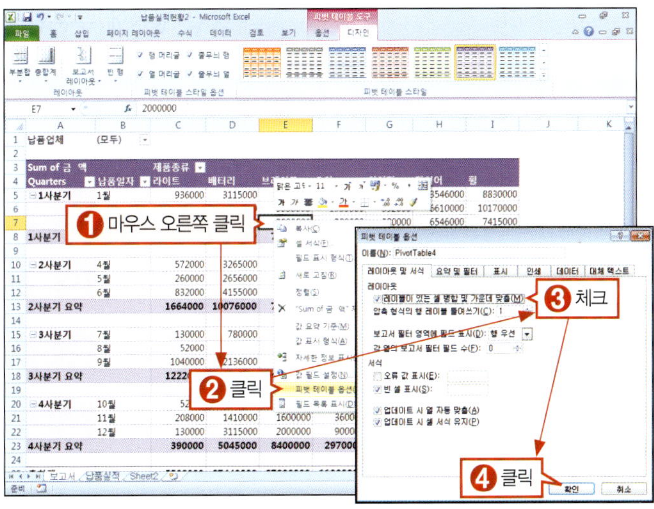

06 행/열 레이블에 2개 이상의 필드가 있는 경우 첫 번째 항목에 대해 셀을 병합할 수 있습니다.

①② 피벗 테이블 임의의 셀에서 마우스 오른쪽 버튼을 클릭하고 **피벗 테이블 옵션**을 선택

③④ [레이아웃 및 서식] 탭에서 **레이블이 있는 셀 병합 및 가운데 맞춤**에 체크한 다음 **〈확인〉**을 클릭합니다.

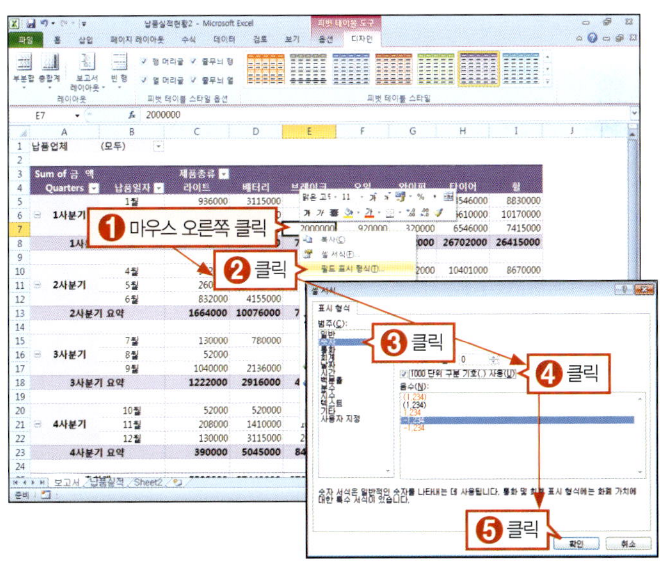

07

①② 금액 필드에 있는 임의의 셀에서 마우스 오른쪽 버튼을 클릭하고 **필드 표시 형식**을 선택

③ 표시 형식 범위에서 **숫자**를 선택

④⑤ **1000단위 구분 기호 사용**에 체크한 다음 **〈확인〉**을 클릭합니다.

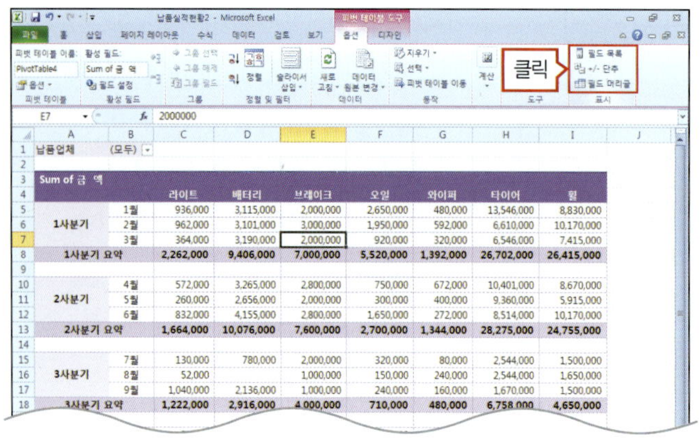

08 [옵션] 탭의 [표시] 그룹에서 **필드목록, +/- 단추, 필드 머리글**을 각각 클릭하여 숨기면 그림과 같은 피벗 테이블 보고서가 완성됩니다.

함께해요 3. 피벗 차트 납품 실적 현황

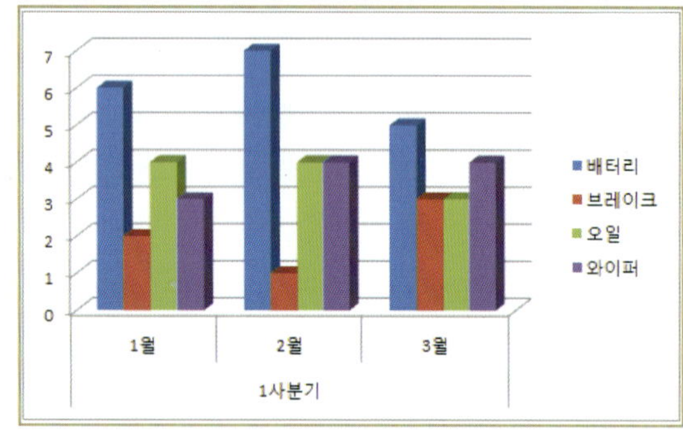

피벗 차트는 피벗 테이블 보고서를 요약하고 분석한 데이터를 시각화하여 그래픽으로 표시한 것입니다. 표준 차트와 달리 피벗 테이블의 레이아웃이나 표시되는 세부 항목 등이 변경되면 자동으로 갱신되는 대화형 차트입니다.

- **실습 파일** ◎:\엑셀\10장\실습\납품실적현황3.xlsx
- **완성 파일** ◎:\엑셀\10장\완성\납품실적현황3_완성.xlsx

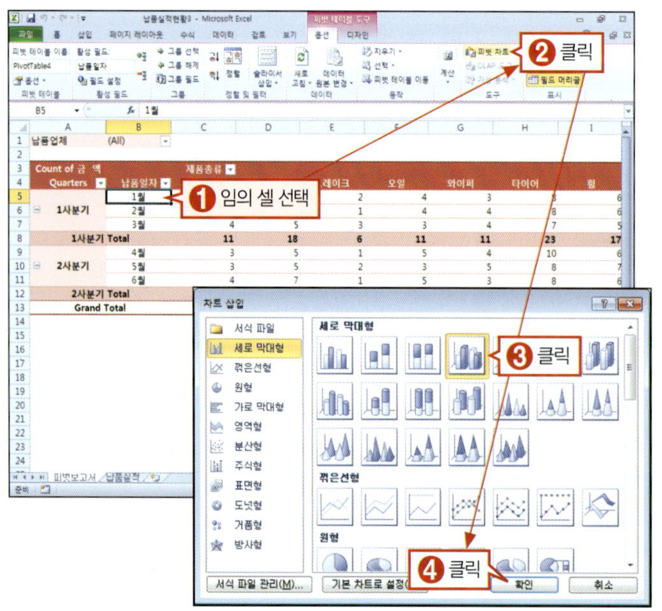

01

① 피벗 테이블에서 임의의 셀을 선택

② [피벗 테이블 도구〉옵션] 탭의 [도구] 그룹에서 **피벗 차트**를 클릭

③④ **3차원 묶은 세로 막대**를 선택하고 **〈확인〉**을 클릭해서 차트를 만듭니다.

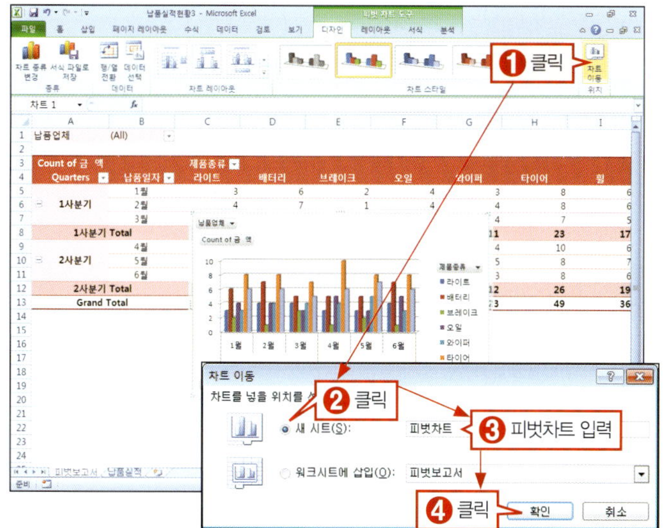

02

① [피벗 테이블 도구〉디자인] 탭의 [위치] 그룹에서 **차트 이동**을 클릭

②③ **새 시트**를 선택하고 시트 이름을 **피벗차트**로 입력

④ 〈**확인**〉을 클릭해서 차트를 새 시트로 옮깁니다.

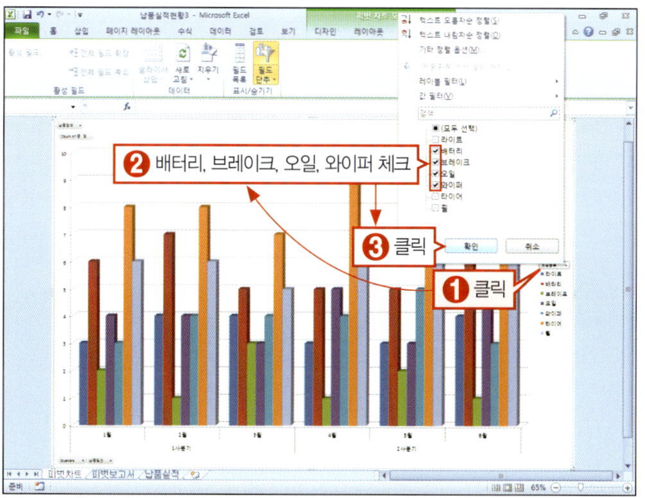

03

①② 피벗차트 시트에서 **범례 필드 버튼** 제품종류 ▾ 을 클릭하고 **배터리, 브레이크, 오일, 와이퍼**에 체크

③ 〈**확인**〉을 클릭해서 필터링한 조건으로 차트를 갱신합니다.

Tip

차트에서 조건을 지정하여 필터링하면 동적으로 연결되어 있는 피벗 테이블도 자동 갱신됩니다.

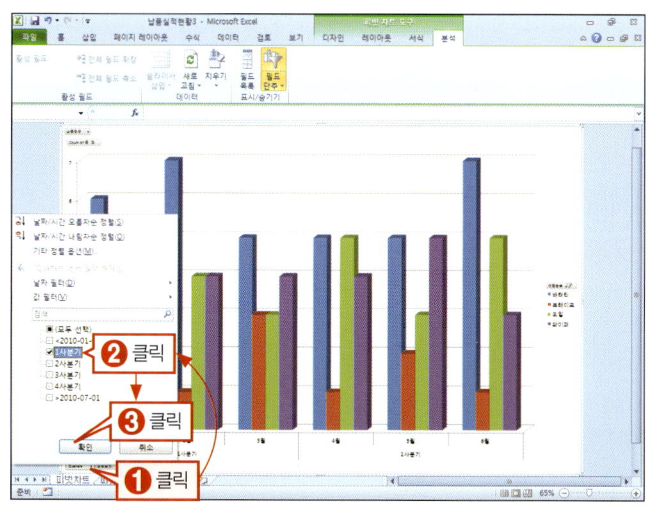

04

①② X축 위치에 **축 필드 버튼** Quarters ▾ 을 클릭하고 **1사분기**에 체크

③ 〈**확인**〉을 클릭해서 1분기 데이터만 차트로 나타냅니다.

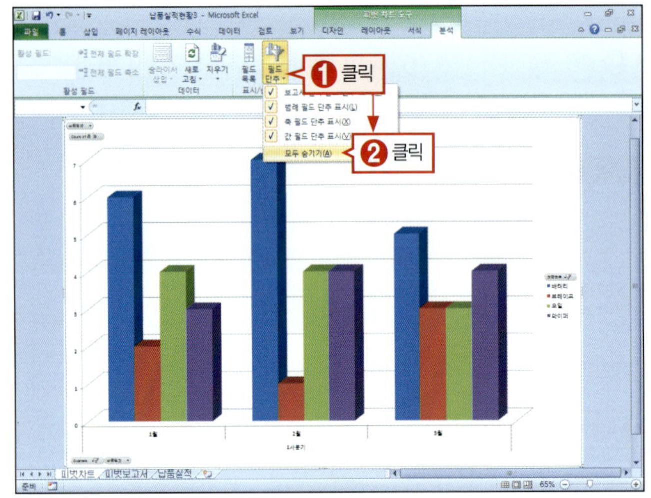

05

①② [피벗 테이블 도구〉분석] 탭의 [표시/숨기기] 그룹에서 **필드 단추**를 클릭하고 **모두 숨기기**를 선택합니다. 필드 버튼이 모두 사라집니다.

Tip

피벗 차트 도구의 디자인, 레이아웃, 서식 탭과 차트를 편집하는 자세한 내용은 9장을 참조합니다.

CHAPTER 11

매크로 다루기

엑셀에서 매크로를 만들기 위해서는

VBA(VISUAL BASIC FOR APPLICATION)를 이용하여 직접 프로그래밍하거나

매크로 기록 도구를 사용해서 원하는 작업 명령을 입력해야 합니다.

매크로는 반복적인 작업을 한 번에 처리하거나

각 통합 문서에서 필요한 명령어를 모아 놓고 맞춤식으로 데이터를 관리할 수 있는 기능입니다.

11장에서는 매크로 기록, 실행, 삭제 방법에 대해 알아보겠습니다.

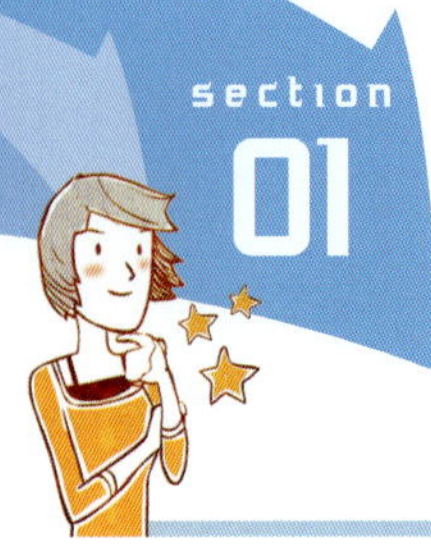

매크로 기록하기

• 개인용 매크로 통합 문서 • 리본 사용자 지정 항목 • 매크로 기록 • 매크로 사용 통합 문서(*.xlsm)

함께해요 1. 개인용 매크로 통합 문서에 매크로 기록하기 환율 정보

개인용 매크로 통합 문서에 매크로를 기록하면 모든 통합 문서에서 사용할 수 있습니다. 매크로를 기록할 때는 마우스나 키보드 동작을 통한 셀 선택, 메뉴 선택 등이 모두 기록되기 때문에 의미 없이 마우스나 키보드를 사용하지 않아야 합니다. 매크로는 바로가기 키나 명령 버튼 등을 이용하여 실행하며 비주얼 베이직 편집기(Visual Basic Editor)를 이용하여 편집할 수 있습니다.

• **실습 파일** ⓒ:\엑셀\11장\실습\환율정보.xlsx

• **완성 파일** ⓒ:\엑셀\11장\완성\환율정보_완성.xlsx

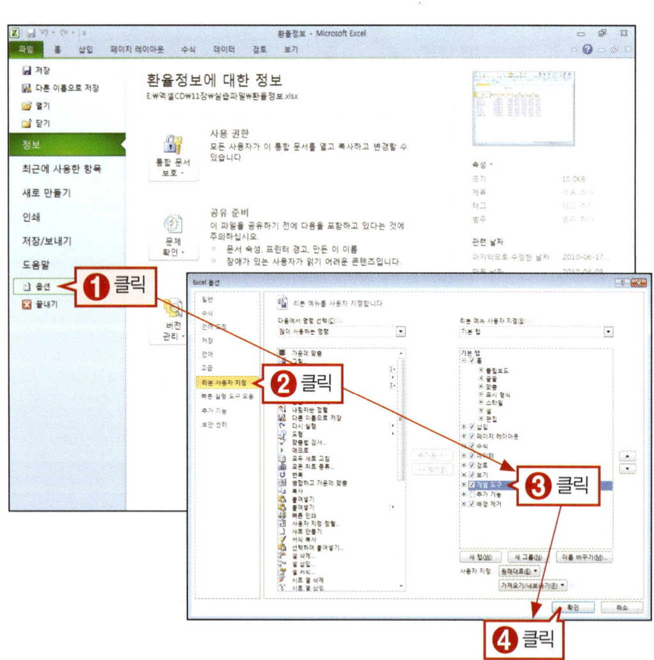

01 빠른 작업을 위해 리본 메뉴에 [개발 도구] 탭을 표시하겠습니다.

① [파일] 탭에서 **옵션**을 클릭

②③ **리본 사용자 지정** 항목의 리본 메뉴 사용자 지정 목록에서 **개발 도구**에 체크

④ 〈**확인**〉을 클릭합니다.

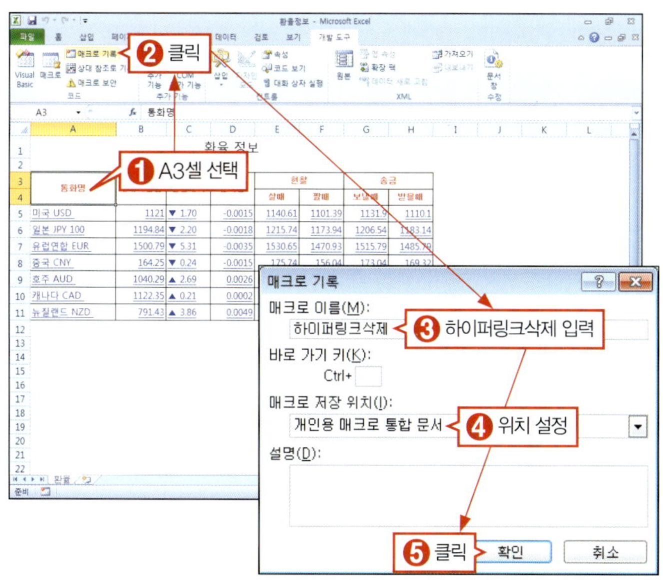

02 하이퍼링크 삭제 매크로를 기록하겠습니다.

① A3셀을 선택

② [개발 도구] 탭의 [코드] 그룹에서 **매크로 기록**을 클릭

③④ 매크로 이름을 **하이퍼링크삭제**, 매크로 저장 위치를 **개인용 매크로 통합 문서**로 설정

⑤ **〈확인〉**을 클릭합니다.

Tip

상태 표시줄에 있는 매크로 기록 버튼을 클릭하여 매크로를 기록할 수 있습니다.

Note 매크로 기록 대화상자

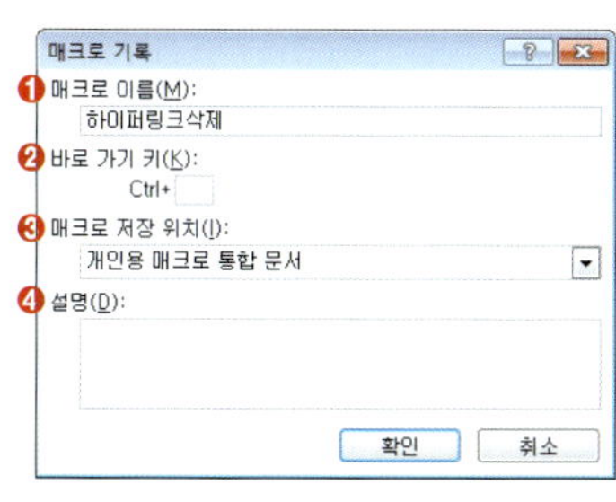

① 매크로 이름 : 기록할 매크로 이름을 입력합니다. 매크로 이름은 첫 글자가 반드시 문자로 시작해야 하고 공백, 특수문자(!,@,?,%,& 등), 셀 주소는 사용할 수 없습니다.

② 바로 가기 키 : 매크로를 실행하는 바로 가기 키를 설정할 수 있으며 대소문자를 구별합니다.

③ 매크로 저장 위치 : 자동 매크로가 기록될 위치를 **개인용 매크로 통합 문서**, **새 통합 문서**, **현재 통합 문서** 중에서 선택합니다.

④ 설명 : 매크로에 대한 부연 설명을 입력합니다.

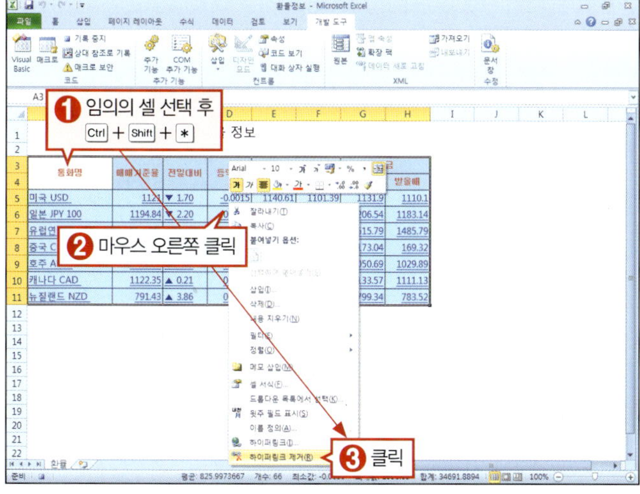

03

① 데이터에서 임의의 셀을 선택하고 Ctrl+Shift+*를 눌러 데이터 전체를 범위로 지정

②③ 마우스 오른쪽 버튼을 클릭하여 **하이퍼링크 제거**를 선택하여 하이퍼링크를 모두 제거합니다.

Tip

하이퍼링크가 설정되어 있는 임의의 셀을 선택하면 하이퍼링크가 실행되므로 하이퍼링크를 실행하지 않고 셀만 선택하려면 셀을 클릭한 상태로 1~2초 정도 기다립니다.

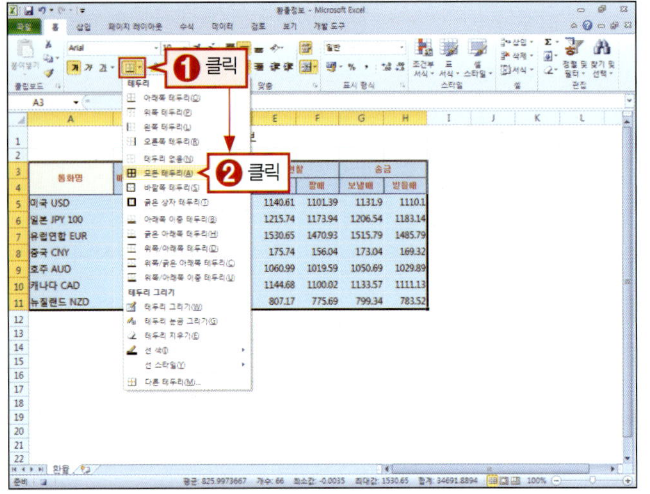

04

①② [홈] 탭의 [글꼴] 그룹에서 **테두리 목록 버튼**을 클릭하고 **모든 테두리**를 선택해서 선택 범위에 테두리를 그립니다.

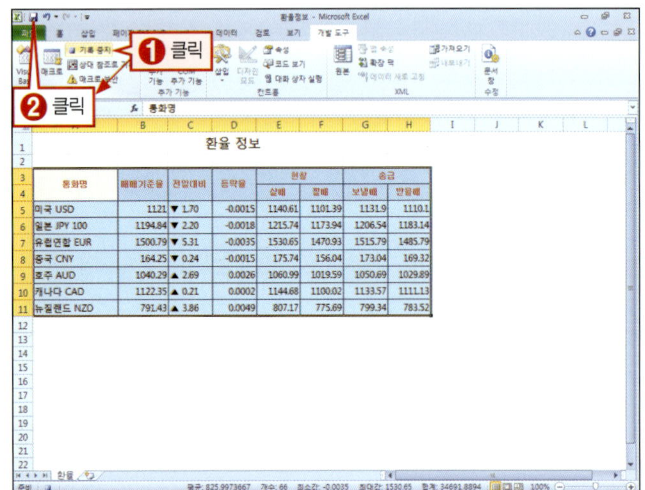

05

① [개발 도구] 탭의 [코드] 그룹에서 **기록 중지**를 클릭하여 매크로 기록을 완료

② 빠른 실행 도구 모음에서 **저장**을 클릭해서 통합 문서를 저장합니다.

Tip

상태 표시줄에 있는 기록 중지 버튼을 클릭하여 매크로를 중지할 수도 있습니다.

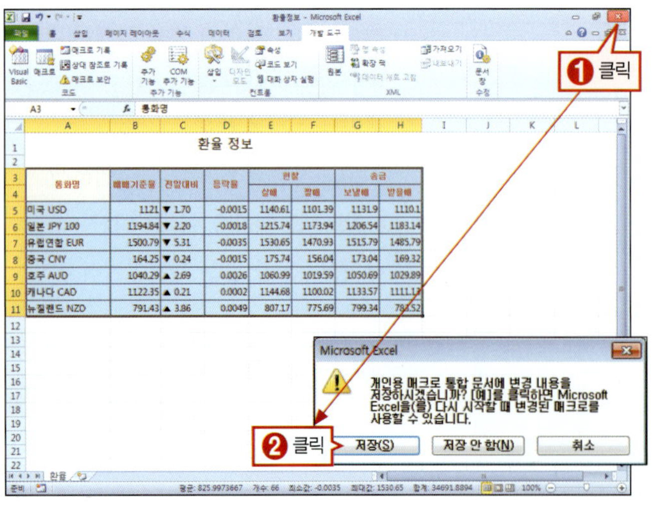

06

① 엑셀 **창 닫기 버튼**을 클릭

② 개인용 매크로를 저장할 것인지 묻는 경고창이 나타나면 **<저장>**을 클릭하여 매크로를 저장합니다.

Tip

개인용 통합 문서에 기록한 매크로는 'PERSONAL.XLSB'에 저장됩니다

저장 위치는 C:\Users\사용자계정이름\AppData\Roaming\Microsoft\Excel\XLSTART 폴더입니다.

함께해요 2. 현재 통합 문서에 매크로 기록하기 도서 목록 조회

새 통합 문서에 매크로를 기록 및 저장할 때는 '새 통합 문서'를, 현재 열려 있는 통합 문서에 매크로를 기록 및 저장할 때는 '현재 통합 문서'를 선택합니다. 매크로를 기록하기 전에는 명령어의 순서와 흐름을 계획하고 순서에 맞춰 연습한 후 기록을 시작합니다.

- 실습 파일 ⓒ:\엑셀\11장\실습\도서목록.xlsx
- 완성 파일 ⓒ:\엑셀\11장\완성\도서목록_완성.xlsm

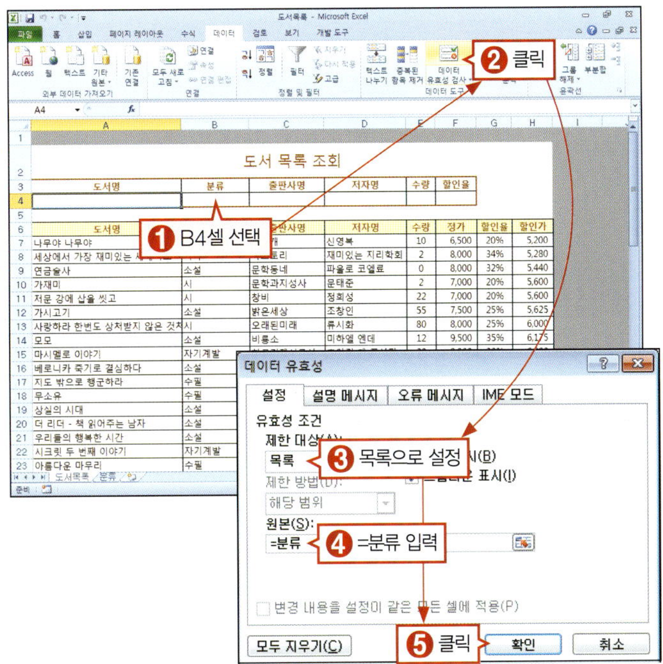

01 유효성 검사 기능으로 분류 목록을 만들겠습니다.

① [도서목록] 시트에서 B4셀을 선택

② [데이터] 탭의 [데이터 도구] 그룹에서 **데이터 유효성 검사**를 클릭

③④ 유효성 조건의 제한 대상을 **목록**으로 설정하고 범위에 **=분류**를 입력

⑤ **〈확인〉**을 클릭합니다.

Tip

'=분류'는 [분류] 시트의 A2:A16셀을 이름으로 정의해 놓은 것입니다. 정의한 이름은 [수식] 탭의 [정의된 이름] 그룹에서 '이름 관리자'를 클릭하여 정의, 수정, 삭제할 수 있습니다.

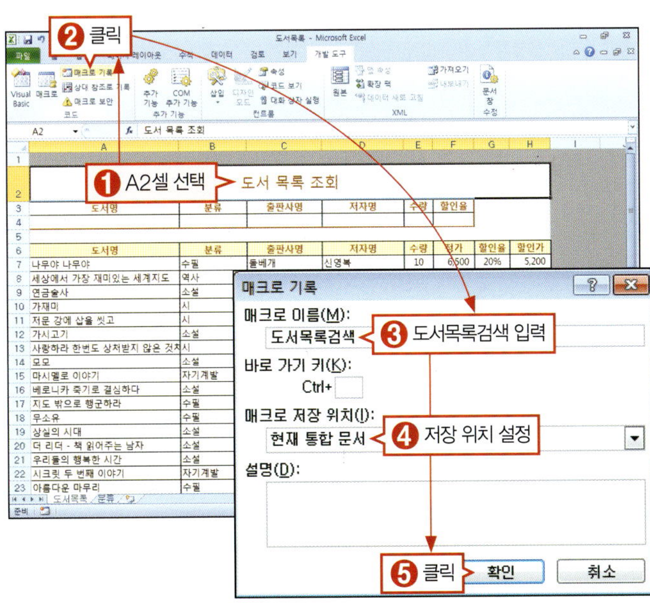

02 고급 필터 과정을 매크로로 기록하겠습니다.

① A2셀을 선택

② [개발 도구] 탭의 [코드] 그룹에서 **매크로 기록**을 클릭

③④ 매크로 이름을 **도서목록검색**, 매크로 저장 위치를 **현재 통합 문서**로 설정

⑤ **〈확인〉**을 클릭합니다.

Tip

'현재 통합 문서'를 선택하면 작성한 매크로가 현재 통합 문서에만 적용됩니다.

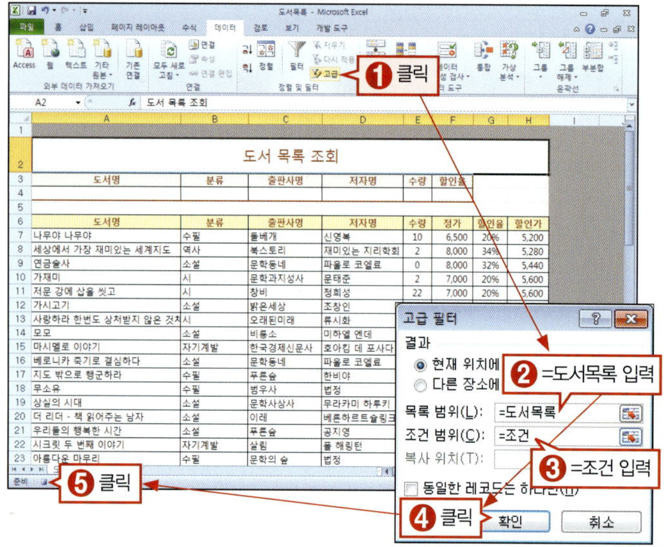

03

① [데이터] 탭의 [정렬 및 필터] 그룹에서 **고급**을 클릭

②③ 목록 범위에 **=도서목록**, 조건 범위에 **=조건**을 입력

④ **〈확인〉**을 클릭

⑤ 상태 표시줄에 있는 **기록 중지 버튼**■을 클릭하여 매크로 작성을 마칩니다.

Tip

'도서목록'은 A6:E68셀, '조건'은 A3:F4셀을 이름으로 정의해 놓은 것입니다.

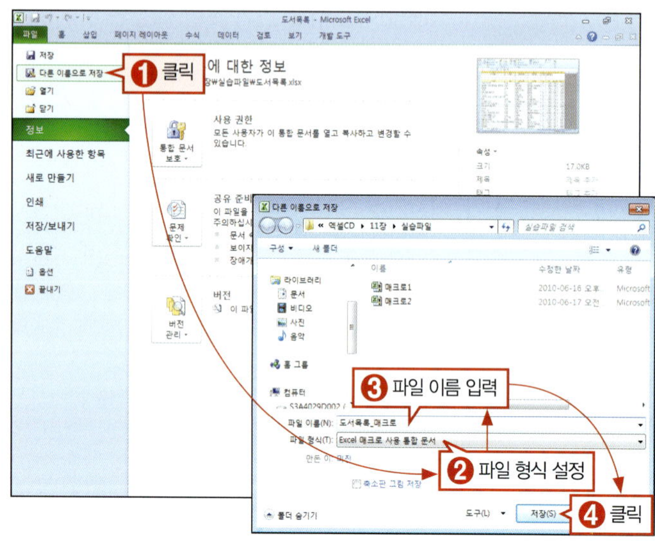

04

① [파일] 탭의 **다른 이름으로 저장**을 클릭

② 파일 형식을 **Excel 매크로 사용 통합 문서**로 설정

③④ 저장 위치와 파일 이름을 입력한 다음(예제는 **도서목록_매크로**로 입력) **〈저장〉**을 클릭합니다.

Tip

*.xlsx 형태로 저장하면 현재 통합 문서에서 작성한 매크로가 저장되지 않습니다. 반드시 매크로 사용 통합 문서인 *.xlsm 형식으로 저장합니다.

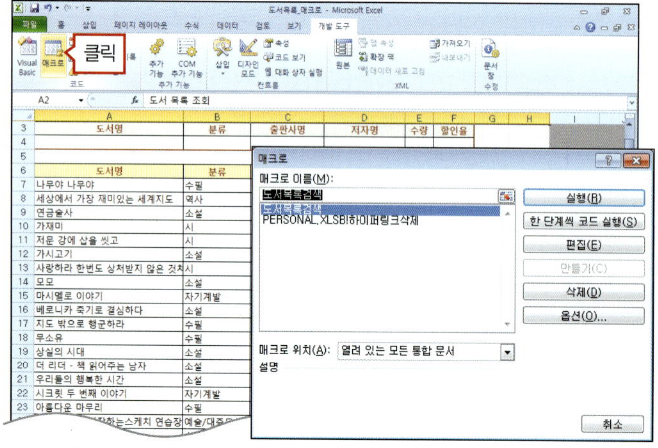

05 [개발 도구] 탭의 [코드] 그룹에서 **매크로**를 클릭하면 앞서 기록한 매크로 목록이 나타납니다.

section 02

매크로 실행 및 삭제하기

• 매크로 보안 • 매크로 실행 단추 • 매크로 삭제

함께해요 1. 매크로 실행 단추와 양식 컨트롤로 매크로 실행하기 환율 정보

매크로를 실행하고 삭제하려면 매크로 대화상자를 이용하면 되지만 매번 대화상자를 이용하기에는 번거로울 수 있습니다. 그러므로 도형이나 양식 컨트롤, 매크로 실행 단추에 매크로를 연결하여 간편하게 매크로를 실행합니다.

- 실습 파일 ⓒ:\엑셀\11장\실습\매크로1.xlsm
- 완성 파일 ⓒ:\엑셀\11장\완성\매크로1_완성.xlsm

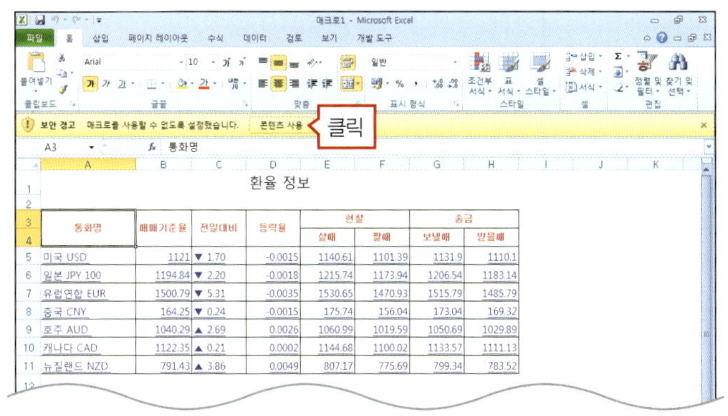

환율 정보

통화명	매매기준율	전일대비	등락율	현찰		송금	
				살때	팔때	보낼때	받을때
미국 USD	1121	▼ 1.70	-0.0015	1140.61	1101.39	1131.9	1110.1
일본 JPY 100	1194.84	▼ 2.20	-0.0018	1215.74	1173.94	1206.54	1183.14
유럽연합 EUR	1500.79	▼ 5.31	-0.0035	1530.65	1470.93	1515.79	1485.79
중국 CNY	164.25	▼ 0.24	-0.0015	175.74	156.04	173.04	169.32
호주 AUD	1040.29	▲ 2.69	0.0026	1060.99	1019.59	1050.69	1029.89
캐나다 CAD	1122.35	▲ 0.21	0.0002	1144.68	1100.02	1133.57	1111.13
뉴질랜드 NZD	791.43	▲ 3.86	0.0049	807.17	775.69	799.34	783.52

01 실습파일을 실행하면 매크로 사용 통합 문서이므로 보안 경고 메시지가 표시됩니다. **콘텐츠 사용**을 클릭해서 매크로를 사용 가능하도록 설정합니다.

Note 매크로 보안

[개발 도구] 탭의 [코드] 그룹에서 **매크로 보안**을 클릭하고 보안 센터 대화상자에서 **모든 매크로 포함**을 선택하면 보안 경고 메시지가 나타나지 않습니다. 하지만 위험성이 있는 코드가 실행될 수 있으므로 사용하지 않는 것이 좋습니다. 따라서 **모든 매크로 제외(알림 표시)**를 선택해서 매크로를 선별적으로 사용합니다.

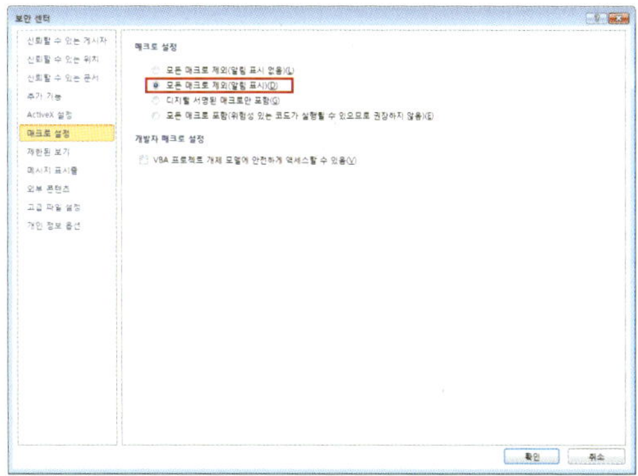

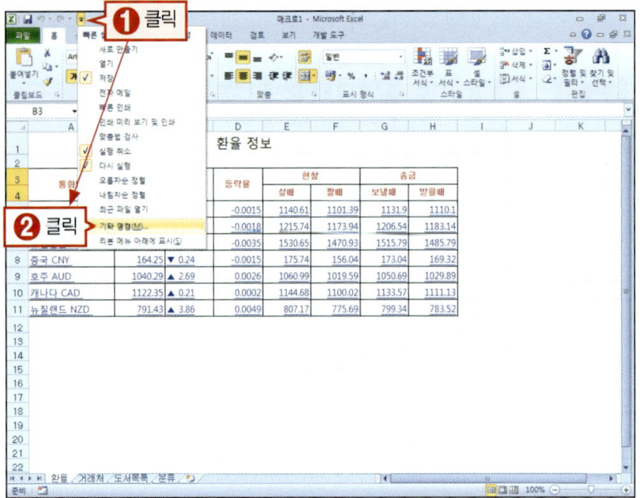

02 빠른 실행 도구 모음에 매크로 실행 도구를 추가하겠습니다.

①② 빠른 실행 도구 모음의 **사용자 지정 버튼**을 클릭하고 **기타 명령**을 선택합니다.

Tip

개인용 매크로 통합 문서에 저장한 매크로는 어느 파일에서든지 실행할 수 있도록 빠른 실행 도구 모음에 명령 단추로 등록하여 사용하면 편리합니다.

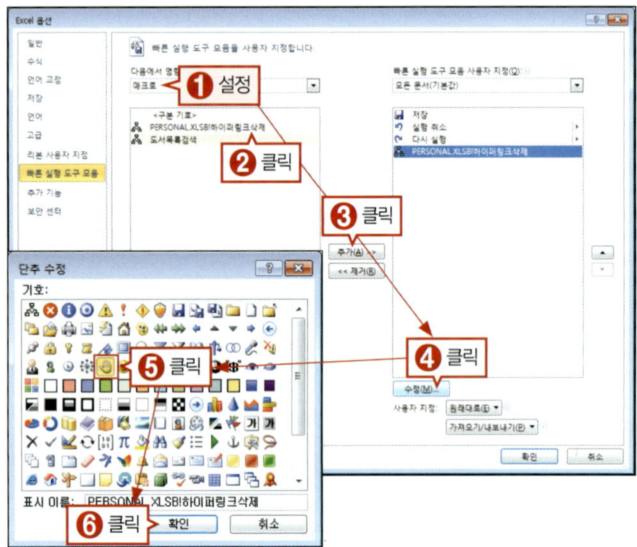

03

① 명령 목록을 **매크로**로 설정

②③ 매크로 목록에서 **PERSONAL.XLSB!하이퍼링크삭제**를 선택한 후 **〈추가〉**를 클릭

④⑤ **〈수정〉**을 클릭하고 적당한 아이콘을 선택

⑥ **〈확인〉**을 클릭해서 도구 모음에 명령 버튼을 등록합니다.

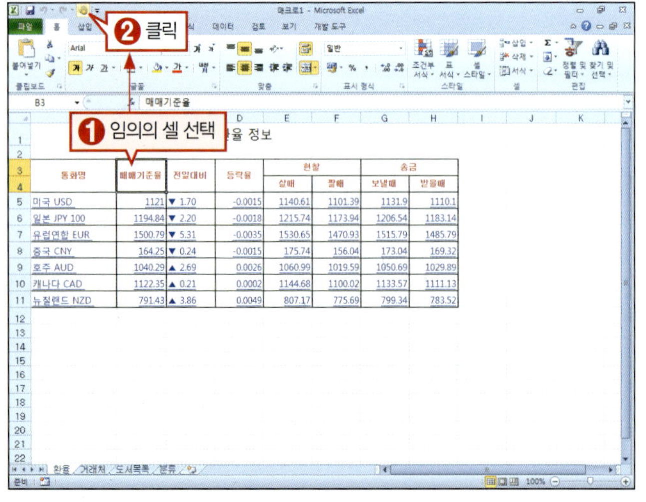

04

① 하이퍼링크를 삭제할 데이터 범위에서 임의의 셀을 선택

② 빠른 실행 도구 모음에 추가한 **하이퍼링크삭제 버튼**을 클릭합니다. 매크로가 실행되면서 하이퍼링크가 삭제됩니다.

Tip

하이퍼링크가 설정되어 있는 셀을 클릭하면 하이퍼링크가 실행됩니다. 하이퍼링크를 실행하지 않고 셀만 선택하려면 셀을 클릭한 상태로 1~2초 정도 기다립니다.

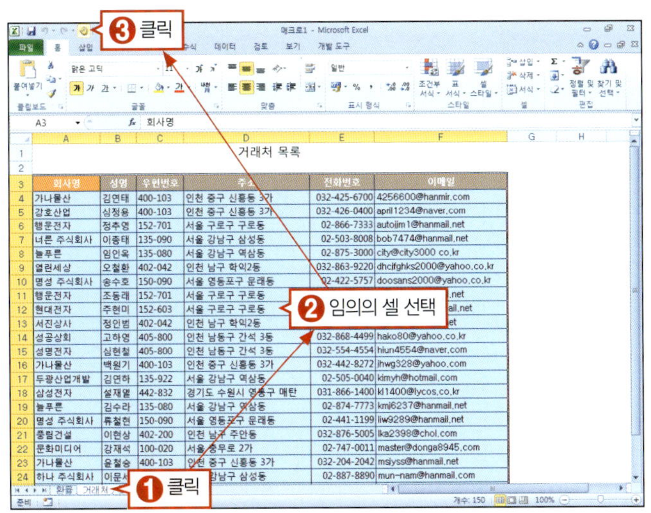

05

①② 계속해서 [거래처] 시트 탭을 클릭하고 임의의 셀을 선택

③ 빠른 실행 도구 모음에서 **하이퍼링크삭제 버튼**을 클릭하여 하이퍼링크를 제거합니다.

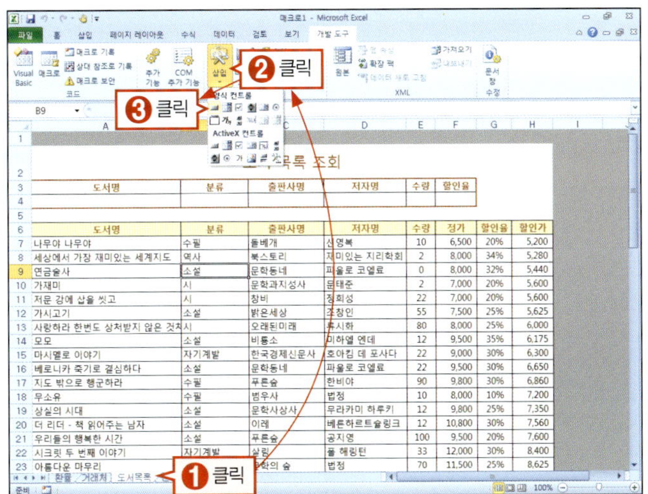

06 양식 컨트롤로 매크로를 실행하겠습니다.

① [도서목록] 시트 탭을 클릭

②③ [개발 도구] 탭의 [컨트롤] 그룹에서 **삽입**을 클릭한 다음 양식 컨트롤의 **단추**를 선택합니다.

Tip

ActiveX 컨트롤은 주로 VBA로 프로그래밍할 때 사용하며 양식 컨트롤은 매크로를 실행하거나 통합 문서에서 함수와 연동 작업을 할 때 사용합니다.

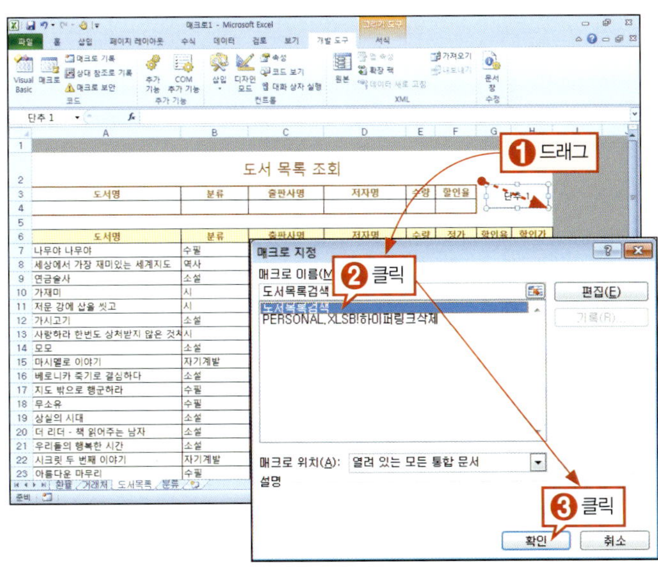

07

① G3셀에서 드래그하여 단추를 삽입하면 매크로 지정 대화상자가 표시됩니다.

②③ 매크로 목록에서 **도서목록검색**을 선택하고 **〈확인〉**을 클릭합니다.

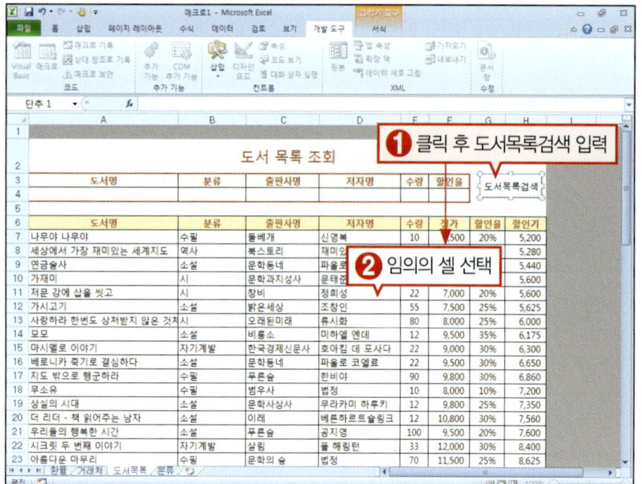

08

① 단추 안을 클릭하고 **도서목록검색**이라고 입력

② 임의의 셀을 선택하여 단추 선택을 해제합니다.

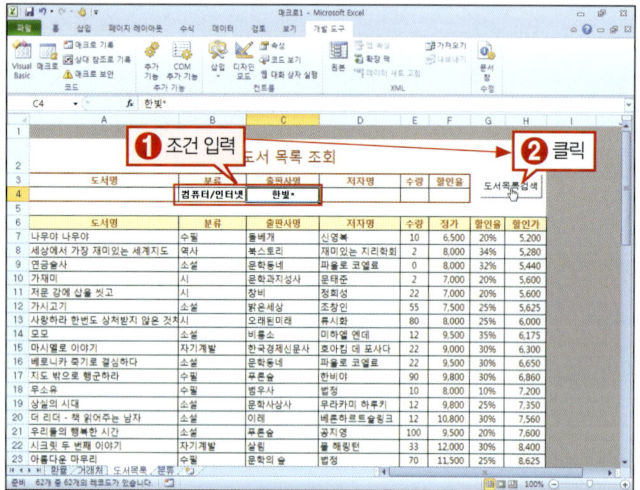

09

①② 조건 범위에 찾을 조건을 입력하고 **도서목록검색** 단추를 클릭하여 매크로를 실행합니다.

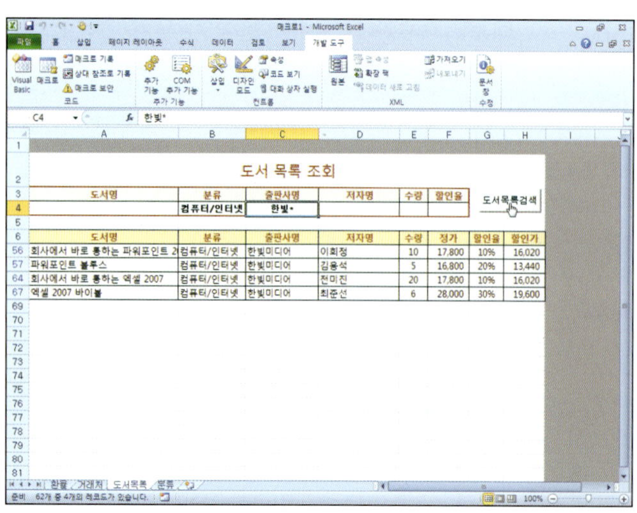

10 조건에 만족하는 데이터만 검색됩니다(예제에서는 분류가 **컴퓨터/인터넷**이면서 출판사명에 **한빛**이 포함된 데이터를 검색했습니다).

Tip

아무런 조건을 입력하지 않고 '도서목록검색' 단추를 클릭하면 전체 목록이 나타납니다.

함께해요 2. 매크로 삭제하기 환율 정보

매크로를 실행하고 삭제하려면 매크로 대화상자를 이용하면 되지만 매번 대화상자를 이용하기에는 번거로울 수 있습니다. 그러므로 도형 매크로를 삭제하려면 [개발 도구] 탭의 [코드] 그룹에서 'Visual Basic'을 클릭하여 매크로를 삭제하거나 비주얼 베이직 편집기(Visual Basic Editor)에서 매크로를 삭제합니다.

- **실습 파일** ◎:\엑셀\11장\실습\매크로2.xlsm
- **완성 파일** ◎:\엑셀\11장\완성\매크로2_완성.xlsm

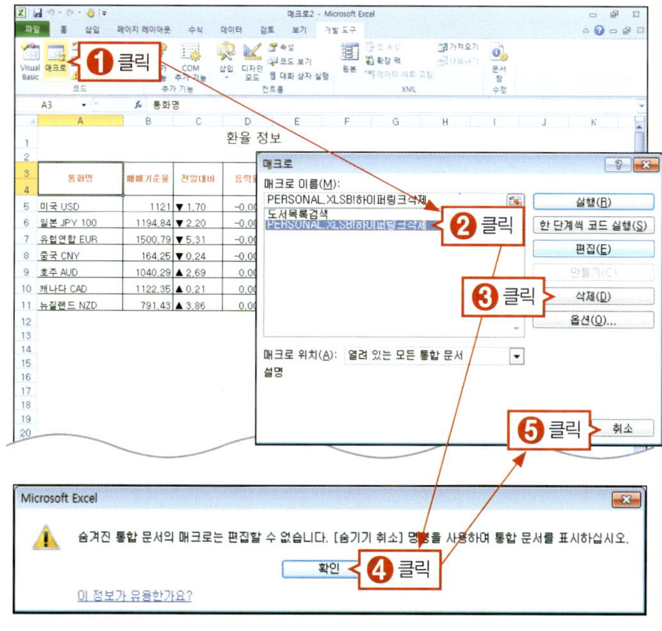

01

① [개발 도구] 탭의 [코드] 그룹에서 **매크로**를 클릭

②③ 매크로 대화상자에서 Personal.XLSB!하이퍼링크삭제를 선택하고 〈**삭제**〉를 클릭하면 경고 메시지가 나타납니다.

④⑤ 〈**확인**〉을 클릭하여 경고 메시지 창을 닫고 〈**취소**〉를 클릭하여 대화상자를 닫습니다.

Tip

개인 매크로 통합 문서로 만든 하이퍼링크삭제 매크로는 숨겨진 통합 문서이기 때문에 매크로 대화상자에서 코드를 수정할 수 없습니다.

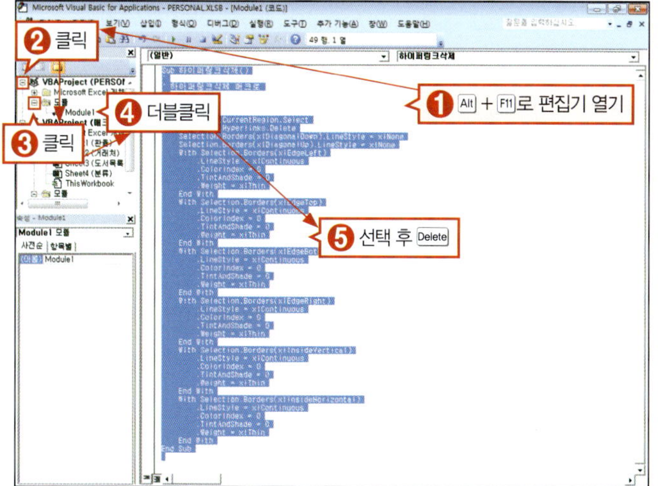

02

①②③ Alt+F11로 비주얼 베이직 편집기 창을 열고 프로젝트 창의 VBAProject(PERSONAL.XLSB) **확장 버튼**⊞을 클릭한 다음 **모듈 폴더 확장 버튼**을 클릭하면 Module1이 나타납니다.

④ Module1을 더블클릭

⑤ 오른쪽 매크로 구문을 모두 선택하고 Delete를 눌러 삭제합니다.

Tip

[개발 도구] 탭의 [코드] 그룹에서 'Visual Basic'을 클릭하거나 시트 탭에서 마우스 오른쪽 버튼을 클릭하여 '코드보기'를 선택해도 비주얼베이직 편집기 창을 열 수 있습니다.

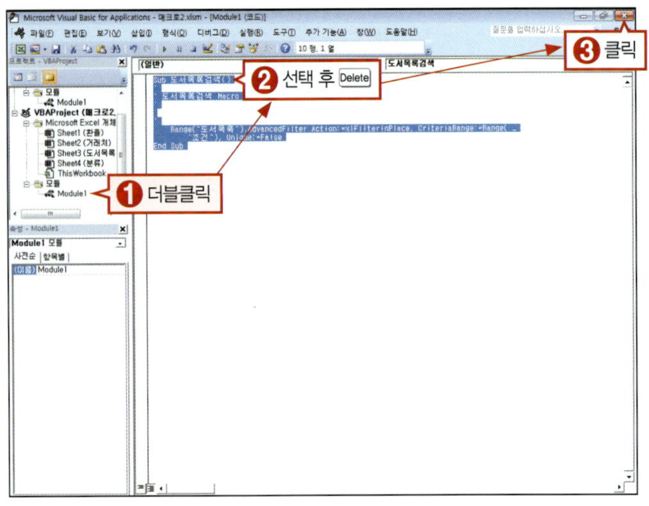

03

① 프로젝트 창에서 VBAProject(매크로2.xlsm) 아래 있는 모듈 폴더의 Modul1을 더블클릭

② **도서목록검색** 매크로 구문을 모두 선택하고 Delete를 눌러 삭제

③ **닫기 버튼** 을 클릭하여 비주얼베이직 편집기를 닫습니다.

Tip

비주얼베이직 편집기를 닫지 않고 엑셀로 돌아오려면 표준 도구 모음의 '보기 버튼'을 클릭하거나 Alt+F11을 누릅니다.

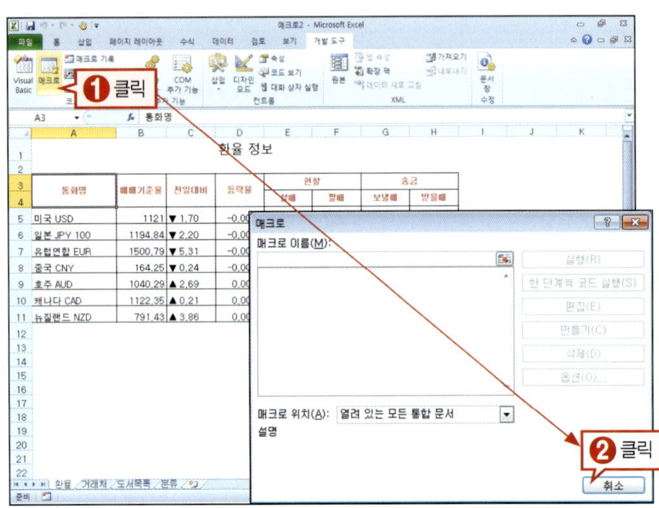

04

① [개발 도구] 탭의 [코드] 그룹에서 **매크로**를 클릭하면 매크로 창에 있던 매크로가 모두 삭제된 것을 확인할 수 있습니다.

② 〈**취소**〉를 클릭하여 창을 닫습니다.

Tip

매크로를 삭제하면 빠른 실행 도구 모음에 추가한 '매크로 명령 단추'와 'ActiveX 단추'가 작동하지 않고 경고창만 나타납니다.

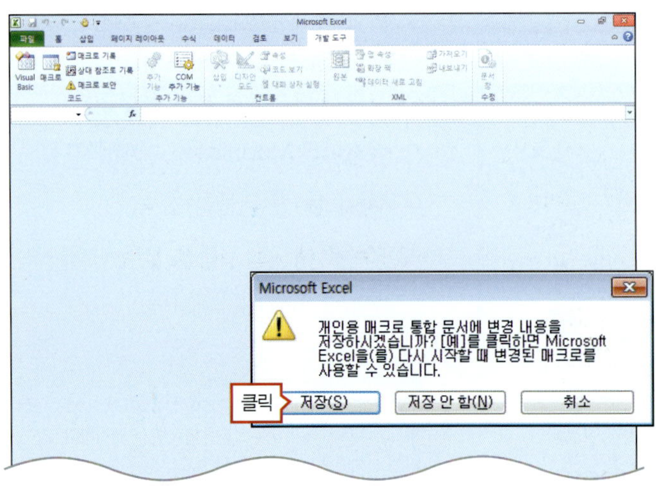

05 개인용 통합 문서 매크로를 삭제했기 때문에 엑셀을 종료하면 저장할지를 묻는 경고창이 나타납니다. 〈**저장**〉을 클릭해서 저장합니다.

혼자 해보기 정렬 매크로 기록하기

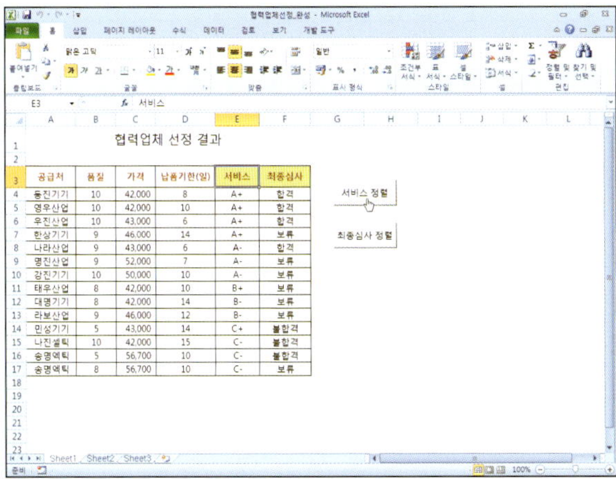

협력업체 선정 결과표에서 서비스와 최종심사 필드를 사용자 지정 목록으로 정렬하는 매크로 '서비스정렬'과 '최종심사정렬'을 현재 통합 문서에 기록하고, 양식 단추를 삽입하여 연결합니다.

- **실습 파일** ◎:\엑셀\8장\실습\협력업체선정.xlsx
- **완성 파일** ◎:\엑셀\8장\완성\협력업체선정_완성.xlsm

1 E3셀을 선택하고 [개발 도구] 탭의 [코드] 그룹에서 **매크로 기록**을 클릭합니다. 매크로 이름을 **서비스정렬**, 매크로 저장 위치를 **현재 통합 문서**로 지정한 다음 **〈확인〉**을 클릭합니다.

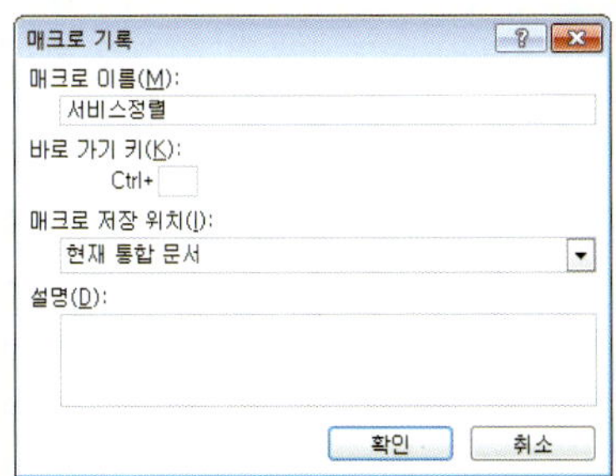

2 [데이터] 탭의 [정렬 및 필터] 그룹에서 **정렬**을 클릭합니다. 사용자 지정 목록에 **A+, A−, B+, B−, C+, C−**를 추가합니다. 정렬 순서를 **서비스, 값, A+, A−, B+, B−, C+, C−**로 설정합니다.

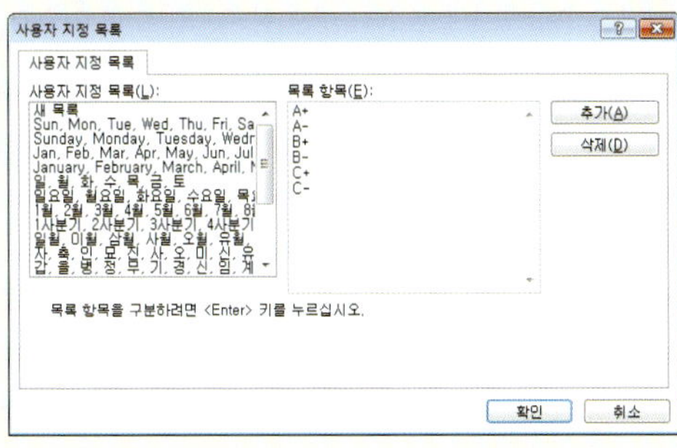

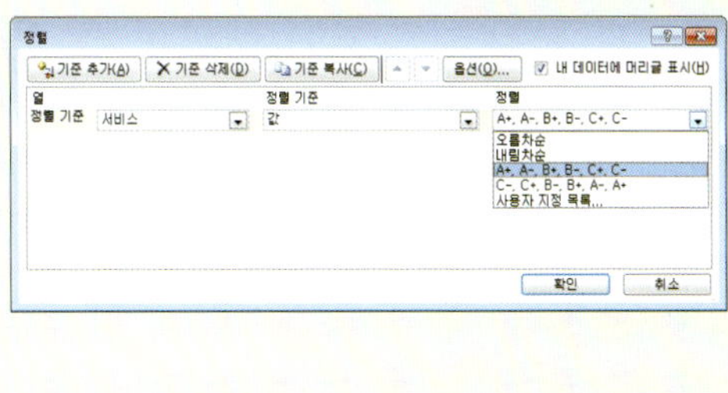

3 [개발 도구] 탭의 [코드] 그룹에서 **기록 중지**를 클릭하여 매크로 기록을 완료합니다.

4 [개발 도구] 탭의 [컨트롤] 그룹에서 **삽입**을 클릭하고 **단추**를 선택합니다. 적절한 위치에 드래그하여 단추를 삽입하고 **서비스정렬** 매크로와 연결합니다.

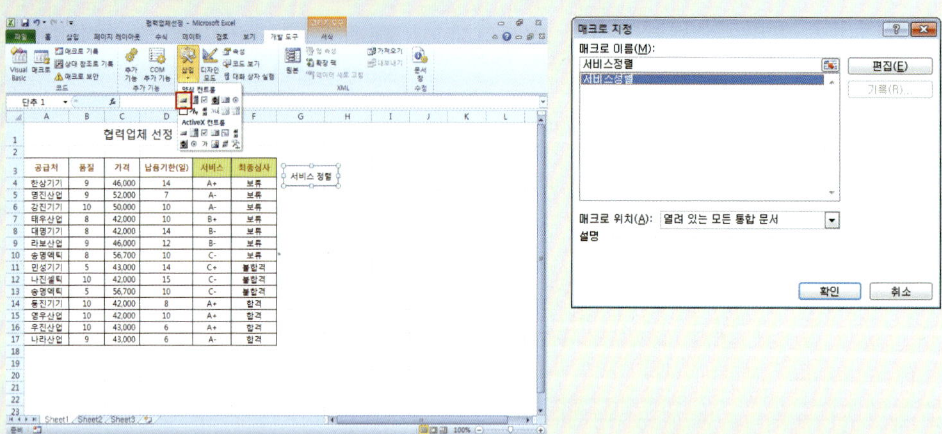

5 위와 같은 방법으로 합격, 불합격, 보류 순으로 정렬하는 **최종심사정렬** 매크로를 기록하고 양식 단추를 삽입하여 연결합니다.

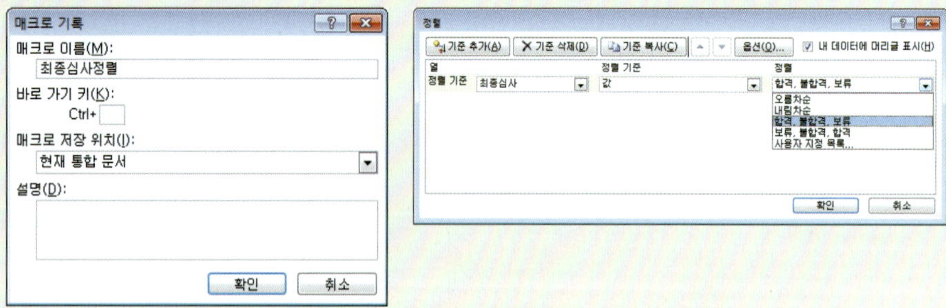

6 [파일] 탭에서 **다른 이름으로 저장**을 클릭하고 파일 형식을 **Excel 매크로 사용 통합 문서**로 선택한 후 저장합니다.

CHAPTER 12

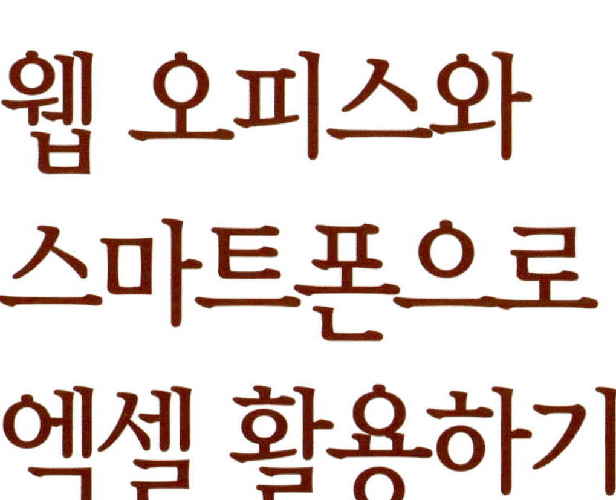

웹 오피스와 스마트폰으로 엑셀 활용하기

웹의 발달과 스마트폰의 대중화로 인터넷 환경이 갖춰진 공간 어디에서든
스마트폰만 손에 쥐고 있다면 빠르고 간편하게 업무를 처리할 수 있게 되었습니다.
웹 오피스란 인터넷 접속이 가능한 환경에서 Windows Live 또는 Google 사이트를 이용해
마이크로소프트의 오피스 프로그램을 사용하는 것을 말합니다.
웹 오피스와 스마트폰을 활용하여
엑셀 업무를 간단하고 빠르게 처리하는 방법에 대해서 알아봅니다.

스카이 드라이브에서 엑셀 다루기

• office.live.com • 스카이 드라이브 • 브라우저에서 편집 • 복사본 저장 • 파일 공유 • 협업

함께해요 1. Office.live.com에서 새 엑셀 문서 작성하기

외근 후 현지에서 퇴근해야 할 때 외근 관련 사항을 엑셀 문서로 작성하여 빠르게 보고해야 하는 경우가 있습니다. 이때 office.live.com을 이용하면 편리합니다. 이번 실습에서는 office.live.com을 이용해 엑셀의 새 문서 작성 및 편집, 수정 방법에 대해서 알아보겠습니다.

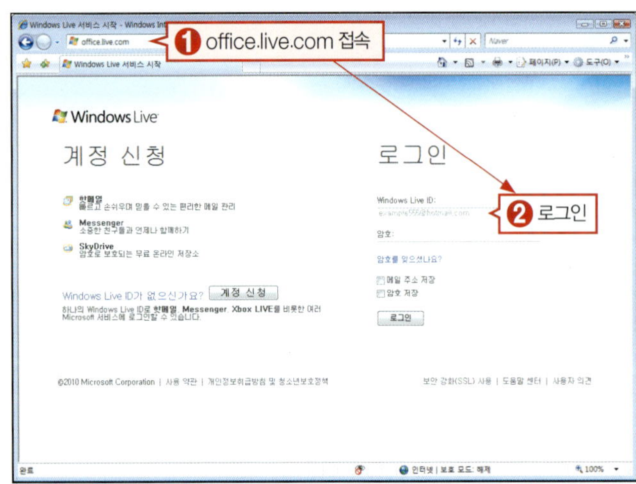

01

① 인터넷 익스플로러를 실행한 후 office.live.com에 접속

② 아이디와 비밀번호를 입력하여 로그인합니다.

Tip

office.live.com을 이용하기 위해서는 오피스 2010이 설치된 컴퓨터에서 office.live.com에 한 번 이상 로그인 해야 합니다. 그러면 오피스가 설치되지 않은 컴퓨터에서도 인터넷 익스플로러만 띄워 놓고 작업을 할 수 있습니다.

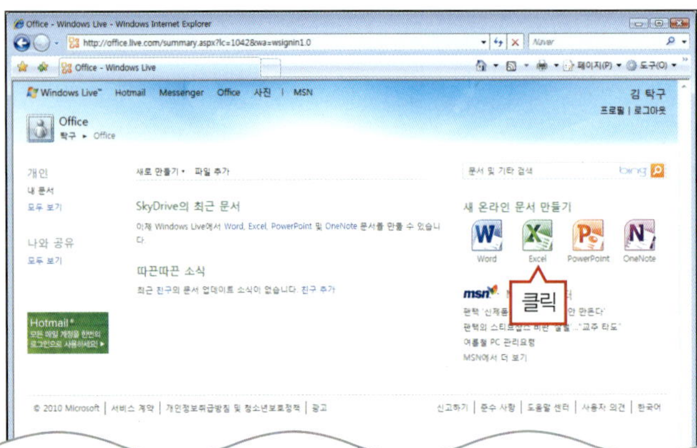

02

① Windows Live의 Office 페이지에서 화면 오른쪽에 있는 Excel 아이콘을 클릭합니다.

Tip

웹 오피스는 인터넷 익스플로러 7부터 사용할 수 있습니다. 이 책에서는 인터넷 익스플로러 8을 기준으로 실습을 진행했습니다.

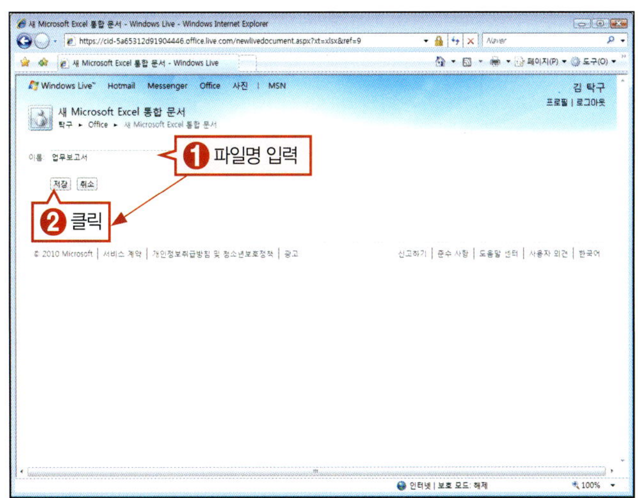

03

①② 새 Microsoft Excel 통합 문서 페이지가 나타나면 이름란에 파일명을 입력하고 **〈저장〉**을 클릭합니다.

Tip

저장한 파일은 윈도우 라이브의 스카이 드라이브에 자동 저장됩니다.

Note Windows Live 계정 만들기

Windows Live 사이트 계정이 있는 사용자라면 엑셀 2010 웹 오피스를 바로 사용할 수 있습니다. 따라서 이미 Windows Live ID 또는 MSN 메신저 ID가 있을 경우에는 바로 로그인합니다. 만약 Windows Live 계정이 없는 경우라면 Windows Live 계정을 만들어야 합니다.

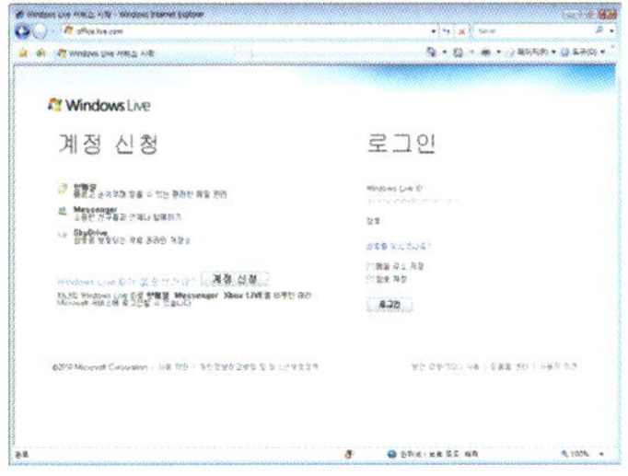

❶ 인터넷 익스플로러를 실행합니다. 주소 창에 office.live.com을 입력한 후 Enter를 누릅니다. 사이트에 접속되면 **〈계정 신청〉**을 클릭합니다.

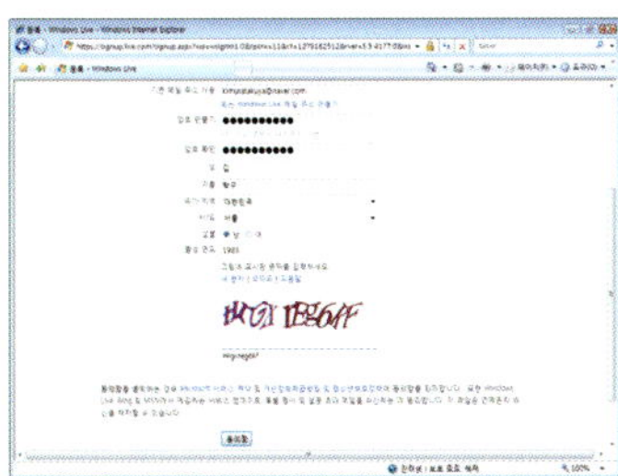

❷ Windows Live ID 만들기 페이지에서 화면에서 요구하는 기본 정보를 입력합니다. **〈동의함〉** 버튼을 클릭합니다.

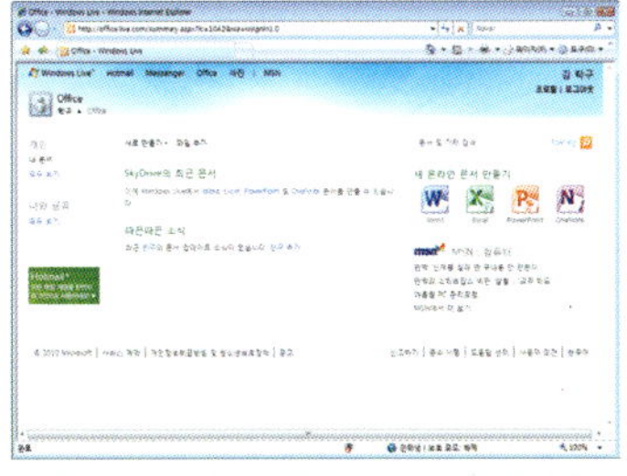

❸ Windows Live의 Office 페이지에 접속되면 계정 만들기 작업이 제대로 완료된 것입니다.

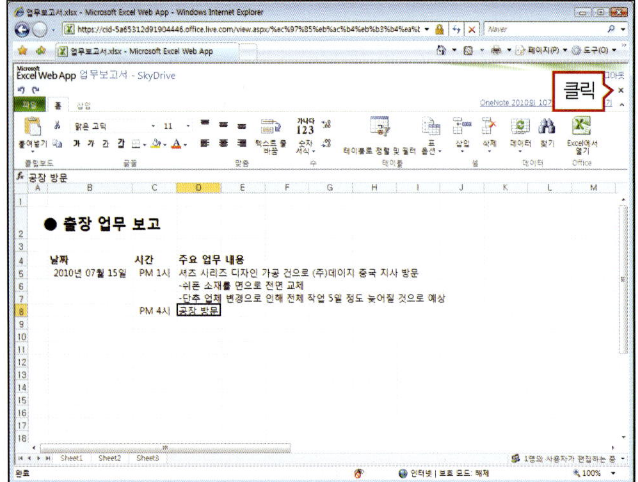

04 엑셀 프로그램과 똑같은 화면이 나타나면 지금부터 문서를 작성할 수 있습니다. 문서 작성을 다 마쳤으면 화면 오른쪽 위의 **종료 버튼** ✕ 을 클릭합니다.

Tip

웹 오피스는 엑셀 2010 정식 프로그램의 [홈] 탭과 [삽입] 탭에 있는 기능 중에서도 가장 많이 사용하는 기본 기능만 제공합니다.

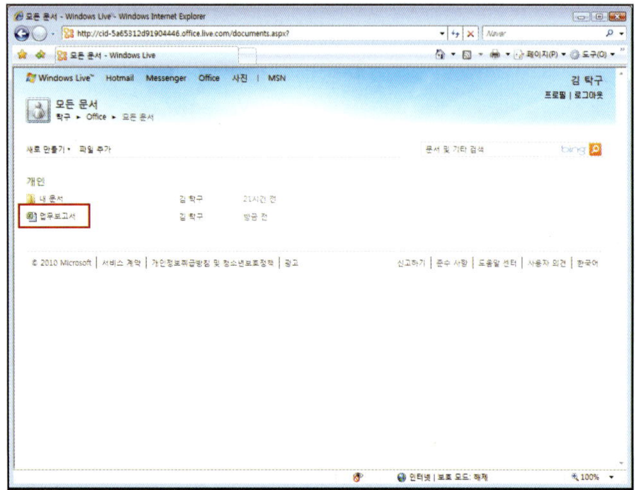

05 작업한 문서 파일이 목록에 나타납니다.

함께해요 2. 스카이 드라이브에 엑셀 파일 올리기

엑셀 문서 중 자주 사용하는 문서는 스카이 드라이브에 올려놓으면 여러모로 편리합니다. 특히 외부 업무에서 문서를 빠르게 처리해야 할 경우 웹 오피스를 통해 수정, 편집할 수 있기 때문에 매우 요긴합니다. 스카이 드라이브에 엑셀 파일을 업로드해 보겠습니다.

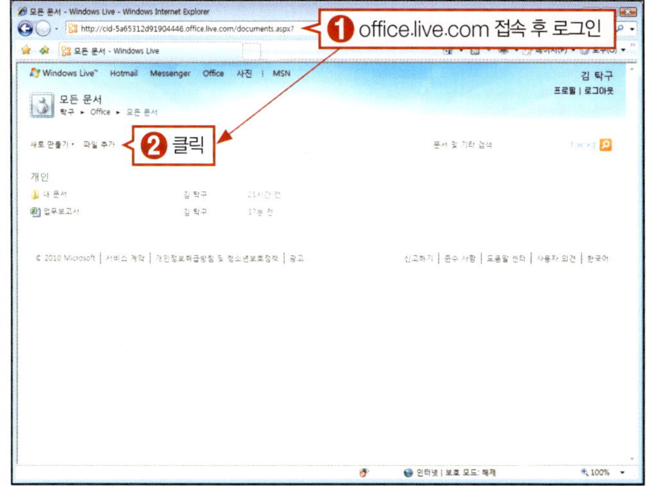

01

① office.live.com에 접속하고 로그인

② 윈도우 라이브의 Office 페이지에서 **파일 추가**를 클릭합니다.

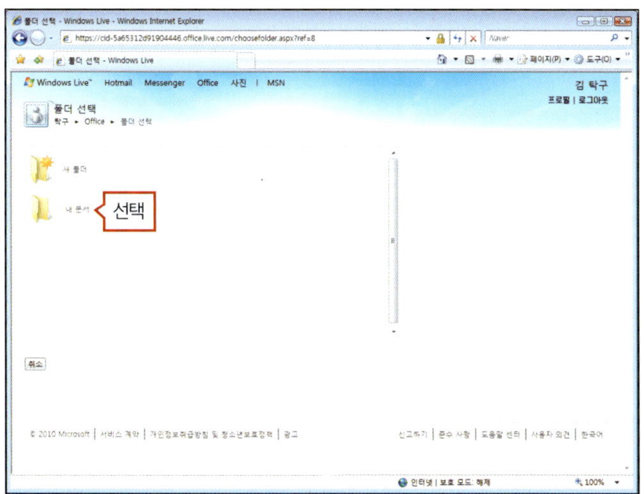

02 폴더 선택 페이지가 나타나면 목록에서 문서를 저장할 폴더를 선택합니다. **내 문서**를 선택합니다.

Tip

폴더 선택 페이지에서 '새 폴더'를 클릭하면 새로운 폴더를 추가할 수 있습니다.

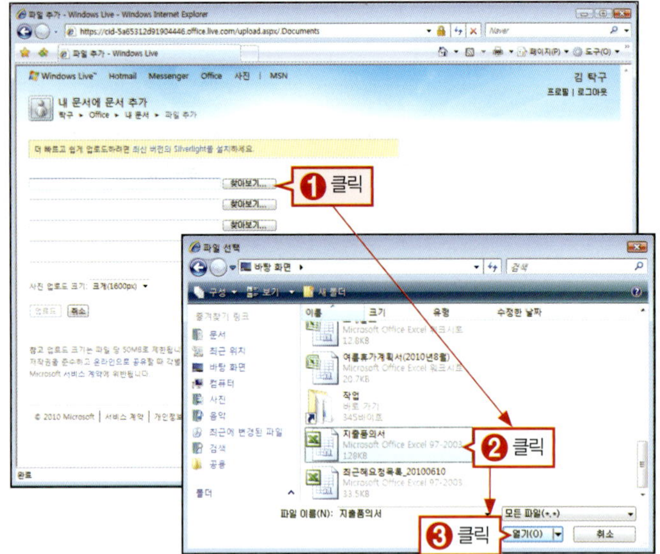

03

① 파일 추가 페이지에 첫 번째 〈**찾아보기**〉를 클릭

②③ 파일 선택 대화상자가 나타나면 업로드할 파일을 선택하고 〈**열기**〉를 클릭

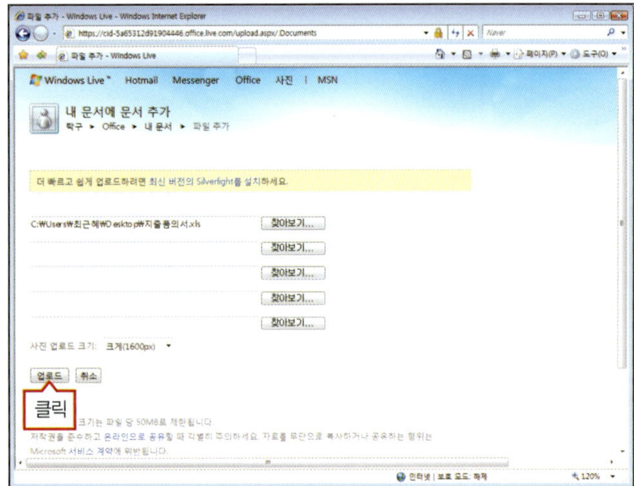

04 파일 추가 화면에 파일 경로가 입력되면 〈**업로드**〉를 클릭합니다.

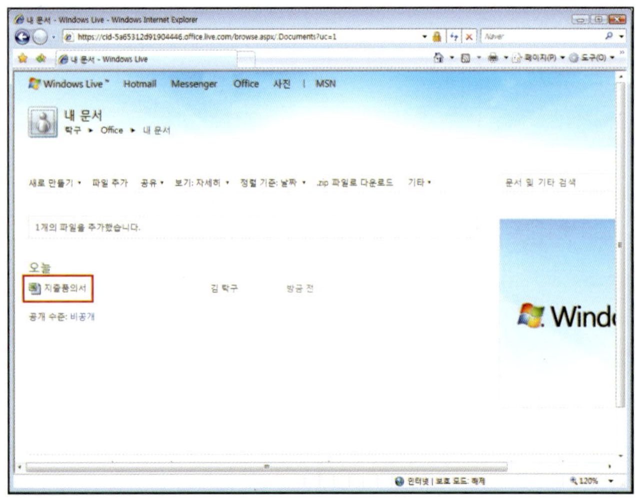

05 **내 문서** 폴더에 파일 목록이 추가된 것을 확인할 수 있습니다.

함께해요 3. 웹 오피스에 올린 엑셀 파일 수정하기

웹 오피스에서는 정식 프로그램의 [홈] 탭과 [삽입] 탭에 있는 일부 기능만 사용할 수 있지만 간단한 문서 작성이나 수정에는 아무 문제가 없습니다. 다만 외부에서 작업한 파일을 스카이 드라이브에 업로드한 후 편집하려면 복사본을 저장한 후에야 작업할 수 있습니다.

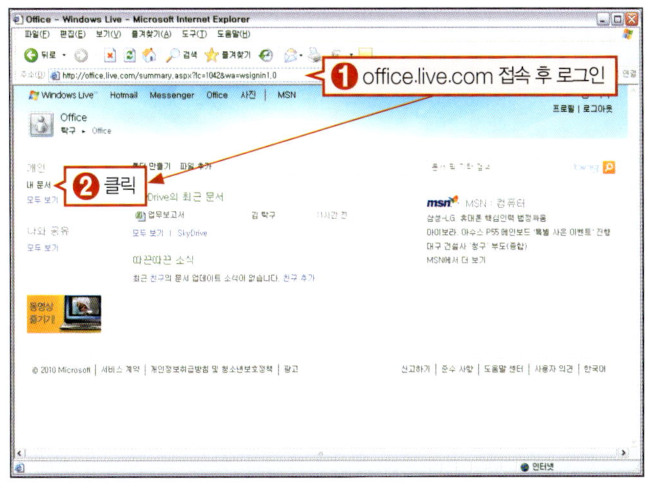

01

① office.live.com 사이트에 접속해서 로그인합니다. 웹 오피스에서 최근에 작업한 문서 목록이 나타납니다.

② 화면 왼쪽에 있는 항목 중 **내 문서**를 클릭합니다.

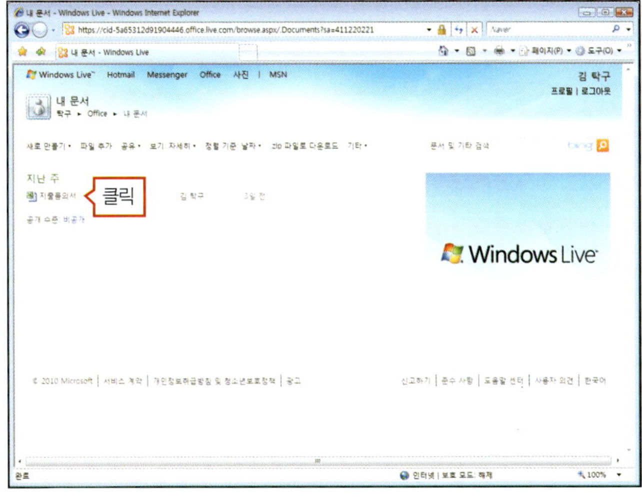

02 파일 목록에서 수정할 파일을 클릭합니다.

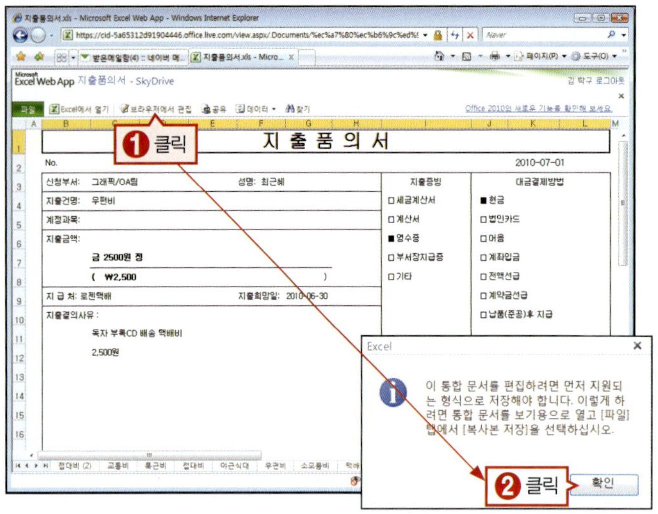

03 열린 문서는 미리 보기 형태로 되어 있어서 아직 편집할 수 없습니다.

① 문서를 편집하기 위해 메뉴에서 **브라우저에서 편집**을 클릭

② 웹에서 지원 가능한 형식으로 다시 저장 하라는 경고창이 나타나면 **〈확인〉**을 클릭합니다.

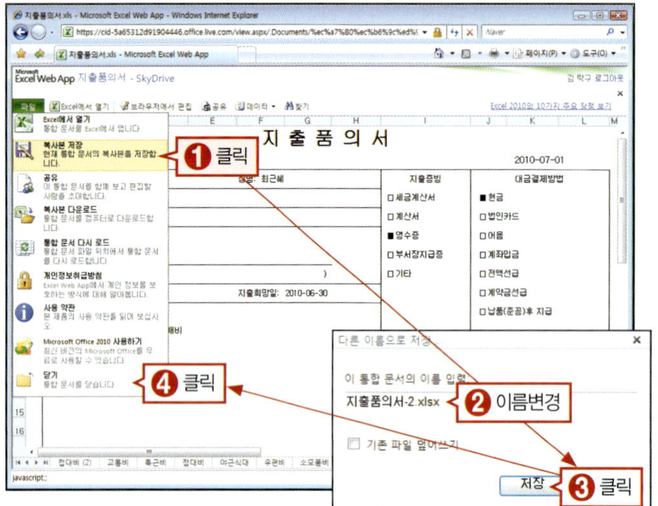

04

① [파일] 탭에서 **복사본 저장**을 클릭

②③ 다른 이름으로 저장 대화상자가 나타나면 이름을 변경한 후 **〈저장〉**을 클릭

④ [파일] 탭의 **닫기**를 클릭하여 열려 있는 문서를 닫습니다.

05 내 문서 폴더 목록에 앞서 저장한 복사본이 추가되었습니다. 복사본에 마우스를 가져가면 오른쪽에 실행할 수 있는 메뉴가 나타납니다. **브라우저에서 편집**을 클릭하면 웹 오피스에서 문서를 수정할 수 있습니다.

Tip

문서를 클릭한 후 미리보기 화면이 나타나면 메뉴에서 '브라우저에서 편집'을 클릭해도 됩니다.

함께해요 4. 윈도우 라이브에 있는 문서를 내 컴퓨터에서 수정하고 저장하기

외부에서 웹 오피스를 이용하여 작업한 문서를 사무실에서 다시 사용해야 할 때도 있습니다. 이런 때는 사무실 컴퓨터로 파일을 내려받아 컴퓨터에 설치되어 있는 엑셀 프로그램으로 작업할 수 있습니다.

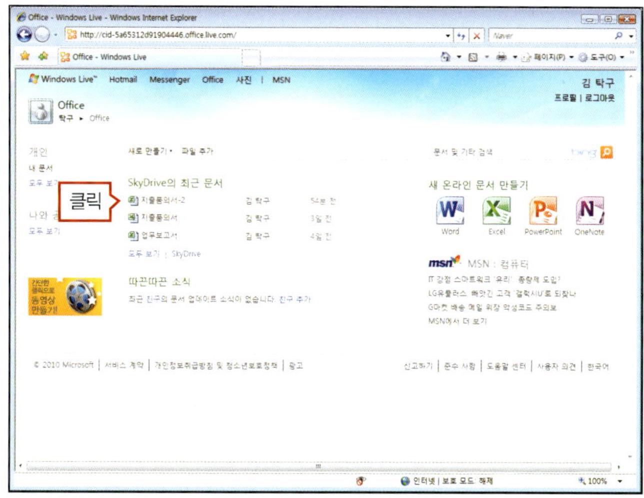

01 office.live.com에 접속하고 로그인 한 후 편집할 문서를 클릭합니다.

Tip

스마트폰을 통해 office.live.com에 접속해도 문서를 확인할 수 있습니다.

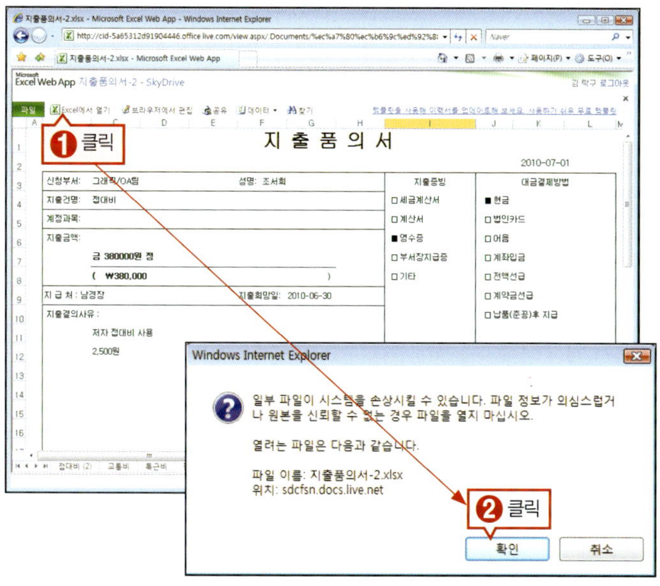

02

① 미리 보기 화면에서 **Excel에서 열기**를 클릭

② 대화상자가 나타나면 **<확인>**을 클릭합니다.

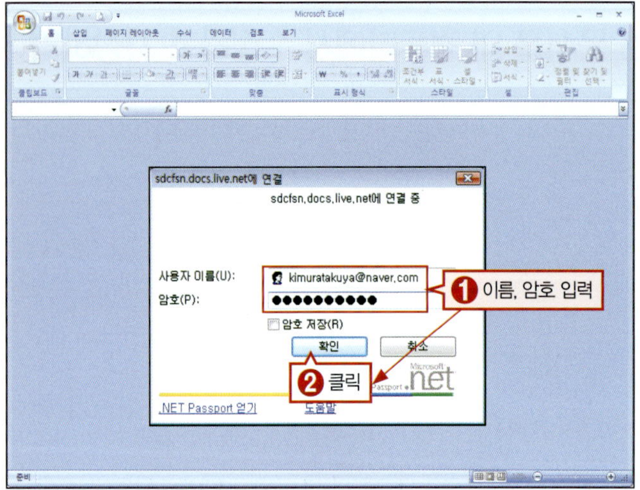

03 컴퓨터에 설치된 엑셀이 실행되면서 연결 창이 나타납니다.

①② 사용자 이름과 암호를 입력하고 **〈확인〉**을 클릭합니다.

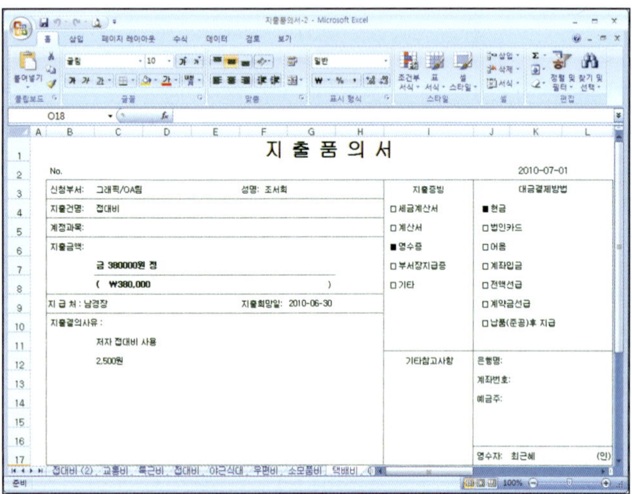

04 엑셀 문서가 열립니다.

Tip

웹 오피스에서 한 명 이상이 같은 파일을 사용하는 중에 'Excel에서 열기'를 실행하면 그림과 같은 대화상자가 나타나며 읽기 전용으로만 파일을 불러올 수 있습니다.

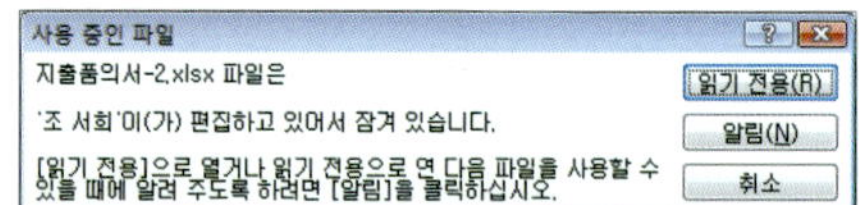

함께해요 5. 웹 오피스로 문서 공유하고 협업하기

웹 오피스를 이용하면 여러 명이서 같은 문서를 함께 열어볼 수 있어 각자 다른 장소에 있어도 협업이 가능합니다. 윈도우 라이브에 올려 놓은 문서를 가지고 메신저에 등록되어 있는 사람들과 의견을 주고받는 것은 물론 문서를 함께 수정하고 편집할 수 있습니다.

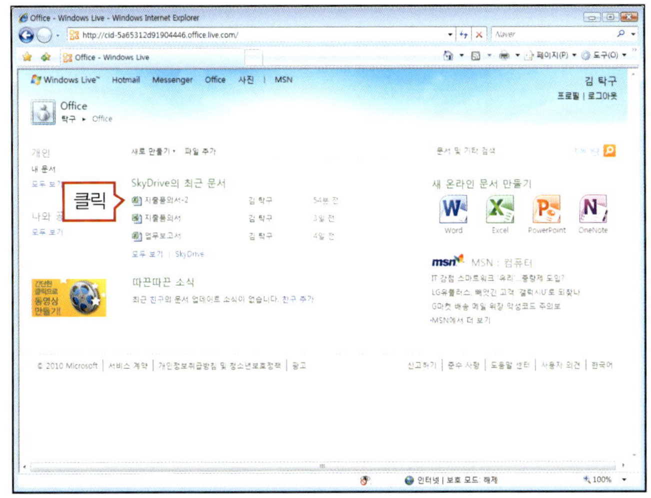

01 office.live.com에 접속하고 로그인 한 후 공유할 문서를 선택합니다.

Tip

사용 권한을 적용하는 파일이 폴더에 포함되어 있을 경우 해당 폴더 모두 사용 권한이 적용됩니다.

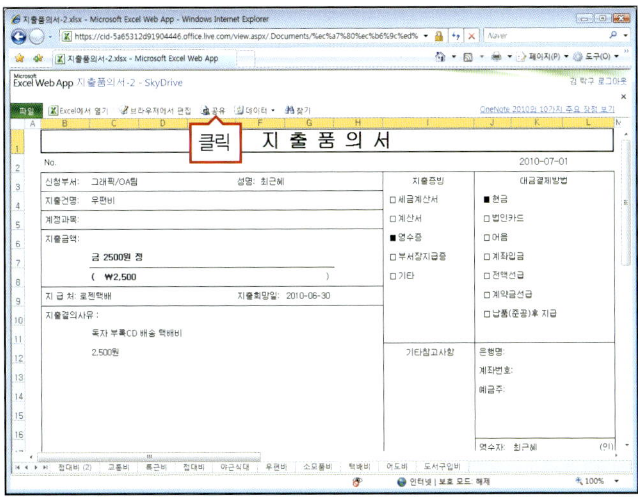

02 문서 미리 보기 화면에서 **공유**를 클릭합니다.

Tip

첫 화면에 나타나는 최근 문서 목록에서 공유할 문서 위로 마우스를 가져간 후 '**공유**' – '**사용 권한 편집**'을 선택해도 됩니다.

03 사용 권한 편집 페이지에서는 메신저에 등록된 사람들의 사용 권한을 설정할 수 있습니다. **이 항목을 볼 수 있는 사람**에 있는 화살표를 드래그하여 사용 권한 대상자의 범위를 적용합니다.

Tip

이 항목을 볼 수 있는 사람에 있는 '친구'와 '일부 친구' 항목 옆에 숫자를 클릭하면 내 메신저에 등록되어 있는 아이디 목록을 볼 수 있습니다.

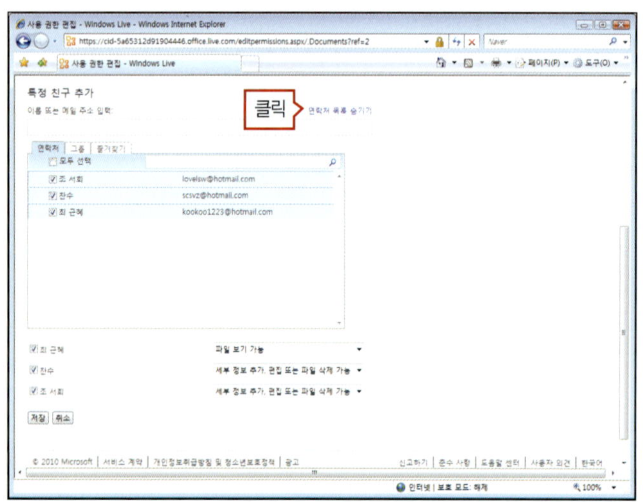

04 특정 친구 추가 항목에서 **연락처 목록 선택/숨기기**를 클릭한 후 개인별, 그룹별 대상자를 선택합니다. 대상자를 선택하면 화면 아래에 대상자가 추가되며 각 대상자별로 파일 보기 기능 권한만 줄 것인지, 편집, 삭제 기능 권한까지 줄 것인지를 선택할 수 있습니다.

Tip

사용 권한 설정을 완료하면 목록에 추가한 대상자에게 자동으로 메일이 발송됩니다. 각 대상자가 받은 메일에서 '폴더 보기'를 클릭하여 공유를 요청한 사람의 웹 오피스에 접속할 수 있습니다.

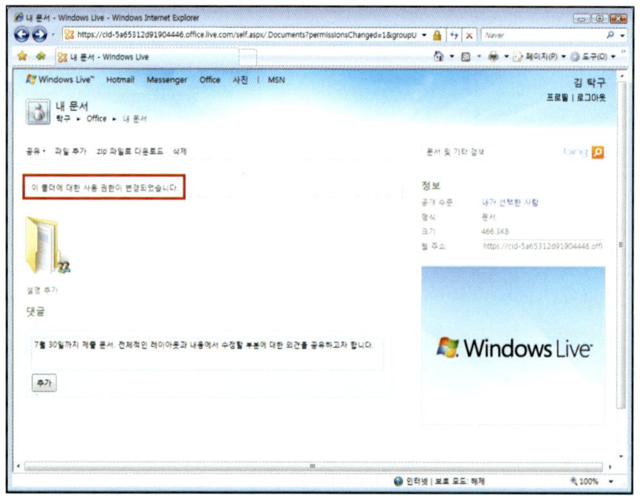

05 사용 권한 설정을 완료한 후 **〈저장〉**을 클릭하면 사용 권한을 적용한 파일 및 폴더 목록과 함께 폴더에 대한 사용 권한이 변경되었다는 메시지가 나타납니다.

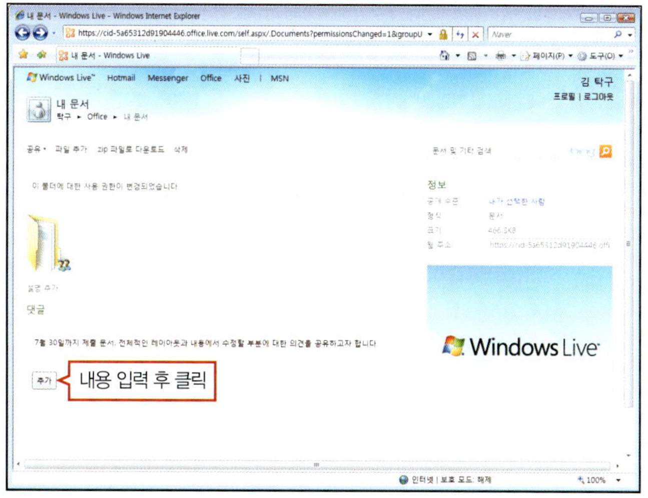

06 댓글에 공유하고자 하는 내용을 입력하고 〈추가〉를 클릭하면 각 대상자들이 확인할 수 있습니다.

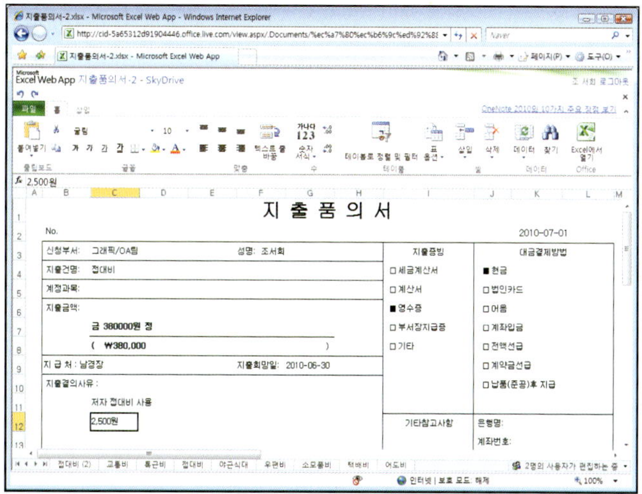
▲ 공유를 요청한 김탁구의 웹 오피스 접속 화면

07 공유를 요청한 사람과 요청 받은 사람은 각각 웹 오피스에 접속하여 같은 문서를 편집할 수 있으며 한 사람이 문서를 수정하면 나머지 사람에게도 바로 적용되어 나타납니다. 이런 방식으로 여러 명이서 각각 다른 장소에 있는 경우에도 함께 접속하여 문서를 수정, 편집하거나 의견을 주고받을 수 있습니다.

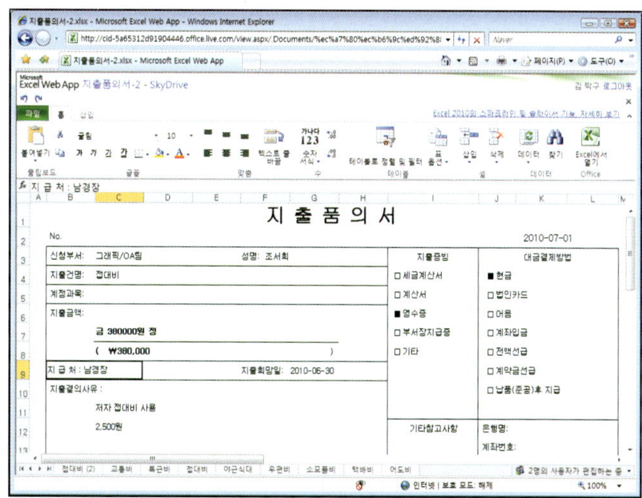
▲ 공유 요청을 받은 조서희의 웹 오피스 접속 화면

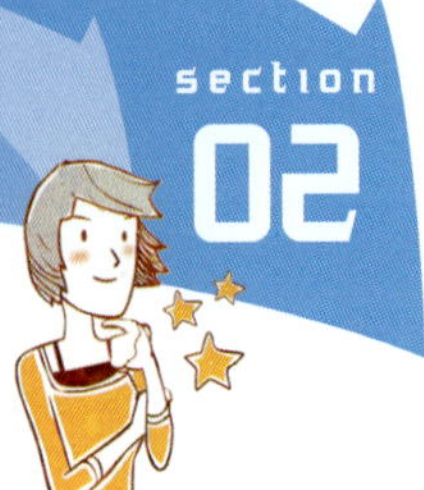

section 02

구글독스에서 엑셀 문서 다루기

• 구글독스 • Google 문서 도구 • 문서

함께해요 1. 구글독스에서 새 문서 만들고 저장하기

구글독스는 구글에서 제공하는 웹 오피스입니다. 윈도우 라이브에서 제공하는 것과 마찬가지로 인터넷 접속이 가능한 곳에서 언제든지 엑셀 문서를 작성하고 편집할 수 있습니다. 또한 여러 사람들과 문서를 공유하여 실시간으로 협업할 수 있습니다. 구글독스에 접속한 후 새 엑셀 문서를 만들고 저장하는 방법을 알아보겠습니다.

01

① 인터넷 주소 창에 docs.google.com을 입력한 후 Enter를 눌러 접속

② 구글 이메일과 비밀번호를 입력하고 <로그인>을 클릭합니다.

Tip

구글 아이디가 없는 경우 구글독스 접속 화면에서 '가입하기'를 클릭하여 계정을 만듭니다.

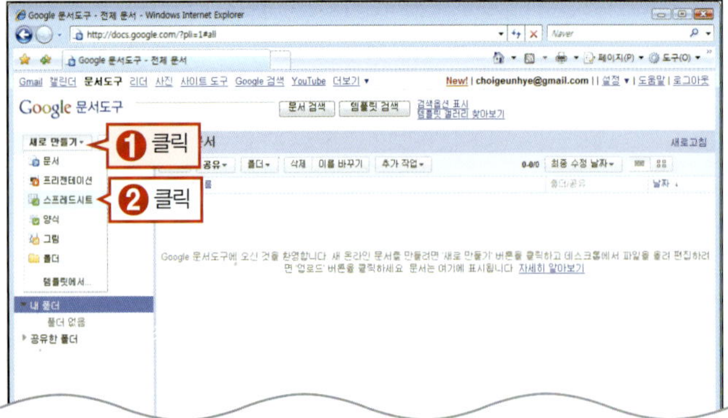

02

① 구글 문서 도구 페이지가 나타나면 화면 왼쪽 메뉴에서 **새로 만들기**를 클릭

② **스프레드시트**를 선택합니다.

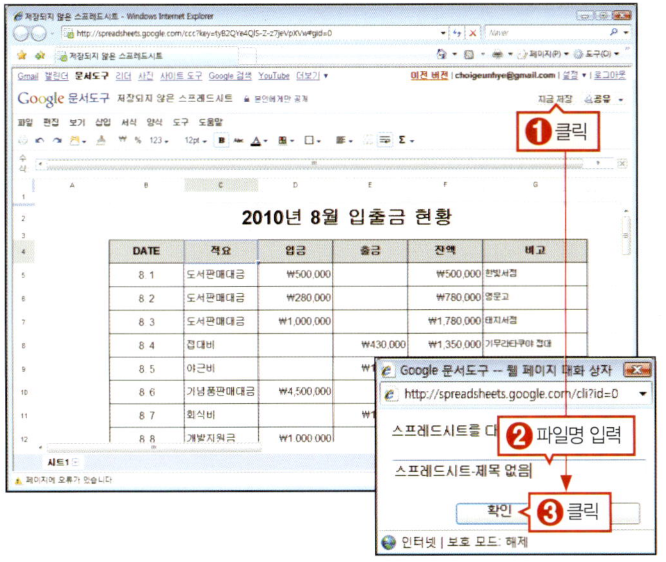

03 새 스프레드시트 창이 열리면 구글에서 지원하는 다양한 기능을 이용하여 문서를 작성합니다.

① 문서를 모두 작성하였으면 화면 오른쪽 위의 〈**지금 저장**〉을 클릭

②③ 대화상자가 나타나면 파일명을 입력한 후 〈**확인**〉을 클릭합니다.

함께해요 2. 내 컴퓨터에 있는 문서 구글독스에 업로드하기

내 컴퓨터에 저장되어 있는 문서를 구글독스로 업로드하는 방법을 알아보겠습니다.

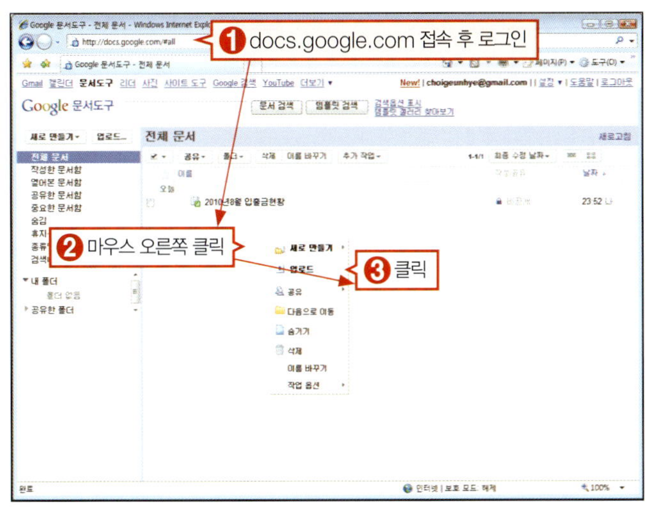

01

① docs.google.com에 접속한 후 로그인

②③ 파일 목록 아래 빈 화면에서 마우스 오른쪽 버튼을 클릭한 후 **업로드**를 선택합니다.

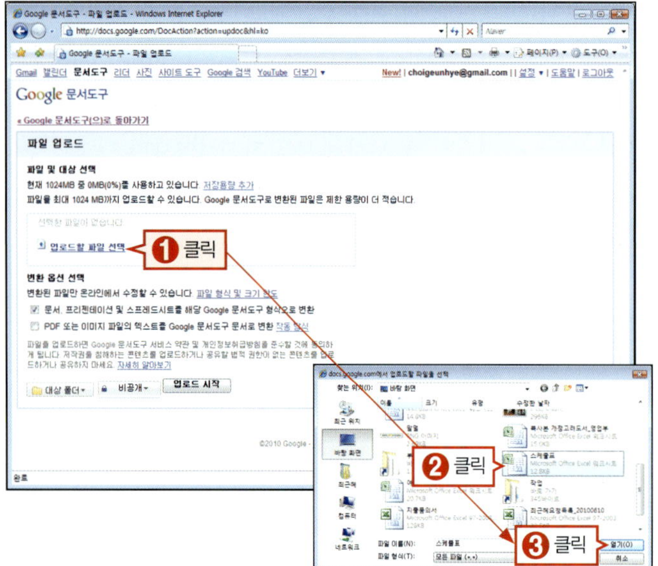

02

① 파일 업로드 페이지에서 **업로드할 파일 선택**을 클릭

②③ 대화상자에서 업로드할 파일을 선택한 후 〈**열기**〉를 클릭합니다.

03 목록에 파일이 추가되면 화면 아래의 〈**업로드 시작**〉을 클릭합니다. 업로드가 완료되면 파일 목록에 해당 문서가 추가됩니다.

Tip

구글독스에서는 가로 방향의 셀 병합만 지원합니다. 이외에도 일반적인 엑셀과 달리 기능에 제한이 있어 내 컴퓨터에서 작업한 엑셀 문서를 구글독스에서 열었을 때 원본 파일과 다르게 나타날 수 있습니다.

함께해요 3. 구글독스에서 문서 공유하기

구글독스를 이용해 문서를 공유하는 방법을 알아보겠습니다.

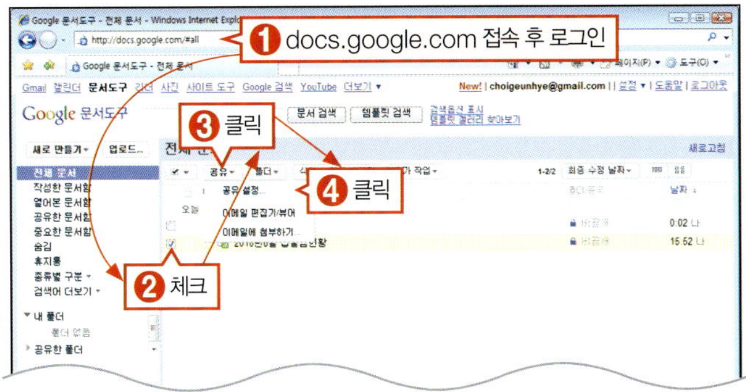

01

① docs.google.com에 접속한 후 로그인

② 파일 목록에서 공유할 문서에 체크

③④ 〈공유〉를 클릭한 후 **공유 설정**을 선택합니다.

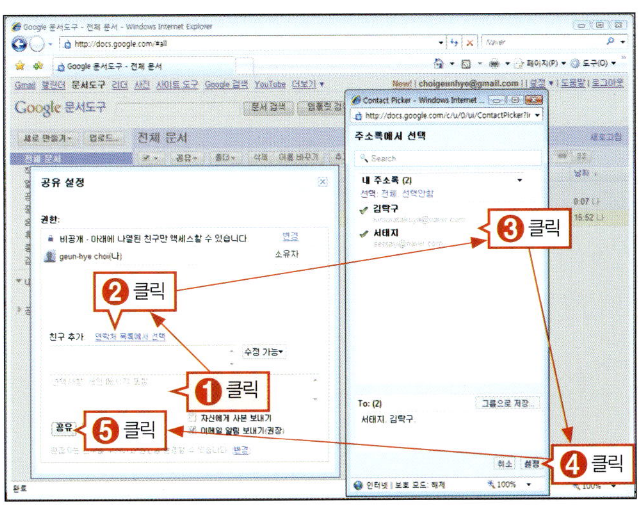

02

①② 공유 설정 대화상자에서 친구 추가 영역 아래 입력란을 클릭한 후 **연락처 목록에서 선택**을 클릭하면 G메일에 등록되어 있는 연락처 명단이 나타납니다.

③④ 공유할 사람의 이메일 주소를 클릭해서 선택하고 〈**설정**〉을 클릭하면 친구 추가 목록이 등록됩니다.

⑤ 〈**공유**〉를 클릭합니다.

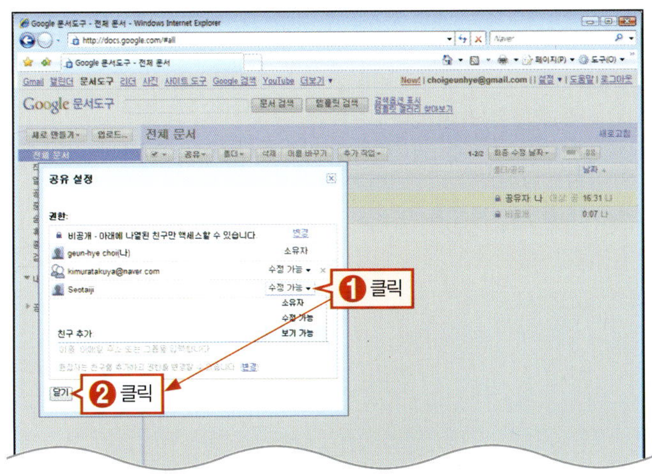

03 공유 권한을 설정할 수 있는 페이지가 나타납니다.

① 주소록에 있는 화살표(▼)를 클릭하면 각 주소마다 공유 권한을 설정할 수 있습니다.

② 〈**닫기**〉를 클릭하면 파일 공유 설정이 완료됩니다.

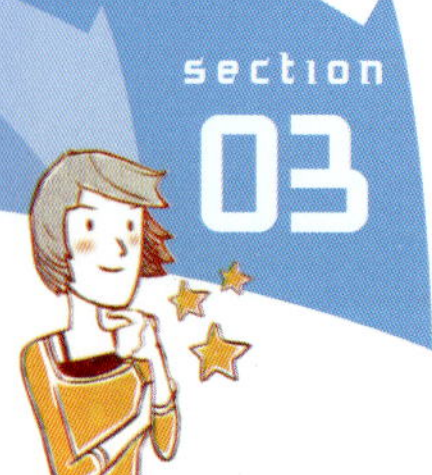

스마트폰(아이폰)에서 엑셀 문서 다루기

• N드라이브 • App Store • Office² Plus

함께해요 1. 메일로 받은 엑셀 문서 확인하기

외근 시 파일을 주고받는 수단으로 주로 메일을 사용합니다. 아이폰에 이메일 계정을 등록해 놓으면 어디서든 메일을 확인할 수 있습니다. 첨부된 파일은 이미지로 확인이 가능합니다.

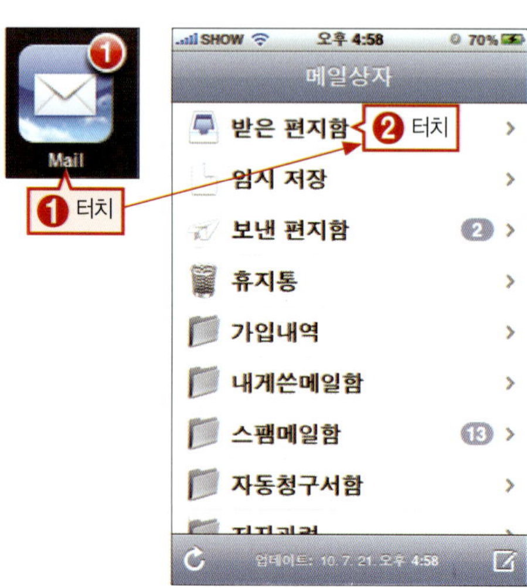

01

① 아이폰에서 Mail을 터치

② 설정된 메일함에서 **받은 편지함**을 터치합니다.

Note 아이폰에 메일 계정 등록하기

아이폰에서 메일을 확인하려면 계정을 등록해야 합니다. 메일 계정 등록 방법을 알아보겠습니다.

❶ 아이폰에서 **설정**을 터치합니다.

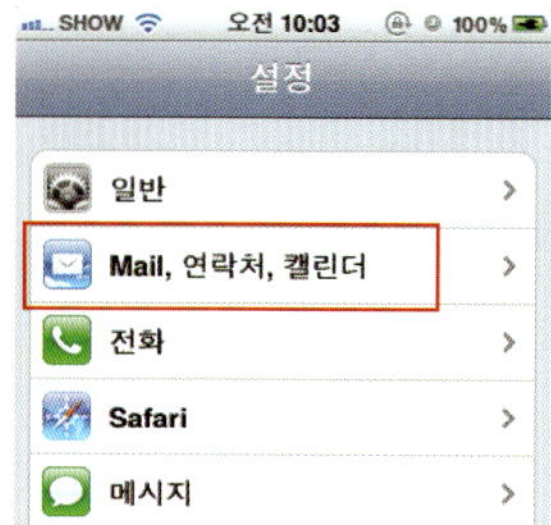

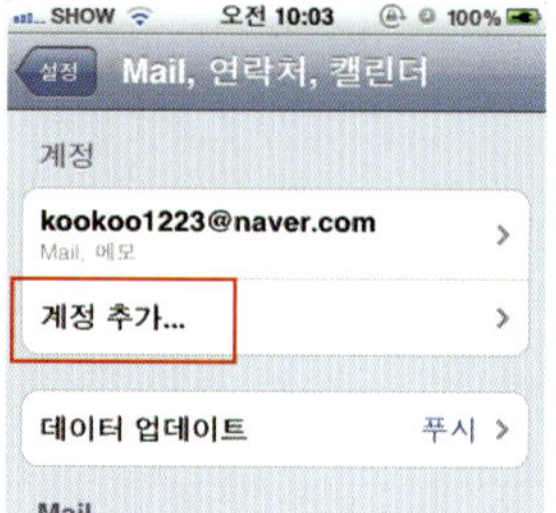

❷ 설정 화면에서 **Mail, 연락처, 캘린더**를 터치하고 **계정 추가**를 터치합니다.

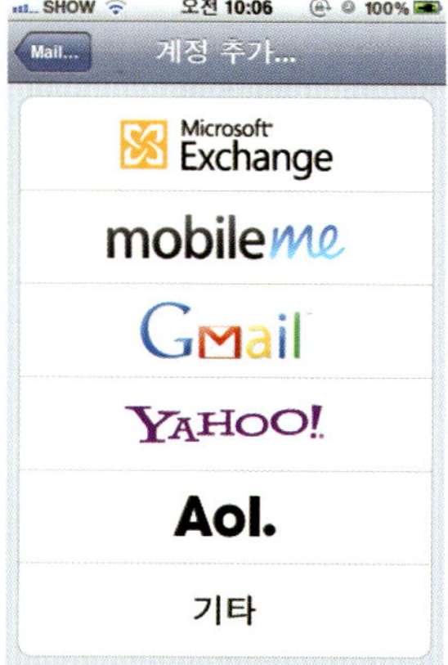

❸ 목록에서 원하는 메일을 터치합니다. 없을 경우 기타를 터치합니다.

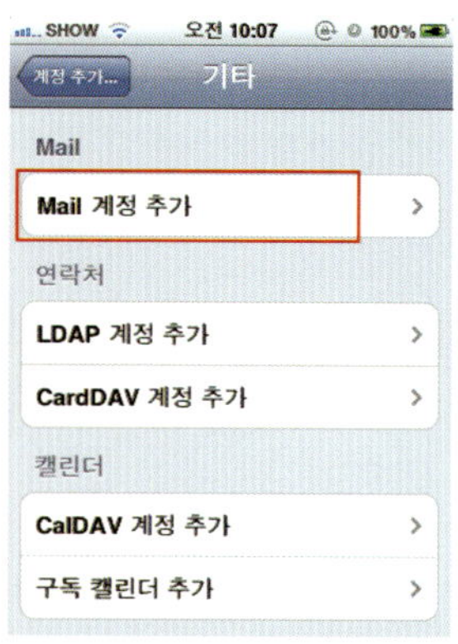

❹ 기타를 터치한 경우 **Mail 계정 추가**를 터치합니다. 이름, 주소, 암호, 설명을 입력한 후 다음을 터치합니다.

❺ 계정 정보 확인 중이라는 화면이 나왔다가 계정 정보가 담긴 화면으로 바뀝니다. 메일 계정이 정상적으로 추가되었습니다.

02

①② 엑셀 문서가 첨부된 메일을 터치한 후 화면 아래의 첨부 파일을 터치합니다.

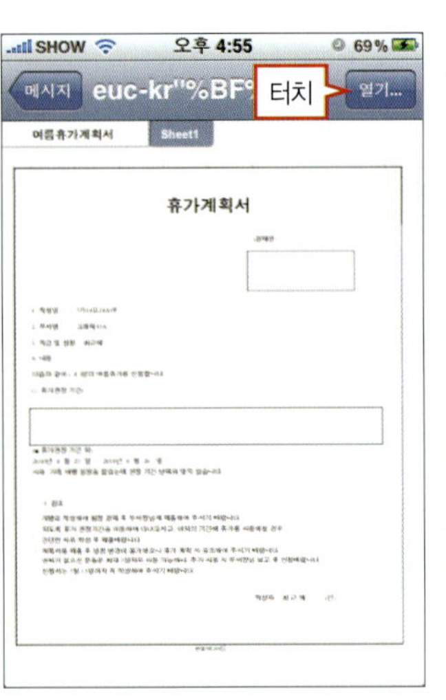

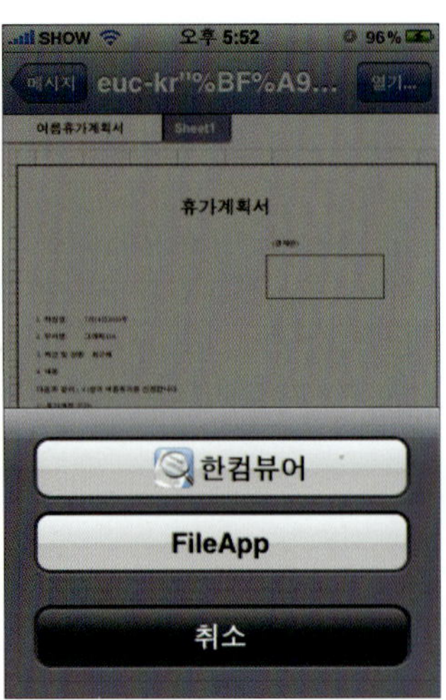

03

화면에 엑셀 문서가 나타납니다. 아이폰에서 문서를 확인할 수 있는 파일 뷰어 관련 어플이 설치되어 있을 경우 문서가 나타난 화면에서 열기를 터치하면 해당 어플을 선택할 수 있습니다.

Tip

아이폰의 파일 뷰어 관련 무료 어플은 한컴뷰어, FileApp 등이 있습니다.

함께해요 2. N드라이브에 올려놓은 엑셀 문서 확인하기

N드라이브란 네이버에서 제공하는 무료 웹 저장 공간으로 ndrive.naver.com에 접속하여 파일을 업로드하거나 다운로드할 수 있습니다. USB드라이브나 외장하드 같은 기기 없이도 N드라이브를 이용하면 최대 5GB까지 편리하게 파일을 보관할 수 있습니다.

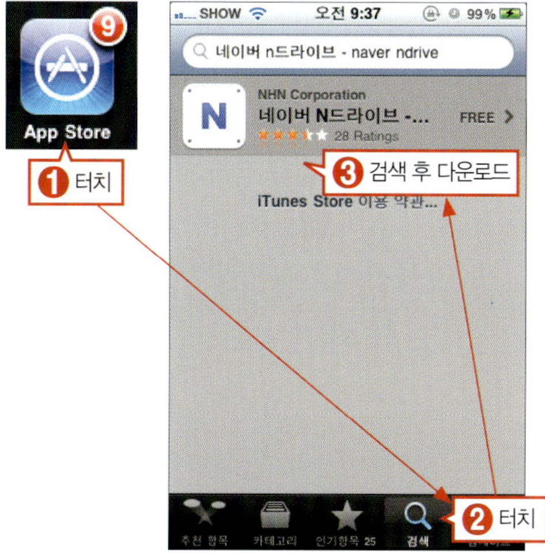

01

①② 아이폰에서 App Store를 터치한 후 검색을 터치

③ N드라이브를 검색하여 다운로드합니다.

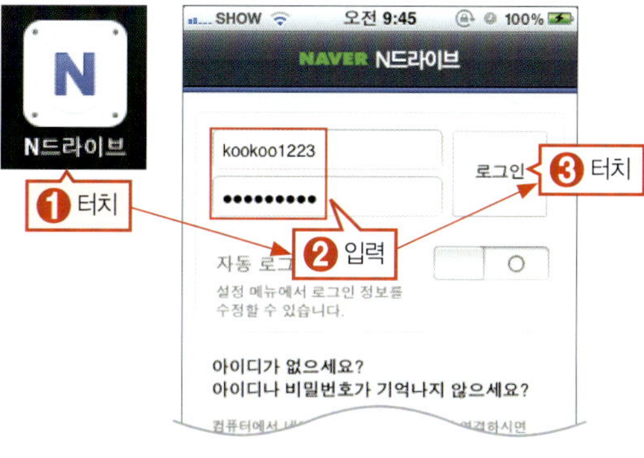

02

① 설치된 N드라이브를 터치

②③ 네이버 아이디와 비밀번호를 입력한 후 **로그인**을 터치합니다.

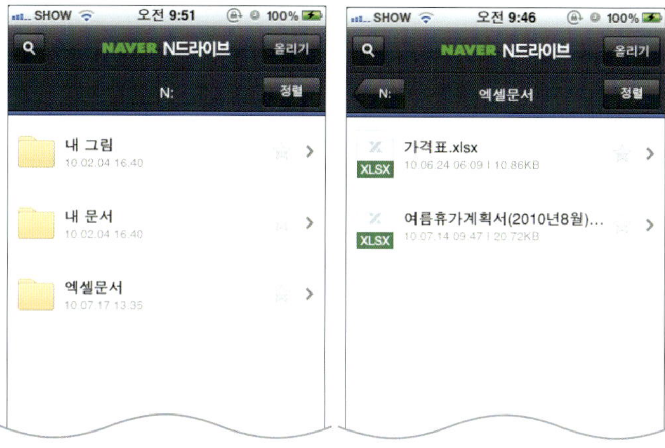

03 N드라이브에 올려놓은 폴더 및 파일 목록이 나타나면 원하는 파일을 터치하여 확인합니다.

함께해요 3. Office² Plus로 엑셀 문서 작성하기

Office² Plus는 엑셀 문서를 작성하고 저장할 수 있는 어플입니다. App Store를 실행하고 검색 창에서 Office² Plus를 검색하면 어플을 다운로드할 수 있습니다.

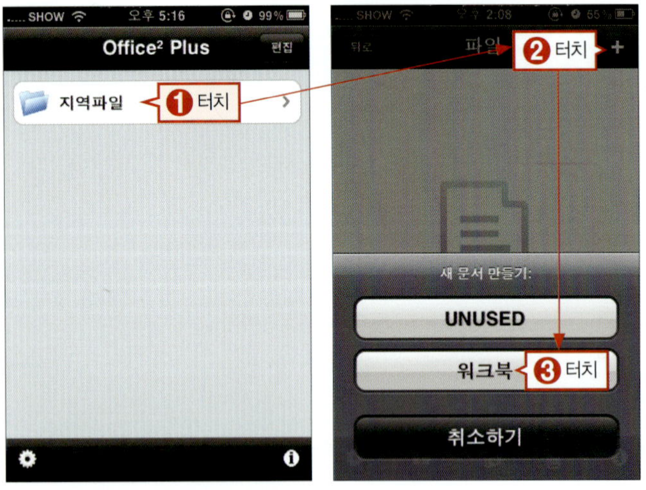

01 Office² Plus 어플을 실행하면 지역파일 이름의 폴더가 나타납니다.

①② 새 문서를 만들기 위해 **지역파일** 폴더를 터치한 후 화면 위의 [+]를 터치

③ **워크북**을 터치합니다.

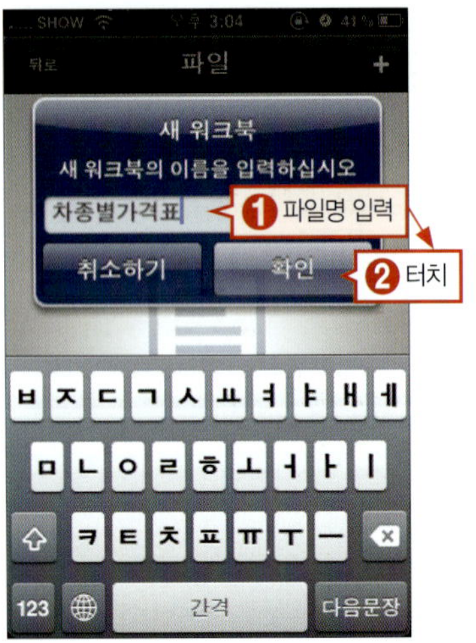

02

①② 새 워크북 이름을 입력하라는 창에 파일명을 입력하고 **확인**을 터치합니다.

Note 구글독스와 연결하여 작업하기

구글독스 서비스를 신청해 놓으면 작업 문서가 바로 구글독스에 저장되도록 할 수 있습니다.

❶ ①② 첫 화면에서 편집을 터치한 후 서비스 추가를 터치 ③ 서비스 목록에서 Google Docs(구글독스)를 터치합니다.

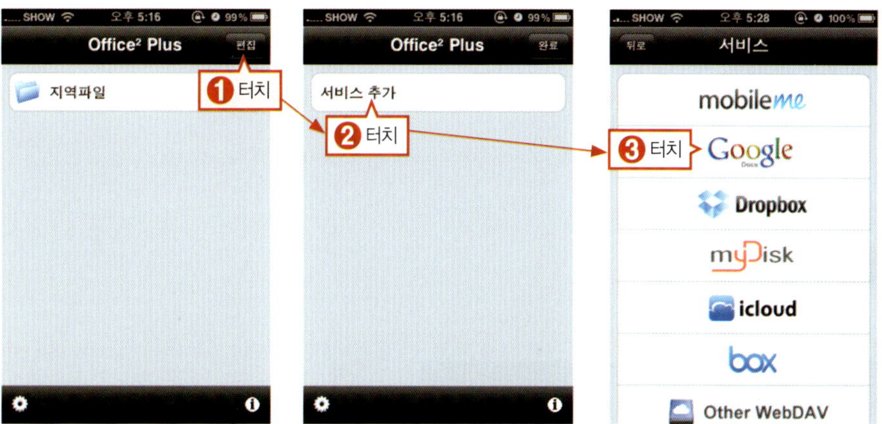

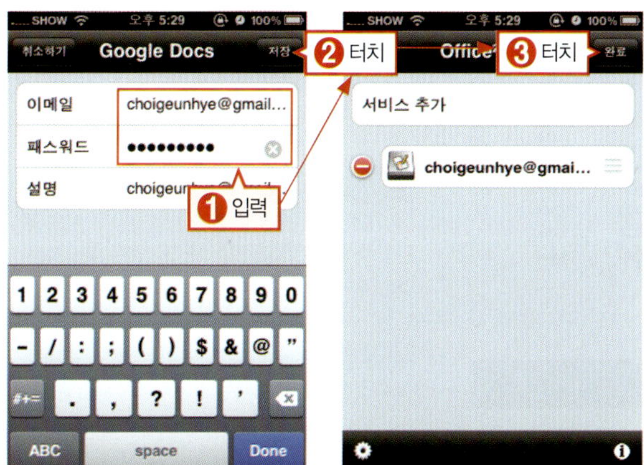

❷ ①② 구글독스 이메일과 패스워드를 입력하고 저장을 터치

③ 서비스 추가 화면에서 완료를 터치합니다.

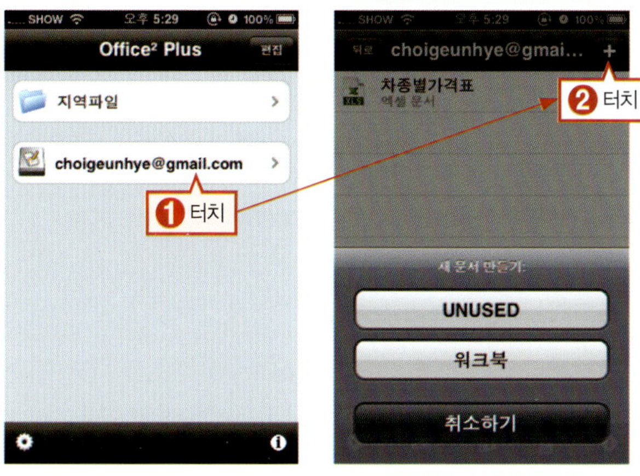

❸ ①② 구글독스 계정을 터치한 후 [+]를 터치하여 작업을 시작하면 오피스 플러스에서 작업한 파일이 구글독스에 저장됩니다.

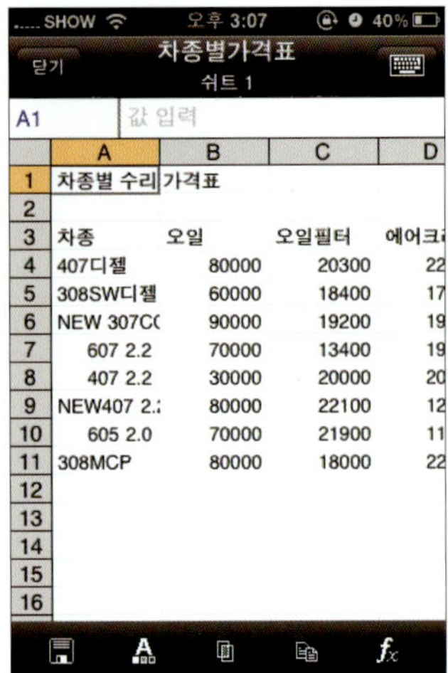

03 엑셀 문서를 작성할 수 있는 새 워크북이 열리면 내용을 입력합니다.

04

① 함수와 같은 다양한 기능을 이용하여 문서를 완성

②③ 첫 번째 메뉴를 터치한 후 **저장**을 터치합니다.

Tip

이 어플은 자동합계를 이용한 셀 범위를 세로 방향으로만 인식하기 때문에 가로로 계산할 경우에는 직접 입력하여 계산해야 합니다.

Tip

무료 버전을 사용할 경우 저장 기능이 지원되지 않습니다.

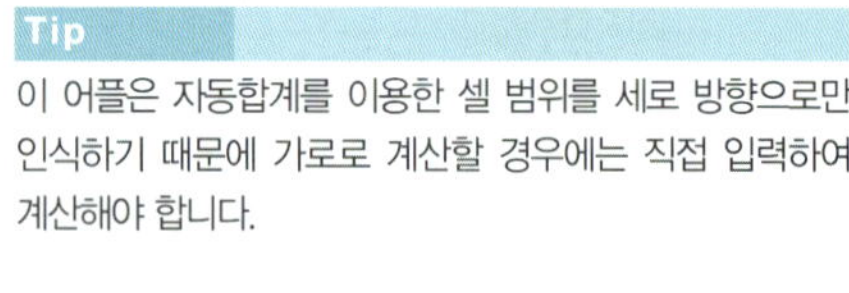

Note Office² Plus로 다양 한 서식 적용하기

Office² Plus에는 정렬하기, 글꼴 서식, 셀 채우기 등 다양한 서식을 제공합니다. 각각의 셀에 서식을 적용할 수 있으며 원하는 셀을 범위로 지정한 후 서식을 적용할 수도 있습니다.

셀 범위 지정하기

여러 셀을 범위로 지정하려면 첫 번째 셀을 오래 터치합니다. 파란색 점이 나타나면 손가락으로 드래그하여 범위를 지정할 수 있습니다.

맞춤 및 글꼴 서식 지정하기

Office² Plus의 두 번째 메뉴에는 문서에 적용할 수 있는 다양한 서식이 있습니다.

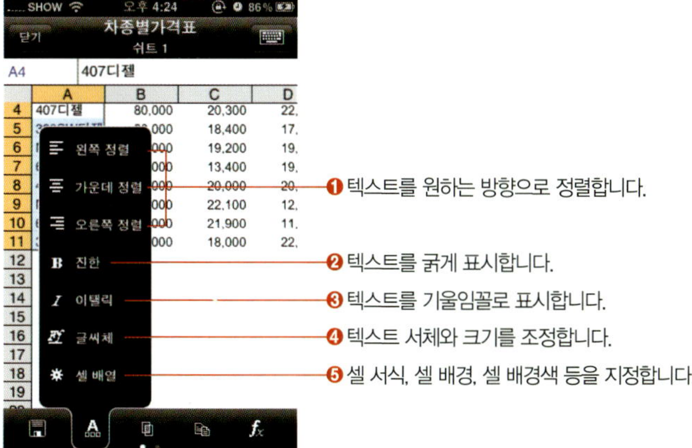

셀 배열 기능 자세히 알아보기

Office² Plus 두 번째 메뉴에 있는 항목들이 각 기능에 대한 아이콘과 같다면 셀 배열은 대화상자와 같은 기능으로 다양한 서식을 지정할 수 있습니다. 각 항목에 대해 자세히 알아보고 원하는 서식을 적용하여 문서를 완성합니다.

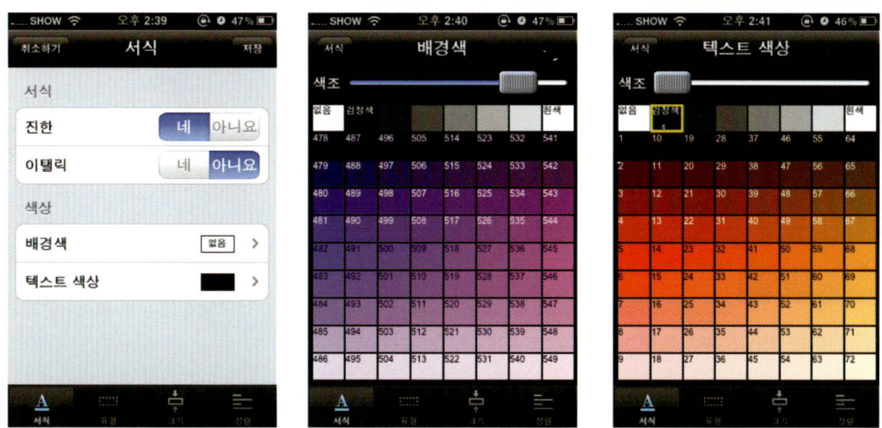

▲ 서식 : 텍스트를 굵게 표시하거나 기울임꼴로 설정할 수 있으며 배경색과 텍스트 색상을 변경할 수 있습니다.

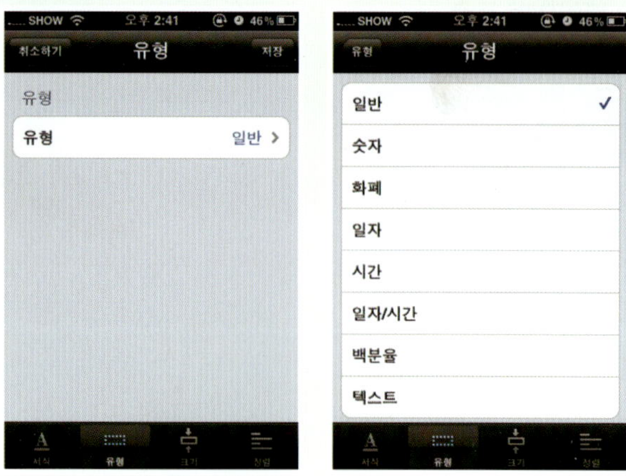

▲ 유형 : 셀에 입력된 데이터를 숫자, 시간, 백분율, 텍스트 등의 유형으로 변경할 수 있습니다.

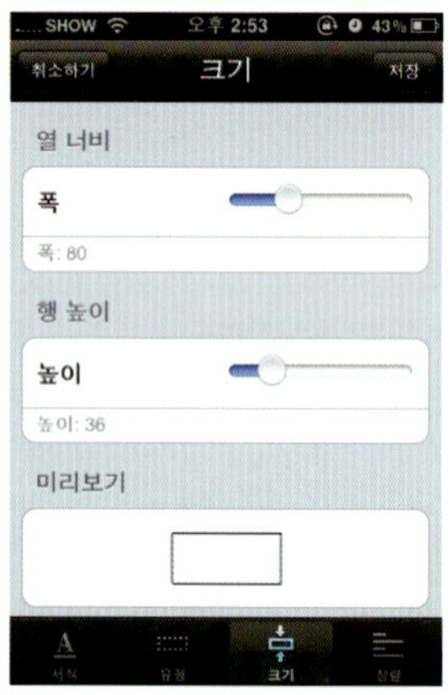

▲ 크기 : 열 너비와 행 높이를 조절할 수 있습니다.

▲ 정렬 : 셀에 입력된 데이터를 수평, 수직으로 정렬할 수 있으며 셀 병합을 설정할 수 있습니다.

회사통 28

회사에서 바로 써먹는 실무형 예제로 시작하라

효율적인 학습을 위한 3원칙

하나. 필수 기능으로 빠르게 시작하라

업무를 효율적으로 하기 위해서는 꼭 필요한 필수 기능을 능숙하게 다뤄야 한다.
알 듯 말 듯한 기능을 끙끙대며 고민하지 말고, 이 책으로 빠르게 정리하라.

둘. 실무 예제로 시작하라

엑셀과 파워포인트의 기능과 활용 방법을 동시에 익힐 수 있는 실무 예제로 시작하라.
당장 써먹을 예제라 배우는 재미도 있고, 업무 효율도 단숨에 올라간다.

셋. 지금 당장 시작하라

취업을 준비할 때, 신입사원일 때, 업무에서 바로 엑셀과 파워포인트를 사용해야 할 때,
승진해서 방대한 업무를 처리할 때! 빠르면 빠를수록 좋다. 더 늦기 전에 시작하라.

회사에서 바로 통하는 엑셀& 파워포인트 2010 엑셀편 목차

이 책을 읽으면 좋은 독자

완전강추!
- 두 가지 프로그램을 빠르게 배워 실무에 바로 활용하려는 직장인

강추!
- 엑셀과 파워포인트를 조금 알거나 구경도 못한 취업 준비생
- 각종 문서 작성으로 스트레스를 받는 직장인
- 필요한 기능을 바로 찾아 바로 적용하고 싶은 사람

본문에서 사용한 모든 예제 및 완성 파일
부록CD의 예제는 http://www.hanbit.co.kr/exam/1763에서도 내려받을 수 있습니다.

OA/그래픽

ISBN 978-89-7914-763-6

값 18,800원

회사에서 바로 통하는

엑셀 & 파워포인트

파워포인트 2010

이희정 지음

회사원의 필수 프로그램!
이 책 한 권으로 빠르게 끝낸다

- 개념은 쉽게, 기능은 빠르게, 실무 활용은 바로
- 회사에서 쓰는 대표 문서로 배우는 실무 기능
- 발 빠른 직장인이라면 꼭 알아야 할 모바일 웹 오피스 활용법

한빛미디어 Hanbit Media, Inc.

회사에서 바로 통하는

엑셀 & 파워포인트

파워포인트 2010

저자_ 이희정(neo@neo-pt.co.kr)

프레젠테이션 전문 업체『네오프레젠테이션http://www.neo-pt.co.kr』대표이며 삼성경제연구소 포럼 PASAMO 교수진으로 활동하고 있습니다.
감각 있고 명쾌한 프레젠테이션 테크닉으로 삼성, SK, LG, 현대자동차, 아시아나항공 등에서 강의하고 있으며 KMA 한국능률협회, 중소기업청, KSA 표준협회에서 프레젠테이션 발표 및 기획제작 분야 전문 의원으로 활동하고 있습니다.

주요 PT 작품으로는 대통령께 보고한 '제 15회 국가경쟁력 강화회의, 코엑스 제 4회 대한민국 지역혁신 박람회, 산업기술 혁신 5개년 계획, 지식재산 강국 실현 전략'이 있습니다.
또한 행사용 PT로 세계 유명 연사들이 참가한 '2009 Tech Plus Forum',
삼성전자 '국내/해외 통합 혁신, 사장단 보고' 등 다양한 PT를 제작했습니다.
'국내/해외 통합 혁신 PT'는 삼성전자 프레젠테이션 경진대회에서 금상을 수상하였습니다.

회사에서 바로 통하는
엑셀 & 파워포인트 2010 파워포인트편

지은이 이희정
펴낸이 김태헌
펴낸곳 한빛미디어(주)
주소 서울시 서대문구 연희로2길 62 한빛미디어(주) IT출판사업부
전화 02-325-5544
팩스 02-336-7124
등록 1999년 6월 24일 제25100-2017-000058호
초판 1쇄 발행 2010년 9월 30일
초판 15쇄 발행 2019년 9월 20일
정가 18,800원
ISBN 978-89-7914-763-6 18000

기획 장용희
편집 배윤미
북디자인 여동일
일러스트 김세중
베타테스트 김소영

Published by HANBIT Media, Inc. Printed in Korea

이 책에 대한 의견을 주시거나 오탈자 및 잘못된 내용의 수정 정보는 한빛미디어(주)의 홈페이지나 아래 이메일로 연락주십시오. 잘못된 책은 구입하신 서점에서 교환해 드립니다.
http://www.hanbit.co.kr
ask@hanbit.co.kr

머리말

때로는 아주 우연한 사건이 큰 영향을 줄 때가 있습니다. 저자의 입장에서는 언제나 독자들이 원하는 것이 무엇일까를 고민하게 됩니다. 얼마 전 한 독자로부터 다음 내용의 질문 메일이 도착했습니다.

'저는 컴퓨터로 업무를 보고 가끔 보고용 프레젠테이션을 만들기도 합니다. 프레젠테이션을 잘하려면 어디서부터 시작해야 할까요? 책을 따라하면 단편적인 작품은 나오는데 막상 제 보고서를 만들려니 막막하네요. 전체적으로 깔끔하고 보기 좋으면서 적당하게 잘하려면 어디서부터 배우는 게 좋을까요?'

프레젠테이션에 대해 강의하면서 줄곧 받아왔던 대다수의 질문과 비슷한 내용이었지만 이번만은 무릎을 탁 칠 수밖에 없었습니다. 많은 사람들이 이런 고민을 계속 한다는 것은 이에 대한 명확한 답변을 제시한 책이 없었다는 생각에서였습니다. 어떻게 하면 명확한 답을 드릴 수 있을까 고민에 고민을 거듭하다가 떠오른 아이디어가 바로 처음부터 끝까지 완성된 8개의 형태별 실무보고서를 실습 예제로 제공하자는 것이었습니다.

이번 책은 누구나 쉽게 따라 할 수 있으면서도 깊이 있는, 그리고 풍부한 예제로 구성하려고 힘썼습니다. 프레젠테이션 전문서에서나 볼 수 있는 사업계획서, 성과보고서, 프로젝트 결과보고서, 교육설명회, 회사소개서, 홍보 프레젠테이션, 제안용 프레젠테이션, 연구 유치 경쟁 프레젠테이션 등 보고서 형태별로 총 8개의 실무형 보고서를 따라 하다보면 그동안 고민했던 부분이 시원하게 해결됨을 느낄 수 있을 것입니다.

막막한 외국 여행길에서 가장 큰 도움이 되는 것은 짧지만 간결한 상황별 회화 책입니다. 대화를 어떻게 시작하고, 원하는 정보를 얼마나 효과적으로 얻을 수 있는지, 상대방에게 깊은 인상을 줄 수 있는 마무리는 어떻게 하는지에 대해 빠르고 쉽게 파악할 수 있기 때문입니다.

이 책이 프레젠테이션라는 여행길에서 여러분의 동반자이자 두려움을 해소하고 좀 더 나은 프레젠테이션을 만들 수 있는 좋은 길잡이가 되길 바랍니다.

실습을 하시다가 의문점이나 궁금한 사항이 있으실 때는 네오프레젠테이션 홈페이지(http://www.neo-pt.co.kr)의 《독자와 함께》 코너에서 도움을 받으실 수 있습니다.

2010년 8월 이희정

이 책의 구성

Section

앞으로 배울 내용과 기능을 간단하게 요약해서 보여줍니다.
하나의 Section은 두세 개의 간단한 따라하기 과정으로 구성되어 쉽고 빠르게 기능을 배울 수 있습니다.

알아봐요

학습에 필요한 핵심 이론을 간략하게 정리해서 설명합니다.
간단하게 읽고 넘어가세요.

함께해요

따라하기 과정을 지시선으로 표시하여 그림만 보더라도 학습이 가능하며 친절하고 자세한 설명으로 초보자라도 쉽게 학습할 수 있습니다.

Tip

실습하면서 더 이해가 필요한 부분이나 참고할 사항을 설명합니다.

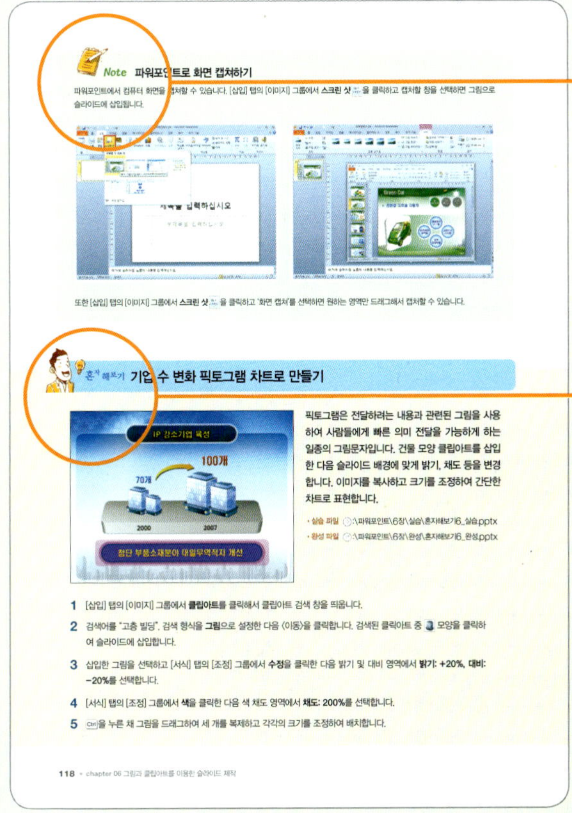

Note 파워포인트로 화면 캡처하기

파워포인트에서 컴퓨터 화면을 캡처할 수 있습니다. [삽입] 탭의 [이미지] 그룹에서 **스크린 샷** 을 클릭하고 캡처할 창을 선택하면 그림으로 슬라이드에 삽입됩니다.

또한 [삽입] 탭의 [이미지] 그룹에서 **스크린 샷** 을 클릭하고 '화면 캡처'를 선택하면 원하는 영역만 드래그해서 캡처할 수 있습니다.

혼자해보기 기업 수 변화 픽토그램 차트로 만들기

픽토그램은 전달하려는 내용과 관련된 그림을 사용하여 사람들에게 빠른 의미 전달을 가능하게 하는 일종의 그림문자입니다. 건물 모양 클립아트를 삽입한 다음 슬라이드 배경에 맞게 밝기, 채도 등을 변경합니다. 이미지를 복사하고 크기를 조정하여 간단한 차트로 표현합니다.

- 실습 파일 :\파워포인트\6장\실습\혼자해보기6_실습.pptx
- 완성 파일 :\파워포인트\6장\완성\혼자해보기6_완성.pptx

1 [삽입] 탭의 [이미지] 그룹에서 **클립아트**를 클릭해서 클립아트 검색 창을 띄웁니다.
2 검색어를 "고층 빌딩", 검색 형식을 **그림**으로 설정한 다음 <이동>을 클릭합니다. 검색된 클립아트 중 모양을 클릭하여 슬라이드에 삽입합니다.
3 삽입한 그림을 선택하고 [서식] 탭의 [조정] 그룹에서 **수정**을 클릭한 다음 밝기 및 대비 영역에서 **밝기: +20%, 대비: -20%**를 선택합니다.
4 [서식] 탭의 [조정] 그룹에서 **색**을 클릭한 다음 색 채도 영역에서 **채도: 200%**를 선택합니다.
5 Ctrl을 누른 채 그림을 드래그하여 세 개를 복제하고 각각의 크기를 조정하여 배치합니다.

118 · chapter 06 그림과 클립아트를 이용한 슬라이드 제작

Note

꼼꼼하게 짚어봐야 할 기능, 대화상자, 이론 등을 알아봅니다.
파워포인트 고급 사용자로 거듭나기 위해서는 꼭 알아야 할 내용입니다.

혼자해보기

[함께해요]에서 배운 내용을 복습합니다.
복습하다 어려우면 완성 파일을 실행한 후 비교하면 쉽게 해결할 수 있습니다.

사무실에서만 업무 보는 시대는 끝났다!!

웹 오피스와 스마트폰을 활용한 오피스 다루기

웹의 발달과 스마트폰의 대중화로 시간과 장소에 구애받지 않고 언제, 어디서나 업무를 볼 수 있게 되었습니다. 웹 오피스를 이용하면 오피스 프로그램이 설치되어 있지 않더라도 인터넷이 가능한 곳이라면 어디서나 문서를 읽고 편집할 수 있으며 스마트폰이 있다면 시간과 장소에 관계없이 일 처리를 할 수 있습니다. CHAPTER 12에서 관련 내용을 확인하세요.

부록 CD 구성

부록 CD에는 [함께해요]와 [혼자해보기]를 따라하는 데 필요한 실습 파일과 완성 파일을 모두 담았습니다.

● 엑셀

실습 파일_ 부록 CD:\엑셀\각 장\실습\
완성 파일_ 부록 CD:\엑셀\각 장\완성\

● 파워포인트

실습 파일_ 부록 CD:\파워포인트\각 장\실습\
완성 파일_ 부록 CD:\파워포인트\각 장\완성\

빠르게 찾는
기능형 목차

[빠르게 찾는 기능형 목차]로 원하는 기능을 빠르고 쉽게 찾아 바로 실습할 수 있도록 정리했습니다.

이 책의 차례

CHAPTER 1 파워포인트 2010 기본기 익히기

CHAPTER 2 텍스트로 슬라이드 만들기

CHAPTER 3 발표 준비하기

이 책의 차례

이 책의 차례

CHAPTER 01

파워포인트 2010 기본기 익히기

파워포인트 2010에서는
그림 효과, 애니메이션, 화면전환, 멀티미디어 등의 기능이 더욱 강화되었습니다.
별도의 그래픽 프로그램 없이 파워포인트라는 프로그램 하나로
전문 프레젠테이션 문서 제작을 90%이상 완성할 수 있게 되었으며 파워포인트 2007과
마찬가지로 리본 메뉴의 인터페이스를 채택하였습니다.
파워포인트 2010 화면 구성 요소를 살펴보면서 기본적인 조작 방법에 대해 알아보겠습니다.

파워포인트 2010 화면 구성 알아보기

• 기본 화면 구성 • 리본 메뉴 • 미니 도구 및 바로가기 메뉴 • 화면 보기 단추 및 확대/축소 단추

기본 화면 구성

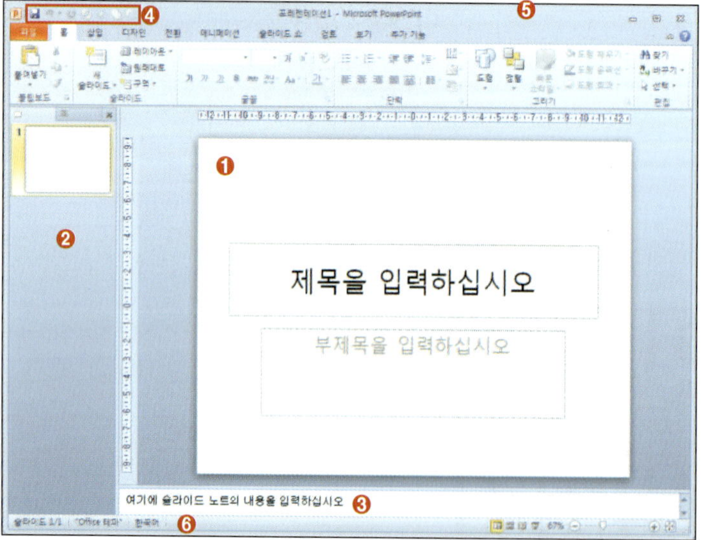

① **슬라이드 창** : 슬라이드를 편집하는 작업 영역으로 도형, 텍스트, 차트, 표 등의 개체를 삽입하고 편집합니다.

② **개요 및 슬라이드 축소판 창** : 여러 장의 슬라이드를 표시하는 방법으로 2가지 형태가 있습니다.

- **개요 탭** : 각 슬라이드의 제목 텍스트 및 내용 텍스트를 나타냅니다.
- **슬라이드 축소판** : 각 슬라이드를 작은 그림으로 나타냅니다.

③ **슬라이드 노트 창** : 발표자가 슬라이드에 대한 부연 설명이나 발표할 내용을 입력하는 공간입니다. 인쇄 시에 슬라이드 노트의 인쇄 여부를 설정할 수 있습니다.

④ **빠른 실행 도구** : 사용자가 자주 사용하는 기능을 모아 놓은 도구함입니다. 빠른 실행 도구는 사용자 편의에 따라 기능을 추가/제거할 수 있습니다.

⑤ **제목 표시줄** : 현재 편집 중인 문서의 이름 등이 나타납니다.

⑥ **상태 표시줄** : 현재 편집 중인 슬라이드의 번호, 테마 이름 및 언어 등이 나타납니다.

리본 메뉴

리본 메뉴는 슬라이드를 작성할 때 필요한 각종 명령을 기능별로 구분해서 탭 형태로 모아 놓은 곳입니다.

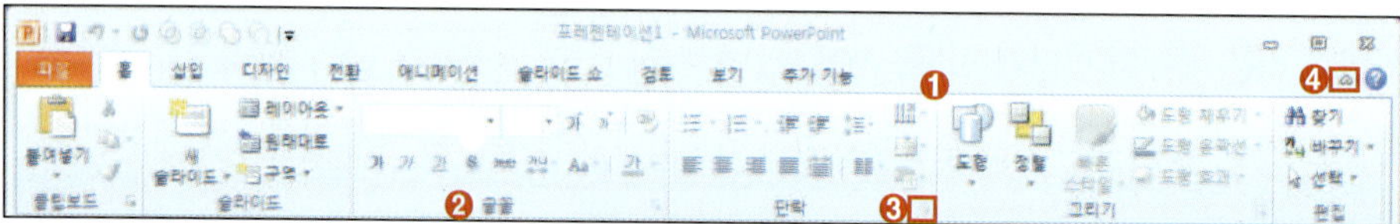

① **탭 표시줄** : 탭을 클릭하면 탭에 관련된 각종 명령 버튼이 그룹별로 나타납니다.
② **그룹** : 탭의 하위 개념으로 하나의 탭 안에 여러 개의 그룹이 있습니다.
③ **대화상자 표시 아이콘** : 각 그룹에 있는 기능들의 세부 옵션을 설정할 수 있는 대화상자를 불러옵니다.
④ **리본 메뉴 최소화 버튼** : 리본 메뉴를 최소화하여 슬라이드 창을 더 넓게 활용할 수 있습니다(단축키 Ctrl+F1).

미니 도구 및 바로가기 메뉴

슬라이드에 삽입한 개체를 선택하고 마우스 오른쪽 버튼을 클릭하면 해당 개체에 따라 바로가기 메뉴가 나타나며 텍스트 개체의 경우 바로가기 메뉴와 더불어 텍스트 서식을 지정할 수 있는 미니 도구 모음이 나타납니다.

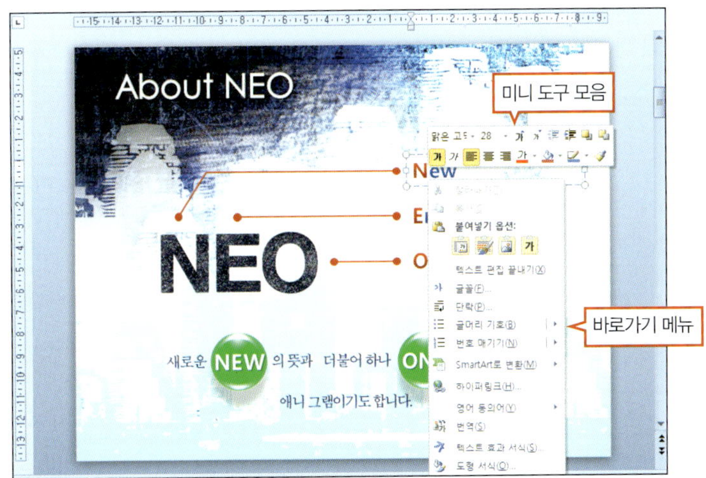

화면 보기 버튼 및 확대/축소 버튼

상태 표시줄에 네 가지 형태의 화면 보기 버튼과 확대/축소 버튼이 있습니다. 상황에 따라 적절한 보기 방식을 선택하고 화면 비율을 조절하면서 작업합니다.

① **기본 보기** : 슬라이드를 편집할 때 사용하는 보기 형태입니다.
② **여러 슬라이드 보기** : 여러 슬라이드를 한꺼번에 보면서 복사나 이동 등을 할 때 편리합니다.
③ **읽기용 보기** : 슬라이드 쇼 보기와 비슷하지만 화면 아래쪽에서 보기 형태 및 슬라이드 이동 등의 조작이 가능합니다.
④ **슬라이드 쇼** : 완성한 슬라이드를 꽉 찬 화면으로 보는 방식입니다.

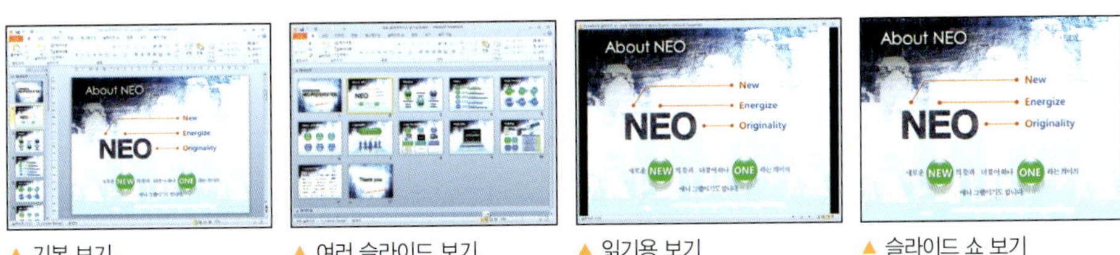

▲ 기본 보기 ▲ 여러 슬라이드 보기 ▲ 읽기용 보기 ▲ 슬라이드 쇼 보기

⑤ **확대/축소 비율** : 숫자를 클릭하면 나타나는 대화상자에 비율을 입력하거나 원하는 비율을 선택합니다.
⑥ **조절바** : 조절바를 드래그하여 확대/축소 비율을 조절합니다.
⑦ **현재 창 크기에 맞춤** : 슬라이드 크기를 현재 창 크기에 최대한 적합하게 맞춥니다.

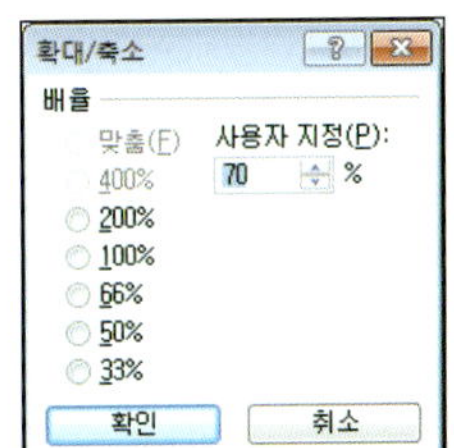

section 02

프레젠테이션 만들고 저장하기

• 빈 프레젠테이션 만들기 • 서식이 적용된 프레젠테이션 만들기 • 프레젠테이션 저장하기 • 문서에 비밀번호 설정하기

함께해요 1. 새 프레젠테이션 만들기

어떠한 서식이나 내용도 없는 비어 있는 문서를 만들고 기본적인 작업을 통해 텍스트 입력, 슬라이드 레이아웃 변경, 슬라이드 추가 등 슬라이드를 다루는 기초적인 방법을 배울 수 있습니다.

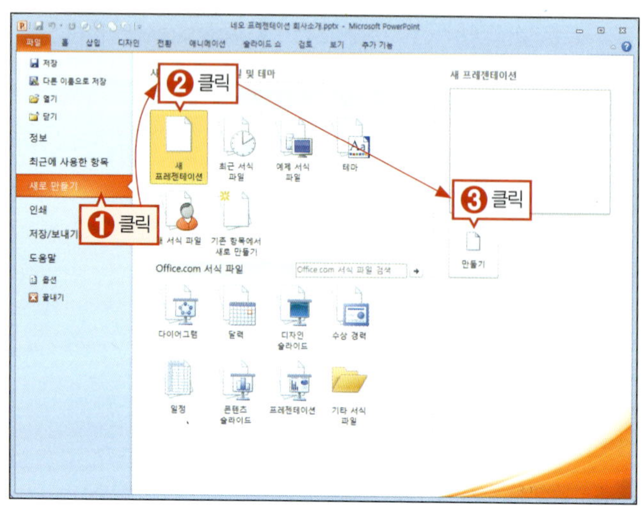

01

① [파일] 탭의 **새로 만들기**를 클릭

②③ **새 프레젠테이션**을 선택한 후 **〈만들기〉**를 클릭합니다. 새로운 문서가 생성됩니다.

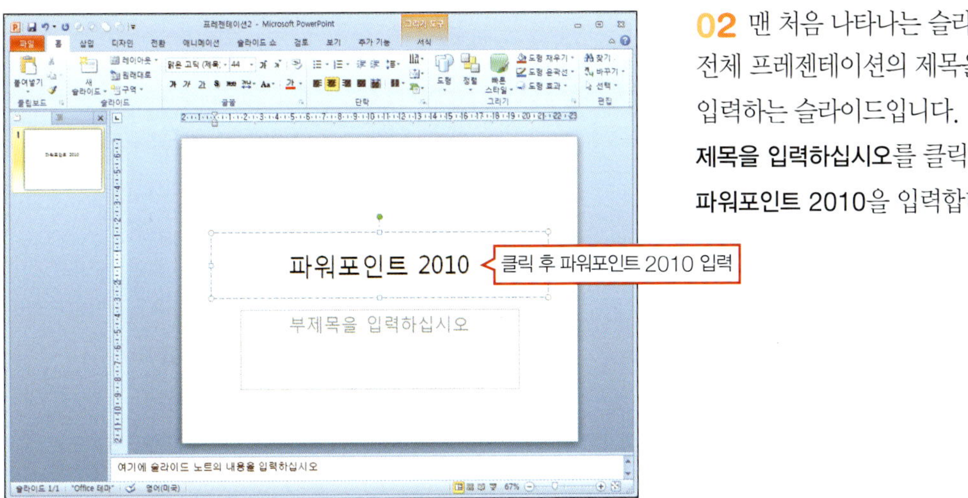

02 맨 처음 나타나는 슬라이드는 전체 프레젠테이션의 제목을 입력하는 슬라이드입니다. **제목을 입력하십시오**를 클릭하고 **파워포인트 2010**을 입력합니다.

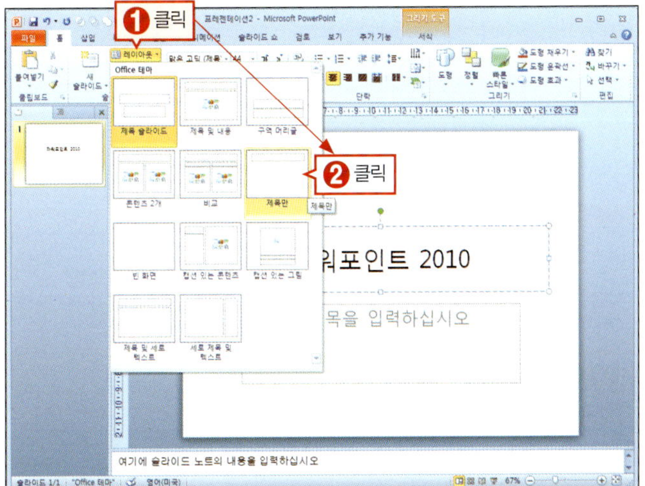

03 현재 슬라이드의 레이아웃을 변경하겠습니다.

①② [홈] 탭의 [슬라이드] 그룹에서 **레이아웃**을 클릭하고 **제목만**을 선택합니다.

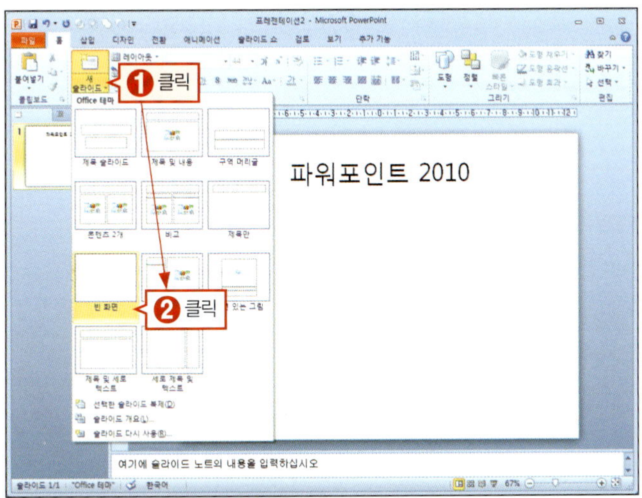

04

① [홈] 탭의 [슬라이드] 그룹에서 **새 슬라이드**를 클릭

② **원하는 슬라이드 레이아웃**을 선택해서 슬라이드를 추가합니다.

함께해요 2. 서식 파일로 새 프레젠테이션 만들기

파워포인트에는 서식이 적용된 다양한 프레젠테이션 문서가 포함되어 있습니다. 이러한 서식을 사용하면 발표용 문서를 쉽게 만들 수 있습니다.

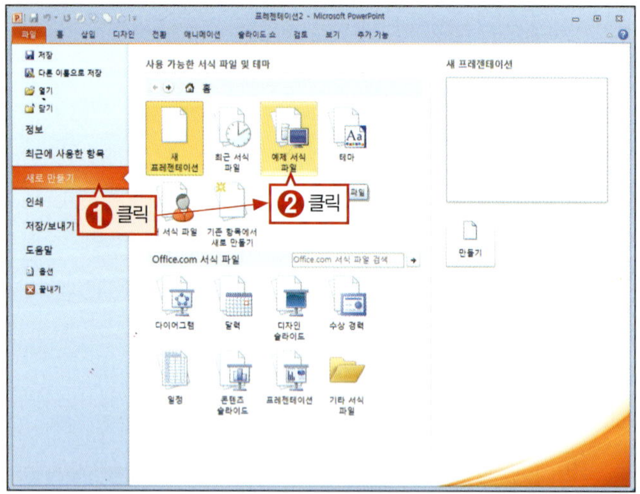

01

①② [파일] 탭의 **새로 만들기**를 클릭하고 **예제 서식 파일**을 선택하면 다양한 종류의 서식이 나타납니다.

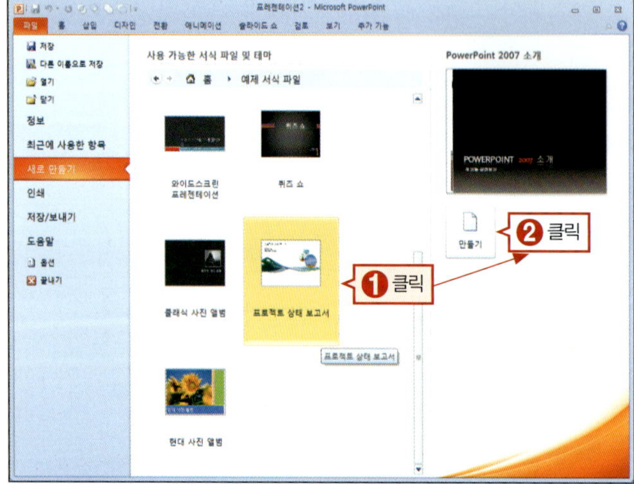

02

①② 서식 목록에서 **원하는 서식**을 선택하고 **〈만들기〉**를 클릭하면 서식이 적용된 문서가 생성됩니다.

TIP

두 개 이상의 프레젠테이션 문서가 함께 열려 있을 때 [보기] 탭의 [창] 그룹에서 '창 전환'을 클릭해서 원하는 문서를 선택할 수 있습니다.

함께해요 3. 프레젠테이션 저장하기

확장자가 *.pptx인 프레젠테이션 문서로 저장하는 방법 이외에 낮은 버전에서 사용할 수 있도록 저장하거나 동영상, PDF 등 다양한 형식으로 저장할 수 있습니다.

- 실습 파일 ◎:\파워포인트\1장\실습\네오 프레젠테이션 회사소개.pptx
- 완성 파일 ◎:\파워포인트\1장\완성\네오 프레젠테이션 회사소개.pptx

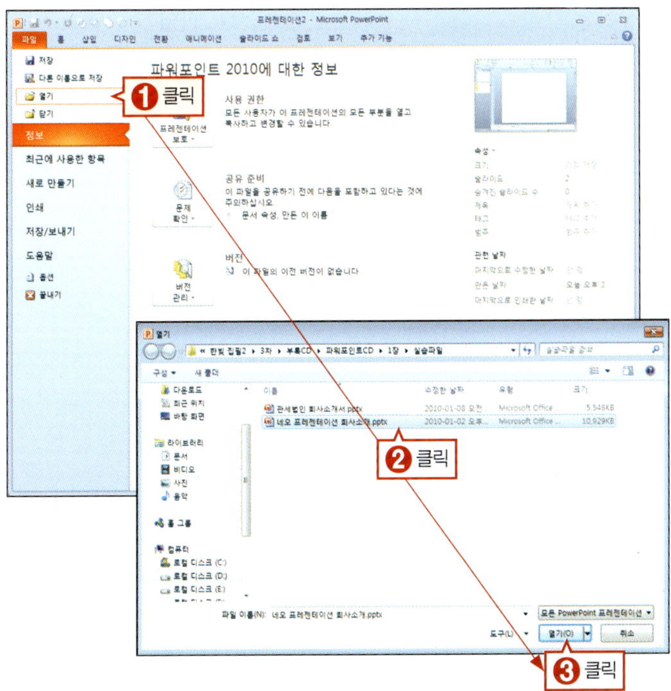

01

① [파일] 탭의 **열기**를 클릭

②③ **네오 프레젠테이션 회사소개.pptx** (CD:\파워포인트\1장\실습\) 파일을 불러옵니다.

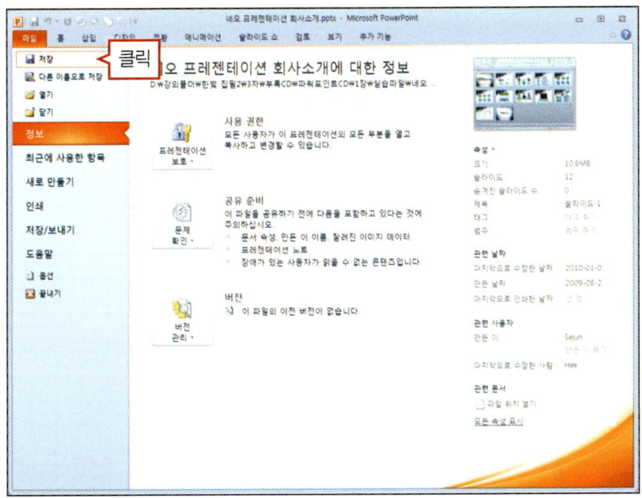

02 불러온 파일이나 한 번 이상 저장했던 문서는 [파일] 탭의 **저장**을 클릭하거나 단축키 Ctrl+S를 눌러 수정 사항을 저장합니다.

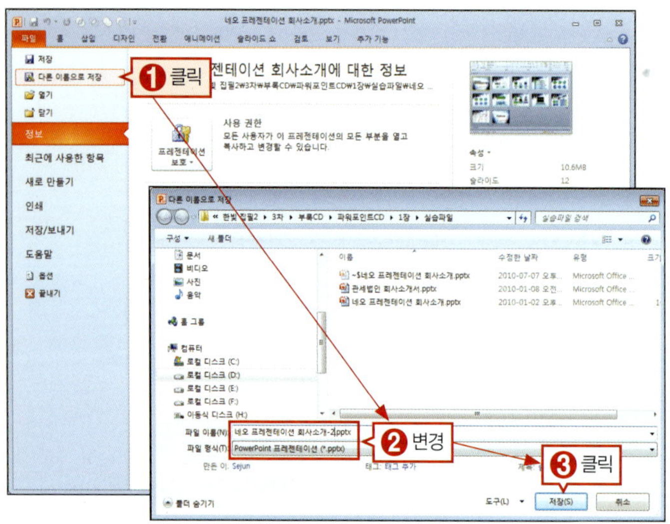

03 저장한 문서의 이름이나 형식을 바꿀 수 있습니다.

① [파일] 탭의 **다른 이름으로 저장**을 클릭

②③ **파일 이름**이나 **형식**을 변경한 후 **〈저장〉**을 클릭합니다.

Note 다양한 종류의 파일 형식

[파일] 탭의 '다른 이름으로 저장'을 클릭하고 파일 형식을 설정하는 방법에 따라 파일의 종류가 달라집니다.

① **PowerPoint 쇼 (*.ppsx)** : 슬라이드 쇼 형식의 문서로 저장하여 파일을 실행하면 곧바로 슬라이드 쇼가 시작됩니다.

② **PDF (*.pdf)** : PDF 문서로 저장합니다. PDF 파일은 전용 프로그램이 있어야 확인하거나 수정할 수 있어 콘텐츠를 보호할 수 있으며 용량이 작아 웹에 게시하기에도 좋습니다.

③ **Windows Media 비디오 (*.WMV)** : 애니메이션 기능이 포함된 프레젠테이션을 동영상 파일로 저장합니다. 프레젠테이션 문서에 삽입한 폰트, 음악, 플래시 등을 동영상 파일 하나로 집약할 수 있습니다.

④ **PowerPoint 97-2003 프레젠테이션 (*.ppt)** : 파워포인트 97-2003에서 호환되는 문서로 저장합니다. 파워포인트 2003이하의 버전에서는 2007이상의 버전에서 작성한 문서를 열 수 없으므로 버전을 낮춰 저장합니다. 하위 버전으로 저장하면 상위 버전의 기능으로 만든 개체가 그림 등으로 대체되어 편집이 불가능하다는 메시지가 나타납니다.

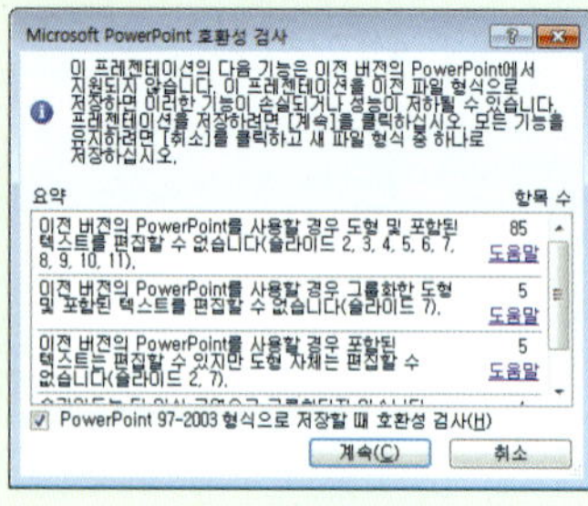

Note 문서에 비밀번호 지정하여 저장하기

문서를 저장할 때 다른 이름으로 저장 대화상자에서 〈도구〉를 클릭하고 '일반 옵션'을 선택하면 2가지 방법으로 문서에 비밀번호를 지정할 수 있습니다. 열기 암호를 설정하면 암호 없이는 문서를 전혀 확인할 수 없으며, 쓰기 암호를 설정하면 문서를 확인할 수는 있지만 편집할 수는 없습니다.

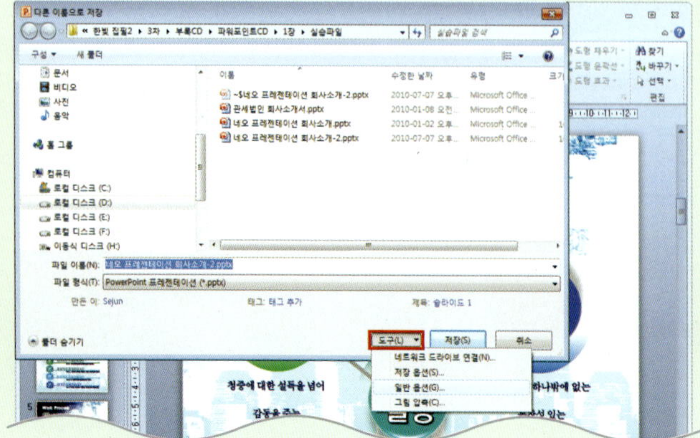

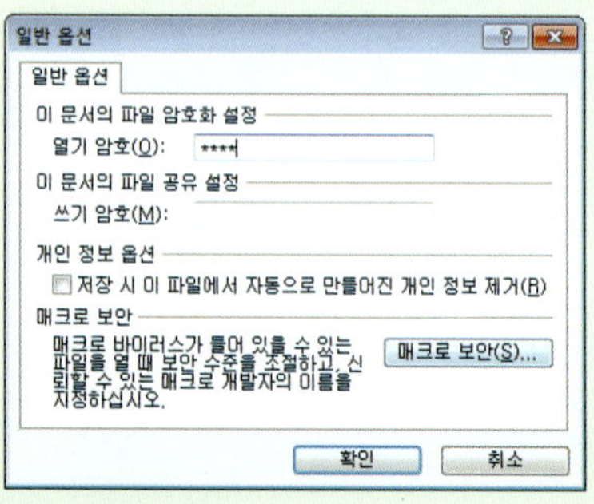

지정한 비밀번호를 제거하려면 일반 옵션 대화상자에서 지정한 암호를 모두 지우고 저장합니다.

section 03

슬라이드 자유자재로 다루기

• 슬라이드 선택 • 슬라이드 이동 • 슬라이드 복사 • 슬라이드 삭제 • 구역 설정

함께해요 1. 여러 슬라이드 선택하기

Shift나 Ctrl과 같은 조합키를 사용하면 여러 슬라이드를 선택할 수 있습니다. 여러 슬라이드를 선택할 때 기본 보기 상태라면 슬라이드 축소판 창을 이용하여 여러 슬라이드를 선택하지만 슬라이드가 많으면 모든 슬라이드를 한눈에 볼 수 없어 선택에 불편을 겪습니다. 그러므로 여러 슬라이드 보기 상태에서 작업하는 것이 효과적입니다.

• **실습 파일** ◎:\파워포인트\1장\실습\네오 프레젠테이션 회사소개.pptx
• **완성 파일** ◎:\파워포인트\1장\완성\네오 프레젠테이션 회사소개.pptx

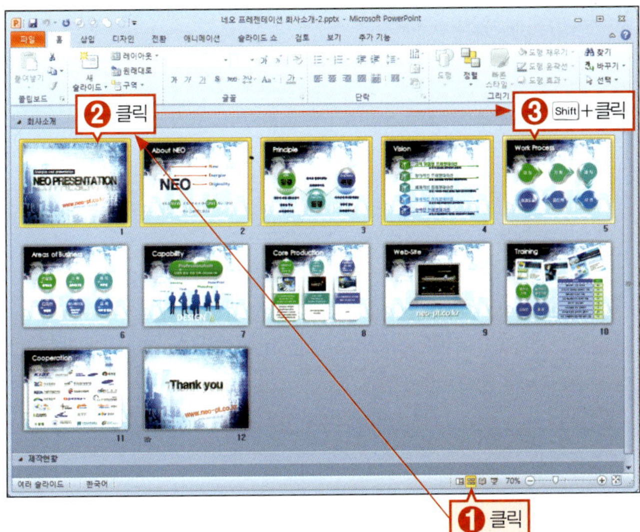

01 연속적인 슬라이드를 선택하겠습니다.

① 상태 표시줄에서 **여러 슬라이드 보기**를 클릭

②③ 선택하고자 하는 슬라이드의 **처음 슬라이드**를 클릭해서 선택하고 Shift를 누른 채 **마지막 슬라이드**를 선택합니다.
처음과 마지막 슬라이드 및 사이에 있는 슬라이드가 모두 선택됩니다.

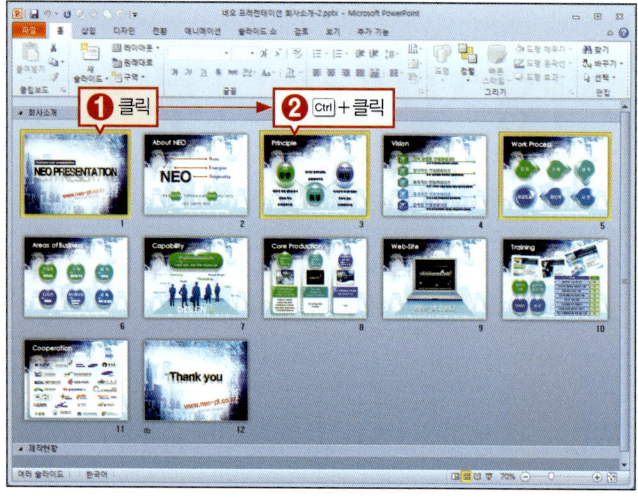

02 비연속적인 슬라이드를 선택하겠습니다.

① **처음 슬라이드**를 선택

② Ctrl을 누른 채 **원하는 슬라이드**를 클릭해서 선택합니다.

Ctrl을 누른 채 클릭한 슬라이드만 추가로 선택됩니다.

함께해요 2. 슬라이드 삽입/삭제, 복사/이동하기

슬라이드의 삽입/삭제, 복사/이동은 리본 메뉴, 바로가기 메뉴, 단축키 등 다양한 방법으로 실행할 수 있습니다. 사용자에 따라 편리한 방법을 이용합니다.

- **실습 파일** ◎:\파워포인트\1장\실습\네오 프레젠테이션 회사소개.pptx
- **완성 파일** ◎:\파워포인트\1장\완성\네오 프레젠테이션 회사소개.pptx

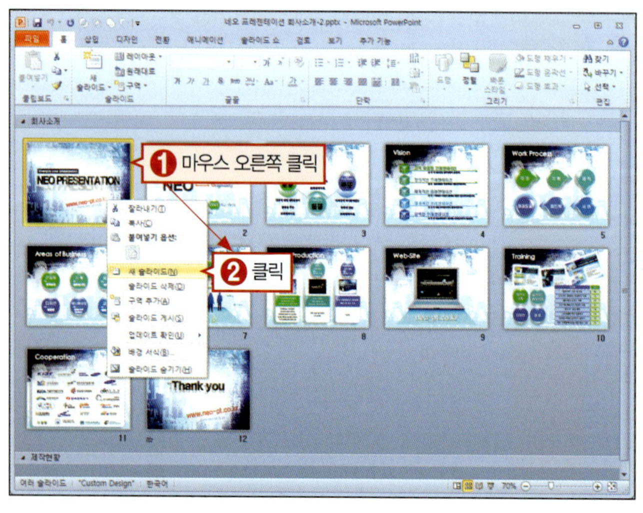

01 새 슬라이드를 추가하겠습니다.

① **1번 슬라이드**에서 마우스 오른쪽 버튼을 클릭

② **새 슬라이드**를 선택해서 1번 슬라이드 뒤에 새로운 슬라이드를 추가합니다.

Tip

슬라이드 추가 단축키는 Ctrl+M입니다.

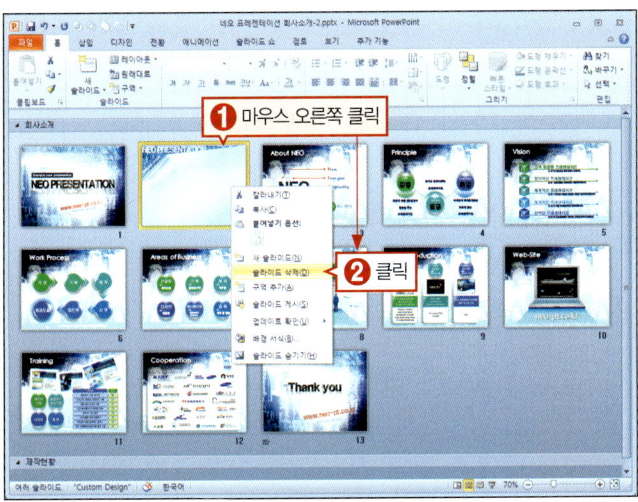

02 슬라이드를 삭제하겠습니다.

① 추가한 **2번 슬라이드**에서 마우스 오른쪽 버튼을 클릭

② **슬라이드 삭제**를 선택해서 슬라이드를 삭제합니다.

Tip

슬라이드를 선택하고 Delete 를 눌러도 삭제됩니다.

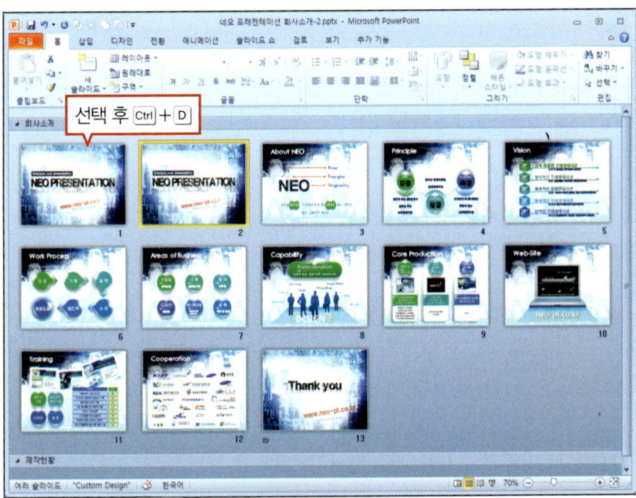

03 슬라이드를 복제하겠습니다.

1번 슬라이드를 선택하고 Ctrl + D 를 누릅니다.

선택한 슬라이드와 같은 슬라이드가 복제됩니다.

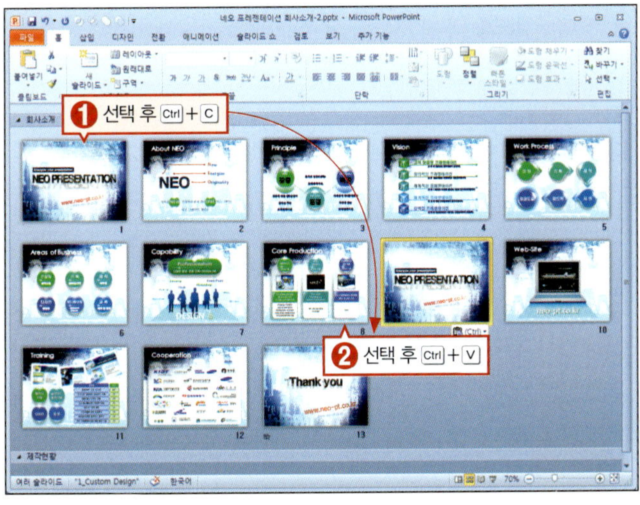

04 슬라이드를 복사하겠습니다.

① **1번 슬라이드**를 선택한 후 Ctrl + C 를 눌러 복사

② **8번 슬라이드**를 선택한 후 Ctrl + V 를 눌러 복사한 슬라이드를 붙여 넣습니다.

Tip

위치가 잘못된 슬라이드는 선택하고 드래그해서 옮깁니다. 이때, Ctrl 을 누른 채 드래그하면 슬라이드가 복제됩니다.

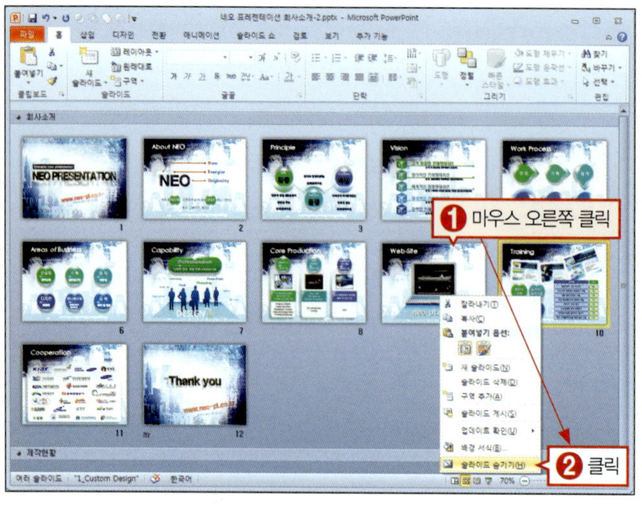

05 상황에 따라 불필요한 슬라이드는 숨길 수 있습니다.

①② **임의의 슬라이드**에서 마우스 오른쪽 버튼을 클릭하고 **슬라이드 숨기기**를 선택합니다. 선택한 슬라이드 번호에 **숨기기 표시**가 나타납니다. 화면에서는 보이지만 슬라이드 쇼를 실행하면 나타나지 않습니다.

Tip

숨긴 슬라이드를 다시 나타나게 하려면 바로가기 메뉴에서 '슬라이드 숨기기'를 다시 선택합니다.

함께해요 3. 여러 슬라이드를 구역으로 그룹 설정하기

하나의 프레젠테이션 문서에는 여러 장의 슬라이드가 있습니다. 슬라이드가 적을 때는 상관없지만 많아지면 관리하기가 힘듭니다. 이럴 때 그룹을 나눠서 관리하는 기능이 '구역'입니다. 원하는 구역만 인쇄할 수 있으며 하나의 프레젠테이션을 여러 사람이 공동으로 제작할 때도 유용합니다.

- **실습 파일** ⓒ:\파워포인트\1장\실습\관세법인 회사소개.pptx
- **완성 파일** ⓒ:\파워포인트\1장\완성\관세법인 회사소개.pptx

01 여러 슬라이드를 구역으로 구분하겠습니다.

① **3번 슬라이드**를 선택

②③ [홈] 탭의 [슬라이드] 그룹에서 **구역**을 클릭한 후 **구역 추가**를 선택해서 구역을 만듭니다.

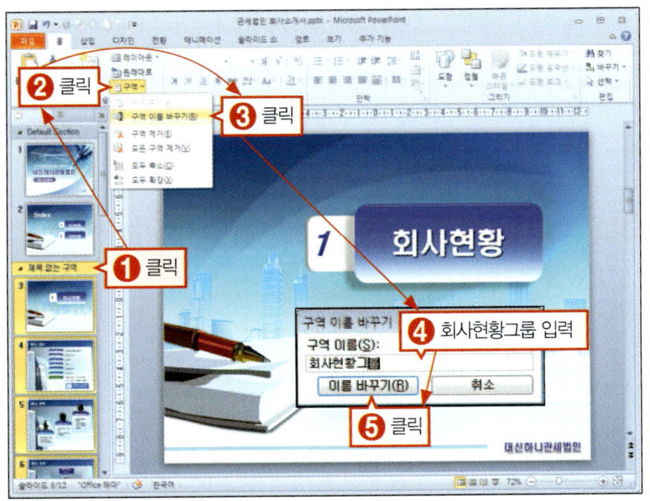

02 구역의 이름을 수정하겠습니다.

① **새로 만든 구역**을 선택

②③ [홈] 탭의 [슬라이드] 그룹에서 **구역**을 클릭한 후 **구역 이름 바꾸기**를 선택

④⑤ 대화상자에 **회사현황그룹**을 입력한 후 **<이름 바꾸기>**를 클릭하면 입력한 내용으로 구역 이름이 바뀝니다.

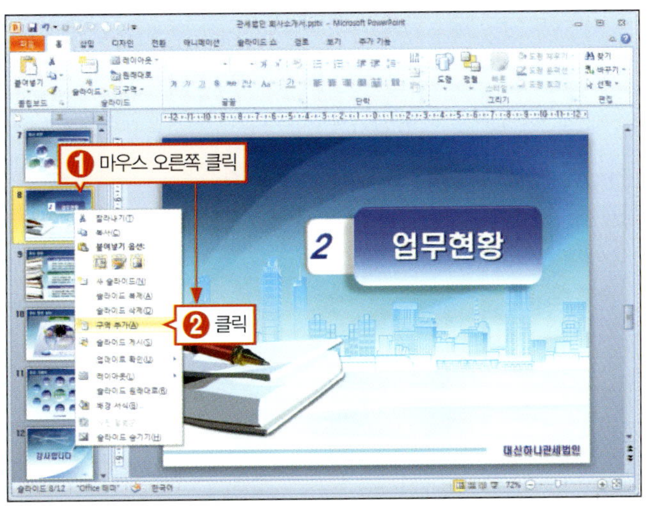

03 바로가기 메뉴로 구역을 만들 수 있습니다. 8번 슬라이드부터 다른 구역으로 분리하겠습니다.

① **8번 슬라이드**에서 마우스 오른쪽 버튼을 클릭

② **구역 추가**를 선택합니다.

Tip

여러 슬라이드 보기 상태에서는 구역 구분을 쉽게 확인할 수 있습니다.

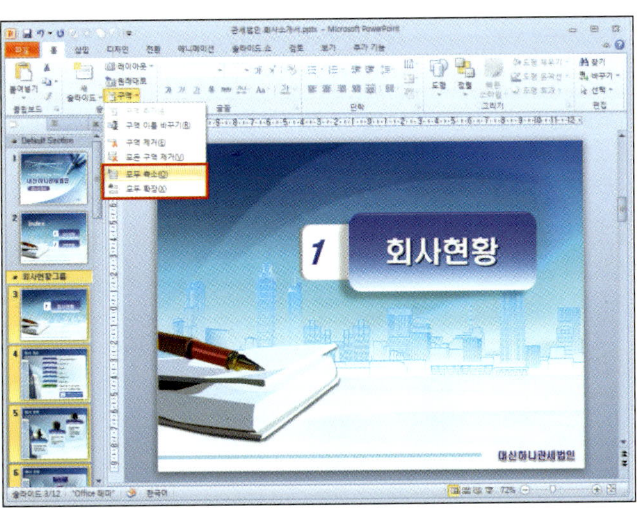

04 [홈] 탭의 [슬라이드] 그룹에서 **구역**을 클릭한 후 **모두 축소**를 선택하면 구역만 보이고 구역 안의 슬라이드는 모두 감춰지고, **모두 확장**을 선택하면 감춰진 슬라이드가 모두 나타납니다.

Tip

특정 구역을 더블클릭하면 현재 구역의 슬라이드만 숨기거나 나타낼 수 있습니다.

05 구역에서 마우스 오른쪽 버튼을 클릭한 후 **구역을 위로 이동**을 선택해서 위로 올리거나 **구역을 아래로 이동**을 선택해서 아래로 내릴 수 있습니다.

Tip

구역을 드래그해서 위치를 옮길 수 있습니다.

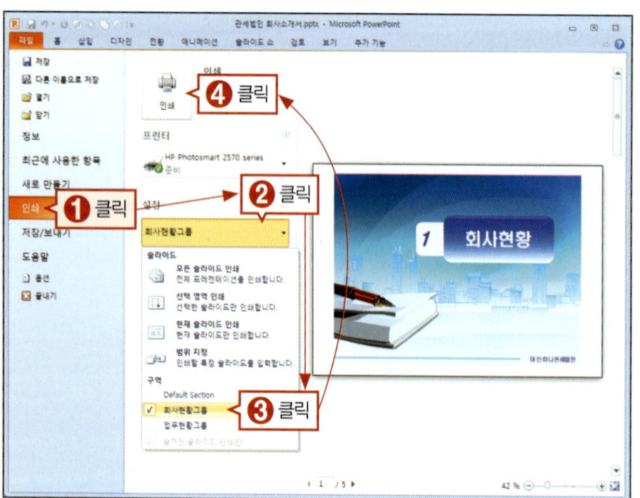

06 특정 구역만 인쇄할 수 있습니다.

① [파일] 탭의 **인쇄**를 클릭

②③④ 설정을 **회사현황그룹**으로 한 후 **〈인쇄〉**를 클릭합니다. 선택한 구역만 인쇄됩니다.

07

① 구역을 지울 때는 **지울 구역**을 선택

②③ [홈] 탭의 [슬라이드] 그룹에서 **구역**을 클릭한 후 **구역 제거**를 선택합니다.

Tip

만들어진 모든 구역을 지우려면 [홈] 탭의 [슬라이드] 그룹에서 '구역'을 클릭한 다음 '모든 구역 제거'를 선택합니다.

CHAPTER 02

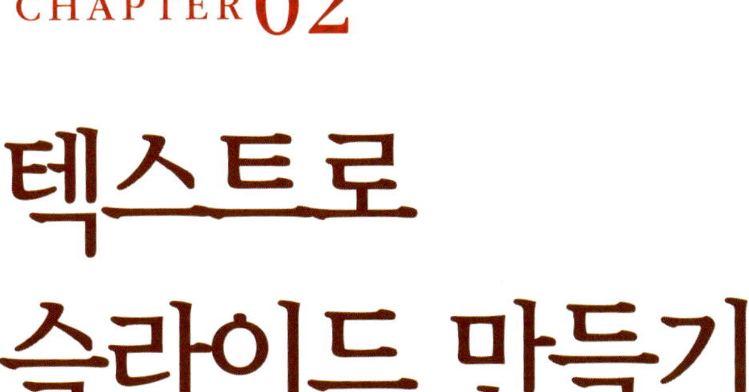

텍스트로 슬라이드 만들기

아름다움만 추구한 프레젠테이션 문서는 의미 전달이 명확하지 않을 수 있습니다.
텍스트를 입력할 때도 예외는 아닙니다.
예를 들어 '그린'이라는 텍스트를 색이 예쁘다는 이유로 노랑이나 핑크색으로 입력하는 것보다는 녹색으로 입력하면 더욱 효과적인 의미 전달이 가능합니다.
이번 챕터에서는 텍스트를 다루는 기본 기능은 물론이고 효과적인 의미 전달을 위한 텍스트 디자인 방법에 대해 배우겠습니다.

텍스트가 돋보이는 슬라이드 꾸미기

• 텍스트 입력 • 글꼴 변경 • 기호 및 한자 입력 • 글머리 기호 • 단락 기능 • 텍스트 서식 변경 • 텍스트 서식 복사

함께해요 1. 텍스트 입력하고 기본 서식 변경하기

텍스트를 입력하려면 반드시 텍스트 입력할 공간이 있어야 합니다. 텍스트를 입력할 공간으로는 텍스트 상자가 대표적이며 도형을 그린 후 도형 안에 입력할 수도 있습니다. 다양한 방법으로 텍스트를 입력하고 글꼴 및 색을 변경합니다.

• **실습 파일** ◎:\파워포인트\2장\실습\녹색표준 사업추진 계획서.pptx
• **완성 파일** ◎:\파워포인트\2장\완성\녹색표준 사업추진 계획서.pptx

01

① 실습 파일 **1번 슬라이드**를 선택

②③ [홈] 탭의 [그리기] 그룹에서 **도형**을 클릭하고 기본 도형 영역의 **텍스트 상자**를 클릭합니다.

Tip

컴퓨터 해상도에 따라 도형 버튼 대신 도형 목록이 나타날 수 있습니다.

02

① 슬라이드 빈 곳을 클릭하고 GREEN을 입력

②③ [삽입] 탭의 [텍스트] 그룹에서 **텍스트 상자**를 클릭한 다음 **가로 텍스트 상자**를 클릭합니다.

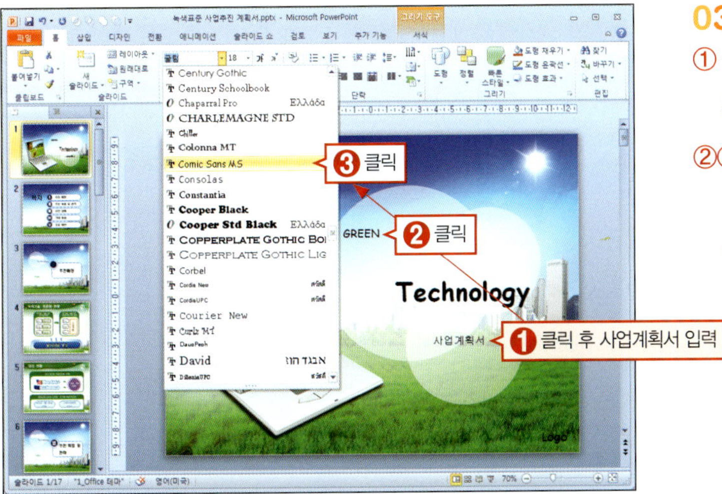

03

① 슬라이드 빈 곳을 클릭하고 **사업계획서**를 입력

②③ GREEN **텍스트 상자**를 선택하고 [홈] 탭의 [글꼴] 그룹에서 글꼴을 Comic Sans MS로 설정합니다.

04

①② 글꼴 크기를 80으로 설정한 후 **굵게** 가 를 클릭해서 글자를 크고 굵게 강조

③④ **문자 간격** 을 클릭한 후 **매우 좁게**를 선택하여 글자 사이 간격을 좁힙니다.

05

① **사업계획서 텍스트 상자**를 선택

②③ [홈] 탭의 [글꼴] 그룹에서 글꼴을 **HY견고딕**으로 설정한 후 **글꼴 크기 크게** 를 클릭하여 글꼴 크기를 28 포인트로 설정합니다.

06

① Technology **텍스트 상자**를 선택

②③ [홈] 탭의 [글꼴] 그룹에서 **글꼴 색** 을 클릭한 다음 표준 영역의 **진한 파랑**을 선택해서 글자 색을 바꿉니다.

07

① **사업계획서 텍스트 상자**를 선택

②③ [서식] 탭의 [WordArt 스타일] 그룹에서 **텍스트 채우기** 를 클릭하고 표준 영역의 **진한 빨강**을 선택해서 색을 바꿉니다.

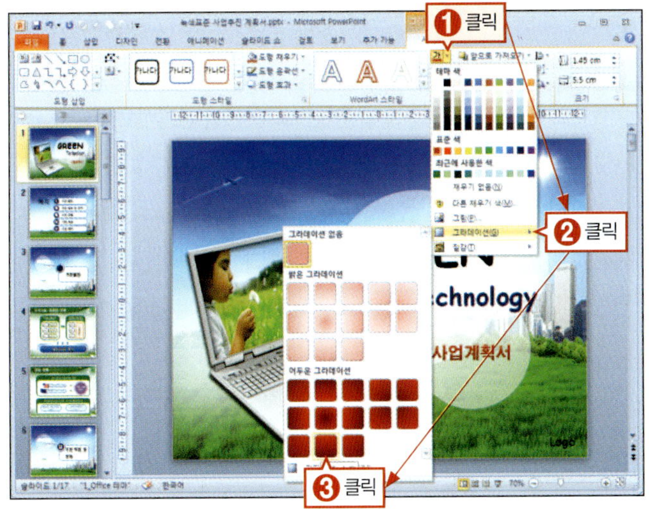

08

① [서식] 탭의 [WordArt 스타일] 그룹에서 **텍스트 채우기** 를 클릭

②③ **그라데이션** – 어두운 그라데이션 영역의 **선형 위쪽**을 선택해서 '사업계획서'에 그라데이션 효과를 적용합니다.

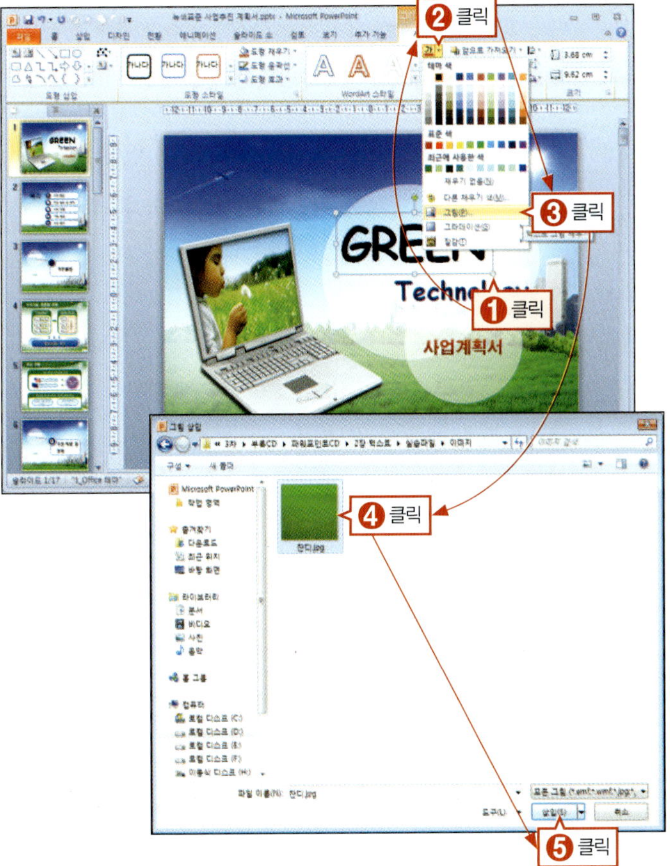

09

① GREEN **텍스트 상자**를 선택

②③ [서식] 탭의 [WordArt 스타일] 그룹에서 **텍스트 채우기** 를 클릭한 후 **그림**을 선택

④⑤ **잔디.jpg** (CD:\파워포인트\2장\실습\이미지\)를 선택한 다음 **<삽입>**을 클릭합니다. 글자에 잔디 그림이 배경으로 적용됩니다.

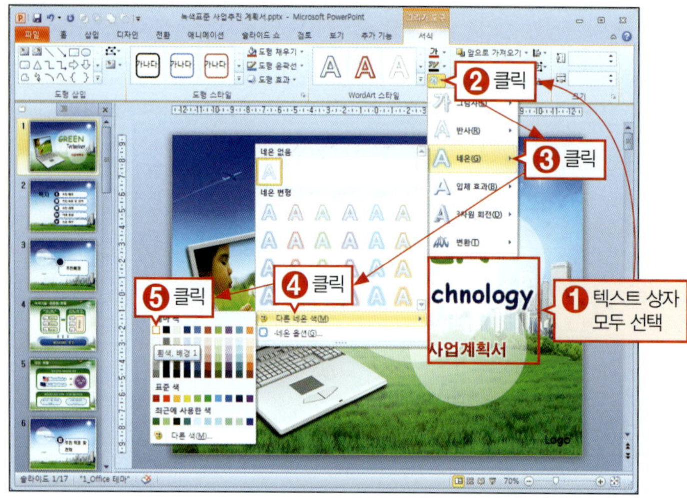

10

① **텍스트 상자**를 모두 선택

② [서식] 탭의 [WordArt 스타일] 그룹에서 **텍스트 효과** 를 클릭

③④⑤ **네온 – 다른 네온 색**을 선택한 다음 **흰색, 배경 1**을 선택합니다. 선택한 텍스트 상자에 네온 효과가 적용됩니다.

Tip

여러 개의 오브젝트를 선택할 때는 범위를 드래그하거나 Ctrl을 누른 채 클릭해서 선택합니다.

11

① **Logo 텍스트 상자**를 선택

② [서식] 탭의 [WordArt 스타일] 그룹에서 **채우기 – 흰색, 그림자** 를 선택하여 로고를 돋보이게 합니다.

Note 2개 이상의 텍스트 상자를 선택할 때 주의할 점

Ctrl를 누른 채 텍스트 상자를 계속해서 클릭해도 선택이 안 되는 경우가 있습니다. 텍스트 상자의 외형선이 아닌 안쪽을 클릭했기 때문입니다. 텍스트가 아닌 텍스트 상자를 선택할 때는 반드시 상자의 외형선을 클릭해서 선택한 후 Ctrl을 누른 채 다른 텍스트 상자를 클릭합니다.

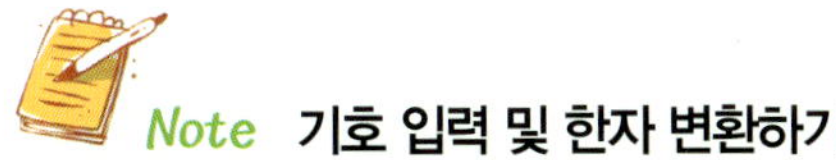

Note 기호 입력 및 한자 변환하기

문서를 작성하다 보면 키보드에는 없는 기호(Ⅰ Ⅱ Ⅲ ①②③『』? ←→)나 한자 등을 입력할 경우가 발생합니다.

• **실습 파일** ◎:\파워포인트\2장\실습\녹색표준 사업추진 계획서.pptx

기호 입력하기

1 3번 슬라이드를 선택합니다. 청색 원에서 마우스 오른쪽 버튼을 클릭하고 **텍스트 편집**을 선택하여 텍스트 편집 상태로 만듭니다.

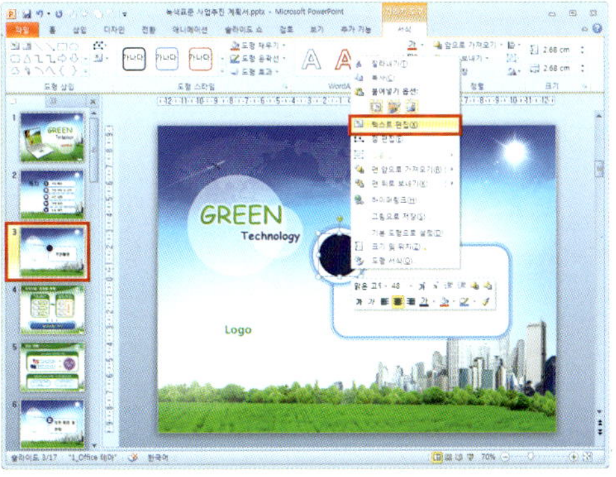

2 [삽입] 탭의 [기호] 그룹에서 기호 Ω 를 클릭합니다. 기호 창에서 하위 집합을 **숫자 형식**으로 변경한 다음 로마자 ' Ⅰ '를 선택합니다. 〈삽입〉을 클릭한 다음 〈닫기〉를 클릭합니다.

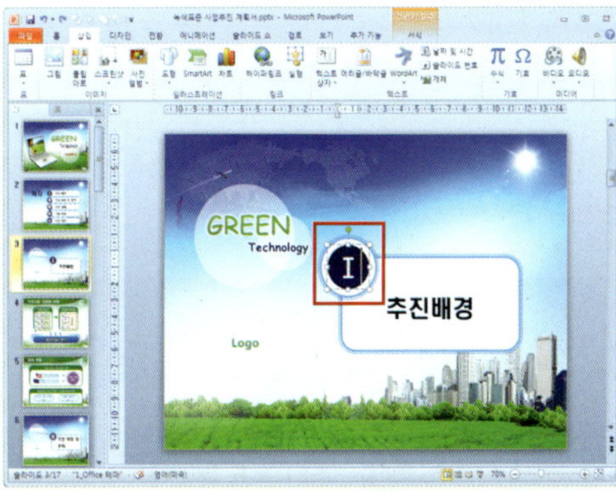

한자 입력하기

4번 슬라이드를 선택한 후 한자로 변환할 '협정'을 드래그하여 선택하고 한자를 누릅니다. 한글/한자 변환 창에서 입력할 한자를 선택하고 〈변환〉을 클릭하여 한자로 변환합니다.

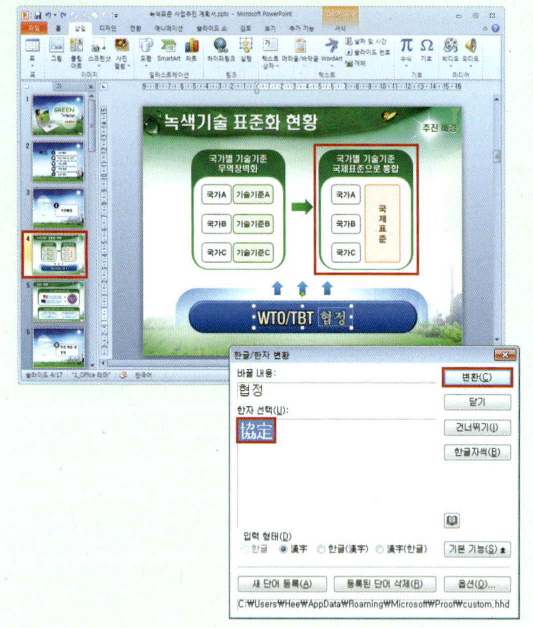

함께해요 2. 윤곽선이 돋보이는 제목 텍스트 만들기

텍스트에 윤곽선을 그리면 가독성이 높아집니다. 가독성이 높은 텍스트일수록 슬라이드 제목으로 사용하면 효과적입니다. 또한 배경과 글자 색이 비슷할 때 윤곽선을 그리면 더욱 또렷한 텍스트를 만들 수 있습니다.

- **실습 파일** ⓒ:\파워포인트\2장\실습\녹색표준 사업추진 계획서.pptx
- **완성 파일** ⓒ:\파워포인트\2장\완성\녹색표준 사업추진 계획서.pptx

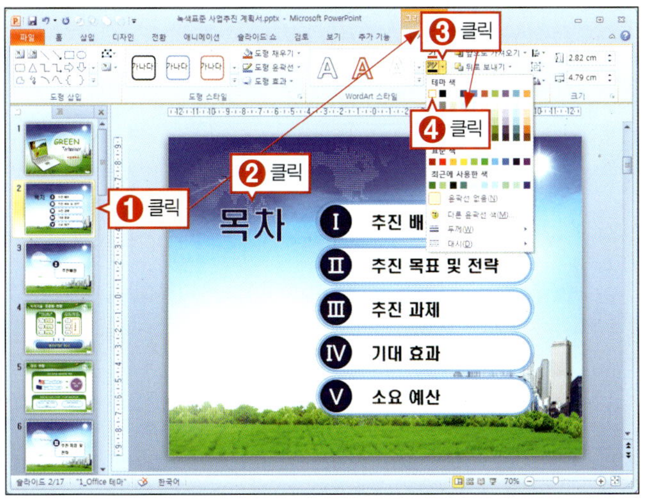

01

①② **2번 슬라이드**를 선택하고 **목차 텍스트 상자**를 선택

③④ [서식] 탭의 [WordArt 스타일] 그룹에서 **텍스트 윤곽선** 을 클릭하고 테마 색 영역의 **흰색, 배경 1**을 선택합니다. '목차' 주위에 흰색 윤곽선이 그려집니다.

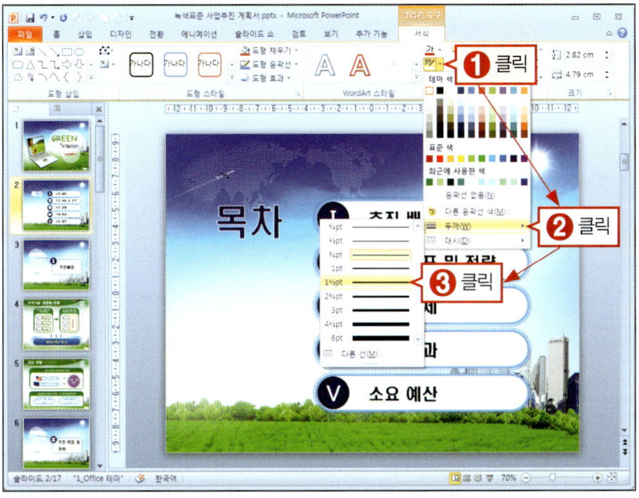

02

① 다시 한 번 **텍스트 윤곽선** 을 클릭

②③ **두께 – 1 ½ pt**를 선택해서 윤곽선 두께를 조절합니다.

03

① [서식] 탭의 [WordArt 스타일] 그룹에서 **텍스트 효과** 를 클릭

②③ **그림자** – 바깥쪽 영역의 **오프셋 대각선 오른쪽 아래**를 선택해서 그림자 효과를 적용합니다.

Tip

[홈] 탭의 [글꼴] 그룹에서 '텍스트 그림자' 를 클릭해도 그림자 효과를 설정할 수 있습니다.

함께해요 3. 글머리 기호 및 단락 기능으로 텍스트 정리하기

한 장의 슬라이드에 지나치게 많은 텍스트가 있으면 산만해 보일 수 있으므로 가급적 피하는 것이 좋습니다. 하지만 부득이하게 텍스트 위주의 슬라이드를 만들 때는 단락 설정이나, 정렬, 줄 간격 조절, 글머리 기호 등을 적절하게 조절하여 최대한 가독성을 높이도록 합니다.

- 실습 파일 ◎:\파워포인트\2장\실습\녹색표준 사업추진 계획서.pptx
- 완성 파일 ◎:\파워포인트\2장\완성\녹색표준 사업추진 계획서.pptx

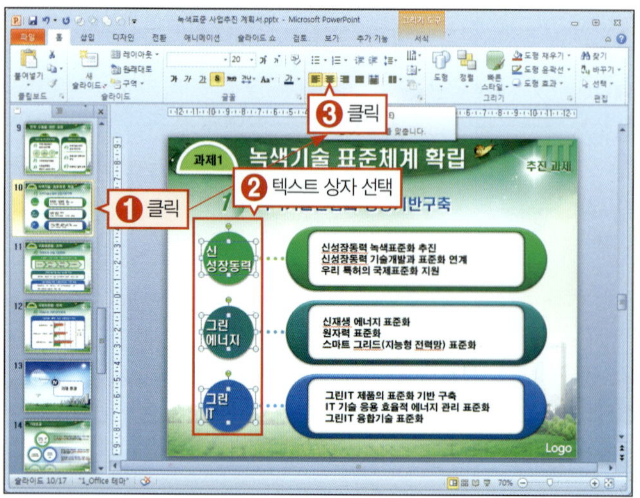

01

① 실습 파일 10번 슬라이드를 선택

② 왼쪽 원 위에 있는 **텍스트 상자 세 개**를 선택

③ [홈] 탭의 [단락] 그룹에서 **가운데 맞춤**을 클릭해서 텍스트를 가운데로 정렬합니다.

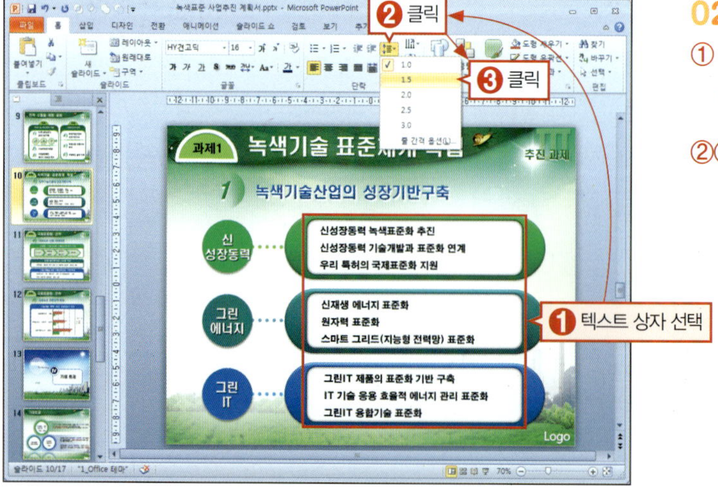

02

① 오른쪽 사각형 위에 있는 **텍스트 상자 세 개**를 선택

②③ [홈] 탭의 [단락] 그룹에서 **줄 간격**을 클릭한 다음 **1.5**를 선택해서 줄 간격을 넓힙니다.

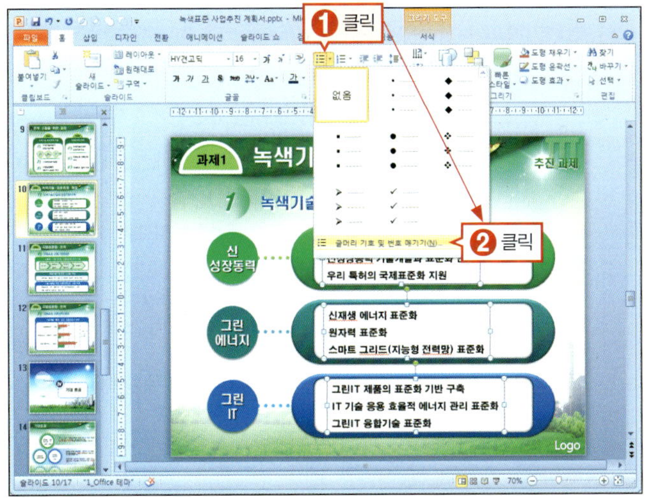

03

①② [홈] 탭의 [단락] 그룹에서 **글머리 기호** 의 **목록 단추**를 클릭하고 **글머리 기호 및 번호 매기기**를 선택합니다.

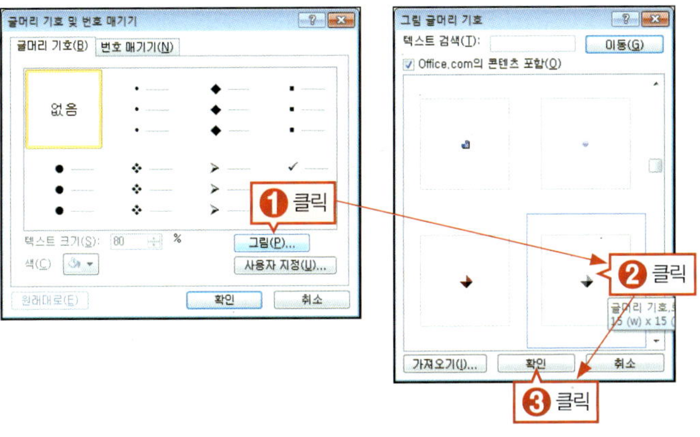

04

① [글머리 기호] 탭에서 **〈그림〉**을 클릭

②③ 그림 글머리 기호 창에서 원하는 **기호**를 선택하고 **〈확인〉**을 클릭합니다.

Tip

그림 글머리 기호 창에서 〈가져오기〉를 클릭하면 직접 만든 그림이나 기호를 글머리 기호로 가져올 수 있습니다.

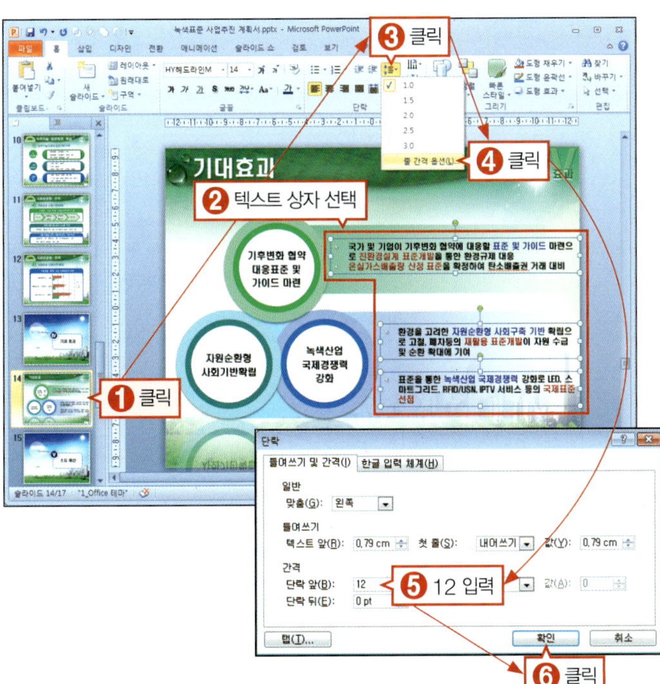

05

①② **14번 슬라이드**를 선택하고 사각형 위에 있는 **텍스트 상자 세 개**를 선택

③④ [홈] 탭의 [단락] 그룹에서 **줄 간격** 을 클릭하고 **줄 간격 옵션**을 선택

⑤⑥ 단락 앞에 12를 입력하고 〈확인〉을 클릭해서 단락과 단락 사이의 간격을 조절합니다.

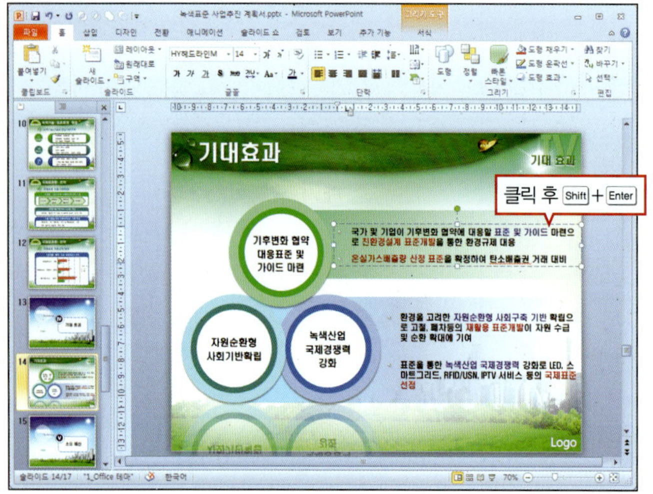

06 긴 문장을 깔끔하게 정리하겠습니다. 오른쪽 위에 있는 텍스트 상자에서 **'마련으로' 앞부분**을 클릭해서 텍스트 편집 상태로 만든 후 Shift + Enter를 눌러 글머리 기호 없이 줄 바꿈을 합니다.

Tip

글머리 기호를 설정한 상태에서 Enter를 누르면 글머리 기호가 추가되며 Shift + Enter를 누르면 글머리 기호 없이 줄을 바꿀 수 있습니다.

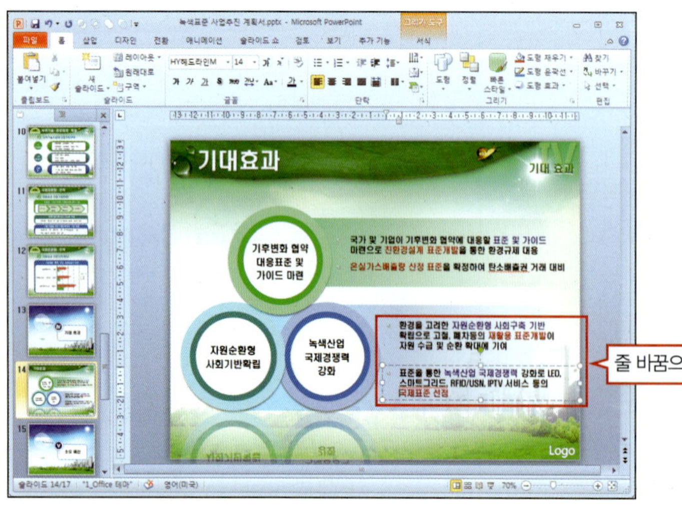

07 나머지 텍스트 상자에서도 적당한 부분에 커서를 놓고 Shift + Enter를 눌러 줄 바꿈을 하여 그림과 같이 정리합니다.

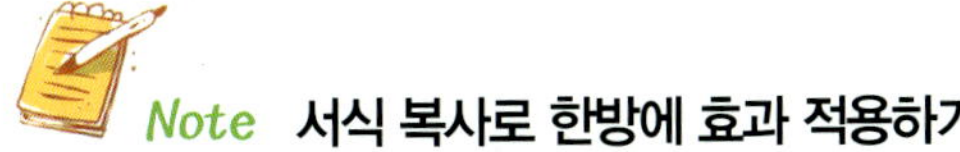

Note 서식 복사로 한방에 효과 적용하기

텍스트나 오브젝트에 여러 가지 효과를 적용하여 가독성을 높이는 경우가 많습니다. 다양한 효과를 적용하다 보면 시간도 오래 걸리고 어떤 효과를 적용했는지 하나하나 기억하기도 힘듭니다. 이런 상황에서 동일한 효과를 다른 오브젝트에 적용하려면 서식 복사 기능을 이용합니다.

• **실습 파일** ◎:\파워포인트\2장\실습\녹색조항.pptx, 아이템2-1.pptx

텍스트 서식 복사하기

1 **아이템2-1.pptx**를 열고 **텍스트1**을 드래그한 다음 [홈] 탭의 [클립보드] 그룹에서 서식 복사 를 더블클릭합니다.

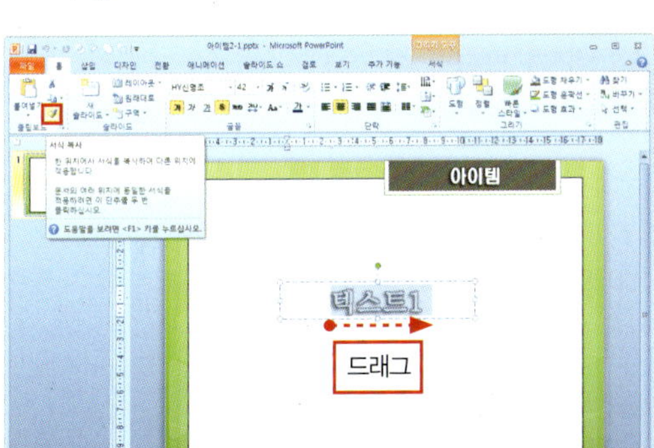

2 **녹색조항.pptx**를 열고 **미국, 유럽, 일본**을 각각 드래그해서 복사한 서식을 적용하고 Esc를 눌러 서식 복사를 마칩니다.

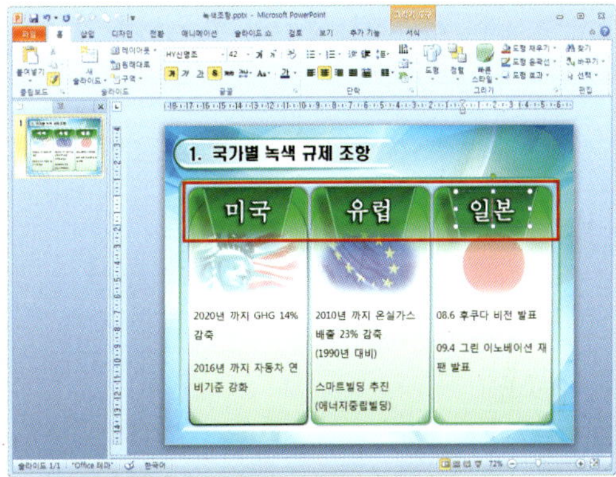

단락을 포함한 텍스트

1 글머리 기호까지 적용하기 위해 **아이템2-1.pptx**에서 **텍스트2**를 드래그해서 선택하고 [홈] 탭의 [클립보드] 그룹에서 서식 복사 를 더블클릭합니다.

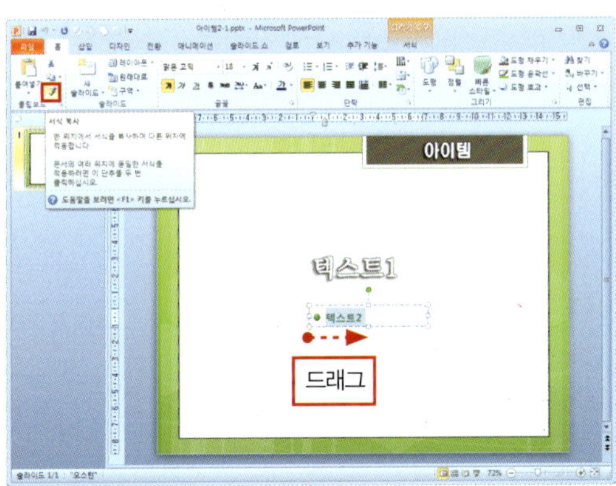

2 **녹색조항.pptx**에서 아래쪽에 있는 텍스트 상자의 내용을 모두 드래그해서 서식을 적용하고 Esc를 누릅니다.

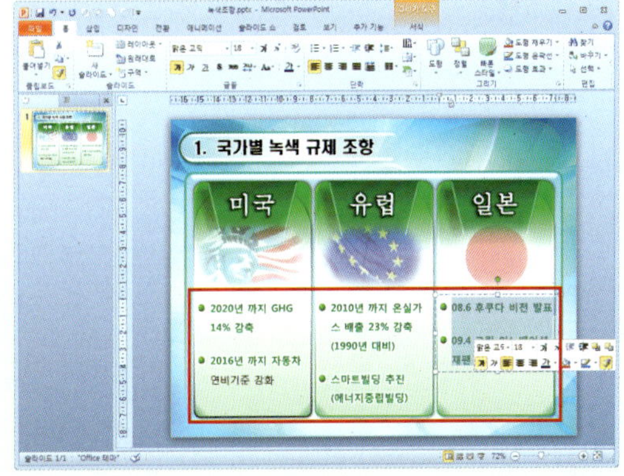

하나의 서식을 여러 오브젝트에 적용할 때는 [서식 복사]를 더블클릭하지만 하나의 오브젝트에만 서식을 적용할 때는 [서식 복사]를 한 번만 클릭해도 됩니다. 또한 텍스트의 일부분에만 서식을 적용할 때는 일부분만 드래그해서 적용해도 되며 단락 전체에 적용할 때는 전체를 일괄적으로 드래그해야 합니다. 텍스트의 경우 오브젝트 여러 개가 겹쳐 있을 때는 원하는 내용을 한 번에 드래그하거나 선택하기 힘들기 때문에 [서식 복사]를 더블클릭해서 사용하는 것이 좋습니다.

다양한 효과로 텍스트 꾸미기

• 입체 효과 • 네온 • 변환

함께해요 1. 3차원 입체 효과로 돋보이는 제목 만들기

단순하게 텍스트만 입력하면 평범하고 성의 없는 슬라이드처럼 보일 수 있습니다. 텍스트에 다양한 효과를 적용하면 화려하고 돋보이는 텍스트를 만들 수 있습니다. 이때 무조건 많은 효과를 적용하기보다는 배경이나 컨셉을 고려하여 적절한 효과를 적용하는 것이 중요합니다.

- **실습 파일** ◎:\파워포인트\2장\실습\Green.pptx
- **완성 파일** ◎:\파워포인트\2장\완성\Green.pptx

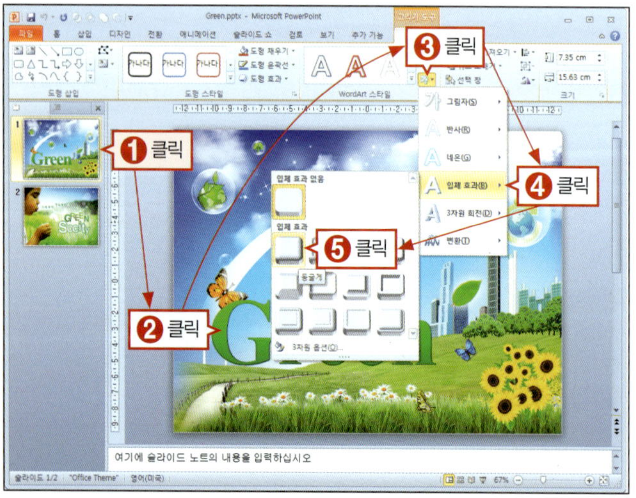

01

①② 실습 파일 **1번 슬라이드**를 선택하고 **Green 텍스트 상자**를 선택

③ [서식] 탭의 [WordArt 스타일] 그룹에서 **텍스트 효과** 를 클릭

④⑤ **입체 효과 – 둥글게**를 선택합니다. 'Green'에 둥근 형태의 입체 효과가 적용됩니다.

02

① [서식] 탭의 [WordArt 스타일] 그룹에서 **텍스트 효과** 를 클릭

②③ **3차원 회전 – 평행** 영역에서 **축 분리 1 오른쪽으로**를 선택해서 글자를 회전시킵니다.

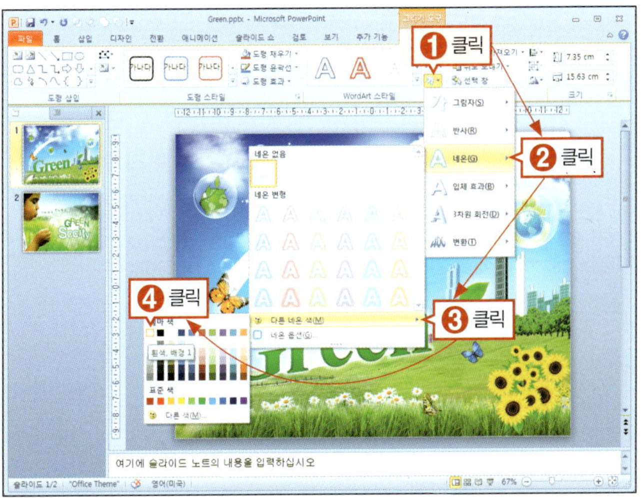

03

① [서식] 탭의 [WordArt 스타일] 그룹에서 **텍스트 효과** 를 클릭

②③④ **네온 – 다른 네온 색 – 흰색, 배경 1**을 선택해서 네온 효과를 적용합니다. 배경과 자연스럽게 어울리는 제목이 완성됩니다.

함께해요 2. 배경과 자연스럽게 어울리는 휘어지는 텍스트 만들기

직선 형태의 텍스트는 딱딱하고 지루해 보일 수 있습니다. 부제목 같은 경우 제목보다는 형식이 자유로우므로 휘거나 둥글리는 등 곡선 형태로 변환해서 좀 더 부드럽고 생동감 느껴지는 슬라이드로 만들 수 있습니다.

- **실습 파일** ◎:\파워포인트\2장\실습\Green.pptx
- **완성 파일** ◎:\파워포인트\2장\완성\Green.pptx

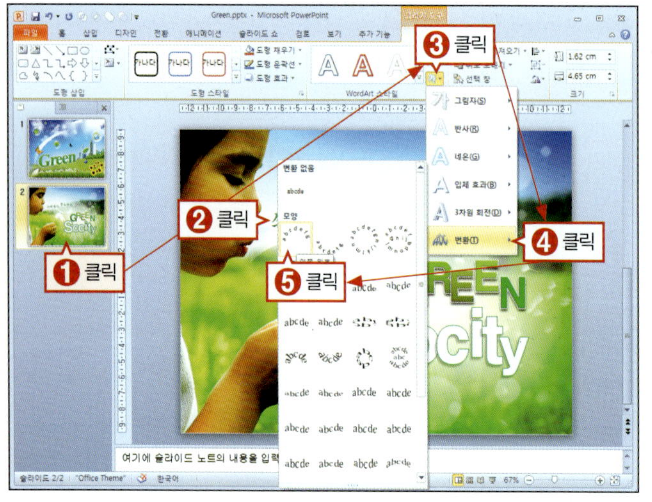

01

①② 실습 파일 **2번 슬라이드**에서 **소비자가 텍스트 상자**를 선택

③ [서식] 탭의 [WordArt 스타일] 그룹에서 **텍스트 효과** 를 클릭

④⑤ **변환** – 모양 영역의 **위쪽 원호**를 선택해서 위쪽으로 휜 텍스트를 만듭니다.

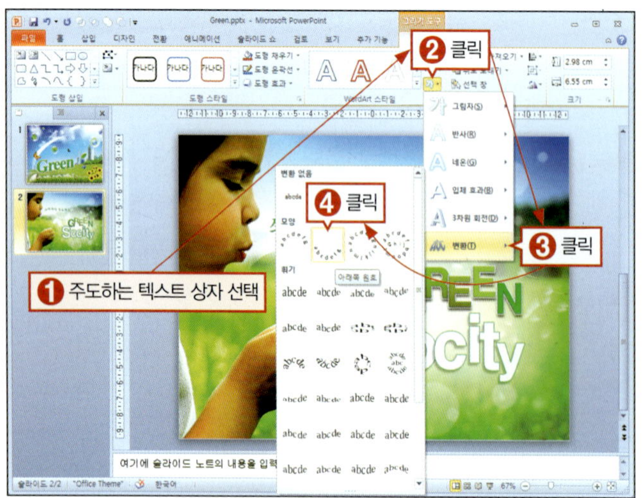

02

①② **주도하는 텍스트 상자**를 선택하고 **텍스트 효과** 를 클릭

③④ **변환** – 모양 영역의 **아래쪽 원호**를 선택해서 아래쪽으로 휜 텍스트를 만듭니다.

03 텍스트가 배경 그림과 자연스럽게 어우러지면서 한결 생동감 넘치는 슬라이드가 완성됩니다.

혼자 해보기 글로벌 창의 인재 슬라이드의 텍스트 완성하기

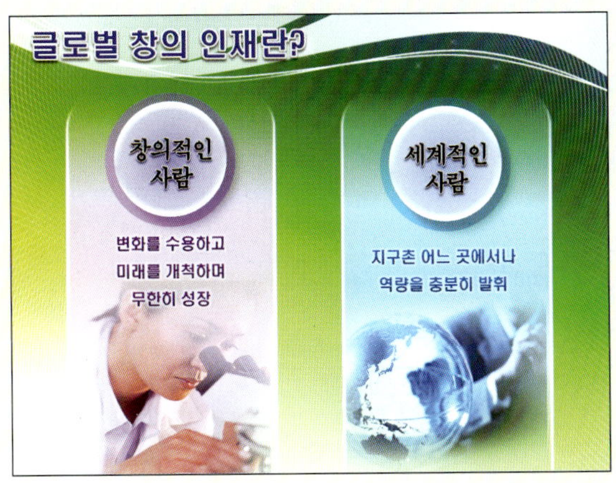

텍스트 상자를 이용해 텍스트를 삽입하고 텍스트 스타일 및 그라데이션을 이용한 텍스트 서식을 완성합니다.

- 실습 파일 ◎:\파워포인트\2장\실습\혼자해보기2_실습.pptx
- 완성 파일 ◎:\파워포인트\2장\완성\혼자해보기2_완성.pptx

1 [삽입] 탭의 [텍스트] 그룹에서 **텍스트 상자**를 클릭한 후 **가로 텍스트 상자**를 선택합니다. 슬라이드를 클릭한 다음 "창의적인 사람", "세계적인 사람", "변화를 수용하고 미래를 개척하며 무한히 성장", "지구촌 어느 곳에서나 역량을 충분히 발휘"를 각각 입력합니다. 텍스트 상자의 크기를 조정하여 보기 좋게 배치합니다.

2 원에 있는 텍스트 상자를 선택하고 [홈] 탭의 [글꼴] 그룹에서 글꼴은 **HY견명조**, 글꼴 크기는 **28**, 문자 간격은 **매우 좁게**로 설정하고 **굵게**를 클릭합니다.

3 [서식] 탭의 [WordArt 스타일] 그룹에서 **자세히**를 클릭하고 **채우기 – 빨강, 강조 2, 무광택 입체**를 선택합니다.

4 [서식] 탭의 [WordArt 스타일] 그룹에서 **텍스트 채우기**를 클릭하고 테마 색 영역에서 **검정, 텍스트1**을 선택합니다.

5 "변화를 수용하고..."가 입력된 텍스트 상자를 선택합니다. [홈] 탭의 [글꼴] 그룹에서 글꼴은 **HY헤드라인M**, 글꼴 색은 표준 영역의 **자주**로 설정합니다.

6 [서식] 탭의 [WordArt 스타일] 그룹에서 **텍스트 채우기**를 클릭하고 **그라데이션** – 어두운 그라데이션 영역의 **선형 위쪽**을 선택합니다.

7 "지구촌 어느 곳에서나..."가 입력된 텍스트 상자를 선택합니다. [홈] 탭의 [글꼴] 그룹에서 글꼴은 **HY헤드라인M**, 글꼴 색은 표준 영역의 **파랑**으로 설정합니다.

8 [서식] 탭의 [WordArt 스타일] 그룹에서 **텍스트 채우기**를 클릭하고 **그라데이션 – 선형 위쪽**을 선택합니다.

9 아래 있는 텍스트 상자 두 개를 선택합니다. [홈] 탭의 [단락] 그룹에서 **가운데 맞춤**을 클릭한 다음 **줄 간격**을 클릭하고 **1.5**를 선택합니다.

10 [서식] 탭의 [WordArt 스타일] 그룹에서 **텍스트 효과**를 클릭합니다. **네온 – 다른 네온 색**을 선택하고 테마 색 영역에서 **흰색, 배경 1**을 선택합니다.

MEMO

CHAPTER 03

발표 준비하기

프레젠테이션 문서를 완성했으면 본격적으로 발표를 준비해야 합니다.
프레젠테이션 문서를 정성스럽게 만들었더라도
발표 준비가 소홀하면 그만큼 효과가 반감되기 때문입니다.
발표를 위해서는 발표자가 지녀야 할 슬라이드 노트 인쇄물, 청중에게 나눠줄 유인물,
슬라이드 쇼를 원활하게 진행 할 수 있는 스킬 등이 필요합니다.
이번 챕터에서는 발표 전에 준비해야 할 인쇄물 출력 방법 및 슬라이드 쇼 기능에
대해 배우겠습니다.

section 01

슬라이드 쇼 준비하기

• 슬라이드 쇼 시작 • 슬라이드 쇼 하단 도구 • 슬라이드 쇼 단축키 • 쇼 재구성 • 예행 연습

함께해요 1. 슬라이드 쇼 기능 살펴보기

프레젠테이션 문서는 기본적으로 한 장 이상의 슬라이드로 구성되어 있습니다. 그러므로 슬라이드 쇼 도중에 다음 슬라이드나 이전 슬라이드 또는 임의의 슬라이드로 자유롭게 전환하거나 펜 기능으로 필기하는 방법을 알아 두어야 합니다.

• **실습 파일** ⓒ:\파워포인트\3장\실습\관세법인 회사소개서.pptx
• **완성 파일** ⓒ:\파워포인트\3장\완성\관세법인 회사소개서.pptx

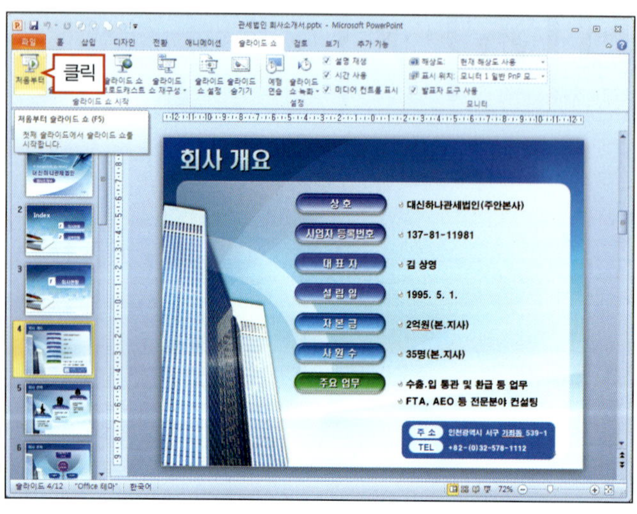

01 일반적으로 슬라이드 쇼를 실행하려면 [슬라이드 쇼] 탭의 [슬라이드 쇼 시작] 그룹에서 **처음부터**를 클릭합니다. **처음부터**를 클릭하면 현재 어떤 슬라이드를 선택하고 있든 관계없이 1번 슬라이드부터 쇼가 시작됩니다.

Tip
'현재 슬라이드부터'를 클릭하면 현재 선택한 슬라이드부터 슬라이드 쇼가 시작됩니다.

Note 슬라이드 쇼 하단 도구 사용 방법

슬라이드 쇼를 실행하면 왼쪽 아래에 슬라이드 쇼 실행 시 필요한 도구가 나타납니다. 이전 슬라이드와 다음 슬라이드로 이동하기, 특정 슬라이드로 이동하기, 펜 중에서 필요한 기능을 클릭하여 실행합니다.

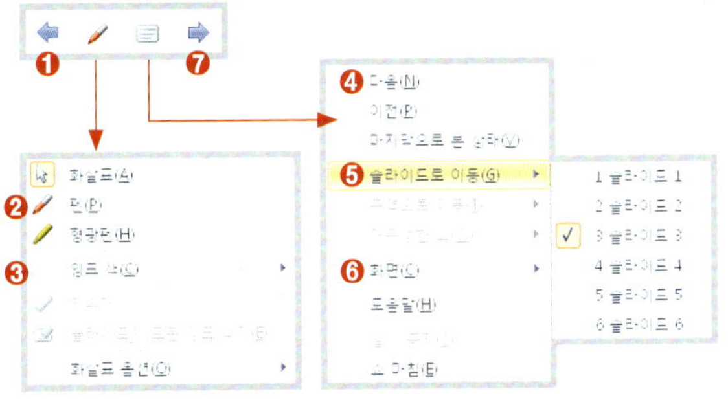

① 이전 슬라이드로 이동
② 포인터/펜 모양 바꾸기
③ 펜 색 변경
④ 다음/ 이전 슬라이드로 이동
⑤ 특정 슬라이드로 이동
⑥ 화면 어둡게/밝게 하기
⑦ 다음 슬라이드로 이동

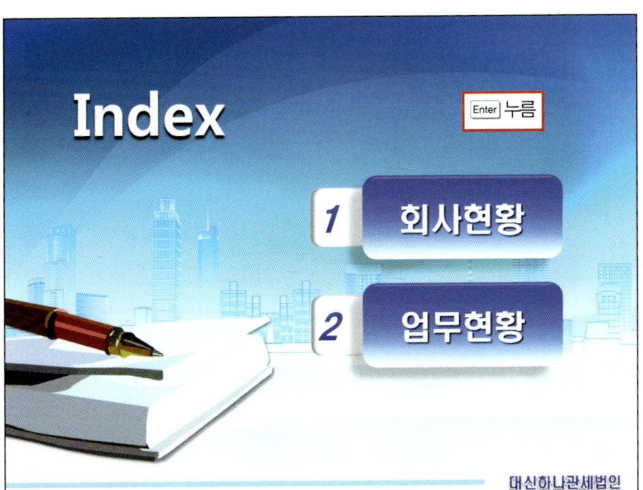

02 Enter를 눌러 다음 슬라이드로 이동합니다.

Tip

다음 슬라이드로 이동하는 방법은 여러 가지지만 주로 Enter를 누르거나 마우스를 클릭합니다.

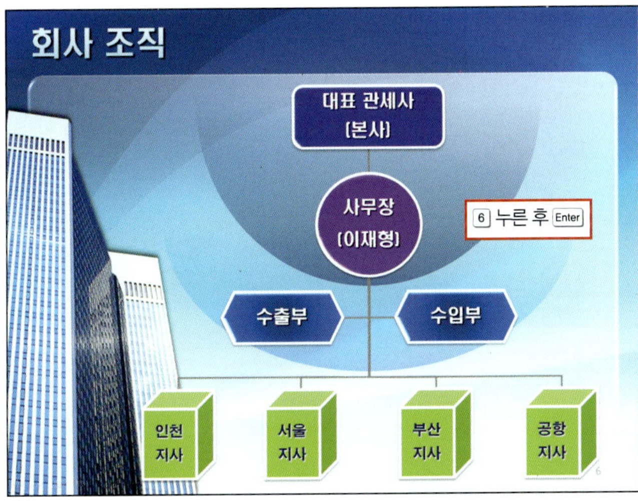

03 특정 슬라이드로 이동하려면 키패드에서 해당 슬라이드의 번호를 누른 후 Enter를 누릅니다. 6을 누른 후 Enter를 눌러 6번 슬라이드로 이동합니다.

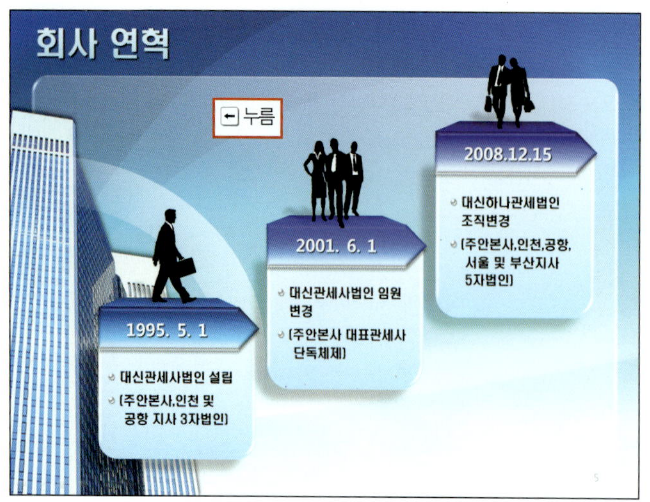

04 ←를 눌러 이전 슬라이드인 5번 슬라이드로 이동합니다.

Tip

슬라이드 쇼를 임의로 종료하려면 Esc를 누릅니다.

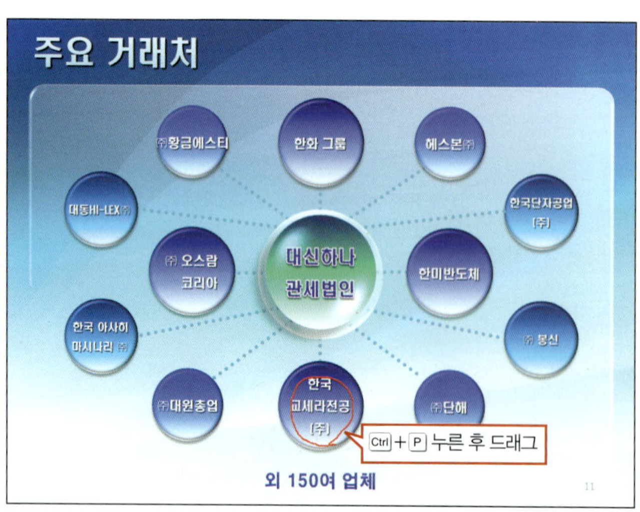

05 펜 기능을 사용하기 위해 Ctrl+P를 누릅니다.
화살표 모양의 포인터가 펜 기능으로 변경되면 드래그해서 자유롭게 필기할 수 있습니다.
펜으로 그린 그림을 모두 지울 때는 영문 상태에서 E를 누릅니다.

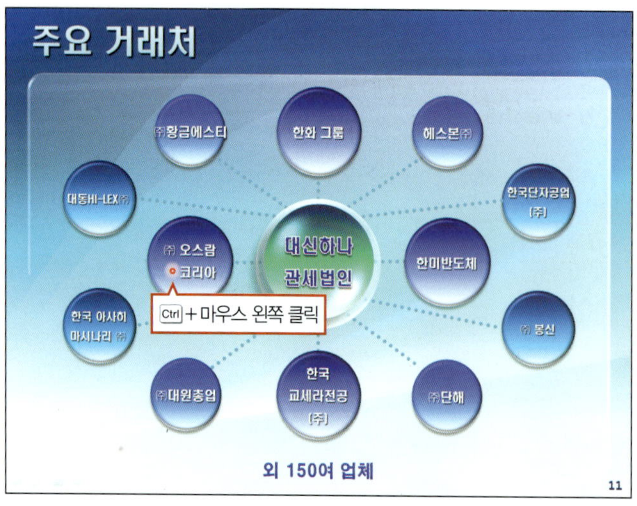

06 레이저 포인터를 사용하려면 Ctrl을 누른 상태에서 마우스 왼쪽 버튼을 클릭합니다.

Note 슬라이드 쇼에 유용한 팁

펜 또는 레이저 포인터 색 변경하기

슬라이드 쇼에서 사용하는 펜이나 레이저 포인터의 색은 기본적으로 빨강입니다. 다른 색으로 변경하려면 [슬라이드 쇼] 탭의 [설정] 그룹에서 **슬라이드 쇼 설정** 을 클릭하고 표시 옵션 영역의 **펜 색**과 **레이저 포인터 색**을 변경합니다.

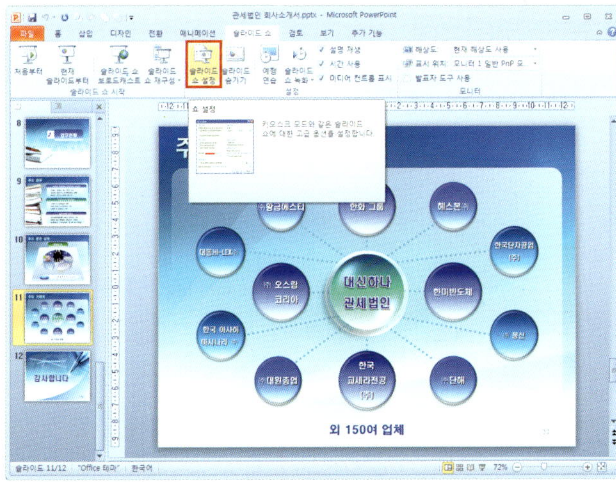

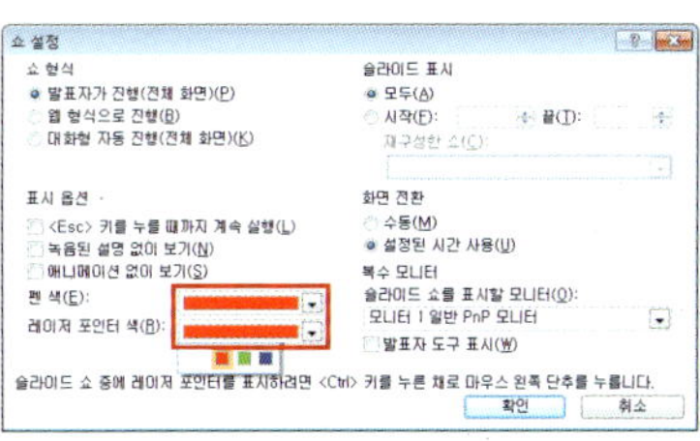

슬라이드 쇼에서 유용한 단축키

슬라이드 쇼에서 자주 사용하는 기능을 단축키로 실행하면 더욱 매끄럽게 진행할 수 있습니다.

- F5 : 처음 슬라이드부터 슬라이드 쇼 실행
- Shift + F5 : 현재 슬라이드 위치에서 슬라이드 쇼 실행
- Enter, Space Bar, →, ↓, Page Down : 다음 슬라이드로 이동
- ←, ↑, Page Up : 이전 슬라이드로 이동
- 슬라이드 번호 + Enter : 입력한 숫자에 해당하는 슬라이드로 이동
- Ctrl + P : 포인터를 펜으로 변경
- Ctrl + A : 포인터를 화살표로 변경
- Ctrl + H : 포인터와 하단의 아이콘을 화면에서 숨김
- Ctrl + S : 슬라이드를 선택할 수 있는 대화상자 표시
- E : 펜으로 그린 그림을 모두 지움
- B : 화면을 검정(블랙 스크린)으로 설정/취소
- W : 화면을 흰색(화이트 스크린)으로 설정/취소
- Esc : 슬라이드 쇼 종료

함께해요 2. 쇼 재구성으로 발표 시간에 맞춰 슬라이드 쇼 준비하기

하나의 프레젠테이션 문서로 두 가지 형태의 발표를 해야 할 경우가 있습니다. 예를 들어 10분 분량의 슬라이드 20장짜리 문서에서 중요 내용만 간추려 5분 내로 발표할 상황이 발생한다면 필요한 슬라이드만 따로 복사하여 새로운 문서를 만들어야 합니다. 하지만 쇼 재구성 기능을 이용하면 새로운 프레젠테이션 문서를 만들 필요 없이 기존 문서로 5분 이내의 슬라이드 쇼를 구성할 수 있습니다.

- **실습 파일** ⓒ:\파워포인트\3장\실습\관세법인 회사소개.pptx
- **완성 파일** ⓒ:\파워포인트\3장\완성\관세법인 회사소개.pptx

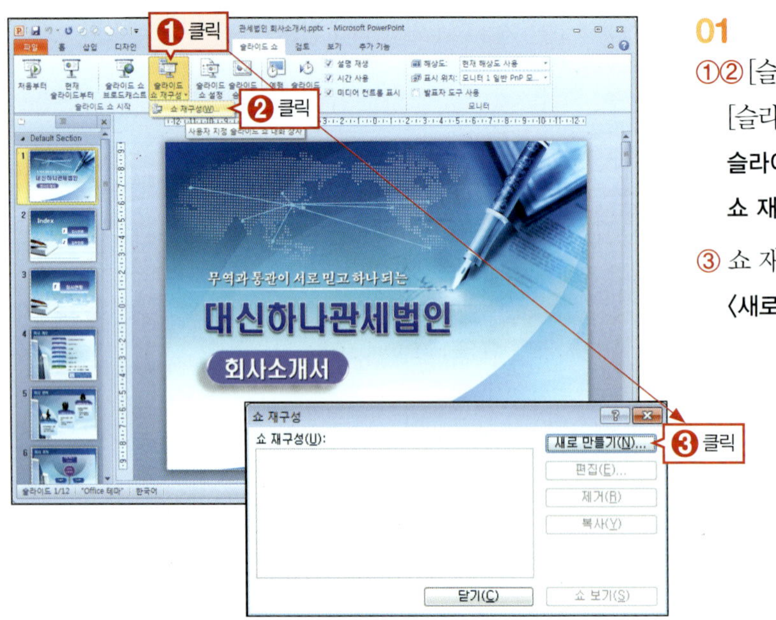

01

①② [슬라이드 쇼] 탭의 [슬라이드 쇼 시작] 그룹에서 **슬라이드 쇼 재구성**을 클릭한 후 **쇼 재구성**을 선택

③ 쇼 재구성 대화상자에서 **〈새로 만들기〉**를 클릭합니다.

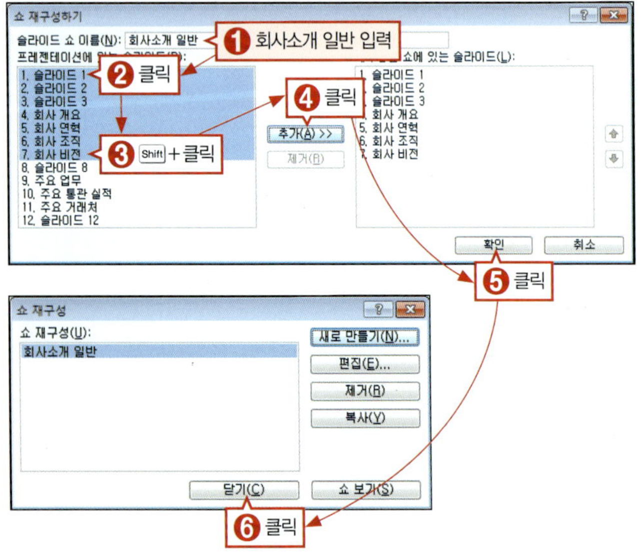

02

① 슬라이드 쇼 이름을 **회사소개 일반**으로 입력

②③ Shift를 이용하여 **1번부터 7번 슬라이드**를 선택

④ **〈추가〉**를 클릭해서 오른쪽 재구성할 슬라이드를 구성

⑤ **〈확인〉**을 클릭하여 '회사소개 일반'이라는 쇼를 생성

⑥ **〈닫기〉**를 클릭해서 쇼 재구성을 마칩니다.

03 재구성한 쇼를 실행하겠습니다.

① [슬라이드 쇼] 탭의 [슬라이드 쇼 시작] 그룹에서 **슬라이드 쇼 재구성**을 클릭

② **회사소개 일반**을 선택합니다. 재구성한 슬라이드로만 슬라이드 쇼가 실행됩니다.

함께해요 3. 예행 연습으로 자동 진행되는 프레젠테이션 만들기

최종 발표 전 예행 연습을 함으로써 각 슬라이드별 발표 소요 시간을 파악할 수 있습니다. 예행 연습을 통해 파악한 소요 시간은 자동으로 저장되어 슬라이드 쇼 실행 시 별다른 조작 없이 저장된 시간이 되면 자동으로 다음 슬라이드로 넘어갑니다.

- **실습 파일** ◎:\파워포인트\3장\실습\관세법인 회사소개서.pptx
- **완성 파일** ◎:\파워포인트\3장\완성\관세법인 회사소개서.pptx

01 [슬라이드 쇼] 탭의 [설정] 그룹에서 **예행 연습**을 클릭해서 예행 연습 슬라이드 쇼를 시작합니다.

02 실제 프레젠테이션을 하듯 Enter를 누르면서 슬라이드를 넘기고 마지막까지 쇼를 진행합니다.

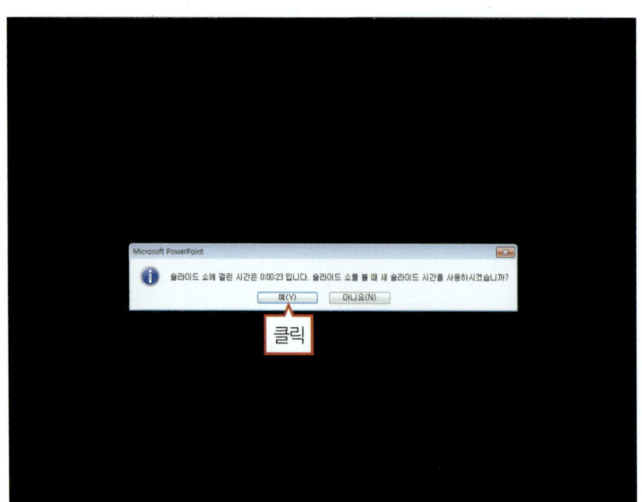

03 마지막 슬라이드를 넘기면 새 슬라이드 시간을 사용할 것인지 묻는 대화상자가 나타납니다. 〈예〉를 클릭해서 예행 연습을 마칩니다.

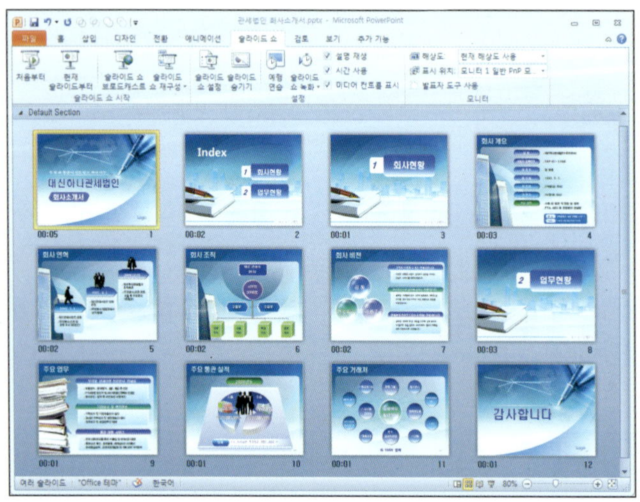

04 여러 슬라이드 보기 형태에 각 슬라이드를 설명하는 데 걸린 시간이 표시됩니다. F5를 눌러 슬라이드 쇼를 실행하면 저장된 시간에 따라 별다른 조작 없이 자동으로 슬라이드가 넘어갑니다.

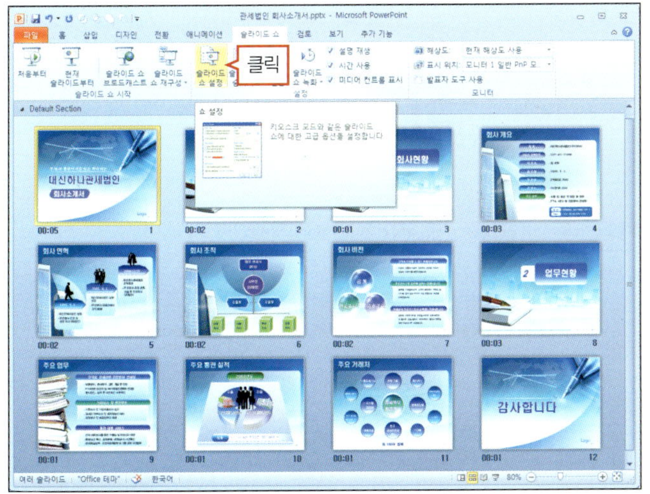

05 자동 진행 슬라이드 쇼를 반복적으로 재생할 수 있습니다. [슬라이드 쇼] 탭의 [설정] 그룹에서 **슬라이드 쇼 설정**을 클릭해서 쇼 설정 대화상자를 불러옵니다.

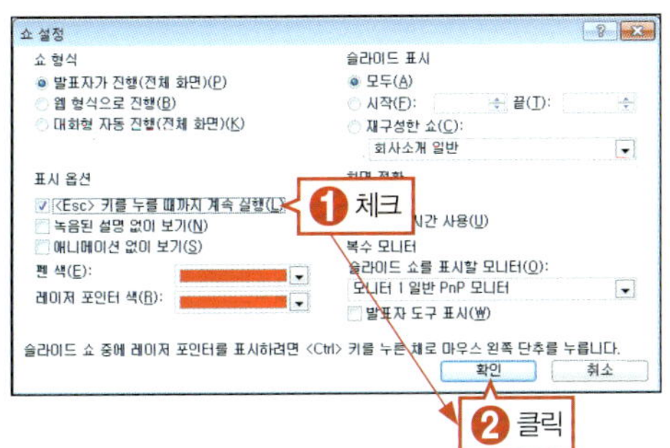

06

① 표시 옵션 영역의 **〈Esc〉 키를 누를 때까지 계속 실행**에 체크

② **〈확인〉**을 클릭하고 슬라이드 쇼를 실행하면 Esc 를 누를 때까지 슬라이드 쇼가 계속해서 반복됩니다.

Note 설정한 시간 제거하기

예행 연습 등으로 화면 전환 시간이 설정되어 슬라이드가 자동으로 넘어가는 것을 해제하려면 [전환] 탭의 [타이밍] 그룹에서 **다음 시간 후**의 체크를 해제한 다음 〈모두 적용〉을 클릭합니다.

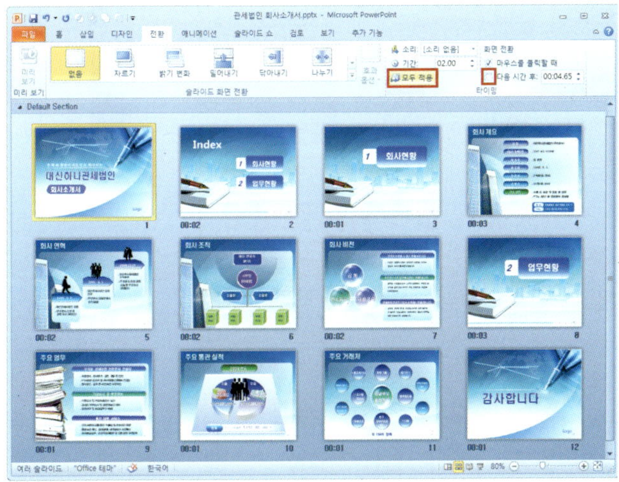

section 02

인쇄하기

• 미리 보기 • 인쇄 옵션 • 슬라이드 노트 • 유인물 • 인쇄 방향 • 회색조

함께해요 1. 인쇄 기능 살펴보기

프레젠테이션 문서를 인쇄하기 전에는 항상 인쇄 미리 보기를 통해 결과를 미리 확인하고 인쇄 옵션을 설정합니다. 프레젠테이션 문서는 크게 발표자 노트, 유인물 등의 형태로 인쇄할 수 있습니다.

• **실습 파일** ⓒ:\파워포인트\3장\실습\네오 프레젠테이션 회사소개.pptx

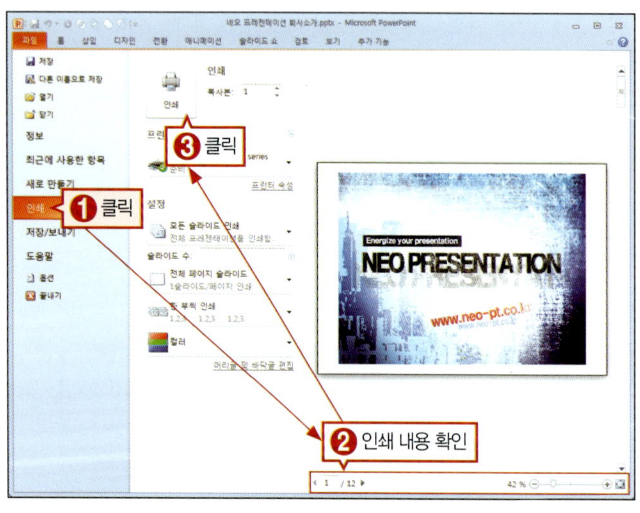

01

① [파일] 탭의 **인쇄**를 클릭하면 인쇄 관련 기능과 함께 인쇄 미리 보기 화면이 나타납니다.

②③ 미리 보기 오른쪽 아래 **페이지 이동 및 확대/축소 기능**을 통해 인쇄 내용을 자세하게 볼 수 있으며 **〈인쇄〉**를 클릭하여 현재 파일의 모든 슬라이드를 미리 보기와 같은 형태로 인쇄할 수 있습니다.

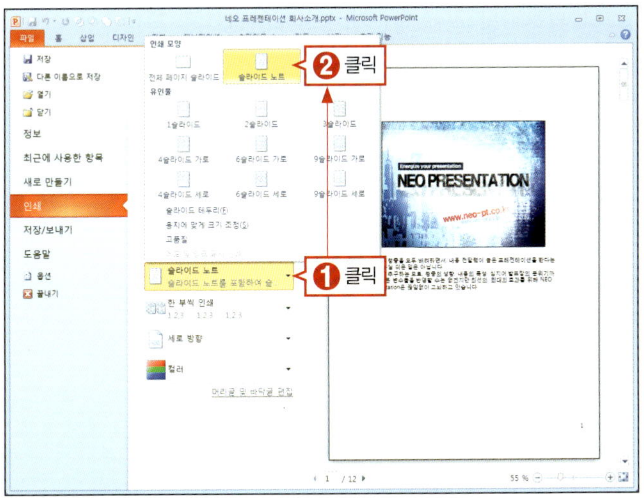

02 발표자 원고 형태인 슬라이드 노트를 인쇄하겠습니다.

①② 설정에서 두 번째 항목인 **인쇄 형태**를 클릭하고 **슬라이드 노트**를 선택합니다.

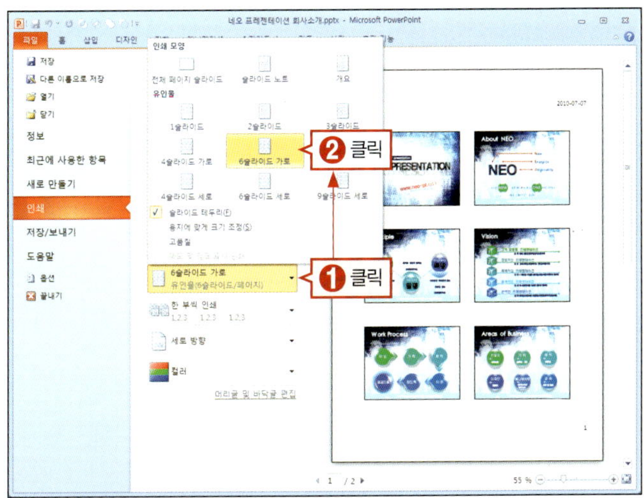

03 청중에게 나눠줄 유인물을 인쇄하겠습니다.

①② **인쇄 형태**를 클릭하고 원하는 형태의 **유인물**을 선택합니다.

Tip

유인물로 인쇄하면 용지 한 장에 1~9 슬라이드를 인쇄할 수 있습니다. 주로 2 슬라이드 또는 6 슬라이드를 한 장에 인쇄합니다.

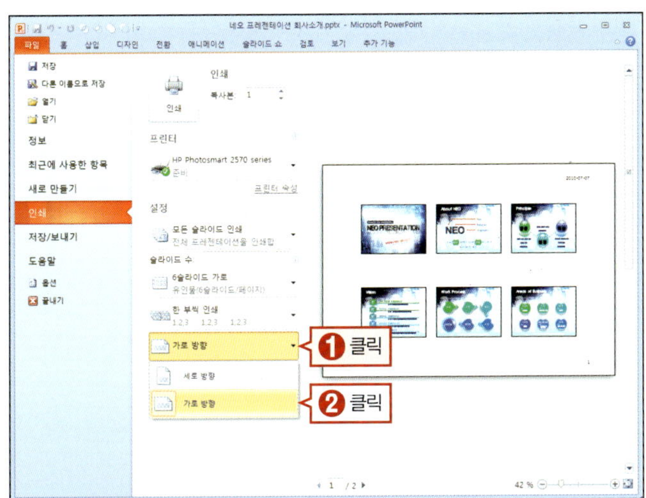

04 용지 방향을 가로로 변경하겠습니다.

①② **용지 방향**을 클릭하고 **가로 방향**를 선택합니다.

Tip

용지 방향에 대한 기능은 인쇄 형태가 '전체 페이지 슬라이드'일 경우 나타나지 않습니다.

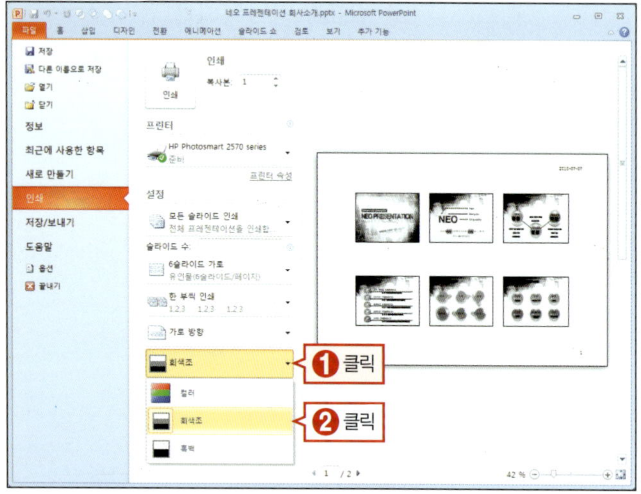

05 컬러 상태의 문서를 회색조로 변경하겠습니다.

①② **인쇄 색**을 클릭하고 **회색조**를 선택합니다.

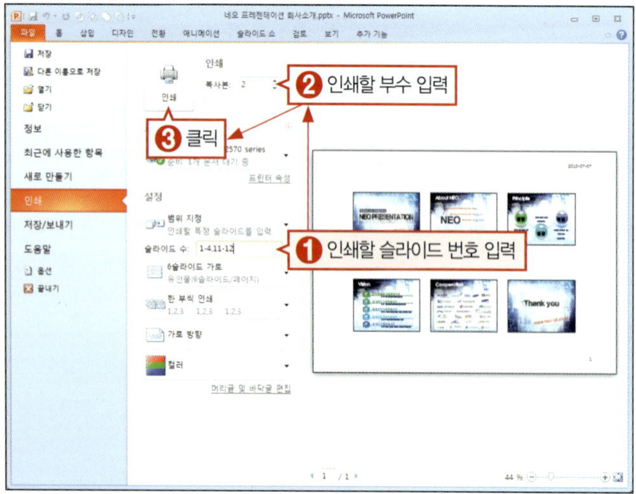

06

① **일부 슬라이드만 인쇄**하려면 슬라이드 수 입력란에 인쇄할 슬라이드 번호를 입력합니다. 예를 들어 1~4번과 11~12번 슬라이드를 인쇄하려면 1-4, 11-12를 입력합니다.

②③ **여러 장을 인쇄할 때**는 복사본 입력란에 **인쇄할 부수**를 입력하고 **<인쇄>**를 클릭합니다.

Tip

일부 슬라이드만 인쇄할 때 연속적인 슬라이드는 하이픈(-)으로, 비연속적인 슬라이드는 쉼표(,)로 구분합니다.

CHAPTER 04

도형 슬라이드 만들기

도형을 효과적으로 사용하면 지루해 보일 수 있는 슬라이드에 활력을 불어 넣을 수 있으며 중요한 내용을 눈에 띄게 강조할 수 있습니다.
일반적으로 프레젠테이션 문서에서 가장 많이 사용하는 요소는 텍스트입니다.
하지만 텍스트만으로 구성한 슬라이드는 자칫 지루해 보일 수 있으므로 도형과 같은 시각적인 요소와 함께 조합하는 것이 좋습니다.
이번 챕터에서는 도형을 활용하여 텍스트와 도형이 적절하게 조화된 슬라이드를 만들면서 실무에서 자주 사용하는 기본적인 도형 그리기와 서식 활용 방법을 배우겠습니다.

section 01

간단한 도형 슬라이드 만들기

• 눈금자 • 안내선 설정 • 도형 그리기 • 도형 채우기 • 도형 효과 • 그라데이션 • 도형 편집 • 도형 윤곽선

함께해요 1. 눈금자의 활용과 안내선 설정하기

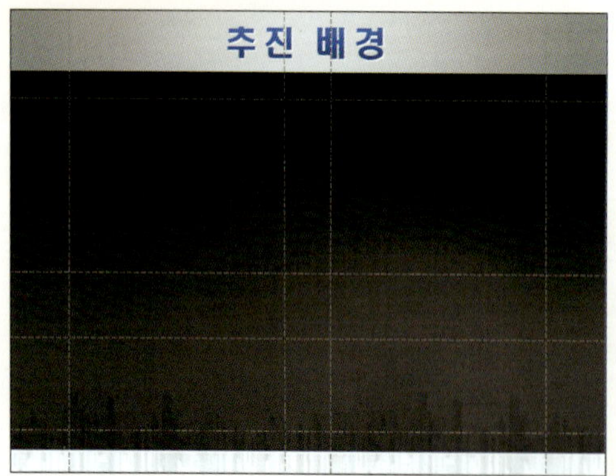

도형과 같은 오브젝트를 정확한 위치에 정확한 크기로 배치하기 위해서는 눈금자 및 안내선을 사용하는 것이 좋습니다. 안내선을 설정하지 않고 작업을 하다보면 각 슬라이드마다 오브젝트들의 위치가 제각각이어서 산만한 슬라이드가 될 수 있으므로 일괄적인 레이아웃을 위해서는 필수적으로 사용해야 합니다.

• **실습 파일** ⓒ:\파워포인트\4장\실습\시스템개발 결과보고서-1.pptx

• **완성 파일** ⓒ:\파워포인트\4장\완성\시스템개발 결과보고서-1.pptx

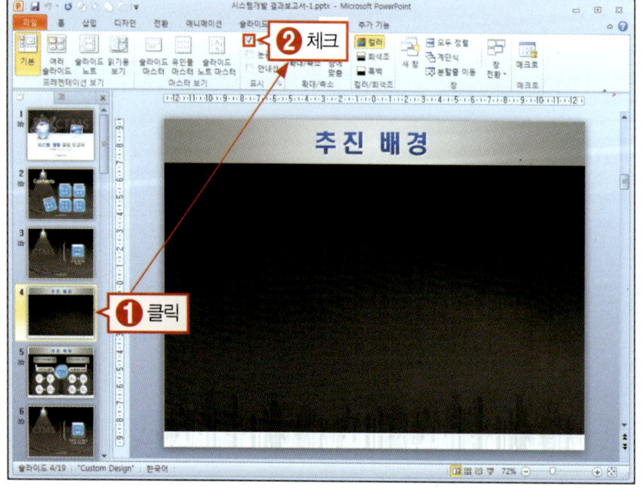

01

① 실습 파일 **4번 슬라이드**를 선택

② [보기] 탭의 [표시] 그룹에서 **눈금자**에 체크합니다.
슬라이드 위쪽과 왼쪽에 눈금자가 나타납니다.

Tip

슬라이드 빈 영역에서 마우스 오른쪽 버튼을 클릭하고 '눈금자'를 선택해도 눈금자가 나타납니다.

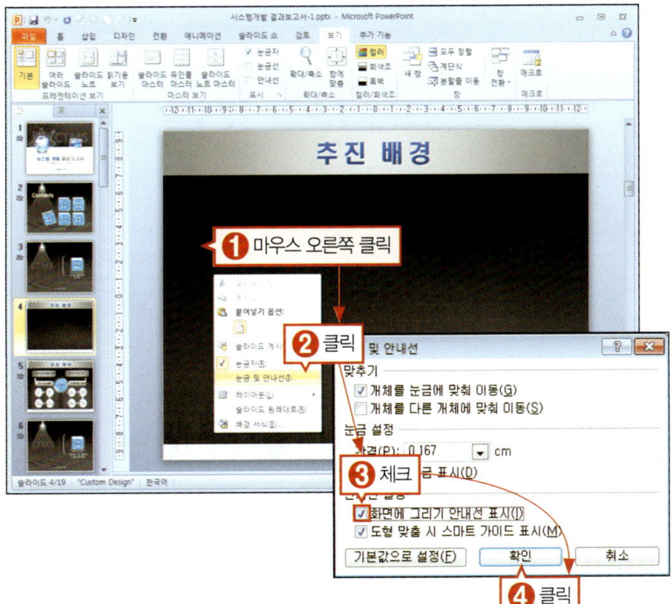

02

① **슬라이드 빈 영역**에서 마우스 오른쪽 버튼을 클릭

② **눈금 및 안내선**을 선택

③ 눈금 및 안내선 대화상자에서 **화면에 그리기 안내선 표시**에 체크

④ **<확인>**을 클릭합니다. 화면에 가로, 세로 안내선이 나타납니다.

Tip

[보기] 탭의 [표시] 그룹에서 '안내선'에 체크해도 그리기 안내선이 표시됩니다.

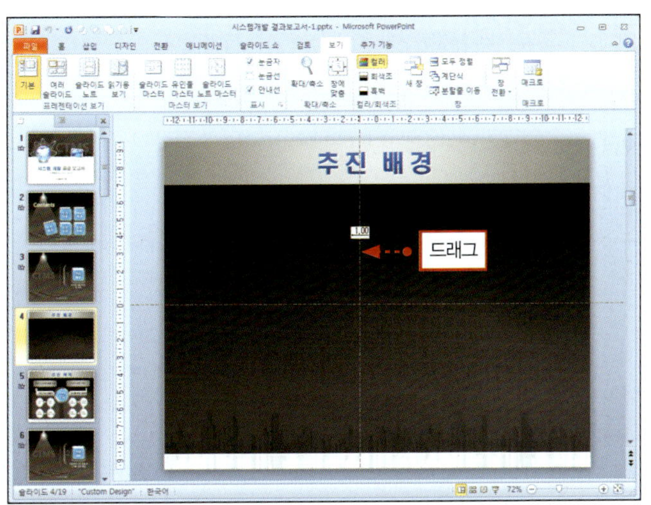

03 세로 안내선을 왼쪽으로 드래그하여 위치가 1.00이 될 때 손을 떼서 안내선의 위치를 옮깁니다.

Tip

안내선은 매우 가는 점선으로 위치를 옮기거나 복제할 때는 정확하게 클릭해야 합니다.

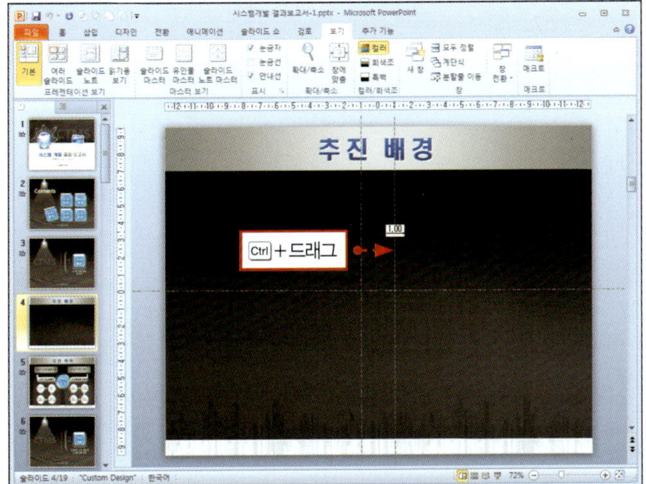

04 위치를 옮긴 세로 안내선을 Ctrl을 누른 채로 오른쪽으로 드래그하여 위치가 1.00이 될 때 손을 떼서 복제합니다.

Tip

안내선을 옮길 때는 드래그, 복제할 때는 Ctrl+드래그합니다.

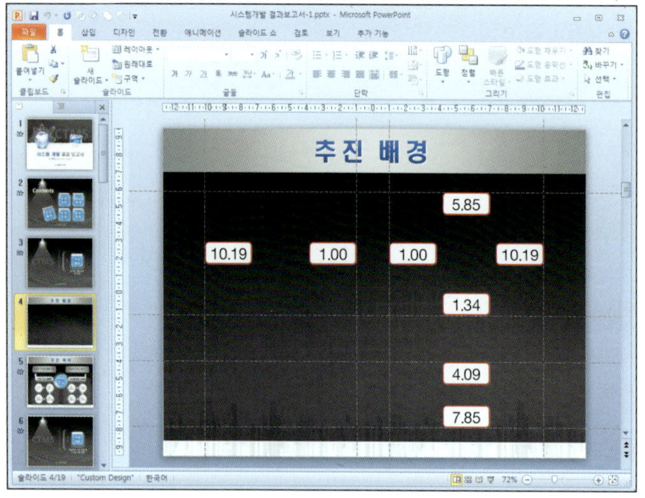

05 위와 같은 방법으로 안내선을 옮기거나 복제하여 그림과 같이 배치합니다.

Tip

불필요한 안내선을 지울 때는 안내선을 슬라이드 밖으로 드래그합니다.

함께해요 2. 기본 도형 그리고 효과 적용하기

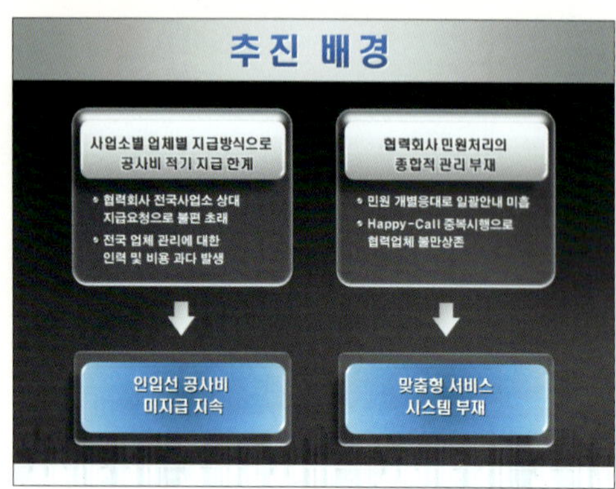

안내선을 그렸으면 안내선에 맞춰 오브젝트를 배치합니다. 일반적으로 슬라이드에서 가장 많이 사용하는 오브젝트는 텍스트 상자와 도형이며 도형 중에서는 모서리가 둥근 직사각형을 주로 사용합니다. 도형을 그린 후 전체적인 디자인 컨셉에 맞춰 도형을 편집합니다. 도형 편집이 끝난 후에는 주요 내용을 텍스트 상자에 입력하여 도형 위에 배치하고 중요한 내용은 도형의 색이나 효과를 달리하여 강조합니다.

- 실습 파일 ⓒ:\파워포인트\4장\실습\시스템개발 결과보고서-2.pptx
- 완성 파일 ⓒ:\파워포인트\4장\완성\시스템개발 결과보고서-2.pptx

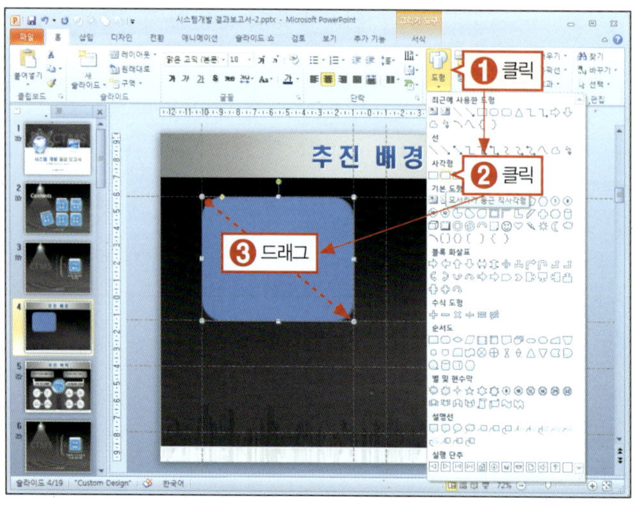

01

①② [홈] 탭의 [그리기] 그룹에서 **도형**을 클릭하고 사각형 영역에서 **모서리가 둥근 직사각형**을 선택

③ 슬라이드에서 안내선을 따라 그림과 같이 **대각선 방향**으로 드래그해서 도형을 그립니다.

Tip

화면 해상도에 따라 '도형'이 아이콘 형태에서 목록 형태로 바뀝니다. 목록 형태일 때는 원하는 모양을 클릭하거나 '자세히' 버튼을 클릭하여 모양을 선택합니다.

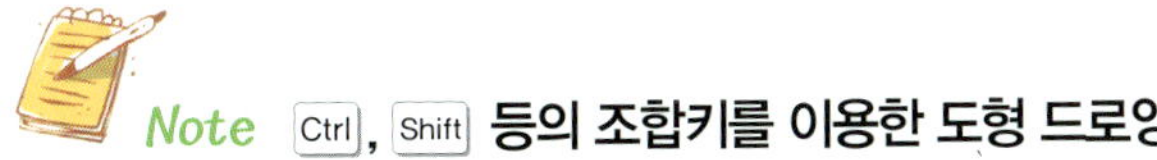

Note Ctrl, Shift 등의 조합키를 이용한 도형 드로잉

도형을 그리는 방법은 여러 가지가 있습니다. 일반적으로 도형을 그릴 때는 [삽입] 탭에서 원하는 도형을 선택하고 드래그합니다.

1 정원이나 정사각형과 같은 정방형 도형을 그릴 때는 Shift를 누른 상태에서 드래그합니다.

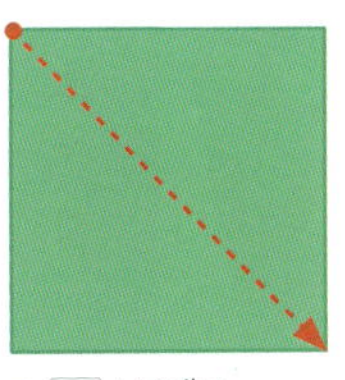

▲ Shift + 드래그

2 클릭한 지점이 중심이 되는 도형을 그릴 때는 Ctrl을 누른 상태에서 드래그합니다.

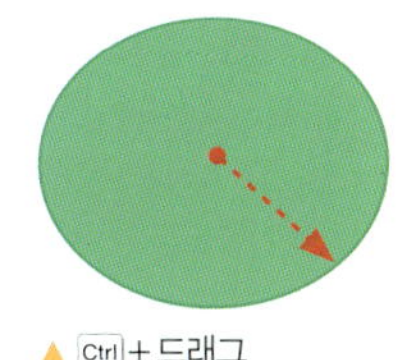

▲ Ctrl + 드래그

따라서 Ctrl과 Shift를 동시에 누른 상태에서 드래그하면 클릭 지점을 중심으로 가로와 세로의 비율이 일정한 정방형 도형을 그릴 수 있습니다.

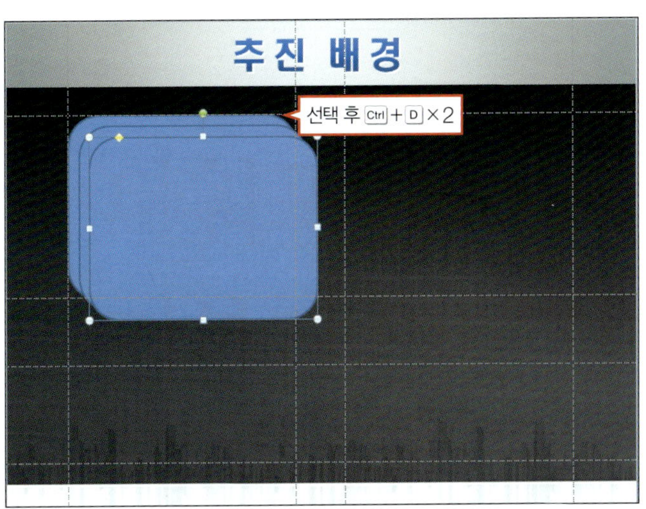

02 도형이 선택된 상태에서 Ctrl + D를 두 번 눌러 사각형 두 개를 복제합니다.

Tip

Ctrl + D는 도형을 복제하는 단축키로 Ctrl + C를 눌러 복사한 후 Ctrl + V를 눌러 붙여넣기하는 과정을 한 번에 해결할 수 있습니다.

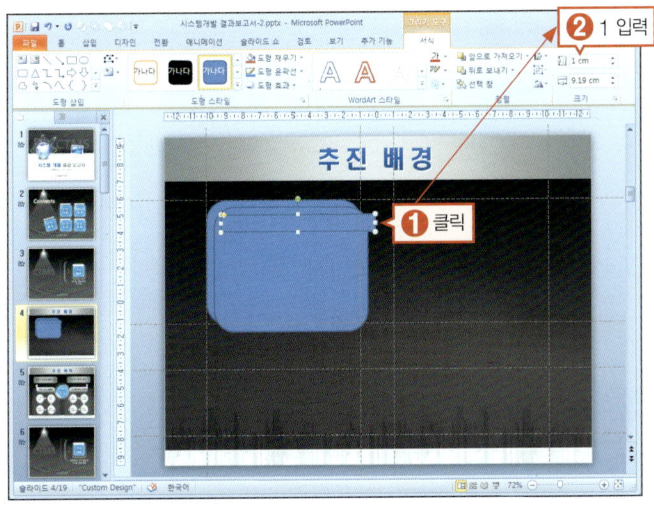

03

① 맨 앞에 있는 도형을 선택

② [서식] 탭의 [크기] 그룹에서 도형 높이에 1을 입력하여 도형 높이를 1cm로 조절합니다.

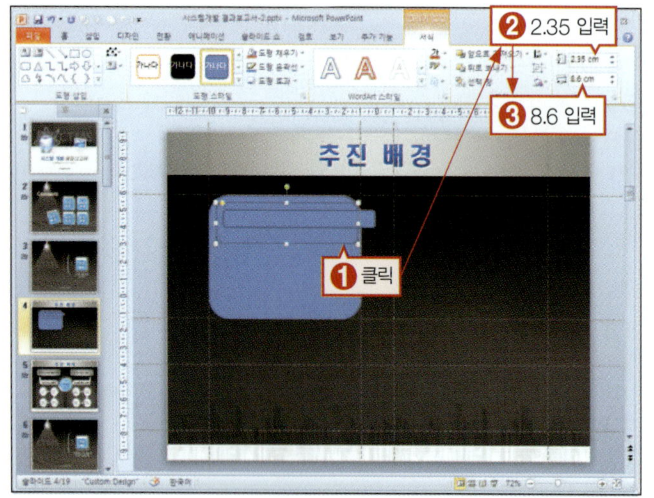

04

① **중간에 있는 도형**을 선택

②③ **도형 높이**에 2.35를 입력하고 **도형 너비**에 8.6을 입력하여 도형 크기를 조절합니다.

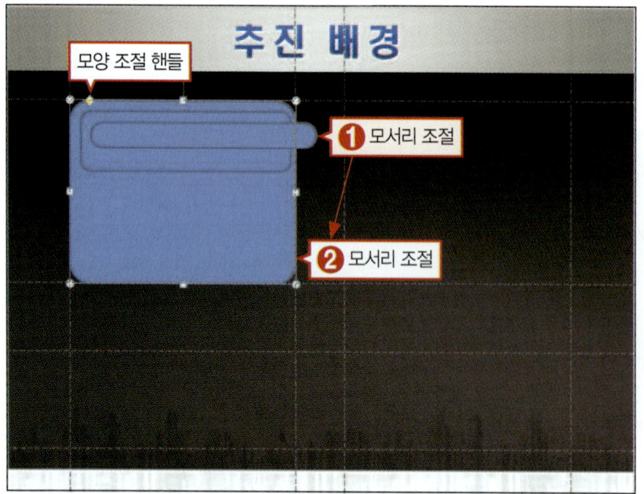

05

① **맨 앞에 있는 도형**을 선택하고 노랑 조절 핸들을 오른쪽으로 드래그하여 도형의 모서리를 완전한 **반원 모양**으로 바꿉니다.

② **맨 뒤에 있는 도형**을 선택하고 모양 조절 핸들을 왼쪽으로 **절반 정도 드래그**하여 적당하게 모서리를 둥글립니다.

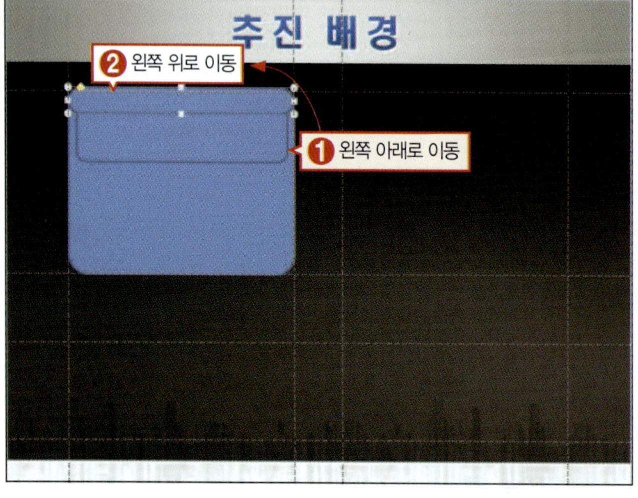

06

① **중간에 있는 도형**을 선택하고 방향키를 누르거나 마우스로 드래그하여 **왼쪽 아래**로 살짝 옮김

② **맨 앞에 있는 도형**을 선택하고 가장 큰 도형 위로 옮겨 그림과 같이 배치합니다.

Note 도형을 미세하게 이동하기

도형을 선택한 후 키보드의 방향키를 누르거나 마우스로 드래그하여 위치를 옮깁니다. 이때 Ctrl을 누른 상태에서 방향키를 누르면 도형을 좀 더 세밀한 간격으로 옮길 수 있으며 Alt를 누른 상태에서 마우스로 드래그하면 좀 더 부드럽고 세밀하게 도형을 옮길 수 있습니다.

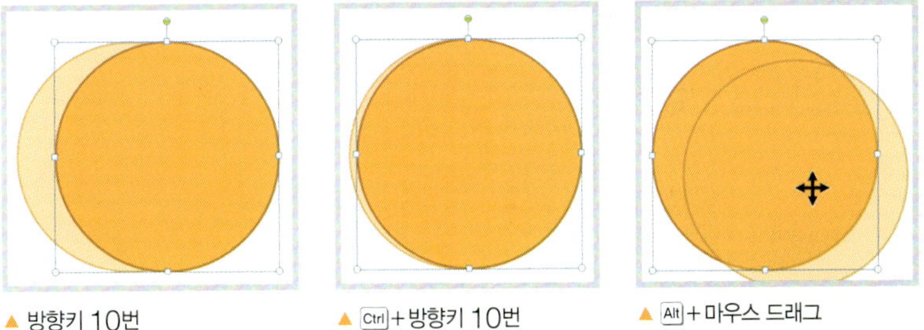

▲ 방향키 10번 ▲ Ctrl+방향키 10번 ▲ Alt+마우스 드래그

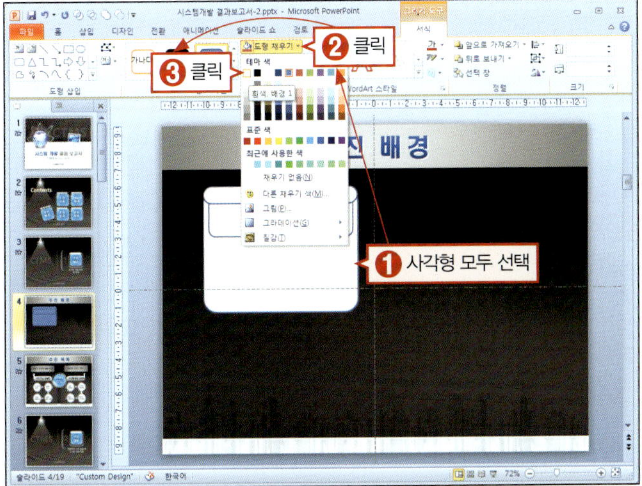

07

① Ctrl을 누른 상태에서 **둥근 사각형 3개**를 각각 클릭해서 모두 선택

②③ [서식] 탭의 [도형 스타일] 그룹에서 **도형 채우기**를 클릭하고 테마 색 영역의 **흰색, 배경1**을 선택해서 선택한 도형을 모두 흰색으로 바꿉니다.

Tip

여러 개의 오브젝트를 선택할 때는 Ctrl을 누른 상태에서 선택할 오브젝트를 클릭하거나 범위로 드래그합니다. 드래그한 범위 안에 포함되는 모든 오브젝트가 선택됩니다.

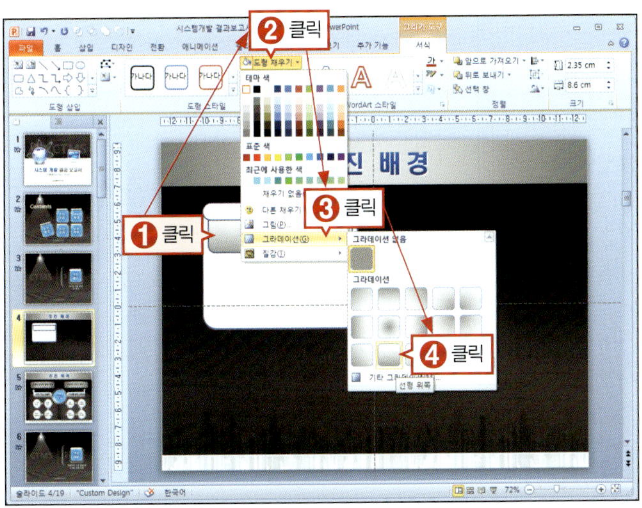

08

① **중간에 있는 사각형**만 선택

② [서식] 탭의 [도형 스타일] 그룹에서 **도형 채우기**를 클릭

③④ **그라데이션 – 선형 위쪽**을 선택해서 그라데이션을 적용합니다.

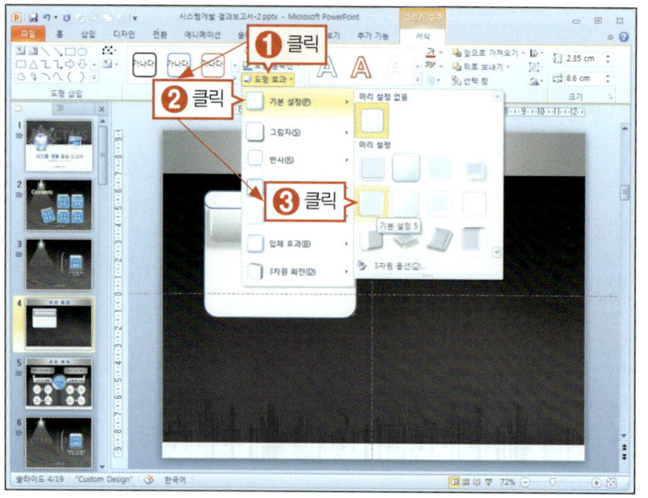

09

① 계속해서 [서식] 탭의 [도형 스타일] 그룹에서 **도형 효과** 를 클릭

②③ **기본 설정 – 기본 설정 5**를 선택해서 효과를 적용합니다.

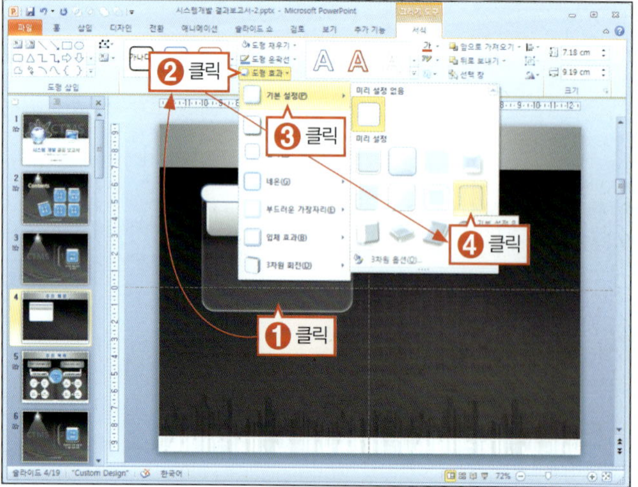

10

① **맨 뒤에 있는 도형**을 선택

② [서식] 탭의 [도형 스타일] 그룹에서 **도형 효과** 를 클릭

③④ **기본 설정 – 기본 설정 8**을 선택해서 효과를 적용합니다.

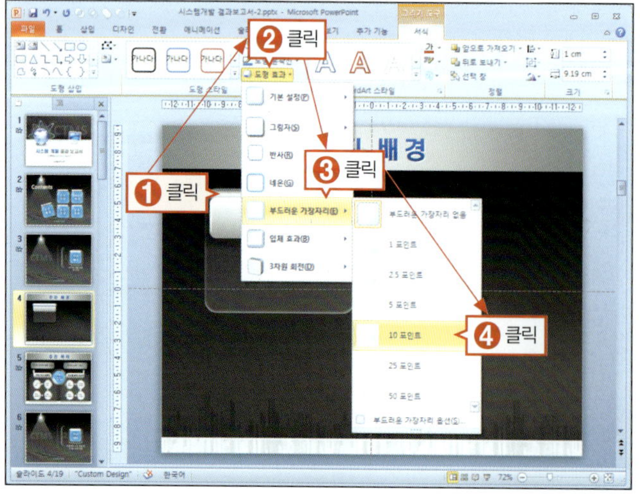

11

① **맨 앞에 있는 도형**을 선택

② [서식] 탭의 [도형 스타일] 그룹에서 **도형 효과** 를 클릭

③④ **부드러운 가장자리 – 10포인트**를 선택해서 가장자리를 부드럽게 처리합니다.

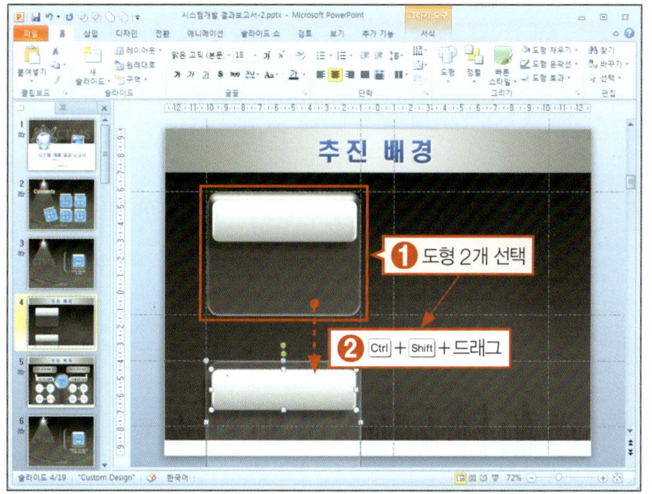

12

① 맨 앞에 있는 도형을 뺀 나머지 도형 2개를 선택

② Ctrl + Shift 를 누른 상태에서 아래쪽으로 드래그해서 선택한 도형을 **수직 방향**으로 복제합니다.

Tip

Ctrl을 누른 상태에서 드래그하면 선택한 오브젝트가 복제되고, Shift를 누른 상태에서 드래그하면 수직 수평으로만 이동할 수 있습니다.

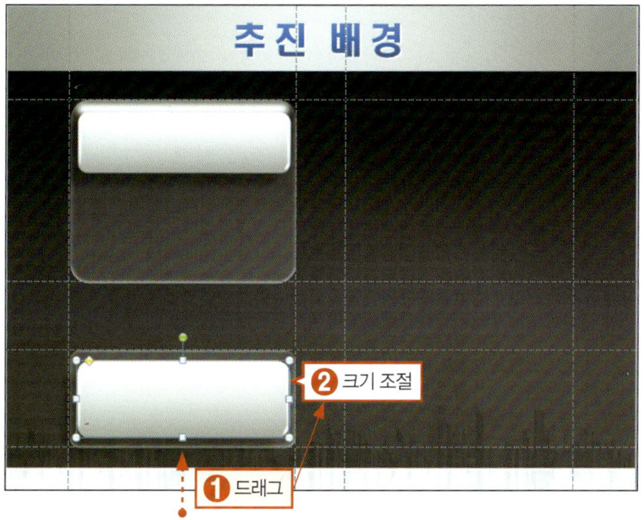

13

① 복제한 도형 중 **투명한 도형**은 아래쪽 가운데 조절점을 위로 드래그하여 **높이를 줄인** 후 안내선에 맞춥니다.

② **회색 도형**은 크기를 살짝 키워 투명 도형 **가운데 배치**합니다.

Note Ctrl, Shift 를 이용하여 도형 크기 변경하기

도형을 선택하면 8개의 크기 조절점이 나타나며 크기 조절 핸들을 드래그해서 크기를 변경할 수 있습니다. 이때 도형의 가로, 세로 비율을 유지하면서 크기를 조정하려면 Shift를 누른 상태에서 모서리에 있는 조절점을 드래그하고 도형의 중심을 고정한 상태에서 크기를 조정하려면 Ctrl를 누른 상태에서 드래그합니다.

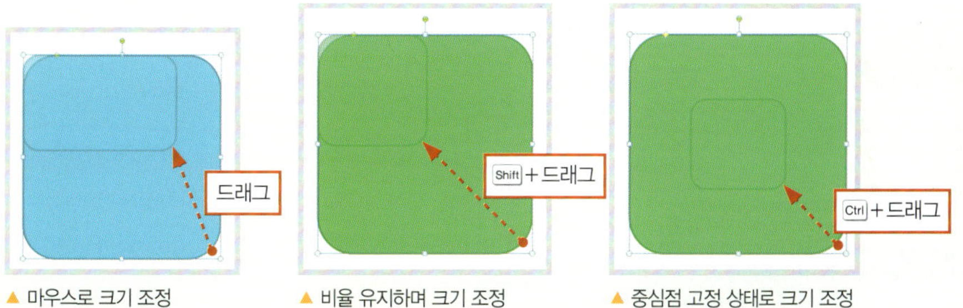

▲ 마우스로 크기 조정　▲ 비율 유지하며 크기 조정　▲ 중심점 고정 상태로 크기 조정

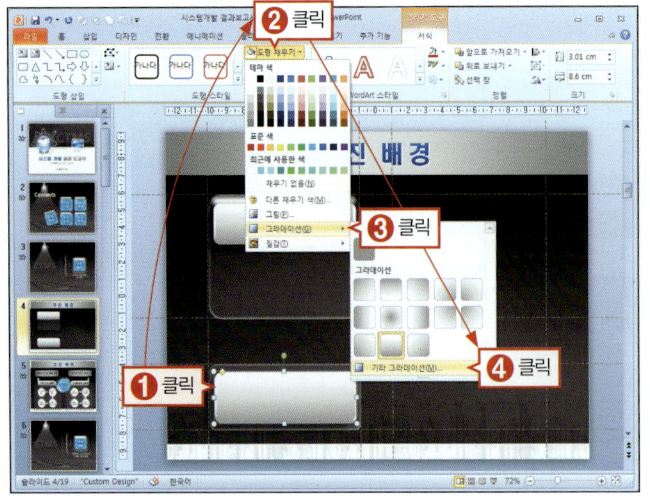

14

① **복제한 회색 도형**을 선택

② [서식] 탭의 [도형 스타일] 그룹에서 **도형 채우기**를 클릭

③④ **그라데이션 – 기타 그라데이션**을 선택합니다.

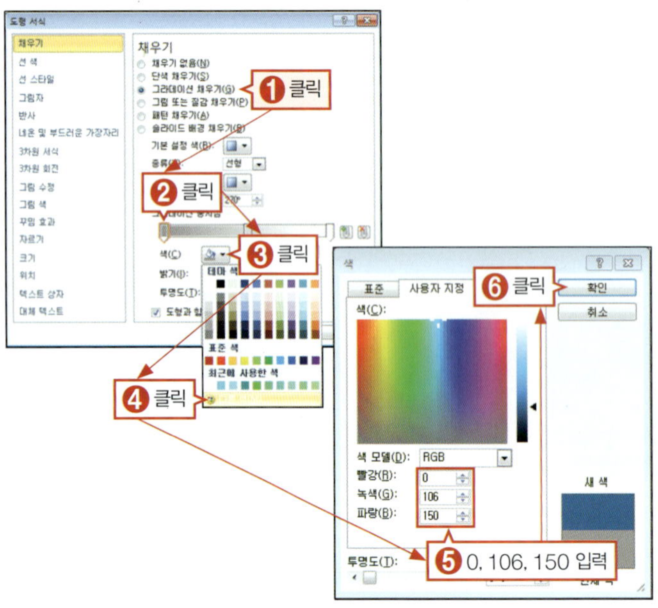

15

① 도형 서식 대화상자에서 채우기 항목의 **그라데이션 채우기**를 선택

② **첫 번째 중지점**을 선택

③④ **색**을 클릭한 후 **다른 색**을 선택

⑤⑥ [사용자 지정] 탭에서 빨강, 녹색, 파랑에 각각 0, 106, 150을 입력하고 〈**확인**〉을 클릭합니다.

Tip

빛의 3요소인 빨강 녹색 파랑에 0~255의 수치를 적절하게 입력하여 다양한 색을 만들 수 있습니다.

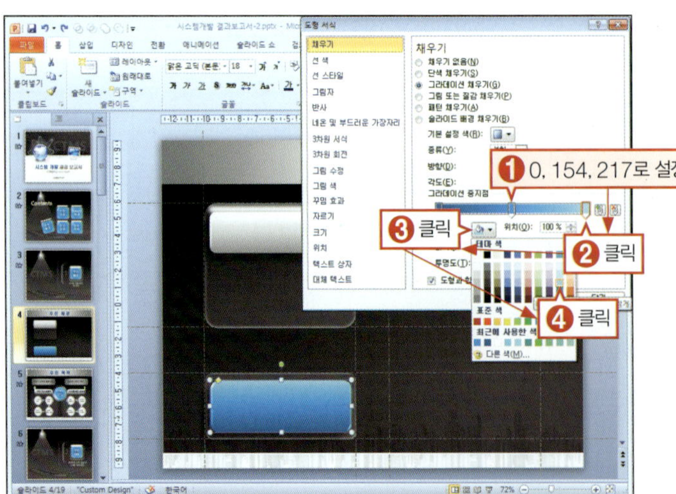

16

① 위와 같은 방법으로 **두 번째 중지점** 색은 빨강, 녹색, 파랑에 각각 0, 154, 217을 입력

② **세 번째 중지점**을 선택

③④ **색**을 클릭한 후 **바다색, 강조 5, 40% 더 밝게**를 선택합니다.

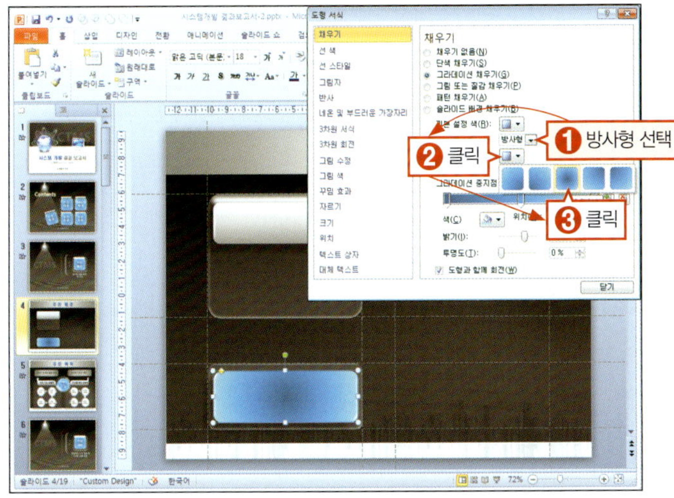

17

① 그라데이션 종류를 **방사형**으로 설정

②③ 방향을 **가운데에서**로 선택합니다.

Note 기본 그라데이션 사용하기

도형 서식 대화상자에서 중지점의 색, 종류, 방향 등을 직접 설정하여 다양한 그라데이션을 적용할 수 있지만 기본적으로 제공하는 그라데이션 유형을 적절히 사용해도 멋스러운 도형을 표현할 수 있습니다.

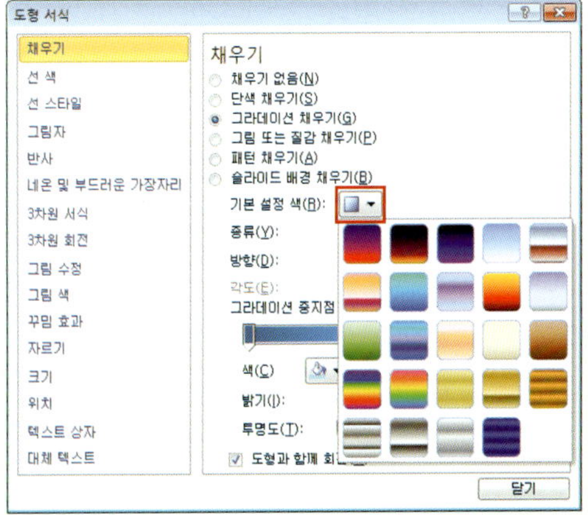

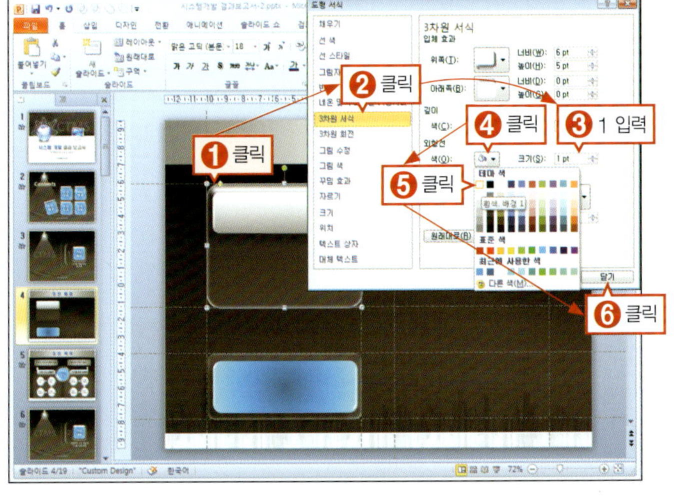

18

① 도형 서식 대화상자를 띄운 상태에서 위쪽의 **큰 사각형**을 선택

② **3차원 서식** 항목을 선택

③ 외형선의 크기에 1을 입력해서 외형선 두께를 조절

④⑤ 색을 **흰색, 배경 1**로 선택

⑥ <닫기>를 클릭해서 대화상자를 닫습니다.

Tip

도형 서식 대화상자가 띄워져 있는 상태에서 다른 도형을 선택하면 선택한 도형의 서식을 변경할 수 있습니다.

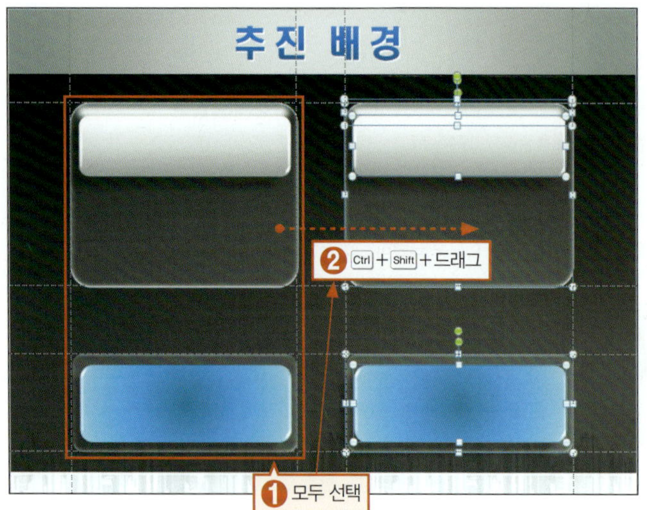

19

① **왼쪽에 있는 도형**을 모두 선택

② Ctrl + Shift를 누른 상태로 안내선에 맞춰 **오른쪽으로 드래그**해서 그림과 같이 복제합니다.

Tip

안내선을 숨길 때는 [보기] 탭의 [표시] 그룹에서 '안내선'의 체크를 해제합니다.

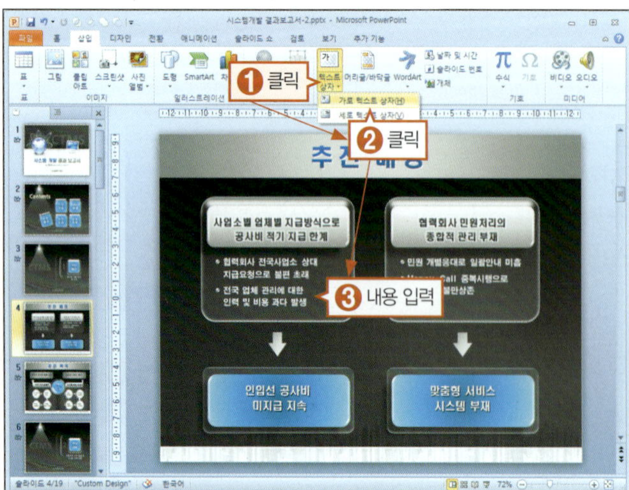

20

①② [삽입] 탭 [텍스트] 그룹에서 **텍스트 상자**를 클릭하고 **가로 텍스트 상자**를 선택

③ 도형 위에서 드래그하여 영역을 만들고 내용을 입력합니다.

Tip

도형 위에 텍스트를 입력할 때는 텍스트 상자를 이용하거나 도형에서 마우스 오른쪽 버튼을 클릭한 후 '텍스트 편집'을 선택하여 도형에 직접 입력합니다.

함께해요 3. 도형 변형하고 선으로 연결하기

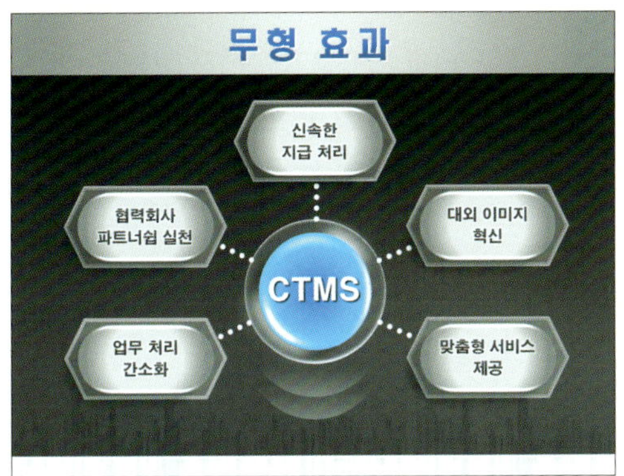

파워포인트에서 제공하는 다양한 도형을 다른 모양으로 변형해야 할 때가 있습니다. 이럴 때는 도형 편집 기능을 이용하여 도형을 원하는 모양으로 바꿀 수 있습니다. 필요한 형태로 도형을 편집하고 도형 간의 관계를 선으로 표현하면 깔끔한 관계도를 만들 수 있습니다. 이때 단순한 실선을 사용하기보다는 효과를 적용하면 더욱 멋스러운 슬라이드를 만들 수 있습니다.

- **실습 파일** ◎:\파워포인트\4장\실습\시스템개발 결과보고서-2.pptx
- **완성 파일** ◎:\파워포인트\4장\완성\시스템개발 결과보고서-2.pptx

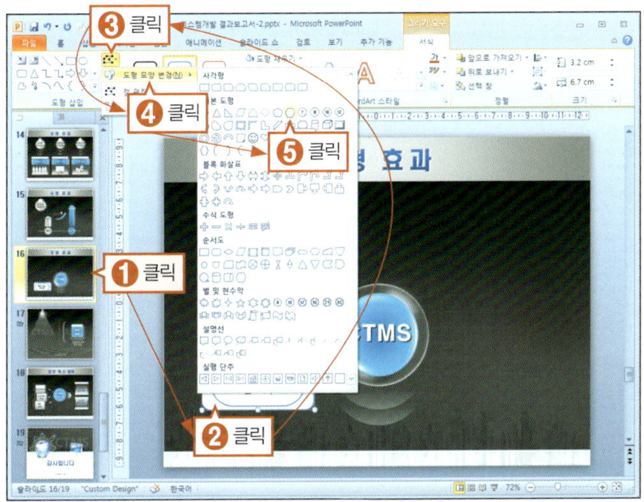

01

①② 실습 파일 **16번 슬라이드**에서 뒤에 있는 **흰색 사각형**을 선택

③ [서식] 탭의 [도형 삽입] 그룹에서 **도형 편집**을 클릭

④⑤ **도형 모양 변경** – 기본 도형 영역의 **육각형**을 선택합니다.

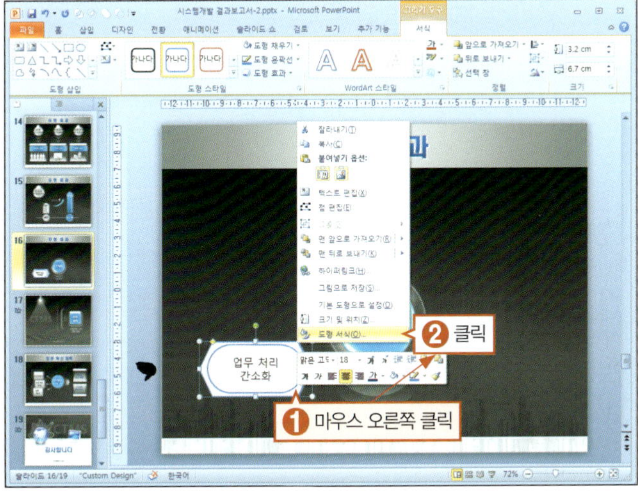

02

① **육각형으로 변경한 도형**에서 마우스 오른쪽 버튼을 클릭

② **도형 서식**을 선택하여 도형 서식 대화상자를 띄웁니다.

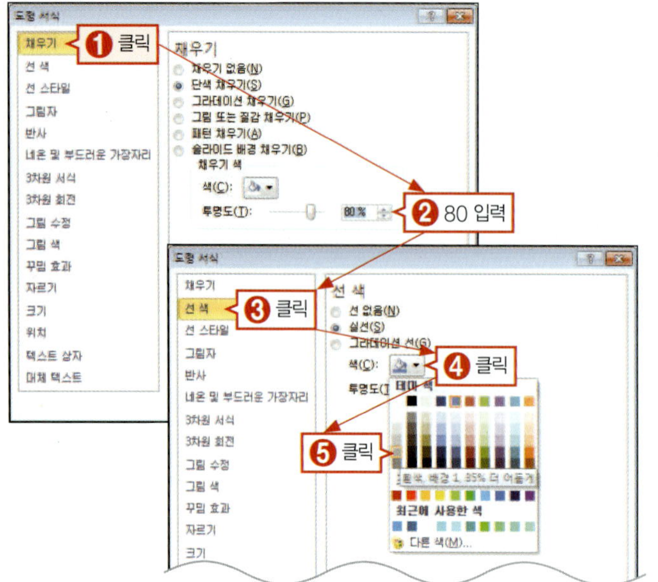

03

①② **채우기** 항목에서 **투명도**를 80%로 설정

③④⑤ **선 색** 항목에서 **색**을 **흰색, 배경 1, 35% 더 어둡게**로 설정합니다.

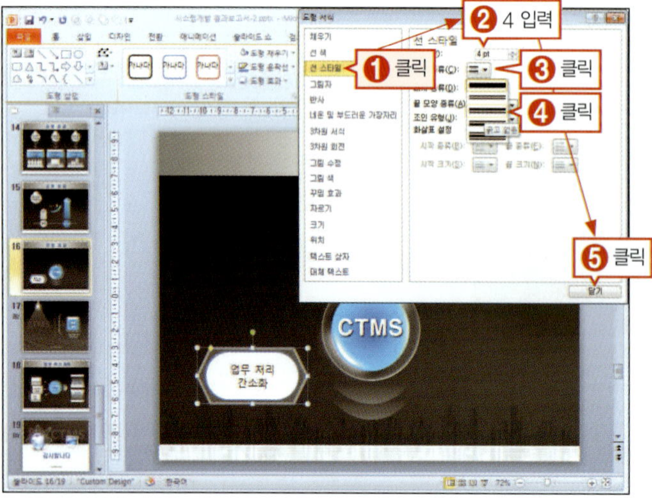

04

①② **선 스타일** 항목에서 **너비**를 4로 입력

③④ 겹선 종류를 **굵고 얇음**으로 설정

⑤ 〈닫기〉를 클릭합니다.
흰색 도형의 투명도, 선 색, 선 스타일이 변경됩니다.

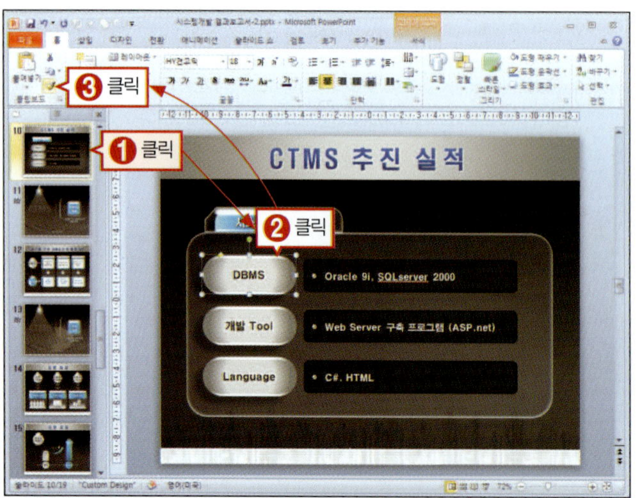

05

①② **10번 슬라이드**를 선택하고 **회색 타원**을 선택

③ [홈] 탭의 [클립보드] 그룹에서 **서식 복사**를 클릭합니다.

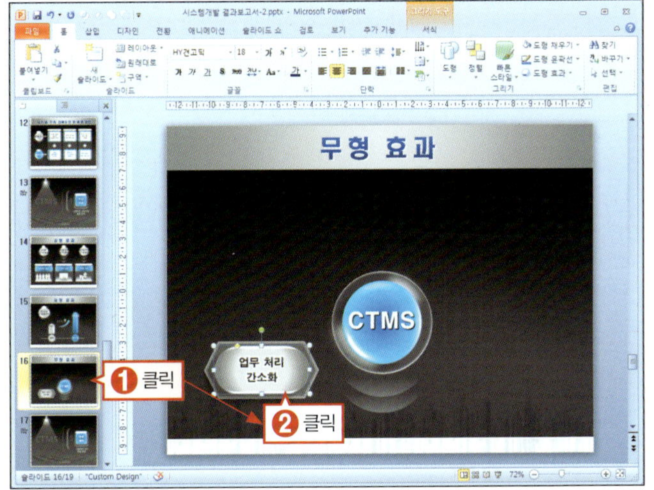

06

①② **16번 슬라이드**로 돌아와 **육각형 안에 있는 원**을 선택하여 복사한 서식을 적용합니다.

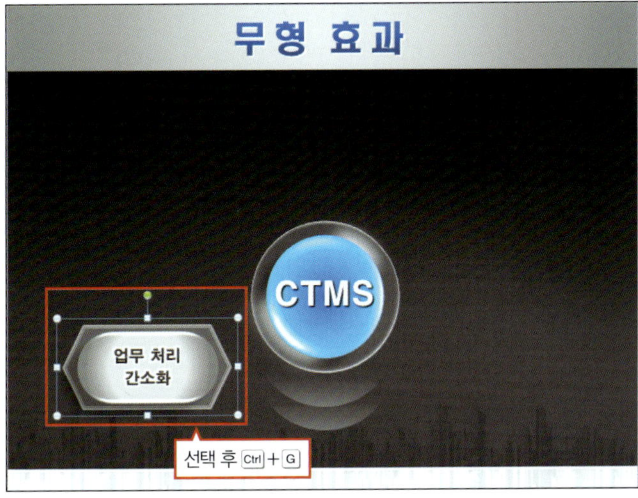

07 **육각형**과 **회색 원**을 선택하고 Ctrl + G를 눌러 그룹으로 묶습니다.

Tip

그룹을 해제하는 단축키는 Shift + Ctrl + G입니다.

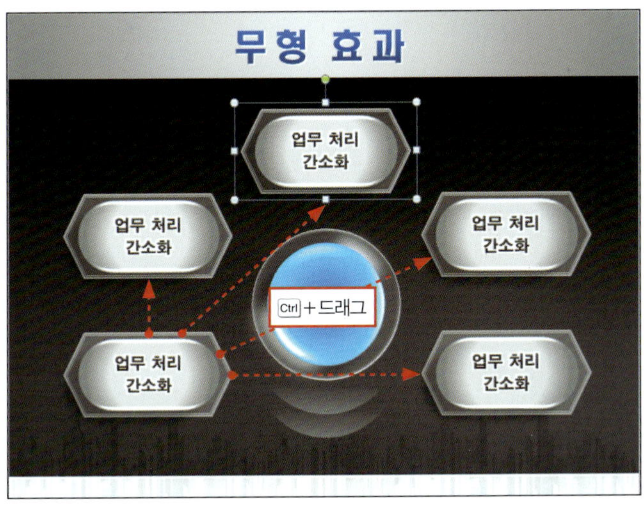

08 Ctrl을 누른 채 그룹화한 도형을 드래그해서 네 개를 더 복제하고 그림과 같이 배치합니다.

Tip

파워포인트 2010에서는 도형을 옮기거나 복제할 때 다른 도형과 중심을 맞추는 안내선이 자동으로 나타나서 위치를 조정할 때 유용합니다.

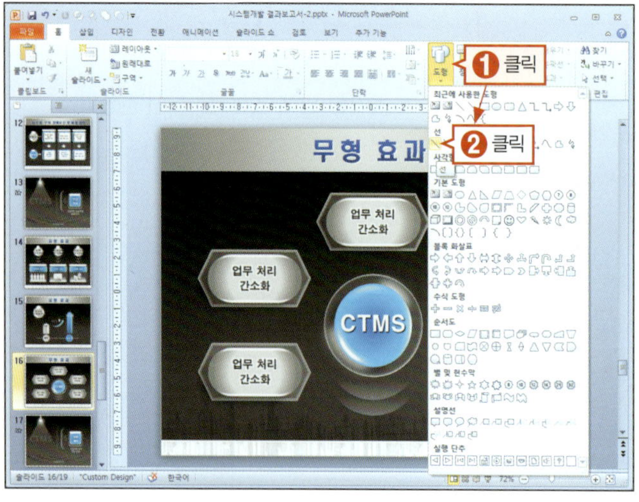

09 각 도형 간의 관계를 나타낼 선을 그리겠습니다.

①② [홈] 탭의 [그리기] 그룹에서 **도형**을 클릭하고 선 영역의 **선**을 선택합니다.

10 중앙에 있는 원에서 주변에 있는 도형으로 드래그하여 선 다섯 개를 그립니다.

Tip

선을 그릴 때 도형 주위에 빨간 접점이 나타나 선을 쉽게 그릴 수 있으며 Alt를 누른 채 드래그하면 접점이 나타나지 않아 미세하게 그릴 수 있습니다.

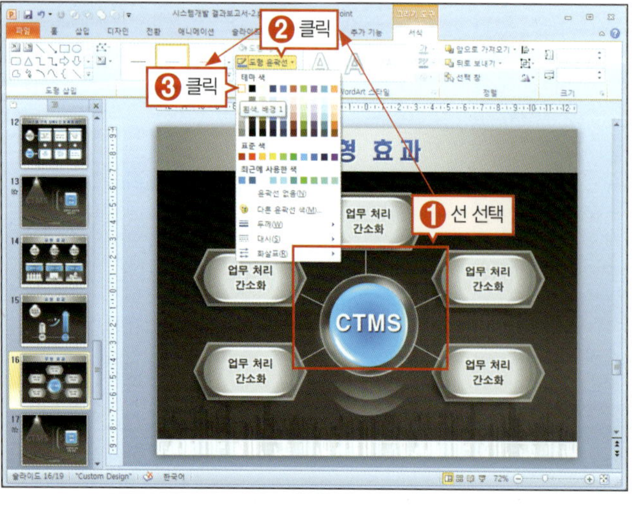

11

① **선**을 모두 선택

②③ [서식] 탭의 [도형 스타일] 그룹에서 **도형 윤곽선**을 클릭한 후 **흰색, 배경 1**을 선택해서 선 색을 바꿉니다.

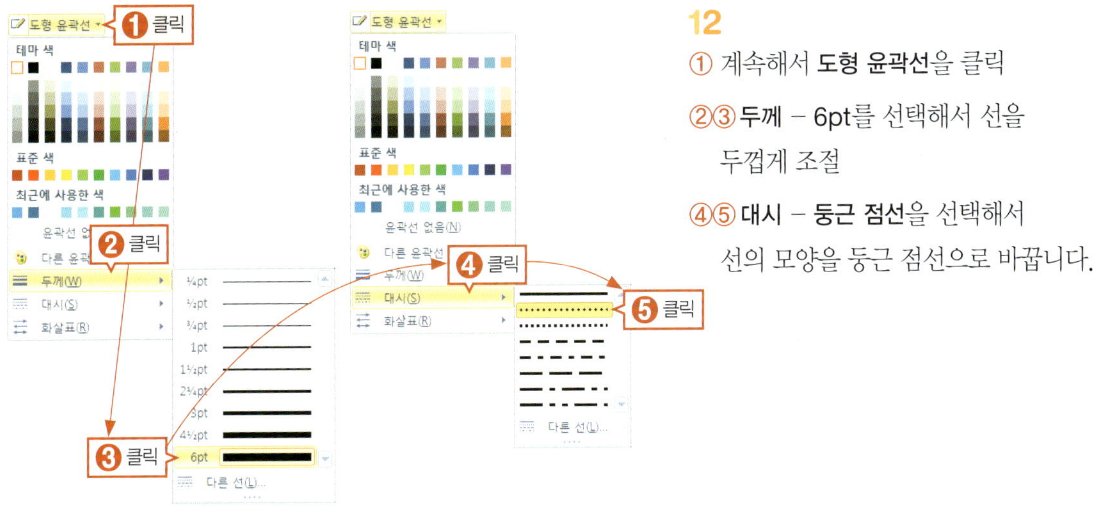

12

① 계속해서 **도형 윤곽선**을 클릭

②③ **두께 – 6pt**를 선택해서 선을 두껍게 조절

④⑤ **대시 – 둥근 점선**을 선택해서 선의 모양을 둥근 점선으로 바꿉니다.

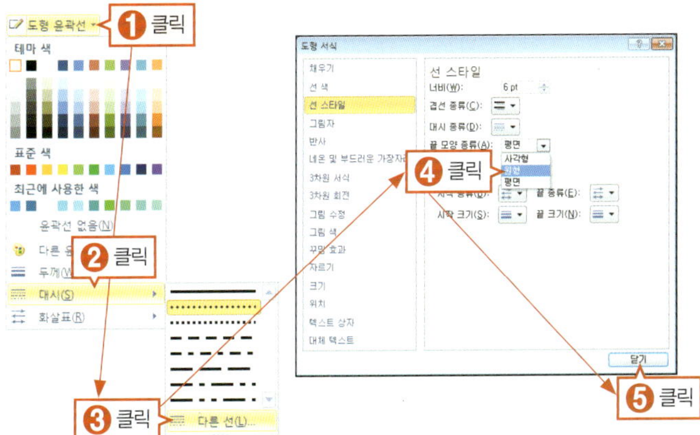

13

① 다시 **도형 윤곽선**을 클릭

②③ **대시 – 다른 선**을 선택

④⑤ 선 스타일 항목에서 끝 모양 종류를 **원형**으로 설정하고 〈**닫기**〉를 클릭합니다. 점선 끝 모양이 원형으로 표현됩니다.

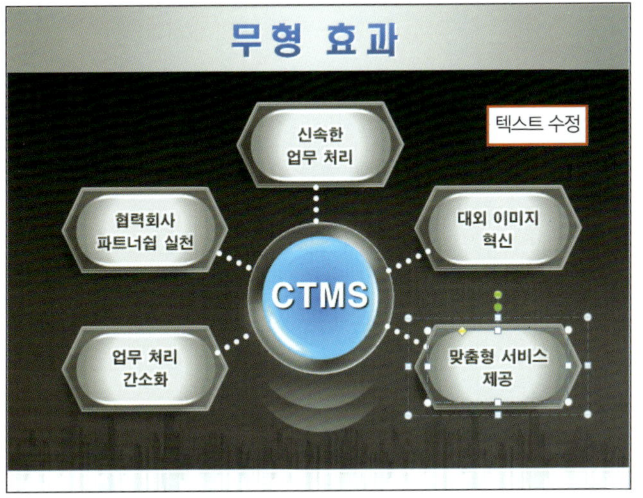

14 각 도형에 맞게 텍스트를 수정합니다.

입체 효과를 적용한 화려한 도형 슬라이드 만들기

• 입체 효과 • 3차원 서식 • 도형 정렬 • 3차원 회전 • 도형 재편집 • 빠른 실행 도구

함께해요 1. 3차원 서식이 돋보이는 도형 만들기

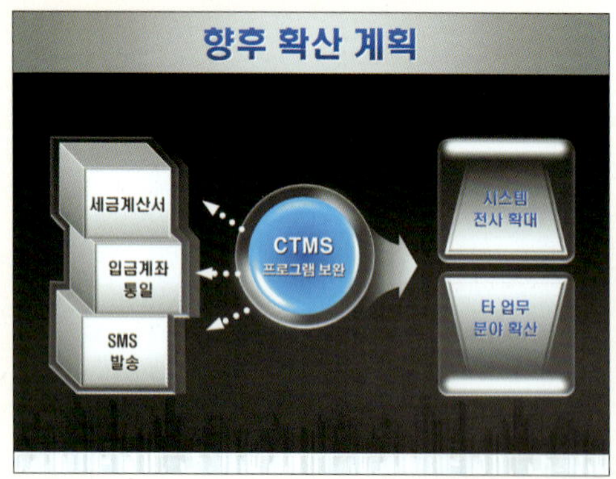

평면 도형만 사용해도 충분히 훌륭한 도형 오브젝트를 만들 수 있지만 3차원 서식을 이용하여 깊이감 있는 도형을 만들면 좀 더 생동감 있고 다이나믹한 슬라이드로 연출할 수 있습니다. 3차원 도형을 지나치게 많이 사용하면 청중에게 피로감을 주거나 혼란스러운 슬라이드가 될 수 있으므로 꼭 필요한 곳에만 적절하게 사용하는 것이 좋습니다.

• **실습 파일** ⓒ:\파워포인트\4장\실습\시스템개발 결과보고서-2.pptx
• **완성 파일** ⓒ:\파워포인트\4장\완성\시스템개발 결과보고서-2.pptx

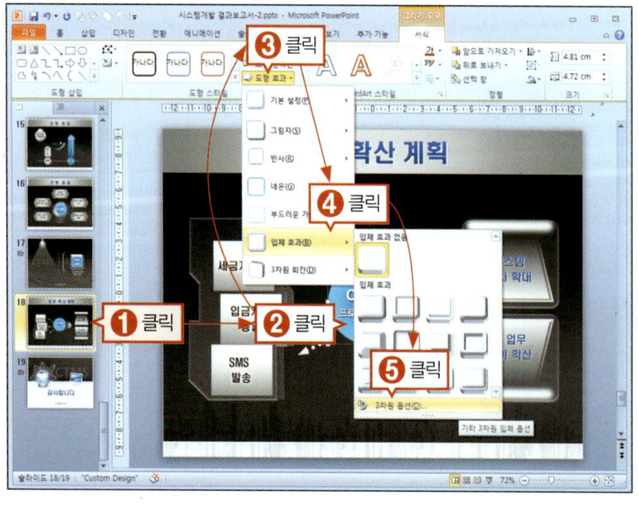

01

①② 실습 파일 **18번 슬라이드**에서 가운데 있는 **원**을 선택

③ [서식] 탭의 [도형 스타일] 그룹에서 **도형 효과**를 클릭

④⑤ **입체 효과 – 3차원 옵션**을 선택합니다.

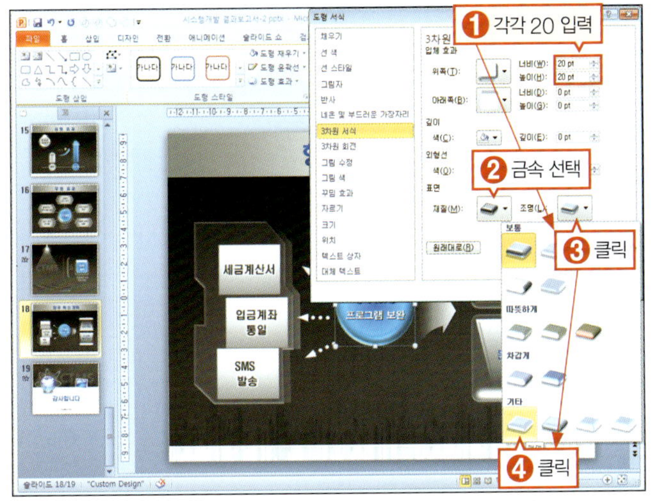

02

① 3차원 서식 항목에서 **위쪽 너비**와 **높이**에 각각 20을 입력

② 표면 항목에서 **재질**은 표준 영역의 **금속**으로 설정

③④ **조명**은 기타 영역의 **평면**으로 설정합니다.

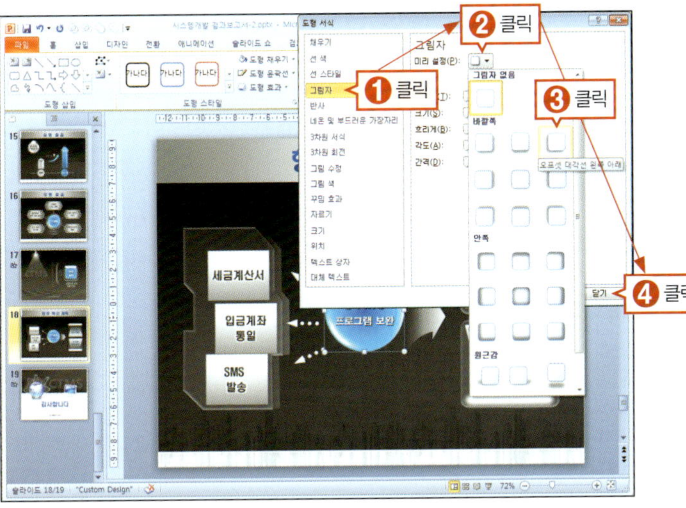

03

① **그림자** 항목을 선택

②③ **미리 설정**을 **오프셋 대각선 왼쪽 아래**로 선택

④ 〈닫기〉를 클릭해서 설정을 마칩니다.

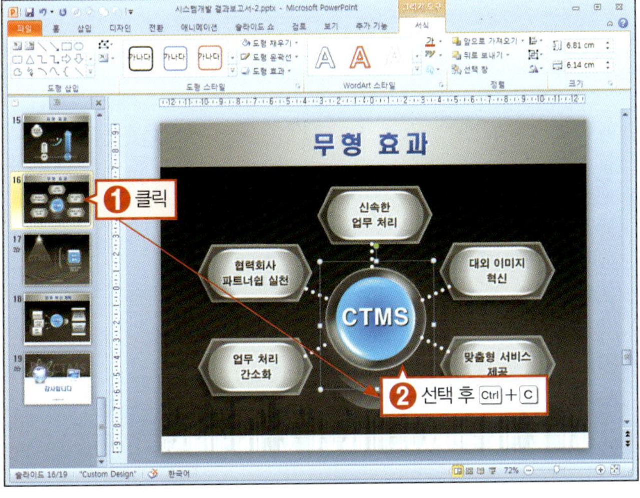

04

① **16번 슬라이드**를 선택

② 가운데 있는 **투명한 도형**을 선택하고 Ctrl + C를 눌러 선택한 도형을 복사합니다.

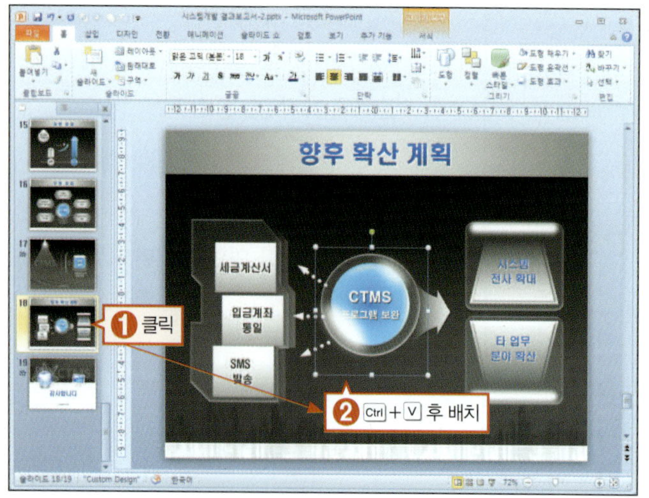

05

① **18번 슬라이드**를 선택

② Ctrl + V를 눌러 복사한 도형을 붙여 넣고 그림과 같이 배치합니다.

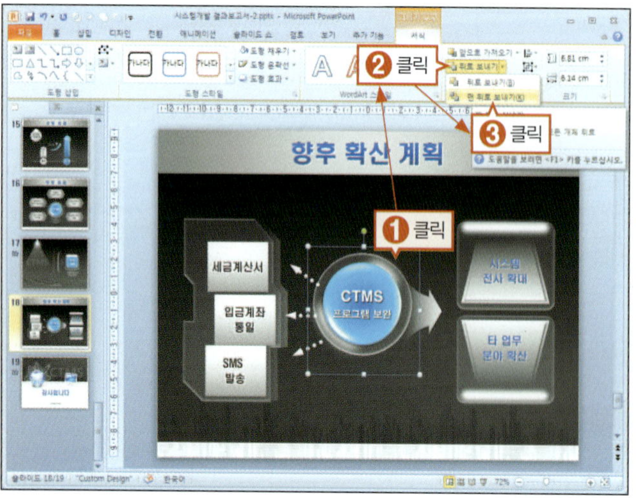

06

① **붙여 넣은 도형**을 선택

②③ [서식] 탭의 [정렬] 그룹에서 **뒤로 보내기**를 클릭한 후 **맨 뒤로 보내기**를 선택합니다. 투명한 도형이 맨 뒤로 이동해서 자연스럽게 배치됩니다.

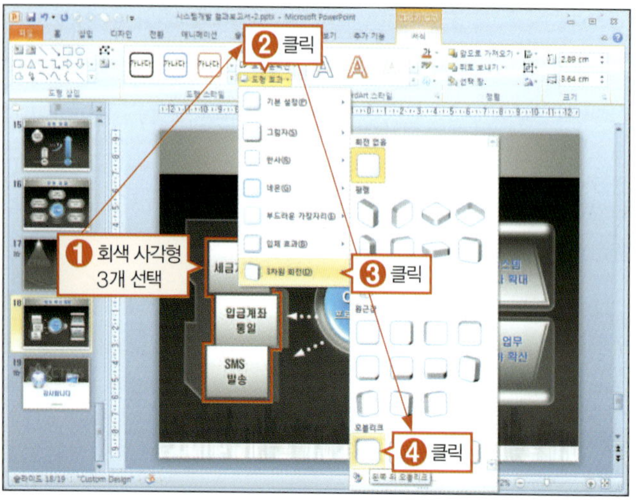

07

① 왼쪽에 있는 **회색 사각형 세 개**를 모두 선택

② [서식] 탭의 [도형 스타일] 그룹에서 **도형 효과**를 클릭

③④ **3차원 회전 – 오블리크** 영역의 **왼쪽 위 오블리크**를 선택해서 회전 효과를 적용합니다.

Tip

회전 효과를 적용했지만 깊이 값을 입력하지 않아 효과가 눈에 띄지 않습니다.

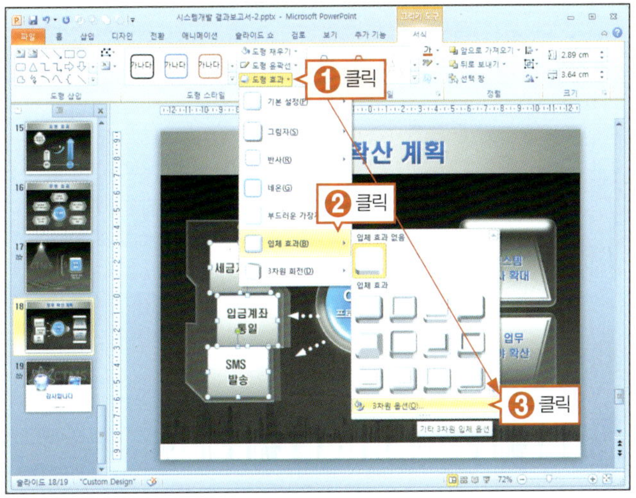

08

① 다시 한 번 **도형 효과**를 클릭

②③ **입체효과 – 3차원 옵션**을 선택해서 도형 서식 대화상자를 띄웁니다.

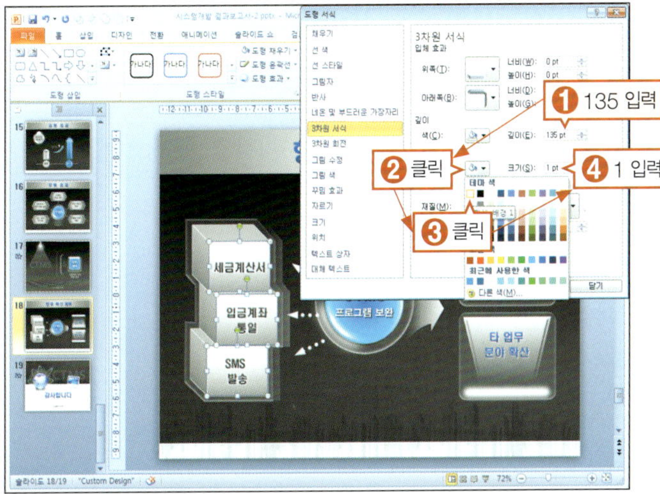

09

① 3차원 서식 항목에서 **깊이**를 135로 입력

②③④ 외형선 **색**을 **흰색, 배경 1**, 크기를 1로 설정합니다. 사각형 도형이 입체적으로 표현됩니다.

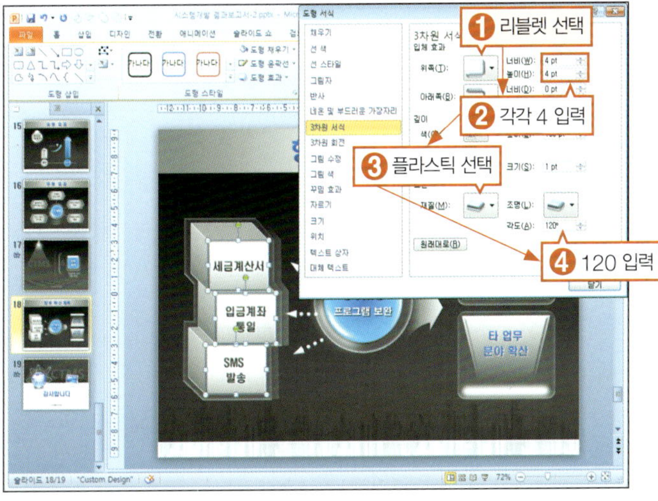

10

① 입체 효과 영역에서 **위쪽** 3차원 모양을 **리블렛**으로 설정

② **너비**와 **높이**를 각각 4로 설정

③④ 표면 영역에서 **재질**을 **플라스틱**으로 설정하고 **각도**를 120으로 설정해서 입체 도형을 완성합니다.

함께해요 2. 더하고 빼고, 자유자재로 도형 다루기

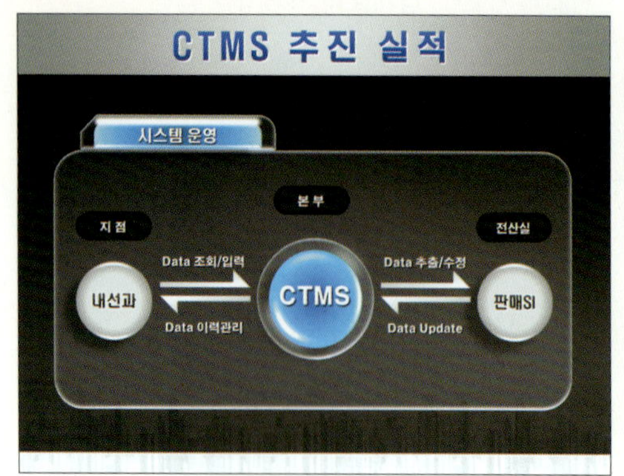

도형 재편집 기능을 이용하면 도형 자르고 합치기, 겹치고 빼기 등의 작업을 통해 지금까지 만들 수 없었던 다양한 형태의 도형을 만들 수 있습니다. 도형과 도형을 재편집하여 새로운 형태를 만들고 회전, 대칭, 정렬 기능을 통해 원하는 위치에 자유롭게 배치할 수 있습니다.

- **실습 파일** ◎:\파워포인트\4장\실습\시스템개발 결과보고서-2.pptx
- **완성 파일** ◎:\파워포인트\4장\완성\시스템개발 결과보고서-2.pptx

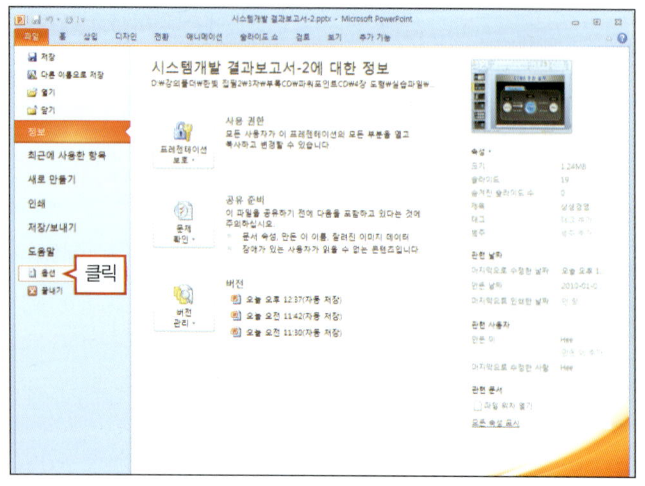

01 빠른 실행 도구에 명령 단추를 추가하겠습니다. 실습 파일에서 [파일] 탭의 **옵션**을 클릭합니다.

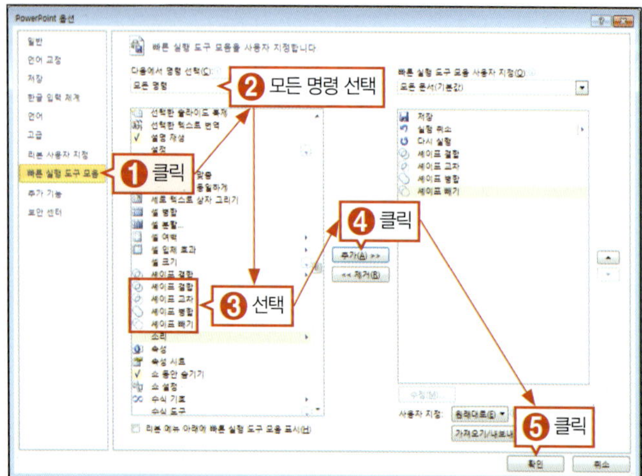

02

①② **빠른 실행 도구 모음** 항목을 선택하고 **모든 명령**을 선택하면 가나다순으로 모든 기능이 나타납니다.

③ 기능 목록에서 **셰이프 결합, 셰이프 교차, 셰이프 병합, 셰이프 빼기**를 각각 선택

④⑤ **〈추가〉**를 클릭하고 **〈확인〉**을 클릭합니다. 파워포인트 왼쪽 맨 위에 위치한 빠른 실행 도구 모음에 아이콘이 추가됩니다.

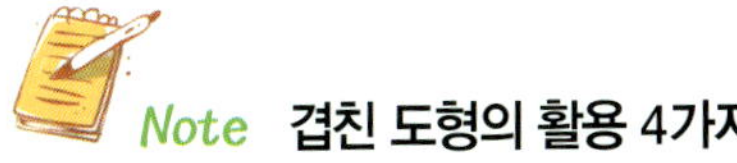

Note 겹친 도형의 활용 4가지

두 개 이상의 도형을 선택한 후 다양한 방법으로 도형을 변형할 수 있습니다. 이때 두 도형의 서식이 각기 다를 경우 먼저 선택한 도형의 서식을 따릅니다.

원본 보라색 원을 먼저 선택하고 초록색 사각형을 나중에 선택

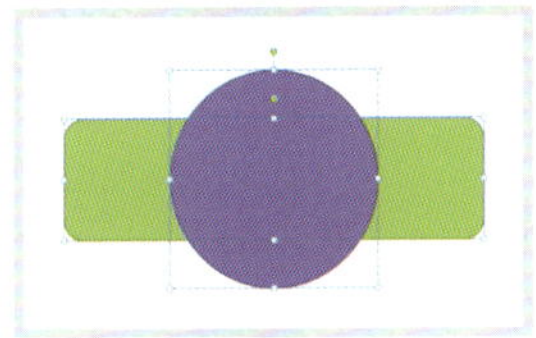

셰이프 병합
선택한 도형을 하나로 합치는 기능

셰이프 결합
겹친 부분은 없애고 나머지 부분은 하나로 합치는 기능

셰이프 빼기
처음 선택한 도형에서 나중에 선택한 도형과 겹치는 부분을 빼는 기능

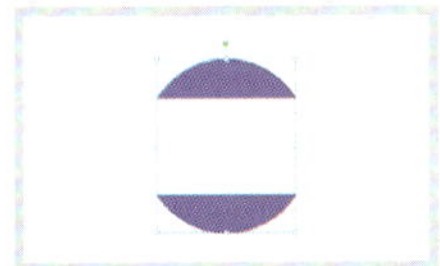

셰이프 교차
겹친 부분만을 남기고 나머지 부분을 제거하는 기능

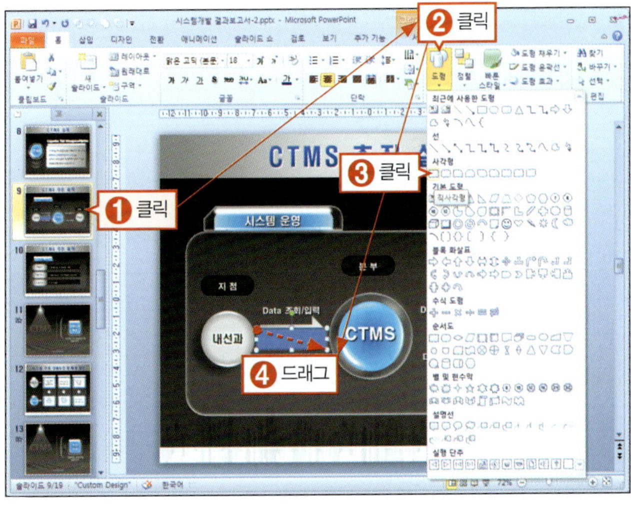

03

① 9번 슬라이드를 선택

②③ [홈] 탭의 [그리기] 그룹에서 **도형**을 클릭하고 사각형 영역의 **직사각형**을 선택

④ 화살표의 절반을 가리도록 그림과 같이 드래그하여 사각형을 그립니다.

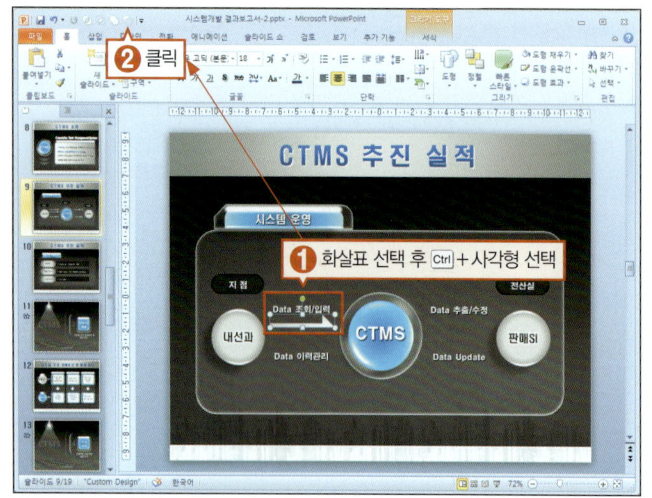

04

① **화살표**를 먼저 선택하고 Ctrl을 누른 상태에서 **사각형**을 선택

② 빠른 실행 도구 모음에서 **셰이프 빼기**를 클릭하여 화살표에서 사각형과 겹친 부분을 제거합니다.

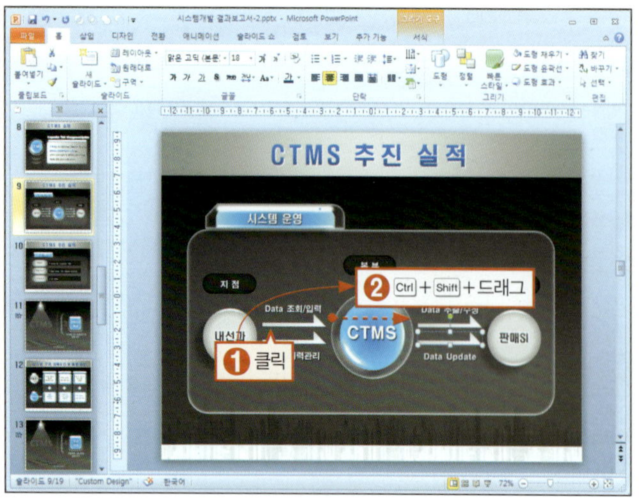

05

① **화살표**를 선택

② Ctrl+Shift를 누른 상태에서 드래그하여 세 개를 복제하고 그림과 같이 배치합니다.

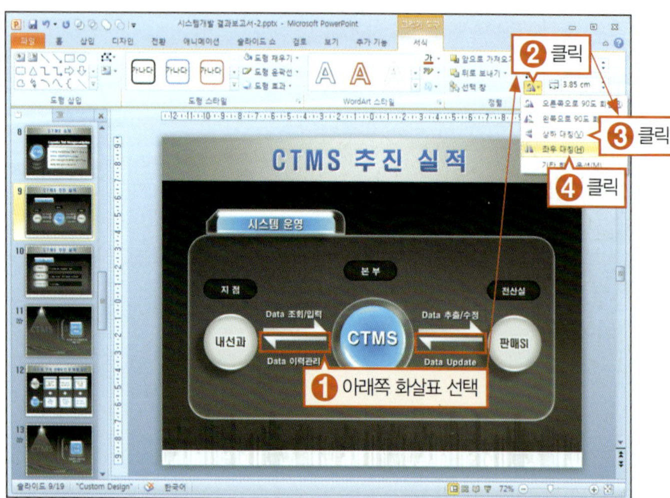

06

① 아래쪽에 있는 **화살표 두 개**를 선택

②③ [서식] 탭의 [정렬] 그룹에서 **회전**을 클릭하고 **상하 대칭**을 선택하여 도형을 상하로 대칭

④ 계속해서 **좌우 대칭**을 선택하여 좌우로 대칭시켜 그림과 같이 모양을 바꿉니다.

Tip

개체를 선택하고 초록색 회전 핸들을 드래그해도 회전시킬 수 있습니다.

Note 도형 정렬하기

제멋대로 배치된 여러 개체를 하나하나 드래그해서 정리하기란 매우 어려운 일입니다. 이 때 도형 정렬하기 기능을 이용하면 간단하게 정리할 수 있습니다.

그림의 파랑 도형과 같이 여러 개의 오브젝트가 어지럽게 배치되어 있을 때는 오브젝트를 모두 선택한 후 정렬 기능을 실행합니다. [서식] 탭의 [정렬] 그룹에서 **맞춤** 을 클릭하고 **왼쪽 맞춤**을 선택한 후 다시 **세로 간격을 동일하게**를 선택하면 오브젝트가 동일한 간격으로 왼쪽 정렬됩니다.

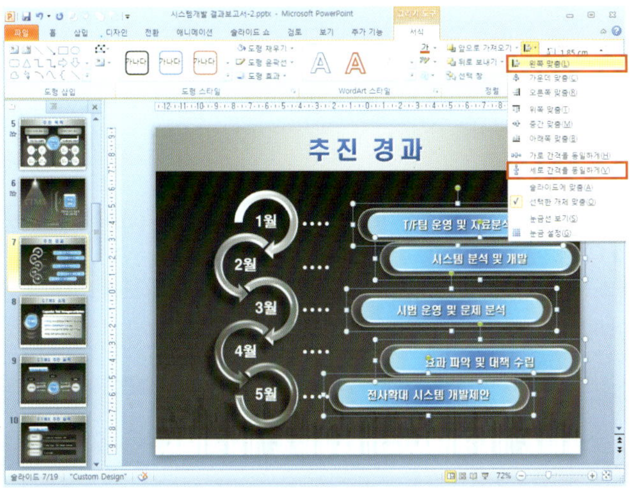

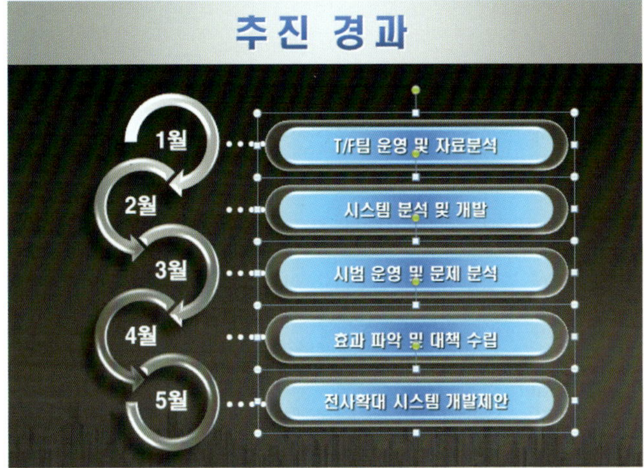

혼자 해보기 도형으로 사업 개요 도식화하기

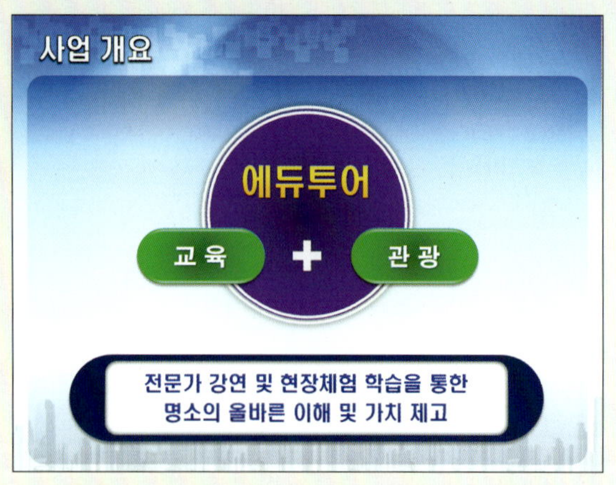

도형을 그린 후 채우기 색, 윤곽선 및 3차원 입체 효과 등의 서식을 변경합니다. 또한 도형을 복사하고 정렬하는 등 도형 다루기를 이용합니다.

- 실습 파일 ◎:\파워포인트\4장\실습\혼자해보기4_실습.pptx
- 완성 파일 ◎:\파워포인트\4장\완성\혼자해보기4_완성.pptx

1 [홈] 탭의 [그리기] 그룹에서 **도형**을 클릭합니다. 기본 도형 영역에서 **타원**을 선택한 후 Shift를 누른 채 드래그하여 정방형(가로와 세로의 비율이 같은) 도형을 삽입합니다.

2 [서식] 탭의 [도형 스타일] 그룹에서 **도형 채우기**를 클릭합니다. 표준 영역에서 자주를 선택하고, **그라데이션 – 가운데에서**를 선택합니다.

3 도형에서 마우스 오른쪽 버튼을 클릭한 후 **도형 서식**을 선택합니다. 선 색 항목에서 **실선**을 선택하고 색을 **흰색, 배경 1**로 설정합니다. 선 스타일 항목에서 너비를 10, 겹선 종류를 **이중**으로 설정합니다.

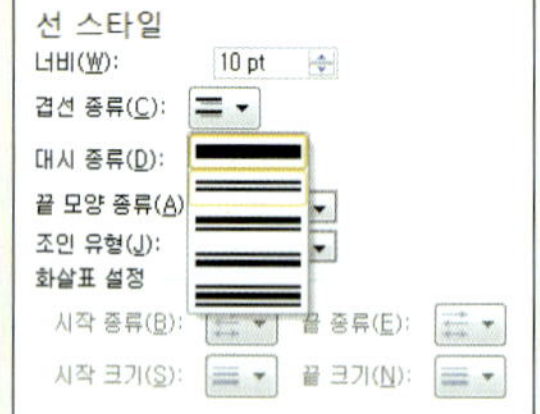

4 그림자 항목에서 미리 설정을 바깥쪽 영역의 **오프셋 가운데**, 흐리게를 10pt로 설정하고 〈닫기〉를 클릭합니다.

5 [서식] 탭의 [정렬] 그룹에서 **뒤로 보내기**를 클릭하고 **맨 뒤로 보내기**를 선택합니다.

6 [홈] 탭의 [그리기] 영역에서 **도형**을 클릭합니다. 사각형 영역에서 **모서리가 둥근 직사각형**을 선택하여 도형을 삽입하고 "교육"을 입력합니다.

7 도형의 **모양 조정 핸들**을 오른쪽 방향으로 드래그하여 도형의 모서리를 더욱 둥글게 조정합니다. [서식] 탭의 [도형 스타일] 그룹에서 **도형 채우기**를 클릭하고 표준 영역에서 **녹색**을 선택한 후 **그라데이션 – 가운데에서**를 선택합니다.

8 [서식] 탭의 [도형 스타일] 그룹에서 **도형 효과**를 클릭합니다. **그림자** – 바깥쪽 영역에서 **오프셋 아래쪽**을 선택합니다. 계속해서 **입체 효과 – 3차원 옵션**을 선택합니다.

9 입체 효과 영역에서 위쪽 3차원 모양을 **둥글게**, 너비와 높이를 각각 7로 설정합니다. 표면 영역에서 재질을 **금속**, 조명을 **대조적으로**, 각도를 90으로 설정한 다음 〈닫기〉를 클릭합니다.

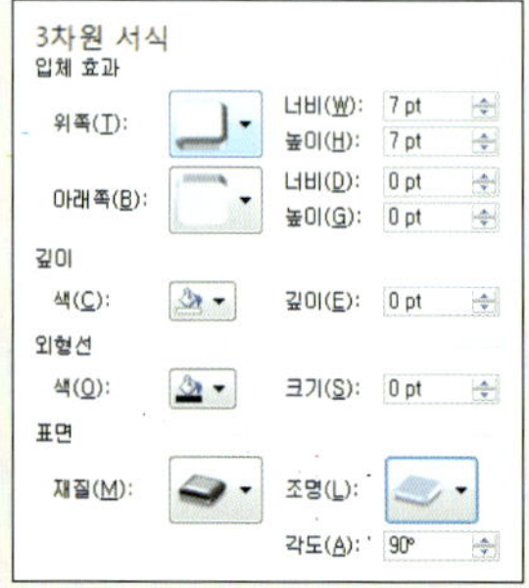

10 Ctrl과 Shift를 누른 상태에서 오른쪽으로 드래그하여 도형을 복사한 다음 텍스트를 "관광"으로 수정합니다.

11 모서리가 둥근 사각형 두 개를 선택합니다. [홈] 탭의 [글꼴] 그룹에서 글꼴을 **HY견고딕**, 크기를 **28**로 설정하고 **텍스트 그림자**를 클릭합니다.

CHAPTER 05

스마트아트 슬라이드 만들기

파워포인트에는 다양한 종류의 도해를 선택하여 바로 이용할 수 있도록 '스마트아트'라는 기능을 제공합니다.
도해란 슬라이드의 내용을 청중에게 보다 쉽게 전달하기 위해 조직도나 작업의 진행 과정을 도형, 텍스트, 이미지 등의 요소로 의미에 맞게 구성하는 것을 의미합니다.
스마트아트 기능을 이용하여 상황에 맞는 적절한 도해를 사용하면 프레젠테이션에서 의미를 더욱 분명하게 전달할 수 있습니다.

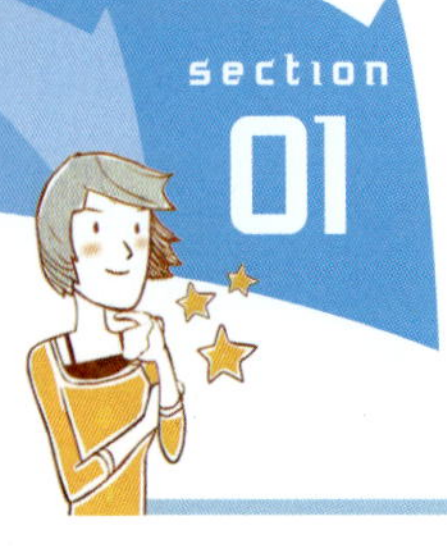

section 01

스마트아트로 슬라이드 꾸미기

• 텍스트를 스마트아트로 변환하기 • 프로세스형 • SmartArt 스타일 • 계층 구조형 • 스마트아트 레이아웃 변경

함께해요 1. 프로세스형 다이어그램 만들기

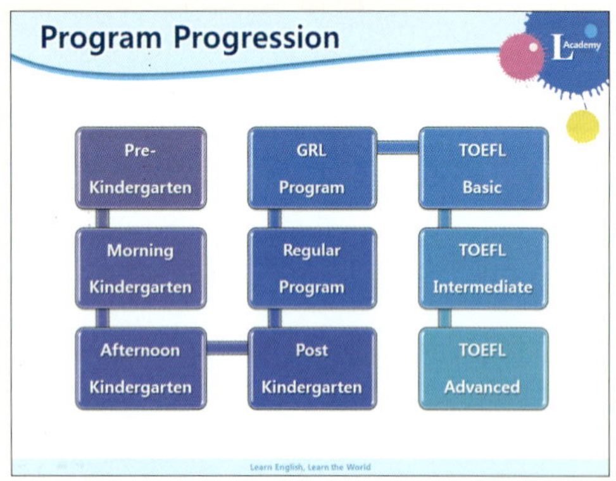

업무 진행 과정처럼 일정한 순서나 흐름이 있는 내용은 프로세스형 다이어그램으로 만들면 효과적으로 내용을 전달할 수 있습니다. 다양한 프로세스형 다이어그램 중 내용에 가장 적합한 것을 선택하고 텍스트나 디자인 서식을 일부 수정하면 빠르고 쉽게 다이어그램 슬라이드를 완성할 수 있습니다.

• **실습 파일** ◎:\파워포인트\5장\실습\교육 설명회.pptx
• **완성 파일** ◎:\파워포인트\5장\완성\교육 설명회.pptx

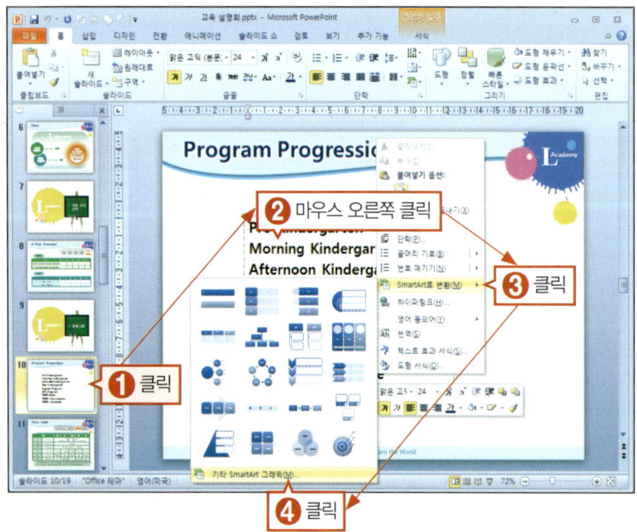

01 텍스트를 스마트아트로 변환하겠습니다.

① 실습 파일에서 **10번 슬라이드**를 선택

② 텍스트 상자 안에서 마우스 오른쪽 버튼을 클릭

③④ **SmartArt로 변환 - 기타 SmartArt 그래픽**을 선택합니다.

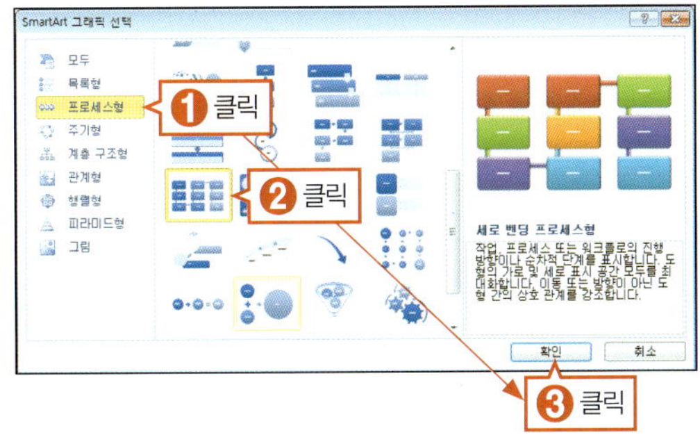

02
①② **프로세스형** 영역을 클릭하고 **세로 벤딩 프로세스형**을 선택

③ **〈확인〉**을 클릭합니다.

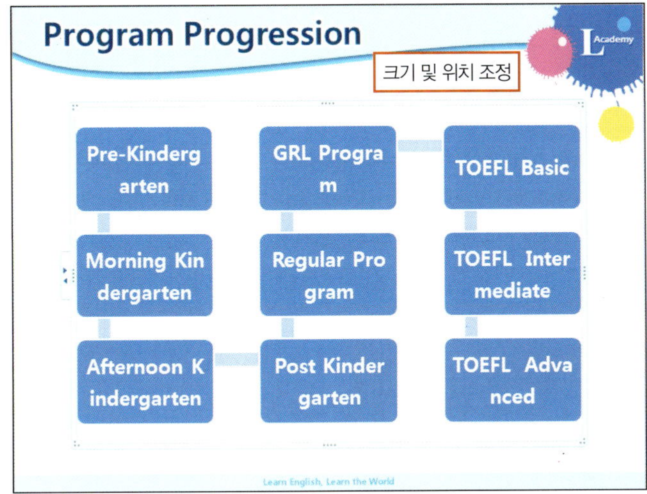

03 삽입한 스마트아트 **경계선**을 **드래그**하여 위치를 조정하고 **경계선 가운데**를 **드래그**하여 크기를 조정한 후 그림과 같이 배치합니다.

Tip

스마트아트의 크기를 조정하거나 이동, 복사 등을 할 때는 스마트아트 외곽 투명한 경계선을 이용합니다.

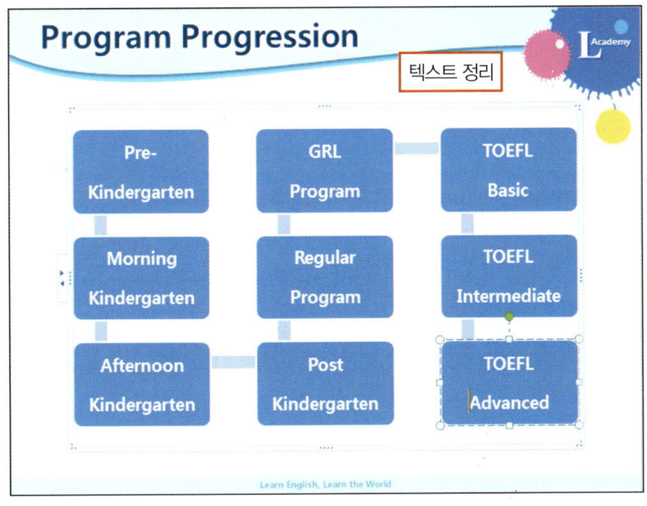

04 텍스트를 보기 좋게 배치하기 위해 적당한 위치에서 Enter 를 눌러 단락을 나눕니다.

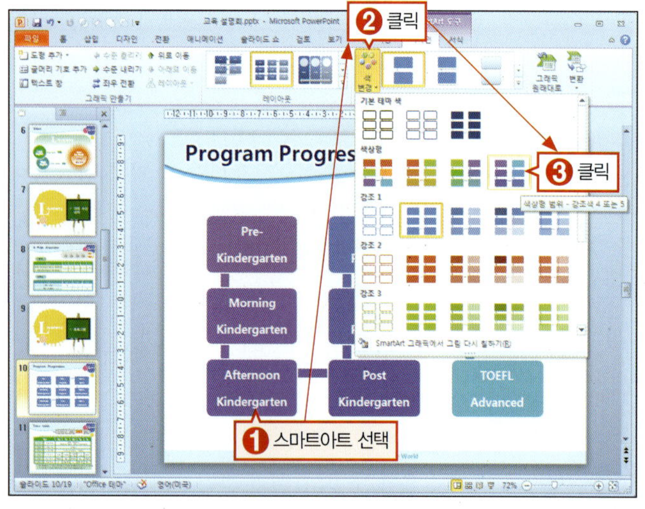

05 스마트아트 색을 배경과 어울리게 변경하겠습니다.

① **스마트아트**를 선택

②③ [디자인] 탭의 [SmartArt 스타일] 그룹에서 **색 변경**을 클릭하고 색상형 영역의 **색상형 범위 – 강조색 4 또는 5**를 선택합니다.

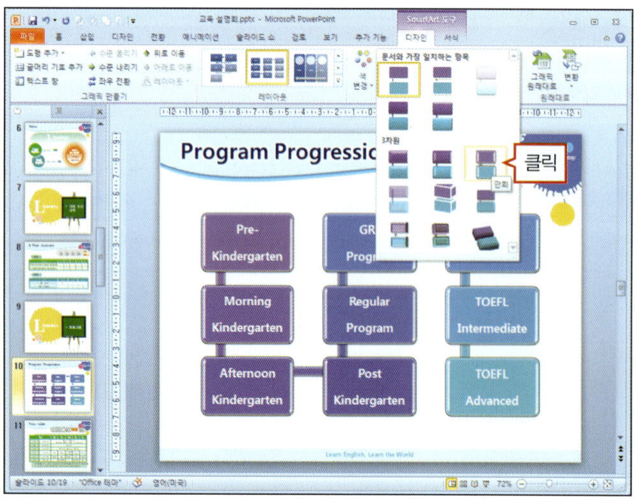

06 계속해서 [SmartArt 스타일] 그룹에서 **자세히**를 클릭하고 3차원 영역에서 **만화**를 선택해서 입체 효과를 적용합니다.

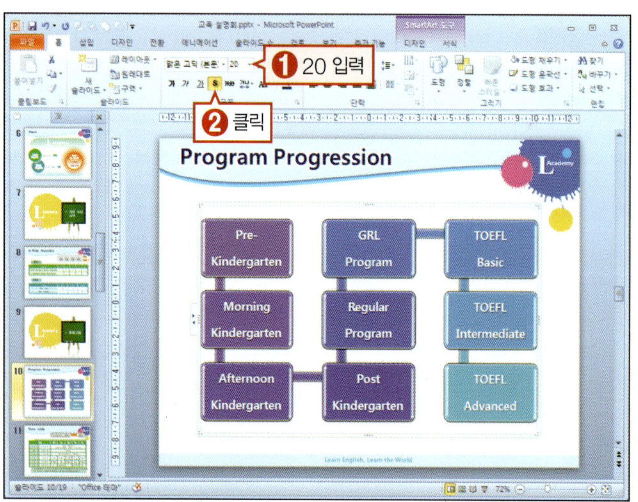

07 텍스트 서식을 수정하겠습니다.

①② [홈] 탭의 [글꼴] 그룹에서 크기를 20으로 설정하고 **텍스트 그림자**를 클릭해서 가독성을 높입니다.

함께해요 2. 조직도 만들기

회사 소개 프레젠테이션에서 필수적인 항목이 조직도입니다. 조직도는 직책별 구조를 도형과 선으로 표현합니다. 스마트아트에서 계층구조형 다이어그램을 활용하면 조직도를 쉽게 만들 수 있으며 부서나 직책 변동에 따른 수정도 쉽게 할 수 있습니다.

- **실습 파일** ◎:\파워포인트\5장\실습\관세법인 회사소개서.pptx
- **완성 파일** ◎:\파워포인트\5장\완성\관세법인 회사소개서.pptx

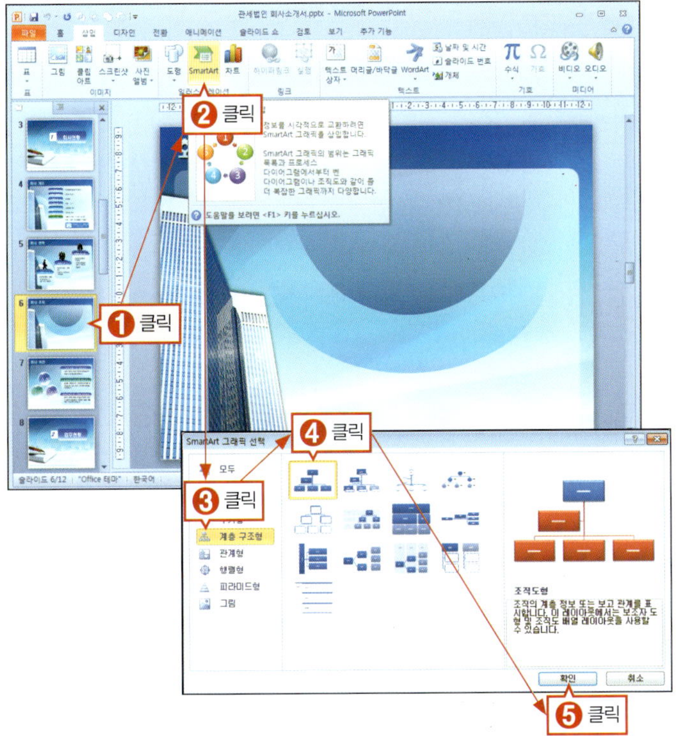

01

① 실습 파일 **6번 슬라이드**를 선택

② [삽입] 탭의 [일러스트레이션] 그룹에서 SmartArt 를 클릭

③④ **계층 구조형** 항목을 클릭하고 **조직도형**을 선택

⑤ **〈확인〉**을 클릭해서 조직도를 삽입합니다.

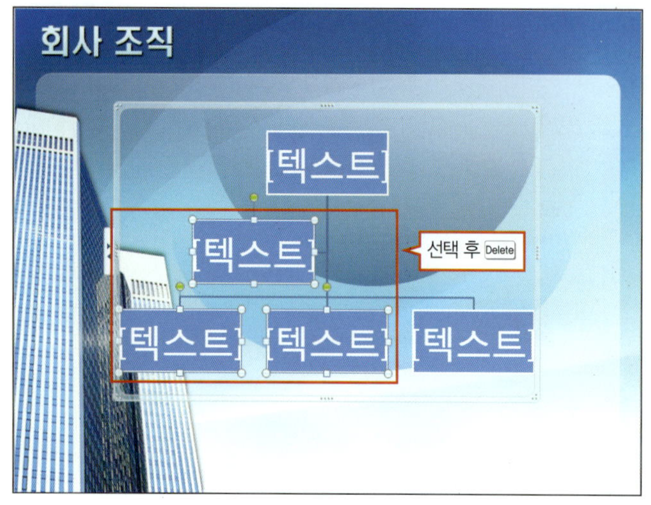

02 Ctrl을 누른 채 불필요한 도형을 모두 선택한 후 Delete를 눌러 삭제합니다.

03

① **아래쪽 도형**을 선택

②③ [디자인] 탭의 [그래픽 만들기] 그룹에서 **도형 추가** 를 클릭하고 **아래에 도형 추가**를 선택합니다.

선택한 도형의 하위 항목이 추가됩니다.

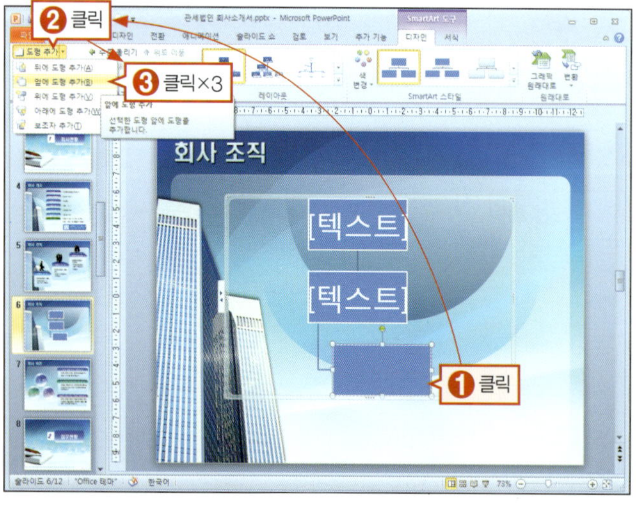

04

① 새로 **추가한 도형**을 선택

②③ [디자인] 탭의 [그래픽 만들기] 그룹에서 **도형 추가**를 클릭하고 **앞에 도형 추가**를 **세 번** 선택해서 동일한 등급의 항목 세 개를 추가합니다.

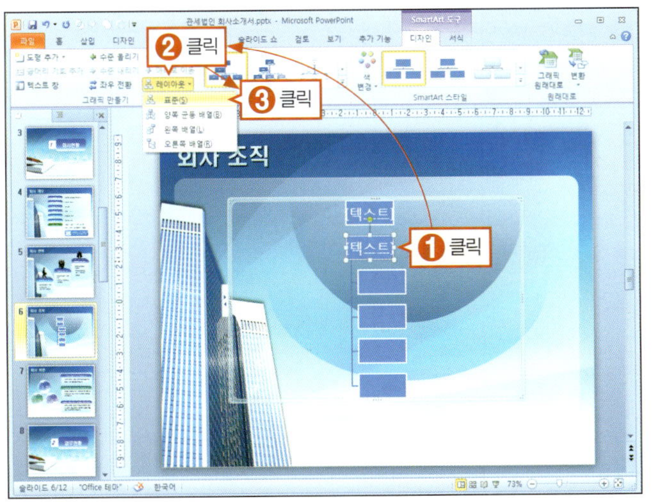

05 조직도 레이아웃을 변경하겠습니다.

① 위에서 **두 번째 도형**을 선택

②③ [디자인] 탭의 [그래픽 만들기] 그룹에서 **레이아웃** 레이아웃 을 클릭하고 **표준**을 선택해서 하위 항목이 좌우로 배열된 레이아웃으로 변경합니다.

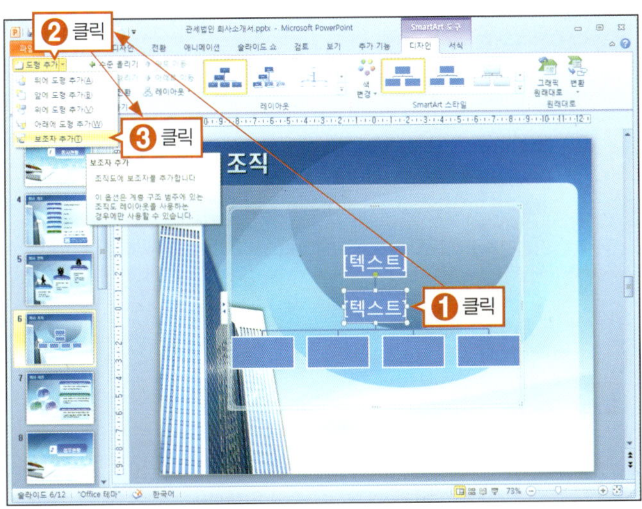

06

① 위에서 **두 번째 도형**을 선택

②③ [디자인] 탭의 [그래픽 만들기] 그룹에서 **도형 추가**를 클릭하고 **보조자 추가**를 선택해서 보조 항목을 추가합니다.

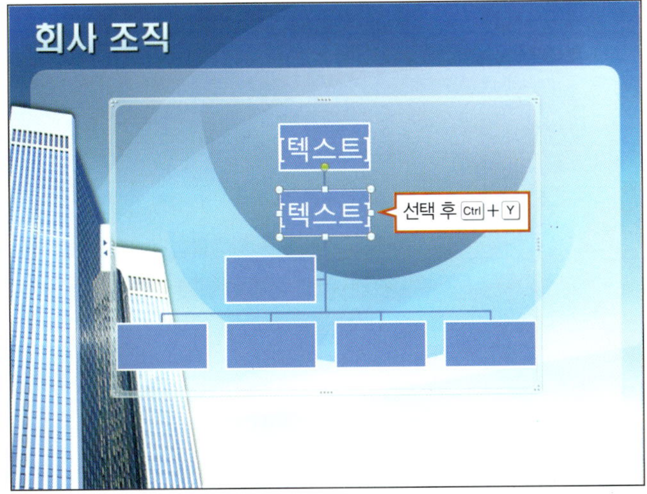

07 위에서 **두 번째 도형**을 선택하고 Ctrl + Y 를 눌러 보조 항목을 하나 더 추가합니다.

Tip

Ctrl + Y 는 이전 명령을 반복하는 단축키입니다.

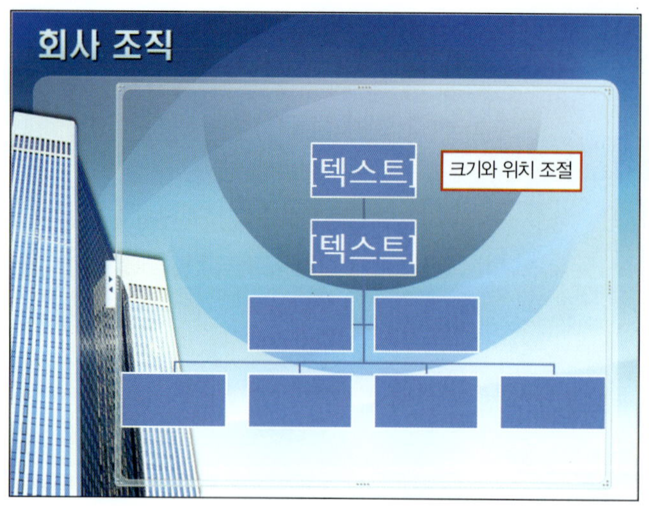

08 스마트아트 경계선을 드래그하여 그림과 같이 크기와 위치를 조정합니다.

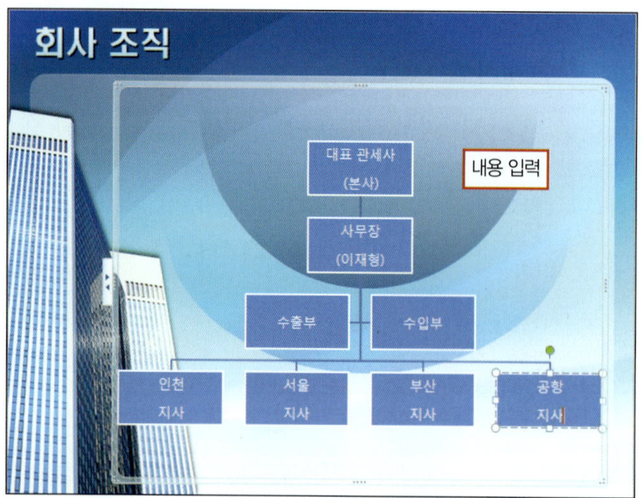

09 각각의 도형을 선택하고 그림과 같이 조직도에 맞게 내용을 입력합니다.

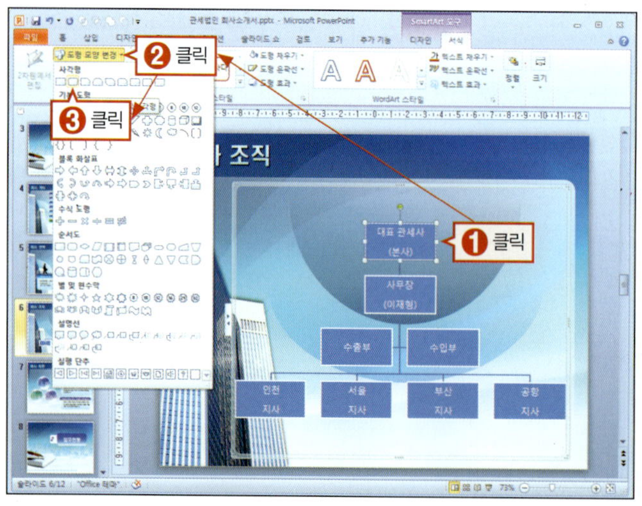

10

① **맨 위에 있는 도형**을 선택

②③ [서식] 탭의 [도형] 그룹에서 **도형 모양 변경** 도형 모양 변경 을 클릭하고 사각형 영역의 **모서리가 둥근 직사각형**을 선택해서 모양을 변경합니다.

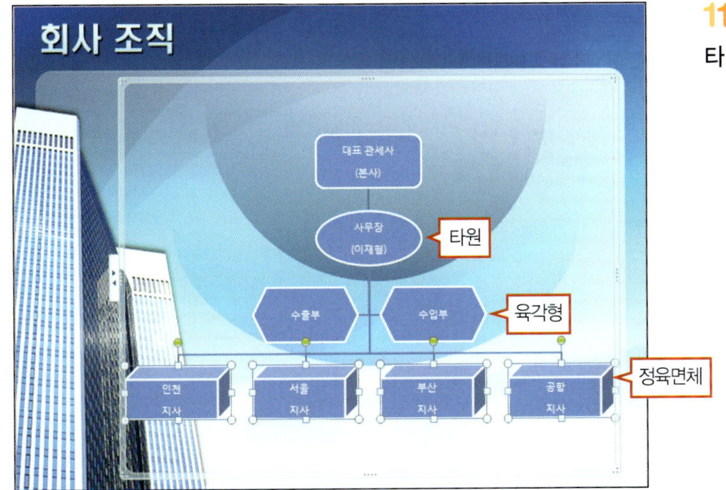

11 같은 방법으로 나머지 도형을 각각 **타원**, **육각형**, **정육면체**로 변경합니다.

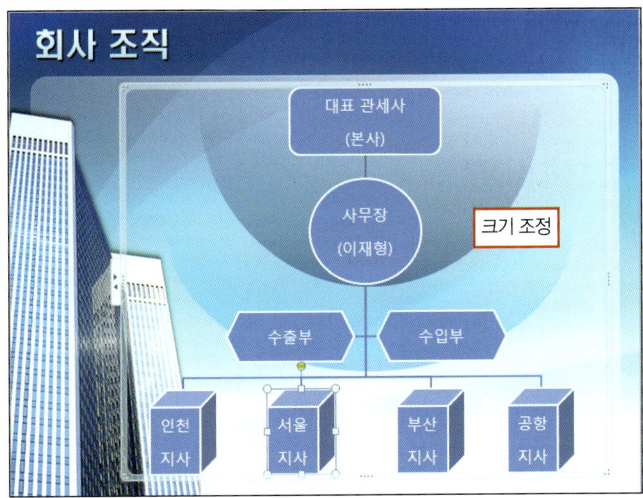

12 각각의 도형을 선택하여 크기를 조정하고 보기 좋게 배치합니다.

13 각 도형의 색 및 3차원 서식 등을 변경하여 완성합니다.

3차원 효과로 스마트아트 꾸미기

• 이미지를 다이어그램으로 변환하기 • 그림 레이아웃 • 육각형 클러스터형

함께해요 1. 이미지를 포함한 다이어그램 만들기

상황에 맞춰 적절한 이미지를 다이어그램에 포함시키면 좀 더 생생하게 내용을 전달할 수 있습니다. 삽입할 이미지를 선택하고 스마트아트로 변경하면 이미지를 다이어그램에 쉽게 포함시킬 수 있으며 3차원 서식을 적용하면 눈에 띄는 화려한 다이어그램을 완성할 수 있습니다.

• 실습 파일 ◎:\파워포인트\5장\실습\녹색 기술산업.pptx
• 완성 파일 ◎:\파워포인트\5장\완성\녹색 기술산업.pptx

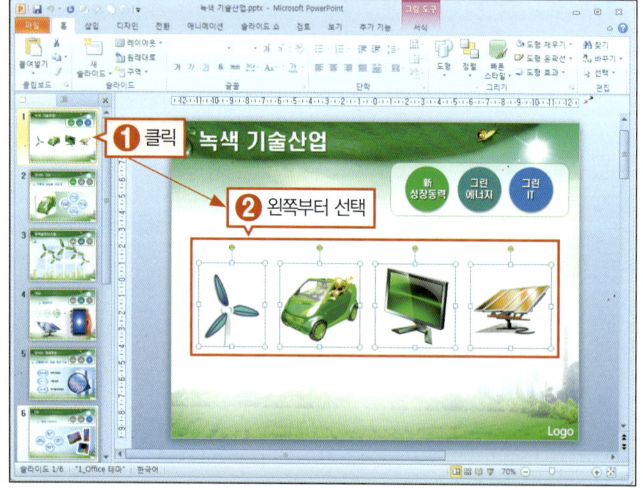

01

① 실습 파일에서 **1번 슬라이드**를 선택 ② Shift를 누른 채로 왼쪽 이미지부터 클릭해서 모두 선택합니다.

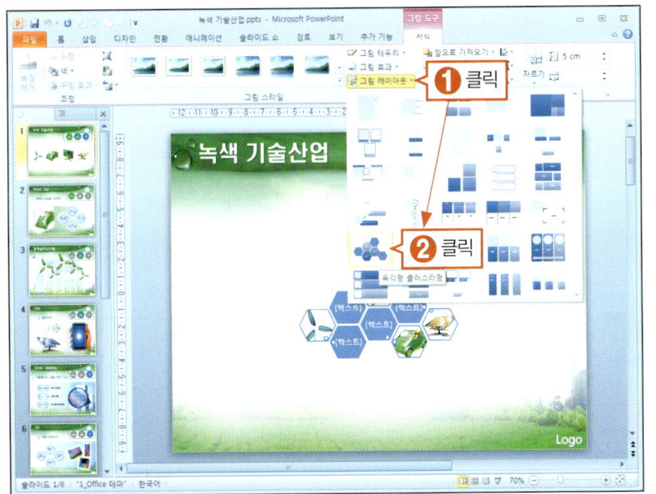

02

① [서식] 탭의 [그림 스타일] 그룹에서 **그림 레이아웃** 그림 레이아웃 을 클릭

② **육각형 클러스터형**을 선택해서 다이어그램으로 변경합니다.

Tip

도형에서 마우스 오른쪽 버튼을 클릭한 후 '도형 서식'을 선택하고 채우기 항목에서 '그림 또는 질감 채우기'를 선택하여 원하는 이미지를 삽입할 수도 있습니다.

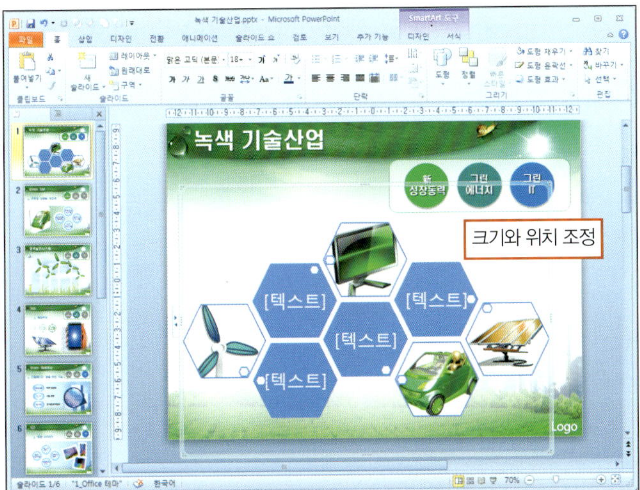

03 스마트아트 경계선을 드래그해서 다이어그램의 크기와 위치를 그림과 같이 조정합니다.

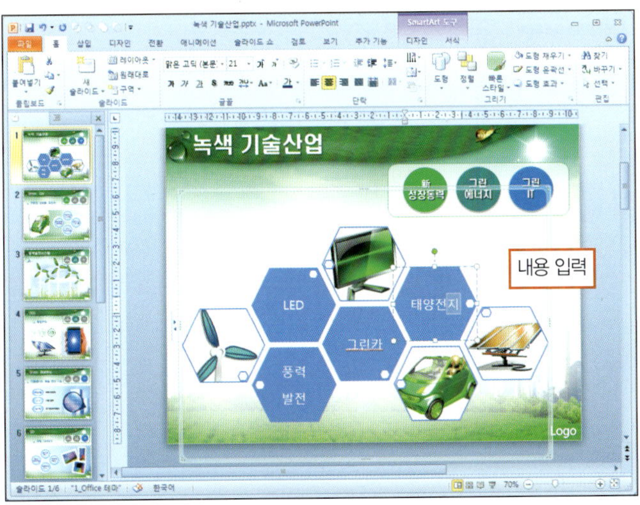

04 각각의 도형을 선택하고 그림과 같이 내용을 입력합니다.

05

① **스마트아트**를 선택

②③ [디자인] 탭의 [SmartArt 스타일] 그룹에서 **색 변경**을 클릭하고 색상형 영역의 **색상형 범위 – 강조색 5 또는 6**을 선택해서 색을 변경합니다.

06

계속해서 [SmartArt 스타일] 그룹에서 **자세히**를 클릭하고 3차원 영역의 **광택 처리**를 선택해서 입체 효과를 적용합니다.

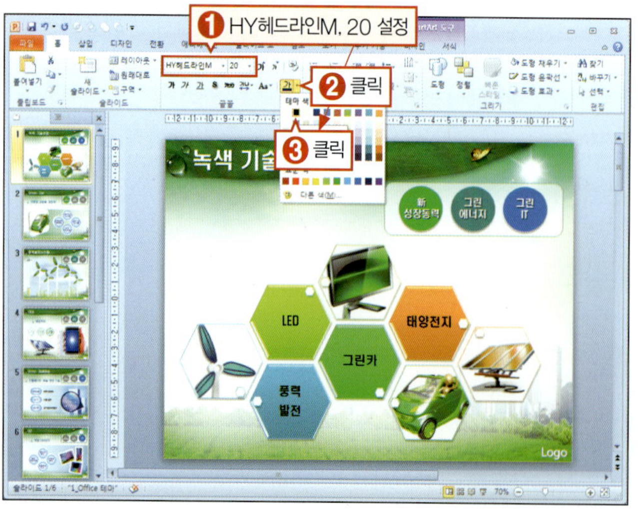

07

① [홈] 탭의 [글꼴] 그룹에서 글꼴을 **HY헤드라인M**, 크기를 **20**으로 설정

②③ 색을 **검정, 텍스트1**로 변경합니다.

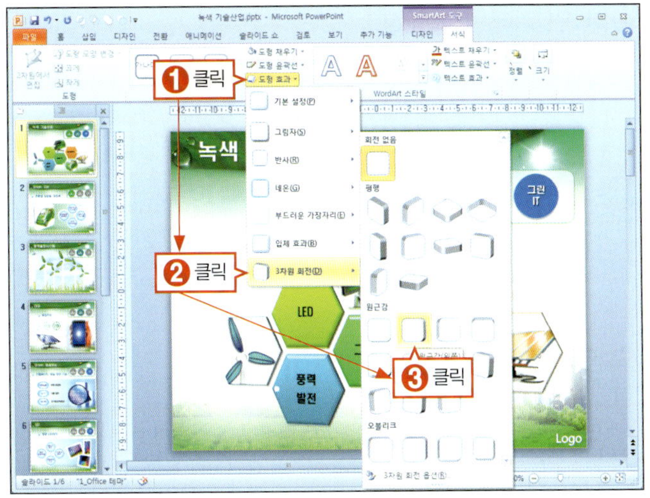

08

① [서식] 탭의 [도형 스타일] 그룹에서 **도형 효과** 를 클릭

②③ **3차원 회전** – 원근감 영역의 **원근감(왼쪽)**을 선택해서 스마트아트를 회전시킵니다.

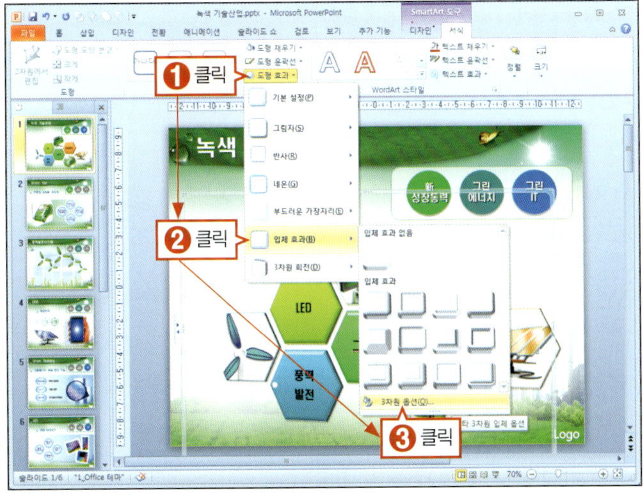

09 조금 더 깊이 있게 3차원 효과를 적용하겠습니다.

① [도형 스타일] 그룹에서 **도형 효과** 를 클릭

②③ **입체 효과** – **3차원 옵션**을 선택해서 도형 서식 대화상자를 띄웁니다.

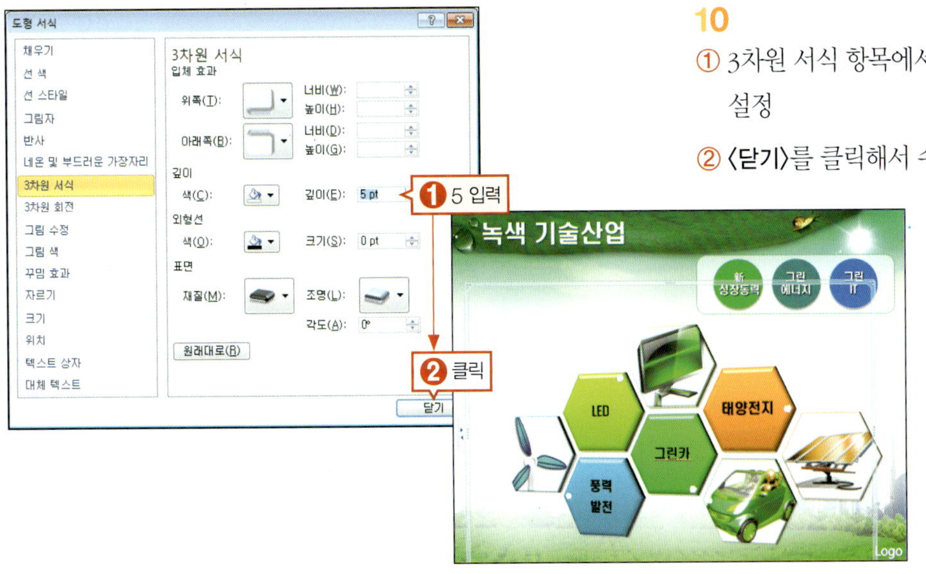

10

① 3차원 서식 항목에서 **깊이**를 5pt로 설정

② 〈닫기〉를 클릭해서 수정을 마칩니다.

혼자 해보기 네트워크 구축 현황을 스마트아트로 표현하기

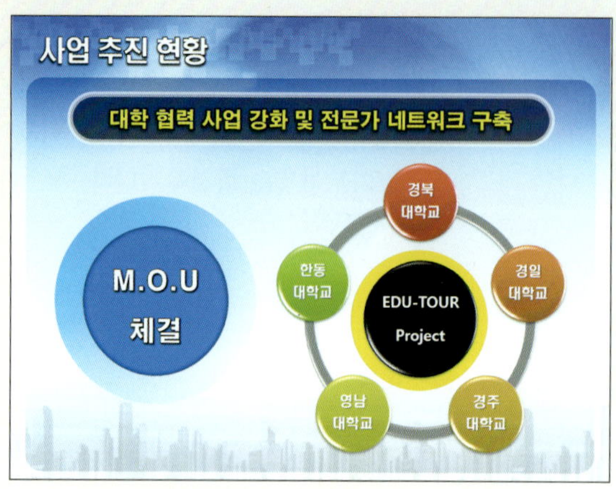

다수의 대학과의 MOU 체결 현황을 스마트아트로 도식화합니다. 주기형 다이어그램으로 중앙에 있는 프로젝트와 각 대학의 관계를 표현합니다.

- 실습 파일 ⓒ:\파워포인트\5장\실습\혼자해보기5_실습.pptx
- 완성 파일 ⓒ:\파워포인트\5장\완성\혼자해보기5_완성.pptx

1 [삽입] 탭의 [일러스트레이션] 그룹에서 **SmartArt**를 클릭합니다. 주기형 항목에서 **방사 주기형**을 선택한 후 〈확인〉을 클릭해서 스마트아트를 삽입합니다.

2 스마트아트 왼쪽에 있는 텍스트 입력창에 내용을 입력합니다. 방향키나 마우스를 이용해 다음 항목을 입력하고 Enter를 눌러 항목을 추가한 후 대학 이름을 모두 입력합니다.

3 스마트아트를 선택하고 [디자인] 탭의 [SmartArt 스타일] 그룹에서 **색 변경**을 클릭합니다. 색상형 영역에서 **강조색 2 또는 3**을 선택해서 색을 바꿉니다.

4 [디자인] 탭의 [SmartArt 스타일] 그룹에서 **자세히**를 클릭하고 3차원 영역에서 **광택처리**를 선택해서 입체 효과를 적용합니다.

5 스마트아트에서 가운데 있는 원을 선택하고 [서식] 탭의 [도형 스타일] 그룹에서 **도형 채우기**를 클릭합니다. 테마 색 영역에서 **검정, 텍스트 1**을 선택해서 도형 색을 바꿉니다.

6 원을 연결하는 고리를 선택하고 [서식] 탭의 [도형 스타일] 그룹에서 **도형 채우기**를 클릭합니다. 테마 색 영역에서 **검정, 텍스트 1, 50% 더 밝게**를 선택하여 회색으로 바꿉니다. 원과 원 사이의 고리를 각각 선택해서 색을 바꿉니다.

7 스마트아트를 선택하고 [홈] 탭의 [글꼴] 그룹에서 글꼴을 **HY헤드라인M**, 크기를 **16**으로 설정하고 **텍스트 그림자**를 클릭해서 가독성을 높입니다. 안쪽 큰 원만 선택하고 크기를 **18**로 바꿉니다.

CHAPTER 06

그림과 클립아트로 슬라이드 제작하기

파워포인트 2010에서 가장 크게 보강된 기능 중에 하나가 이미지 편집입니다.
포토샵과 같은 그래픽 툴에서나 할 수 있었던 이미지 보정이나 톤 조정 등을
파워포인트에서 해결할 수 있습니다.
또한 무료로 제공하는 다양한 클립아트를 사용할 수도 있습니다.
사진이나 클립아트 같은 이미지를 활용하면 비주얼한 슬라이드도 쉽게 만들 수 있습니다.

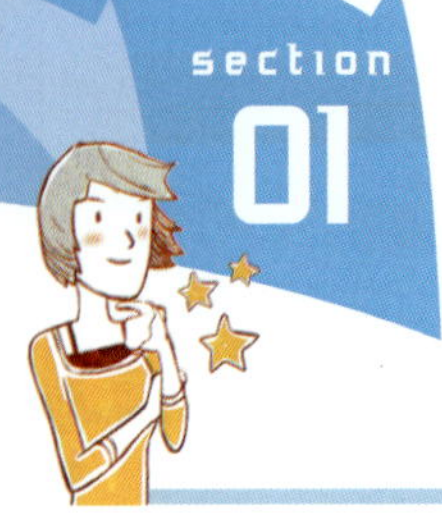

그림 파일로 슬라이드 꾸미기

• 그림 삽입하기 • 그림 스타일 • 이미지 보정 효과 • 이미지 꾸밈 효과 • 배경 없애기 • 자르기
• 그림 효과 • PNG 형식으로 저장하기

알아봐요 월등하게 향상된 이미지 편집 기능

다양한 이미지 보정 효과가 있더라도 그 내용을 알지 못하면 무용지물입니다. 각 기능의 사용 방법과 효과의 종류에 대해 간단하게라도 파악하고 있어야 상황에 따라 적절하게 사용할 수 있습니다.

이미지 보정 효과

[서식] 탭의 [조정] 그룹에서 수정 또는 색을 클릭하면 다양한 보정 효과를 적용할 수 있습니다.

1. **선명도 조절** : 이미지의 픽셀을 부드럽게 또는 선명하게 조정합니다.

▲ 부드럽게 : 50%

▲ 원본

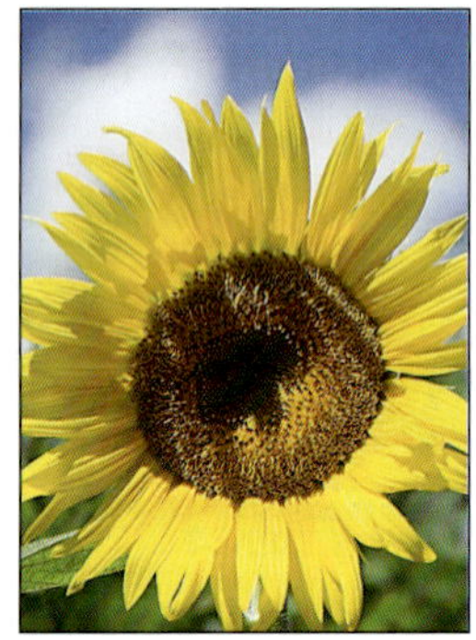
▲ 선명하게 : 50%

2. **밝기 및 대비 변화** : 이미지의 밝고 어두운 정도(밝기)와 강렬한 정도(대비)를 조정합니다.

▲ 밝기 : −40% 대비 : −40

▲ 원본

▲ 밝기 : +40% 대비 : +40

3. **채도 변화** : 이미지의 채도, 즉 색의 순도를 조정합니다.

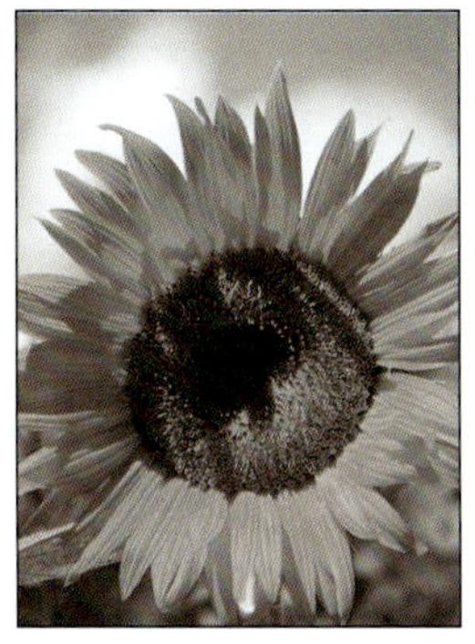

▲ 채도 : 0%

▲ 원본

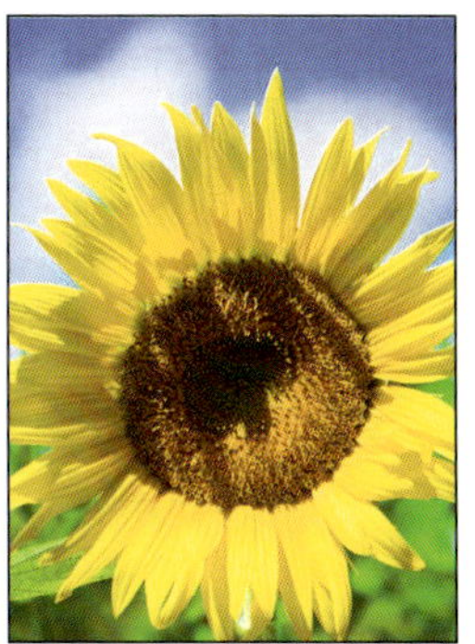

▲ 채도 : 400%

4. **색조 변화** : 푸른 기운에서 붉은 기운으로 색조를 조정합니다.

▲ 온도 : 4700K

▲ 원본

▲ 온도 : 11200K

5. **다른 색 칠하기** : 다양한 색상과 밝고 어두운 정도를 결합하여 이미지 색을 조정합니다.

▲ 빨강, 밝은 강조 2

▲ 원본

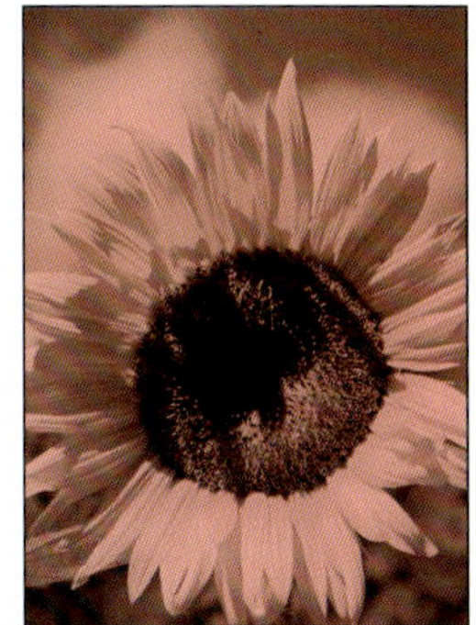

▲ 빨강, 어두운 강조 2

다양한 꾸밈 효과

[서식] 탭의 [조정] 그룹에서 꾸밈 효과를 클릭해서 이미지에 화려한 효과를 적용할 수 있습니다.

1. **표식 효과** : 이미지에 회화 느낌을 적용합니다.

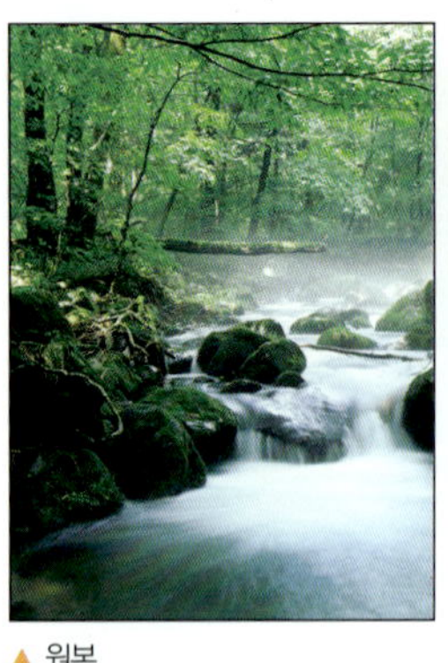

▲ 원본

▲ 표식

2. **연필 스케치 효과** : 연필로 스케치한 듯한 효과를 적용합니다.

▲ 원본

▲ 연필 스케치

3. **페인트 스트로크 효과** : 대비를 어둡게 하여 회화적으로 표현합니다.

▲ 원본

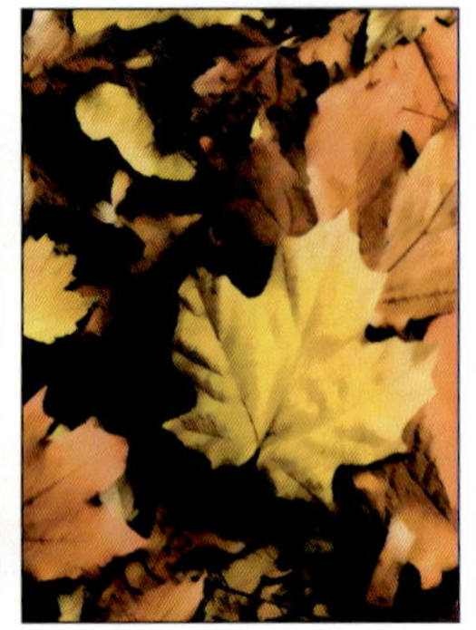

▲ 페인트 스트로크

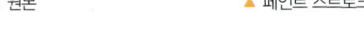

4. **밝은 화면 효과** : 사각형 질감을 이미지에 적용합니다.

▲ 원본

▲ 밝은 화면

5. **수채화 스폰지 효과** : 번지는 효과를 적용하여 회화 느낌을 살립니다.

▲ 원본

▲ 수채화 스폰지

6. **필름 입자 효과** : 픽셀을 강조하여 표현합니다.

▲ 원본

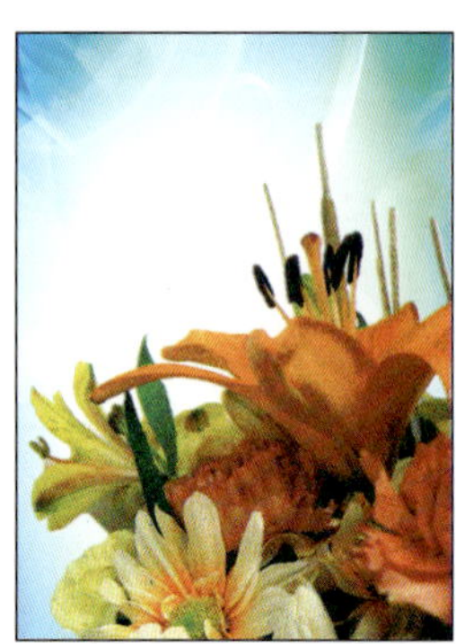

▲ 필름 입자

7. **파스텔 부드럽게 효과** : 파스텔 재질의 도구로 그린 것처럼 표현합니다.

▲ 원본

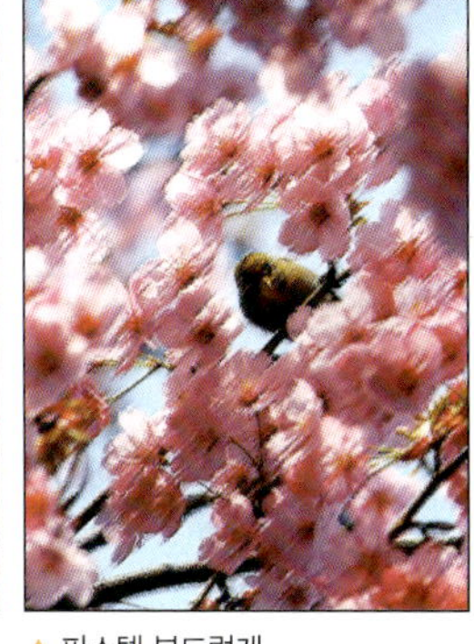
▲ 파스텔 부드럽게

8. **강조 효과** : 이미지를 구성한 색채 및 픽셀을 단순화합니다.

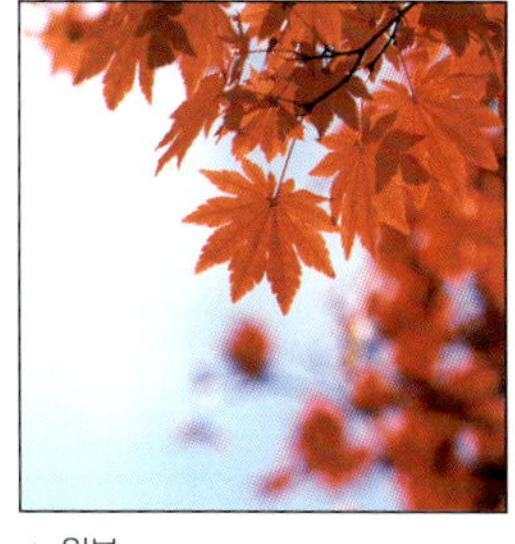
▲ 원본

▲ 강조

9. **네온 가장자리 효과** : 이미지 톤을 반전시켜 이미지를 강렬하게 표현합니다.

▲ 원본

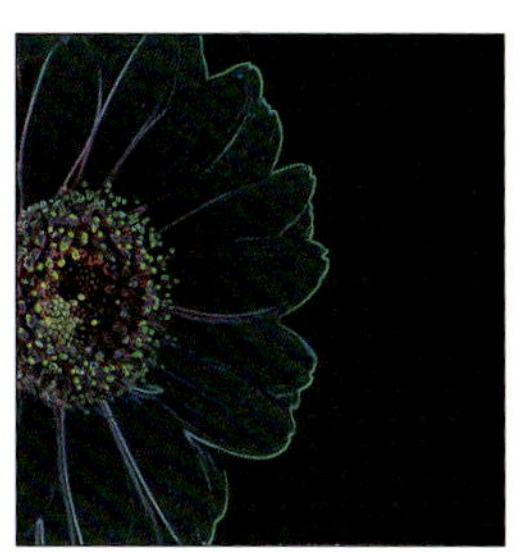
▲ 네온 가장자리

Note 이미지 배경 없애기

이미지 파일을 사용하다 보면 배경이 불필요할 때가 있습니다. 이럴 때는 '배경 없애기' 기능을 사용합니다. '배경 없애기' 기능을 사용하면 포토샵 없이 손쉽게 이미지의 배경을 없애고 원하는 부분만 추출할 수 있습니다.

• 실습 파일 ⓒ:\파워포인트\6장\실습\배경 없애기1.pptx

새싹 이미지를 선택하고 [서식] 탭의 [조정] 그룹에서 **배경 제거**를 클릭하면 없앨 부분이 핑크색으로 표시됩니다. 크기 조절 핸들을 드래그해서 없앨 부분을 조정하고 Esc를 누르거나 이미지의 바깥쪽을 클릭하면 핑크색 영역으로 표시된 부분이 사라집니다.

크기 조절 핸들만으로 없앨 영역과 남길 영역을 제대로 반영하기 힘들 때는 '보관할 영역 표시/제거할 영역 표시' 기능을 이용합니다. [서식] 탭의 [조정] 그룹에서 배경 제거를 클릭하면 [배경 제거] 탭이 나타납니다.

• **실습 파일** ◎:\파워포인트\6장\실습\배경 없애기2.pptx

퍼즐 이미지를 선택하고 [서식] 탭의 [조정] 그룹에서 배경 제거를 클릭해서 영역을 조정합니다. 퍼즐 이미지를 추가해야 하므로 [배경 제거] 탭의 [고급 검색] 그룹에서 **보관할 영역 표시**를 클릭한 다음 나머지 퍼즐 부분을 각각 클릭합니다. 클릭한 부분이 원래 색으로 바뀌면서 + 기호가 표시됩니다. 반대로 제거할 부분은 제거할 영역 표시를 클릭해서 설정합니다.

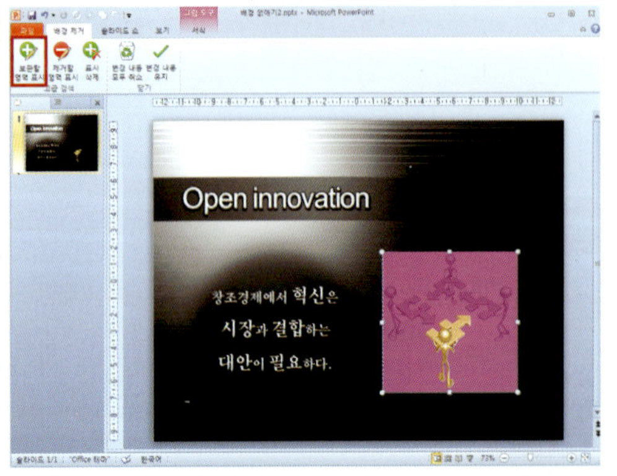

함께해요 1. 그림 삽입하고 배치하기

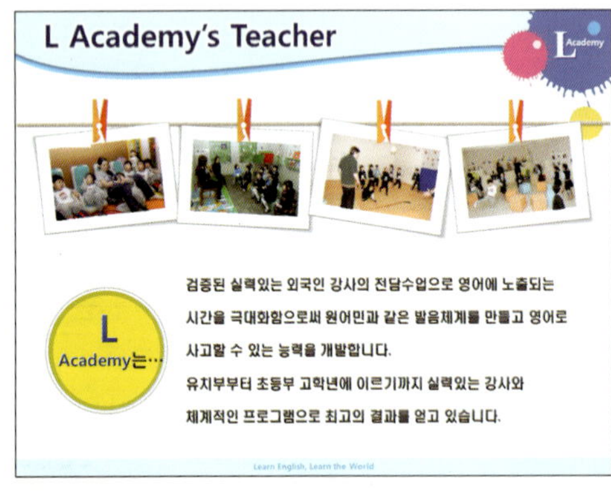

반듯한 사각형 모양의 사진을 슬라이드에 바로 삽입하면 슬라이드가 단조로워질 수 있습니다. 이럴 때는 슬라이드에 자연스럽게 어울리도록 그림 형태를 살짝 바꿔서 사용합니다. 도형과 마찬가지로 그림 파일도 자유롭게 수정할 수 있으므로 기본적인 그림 수정 기능을 파악해 두면 유용하게 사용할 수 있습니다.

• **실습 파일** ◎:\파워포인트\6장\실습\교육설명회.pptx
• **완성 파일** ◎:\파워포인트\6장\완성\교육설명회.pptx

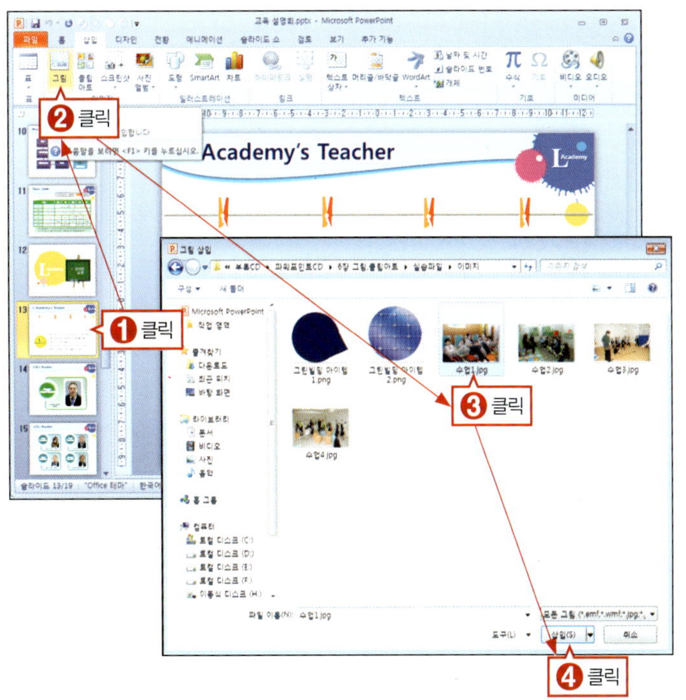

01

① 실습 파일 13번 슬라이드를 선택

②③ [삽입] 탭의 [이미지] 그룹에서 **그림**을 클릭하고 **수업1.jpg** (CD:\파워포인트\6장\실습\이미지\)를 선택

④ **<삽입>**을 클릭해서 그림 파일을 삽입합니다.

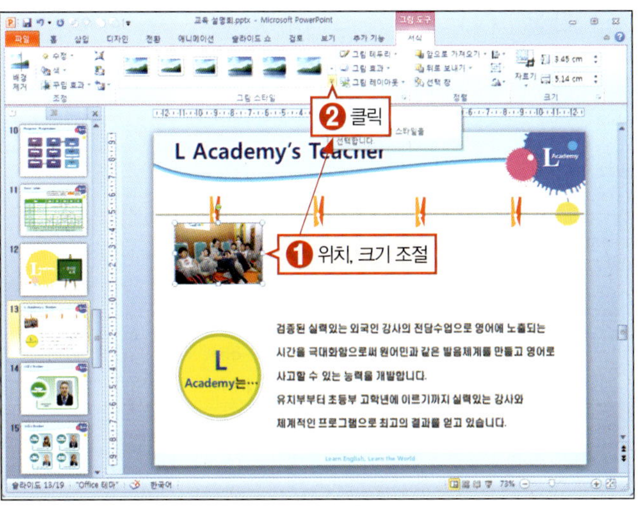

02

① **삽입한 그림**의 위치와 크기를 조정

② [서식] 탭의 [그림 스타일] 그룹에서 **자세히**를 클릭하여 스타일 목록을 펼칩니다.

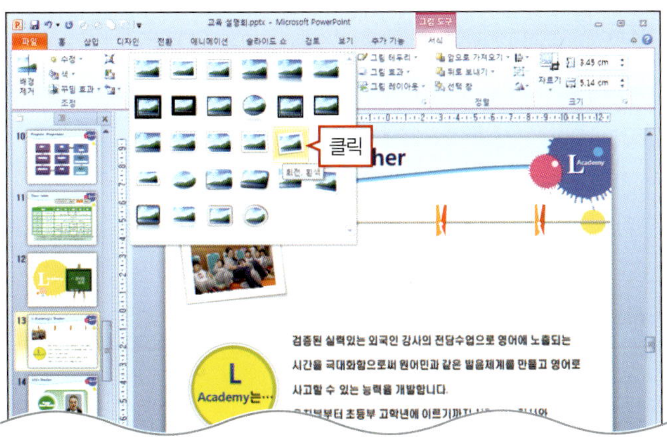

03 스타일 목록에서 **회전, 흰색**을 선택합니다. 그림에 흰색 테두리가 생기면서 왼쪽으로 살짝 회전됩니다.

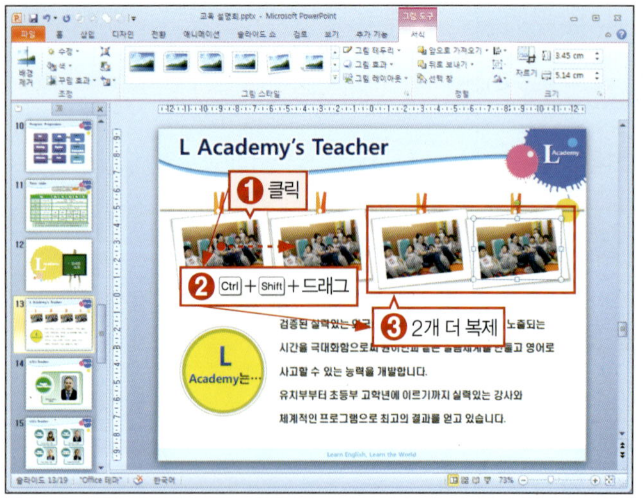

04

① **사진**을 선택

② Ctrl + Shift 를 누른 채 오른쪽으로 드래그해서 사진을 복제

③ 두 번 더 드래그하여 집게 모양에 각각 사진을 배치합니다.

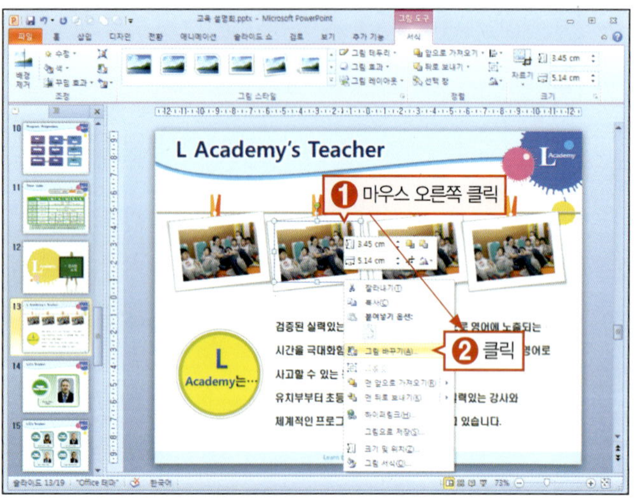

05

①② **두 번째 사진**에서 마우스 오른쪽 버튼을 클릭하고 **그림 바꾸기**를 선택합니다.

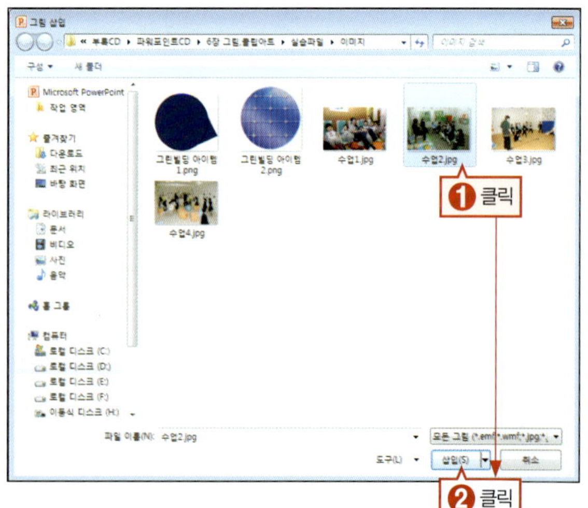

06

①② **수업2.jpg**(CD:\파워포인트\6장\실습\이미지\)를 선택한 다음 **〈삽입〉**을 클릭합니다.

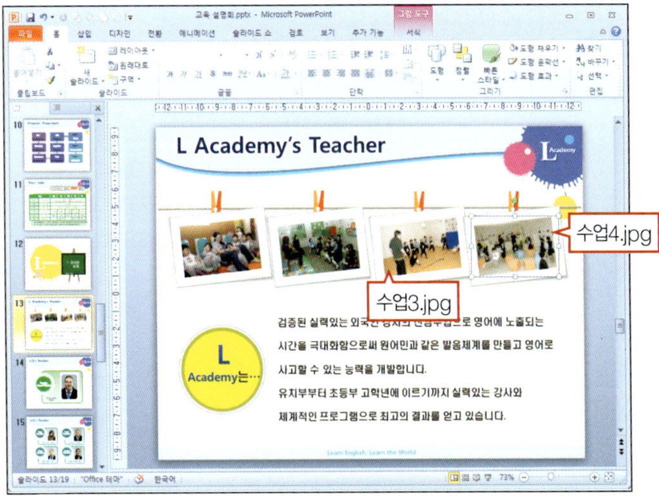

07 위와 같은 방법으로
세 번째 사진은 **수업3.jpg**로,
네 번째 사진은 **수업4.jpg**로
변경합니다.

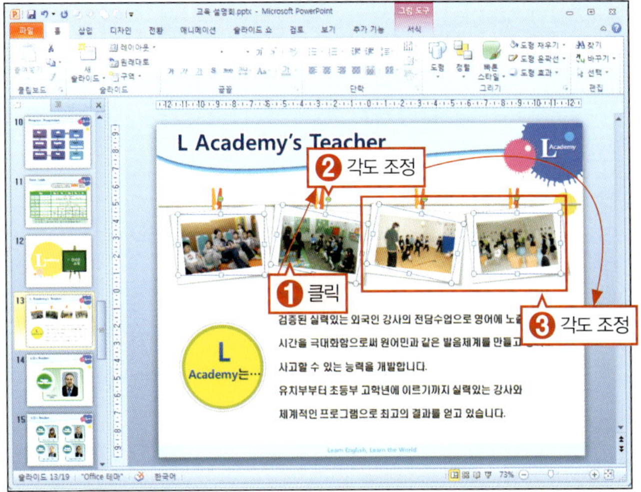

08

① **두 번째 그림**을 선택

② 초록색 **회전 핸들**을 오른쪽으로 드래그하여 회전 각도를 조정

③ 같은 방법으로 나머지 그림의 회전 핸들을 드래그하여 조금씩 변화를 줍니다.

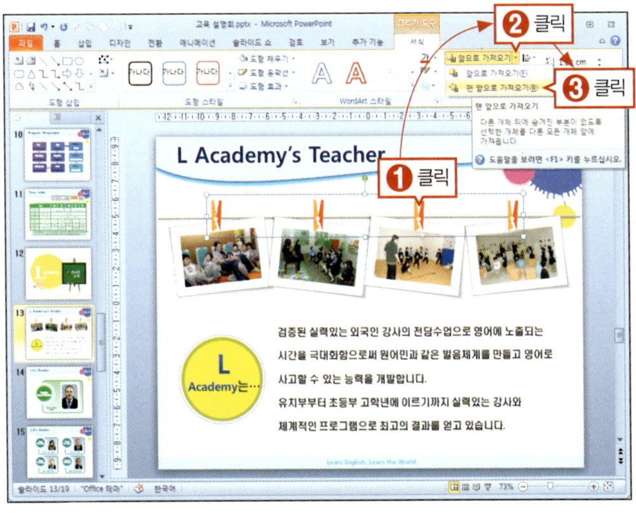

09 집게 이미지를 맨 앞으로 가져와서 사진과 자연스럽게 배치하겠습니다.

① **집게 이미지**를 선택

②③ [서식] 탭의 [정렬] 그룹에서 **앞으로 가져오기**를 클릭하고 **맨 앞으로 가져오기**를 선택합니다.

함께해요 **2. 그림 자유자재로 다루기**

컬러 톤, 채도, 밝기/대비 등의 보정 효과를 비롯하여 예술적인 효과뿐만 아니라 다양한 서식 기능이 대폭 강화되었지만 실무에 적용하지 못하면 아무런 의미가 없습니다. 다양한 예제를 따라하면서 어떤 상황에 어떤 기능을 사용하면 좋은지 감각을 익혀 두는 것이 좋습니다.

- **실습 파일** ⊚:\파워포인트\6장\실습\녹색 기술산업.pptx
- **완성 파일** ⊚:\파워포인트\6장\완성\녹색 기술산업.pptx

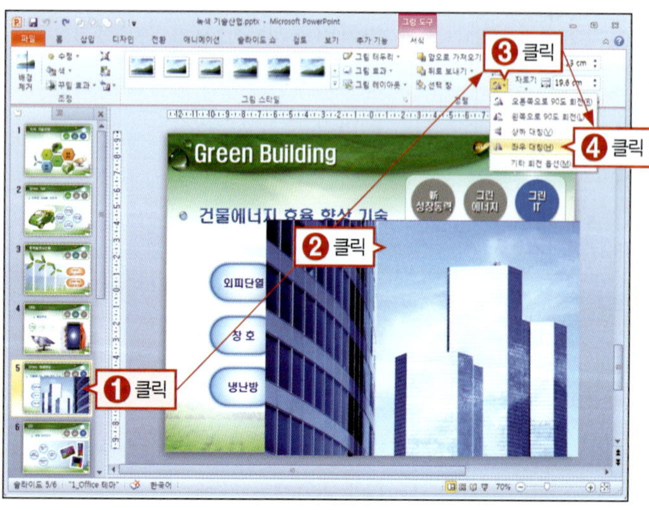

01

①② 실습 파일 **5번 슬라이드**에서 **빌딩 이미지**를 선택

③④ [서식] 탭의 [정렬] 그룹에서 **회전** 을 클릭하고 **좌우 대칭**을 선택합니다.

이미지의 좌우가 대칭됩니다.

02 [서식] 탭의 [크기] 그룹에서 **자르기** 를 클릭해서 자르기 표시선을 나타냅니다.

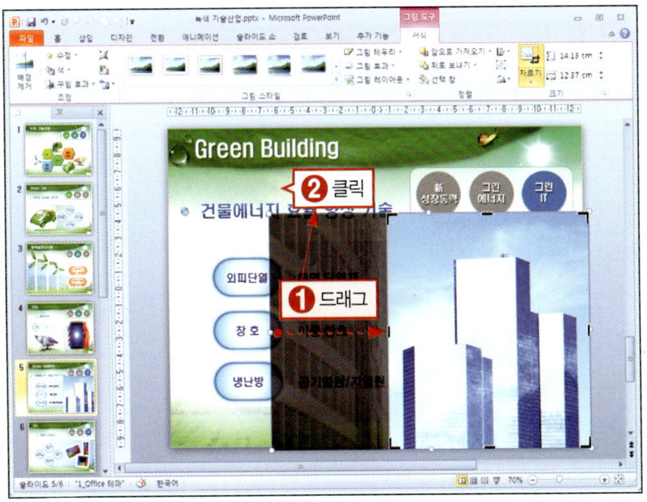

03

① 왼쪽의 자르기 표시선을 오른쪽으로 드래그해서 자를 영역을 흑백으로 표시

② Esc를 누르거나 슬라이드 빈 곳을 클릭해서 흑백 영역을 자릅니다.

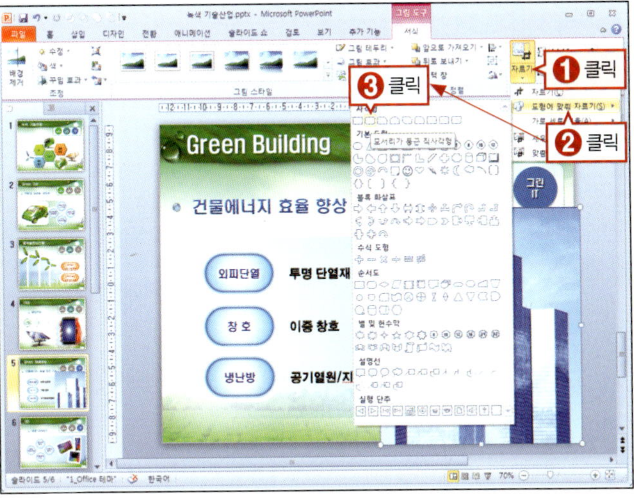

04

① [서식] 탭의 [크기] 그룹에서 **자르기** 자르기를 클릭

②③ **도형에 맞춰 자르기** – 사각형 영역의 **모서리가 둥근 직사각형**을 선택합니다.

이미지 형태가 모서리가 둥근 직사각형으로 변경됩니다.

05 변경된 도형의 노랑 모양 조정 핸들을 왼쪽으로 드래그하여 모서리를 더욱 둥글게 변경합니다.

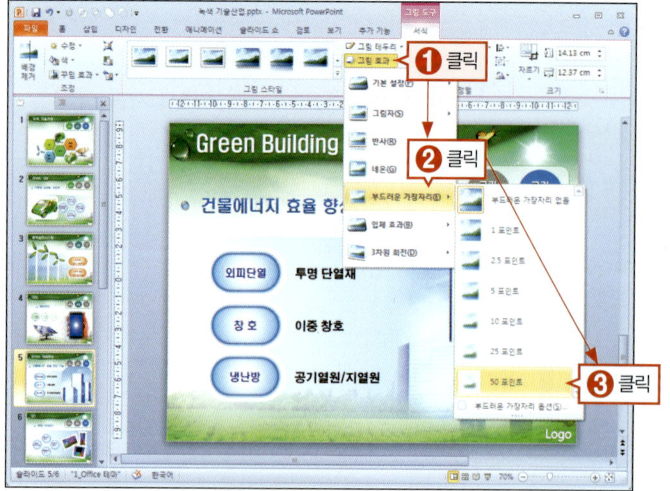

06

① [서식] 탭의 [그림 스타일] 그룹에서 **그림 효과**를 클릭

②③ **부드러운 가장자리 – 50 포인트**를 선택합니다. 이미지 가장자리가 부드럽게 처리됩니다.

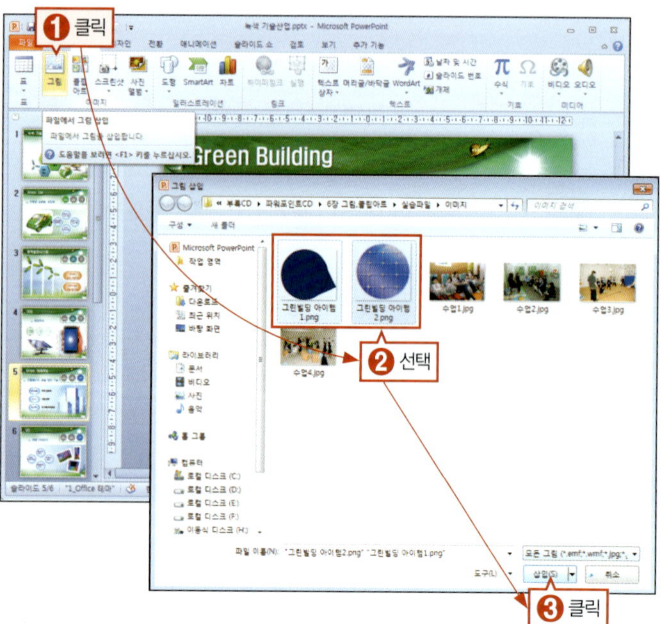

07

① [삽입] 탭의 [이미지] 그룹에서 **그림**을 클릭

②③ Ctrl을 누른 채 **그린빌딩 아이템1.png**와 **그린빌딩 아이템2.png** (CD:\파워포인트\6장\실습\이미지\)를 모두 선택하고 **〈삽입〉**을 클릭합니다.

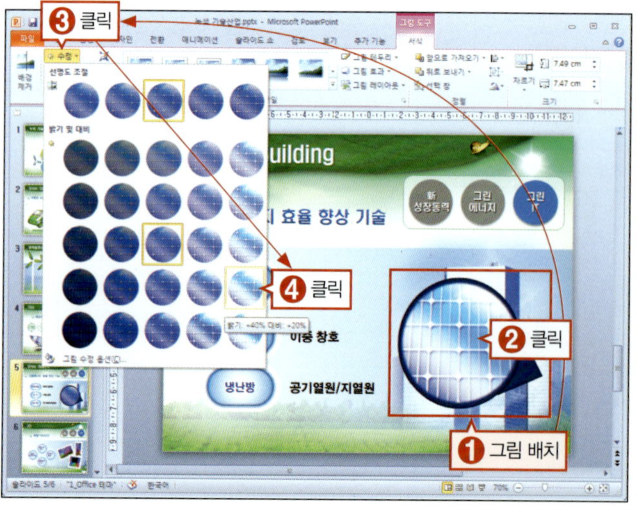

08

① **삽입한 그림**을 그림과 같이 배치

② **그린빌딩 아이템2** 이미지만 선택

③④ [서식]탭의 [조정]그룹에서 **수정** 수정 을 클릭하고 밝기 및 대비 영역에서 **밝기: +40%, 대비: +20%**를 선택해서 이미지를 보정합니다.

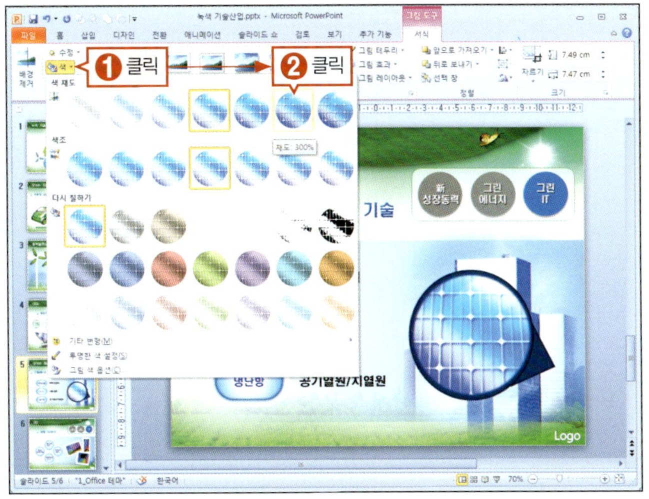

09

①② [조정] 그룹에서 **색** 을 클릭한 다음 색 채도 영역의 **채도: 300%**를 선택합니다.

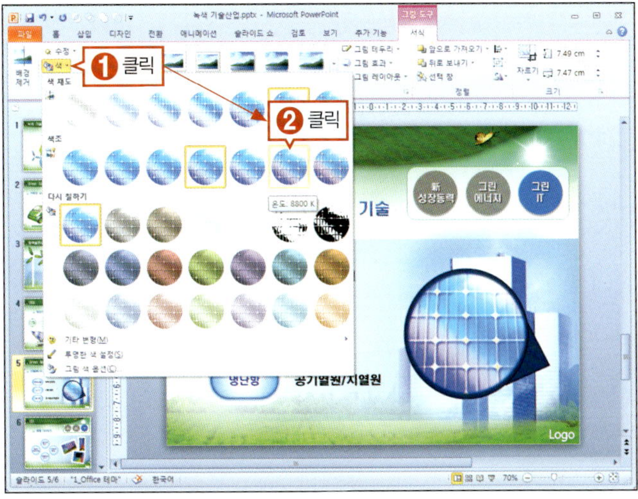

10

①② 다시 한 번 **색** 을 클릭한 다음 색조 영역의 **온도: 8800K**를 선택해서 색을 조정합니다.

11

①② **2번 슬라이드**에서 **자동차** 그림을 선택합니다.

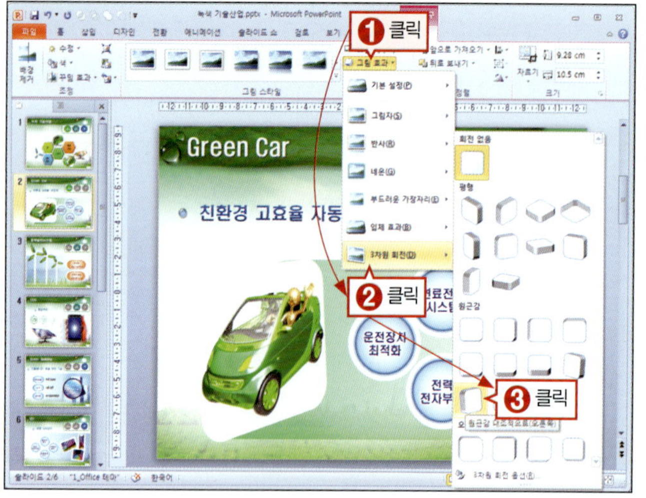

12

① [서식] 탭의 [그림 스타일] 그룹에서 **그림 효과**를 클릭

②③ **3차원 회전** – 원근감 영역의 **원근감 대조적으로(오른쪽)**을 선택해서 3차원 회전 효과를 적용합니다.

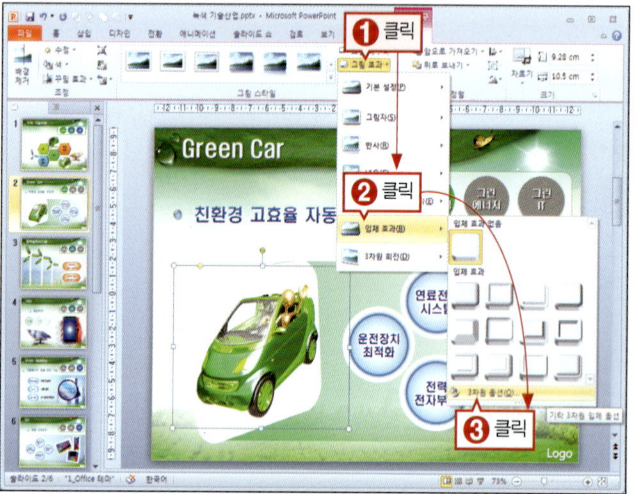

13

① **그림 효과**를 클릭

②③ **입체 효과** – **3차원 옵션**을 선택해서 그림 서식 대화상자를 불러옵니다.

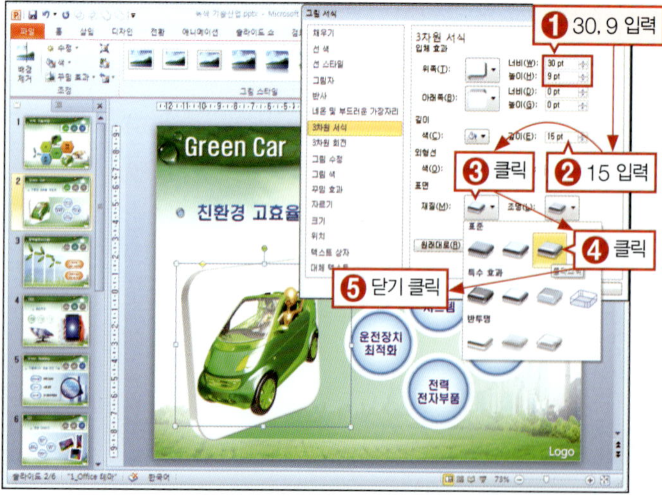

14

①② 3차원 서식 항목에서 위쪽 너비를 30, 높이를 9, 깊이를 15로 설정

③④ 재질을 **플라스틱**으로 설정

⑤ 〈**닫기**〉를 클릭하여 입체적으로 표현합니다.

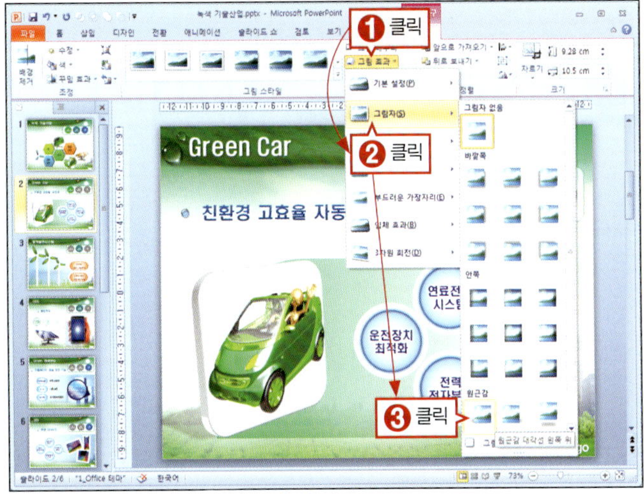

15

① **그림 효과**를 클릭

②③ **그림자** – 원근감 영역의 **원근감 대각선 왼쪽 위**를 선택해서 그림자 효과를 적용합니다.

Note 슬라이드에 있는 그림 및 도형 저장하기

슬라이드에 있는 그림 및 도형, 심지어 텍스트까지 그림 파일로 저장하여 활용할 수 있습니다. 저장할 개체에서 마우스 오른쪽 버튼을 클릭한 후 **그림으로 저장**을 선택합니다. 그림으로 저장 대화상자에 원하는 파일 이름을 입력하고 파일 형식은 **PNG**로 설정합니다.

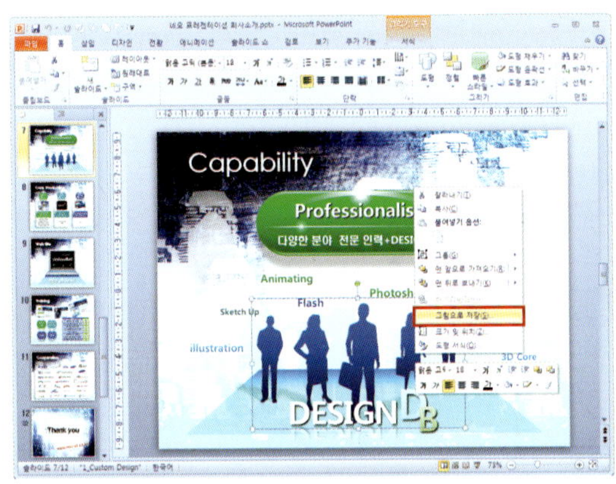

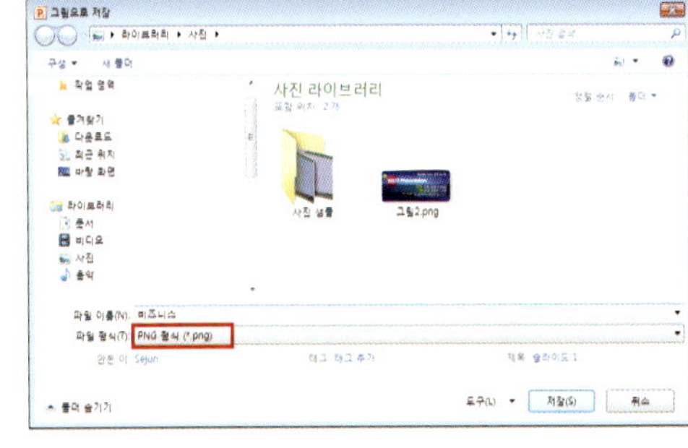

PNG 파일로 저장하면 투명한 배경의 그림 파일을 유지할 수 있습니다.

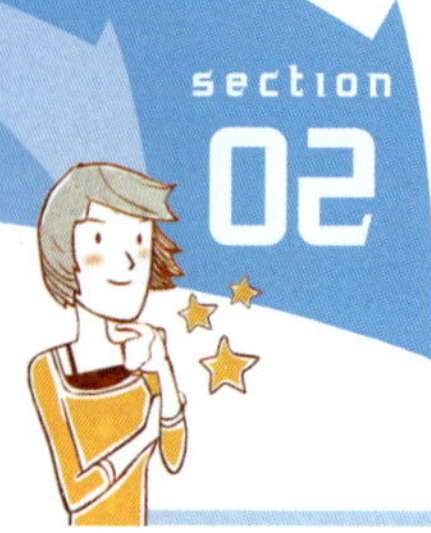

클립아트로 슬라이드 꾸미기

• 클립아트 삽입하기 • 검색하기 • 클립아트 변형하기 • 그룹/그룹 해제 • 화면 캡쳐

함께해요 1. 클립아트로 내용 전달력 높이기

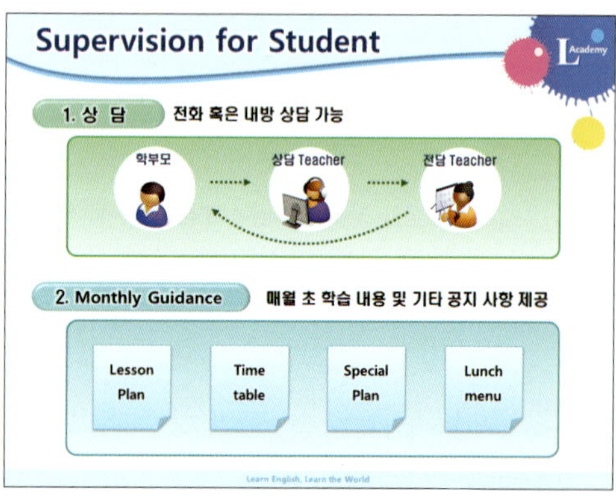

클립아트는 파워포인트에 기본 제공되는 것 이외에도 웹을 통해 다운 받을 수 있어 매우 다양합니다. 이러한 클립아트는 슬라이드를 꾸미는 장식 요소로 사용하기도 하지만 슬라이드 내용에 맞게 배치하면 의미 전달력을 높이는 도구로써도 유용합니다.

• **실습 파일** ⓒ:\파워포인트\6장\실습\교육 설명회.pptx
• **완성 파일** ⓒ:\파워포인트\6장\완성\교육 설명회.pptx

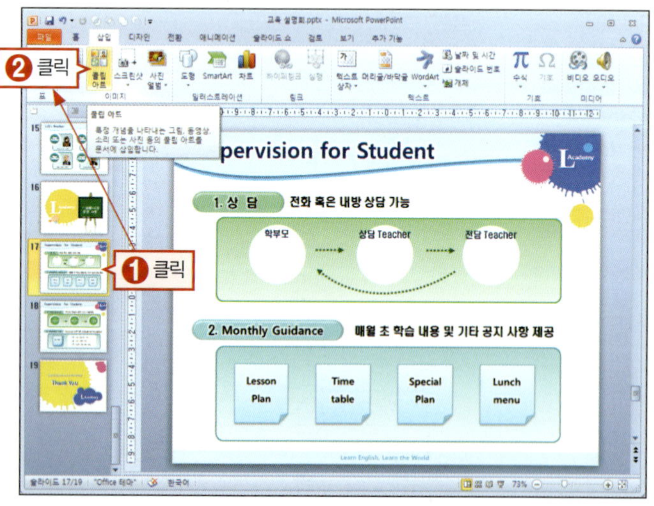

01

① 실습 파일 **17번 슬라이드**를 선택

② [삽입] 탭의 [이미지] 그룹에서 **클립아트**를 클릭해서 화면 오른쪽에 클립 아트 검색 창을 띄웁니다.

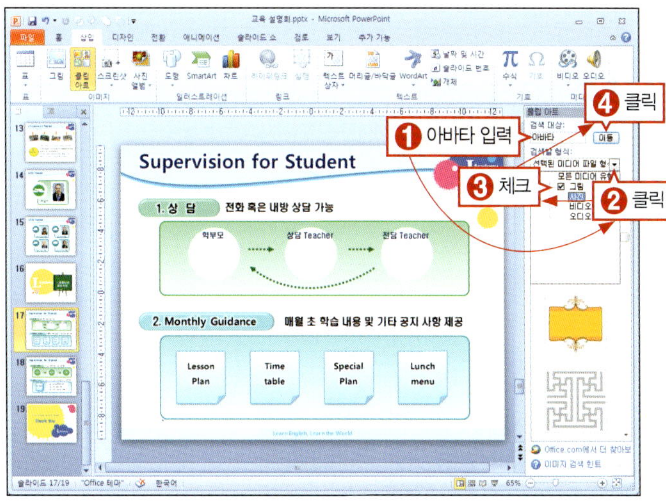

02

① 검색 대상에 **아바타**를 입력

②③ 검색할 형식에서 **그림**에만 체크

④ **〈이동〉**을 클릭해서 아바타와 관련된 클립아트를 검색합니다.

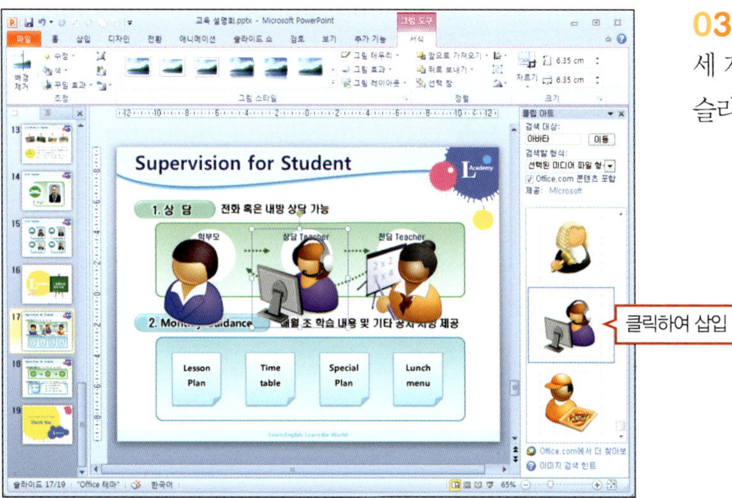

03 검색된 클립아트 중 그림과 같이 세 개의 클립아트를 각각 클릭하여 슬라이드에 삽입합니다.

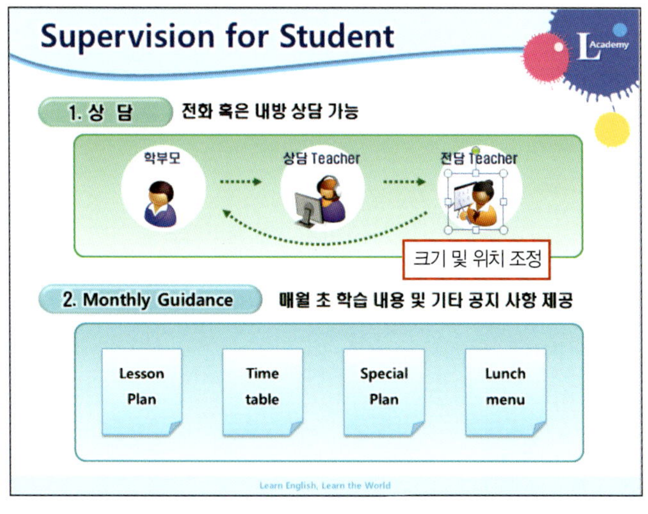

04 각 클립아트의 크기를 조정하여 그림과 같이 배치합니다.

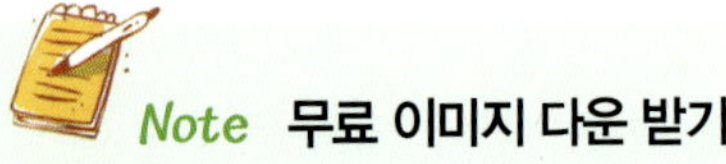

Note 무료 이미지 다운 받기

클립아트 검색 창에서 검색된 이미지 대부분은 마이크로소프트오피스 웹사이트에서 제공하는 것입니다. 검색 창 아래쪽에 〈Office.com에서 더 찾아보기〉를 클릭하면 클립아트를 다운 받을 수 있는 사이트에 접속됩니다. 이곳에서 원하는 이미지를 검색하여 다운 받을 수 있습니다.

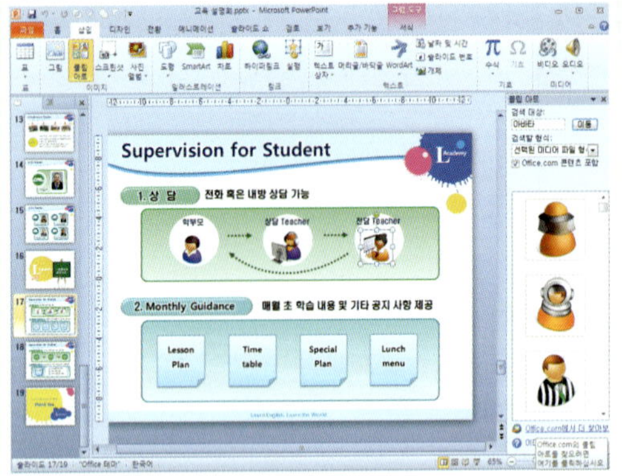

함께해요 2. 클립아트 변형하여 사용하기

대부분의 클립아트는 그룹을 해제하여 이미지를 변형하거나 일부만 사용할 수 있습니다. JPG나 PNG와 같은 비트맵 이미지는 그룹 해제가 되지 않으며 WMF와 같은 메타 파일만 그룹을 해제할 수 있습니다. WMF 파일을 선택하고 그룹을 해제하면 이미지 파일이 여러 개의 도형으로 변환되어 자유롭게 변형할 수 있습니다.

- **실습 파일** ◎:\파워포인트\6장\실습\교육 설명회.pptx
- **완성 파일** ◎:\파워포인트\6장\완성\교육 설명회.pptx

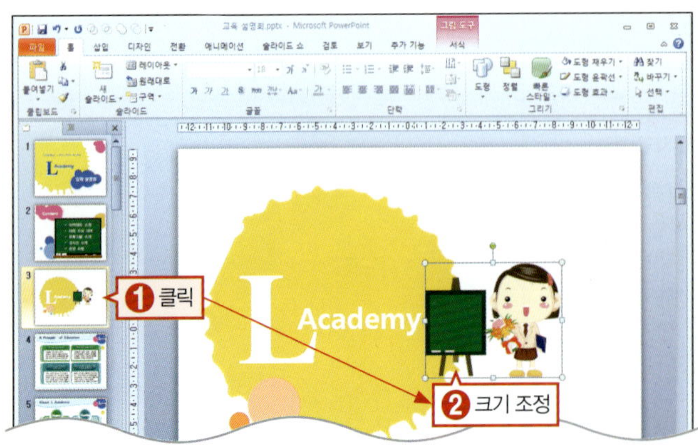

01

① 실습 파일 **3번 슬라이드**를 선택

② **칠판과 소녀** 이미지를 선택하고 작업하기 좋도록 이미지를 크게 조정합니다.

02

① Ctrl + Shift + G 를 눌러 그룹 해체 명령을 실행

② 이미지를 그리기 개체로 변환할지 묻는 경고창이 나타나면 〈**예**〉를 클릭해서 변환합니다.

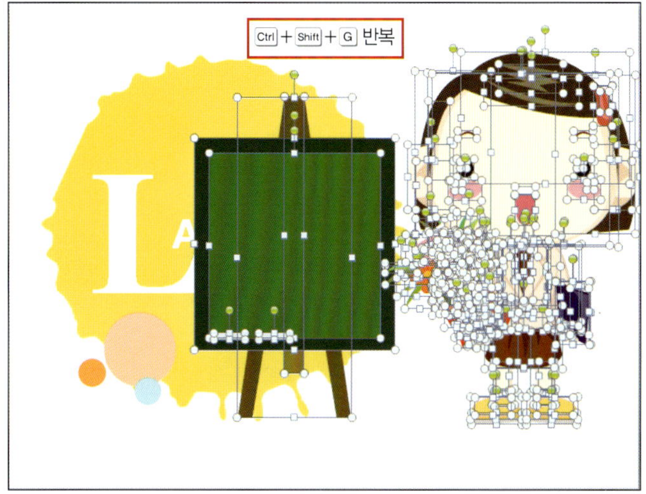

03 Ctrl + Shift + G 를 여러 번 눌러 그룹을 완전하게 해제합니다.

04 그림과 같이 오른쪽 아래에서 왼쪽 위로 드래그하여 여자 아이만 선택하고 Delete 를 눌러 삭제합니다.

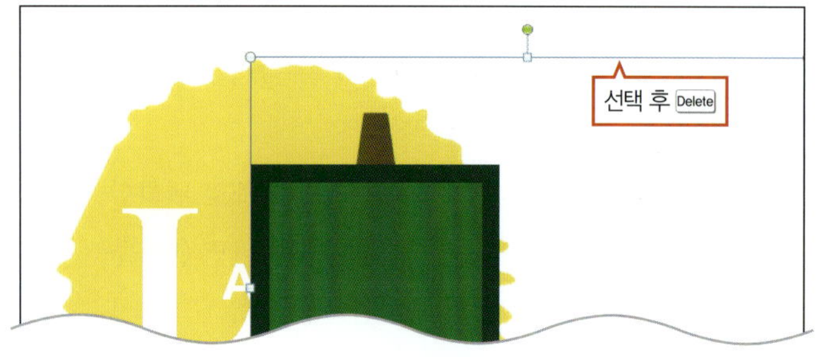

05 계속해서 **외곽의 투명한 사각형**을 클릭하여 선택하고 Delete를 눌러 삭제합니다.

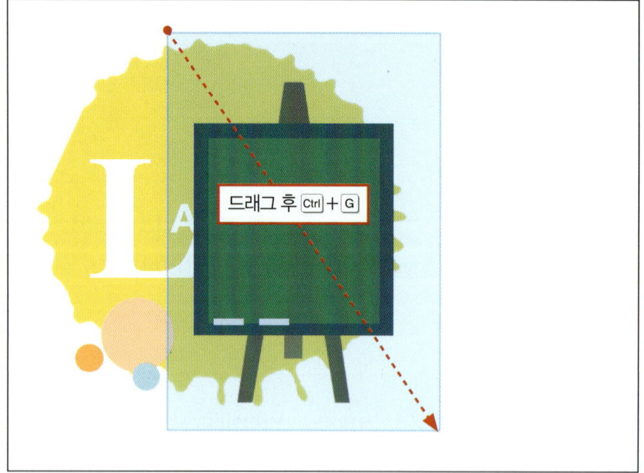

06 그림과 같이 드래그하여 **칠판**을 선택한 후 Ctrl+G를 눌러 그룹으로 묶습니다.

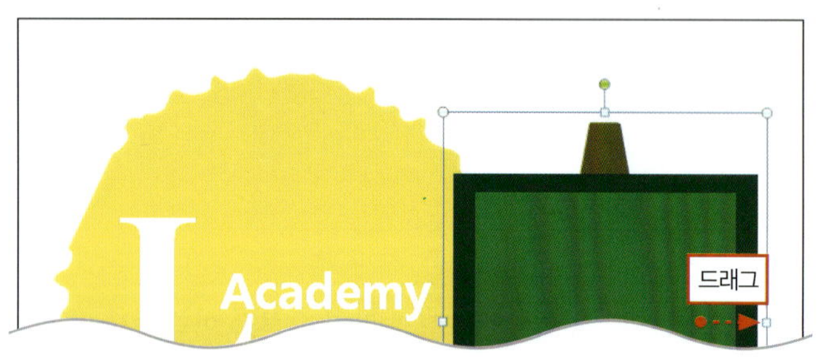

07 칠판 이미지의 오른쪽 가운데 있는 **크기 조절 핸들**을 드래그하여 그림과 같이 폭을 늘인 후 배치합니다.

08 칠판 이미지가 선택된 상태에서 **황색 받침대**를 클릭해서 선택합니다.

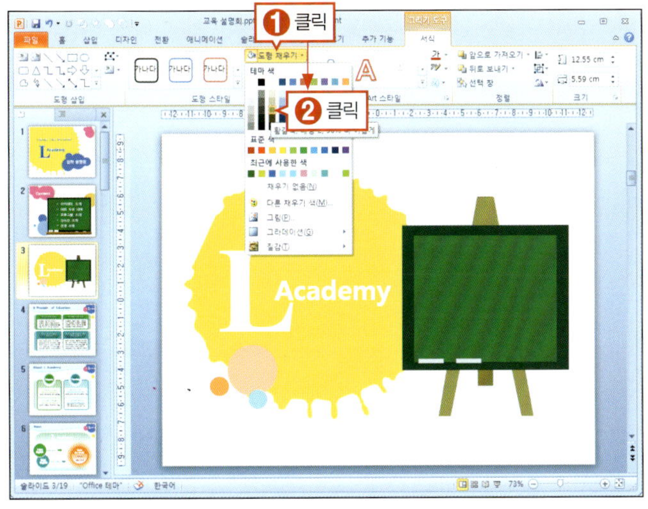

09

① [서식] 탭의 [도형 스타일] 그룹에서 **도형 채우기**를 클릭

② 테마 색 영역의 **황갈색, 배경 2, 50% 더 어둡게**를 선택해서 색을 바꿉니다.

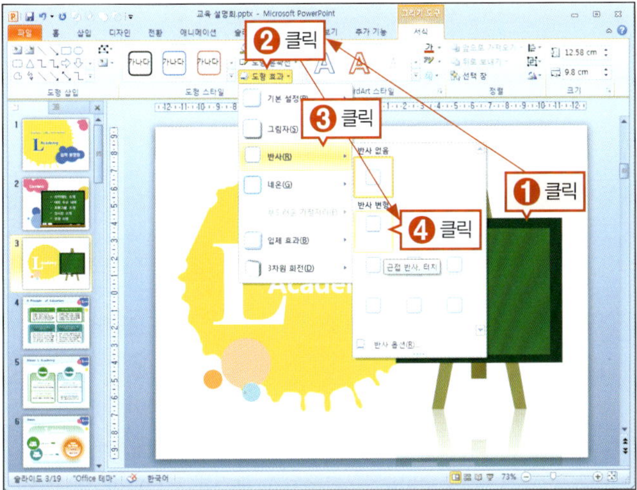

10

① **칠판 이미지 전체**를 선택

② [서식] 탭의 [도형 스타일] 그룹에서 **도형 효과**를 클릭

③④ **반사 – 근접 반사, 터치**를 선택해서 반사 이미지를 만듭니다.

Tip

오브젝트에서 일부분을 선택한 상태에서 다시 전체 오브젝트를 선택하려면 임의의 빈 공간을 클릭한 후 다시 해당 오브젝트를 클릭해서 선택합니다.

11

① [삽입] 탭의 [텍스트] 그룹에서 **텍스트 상자**를 클릭

② 그림과 같이 칠판에 내용을 입력하고 적절한 서식을 적용해서 슬라이드를 완성합니다.

Note 파워포인트로 화면 캡처하기

파워포인트에서 컴퓨터 화면을 캡처할 수 있습니다. [삽입] 탭의 [이미지] 그룹에서 **스크린 샷**을 클릭하고 캡처할 창을 선택하면 그림으로 슬라이드에 삽입됩니다.

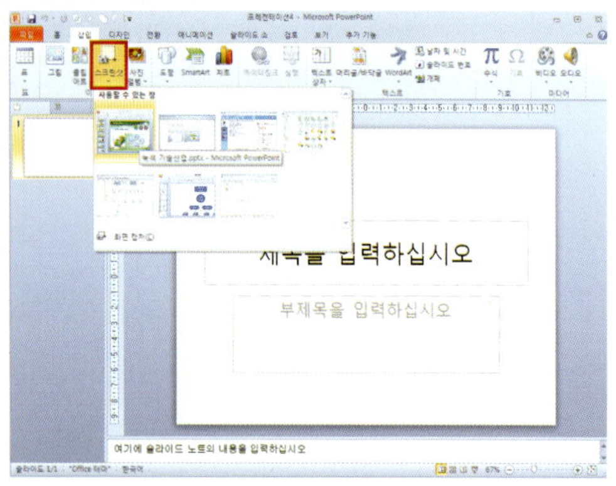

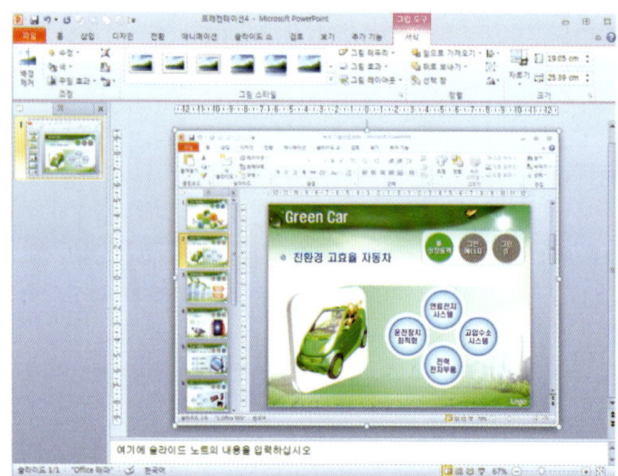

또한 [삽입] 탭의 [이미지] 그룹에서 **스크린 샷**을 클릭하고 '화면 캡처'를 선택하면 원하는 영역만 드래그해서 캡처할 수 있습니다.

혼자 해보기 기업 수 변화 픽토그램 차트로 만들기

픽토그램은 전달하려는 내용과 관련된 그림을 사용하여 사람들에게 빠른 의미 전달을 가능하게 하는 일종의 그림문자입니다. 건물 모양 클립아트를 삽입한 다음 슬라이드 배경에 맞게 밝기, 채도 등을 변경합니다. 이미지를 복사하고 크기를 조정하여 간단한 차트로 표현합니다.

- **실습 파일** ⓞ:\파워포인트\6장\실습\혼자해보기6_실습.pptx
- **완성 파일** ⓞ:\파워포인트\6장\완성\혼자해보기6_완성.pptx

1 [삽입] 탭의 [이미지] 그룹에서 **클립아트**를 클릭해서 클립아트 검색 창을 띄웁니다.

2 검색어를 "고층 빌딩", 검색 형식을 **그림**으로 설정한 다음 〈이동〉을 클릭합니다. 검색된 클립아트 중 모양을 클릭하여 슬라이드에 삽입합니다.

3 삽입한 그림을 선택하고 [서식] 탭의 [조정] 그룹에서 **수정**을 클릭한 다음 밝기 및 대비 영역에서 **밝기: +20%, 대비: −20%**를 선택합니다.

4 [서식] 탭의 [조정] 그룹에서 **색**을 클릭한 다음 색 채도 영역에서 **채도: 200%**를 선택합니다.

5 Ctrl을 누른 채 그림을 드래그하여 세 개를 복제하고 각각의 크기를 조정하여 배치합니다.

CHAPTER 07

표 슬라이드 작성하기

표를 사용하면 텍스트를 일목요연하고 깔끔하게 정리할 수 있습니다.
텍스트로만 슬라이드를 가득 채우면 답답하고 내용을 제대로 전달할 수 없으므로
핵심 내용만 간추려 표로 정리하는 것이 좋습니다.
이번 장에서는 기본적인 표를 삽입하고 삭제하는 방법부터 서식을 변경하는 방법,
다양한 입체 효과를 적용하는 방법을 배워보겠습니다.

section 01

표 삽입하고 편집하기

• 엑셀 데이터 표로 삽입하기 • 표 스타일 • 표 삽입하기 • 테두리 그리기
• 표에 이미지 삽입하기 • 행/열 삽입 • 셀 병합 • 셀 분할

함께해요 1. 엑셀 데이터 표로 붙여넣기

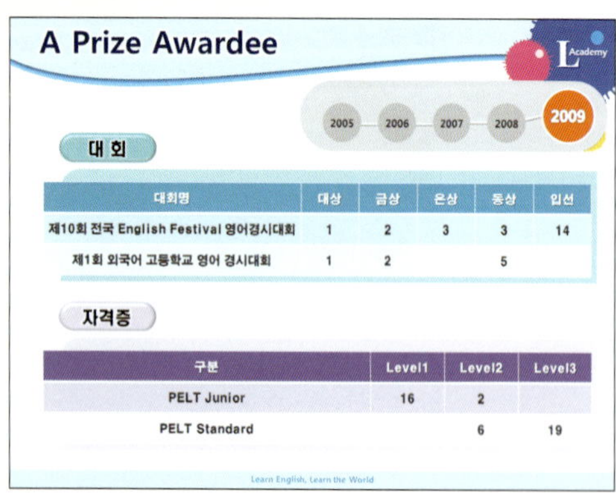

셀 단위로 구분된 엑셀 데이터를 복사하여 파워포인트에 붙여 넣으면 표 형태로 삽입됩니다. 붙여 넣은 데이터를 그대로 사용해도 되지만 효과적으로 내용을 전달하고 완성도 높은 슬라이드를 완성하기 위해서는 적절한 서식을 적용하는 것이 좋습니다. [표 도구]-[디자인] 탭에 있는 기능으로 다양한 서식을 빠르고 간편하게 적용할 수 있습니다.

• **실습 파일** ⓞ:\파워포인트\7장\실습\교육 설명회.pptx
• **완성 파일** ⓞ:\파워포인트\7장\완성\교육 설명회.pptx

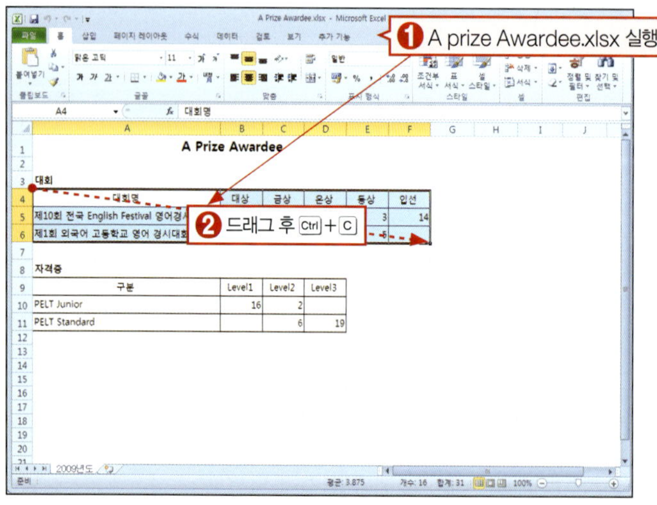

01

① 엑셀 파일 A prize Awardee.xlsx (CD:\파워포인트\7장\실습\)를 실행

② A4~F6셀을 드래그하여 범위로 지정한 후 Ctrl+C를 눌러 복사합니다.

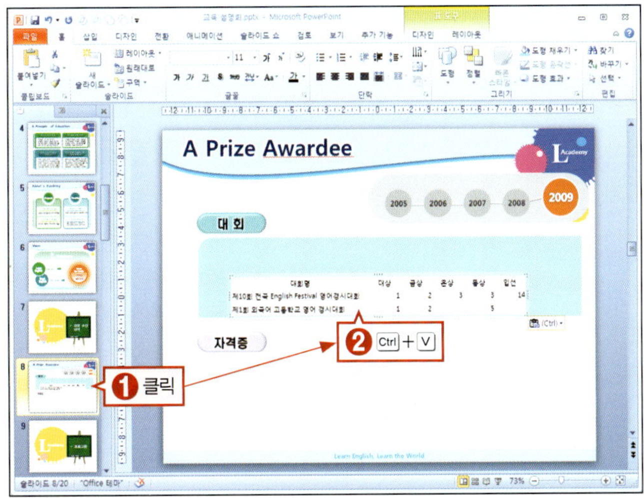

02

① 실습 파일에서 **8번 슬라이드**를 선택

② Ctrl+V를 눌러 복사한 엑셀 데이터를 붙여 넣습니다.

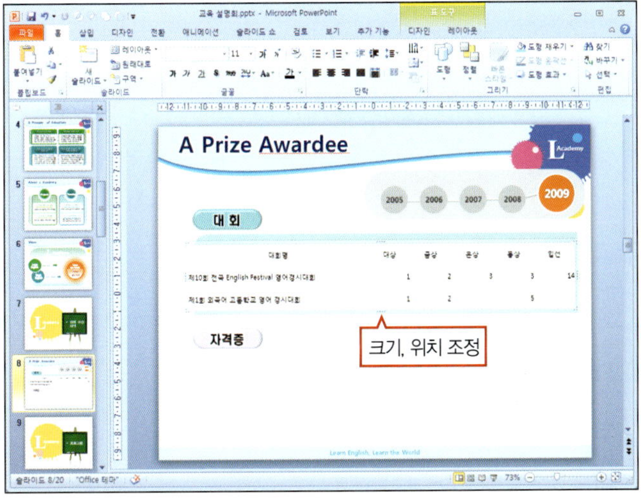

03

표 경계선을 드래그하여 그림과 같이 **크기**와 **위치**를 조정합니다.

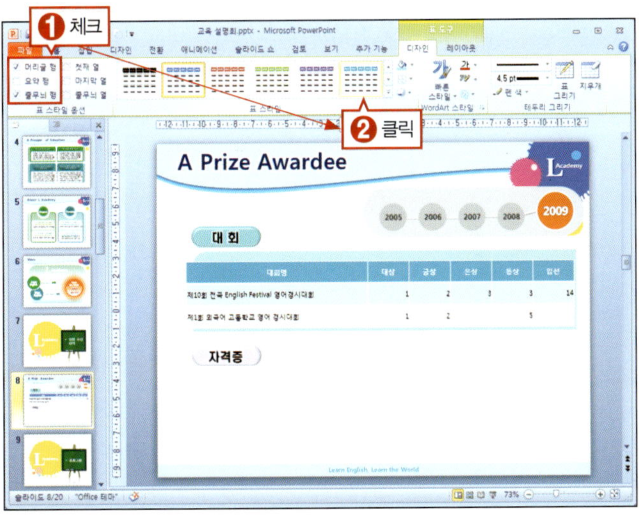

04

표에 슬라이드 배경과 어울리는 스타일을 적용하겠습니다.

① [디자인] 탭의 [표 스타일 옵션] 그룹에서 **머리글 행**과 **줄무늬 행**에만 체크

② [표 스타일] 그룹에서 **보통 스타일 2 – 강조5**를 선택합니다.

Tip

[표 스타일] 그룹에서 자세히를 클릭하면 더 많은 표 스타일을 선택할 수 있습니다.

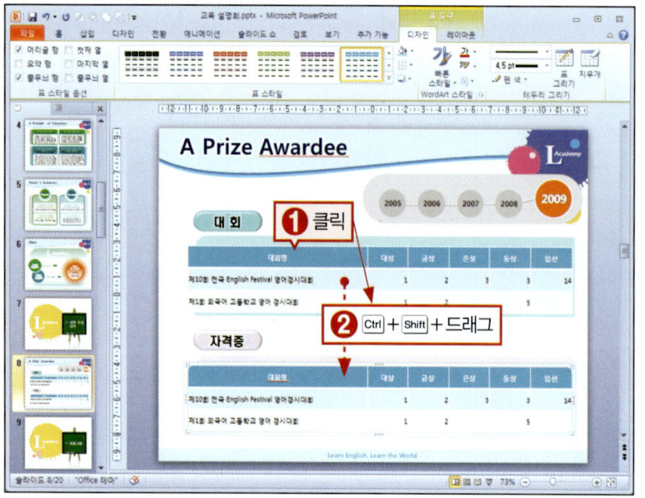

05

① **표**를 선택

② Ctrl + Shift 를 누른 상태에서 아래쪽으로 드래그하여 표를 복제합니다.

Tip

표의 크기를 조정하거나 이동, 복사할 때는 바깥쪽 투명한 외곽 경계선을 선택합니다.

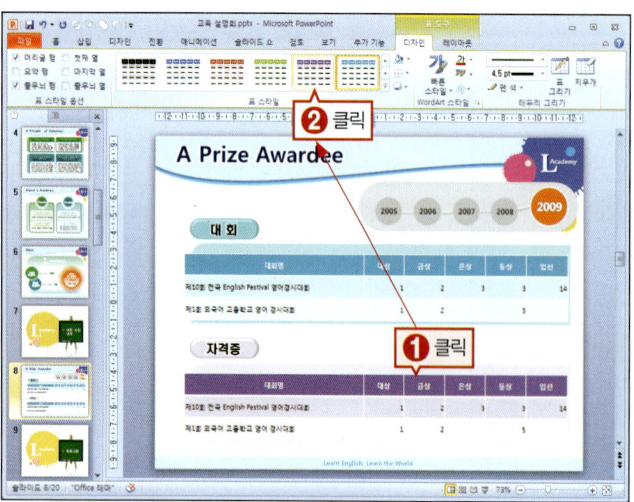

06

① **복제한 표**를 선택

② [디자인] 탭의 [표 스타일] 그룹에서 **보통 스타일2 – 강조4**를 선택해서 스타일을 적용합니다.

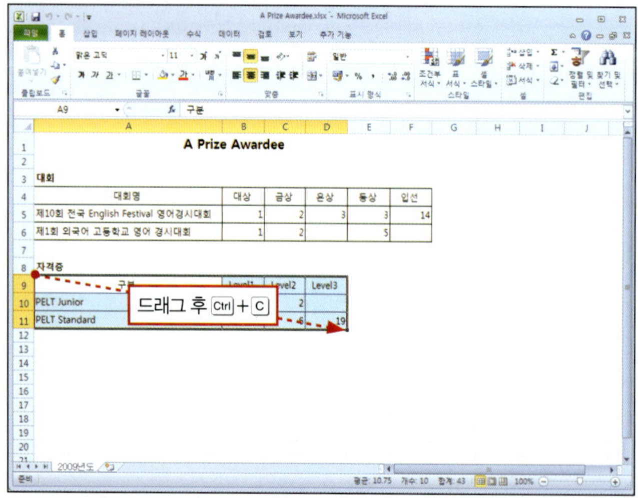

07 엑셀 파일

A prize Awardee.xlsx에서 **A9~D11셀**을 드래그하고 Ctrl + C 를 눌러 복사합니다.

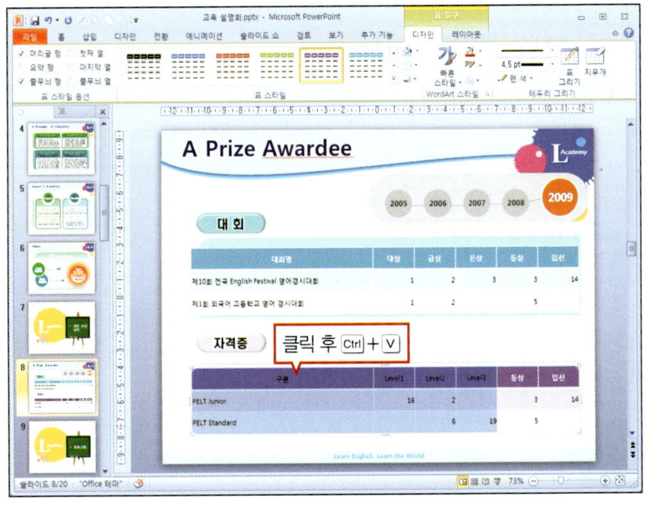

08 실습 파일에서 **보라색 표**의 **왼쪽 첫 번째 셀**을 클릭해서 커서를 위치시키고 Ctrl + V 를 눌러 복사한 데이터를 붙여 넣습니다.

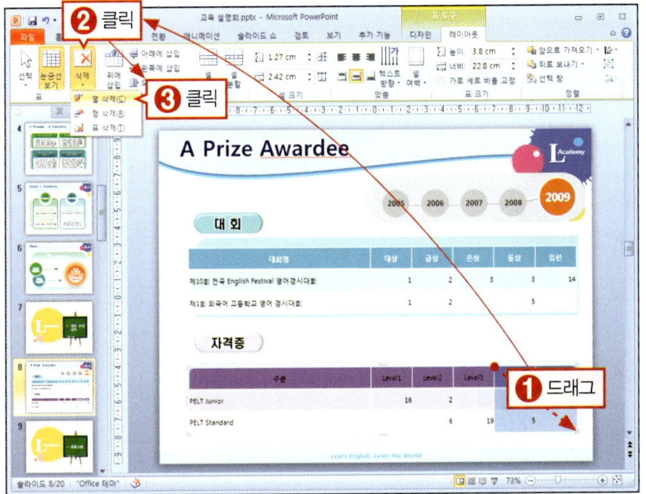

09 불필요한 셀을 삭제하겠습니다.

① **보라색 표**에서 **오른쪽 2개의 열**을 드래그하여 선택

②③ [레이아웃] 탭의 [행 및 열] 그룹에서 **삭제**를 클릭하고 **열 삭제**를 선택합니다.

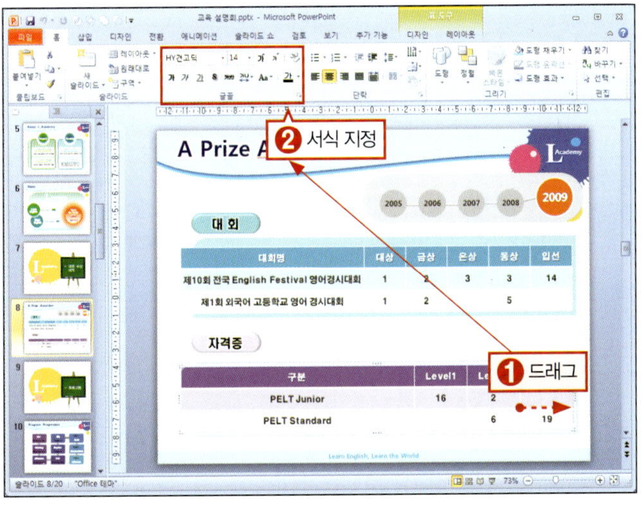

10

① **보라색 표**의 **오른쪽 경계선**을 드래그하여 위쪽 표와 너비를 맞춥니다.

② 표의 텍스트를 선택하고 [홈] 탭의 [글꼴] 그룹에서 적당한 서식을 적용하여 그림과 같이 슬라이드를 완성합니다.

함께해요 2. 표 기능으로 삽입하고 디자인 변경하기

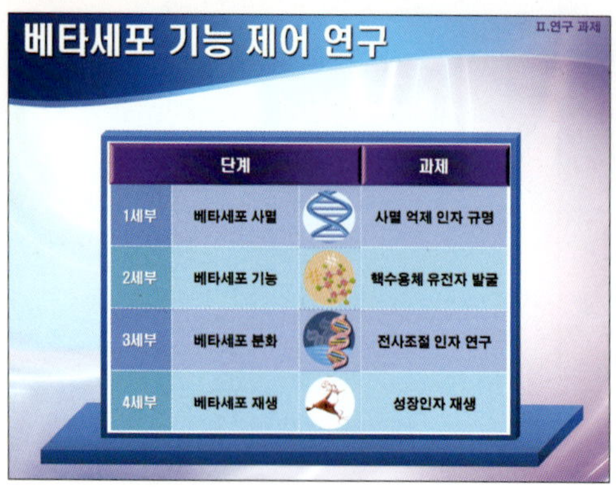

엑셀 데이터를 붙여 넣으면 간단하게 표를 만들 수 있지만 그렇지 않은 경우는 직접 표를 그려야 합니다. 표 기능으로 새로운 표를 만들고 채우기 색 및 윤곽선, 입체 효과, 셀 배경 등의 다양한 서식을 적용하여 표를 보기 좋게 꾸밀 수 있습니다.

- **실습 파일** ◎:\파워포인트\7장\실습\연구보고서7-1.pptx
- **완성 파일** ◎:\파워포인트\7장\완성\연구보고서7-1.pptx

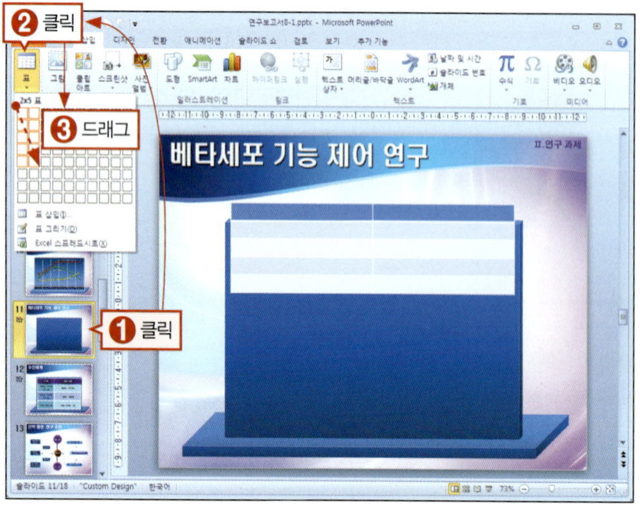

01

① 실습 파일 **11번 슬라이드**를 선택

②③ [삽입] 탭의 [표] 그룹에서 **표**를 클릭하고 **2×5 표**로 드래그하여 5행 2열의 표를 삽입합니다.

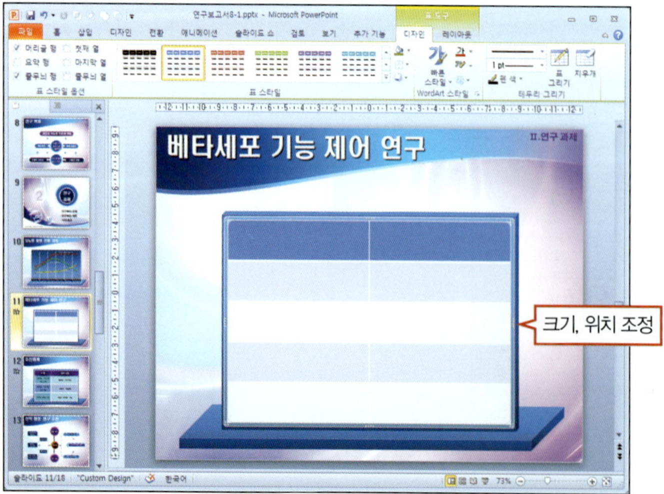

02 표의 경계선을 드래그하여 그림과 같이 크기와 위치를 조정합니다.

Tip

표를 옮길 때 Alt를 누른 상태로 드래그하면 좀 더 세밀하게 위치를 조정할 수 있습니다.

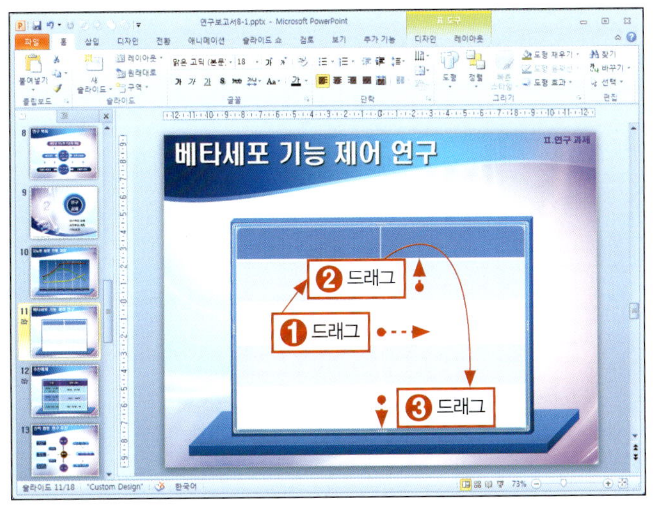

03

① **열 구분선**을 오른쪽으로 드래그하여 열 너비를 조정

② 맨 위에 있는 **두꺼운 행 구분선**을 위로 살짝 드래그하여 첫 행 높이를 조정

③ **아래쪽 경계선**을 아래로 드래그하여 전체 높이를 그림과 같이 조정합니다.

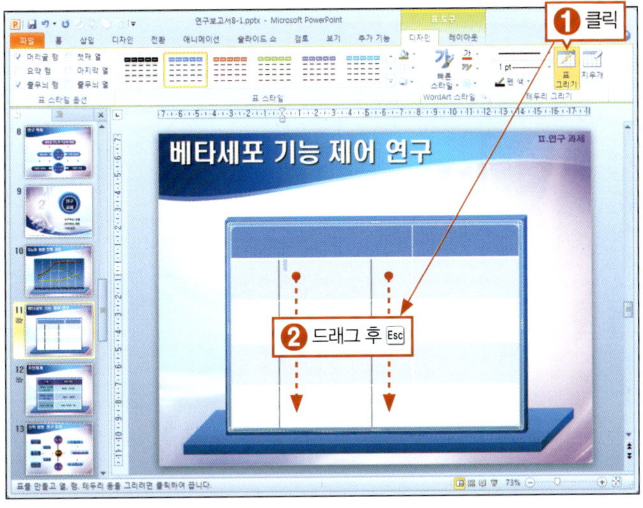

04

① [디자인] 탭의 [테두리 그리기] 그룹에서 **표 그리기**를 클릭

② 아래쪽 4개의 셀에서 세로 방향으로 드래그하여 그림과 같이 적당한 크기로 셀을 나눈 후 Esc를 눌러 표 그리기 기능을 종료합니다.

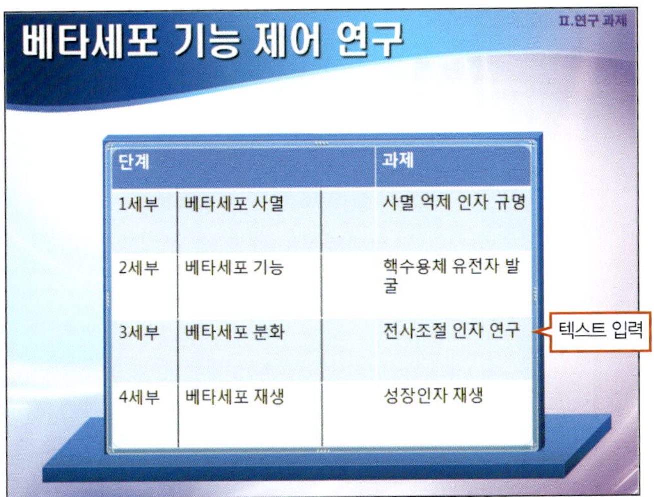

05

각 셀에 그림과 같이 적당한 텍스트를 입력합니다.

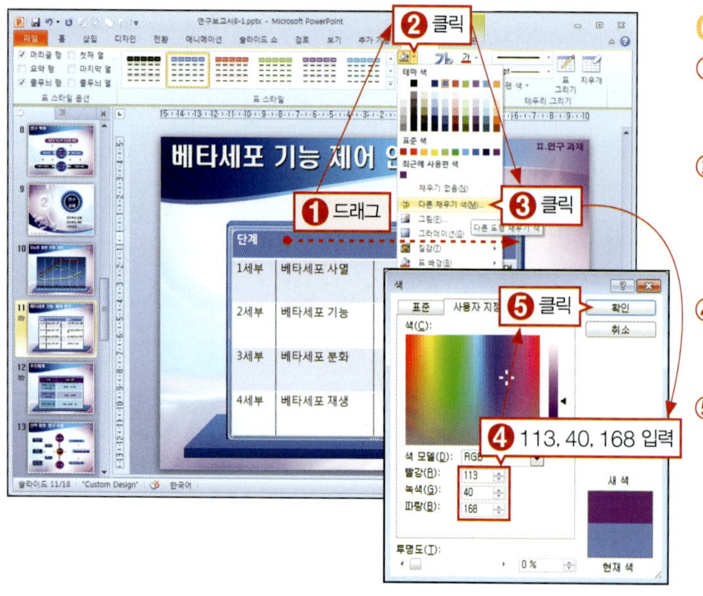

06

① 맨 위에 있는 **파란 셀 2칸**을 드래그해서 선택

②③ [디자인] 탭의 [표 스타일] 그룹에서 **음영**을 클릭한 후 **다른 채우기 색**을 선택

④ [사용자 지정] 탭에서 빨강, 녹색, 파랑에 각각 113, 40, 168을 입력

⑤ **〈확인〉**을 클릭해서 셀의 색을 바꿉니다.

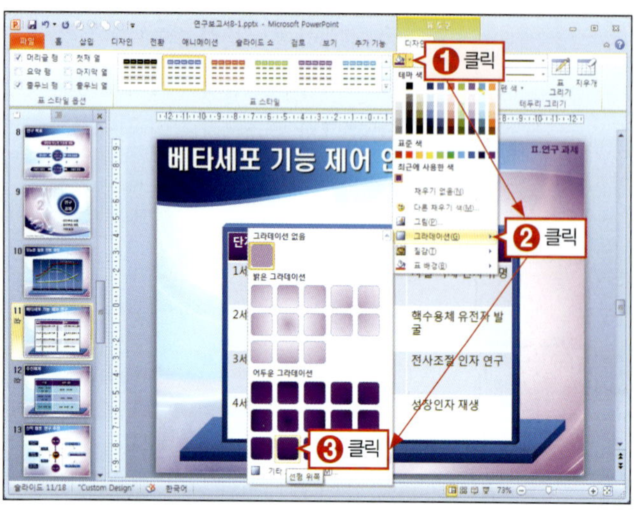

07

① 계속해서 [표 스타일] 그룹에서 **음영**을 클릭

②③ **그라데이션 – 선형 위쪽**을 선택해서 그라데이션 효과를 적용합니다.

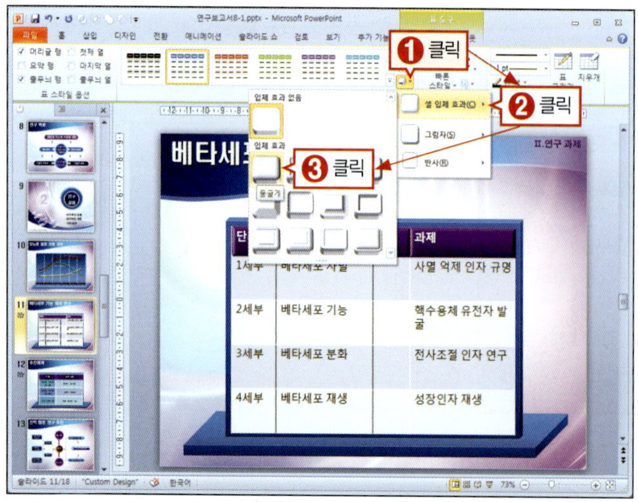

08

① [표 스타일] 그룹에서 **효과**를 클릭

②③ **셀 입체 효과 – 둥글게**를 선택해서 셀에 입체 효과를 적용합니다.

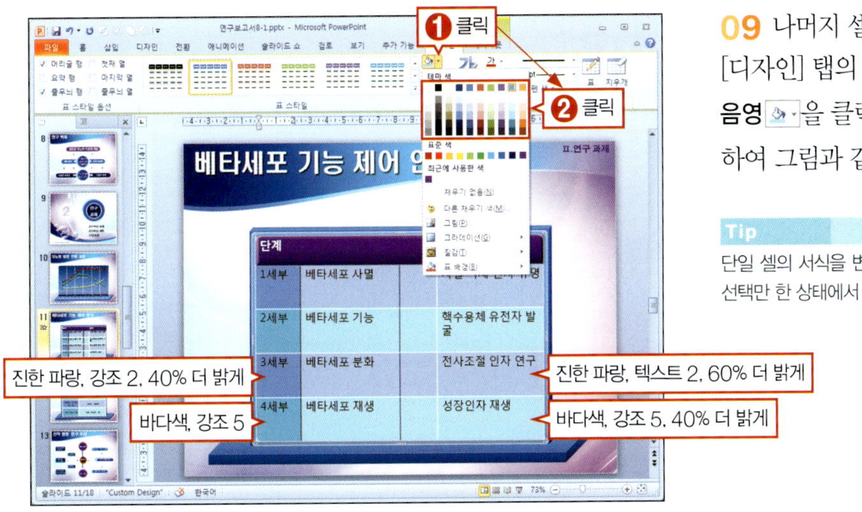

09 나머지 셀도 각각 선택하여 [디자인] 탭의 [표 스타일] 그룹에서 **음영** 을 클릭한 후 **적절한 색**을 선택하여 그림과 같이 셀에 색을 채웁니다.

Tip

단일 셀의 서식을 변경할 때에는 드래그할 필요 없이 셀을 선택만 한 상태에서 서식을 변경하면 됩니다.

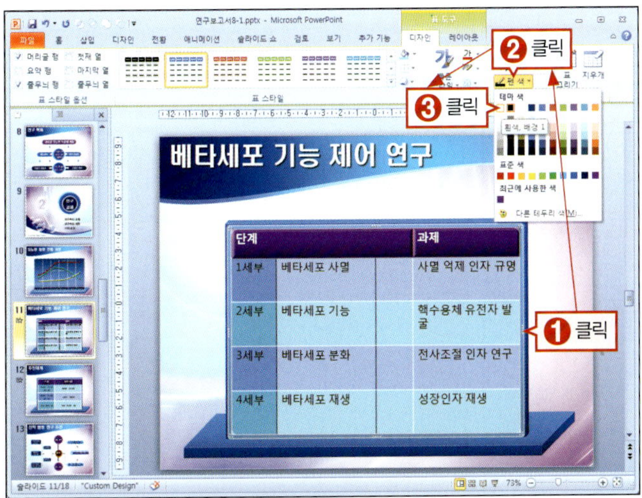

10 표의 테두리 스타일을 수정하겠습니다.

① **표 경계선**을 클릭해서 선택

②③ [디자인] 탭의 [테두리 그리기] 그룹에서 **펜 색** 을 클릭하고 **흰색, 배경 1**을 선택합니다.

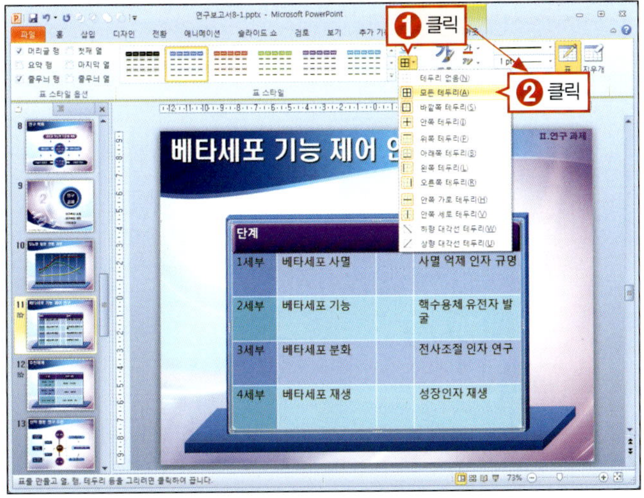

11

① [디자인] 탭의 [표 스타일] 그룹에서 **테두리** 를 클릭

② **모든 테두리**를 선택해서 모든 테두리를 흰색으로 바꿉니다.

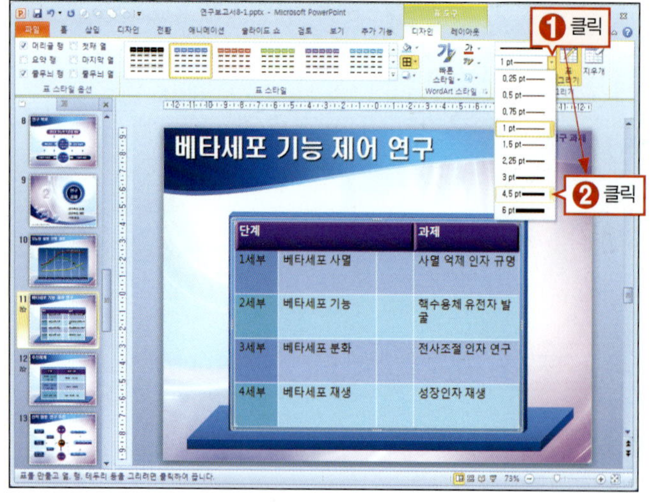

12

①② 계속해서 [테두리 그리기] 그룹에서 **펜 두께**를 클릭하고 4.5pt를 선택합니다.

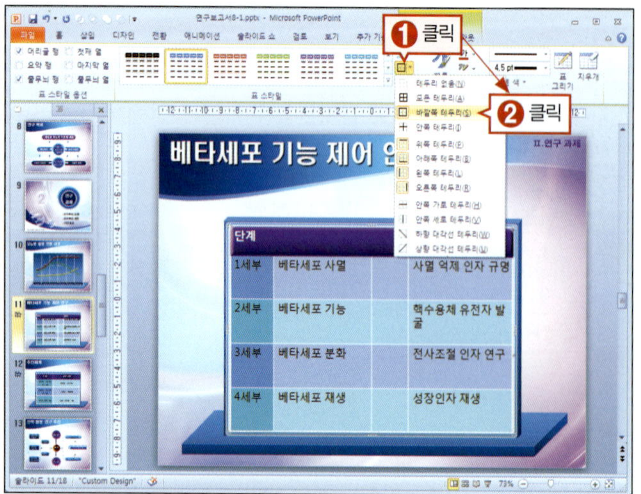

13

① [디자인] 탭의 [표 스타일] 그룹에서 **테두리**를 클릭

② **바깥쪽 테두리**를 선택해서 바깥쪽 테두리를 두껍게 설정합니다.

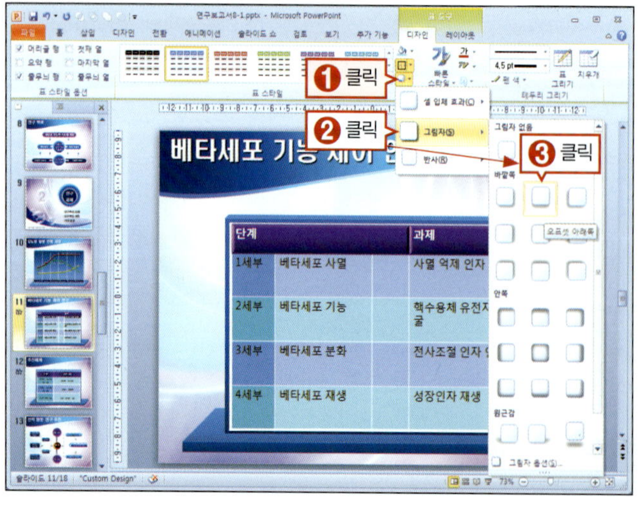

14

① [표 스타일] 그룹에서 **효과**를 클릭

②③ **그림자 – 바깥쪽** 영역의 **오프셋 아래쪽**을 선택해서 그림자 효과를 적용합니다.

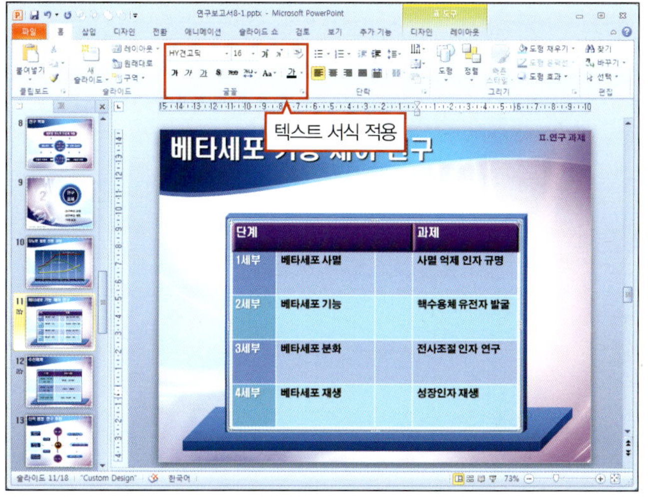

15 표에 입력한 **텍스트**를 드래그해서 선택하고 [홈] 탭의 [글꼴] 그룹에서 적당한 서식을 적용합니다.

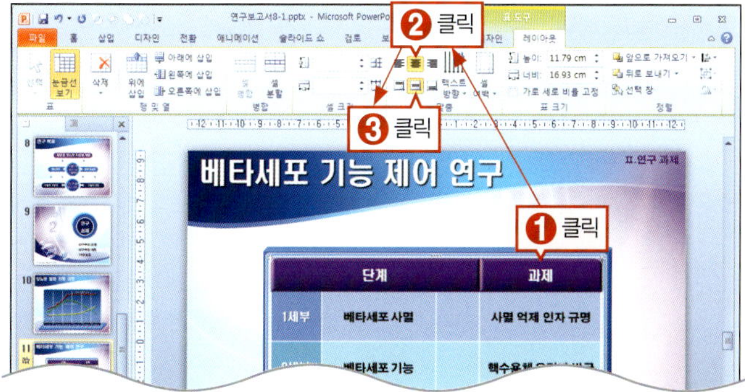

16

① **표**를 선택

②③ [레이아웃] 탭의 [맞춤] 그룹에서 **가운데 맞춤**과 **세로 가운데 맞춤**을 클릭합니다.
텍스트를 각 셀의 정 중앙에 오도록 정렬합니다.

17 셀에 그림을 삽입하겠습니다.

① '1세부'의 **빈 셀**을 클릭

②③ [디자인] 탭의 [표 스타일] 그룹에서 **음영**을 클릭한 후 **그림**을 선택

④⑤ **세포1.png**(CD:\파워포인트\7장\실습\이미지\)를 선택한 다음 **<삽입>**을 클릭해서 배경 그림을 삽입합니다.

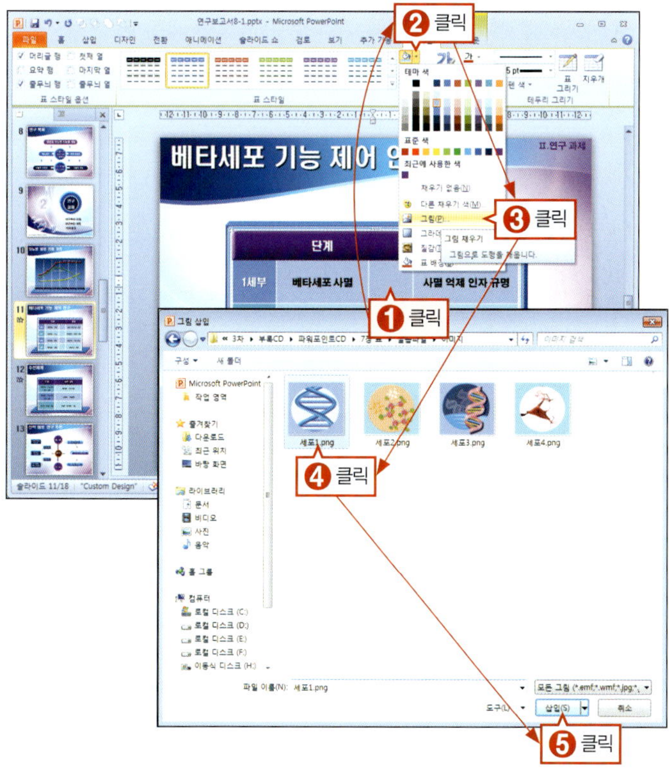

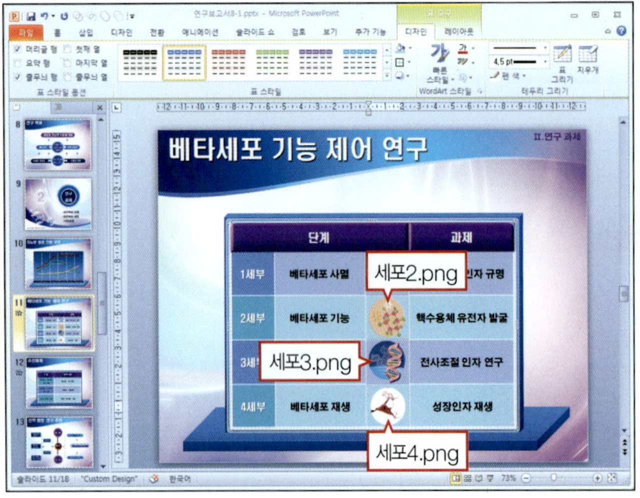

18 위와 같은 방법으로 각각 **세포2.png, 세포3.png, 세포4.png**를 셀에 삽입하여 표를 완성합니다.

함께해요 3. 표 레이아웃 자유롭게 변경하기

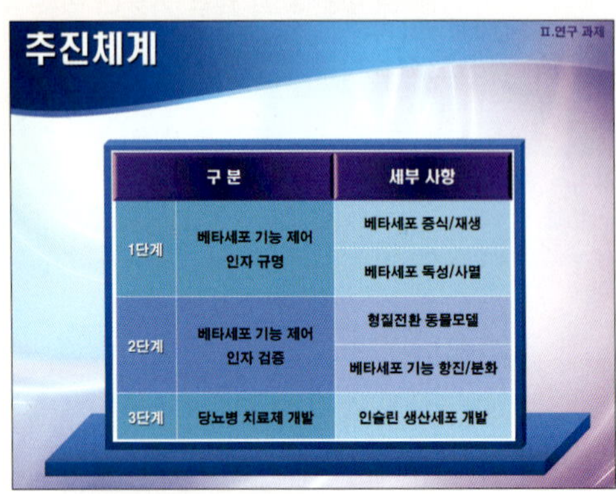

슬라이드를 완성한 후에는 오류는 없는지 빠진 부분은 없는지 다시 한 번 확인하는 과정을 거칩니다. 텍스트나 도형의 경우 쉽게 수정할 수 있지만 표의 경우 새로운 셀을 추가하거나 삽입할 때 어려움을 겪습니다. 하지만 [표 도구>레이아웃] 탭의 기능만 익히면 표의 레이아웃을 자유자재로 다루고 깔끔하게 정돈할 수 있습니다.

- **실습 파일** ⓒ:\파워포인트\7장\실습\연구보고서7-2.pptx
- **완성 파일** ⓒ:\파워포인트\7장\완성\연구보고서7-2.pptx

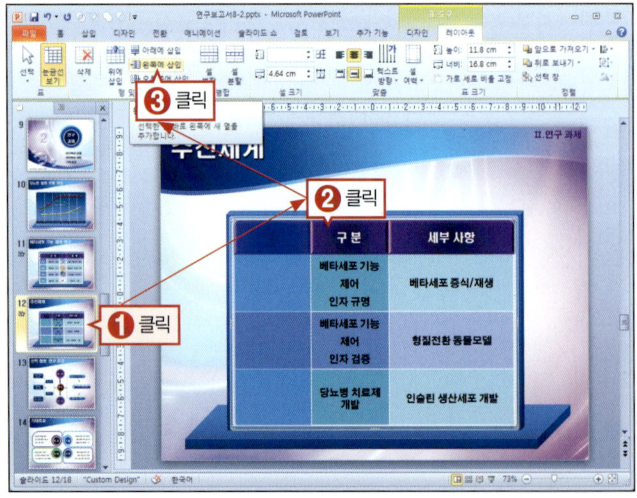

01

① 실습 파일 **12번 슬라이드**를 선택

② **왼쪽 위에 있는 셀**을 선택

③ [레이아웃] 탭의 [행 및 열] 그룹에서 **왼쪽에 삽입** 왼쪽에 삽입 을 클릭합니다. 선택한 셀 왼쪽에 열이 삽입됩니다.

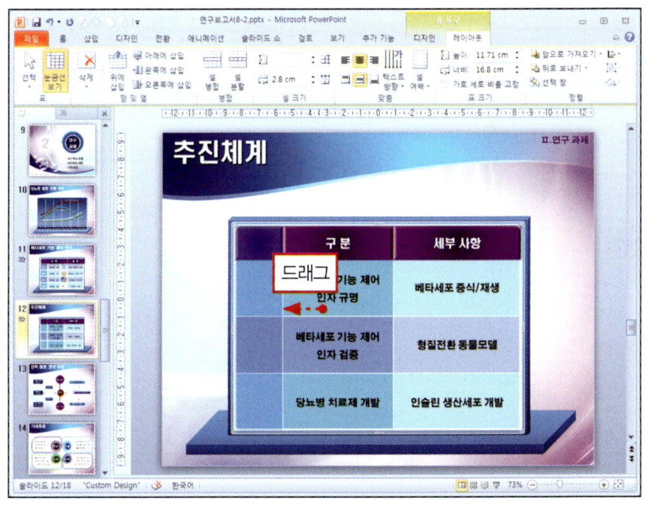

02 새로 삽입한 열과 기존 열 사이의 **구분선**을 왼쪽으로 **드래그**하여 열 간격을 조정합니다.

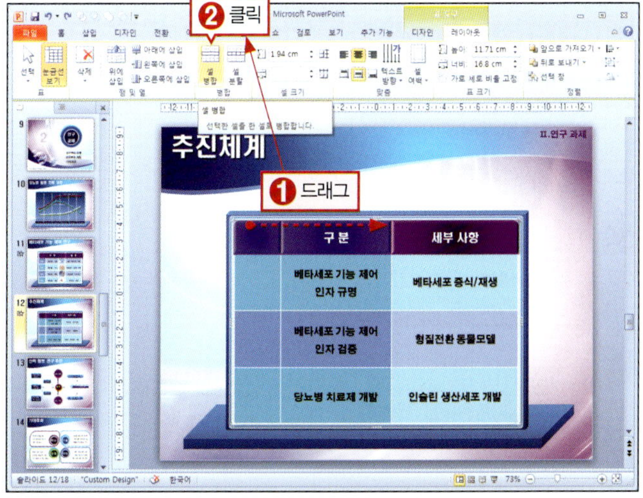

03

① 맨 위에 있는 **보라색 셀 두 개**를 드래그해서 선택

② [레이아웃] 탭의 [병합] 그룹에서 **셀 병합**을 클릭해서 선택한 셀을 하나로 합칩니다.

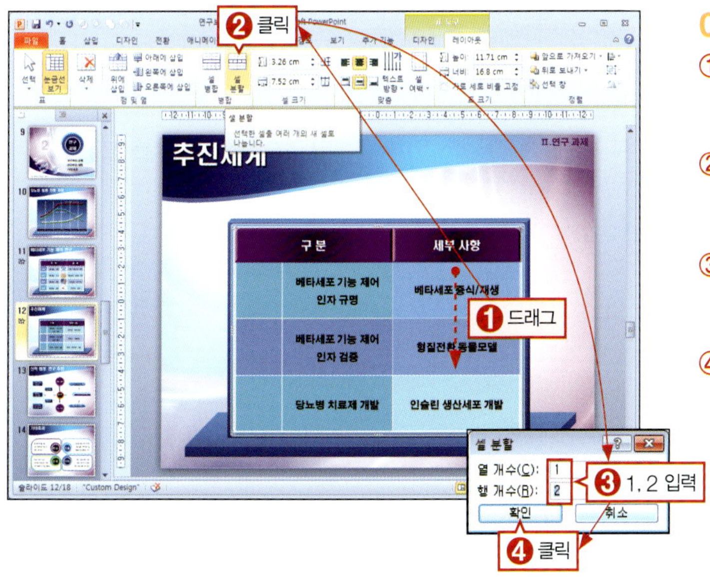

04

① 맨 오른쪽에서 **가운데 있는 셀 두 개**를 선택

② [레이아웃] 탭의 [병합] 그룹에서 **셀 분할**을 클릭

③ 셀 분할 대화상자에서 **열 개수**는 1, **행 개수**는 2로 설정

④ **〈확인〉**을 클릭합니다. 선택한 셀이 각각 두 개의 행으로 나눠집니다.

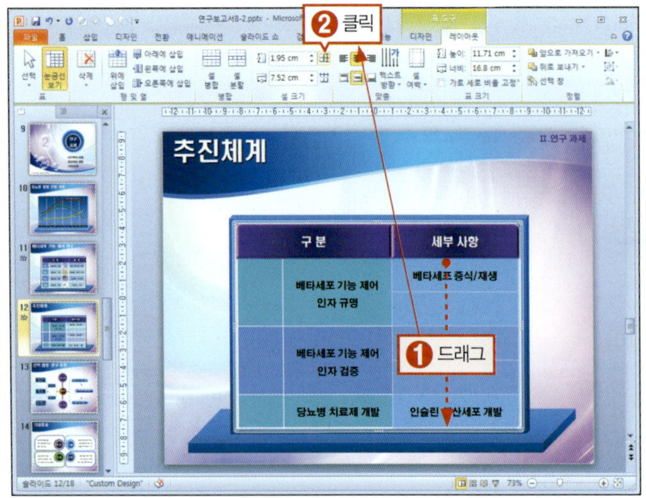

05

① 맨 오른쪽 셀에서 보라색을 뺀 나머지 **다섯 개**를 선택

② [레이아웃] 탭의 [셀 크기] 그룹에서 **행 높이를 같게** 를 클릭합니다. 선택한 셀의 높이가 모두 동일하게 바뀝니다.

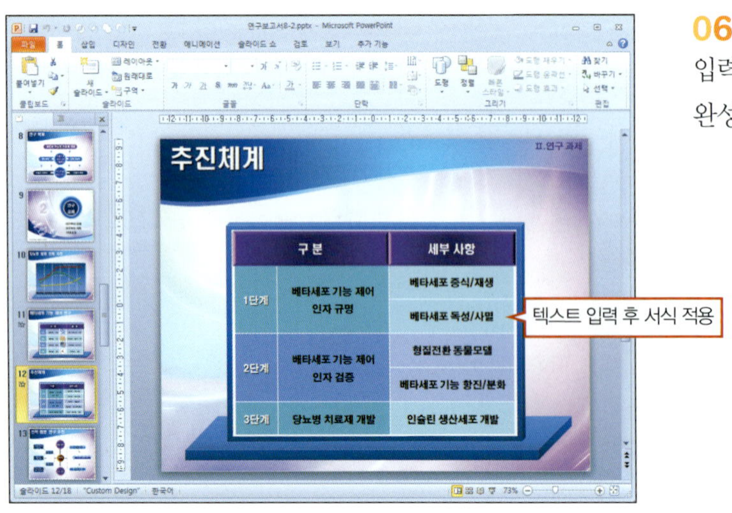

06

그림과 같이 적절한 텍스트를 입력한 후 서식을 적용하여 슬라이드를 완성합니다.

혼자 해보기 항목별 경제적 가치를 간략한 표로 나타내기

표를 삽입하고 셀 간격을 조절하거나 병합하여 원하는 형태로 만듭니다. 셀에 색을 채우고 입체 효과를 적용하는 등 서식을 설정합니다.

- 실습 파일 ⓞ:\파워포인트\7장\실습\이미지\혼자해보기7_실습.pptx
- 완성 파일 ⓞ:\파워포인트\7장\완성\이미지\혼자해보기7_완성.pptx

1 [삽입] 탭의 [표] 그룹에서 표를 클릭하고 **3×8 표**로 드래그하여 8행 3열의 표를 삽입합니다.

2 표의 맨 아래 셀을 선택하고 [레이아웃] 탭의 [행 및 열] 그룹에서 **아래에 삽입**을 클릭하여 행을 추가합니다.

3 맨 위에서 왼쪽 셀 두 개를 드래그해서 선택하고 [레이아웃] 탭의 [병합] 그룹에서 **셀 병합**을 클릭해서 하나로 합칩니다.

4 2~4행 맨 왼쪽 셀 3개를 드래그하고 [레이아웃] 탭의 [병합] 그룹에서 **셀 병합**을 클릭합니다. 마찬가지로 5~9행 맨 왼쪽 셀 5개를 셀 병합합니다.

5 완성된 표를 참조하여 셀 간격 및 위치를 조절하고 텍스트를 입력합니다.

6 맨 위에 있는 셀 두 개를 드래그하고 [디자인] 탭의 [표 스타일] 그룹에서 **음영**을 클릭합니다. 표준 영역에서 **파랑**을 선택하고 **그라데이션** – **선형 아래쪽**을 선택합니다.

7 맨 왼쪽 '시장적 가치'와 '비시장적 가치'를 입력한 셀을 드래그하고 [디자인] 탭의 [표 스타일] 그룹에서 **음영**을 클릭합니다. 표준 영역에서 **노랑**을 선택하고 **그라데이션** – **선형 오른쪽**을 선택합니다.

8 나머지 셀 열여섯 개를 드래그합니다. [디자인] 탭의 [표 스타일] 그룹에서 **음영**을 클릭하고 테마 색 영역에서 **흰색, 배경 1**을 선택합니다.

9 표를 선택합니다. [디자인] 탭의 [표 스타일] 그룹에서 **효과**를 클릭하고 **셀 입체 효과** – **부드럽게 둥글리기**를 선택합니다.

10 [레이아웃] 탭의 [맞춤] 그룹에서 **가운데 맞춤**과 **세로 가운데 맞춤**을 클릭하여 텍스트를 정렬합니다.

11 숫자를 입력한 셀만 선택하고 [레이아웃] 탭의 [맞춤] 그룹에서 **오른쪽 맞춤**을 클릭하여 오른쪽으로 정렬합니다.

12 [레이아웃] 탭의 [맞춤] 그룹에서 **셀 여백**을 클릭하고 **사용자 지정 여백**을 선택합니다. 안쪽 여백의 오른쪽에 "1.6"을 입력한 다음 〈확인〉을 클릭해서 숫자 셀 오른쪽에 여백을 적용합니다.

MEMO

CHAPTER 08

차트 슬라이드 만들기

값의 증감이나 기간별 변화 추이 등 복잡한 수치 데이터는 차트로 표현하면 내용을 빠르게 전달할 수 있습니다. 이러한 데이터를 단순 나열하거나 표로 나타내면 한참을 해석해야 하는 번거로움이 있습니다.
데이터를 차트로 표현할 때는 상황에 따라 적절한 종류의 차트를 선택하는 것이 중요합니다.
이번 챕터에서는 차트 선택 및 차트를 보다 효과적으로 활용하는 방법에 대해 알아보겠습니다.

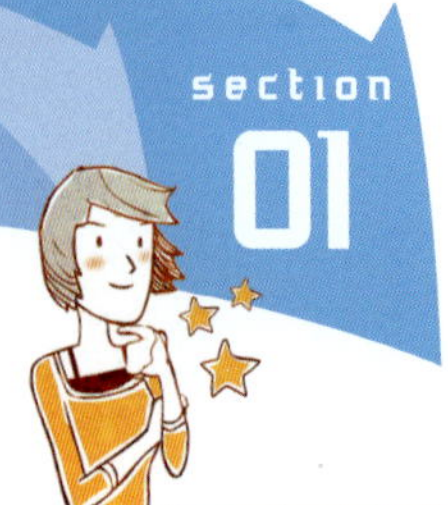

차트의 종류와 구성 요소 알아보기

• 차트 종류 • 차트 구성 요소

알아봐요 차트 선택하기

데이터 종류에 따라 적절한 차트를 사용해야 효과적으로 의미를 전달할 수 있습니다. 차트를 제대로 선택하려면 데이터의 내용을 제대로 파악해야 하며 데이터의 내용을 파악한 후에는 각 차트의 특징을 비교하여 적절한 차트를 사용합니다.

막대형 차트

항목별 또는 계열별 값의 증감을 파악하기 쉽습니다.

묶은 세로 막대형

계열을 항목별로 묶은 형태로, 각 항목별 계열 간 값의 차이를 한 눈에 확인할 수 있습니다.

누적 세로 막대형

묶은 세로 막대형의 계열을 위로 쌓아 올린 형태로 계열의 전체 합계를 파악하기 쉽습니다.

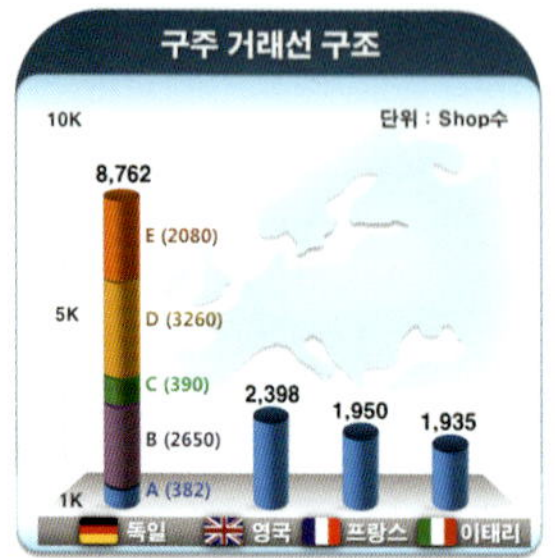

가로 막대형

세로 막대형과 같은 유형으로 항목이 많거나 항목 내용이 길 때 유용합니다.

꺾은선형 차트

항목별 변화량을 쉽게 파악하고 다음 값을 예측할 때 유리한 차트입니다. 기간별 변화량 등을 한 눈에 파악할 수 있습니다.

원형 차트

항목별 변화량 중 비율을 나타낼 때 주로 사용합니다. 항목의 설명을 범례로 표현하는 것 보다는 항목 이름과 백분율 등을 데이터 레이블로 표현하는 것이 좋습니다.

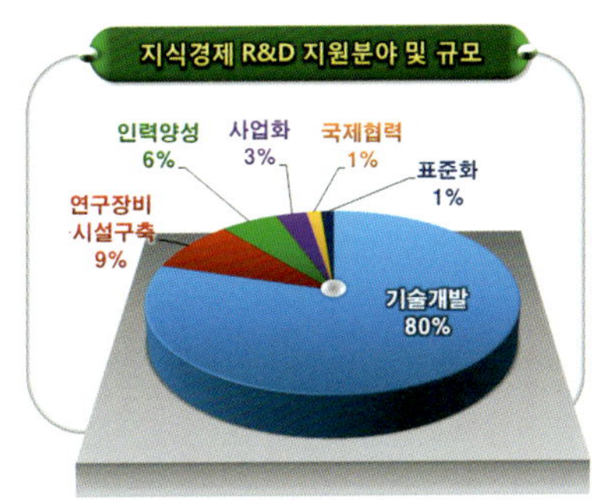

픽토그램 차트

파워포인트에서 기본으로 제공하는 형태는 아니지만 사람, 건물, 돈 등의 이미지를 이용하여 값의 크기를 차트로 표현한 형태입니다. 픽토그램은 차트의 종류 중 청중에게 가장 쉽게 내용을 전달할 수 있는 형태라고 할 수 있습니다.

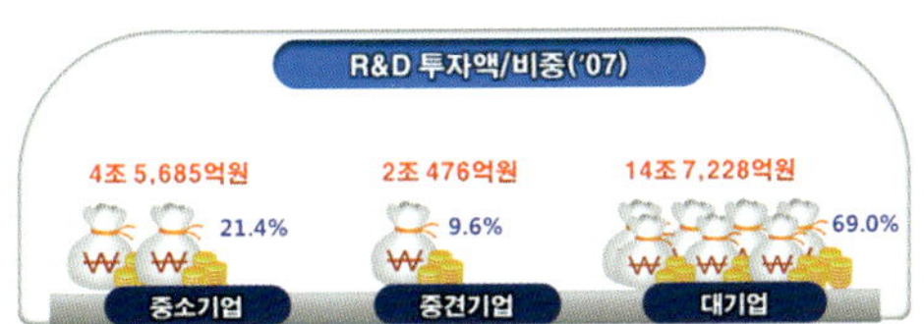

알아봐요 차트 레이아웃 살펴보기

하나의 차트에는 계열, 축, 범례, 데이터 레이블 등 다양한 구성 요소가 있습니다. 차트를 잘 다루려면 각 구성 요소의 명칭 및 의미를 제대로 알고 있어야 합니다.

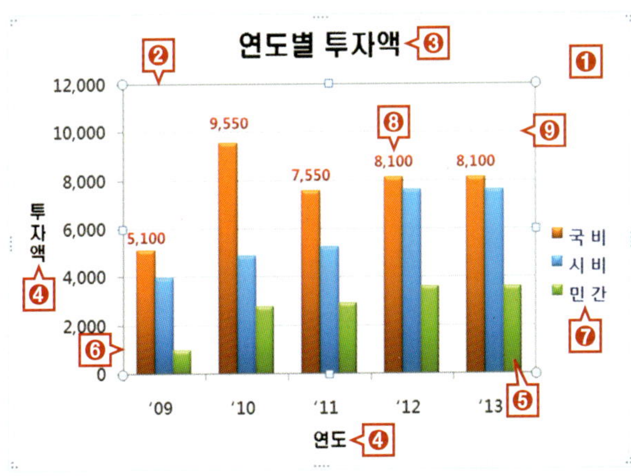

① **차트 영역** : 차트 전체 범위를 의미하며 차트 영역에서 텍스트 서식을 변경하면 전체 텍스트 서식이 변경됩니다.

② **그림 영역** : 계열(막대)을 둘러 싼 범위를 의미합니다.

③ **차트 제목** : 차트의 제목으로 생략이 가능합니다.

④ **축 제목** : '기본 가로 축 제목'과 '기본 세로 축 제목'을 의미하며 생략이 가능합니다.

⑤ **계열** : 같은 색의 막대가 하나의 계열이며 예제에서는 국비, 시비, 민간으로 3개의 계열이 있습니다. 계열 중 막대 하나를 '요소'라고 하며 각 계열의 요소를 하나씩 묶어 놓은 것을 '항목'이라고 합니다.

⑥ **축** : '기본 가로 축'은 항목을, '기본 세로 축'은 계열 값을 나타냅니다.

⑦ **범례** : 계열을 구분하는 색이나 모양을 계열 이름과 함께 표기합니다.

⑧ **데이터 레이블** : 모든 계열 혹은 일부 계열에 이름을 표기하는 것으로 계열 값, 항목 이름, 계열 이름, 백분율 등을 표시합니다.

⑨ **눈금선** : 가로/세로 방향에 주 눈금선 혹은 보조 눈금선을 표시할 수 있습니다. 예제에서는 계열 값을 쉽게 알 수 있도록 가로 방향의 주 눈금선만 표시했습니다.

차트로 데이터 표현하기

• 차트 삽입하기 • 데이터 편집 • 차트 레이아웃 • 차트 스타일 • 계열 서식
• 차트 종류 변경 • 행/열 전환 • 차트 서식 저장하기

함께해요 1. 막대형 차트 만들기

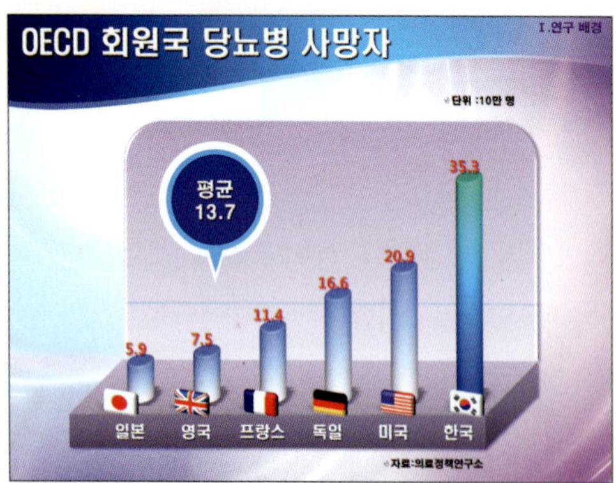

항목을 비교할 때 가장 잘 표현할 수 있는 그래프가 막대형 차트입니다. 가로축에 항목을 나열하고 세로축에 값을 입력한 세로 막대형 차트를 사용해도 좋지만 항목의 이름이 길 때는 가로 막대형 차트를 이용하는 것이 좋습니다. 차트 기능을 이용하여 상황에 맞게 가로나 세로 막대형 차트를 만들고 레이아웃이나 서식을 자유롭게 수정할 수도 있습니다.

• **실습 파일** ◎:\파워포인트\8장\실습\연구보고서8-1.pptx
• **완성 파일** ◎:\파워포인트\8장\완성\연구보고서8-1.pptx

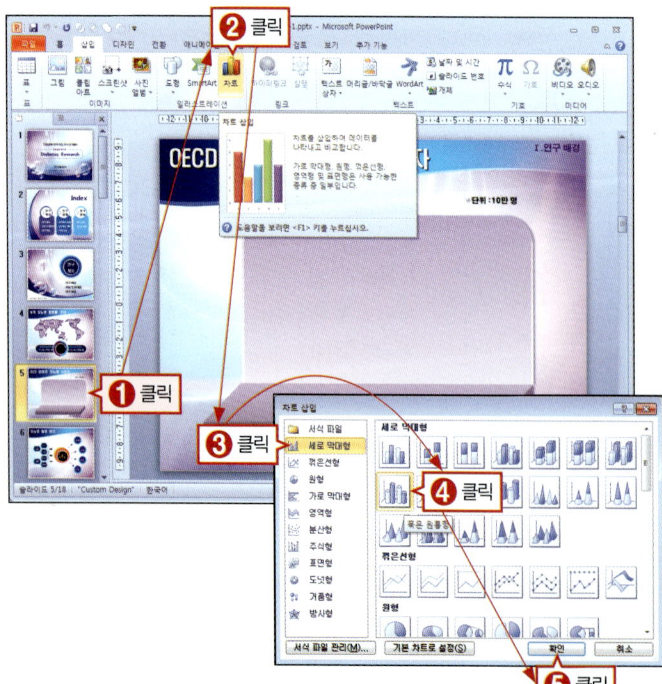

01

① 실습 파일 **5번 슬라이드**를 선택

② [삽입] 탭의 [일러스트레이션] 그룹에서 **차트**를 클릭

③④ **세로 막대형** 항목을 클릭하고 **묶은 원통형**을 선택

⑤ 〈**확인**〉을 클릭해서 차트를 삽입합니다.

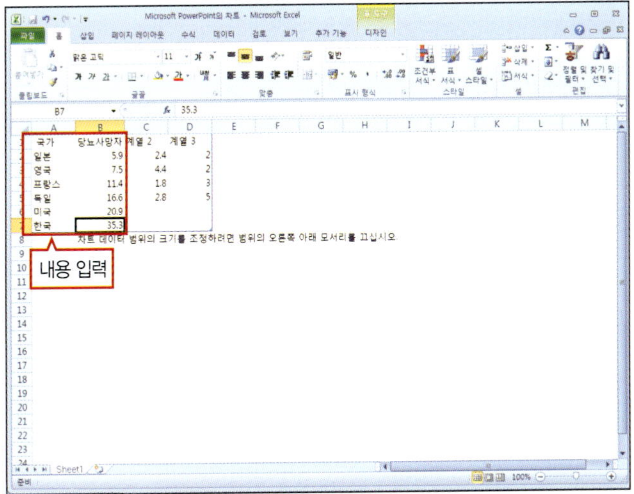

02 엑셀 시트가 나타나면 A열과 B열에 다음과 같이 데이터를 입력합니다.

국가	당뇨사망자
일본	5.9
영국	7.5
프랑스	11.4
독일	16.6
미국	20.9
한국	35.3

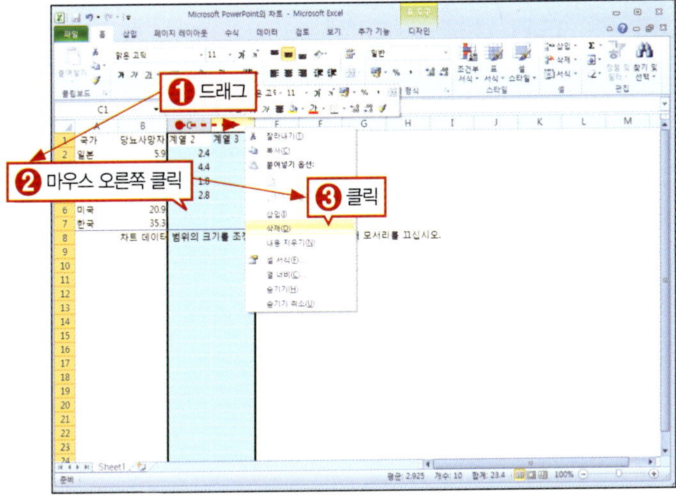

03

① **C열과 D열 머리글**을 드래그

②③ 마우스 오른쪽 버튼을 클릭하고 **삭제**를 선택해서 불필요한 열을 삭제합니다.

Tip

데이터의 범위를 나타내는 파란색 선을 조정하여 차트로 표현할 항목을 변경할 수 있습니다.

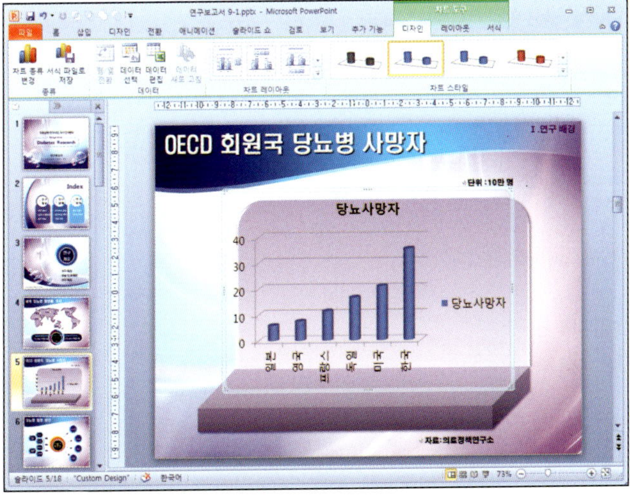

04 데이터 편집을 마치고 엑셀 문서를 닫으면 변경한 데이터가 차트에 적용됩니다.

Tip

데이터를 수정할 때는 [디자인] 탭의 [데이터] 그룹에서 '데이터 편집'을 클릭합니다.

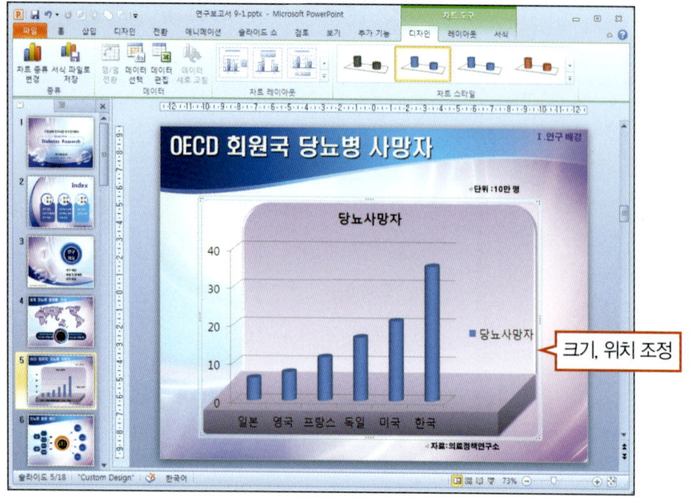

05 차트의 **경계선**을 드래그하여 그림과 같이 크기와 위치를 조정합니다.

Tip

크기를 조정할 때는 경계선에서 작은 점이 있는 부분(크기 조정 핸들)을 드래그하고 위치를 옮길 때는 점이 없는 경계선을 드래그합니다.

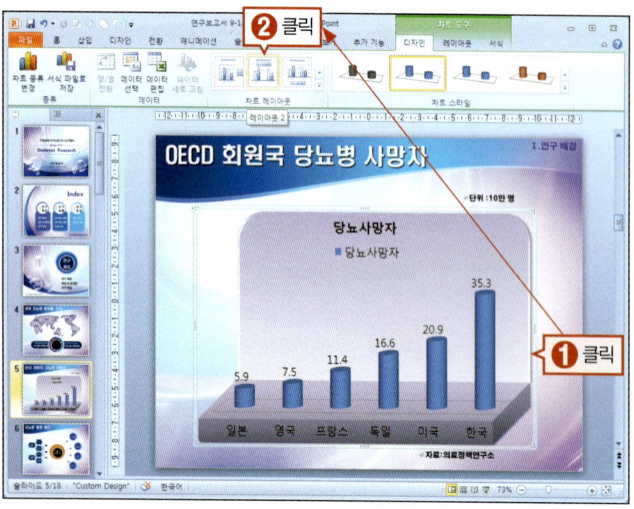

06

① **차트**를 선택

② [디자인] 탭의 [차트 레이아웃] 그룹에서 **레이아웃 2**를 선택해서 차트 레이아웃을 바꿉니다.

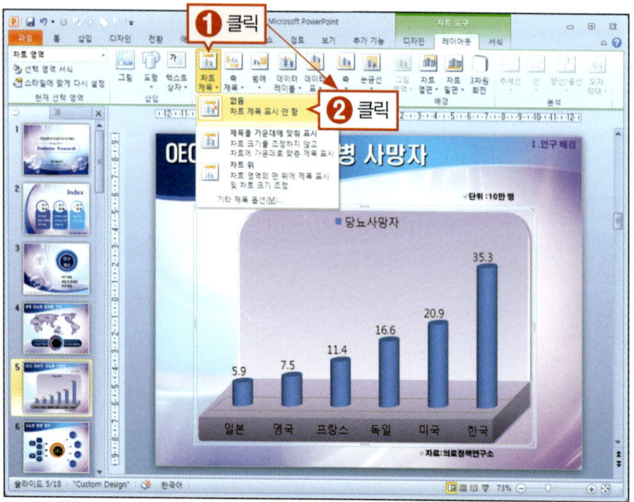

07

① [레이아웃] 탭의 [레이블] 그룹에서 **차트 제목**을 클릭

② **없음**을 선택해서 차트 제목을 없앱니다.

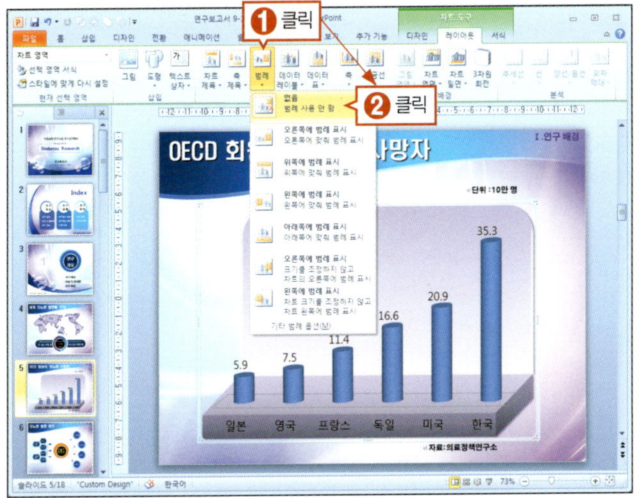

08

① [레이블] 그룹에서 **범례**를 클릭

② **없음**을 선택해서 범례도 없앱니다.

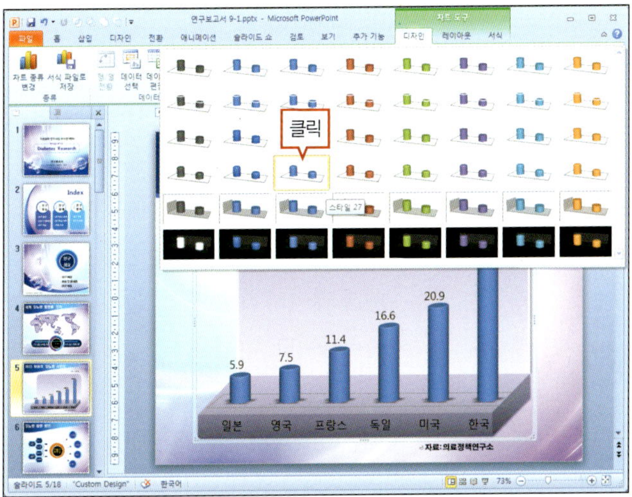

09 차트 스타일을 변경하겠습니다. [디자인] 탭의 [차트 스타일] 그룹에서 **자세히**를 클릭하고 **스타일 27**을 선택합니다.

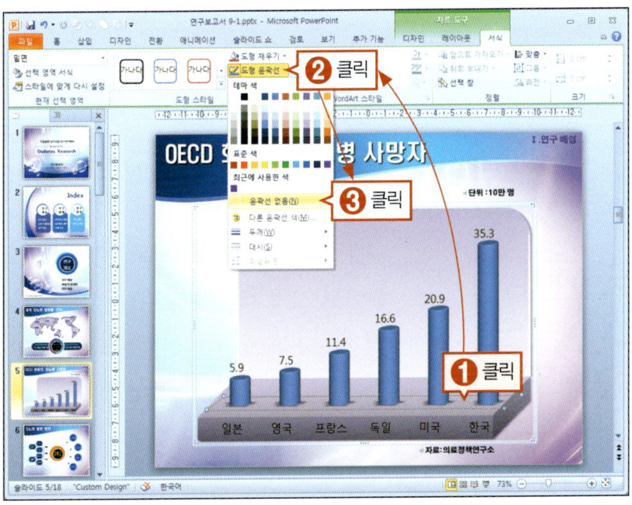

10

① **밑면**을 선택

②③ [서식]탭의 [도형 스타일] 그룹에서 **도형 윤곽선** 도형 윤곽선 을 클릭하고 **윤곽선 없음**을 선택합니다.

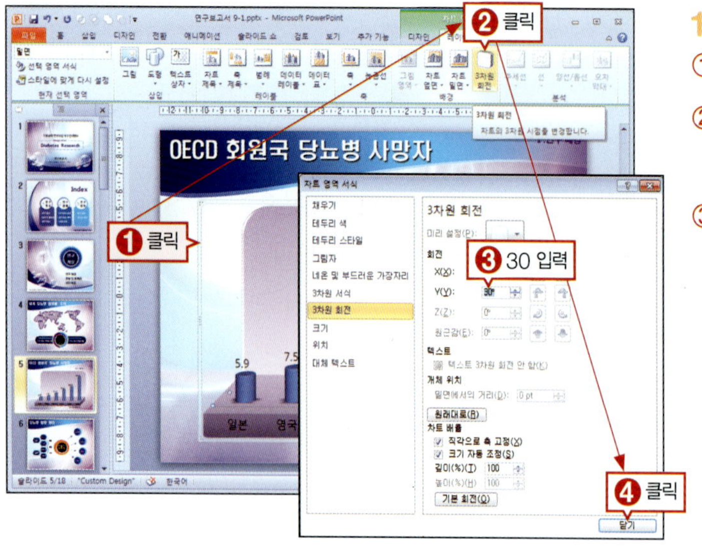

11

① **차트**를 선택

② [레이아웃] 탭의 [배경] 그룹에서 **3차원 회전**을 클릭

③④ 회전 영역에서 Y축을 30으로 입력하고 〈**닫기**〉를 클릭해서 3차원 회전 값을 조정합니다.

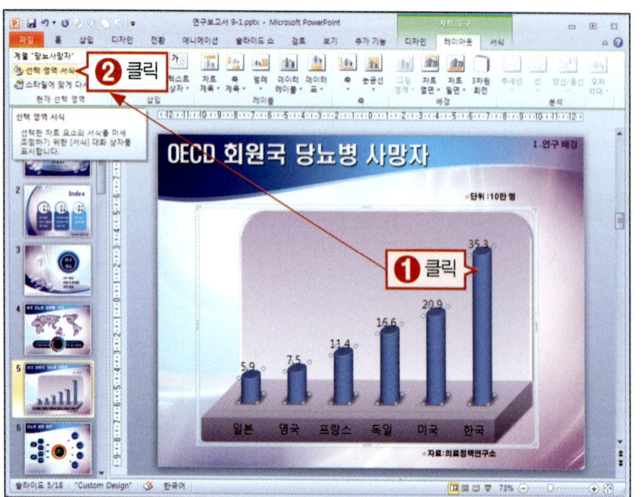

12 데이터 계열의 서식을 변경하겠습니다.

① **임의의 원통 막대**를 클릭해서 동일한 계열 막대를 모두 선택

② [레이아웃] 탭의 [현재 선택 영역] 그룹에서 **선택 영역 서식**을 클릭해서 데이터 계열 서식 대화상자를 불러옵니다.

Tip

데이터 계열 중 하나를 클릭하면 동일한 계열이 모두 선택되며 모두 선택된 상태에서 한 번 더 클릭하면 해당 항목만 선택됩니다.

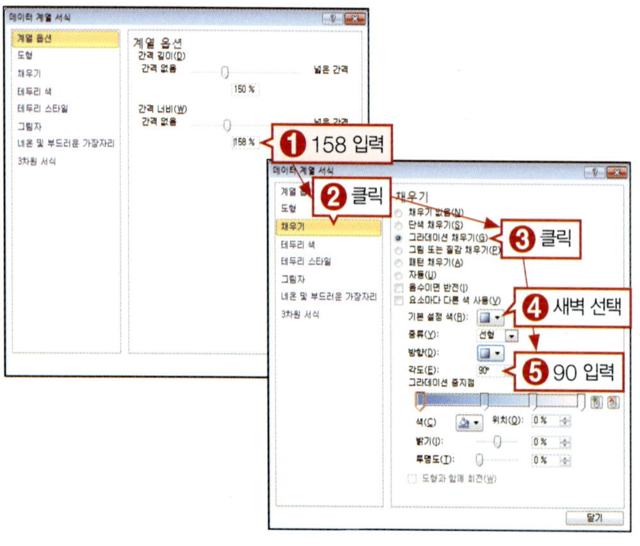

13

① 계열 옵션 항목에서 간격 너비를 158%로 조정

②③ **채우기** 항목에서 **그라데이션 채우기**를 선택

④⑤ 기본 설정 색을 **새벽**, 각도를 90°로 설정하여 계열 간 간격과 채우기 색을 변경합니다.

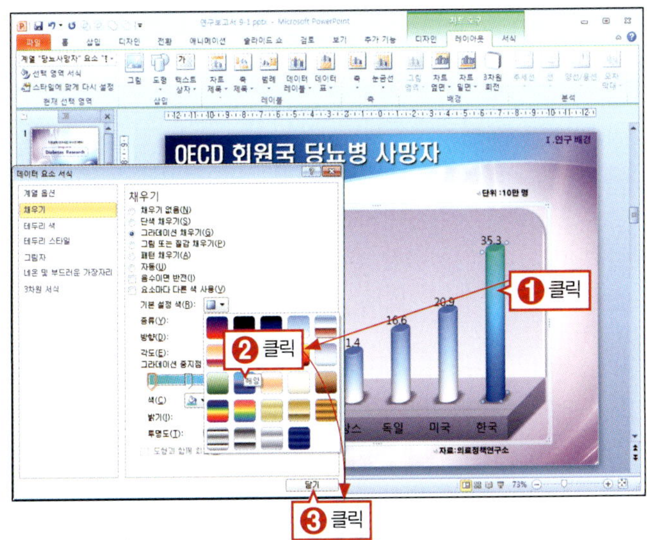

14

① 대화상자를 띄운 상태에서 **한국**의 막대만 한 번 더 클릭해서 선택

②③ 채우기 항목에서 기본 설정 색을 **해양**으로 선택하고 **〈닫기〉**를 클릭합니다.

한국만 색을 달리하여 강조했습니다.

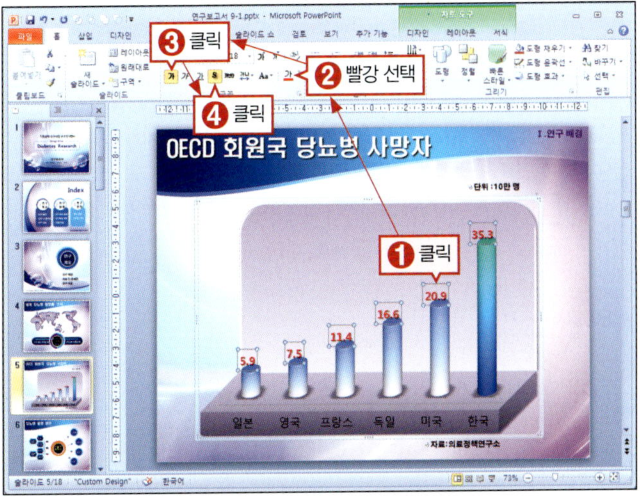

15

① **데이터 레이블**을 선택

② [홈] 탭의 [글꼴] 그룹에서 글꼴 색을 표준 색 영역의 **빨강**으로 설정

③④ **굵게**와 **텍스트 그림자**를 클릭합니다.

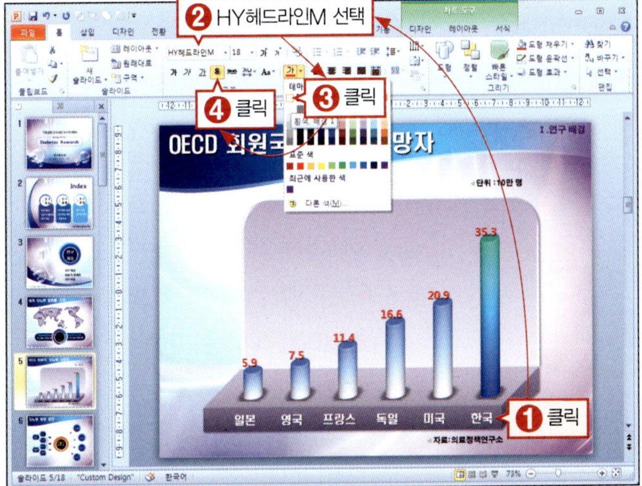

16

① 아래쪽에 있는 **항목 이름**을 선택

②③ [홈] 탭의 [글꼴] 그룹에서 글꼴을 HY헤드라인M, 글꼴 색을 **흰색, 배경 1**로 설정

④ **텍스트 그림자**를 클릭합니다.

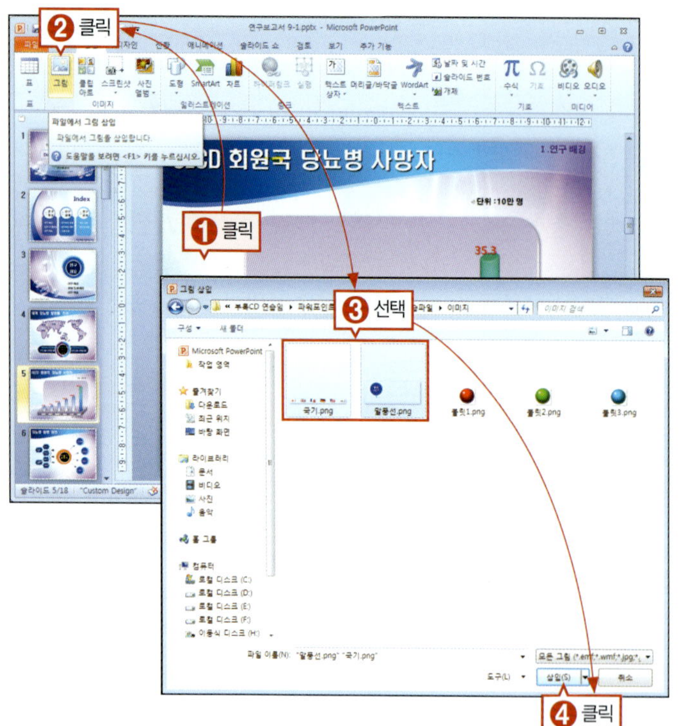

17

① 슬라이드 **빈 곳**을 클릭

② [삽입] 탭의 [이미지] 그룹에서 **그림**을 클릭

③④ **국기.png, 말풍선.png** (CD:\파워포인트\8장\실습\이미지)를 선택한 후 **<삽입>**을 클릭합니다.

Tip

차트가 선택된 상태에서 그림을 삽입하면 차트 안에 그림이 삽입됩니다. 그러므로 슬라이드 빈 곳을 클릭하여 차트가 선택되지 않은 상태에서 그림을 삽입합니다.

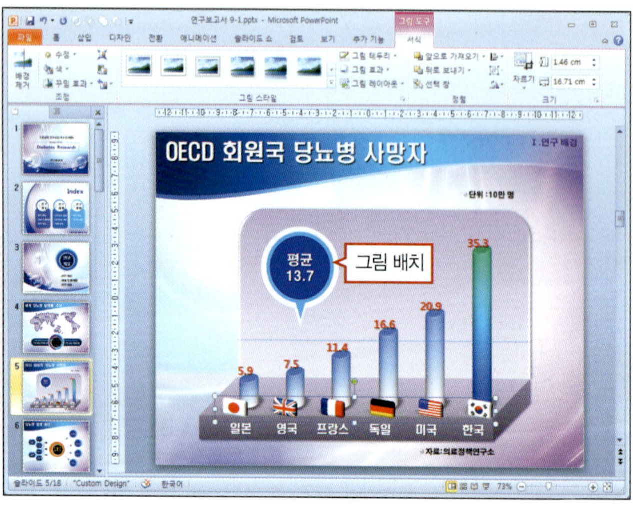

18

삽입한 그림 파일을 그림과 같이 배치합니다.

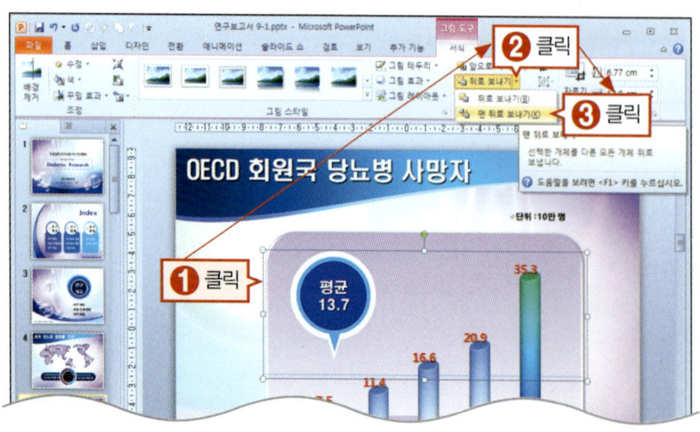

19

① **말풍선 개체**를 선택

②③ [서식] 탭의 [정렬] 그룹에서 **뒤로 보내기**를 클릭한 다음 **맨 뒤로 보내기**를 선택해서 선 그림이 막대 뒤에 배치되도록 조정합니다.

함께해요 2. 꺾은선형 차트 만들기

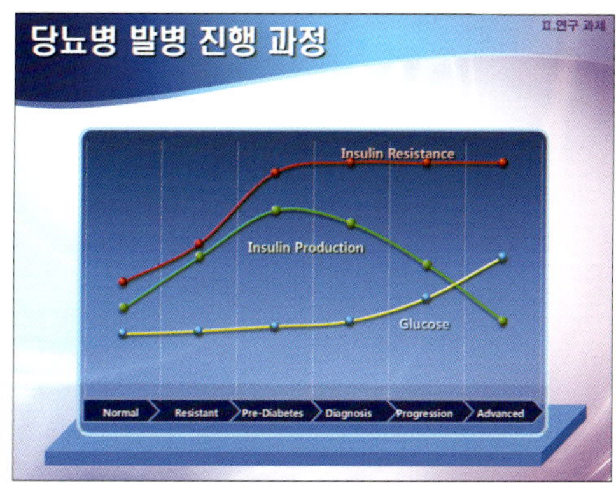

꺾은선형 차트는 간결하면서 추이의 증감을 뚜렷하게 보여 주기 때문에 막대형 차트 못지 않게 많이 사용합니다. 꺾은선형 차트를 만들었을 때 계열에 해당하는 추이선이 지나치게 많으면 내용 파악이 오히려 더 어렵게 되므로 계열의 수를 유의해서 만들어야 합니다.

- **실습 파일** ⓒ:\파워포인트\8장\실습\연구보고서8-2.pptx
- **완성 파일** ⓒ:\파워포인트\8장\완성\연구보고서8-2.pptx

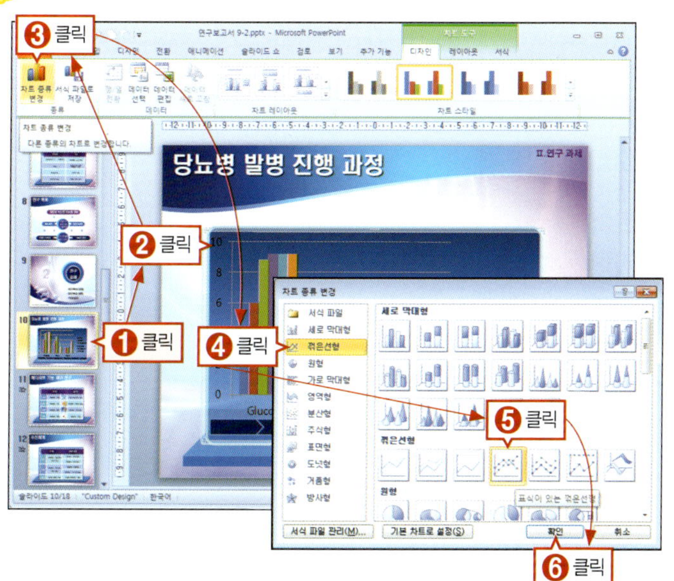

01 막대형 차트를 꺾은선형으로 바꾸겠습니다.

①② **10번 슬라이드**를 선택하고 **차트**를 선택

③ [디자인] 탭의 [종류] 그룹에서 **차트 종류 변경**을 클릭

④⑤ **꺾은선형** 항목을 클릭하고 **표식이 있는 꺾은선형**을 선택

⑥ <**확인**>을 클릭합니다.

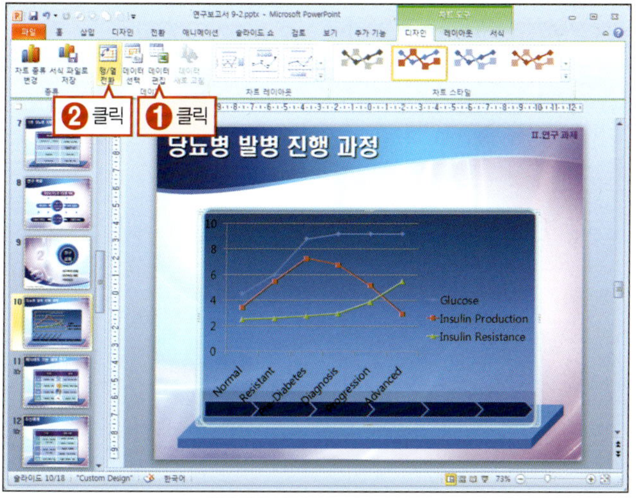

02 차트의 행/열을 전환하겠습니다.

①② [디자인] 탭의 [데이터] 그룹에서 **데이터 편집**을 클릭한 후 **행/열 전환**을 클릭합니다.

Tip

차트의 데이터가 있는 엑셀 창이 닫혀 있으면 행/열 전환이 되지 않습니다. 그러므로 '데이터 편집'을 먼저 클릭해서 엑셀 창을 띄운 후 엑셀 창을 닫지 않은 상태에서 파워포인트로 돌아와 행/열을 전환합니다.

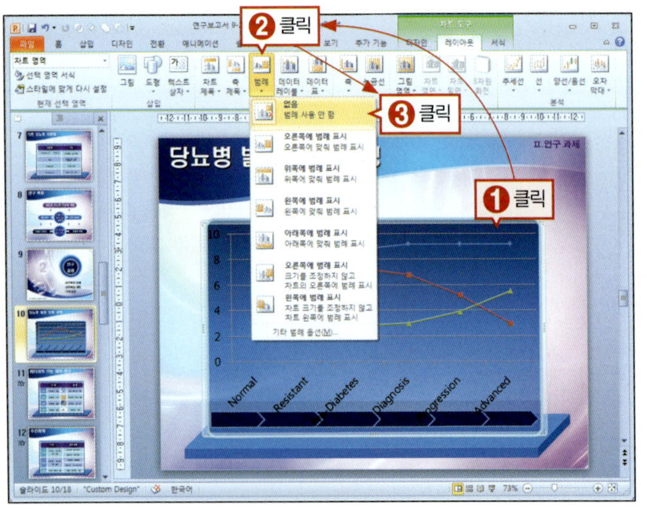

03

① **차트**를 선택

②③ [레이아웃] 탭의 [레이블] 그룹에서 **범례**를 클릭하고 **없음**을 선택해서 범례를 없앱니다.

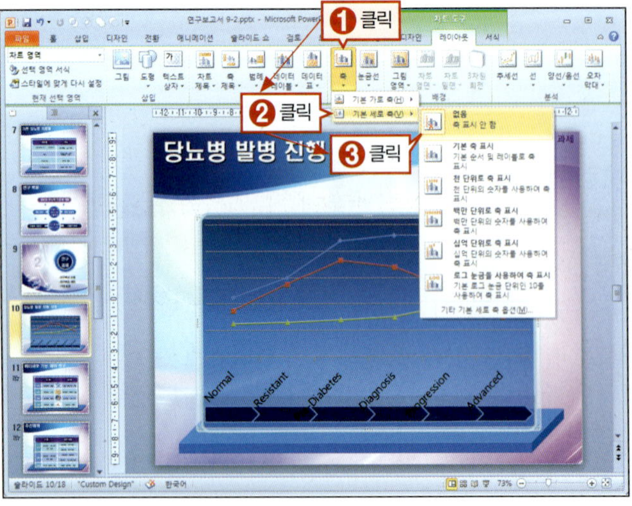

04

① [축] 그룹에서 **축**을 클릭

②③ **기본 세로 축 – 없음**을 선택해서 세로 축을 없앱니다.

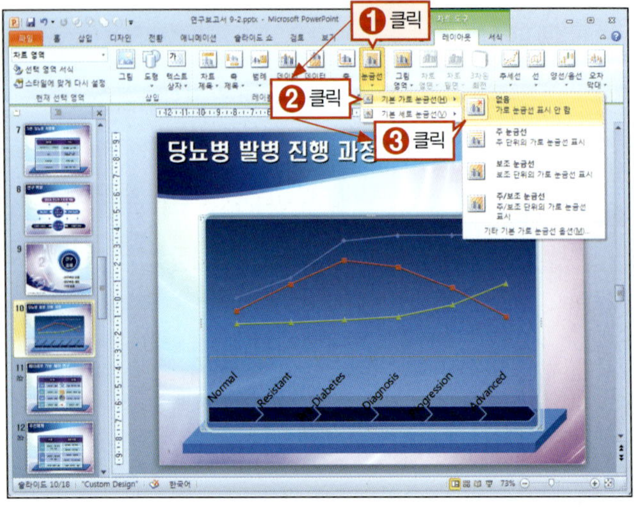

05

① [축] 그룹에서 **눈금선**을 클릭

②③ **기본 가로 눈금선 – 없음**을 선택해서 가로 눈금선을 없앱니다.

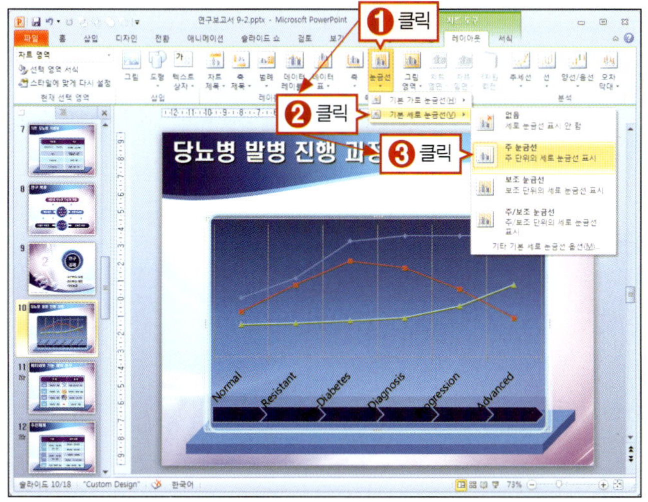

06

① [축] 그룹에서 **눈금선**을 클릭

②③ **기본 세로 눈금선 – 주 눈금선**을 선택해서 세로 눈금선을 표시합니다.

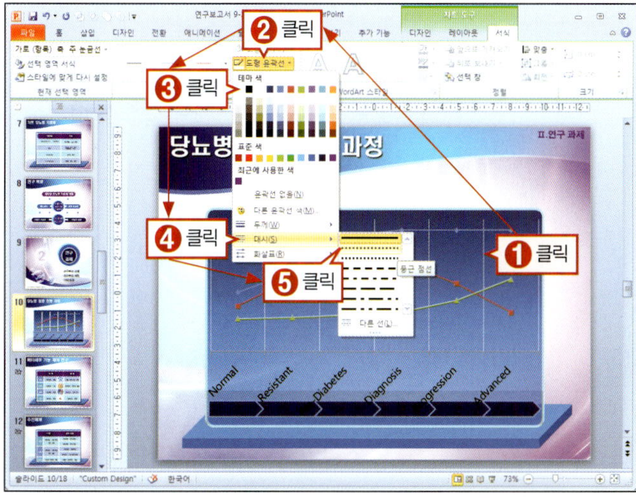

07

① **눈금선**을 선택

②③ [서식] 탭의 [도형 스타일] 그룹에서 **도형 윤곽선**을 클릭하고 **흰색, 배경 1**을 선택해서 눈금선의 색을 바꿉니다.

④⑤ **대시 – 둥근 점선**을 선택해서 눈금선을 점선으로 바꿉니다.

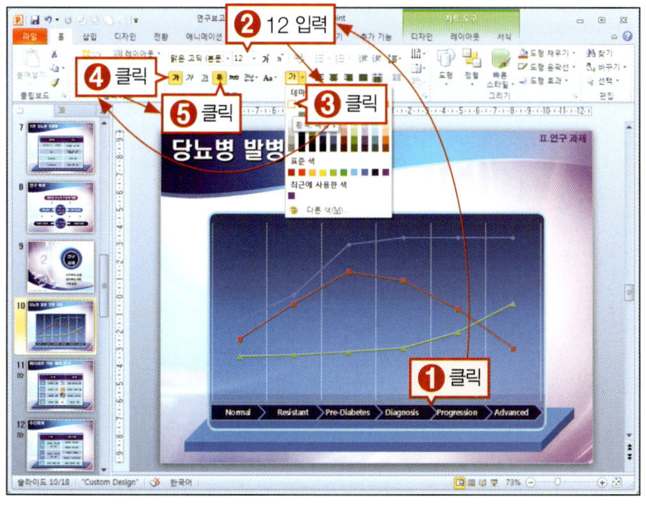

08

① **항목 축**을 선택

②③ [홈] 탭의 [글꼴] 그룹에서 글꼴 크기를 12, 글꼴 색을 **흰색, 배경 1**로 설정

④⑤ **굵게**, **텍스트 그림자**를 클릭합니다.

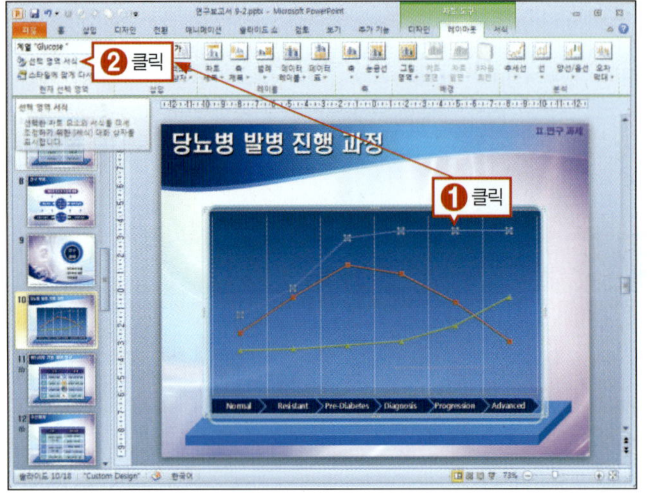

09 각 계열의 서식을 수정하겠습니다.

① **맨 위에 있는 계열**을 선택

② [레이아웃] 탭의 [현재 선택 영역] 그룹에서 **선택 영역 서식**을 클릭해서 데이터 계열 서식 대화상자를 불러옵니다.

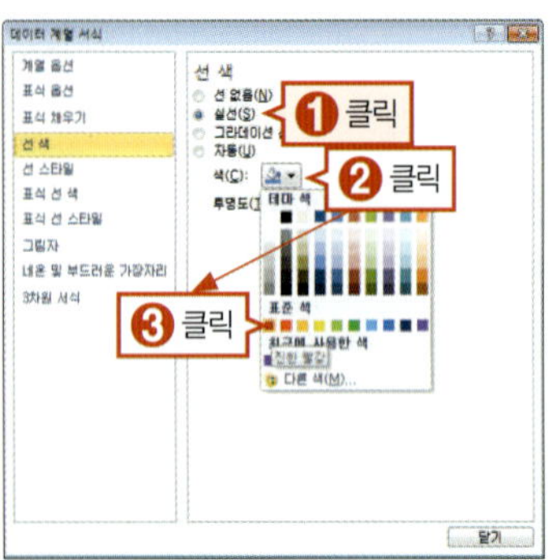
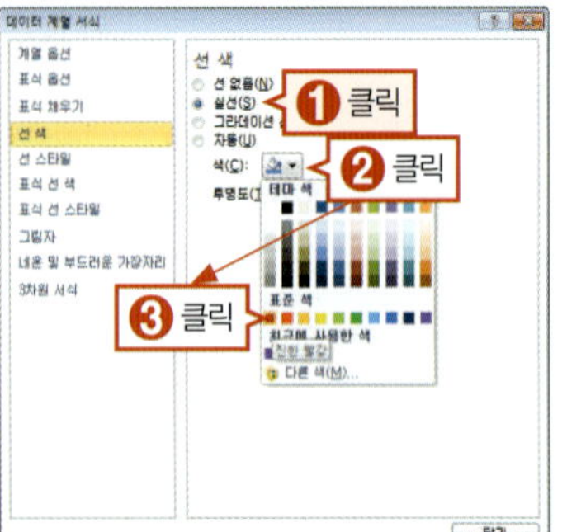

10

① 선 색 항목에서 **실선**을 선택

②③ **색**을 표준 색 영역의 **진한 빨강**으로 선택합니다.

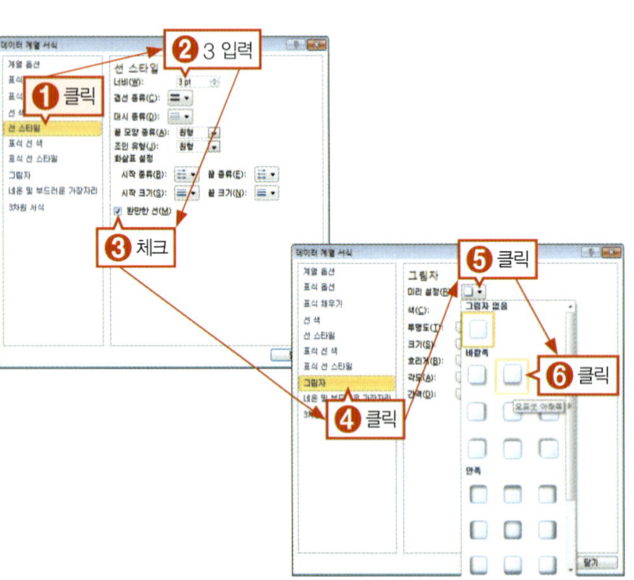

11

① **선 스타일** 항목을 선택

②③ 너비를 3pt로 설정하고 **완만한 선**에 체크

④ **그림자** 항목을 선택

⑤⑥ 미리 설정을 바깥쪽 영역의 **오프셋 아래쪽**으로 설정합니다.

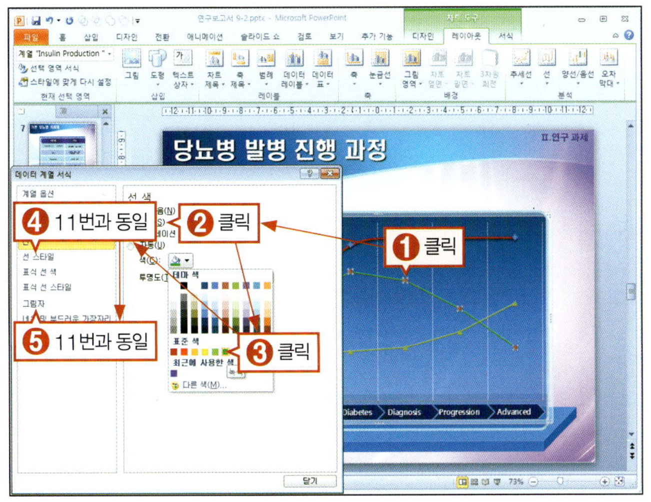

12

① 데이터 계열 서식 대화상자가 띄워져 있는 상태에서 **가운데 있는 계열**을 선택

②③ 선 색 항목에서 **실선**을 선택하고, 색을 표준 색 영역의 **녹색**으로 선택

④⑤ **선 스타일** 항목과 **그림자** 항목은 **11번 과정**과 동일하게 설정합니다.

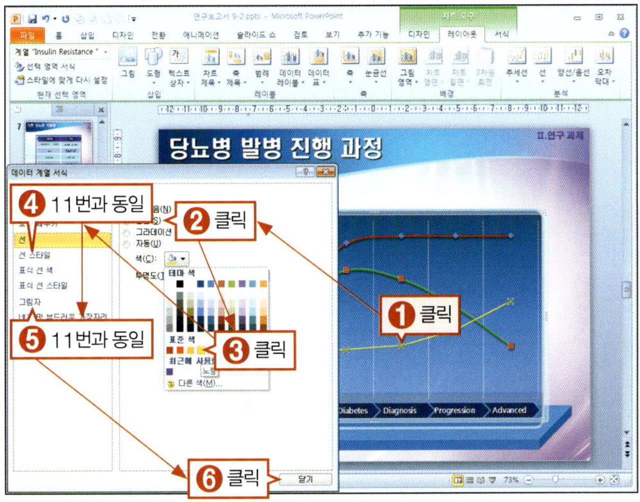

13

① **맨 아래 있는 계열**을 선택

②③ 선 색 항목에서 **실선**을 선택하고, 색을 표준 색 영역의 **노랑**으로 선택

④⑤ **선 스타일** 항목과 **그림자** 항목은 **11번 과정**과 동일하게 설정

⑥ <닫기>를 클릭해서 계열 서식 수정을 마칩니다.

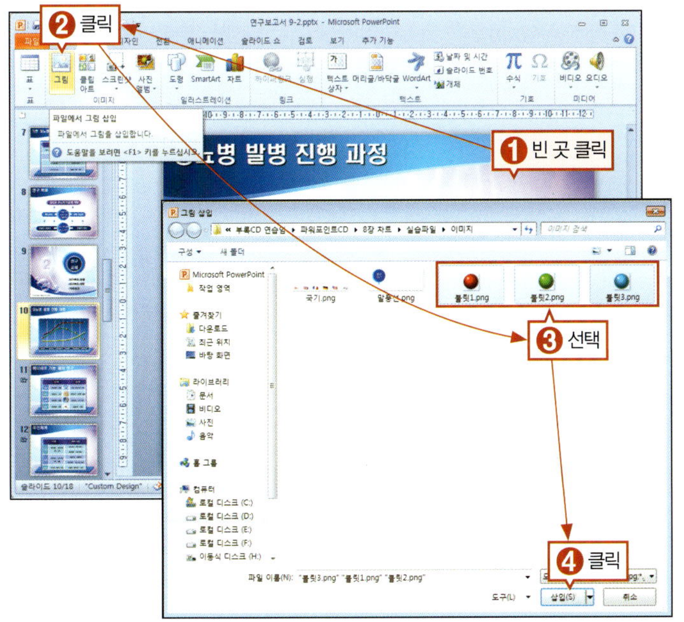

14

① 슬라이드 **빈 곳**을 클릭

② [삽입] 탭의 [이미지] 그룹에서 **그림**을 클릭

③④ **블릿1.png, 블릿2.png, 블릿3.png**(CD:\파워포인트\8장\실습\이미지\)를 선택한 후 <삽입>을 클릭합니다.

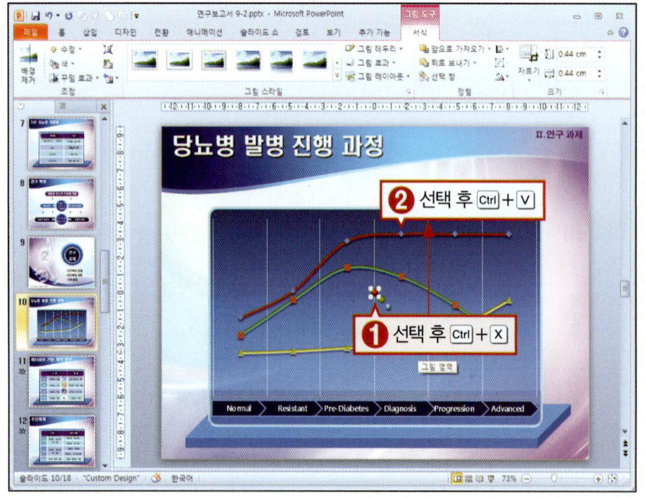

15

① **빨간색 블릿** 이미지를 선택한 다음 Ctrl+X를 눌러 잘라냄

② **첫 번째 계열**을 선택한 후 Ctrl+V를 눌러 블릿 이미지를 붙여 넣으면 표식이 모두 바뀝니다.

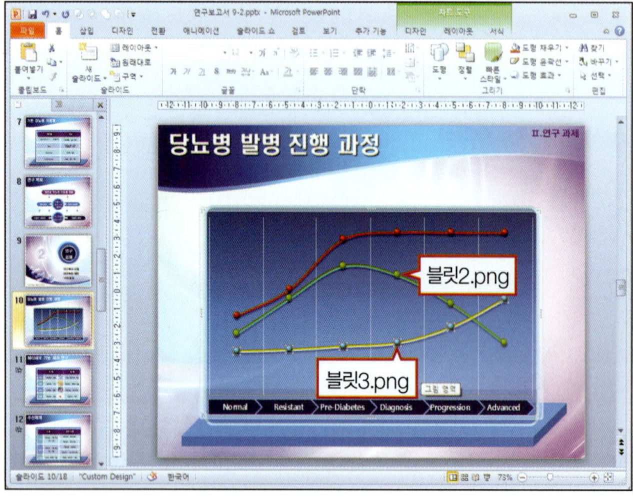

16 같은 방법으로 나머지 블릿 이미지를 잘라 내어 **두 번째 계열은 초록**, **세 번째 계열은 파랑**으로 붙여 넣습니다.

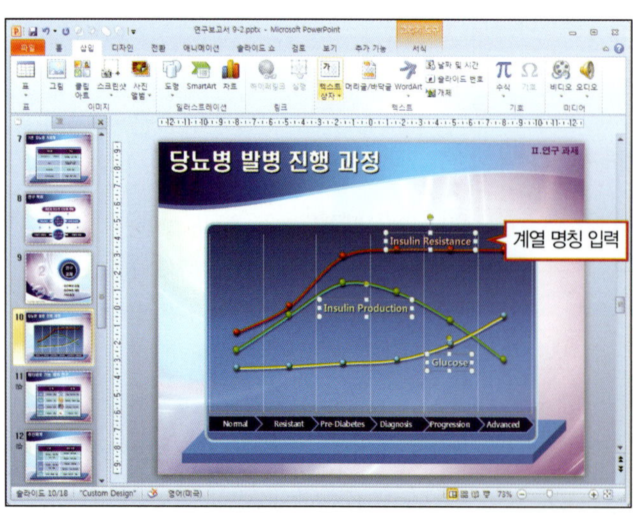

17 [삽입] 탭의 [텍스트] 그룹에서 텍스트 상자를 이용하여 각 계열의 명칭을 입력해서 꺾은선형 차트 슬라이드를 완성합니다.

Note 차트 서식 저장하여 다른 차트에 적용하기

특정 차트에 적용한 서식을 저장해 놓았다가 다른 차트에 서식을 적용하면 차트 작성 시간을 단축할 수 있습니다.

• **실습 파일** ◎:\파워포인트\8장\실습\차트 서식 복사.pptx

1 **1번 슬라이드**에서 차트를 선택하고 [디자인] 탭의 [종류] 그룹에서 **서식 파일로 저장**을 클릭합니다. 파일 이름을 적당하게 수정하고 〈저장〉을 클릭합니다.

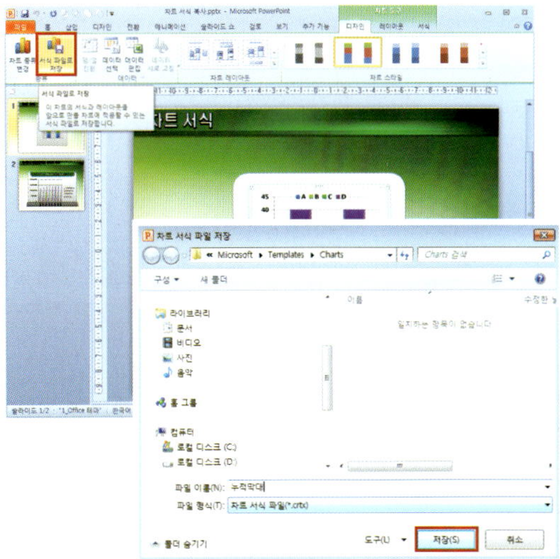

2 **2번 슬라이드**에서 차트를 선택하고 [디자인] 탭의 [종류] 그룹에서 **차트 종류 변경**을 클릭합니다. 서식 파일 항목을 클릭하고 앞서 저장한 서식을 선택한 후 〈확인〉을 클릭해서 서식을 적용합니다.

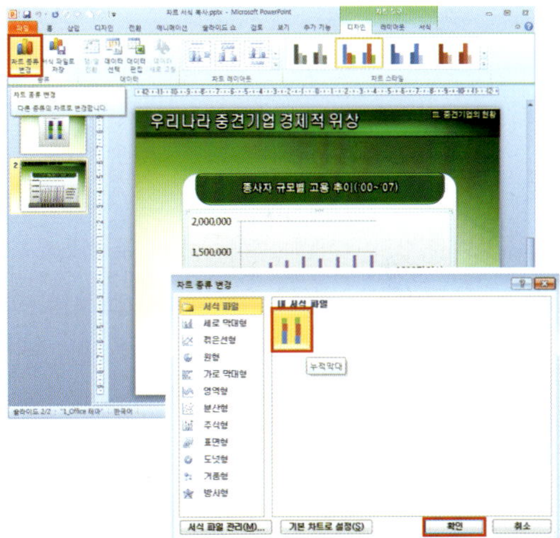

차트 서식이 제대로 적용되지 않으면 [디자인] 탭의 [데이터] 그룹에서 **데이터 편집**을 클릭해서 데이터 원본인 엑셀 창을 띄우면 제대로 적용됩니다.

혼자 해보기 원형 차트로 종목별 파급 효과 나타내기

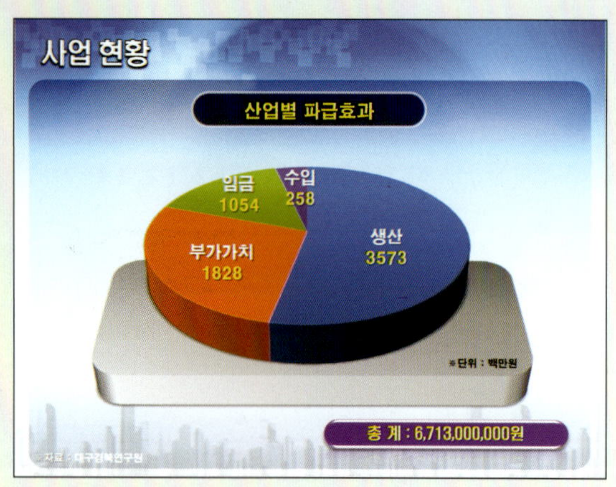

계열이 하나이며 각 항목간의 차이를 비교할 때는 원형 차트가 효과적입니다. 엑셀 시트에 데이터를 입력하여 원형 차트를 만들고 차트 스타일을 적용하여 꾸밉니다. 상황에 맞게 레이블을 제거하거나 추가합니다.

- **실습 파일** ◎:\파워포인트\8장\실습\혼자해보기8_실습.pptx
- **완성 파일** ◎:\파워포인트\8장\완성\혼자해보기8_완성.pptx

1 [삽입] 탭의 [일러스트레이션] 그룹에서 **차트**를 클릭합니다. 원형 항목에서 **3차원 원형**을 선택한 후 〈확인〉을 클릭합니다.

2 엑셀 시트에 다음과 같이 입력합니다.

	유발액
생산	3573
부가가치	1828
임금	1054
수입	258

3 [레이아웃] 탭의 [레이블] 그룹에서 **차트 제목**, **범례**를 각각 클릭하고 **없음**을 선택해서 해당 레이블을 제거합니다.

4 [레이아웃] 탭의 [레이블] 그룹에서 **데이터 레이블**을 클릭하고 **기타 데이터 레이블 옵션**을 선택합니다. 레이블 옵션 항목에서 **항목 이름**, **값**에 체크하고 레이블 위치는 **안쪽 끝에**, 구분 기호는 **(줄 바꿈)**으로 설정한 다음 〈닫기〉를 클릭합니다.

5 차트의 크기와 위치를 조정합니다.

6 [디자인] 탭의 [차트 스타일] 그룹에서 **자세히**를 클릭하고 **스타일 26**을 선택합니다.

7 원형을 선택한 다음 '부가가치' 항목만 다시 선택합니다. [서식] 탭의 [도형 스타일] 그룹에서 **도형 채우기**를 클릭하고 테마 색 영역에서 **주황, 강조 6, 25% 더 어둡게**를 선택합니다.

8 차트에 입력된 텍스트를 드래그하여 선택하고 적절한 텍스트 서식을 적용합니다.

CHAPTER 09

애니메이션 및 화면 전환 효과

애니메이션이나 화면 전환 효과 등의 동적 효과를 사용하면 청중의 시선을 사로잡는 프레젠테이션을 만들 수 있습니다.
산만할 정도로 지나치게 사용하면 역효과가 발생할 수 있으므로 개체 별 특징을 제대로 파악하여 적당한 애니메이션을 적용합니다.
이번 챕터에서는 발표의 흐름이나 순서에 따라 적절하게 애니메이션을 사용하여 청중의 이해를 돕는 방법과 화면 전환 효과 및 하이퍼링크 설정에 대해 배우겠습니다.

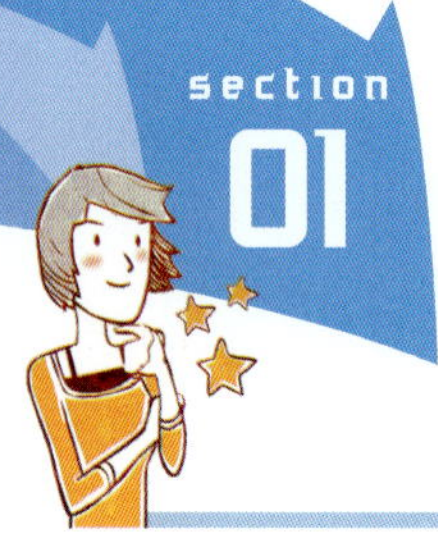

애니메이션 설정하기

• 나타내기 애니메이션 • 애니메이션 효과 옵션 • 타이밍 • 애니메이션 복사 • 애니메이션 창 • 강조 애니메이션
• 끝내기 애니메이션 • 이동 경로 애니메이션 • 스마트아트 애니메이션 • 텍스트 애니메이션

함께해요 1. 나타내기 애니메이션

애니메이션의 종류로는 크게 나타내기, 강조, 끝내기, 이동 경로가 있습니다. 이 중에서 가장 흔하게 사용하는 애니메이션이 나타내기입니다. 처음에는 보이지 않다가 사용자가 지정한 형태의 움직임으로 슬라이드에 나타나는 애니메이션을 '나타내기 애니메이션'이라고 합니다.

• **실습 파일** ◎:\파워포인트\9장\실습\교육 설명회.pptx
• **완성 파일** ◎:\파워포인트\9장\완성\교육 설명회.pptx

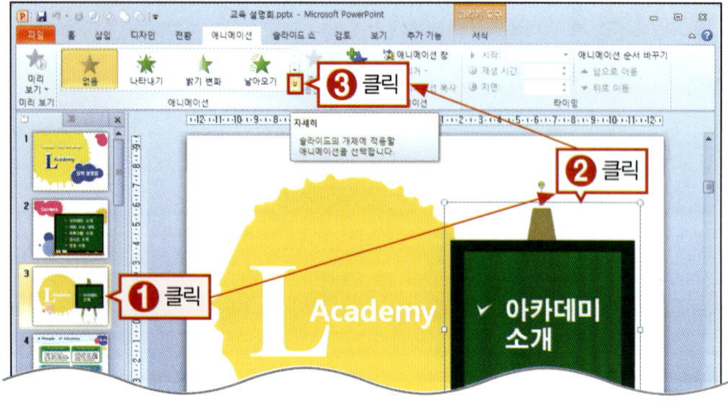

01
① 실습 파일 **3번 슬라이드**를 선택
② **칠판 개체**를 선택
③ [애니메이션] 탭의 [애니메이션] 그룹에서 **자세히**를 클릭해서 애니메이션 목록을 펼칩니다.

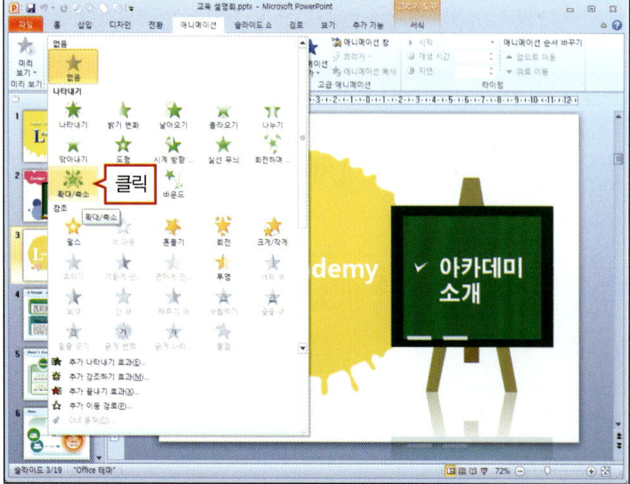

02 나타내기 영역에서 **확대/축소**를 선택해서 애니메이션을 적용합니다.

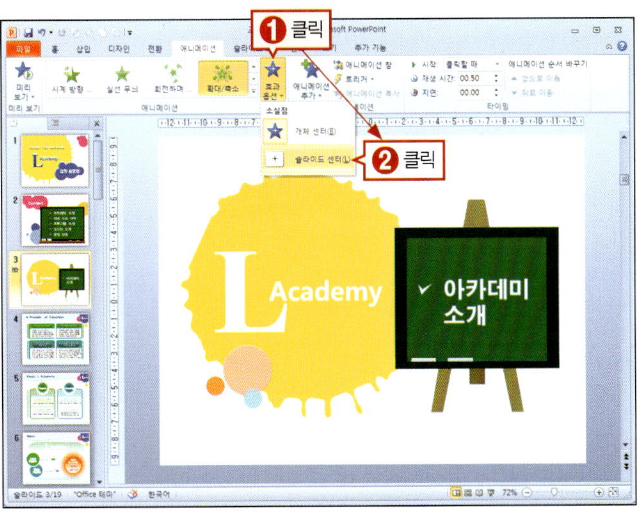

03 애니메이션 옵션을 변경하겠습니다.

①② [애니메이션] 탭의 [애니메이션] 그룹에서 **효과 옵션**을 클릭하고 **슬라이드 센터**를 선택합니다.

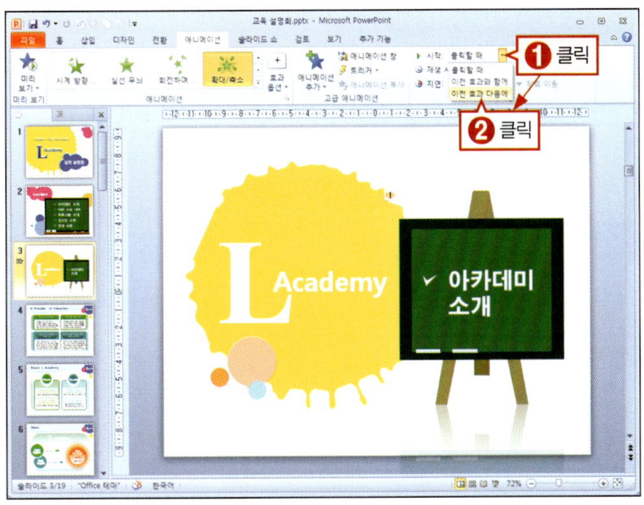

04 애니메이션 시작 방법을 변경하겠습니다.

① [애니메이션] 탭의 [타이밍] 그룹에서 **시작**을 클릭

② **이전 효과 다음에**를 선택해서 애니메이션이 자동으로 실행되게 설정합니다.

05 [슬라이드 쇼] 탭의 [슬라이드 쇼 시작] 그룹에서 **현재 슬라이드부터**를 클릭합니다. 3번 슬라이드부터 쇼가 실행되면서 앞서 적용한 애니메이션이 자동으로 실행됩니다.

Tip

슬라이드 쇼 시작 단축키는 F5이며, Shift+F5를 누르면 현재 슬라이드부터 쇼가 시작됩니다.

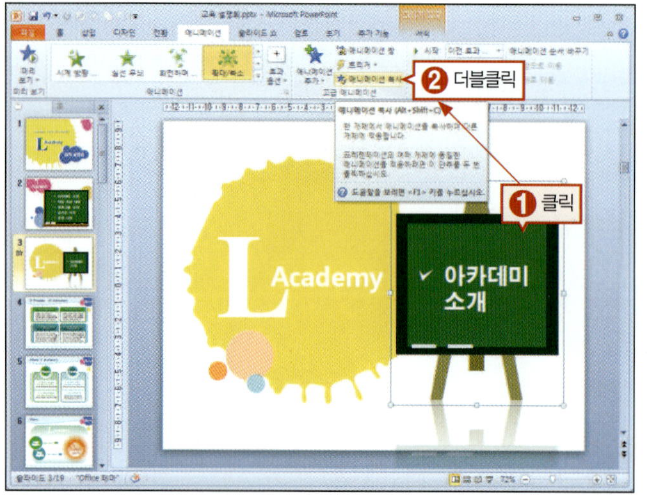

06 애니메이션을 복사하겠습니다.

① **칠판**을 선택

② [애니메이션] 탭의 [고급 애니메이션] 그룹에서 **애니메이션 복사**를 더블클릭합니다.

07

① **7번 슬라이드**를 선택

② **칠판**을 클릭해서 복사한 애니메이션을 적용. 같은 방법으로 **9번**, **12번**, **16번 슬라이드**에 있는 칠판에 복사한 애니메이션을 적용하고 Esc를 눌러 애니메이션 복사 기능을 종료합니다.

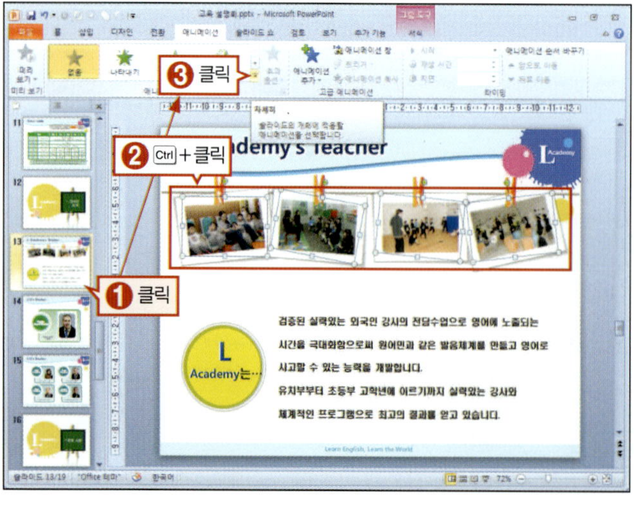

08

① **13번 슬라이드**를 선택

② Ctrl을 누른 상태로 4개의 이미지를 왼쪽부터 순서대로 클릭해서 선택

③ [애니메이션] 탭의 [애니메이션] 그룹에서 **자세히**를 클릭합니다.

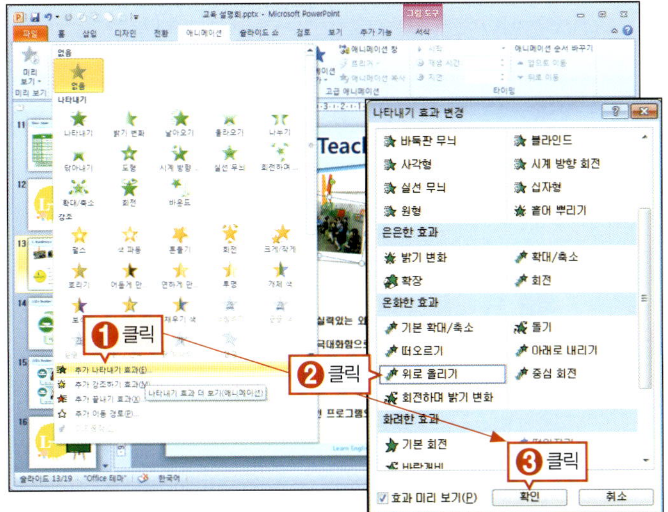

09

① **추가 나타내기 효과**를 선택

②③ 온화한 효과 영역에서 **위로 올리기**를 선택하고 **〈확인〉**을 클릭해서 애니메이션을 적용합니다.

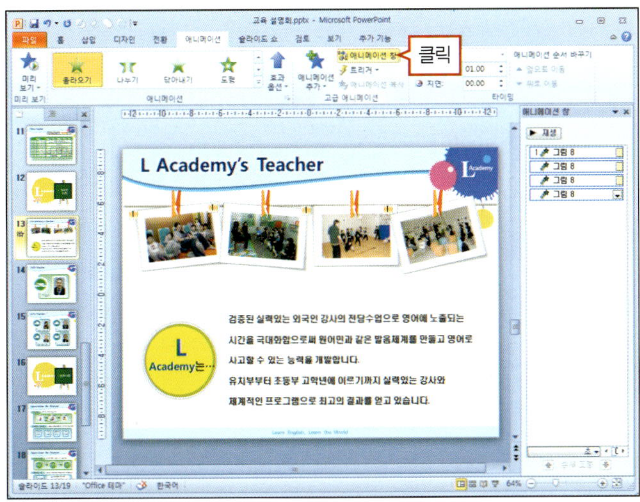

10

애니메이션 창을 이용하면 애니메이션을 좀 더 쉽게 다룰 수 있습니다. [애니메이션] 탭의 [고급 애니메이션] 그룹에서 **애니메이션 창**을 클릭해서 화면 오른쪽에 애니메이션 창을 띄웁니다.

Note 애니메이션 창에서 진행 시간 표시 막대 보이기/숨기기

애니메이션 창에서 애니메이션을 보는 형태은 두 가지입니다. 하나는 진행 시간 막대를 표시하는 형태이고 다른 하나는 애니메이션 시작 형식을 아이콘으로 표시하는 형태입니다.

진행 시간 표시 막대 숨기기 : 많은 양의 애니메이션을 등록한 경우 진행 시간 막대 형식으로 보면 오히려 헷갈릴 수 있습니다. 이럴 때는 시작 형식을 아이콘으로 표현하는 방식이 더 좋습니다.

진행 시간 표시 막대 표시 : 애니메이션 별 시간 차이를 한 눈에 확인할 수 있으며 약간의 지연 시간 등을 설정할 때 좋습니다.

애니메이션 창의 형식을 전환할 때는 임의의 애니메이션을 선택하고 마우스 오른쪽 버튼을 클릭하거나 '메뉴 확장 버튼'을 클릭한 후 '진행 시간 표시 막대 표시' 또는 '진행 시간 표시 막대 숨기기'를 선택합니다.

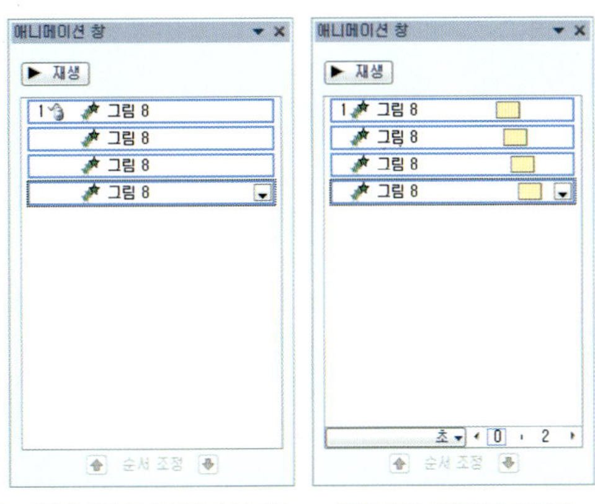

▲ '진행 시간 표시 막대 숨기기'를 선택했을 때

▲ '진행 시간 표시 막대 표시'를 선택했을 때

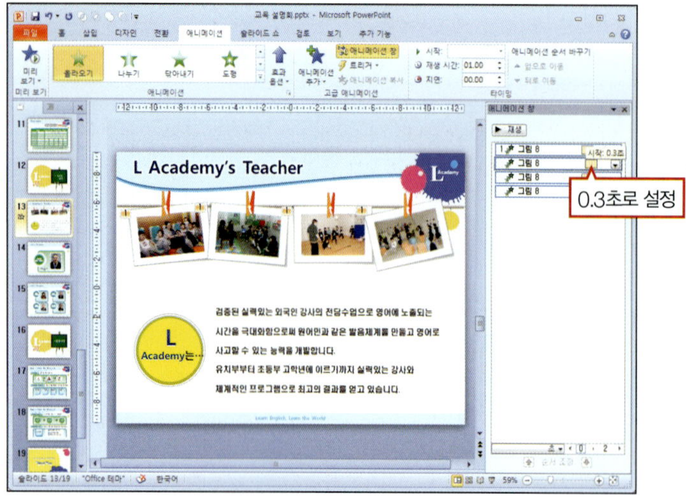

11 지연 시간을 설정하겠습니다. **2번째** 애니메이션의 진행 시간 표시 막대를 오른쪽으로 살짝 **드래그**해서 **0.3초 지점**으로 옮깁니다.

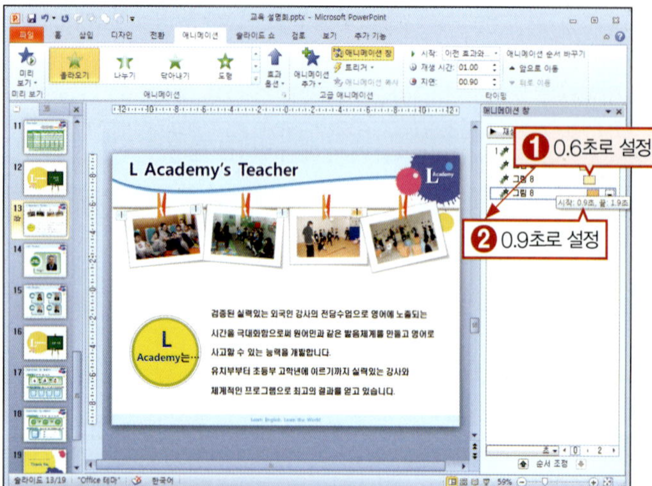

12

① 위와 같은 방법으로 **3번째** 애니메이션은 지연 시간을 **0.6초**

② **4번째** 애니메이션은 **0.9초**로 지연 시간을 설정합니다.

Tip

[애니메이션] 탭의 [타이밍] 그룹에서 지연에 시간을 입력해서 지연 시간을 설정할 수도 있습니다.

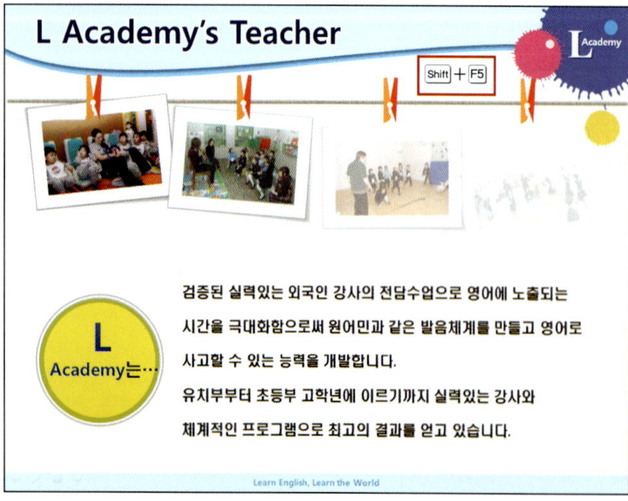

13 Shift + F5를 눌러 현재 슬라이드부터 쇼를 실행하면 앞서 설정한 지연 시간 차이로 애니메이션이 실행됩니다.

함께해요 2. 강조 애니메이션

강조 애니메이션은 화면에 나타나 있는 개체에 동적 효과를 추가하여 강조하는 애니메이션입니다. 애니메이션 효과를 슬라이드 마스터에서 적용하면 같은 레이아웃을 사용하는 슬라이드에 공통적으로 애니메이션을 적용할 수 있습니다.

- 실습 파일 ◎:\파워포인트\9장\실습\시스템개발 결과보고서.pptx
- 완성 파일 ◎:\파워포인트\9장\완성\시스템개발 결과보고서.pptx

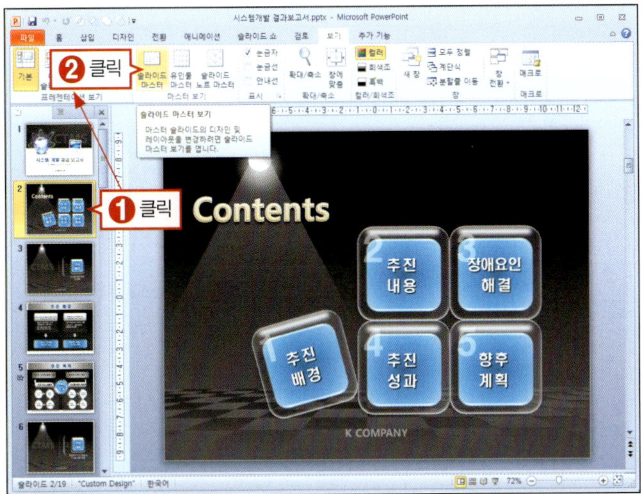

01

① 실습 파일 **2번 슬라이드**를 선택

② [보기] 탭의 [마스터 보기] 그룹에서 **슬라이드 마스터**를 클릭해서 슬라이드 마스터로 이동합니다.

Tip

슬라이드 마스터에 관한 내용은 챕터11에서 자세하게 다룹니다.

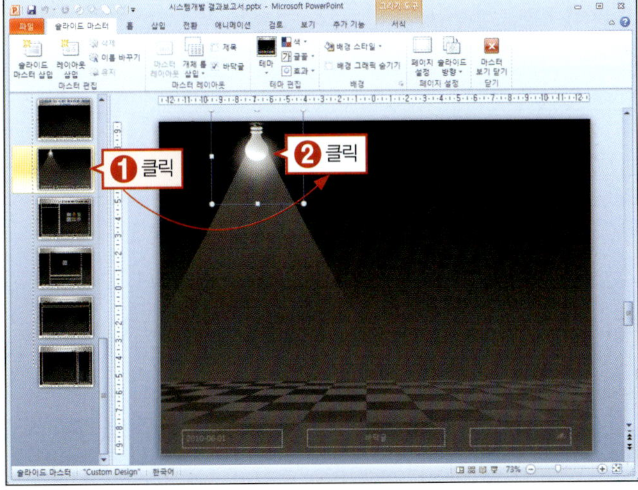

02

①② **빈 화면 레이아웃**에서 **불빛 형태**의 도형을 선택합니다.

Tip

전구와 불빛 이미지가 겹쳐 있으므로 불빛을 잘 선택해야 합니다.

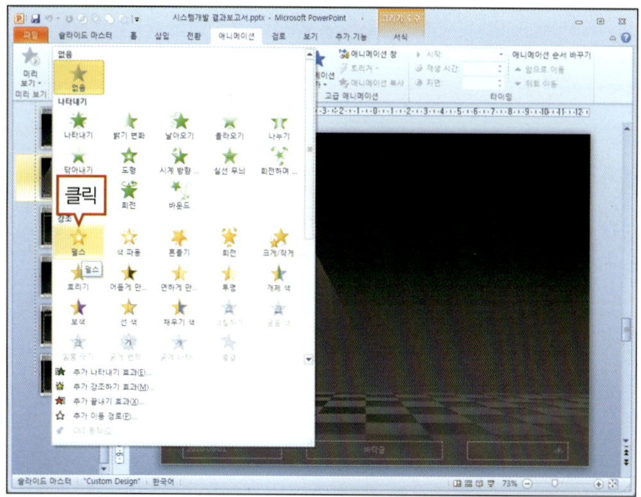

03 [애니메이션] 탭의 [애니메이션] 그룹에서 **자세히**를 클릭한 후 강조 영역에서 **펄스**를 선택해서 애니메이션을 적용합니다.

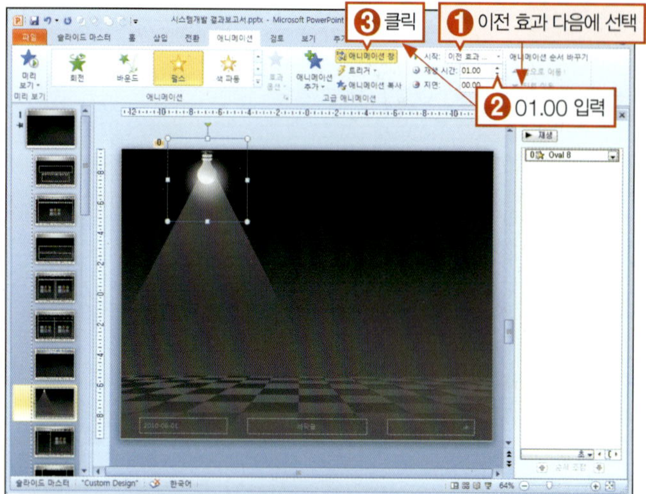

04

①② [애니메이션] 탭의 [타이밍] 그룹에서 시작을 **이전 효과 다음에**, 재생 시간을 **01.00**(1초)로 설정

③ [고급 애니메이션] 그룹에서 **애니메이션 창**을 클릭합니다.

Tip

속도의 기본 단위는 초입니다. 그러므로 '1'을 입력하면 1초, '1.5'를 입력하면 1.5초가 됩니다. 또한 조정 버튼을 클릭하여 속도를 변경할 수도 있습니다.

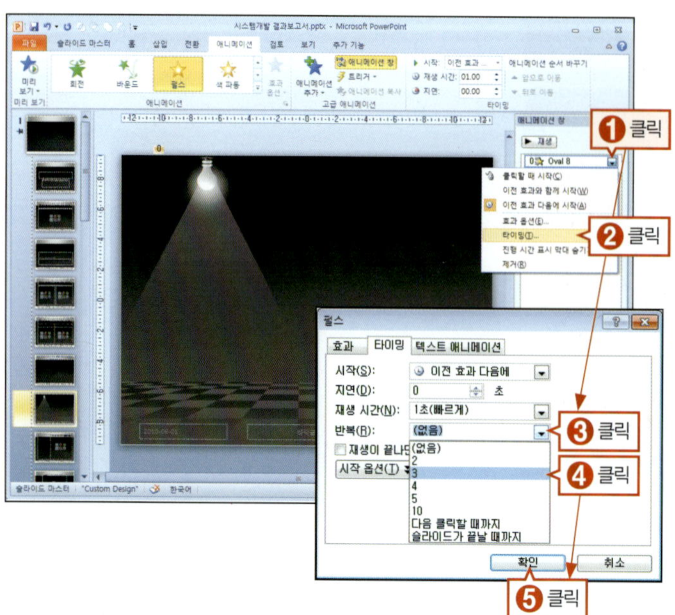

05 동일한 애니메이션을 반복 실행하겠습니다.

①② 등록한 애니메이션의 **메뉴 확장 버튼**을 클릭하고 **타이밍**을 선택

③④ [타이밍] 탭에서 반복을 3으로 선택

⑤ <**확인**>을 클릭합니다. 펄스 애니메이션이 3회 반복됩니다.

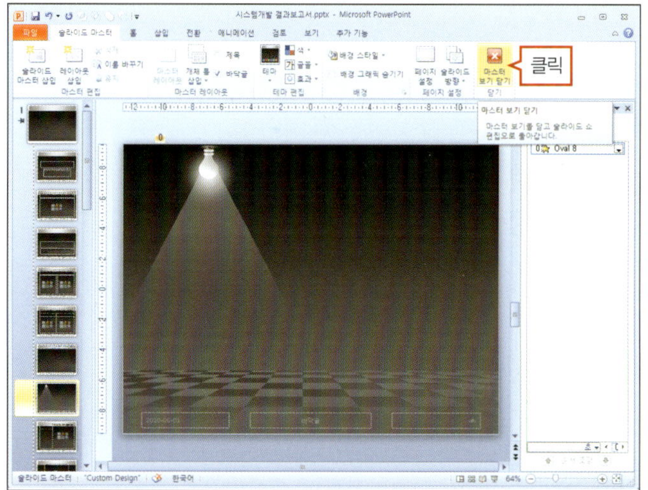

06 [슬라이드 마스터] 탭의 [닫기] 그룹에서 **마스터 보기 닫기**를 클릭해서 기본 보기 상태로 돌아옵니다.

07 F5를 눌러 현재 슬라이드부터 쇼를 실행하면 3번, 6번, 11번, 13번, 17번 슬라이드에서 불빛이 번지는 듯한 효과가 3회 반복됩니다.

함께해요 3. 끝내기 애니메이션

끝내기 애니메이션은 나타내기 애니메이션과 반대로 화면에 있는 개체가 다양한 형태로 사라지는 애니메이션입니다.

- **실습 파일** ◎:\파워포인트\9장\실습\엔지니어링 사업소개.pptx
- **완성 파일** ◎:\파워포인트\9장\완성\엔지니어링 사업소개.pptx

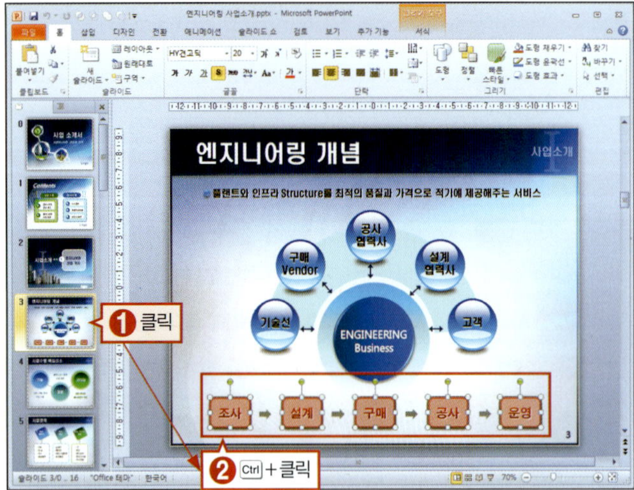

01

① 실습 파일 **3번 슬라이드**를 선택

② Ctrl을 누른 채 빨간 사각형 5개를 왼쪽부터 순서대로 클릭해서 선택합니다.

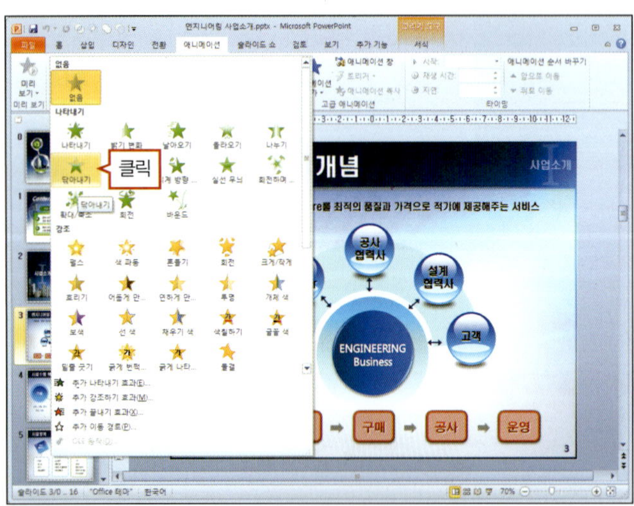

02 [애니메이션] 탭의 [애니메이션] 그룹에서 **자세히**를 클릭한 후 나타내기 영역에서 **닦아내기**를 선택해서 애니메이션을 적용합니다.

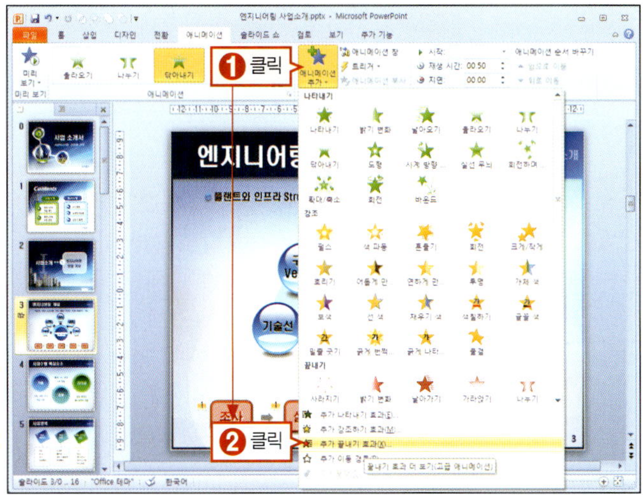

03

①② 계속해서 [애니메이션] 탭의 [고급 애니메이션] 그룹에서 **애니메이션 추가**를 클릭하고 **추가 끝내기 효과**를 선택합니다.

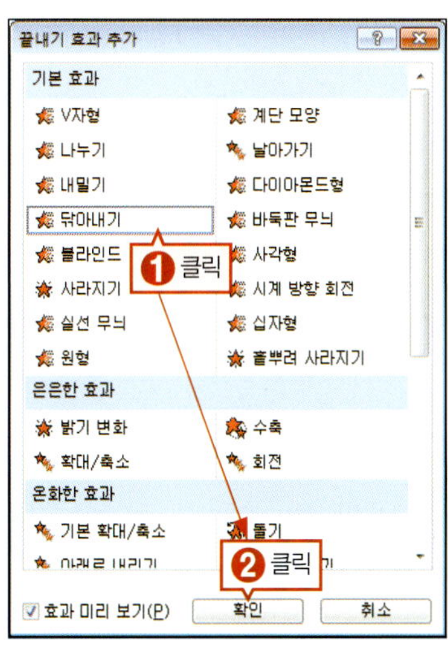

04

① 기본 효과 영역에서 **닦아내기**를 선택

② 〈**확인**〉을 클릭해서 끝내기 애니메이션에 해당하는 닦아내기를 추가로 적용합니다.

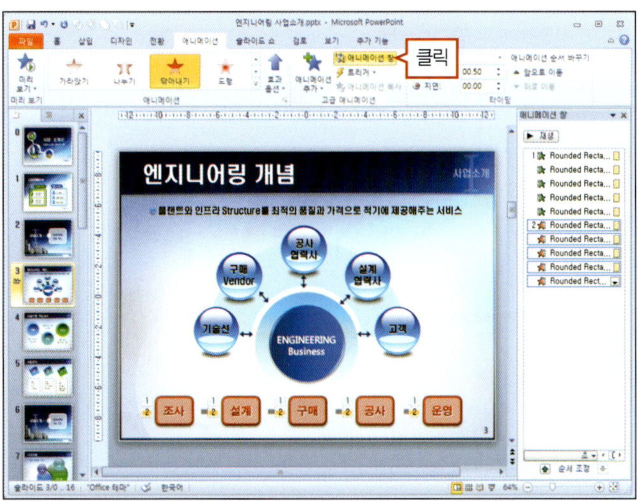

05

[애니메이션] 탭의 [고급 애니메이션] 그룹에서 **애니메이션 창**을 클릭해서 애니메이션 창을 띄웁니다.

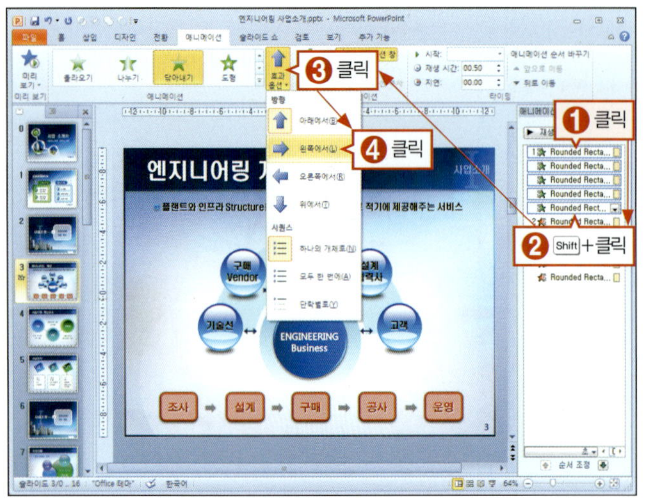

06 애니메이션의 방향을 변경하겠습니다.

①② **첫 번째 애니메이션**을 클릭하고 Shift를 누른 상태에서 **다섯 번째 애니메이션**을 클릭해서 초록색 아이콘으로 표현되는 나타내기 애니메이션을 모두 선택

③④ [애니메이션] 탭의 [애니메이션] 그룹에서 **효과 옵션**을 클릭하고 **왼쪽에서**를 선택해서 방향을 바꿉니다.

07

①② 계속해서 [애니메이션] 탭의 [타이밍] 그룹에서 시작을 **클릭할 때**로 설정해서 각각의 애니메이션이 마우스 클릭으로 실행되도록 설정합니다.

08

① 애니메이션 창에서 빨간색 아이콘인 사라지기 애니메이션을 모두 선택

②③ [애니메이션] 탭의 [애니메이션] 그룹에서 **효과 옵션**을 클릭하고 **왼쪽에서**를 선택해서 애니메이션 방향을 바꿉니다.

09

①② [애니메이션] 탭의 [타이밍] 그룹에서 시작을 **이전 효과와 함께**로 설정해서 이전 효과와 동시에 애니메이션이 실행되도록 설정합니다.

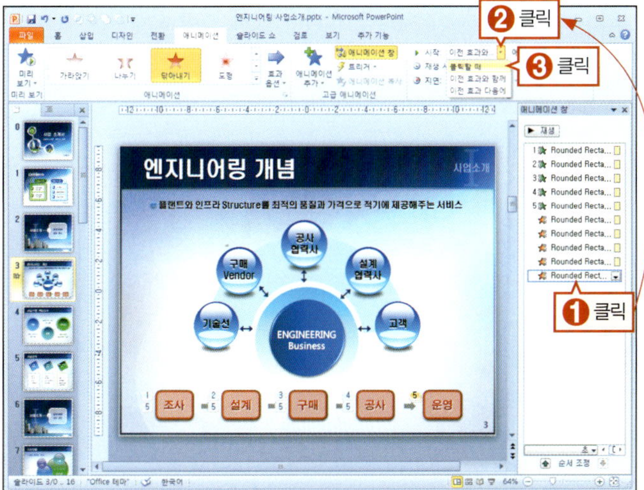

10

① **마지막 애니메이션**을 선택

②③ [애니메이션] 탭의 [타이밍] 그룹에서 시작을 **클릭할 때**로 변경합니다.

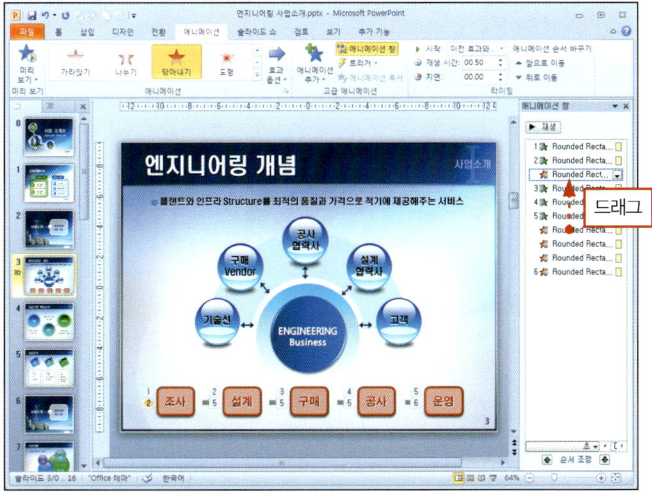

11

애니메이션의 실행 순서를 변경하겠습니다. **끝내기 애니메이션 중 첫 번째**를 선택하고 드래그해서 2번 애니메이션 아래로 옮깁니다.

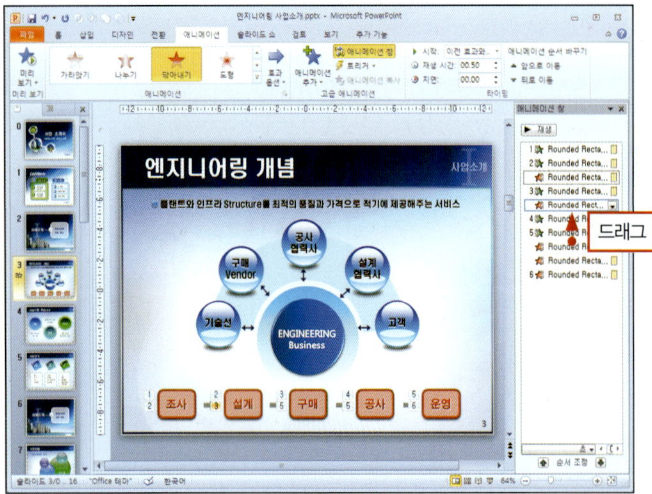

12 계속해서 **두 번째 끝내기 애니메이션**을 3번 애니메이션 아래로 드래그해서 옮깁니다.

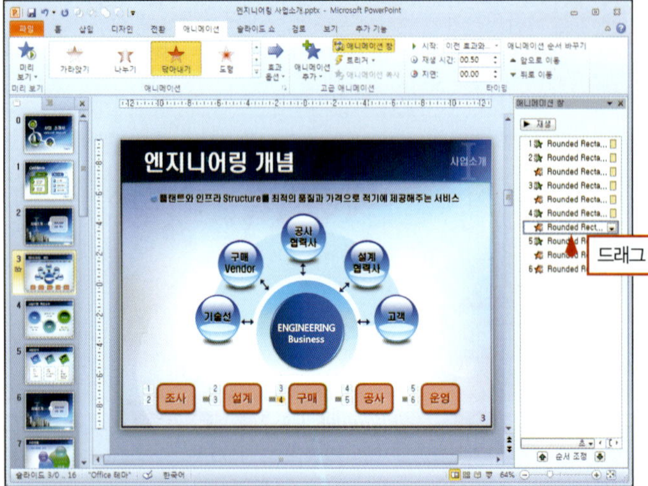

13 마지막으로 **세 번째 끝내기 애니메이션**을 4번 애니메이션 아래로 드래그해서 옮깁니다.

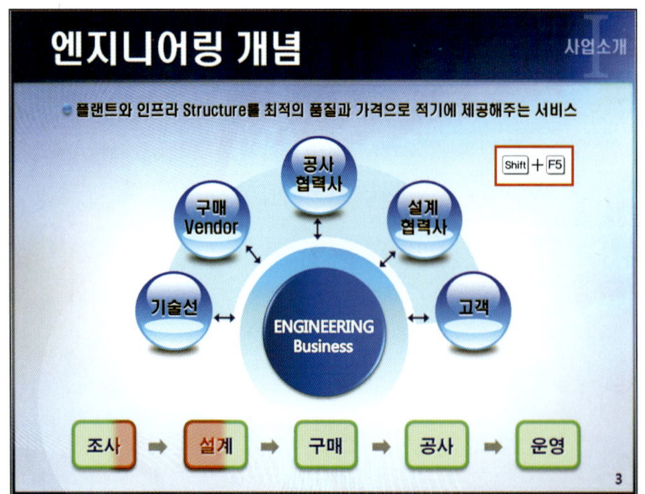

14 Shift + F5를 눌러 현재 슬라이드부터 쇼를 실행하고 마우스를 클릭하면 빨간 도형이 나타나고 다시 한 번 클릭하면 이전 도형이 사라지면서 새로운 빨간 도형이 자연스럽게 나타납니다.

함께해요 4. 이동 경로 애니메이션

이동 경로 애니메이션을 이용하면 개체가 지정한 경로를 따라 이동하도록 설정할 수 있습니다. 또한 이동 경로를 선택하는 것뿐만 아니라 사용자가 직접 임의의 경로를 그릴 수 있습니다. 예제와 같이 무엇인가의 흐름을 나타낼 때 사용하면 효과적입니다.

- **실습 파일** ◎:\파워포인트\9장\실습\시스템개발 결과보고서.pptx
- **완성 파일** ◎:\파워포인트\9장\완성\시스템개발 결과보고서.pptx

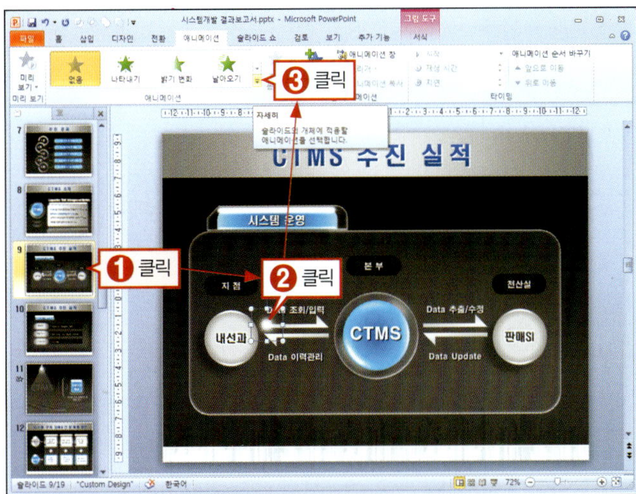

01

① 실습 파일 **9번 슬라이드**를 선택

② **빛 이미지**를 선택

③ [애니메이션] 탭의 [애니메이션] 그룹에서 **자세히**를 클릭해서 애니메이션 목록을 펼칩니다.

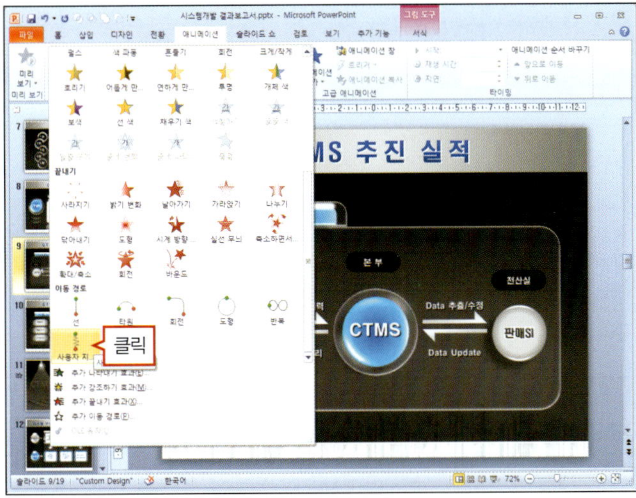

02 이동 경로 영역에서 **사용자 지정 경로**를 선택합니다.

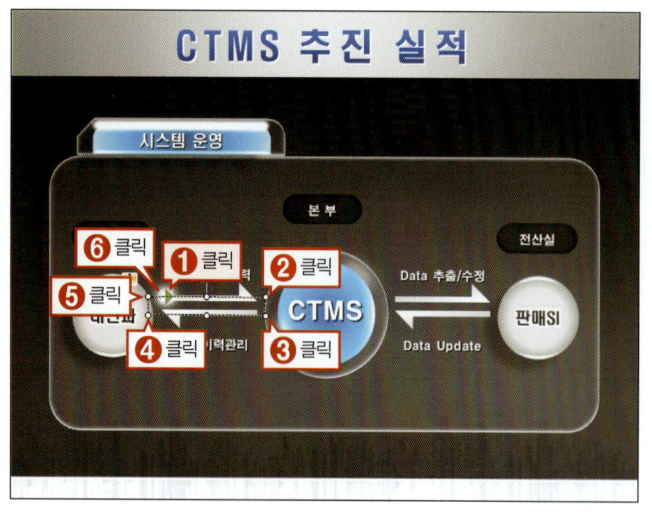

03

① **빛 이미지**의 중심을 클릭

②③④⑤ 이어서 **오른쪽 → 아래쪽 → 왼쪽 → 위쪽**을 클릭

⑥ 마지막으로 처음 시작한 **빛 이미지** 중심을 클릭해서 그림과 같은 이동 경로를 그립니다.

Tip

이동 경로를 그릴 때 처음 시작한 지점을 다시 클릭하거나 임의 점에서 더블클릭하면 이동 경로 그리기를 완료할 수 있습니다.

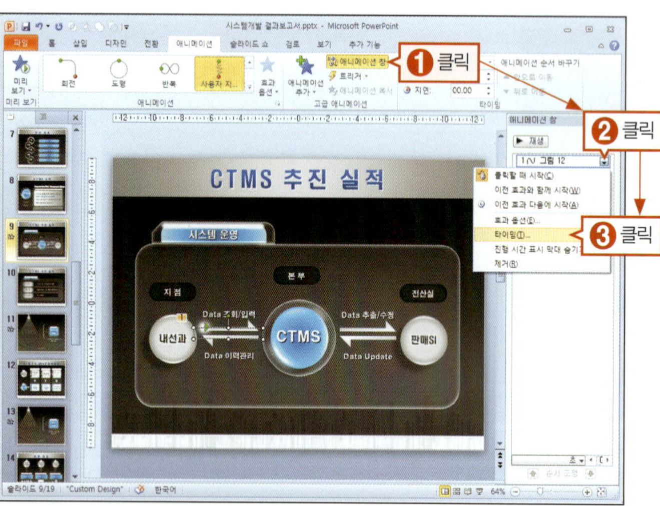

04 애니메이션 반복과 효과를 설정하겠습니다.

① [애니메이션] 탭의 [고급 애니메이션] 그룹에서 **애니메이션 창**을 클릭

②③ 애니메이션 창에서 애니메이션 **메뉴 확장 버튼**을 클릭하고 **타이밍**을 선택합니다.

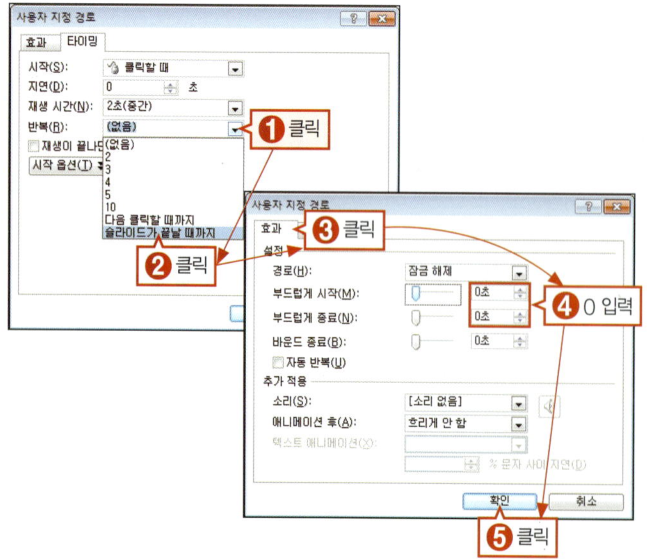

05

①② [타이밍] 탭에서 반복을 **슬라이드가 끝날 때까지**로 설정

③④ [효과] 탭을 클릭하고 부드럽게 시작과 부드럽게 종료를 모두 0으로 설정

⑤ **<확인>**을 클릭하여 설정을 마칩니다.

Tip

'부드럽게 시작/종료'는 이동할 때 시작/종료 부분에서 천천히 움직이게 하는 기능입니다. 그러므로 '0'으로 설정하면 모든 구간에서 같은 속도로 이동합니다.

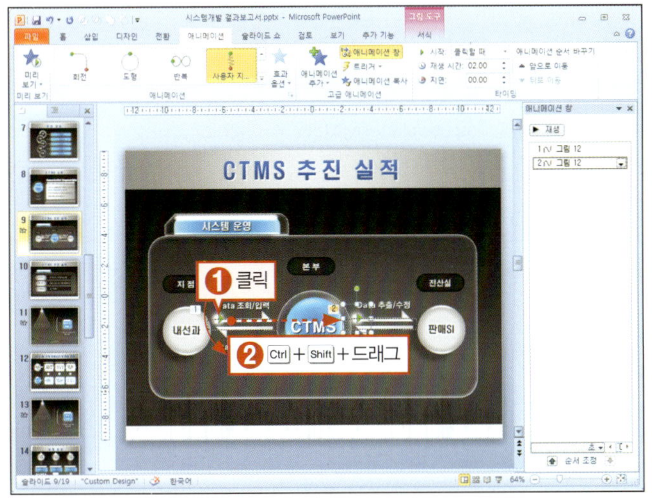

06

① 애니메이션을 적용한 **빛 이미지**를 선택

② Ctrl + Shift 를 누른 채 오른쪽으로 드래그하여 복제합니다.

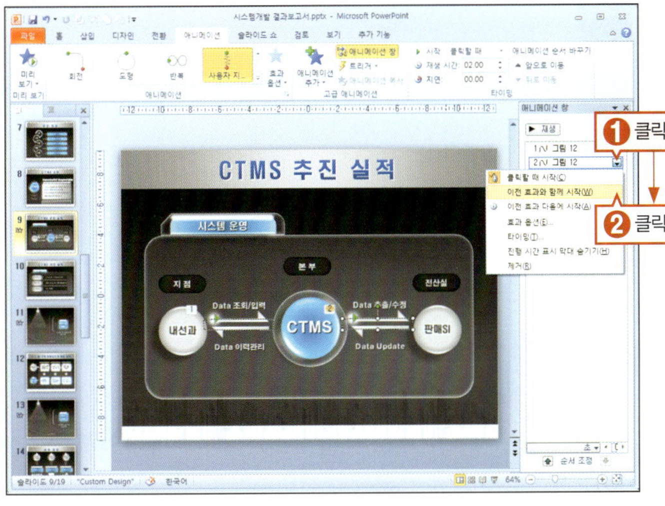

07 개체를 복제하면 적용된 애니메이션도 함께 복제됩니다.

①② 복제한 개체의 애니메이션 **메뉴 확장 버튼**을 클릭하고 **이전 효과와 함께 시작**을 선택합니다.

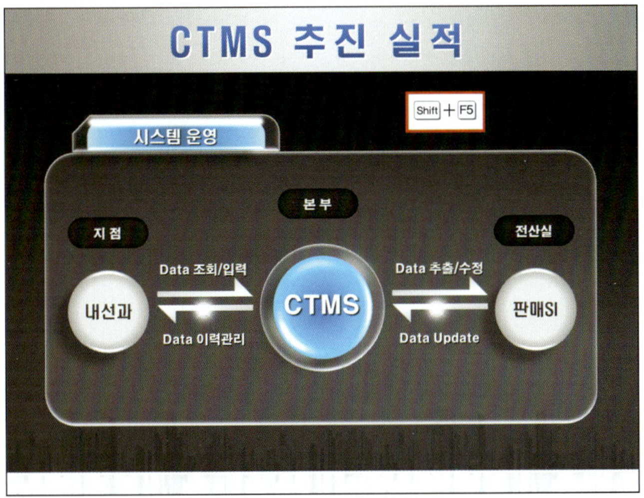

08 Shift + F5 를 눌러 현재 슬라이드부터 쇼를 실행한 뒤 마우스를 클릭하면 좌우의 빛 이미지가 슬라이드가 끝날 때까지 같은 속도로 반복해서 이동합니다.

함께해요 5. 스마트아트 애니메이션

스마트아트나 차트 등의 개체에 애니메이션을 설정하면 개체의 구성 요소별로 각각 애니메이션을 지정할 수 있습니다.

- **실습 파일** ⓒ:\파워포인트\9장\실습\교육 설명회.pptx
- **완성 파일** ⓒ:\파워포인트\9장\완성\교육 설명회.pptx

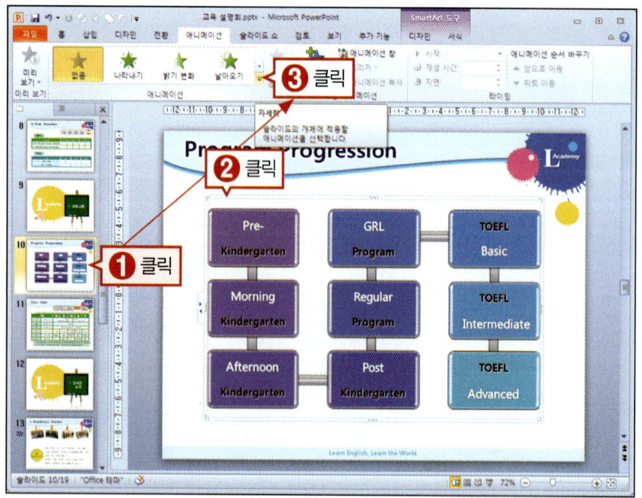

01

① 실습 파일 **10번 슬라이드**를 선택

② **프로세스형 다이어그램**을 선택

③ [애니메이션] 탭의 [애니메이션] 그룹에서 **자세히**를 클릭합니다.

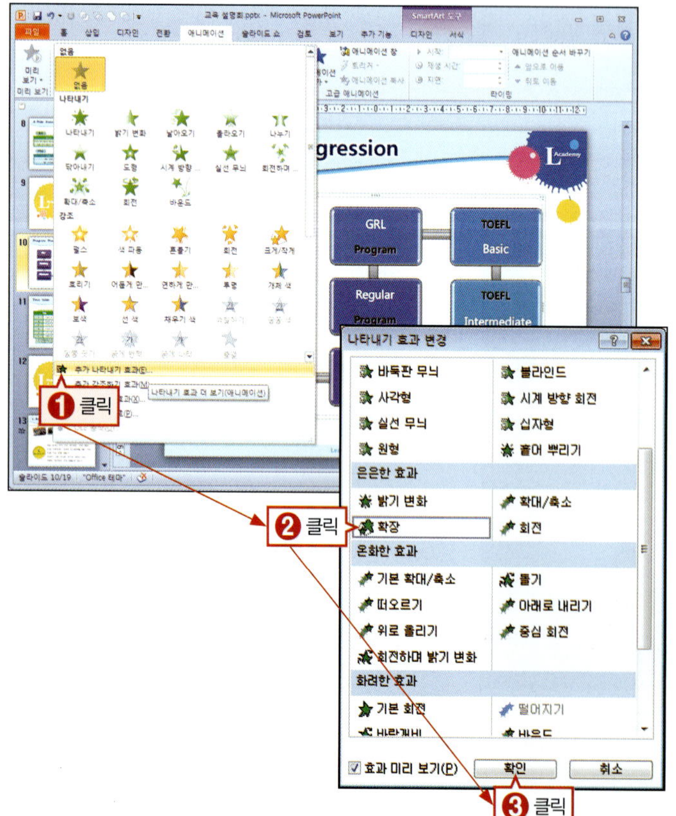

02

①② 목록에서 **추가 나타내기 효과**를 선택하고 은은한 효과 영역에서 **확장**을 선택

③ **〈확인〉**을 클릭해서 애니메이션을 적용합니다.

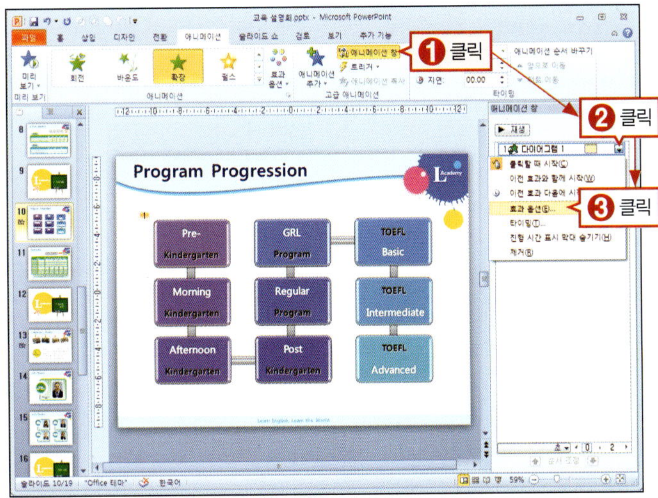

03

① [애니메이션] 탭의 [고급 애니메이션] 그룹에서 **애니메이션 창**을 클릭

②③ 등록된 애니메이션의 **메뉴 확장 버튼**을 클릭하고 **효과 옵션**을 선택합니다.

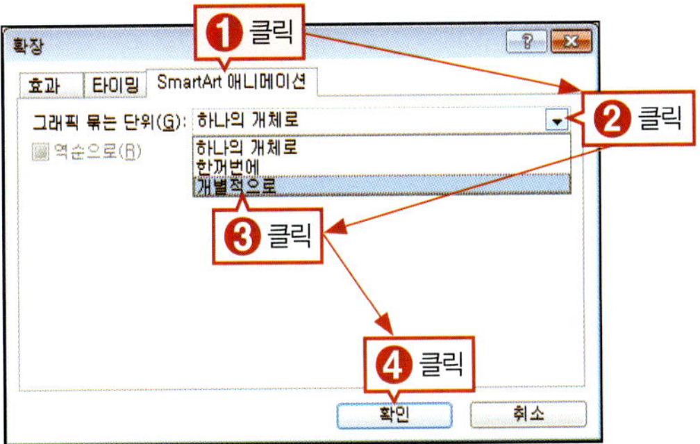

04

① [SmartArt 애니메이션] 탭을 클릭

②③ 그래픽 묶는 단위를 **개별적으로**로 설정

④ 〈**확인**〉을 클릭합니다.

Tip

차트를 선택하고 '효과 옵션'을 선택하면 [SmartArt 애니메이션] 탭 대신 [차트 애니메이션] 탭이 나타나며 차트의 애니메이션을 수정할 수 있습니다.

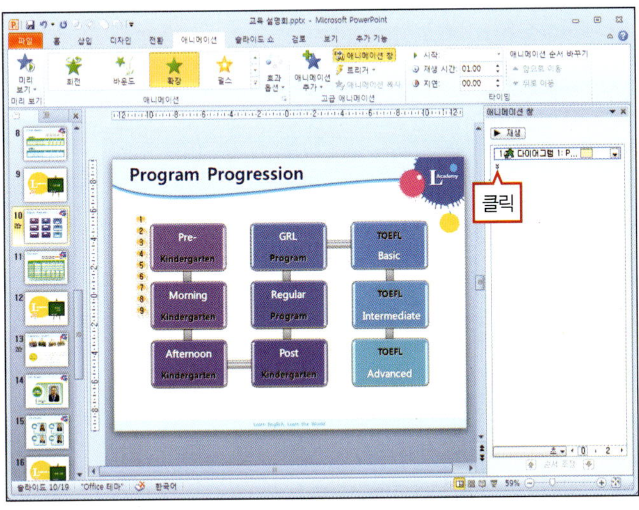

05 등록된 애니메이션 아래쪽에 **확장 버튼**을 클릭하면 스마트아트의 각 요소별 애니메이션이 나타납니다.

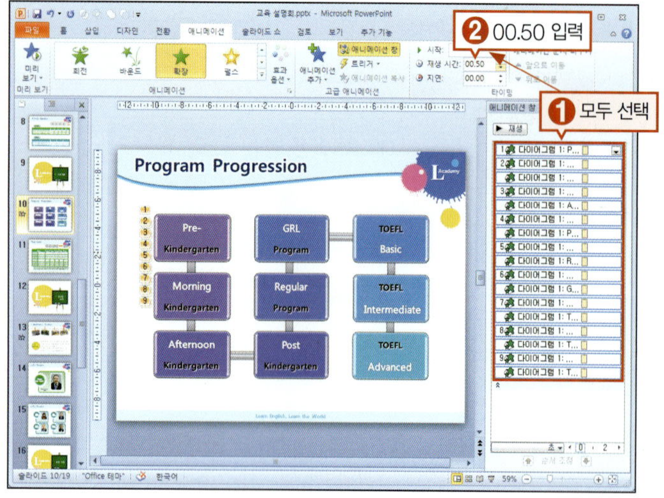

06

① 개별 개체의 **애니메이션**을 **모두** 선택

② [애니메이션] 탭의 [타이밍] 그룹에서 재생 시간을 00.50(0.5초)로 설정합니다.

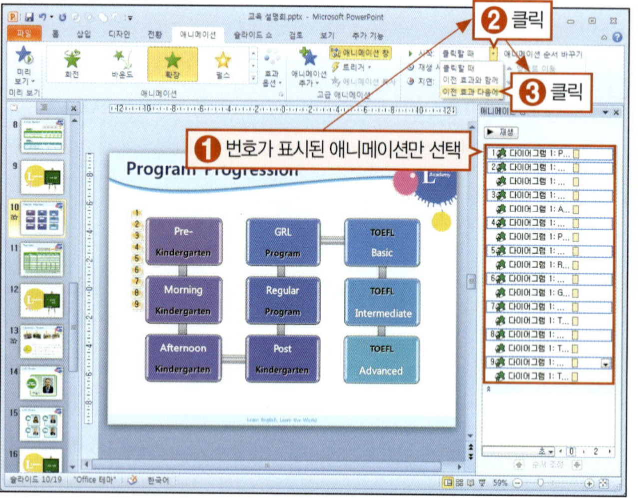

07

① 계속해서 애니메이션 시작이 '클릭할 때'로 설정된 **번호가 표시된 애니메이션**만 Ctrl을 누른 채 클릭하여 선택

②③ [애니메이션] 탭의 [타이밍] 그룹에서 시작을 **이전 효과 다음에**로 설정합니다.

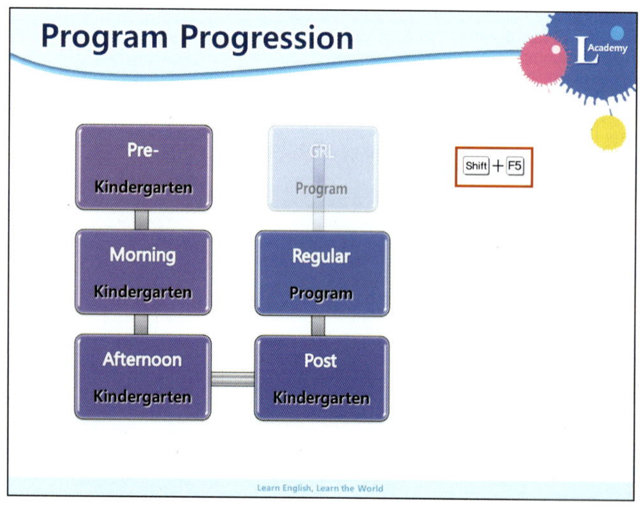

08 Shift + F5를 눌러

슬라이드 쇼를 실행하면 스마트아트의 개별 도형이 순서대로 나타나는 것을 확인할 수 있습니다.

함께해요 6. 텍스트 애니메니이션

텍스트에 애니메이션 효과를 설정할 때 단어 단위 또는 문자 단위로 설정 옵션을 변경할 수 있습니다.

- 실습 파일 ◎:\파워포인트\9장\실습\시스템개발 결과보고서.pptx
- 완성 파일 ◎:\파워포인트\9장\완성\시스템개발 결과보고서.pptx

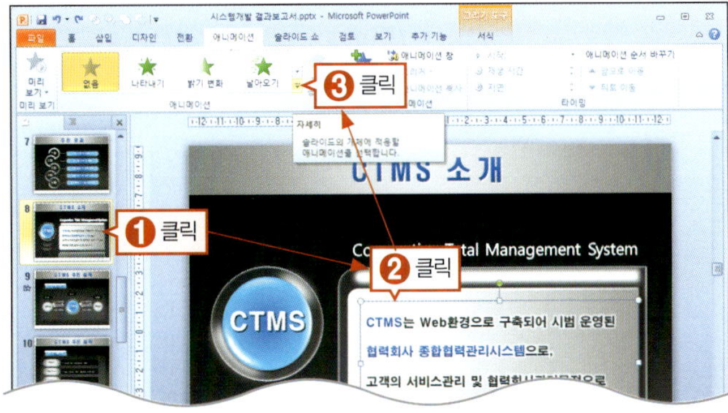

01

① 실습 파일 **8번 슬라이드**를 선택

② 회색 사각형 안에 있는 **텍스트 상자**를 선택

③ [애니메이션] 탭의 [애니메이션] 그룹에서 **자세히**를 클릭합니다.

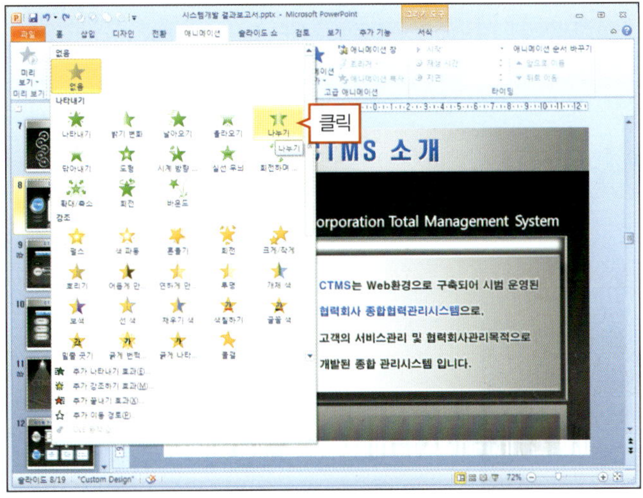

02 애니메이션 목록의 나타내기 영역에서 **나누기**를 선택해서 애니메이션을 적용합니다.

03 텍스트 애니메이션 옵션을 설정하겠습니다.

① [애니메이션] 탭의 [고급 애니메이션] 그룹에서 **애니메이션 창**을 클릭

②③ 등록된 애니메이션의 **메뉴 확장 버튼**을 클릭하고 **효과 옵션**을 선택합니다.

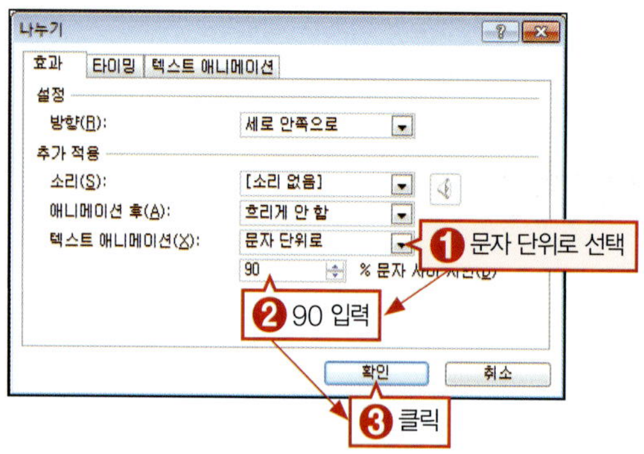

04

①② [효과] 탭의 텍스트 애니메이션을 **문자 단위로**로 설정하고, 문자 사이 지연을 **90%**로 설정

③ <**확인**>을 클릭합니다.

Tip

문자 사이 지연 값이 클수록 문자와 문자 사이의 애니메이션 지연 간격이 늦춰집니다. 즉 0%로 설정하면 모든 문자 애니메이션이 한 번에 실행되며 100%로 설정하면 이전 문자가 완전히 나타난 후 다음 문자가 나타납니다.

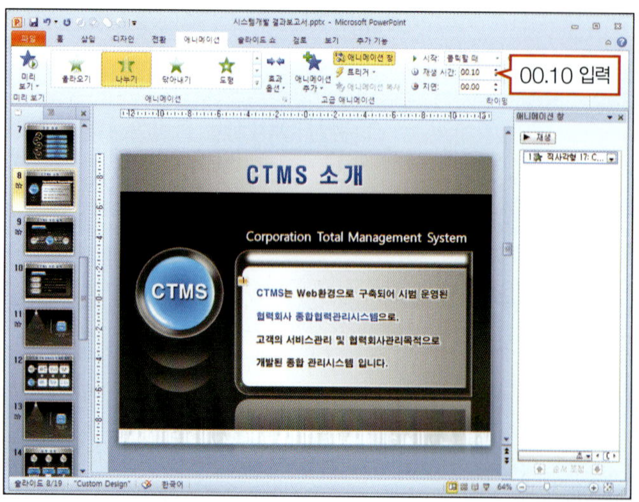

05

[애니메이션] 탭의 [타이밍] 그룹에서 재생 시간을 **00.10**(0.1초)로 설정합니다.

Tip

각각의 문자가 나오는 재생 시간이 길면 지루해 질 수 있으므로 문자 당 지연 시간을 0.1초 정도로 빠르게 하는 것이 좋습니다.

06

Shift + F5를 눌러 슬라이드 쇼를 실행한 후 마우스를 클릭하면 여러 줄의 텍스트가 한 문자씩 순서대로 나타납니다.

화면 전환 효과 및 하이퍼링크 설정하기

• 슬라이드 화면 전환 • 여러 슬라이드 보기 • 하이퍼링크 설정

함께해요 1. 화면 전환 효과 설정하기

화면 전환 효과 중 슬라이드에 어울리는 효과를 선정하여 지정하고, 전환 효과의 방향, 타이밍 등의 옵션이나 자동 시간 등을 설정하면 좀 더 자연스럽고 매끄럽게 전환되는 슬라이드 쇼를 만들 수 있습니다. 또한 슬라이드 각 장마다 서로 다른 화면 전환 효과를 적용할 수 있고, 전체 슬라이드에 일괄적으로 적용할 수도 있습니다.

- **실습 파일** ◎:\파워포인트\9장\실습\네오 프레젠테이션 회사소개.pptx
- **완성 파일** ◎:\파워포인트\9장\완성\네오 프레젠테이션 회사소개.pptx

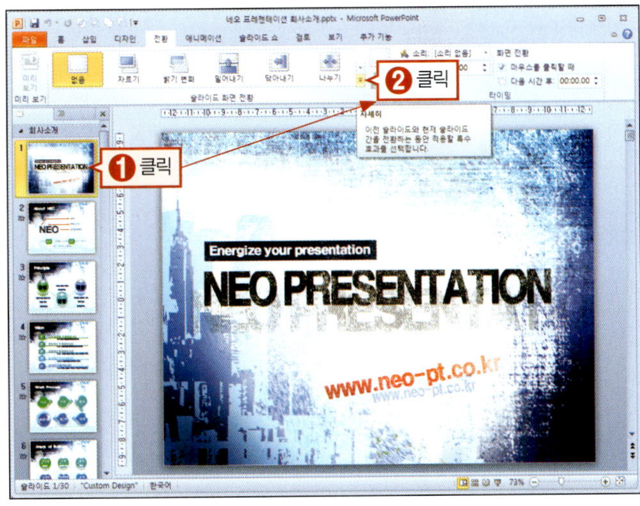

01

① 실습 파일 **1번 슬라이드**를 선택

② [전환] 탭의 [슬라이드 화면 전환] 그룹에서 **자세히**를 클릭하여 화면 전환 목록을 펼칩니다.

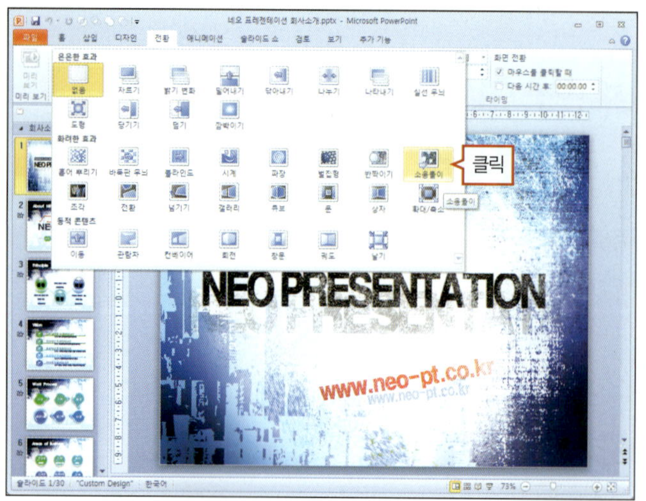

02 화면 전환 목록에서 **소용돌이**를 선택해서 화면 전환 효과를 적용합니다.

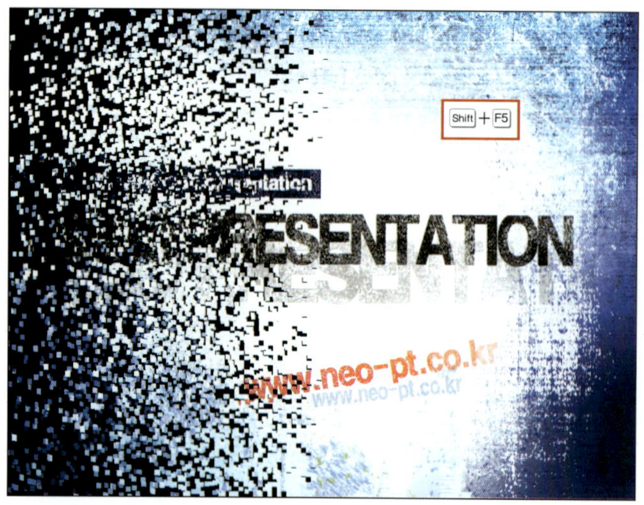

03 Shift + F5를 눌러 슬라이드 쇼를 실행하면 소용돌이 효과가 나타나면서 화면이 전환됩니다.

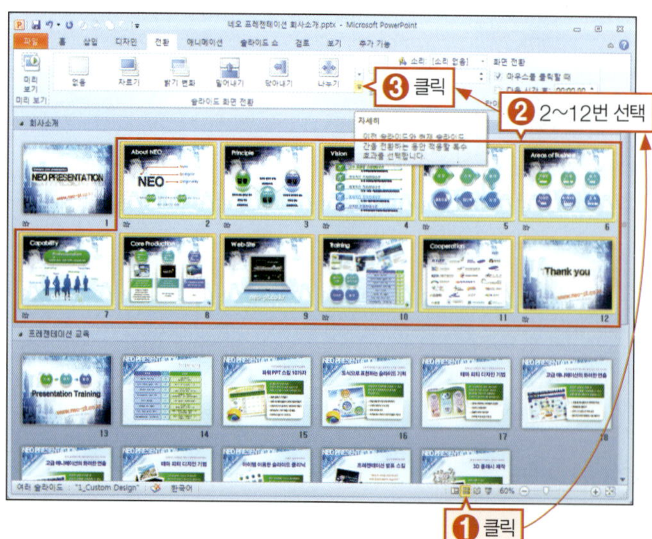

04

① 슬라이드를 편리하게 선택하기 위해 작업 표시줄에서 **여러 슬라이드 보기** 를 클릭

② **2번~12번 슬라이드**를 선택

③ [전환] 탭의 [슬라이드 화면 전환] 그룹에서 **자세히**를 클릭합니다.

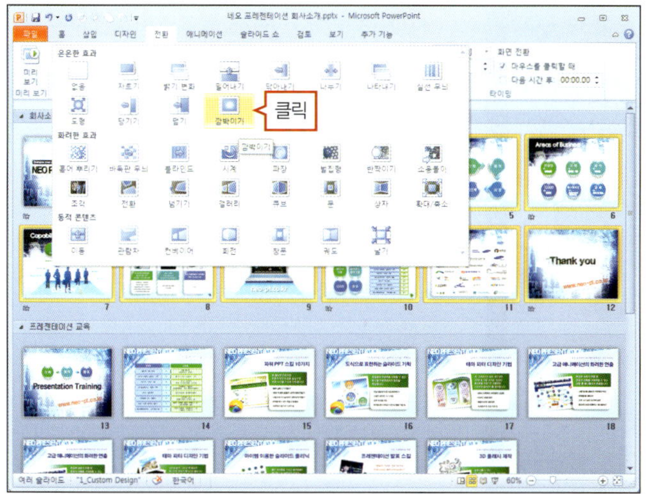

05 슬라이드 화면 전환 목록에서 **깜박이기**를 선택해서 화면 전환 효과를 적용합니다.

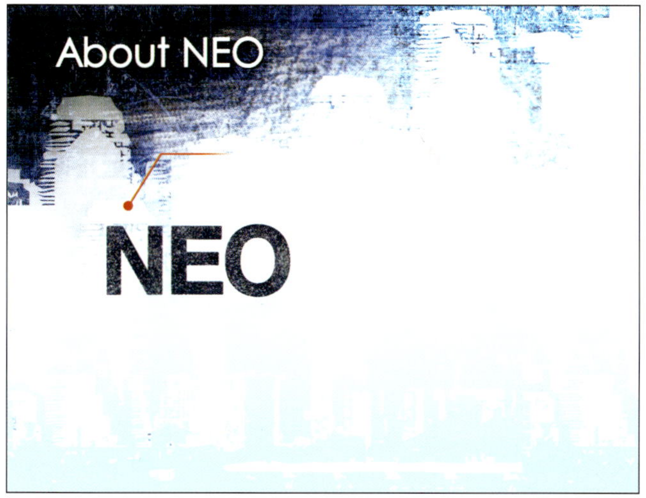

06 슬라이드 쇼를 실행하면 카메라 플래시를 터뜨리듯 번쩍하는 효과가 나타나면서 화면이 전환됩니다.

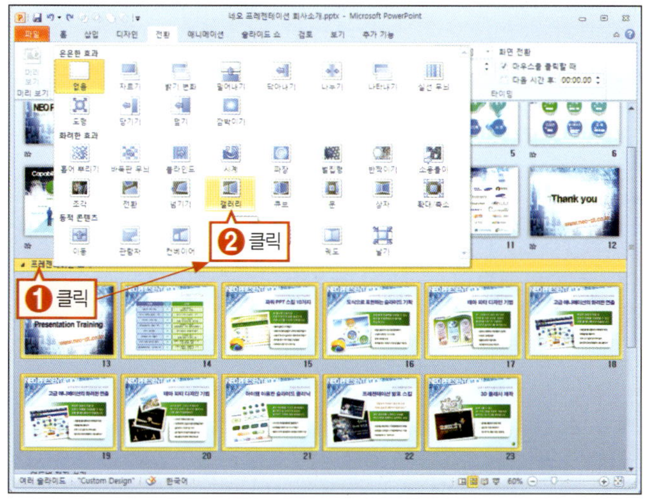

07

① **프레젠테이션 교육 구역**을 클릭해서 세션에 있는 모든 슬라이드를 선택

② [전환] 탭의 [슬라이드 화면 전환] 그룹에서 **갤러리**를 선택해서 화면 전환 효과를 적용합니다.

08 슬라이드 쇼를 실행하면 슬라이드가 원근감 있게 전환됩니다.

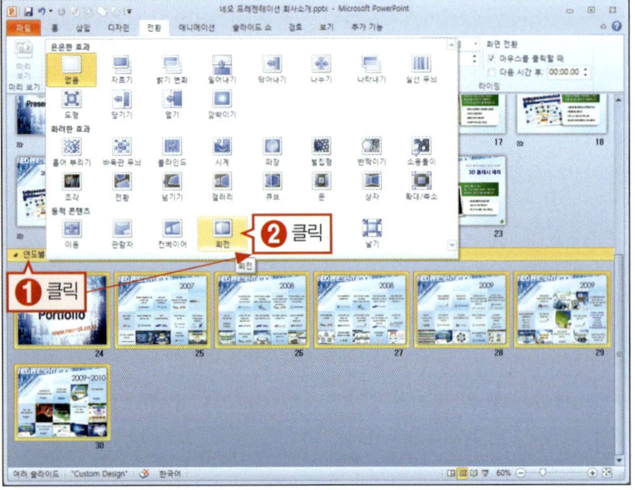

09

① 계속해서 **연도별 제작 성과 구역**을 클릭해서 선택

② [전환] 탭의 [슬라이드 화면 전환] 그룹에서 **회전**을 선택해서 화면 전환 효과를 적용합니다.

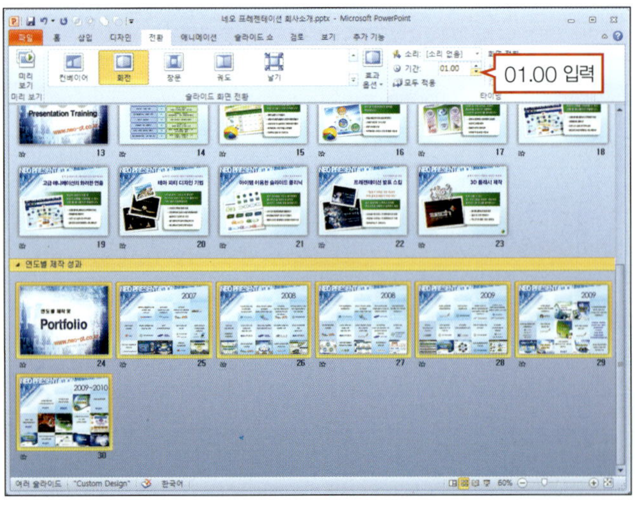

10 [전환] 탭의 [타이밍] 그룹에서 기간을 01.00(1초)으로 설정해서 화면 전환 속도를 조절합니다.

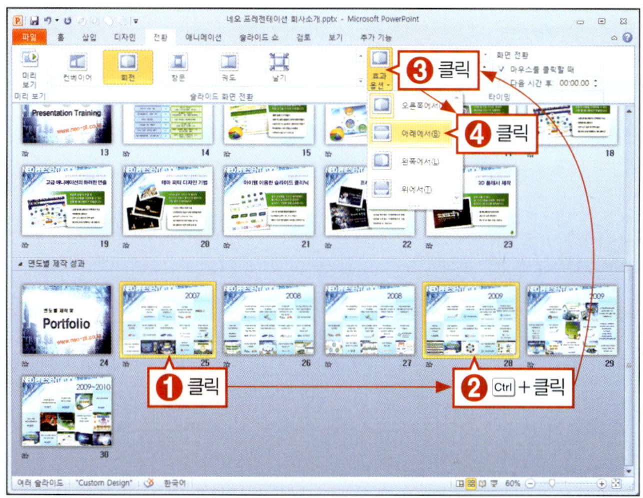

11 화면 전환 방향을 변경하겠습니다.

①② Ctrl을 누른 채 **25번**과 **28번** 슬라이드를 선택

③④ [전환] 탭의 [슬라이드 화면 전환] 그룹에서 **효과 옵션**을 클릭하고 **아래에서**를 선택합니다.

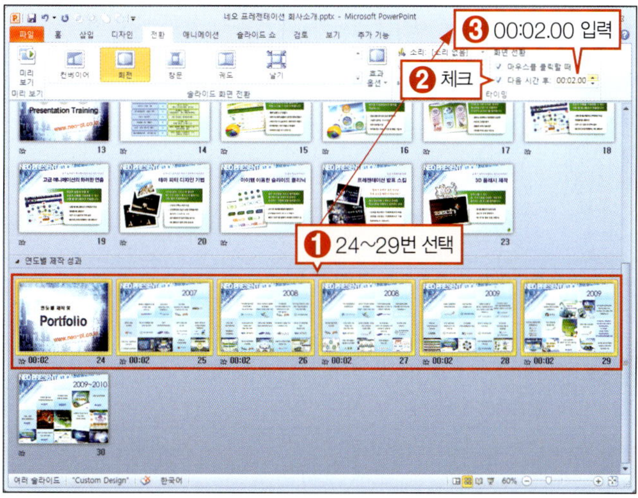

12

① **24번~29번 슬라이드**를 선택

②③ [전환] 탭의 [타이밍] 그룹에서 **다음 시간 후**에 체크하고 **00:02.00**으로 설정합니다. 슬라이드 쇼를 시작하면 2초 후에 자동으로 화면이 전환됩니다.

Tip

'다음 시간 후'에 체크하고 '00:00.00'으로 설정한다고 무조건 0초 만에 넘어가지 않습니다. 슬라이드에 적용한 애니메이션이나 동영상 등이 모두 실행된 후에 다음 화면으로 넘어갑니다.

Tip

임의의 슬라이드에 화면 전환 효과를 지정하고 옵션 등을 변경한 다음 [전환] 탭의 [타이밍] 그룹에서 '모두 적용'을 클릭하면 모든 슬라이드에 화면 전환 효과 및 옵션이 적용됩니다.

13 슬라이드 쇼를 실행하면 비슷한 유형의 슬라이드가 박스 형태로 방향을 변경하며 돌고, 2초마다 자동으로 전환되다가 마지막 슬라이드에서 멈춥니다.

함께해요 2. 하이퍼링크 설정하기

하이퍼링크란 링크가 설정된 개체를 클릭하여 원하는 위치로 이동하는 기능입니다. 하이퍼링크는 현재 슬라이드에서 특정 슬라이드로 바로 이동할 때 주로 사용하며 다른 문서를 불러오거나 웹사이트, 이메일 등을 연결할 때도 사용합니다.

- **실습 파일** ◎:\파워포인트\9장\실습\네오 프레젠테이션 회사소개.pptx
- **완성 파일** ◎:\파워포인트\9장\완성\네오 프레젠테이션 회사소개.pptx

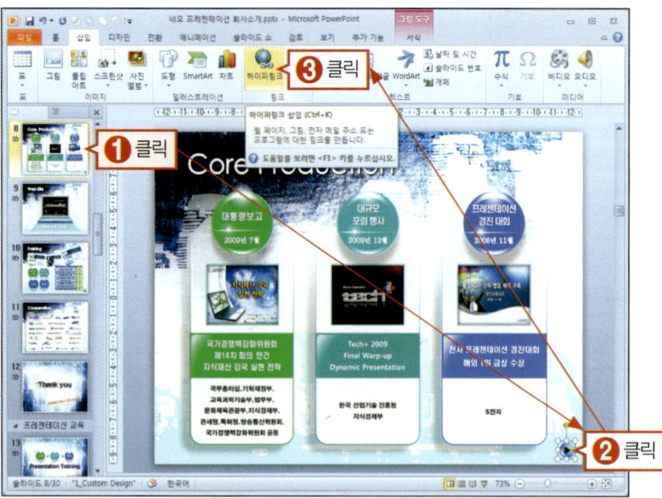

01

① 실습 파일 **8번 슬라이드**를 선택

② 오른쪽 아래에 있는 **버튼 이미지**를 선택

③ [삽입] 탭의 [링크] 그룹에서 **하이퍼링크**를 클릭해서 하이퍼링크 삽입 대화상자를 띄웁니다.

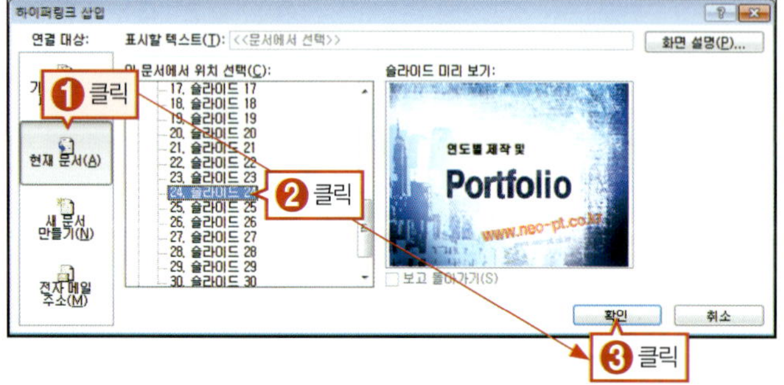

02

① 하이퍼링크 삽입 대화상자에서 **현재 문서**를 클릭

②③ **슬라이드 24**를 선택한 후 **〈확인〉**을 클릭합니다.

Tip

화면 설명은 슬라이드 쇼에서 링크를 실행하기 위해 마우스를 가져가면 나타나는 풍선 도움말로 반드시 입력할 필요는 없습니다.

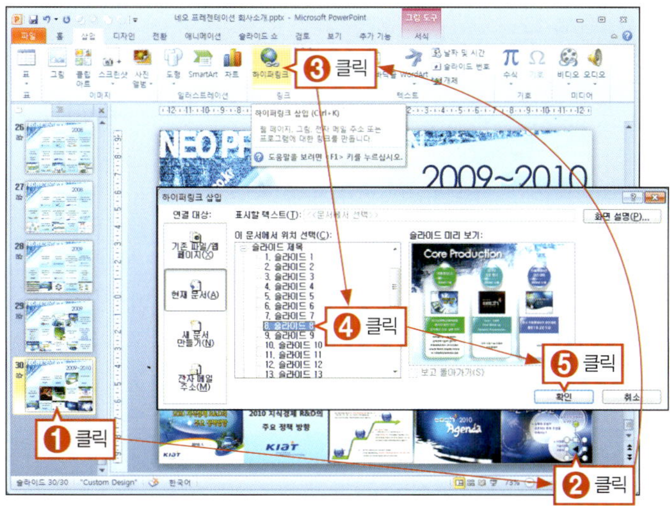

03 원래 위치로 돌아오는 하이퍼링크를 설정하겠습니다.

① **30번 슬라이드**를 선택

② 오른쪽 아래에 있는 **버튼 이미지**를 선택

③④ [삽입] 탭의 [링크] 그룹에서 **하이퍼링크**를 클릭한 다음 **슬라이드 8**을 선택

⑤ 〈**확인**〉을 클릭합니다.

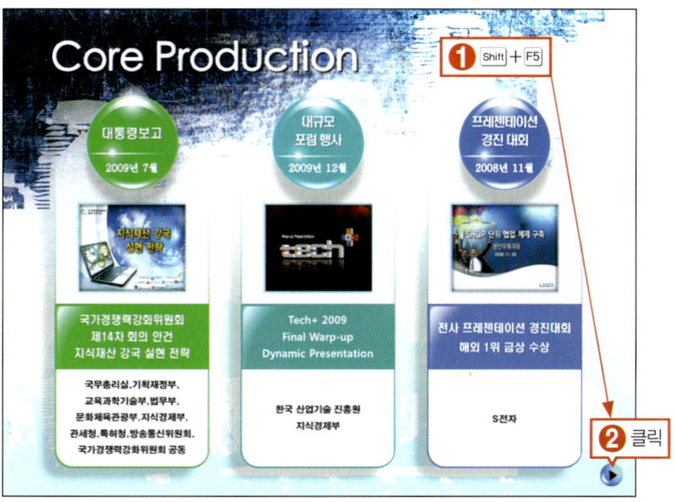

04

① 8번 슬라이드에서 Shift + F5를 눌러 슬라이드 쇼를 실행

② 오른쪽 아래 있는 **버튼**을 클릭하여 24번 슬라이드로 이동합니다.

05 슬라이드를 넘겨 30번 슬라이드까지 이동한 후 오른쪽 아래 있는 버튼을 클릭하여 8번 슬라이드로 돌아옵니다.

Esc를 눌러 슬라이드 쇼를 마칩니다.

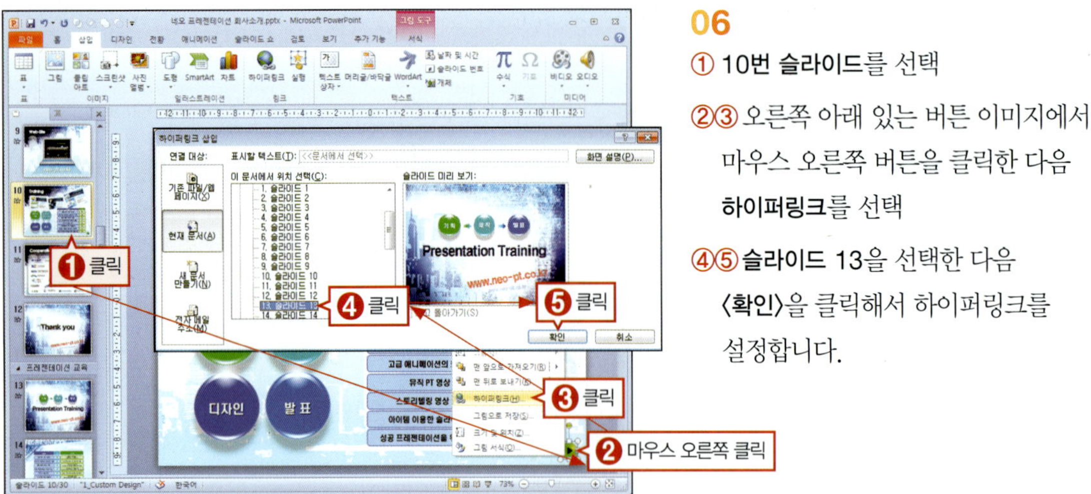

06

① **10번 슬라이드**를 선택

②③ 오른쪽 아래 있는 버튼 이미지에서 마우스 오른쪽 버튼을 클릭한 다음 **하이퍼링크**를 선택

④⑤ **슬라이드 13**을 선택한 다음 **〈확인〉**을 클릭해서 하이퍼링크를 설정합니다.

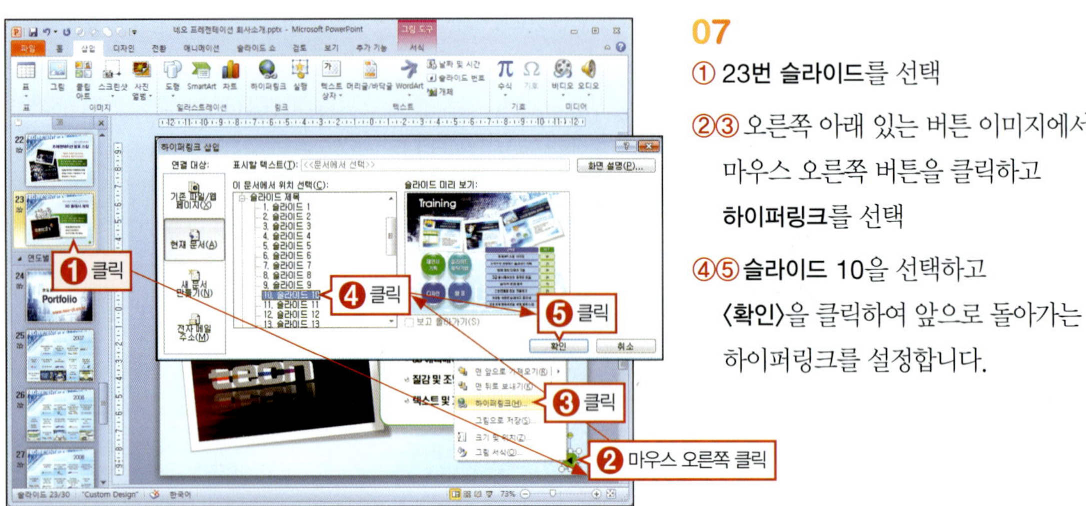

07

① **23번 슬라이드**를 선택

②③ 오른쪽 아래 있는 버튼 이미지에서 마우스 오른쪽 버튼을 클릭하고 **하이퍼링크**를 선택

④⑤ **슬라이드 10**을 선택하고 **〈확인〉**을 클릭하여 앞으로 돌아가는 하이퍼링크를 설정합니다.

Note 다른 문서나 웹페이지로 하이퍼링크 설정하기

하이퍼링크는 현재 문서뿐만 아니라 웹페이지나 한글, 엑셀, 파워포인트 등으로 이동하도록 설정할 수 있습니다.

[삽입] 탭의 [링크] 그룹에서 '하이퍼링크'를 클릭하고 하이퍼링크 삽입 대화상자에서 '기존 파일/웹 페이지'를 클릭하여 연결할 파일을 선택하거나 주소에 웹페이지 주소를 입력한 다음 〈확인〉을 클릭합니다.

하이퍼링크를 제거하려면 링크가 지정된 개체에서 마우스 오른쪽 버튼을 클릭하고 '하이퍼링크 제거'를 선택합니다.

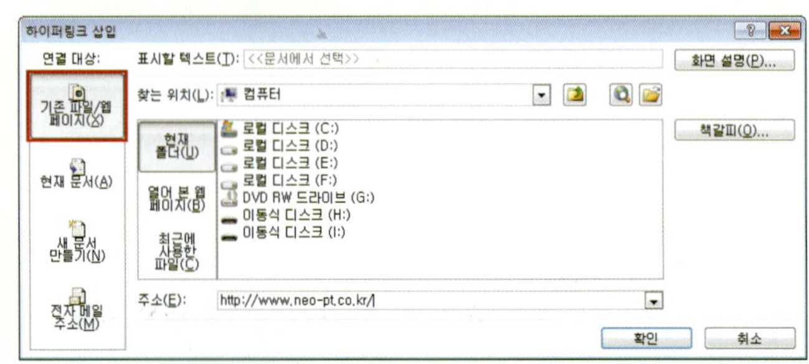

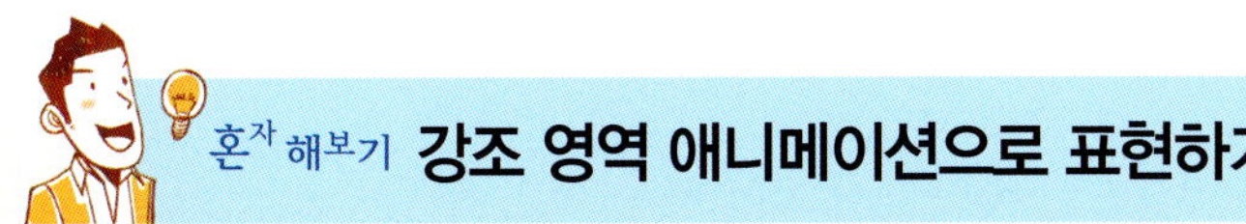

혼자 해보기 강조 영역 애니메이션으로 표현하기

색연필이 움직이고 빨간 줄이 나타나면서 중요한 부분을 강조하는 애니메이션을 설정합니다.

- **실습 파일** ⓒ:\파워포인트\9장\실습\혼자해보기9_실습.pptx
- **완성 파일** ⓒ:\파워포인트\9장\완성\혼자해보기9_완성.pptx

1 색연필을 선택하고 [애니메이션] 탭의 [애니메이션] 그룹에서 **자세히**를 클릭합니다. **추가 나타내기 효과**를 선택한 다음 화려한 효과 영역에서 **휘어 올라오기**를 선택하고 〈확인〉을 클릭합니다.

2 [애니메이션] 탭의 [고급 애니메이션] 그룹에서 **애니메이션 추가**를 클릭합니다. 이동 경로 영역에서 **사용자 지정 경로**를 선택하고 색연필 이미지의 중심에서 수평으로 슬라이드 오른쪽 끝까지 드래그합니다.

3 [애니메이션] 탭의 [타이밍] 그룹에서 **시작**을 클릭하고 **이전 효과 다음에**를 선택합니다.

4 빨간 선 개체를 선택합니다. [애니메이션] 탭의 [애니메이션] 그룹에서 **자세히**를 클릭하고 나타내기 영역에서 **닦아내기**를 선택합니다.

5 [애니메이션] 탭의 [애니메이션] 그룹에서 **효과 옵션**을 클릭하고 **왼쪽에서**를 선택합니다.

6 [애니메이션] 탭의 [타이밍] 그룹에서 시작을 **이전 효과와 함께**, 재생 시간을 "02.00"로 설정합니다.

7 F5를 눌러 애니메이션을 확인합니다.

MEMO

CHAPTER 10

멀티미디어 슬라이드 만들기

프레젠테이션을 제작할 때 멀티미디어를 사용하면 특별한 의미를 부여할 수 있습니다.
예를 들어 근거 자료로 동영상을 삽입하거나 플래시를 삽입하면
청중에게 신뢰를 주고 이해의 폭을 넓힐 수 있으며 음성 내레이션을 삽입하거나
배경 음악을 삽입하면 감동과 여운을 느끼게 할 수 있습니다.
이번 챕터에서는 보다 편리해진 멀티미디어 삽입 방법과
동영상의 활용 방법에 대해 배우겠습니다.

section 01

소리 파일 삽입하기

• 클립 아트 오디오 • 소리 도구 • 오디오 파일

함께해요 1. 클립아트 소리 삽입하기

슬라이드에 소리 파일을 삽입하면 더욱 생기 있는 슬라이드 쇼를 연출할 수 있습니다. 또한 마이크로소프트에서 제공하는 다양한 소리 파일과 애니메이션 효과를 적절하게 조합하면 청중의 시선을 단 번에 사로잡을 수 있습니다.

- **실습 파일** ◎:\파워포인트\10장\실습\아카데미 인트로.pptx
- **완성 파일** ◎:\파워포인트\10장\완성\아카데미 인트로.pptx

01 클립아트로 소리를 삽입하겠습니다.

①② [삽입] 탭의 [미디어] 그룹에서 **오디오**를 클릭하고 **클립 아트 오디오**를 선택합니다.

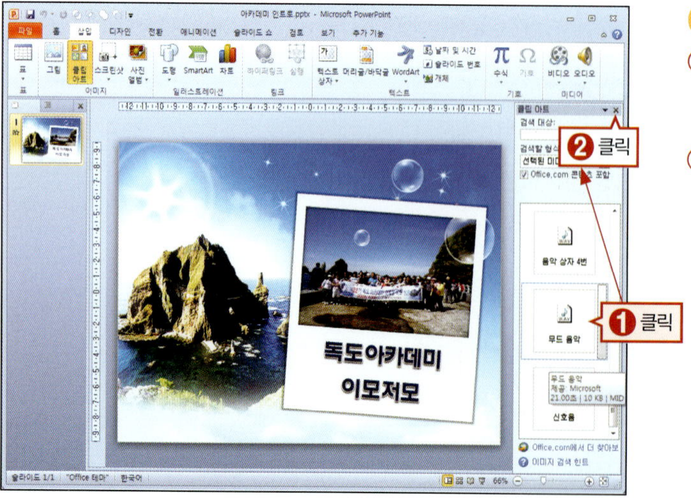

02

① 검색된 소리 중 **무드 음악**을 클릭해서 삽입

② **닫기** ✖ 를 클릭하여 클립 아트 창을 닫습니다.

Note 소리 도구 살펴보기

소리를 삽입하면 나타나는 소리 도구를 이용하여 소리를 재생하거나 볼륨 등을 조정할 수 있습니다

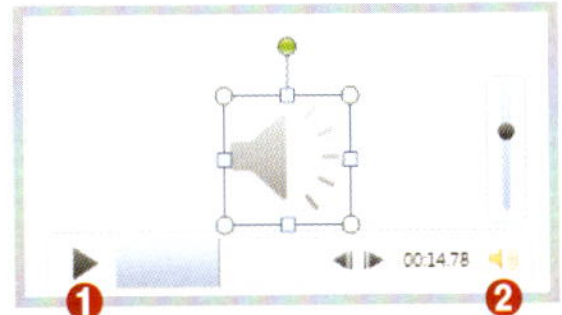

❶ **재생/정지**(단축키 Alt+P) : 소리를 재생하거나 일시 정지시킵니다. 임의의 구간을 클릭하고 '재생/정지'를 클릭하면 구간별 재생이 가능합니다.

❷ **음소거/음소거 안함** : 일시적으로 소리를 없앨 수 있으며 볼륨을 조정할 수 있습니다.

03 **스피커 모양**의 아이콘을 드래그하여 슬라이드 화면 밖으로 옮깁니다.

04 F5를 눌러 슬라이드 쇼를 실행하면 미리 설정된 애니메이션 나타나지만 소리는 재생되지 않습니다.

05 애니메이션과 소리가 동시에 재생되도록 설정하겠습니다.

[애니메이션] 탭의 [고급 애니메이션] 그룹에서 **애니메이션 창** 애니메이션 창 을 클릭합니다.

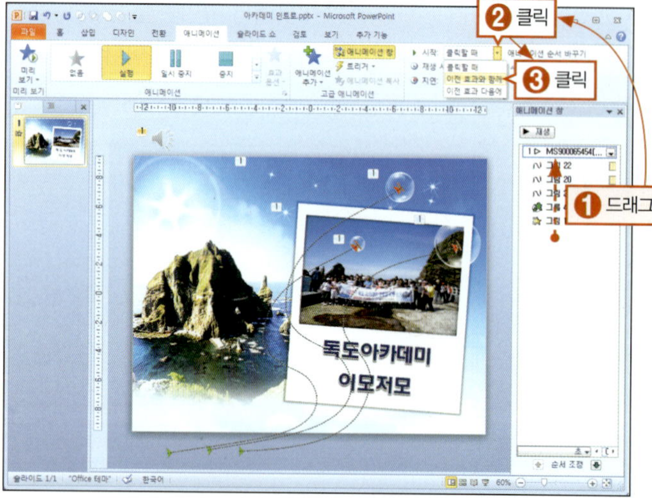

06

① 애니메이션 창에서 맨 아래쪽에 있는 **소리 파일**을 드래그하여 애니메이션 위쪽으로 옮깁니다.

②③ [애니메이션] 탭의 [타이밍] 그룹에서 시작을 **이전 효과와 함께**로 선택합니다.

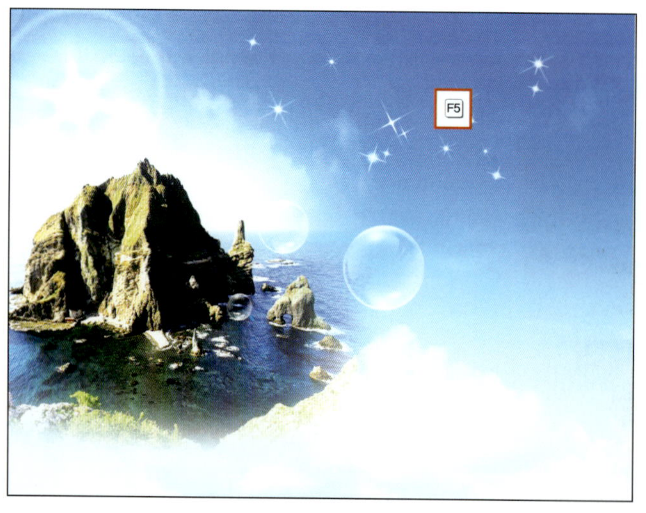

07 F5를 눌러 슬라이드 쇼를 실행하면 소리와 애니메이션이 동시에 재생됩니다.

함께해요 2. 여러 장의 슬라이드에 이어지는 소리 파일 삽입하기

빠르게 진행되는 프레젠테이션에 경쾌한 소리 파일을 삽입하면 활기를 불어 넣을 수 있습니다. 이처럼 상황에 맞는 소리 파일은 효과적인 슬라이드 쇼를 위해 필요한 요소로 WAV, MP3, MID, WMA 등의 소리 파일을 삽입할 수 있습니다.

- 실습 파일 ◎:\파워포인트\10장\실습\네오 인트로.pptx
- 완성 파일 ◎:\파워포인트\10장\완성\네오 인트로.pptx

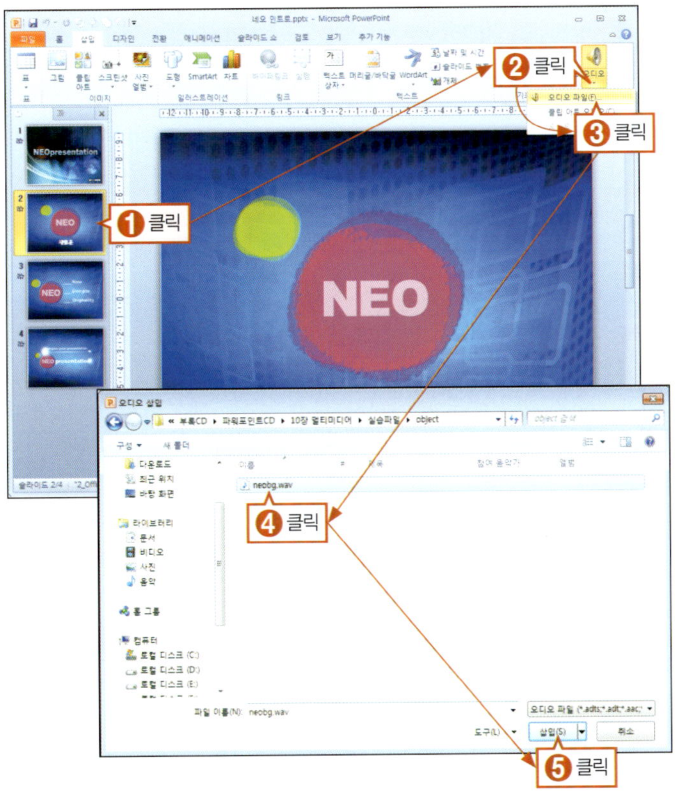

01

① 실습 파일 **2번 슬라이드**를 선택

②③ [삽입] 탭의 [미디어] 그룹에서 **오디오** 를 클릭하고 **오디오 파일**을 선택

④⑤ neobg.wav(CD:\파워포인트\10장\실습\object\)를 선택한 후 **<삽입>**을 클릭합니다.

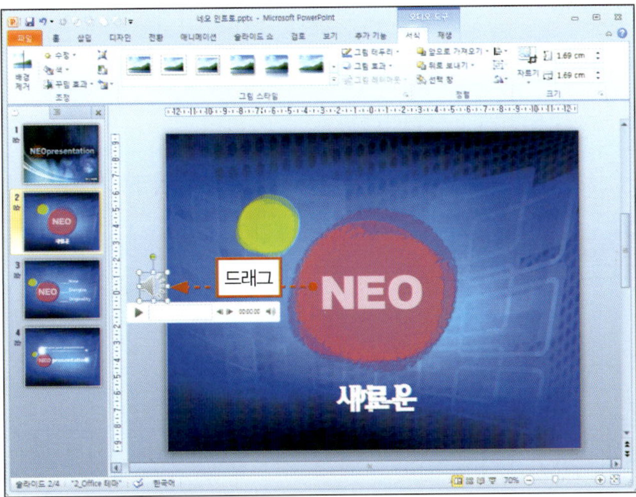

02 삽입한 **소리 아이콘**을 드래그하여 슬라이드 밖으로 옮깁니다.

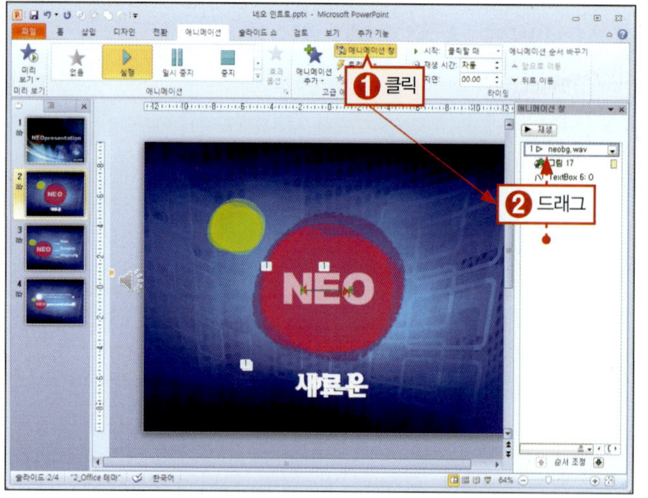

03

① [애니메이션] 탭의 [고급 애니메이션] 그룹에서 **애니메이션 창**을 클릭

② **소리 파일 애니메이션**을 드래그하여 맨 위로 옮깁니다.

04

①② 애니메이션 창에서 소리 파일의 **메뉴 확장 버튼**을 클릭하고 **효과 옵션**을 선택합니다.

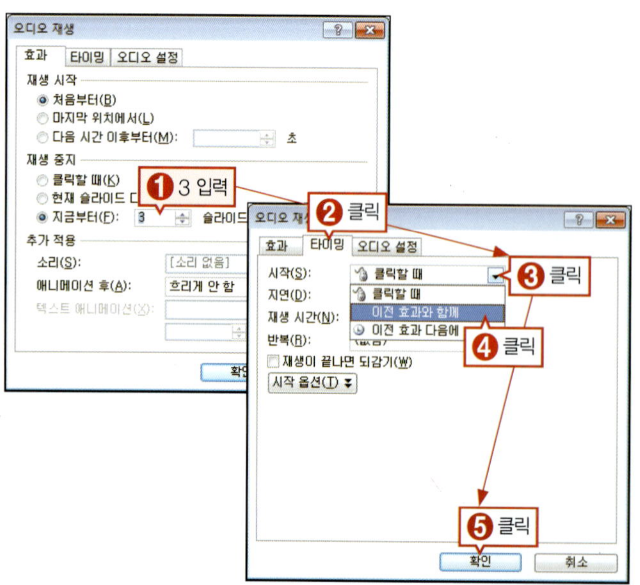

05

① [효과] 탭의 재생 중지 영역의 지금부터를 3으로 설정해서 세 슬라이드 후에 멈추도록 설정

② [타이밍] 탭을 클릭

③④ 시작을 **이전 효과와 함께**로 선택

⑤ **〈확인〉**을 클릭합니다.

06 F5를 눌러 슬라이드 쇼를 실행하면 2번부터 4번 슬라이드까지만 소리가 재생됩니다.

동영상 및 플래시 삽입하기

• 비디오 파일 삽입 • 동영상 도구 상자 • 비디오 트리밍 • 책갈피 가능 • 페이드 아웃 • 플래시 삽입

함께해요 1. 동영상 삽입하고 편집하기

파워포인트에는 WMV, MPEG, AVI 파일 등의 동영상 파일을 삽입할 수 있으며 간단한 편집도 가능합니다.

• **실습 파일** ◎:\파워포인트\10장\실습\TECH PLUS 인트로.pptx
• **완성 파일** ◎:\파워포인트\10장\완성\TECH PLUS 인트로.pptx

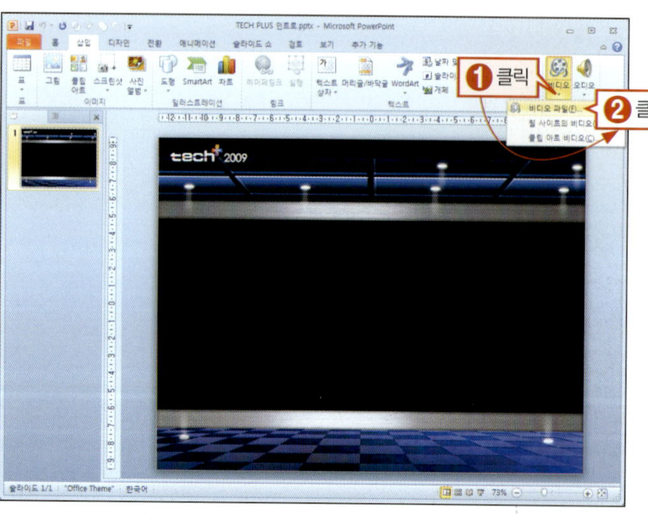

01

① 실습 파일을 열고 [삽입] 탭의 [미디어] 그룹에서 **비디오**를 클릭

② **비디오 파일**을 선택합니다.

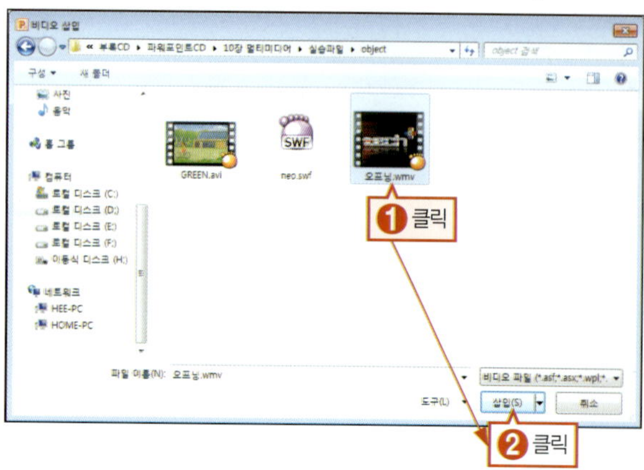

02

①② **오프닝.wmv**(CD:\파워포인트\10장\실습\object\) 파일을 선택하고 **〈삽입〉**을 클릭해서 동영상을 삽입합니다.

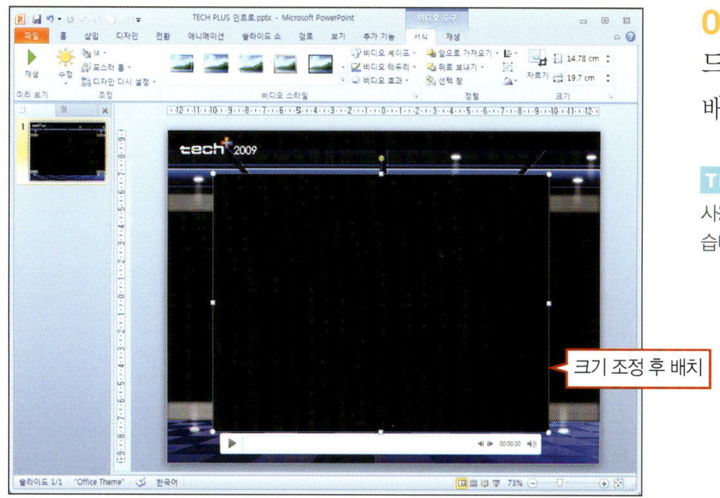

03 삽입한 동영상의 크기 조정 핸들을 드래그하여 크기를 줄이고 가운데에 배치합니다.

Tip

사용자의 컴퓨터 해상도에 따라 삽입된 크기가 다를 수 있습니다.

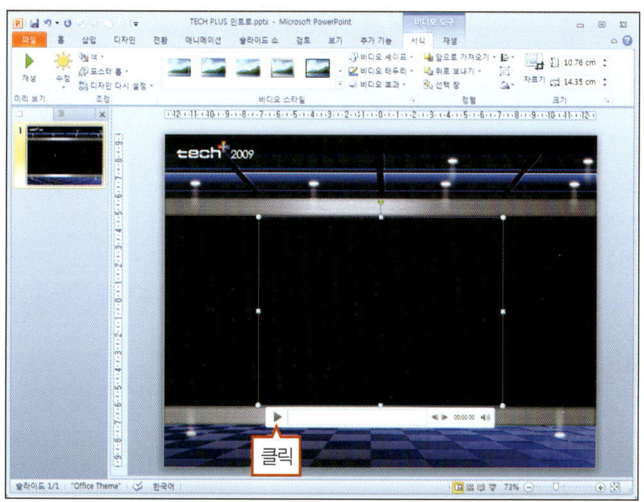

04 동영상 아래에 있는 **재생 버튼** ▶ 을 클릭해서 동영상을 재생할 수 있습니다.

05 F5를 눌러 슬라이드 쇼를 실행하면 동영상 도구 상자가 자동으로 숨겨지며 동영상 아래쪽으로 마우스를 가져가면 **재생 버튼**이 나타납니다.

재생 버튼을 클릭해서 동영상을 재생한 후 Esc를 눌러 슬라이드 쇼를 종료합니다.

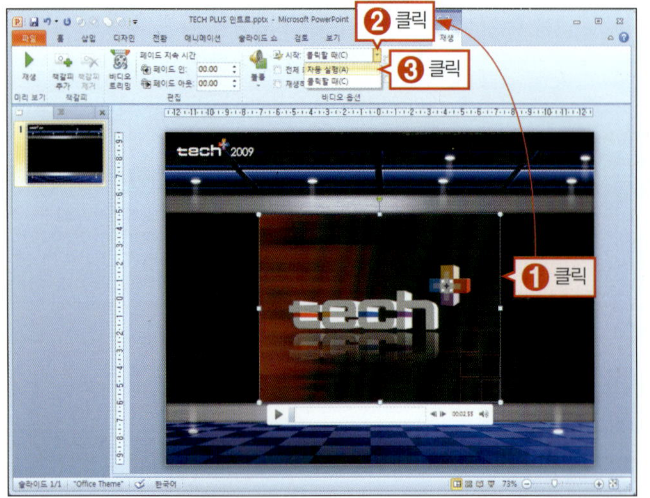

06

① **동영상**을 선택

②③ [재생] 탭의 [비디오 옵션] 그룹에서 시작을 **자동 실행**으로 선택한 후 슬라이드 쇼를 실행하면 동영상이 자동으로 재생됩니다.

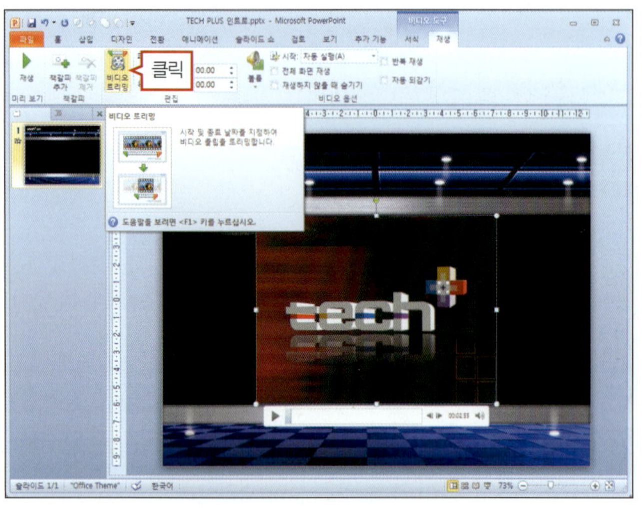

07 동영상이 길 경우 일부분만 재생할 수 있습니다. [재생] 탭의 [편집] 그룹에서 **비디오 트리밍** 을 클릭합니다.

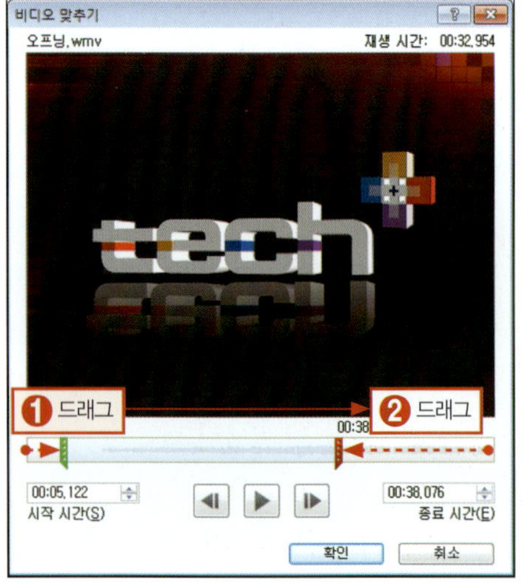

08

① 비디오 맞추기 대화상자에서 **초록색 표식**은 오른쪽으로 드래그해서 시작 시간을 00:05(약 5초) 정도로 설정

② **빨간색 표식**은 왼쪽으로 드래그해서 종료 시간을 00:38(약 38초) 정도로 설정합니다.

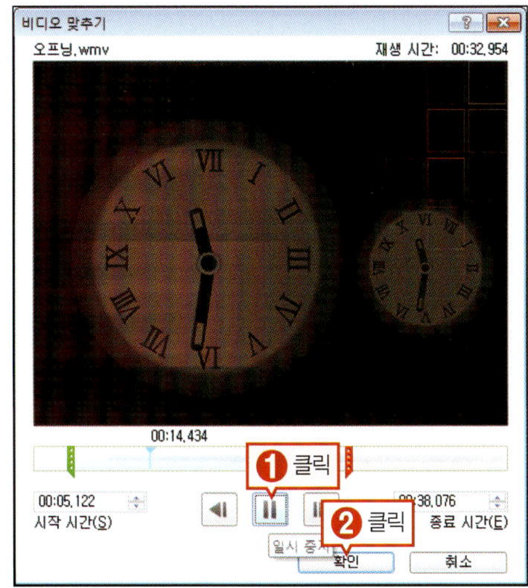

09

①② **재생** ▶ 을 클릭하여 재설정한 구간이 제대로 재생되는지 확인하고 **<확인>**을 클릭합니다.

Tip

재생 위치를 나타내는 재생 위치 표시 가 이동되면서 동영상이 재생됩니다. 재생 위치 표시가 트리밍 구간 밖에 있다면 트리밍 시작 위치로 이동시킵니다.

Note 동영상 책갈피 기능

책갈피 기능이란 동영상의 임의 위치를 기록하여 나중에 해당 위치를 쉽게 찾을 수 있도록 표시하는 기능입니다.

책갈피를 추가할 때는 동영상 재생 구간 중 원하는 구간을 클릭하여 선택하고 [재생] 탭의 [책갈피] 그룹에서 **책갈피 추가** 를 클릭합니다. 책갈피는 재생 구간에 원으로 표시되고 재생 시 원을 클릭하면 즉시 재생 위치가 이동됩니다.

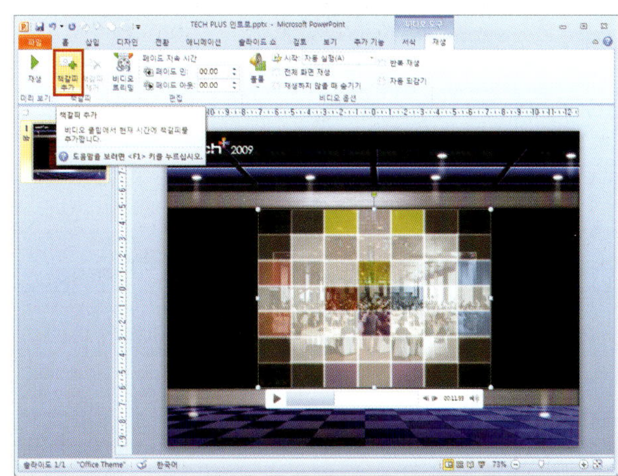

책갈피를 삭제할 때는 삭제할 책갈피를 선택하고 [재생] 탭의 [책갈피] 그룹에서 **책갈피 제거** 를 클릭합니다.

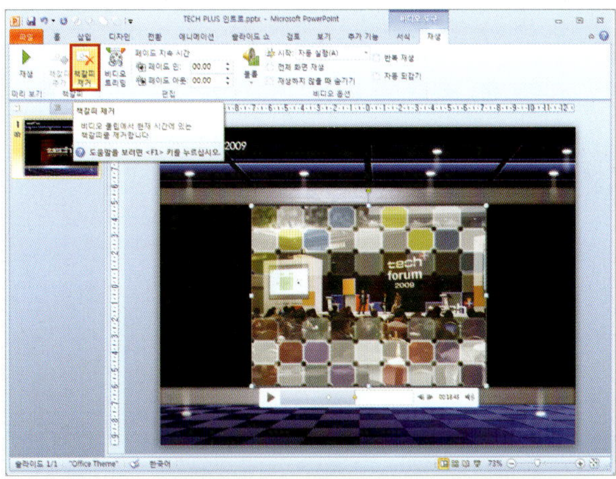

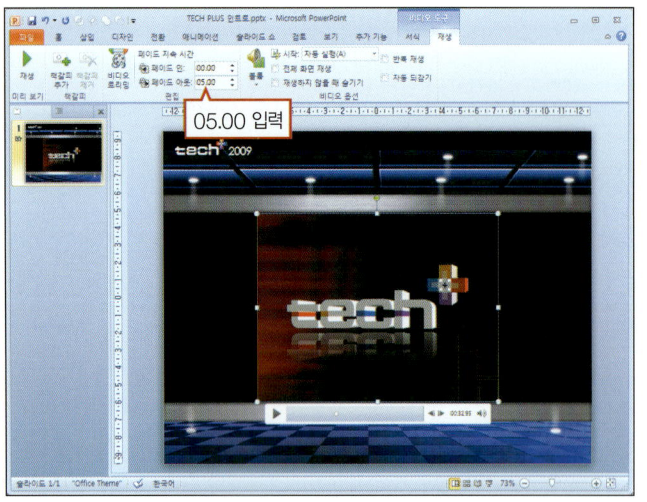

10 페이드 아웃 기능을 설정하면 슬라이드 쇼에서 동영상 재생을 자연스럽게 마칠 수 있습니다. [재생] 탭의 [편집] 그룹에서 페이드 아웃을 05.00(5초)로 설정합니다.

Tip

'페이드 인'과 '페이드 아웃'은 동영상의 시작, 종료 부분에서 영상을 점점 흐리게 설정하는 기능입니다.

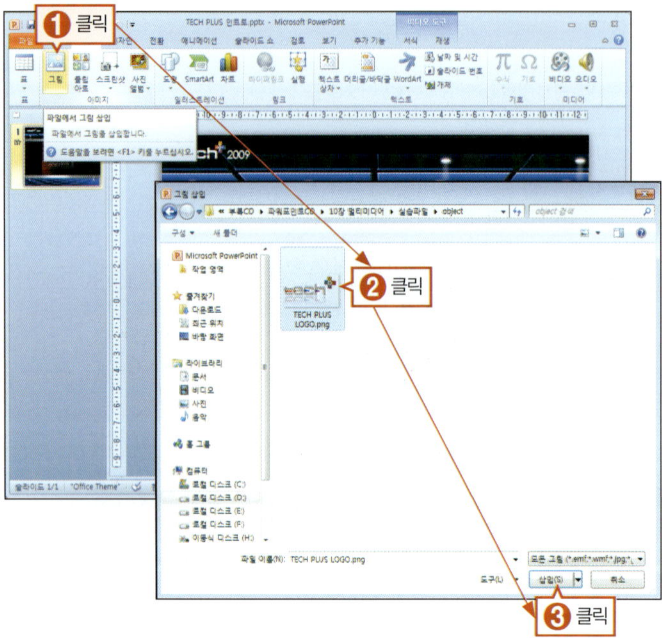

11

① [삽입] 탭의 [이미지] 그룹에서 **그림**을 클릭

②③ TECH PLUS LOGO.png (CD:\파워포인트\10장\실습\object\)를 선택한 후 **〈삽입〉**을 클릭합니다.

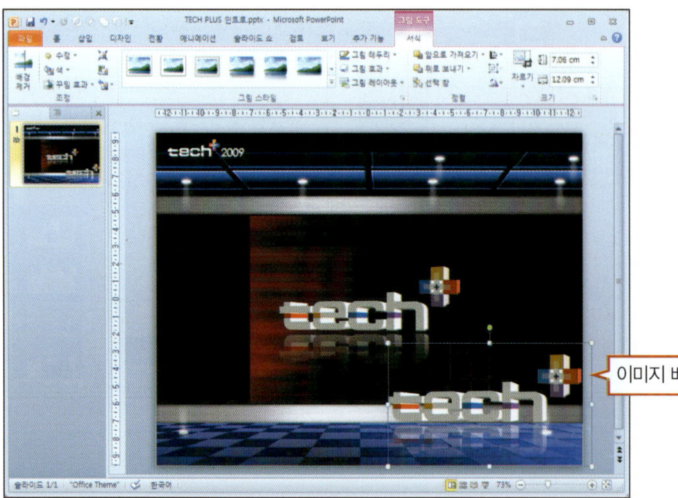

12 그림과 같이 이미지를 동영상 오른쪽 아래 보기 좋게 배치합니다. 동영상에 관계없이 개체가 앞쪽에 계속 나타납니다.

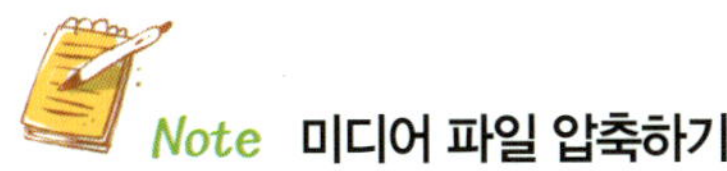

Note 미디어 파일 압축하기

동영상 및 소리 파일(플래시 제외)을 삽입하면 파워포인트 문서에 저장됩니다. 이 때 미디어 파일의 용량에 따라 파워포인트 문서의 크기가 한없이 커질 수 있으므로 미디어를 압축하여 저장하는 것이 좋습니다.

[파일] 탭에서 **정보**를 클릭하고 **미디어 압축**을 클릭한 다음 **프레젠테이션 품질**을 선택해서 삽입한 미디어를 압축합니다.

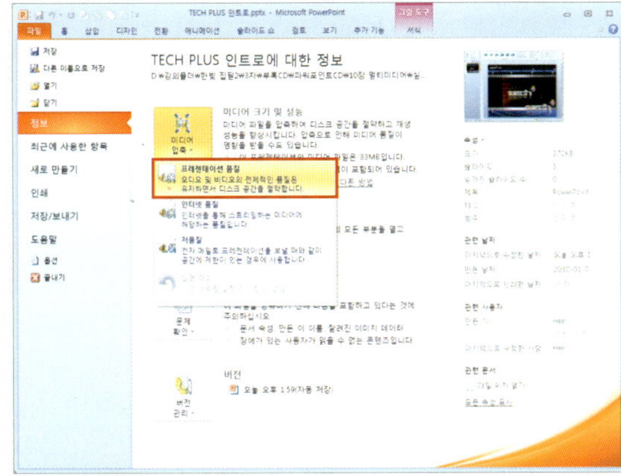

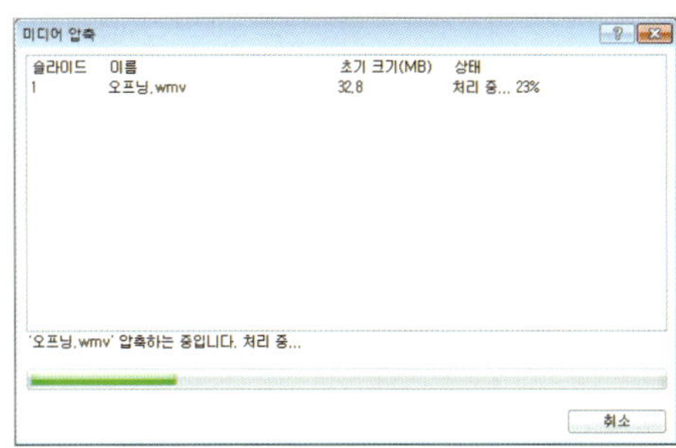

미디어를 압축하면 용량이 줄어드는 만큼 미디어의 품질도 어느 정도 낮아질 수 있습니다. 그러므로 저장하기 전에 압축된 품질을 확인해 보는 것이 좋습니다.

압축된 미디어를 원래대로 복구하려면 [파일] 탭에서 **정보**를 클릭하고 **미디어 압축**을 클릭한 다음 **실행 취소**를 선택합니다.

함께해요 2. 플래시 삽입하기

플래시란 확장자가 *.SWF로 동영상과 같이 움직임이 있는 파일입니다. 동영상에 비해 파일 용량이 적으며 삽입 방법이 간편해져 활용도가 높아질 것으로 예상합니다. 또한 플래시를 포함한 각종 동영상 개체에 윤곽선, 입체 효과 등의 서식을 적용할 수도 있습니다.

- **실습 파일** ◎:\파워포인트\10장\실습\네오 플래시.pptx
- **완성 파일** ◎:\파워포인트\10장\완성\네오 플래시.pptx

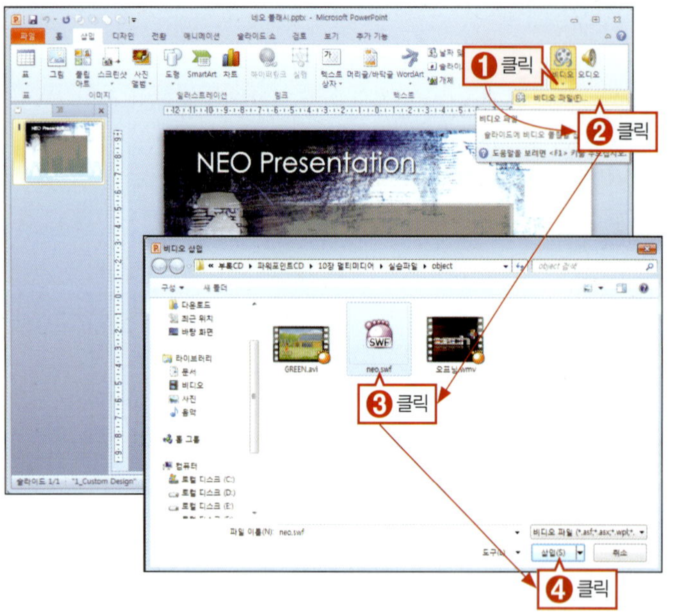

01

①② [삽입] 탭의 [미디어] 그룹에서 **비디오**를 클릭하고 **비디오 파일**을 선택

③ neo.swf(CD:\파워포인트\10장\실습\object\)를 선택

④ **〈삽입〉**을 클릭해서 플래시를 삽입합니다.

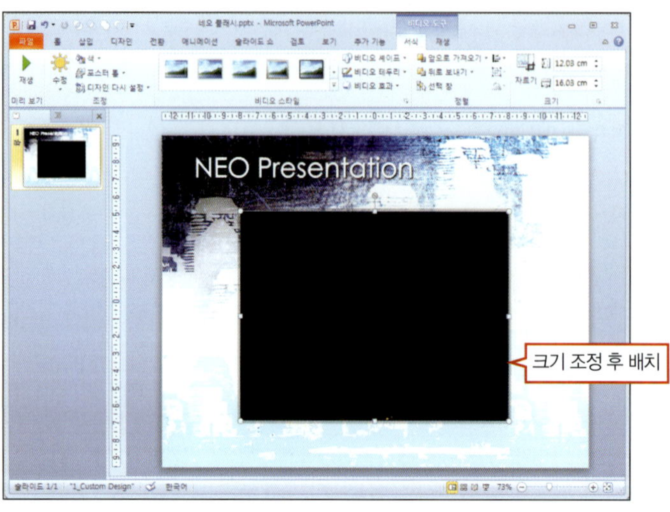

02 삽입한 **플래시 개체**의 크기 조정 핸들을 드래그하여 크기를 변경한 후 그림과 같이 배치합니다.

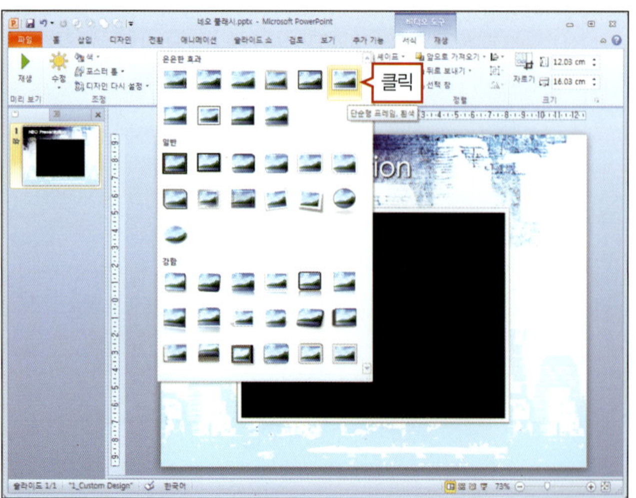

03 [서식] 탭의 [비디오 스타일] 그룹에서 **자세히**를 클릭하고 **단순형 프레임, 흰색**을 선택해서 플래시 개체의 서식을 변경합니다.

Tip

플래시는 문서에 포함되지 않으므로 파워포인트 문서와 플래시 파일을 같은 폴더에 두고 실행해야 하며 파일 이름이 변경되지 않도록 주의합니다.

혼자 해보기 내용 이해를 돕는 애니메이션 동영상 삽입하기

동영상을 삽입하고 불필요한 영역을 자른 후 자동으로 재생되도록 조정합니다. 또한 슬라이드에 미리 배치한 도형이 동영상 위에서 나타나도록 설정합니다.

- **실습 파일** :\파워포인트\10장\실습\혼자해보기10_실습.pptx
- **완성 파일** :\파워포인트\10장\완성\혼자해보기10_완성.pptx

1 2번 슬라이드를 선택합니다. [삽입] 탭의 [미디어] 그룹에서 **비디오**를 클릭하고 **비디오 파일**을 선택합니다. **GREEN.avi**(CD:\파워포인트\10장\실습\object\) 파일을 선택하고 〈삽입〉을 클릭합니다.

2 동영상을 선택하고 [서식] 탭의 [크기] 그룹에서 **자르기**를 클릭합니다. 동영상의 외곽을 드래그하여 불필요한 검정 영역을 제거합니다. Esc를 눌러 자르기를 마치고 동영상 크기와 위치를 적당하게 조정합니다.

3 [재생] 탭의 [비디오 옵션] 그룹에서 시작을 **자동 실행**으로 설정합니다.

4 [애니메이션] 탭의 [고급 애니메이션] 그룹에서 애니메이션 창을 클릭하고 **애니메이션 창**에서 **GEEEN.avi**를 드래그해서 맨 위로 옮깁니다.

5 동영상에서 마우스 오른쪽 버튼을 누르고 **맨 뒤로 보내기**를 선택합니다. 슬라이드 쇼를 실행하면 동영상이 자동으로 실행되면서 3개의 도형이 나타납니다.

MEMO

CHAPTER 11

테마와 마스터

파워포인트에서 말하는 '테마'는 슬라이드 안에 있는 텍스트, 도형 등의 서식과 배경 등을 한번에 변경하는 기능입니다.
테마를 만드는 기본 바탕을 '마스터'라고 하며 사용자는 원하는 디자인을 마스터 슬라이드에 적용하여 테마를 만들 수 있습니다.
이번 장에서는 기본 테마를 적용하는 방법과 템플릿 제작하는 방법을 배우겠습니다.

테마 적용하여 슬라이드 만들기

• 테마 적용하기 • 테마 다운받기 • 테마 저장하기

함께해요 1. 파워포인트 2010 기본 테마 적용하기

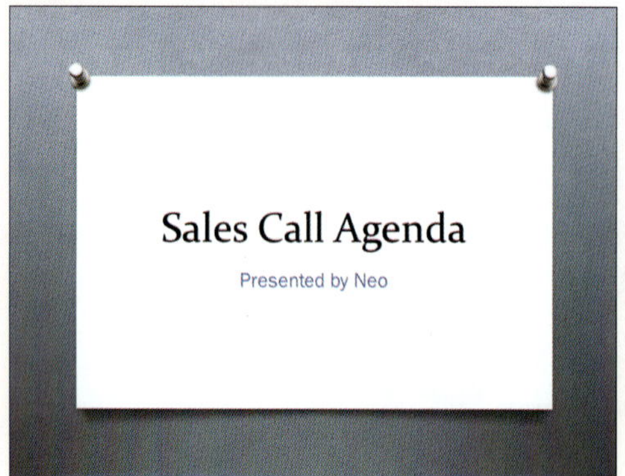

파워포인트에서 기본으로 제공하는 테마는 별다른 수정이 필요 없을 정도로 품질이 좋습니다. 따라서 짧은 시간에 급박하게 프레젠테이션을 준비할 때는 기본 테마를 이용합니다.

• **실습 파일** ◎:\파워포인트\11장\실습\Sales Call Agenda_1.pptx

• **완성 파일** ◎:\파워포인트\11장\완성\Sales Call Agenda_1.pptx

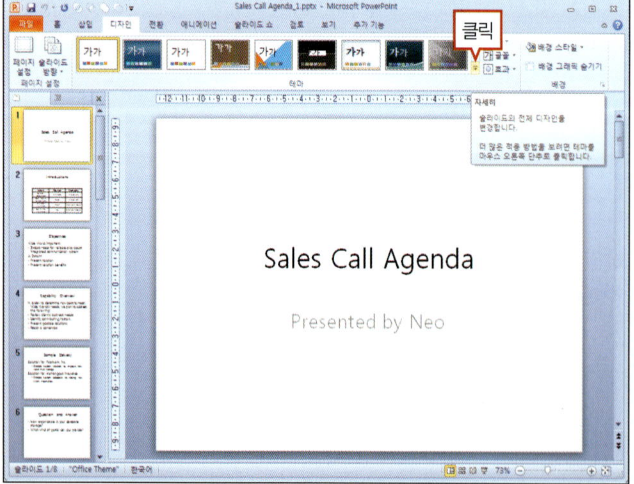

01 [디자인] 탭의 [테마] 그룹에서 **자세히**를 클릭합니다.

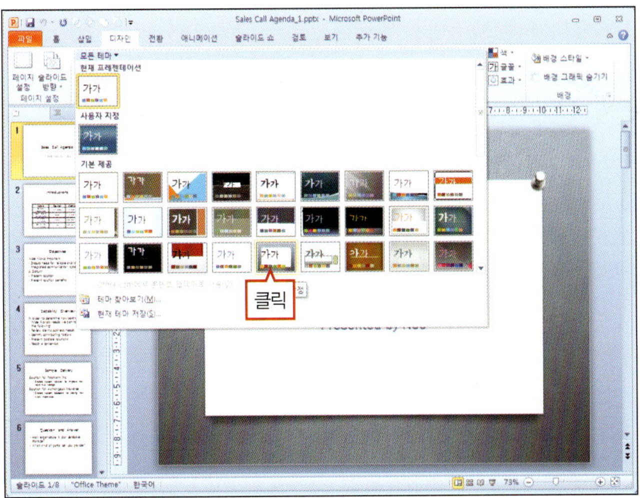

02 다양한 테마 목록 중에서 **압정** 테마를 선택해서 적용합니다.

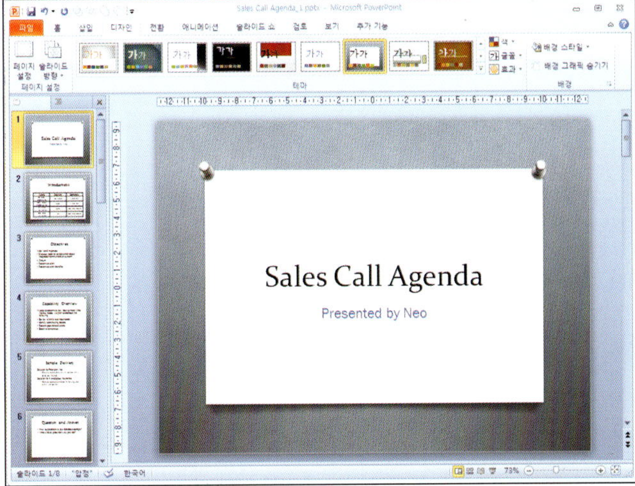

03 전체 슬라이드에 테마가 적용됩니다.

함께해요 2. 테마 적용하여 새로 만들기

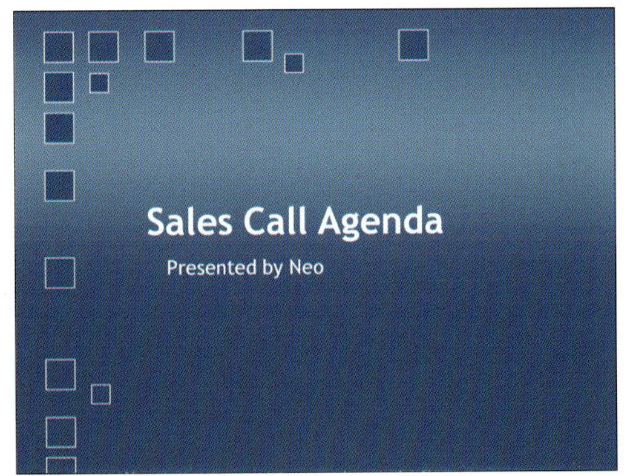

파워포인트를 설치할 때 함께 설치되는 기본 테마 이외에도 Office.com에서 무료로 제공하는 테마를 다운받아 다양한 디자인을 손쉽게 적용할 수 있습니다.

- **실습 파일** ◎:\파워포인트\11장\실습\Sales Call Agenda_2.pptx
- **완성 파일** ◎:\파워포인트\11장\완성\Sales Call Agenda_2.pptx

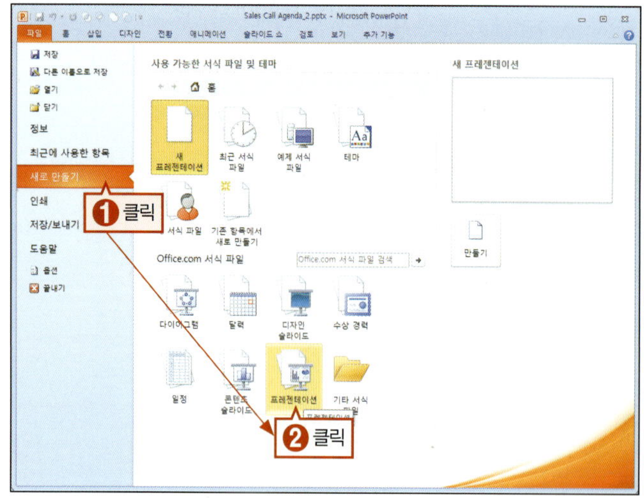

01

① [파일] 탭에서 **새로 만들기**를 클릭

② Office.com 서식 파일 영역의 **프레젠테이션** 폴더를 클릭합니다.

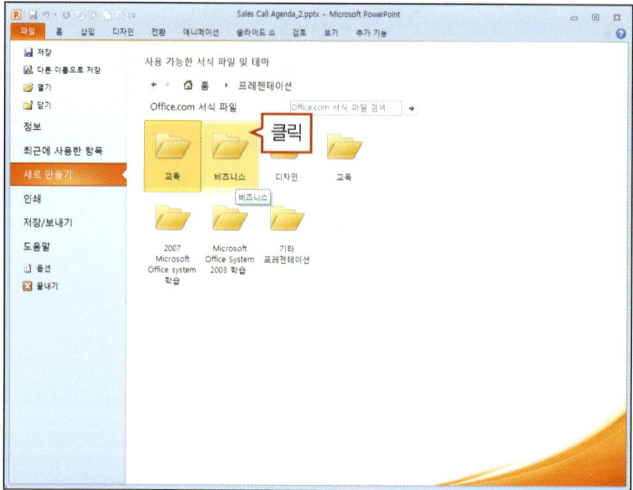

02 계속해서 프레젠테이션 관련 폴더에서 **비즈니스** 폴더를 선택합니다.

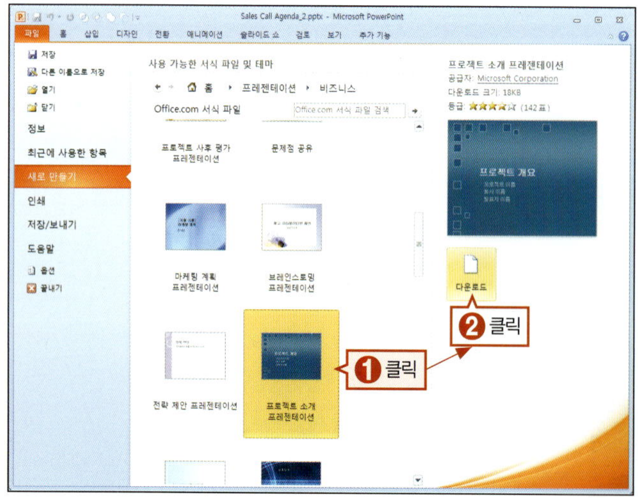

03

①② **프로젝트 소개 프레젠테이션**을 선택하고 〈**다운로드**〉를 클릭하면 해당 템플릿이 적용된 슬라이드가 생성됩니다.

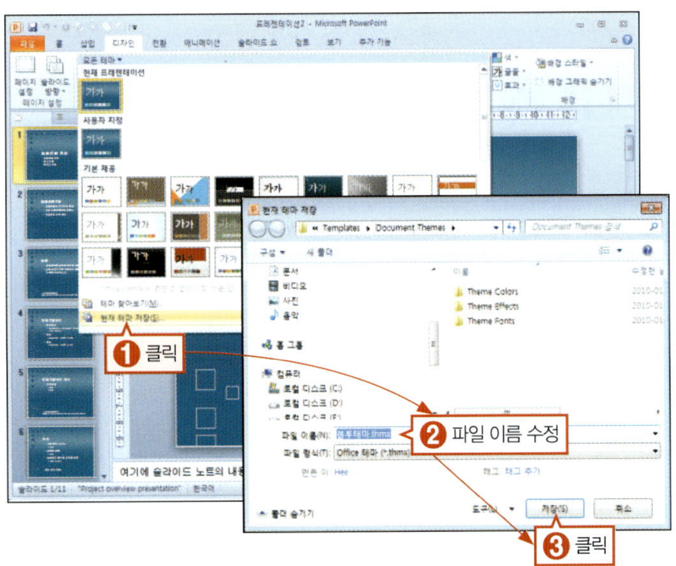

04 다운받은 테마를 저장하겠습니다.

① [디자인] 탭의 [테마] 그룹에서 **자세히**▾를 클릭한 다음 **현재 테마 저장**을 선택

②③ 경로를 변경하지 않고 파일 이름을 적당히 수정한 다음 〈저장〉을 클릭합니다.

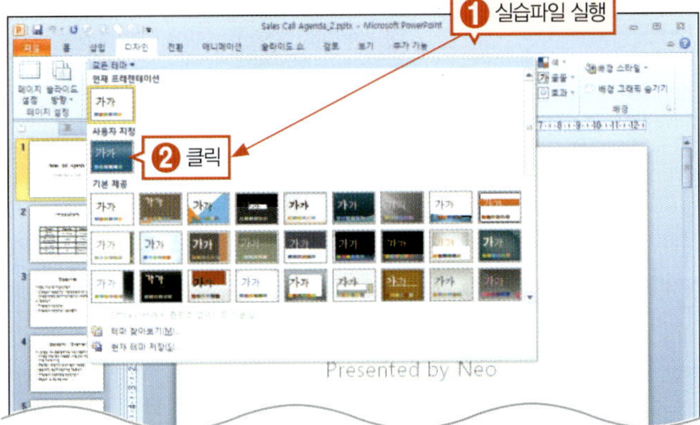

05

① 실습 파일(Sales Call Agenda_2.pptx)을 실행합니다.

② [디자인] 탭의 [테마] 그룹에서 **자세히**▾를 클릭하고 사용자 지정 영역에서 앞서 **저장한 테마**를 선택하여 적용합니다.

Note 저장된 다른 테마 적용하기

Office.com이 아닌 다른 경로를 통해 소유하고 있는 테마를 슬라이드에 적용할 수 있습니다.

• **실습 파일** ◎:\파워포인트\11장\실습\Sales Call Agenda_3.pptx

실습 파일을 실행합니다. [디자인] 탭의 [테마] 그룹에서 **자세히**▾를 클릭하고 **테마 찾아보기**를 선택합니다. 'GreenWave.potx'(CD:\파워포인트\11장\실습\)를 선택하고 〈열기〉를 클릭하면 실습 파일에 테마가 적용됩니다.

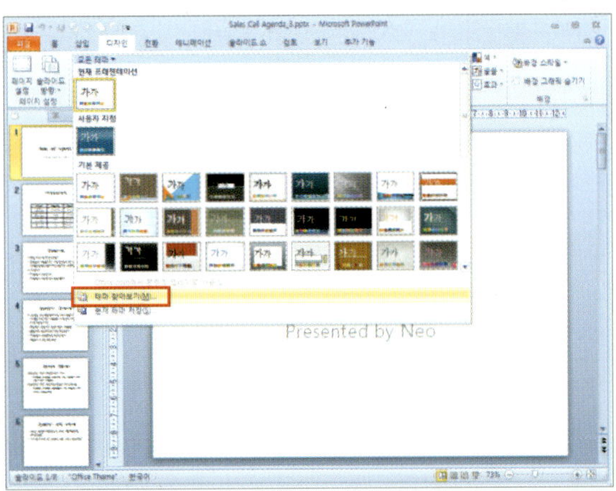

section 02

슬라이드 마스터 편집하기

• 슬라이드 마스터 • 슬라이드 레이아웃 • 슬라이드 번호 삽입

함께해요 1. 슬라이드별 마스터 배경 삽입하기

▲ 제목 슬라이드

▲ 목차 슬라이드

▲ 간지 슬라이드

▲ 엔딩 슬라이드

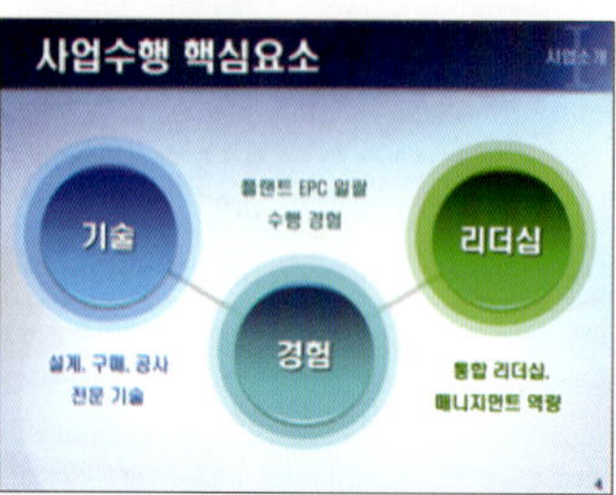

▲ 내용 슬라이드

슬라이드의 종류는 크게 프레젠테이션 제목을 입력하는 '제목 슬라이드', 발표 순서를 소개하는 '목차 슬라이드', 각각의 단원을 구분하는 '간지 슬라이드', 본문을 입력하는 '내용 슬라이드', 마지막 인사말을 넣는 '엔딩 슬라이드'로 나눌 수 있습니다. 슬라이드 마스터에서 각각의 슬라이드별 배경을 달리 적용합니다.

• **실습 파일** ◎:\파워포인트\11장\실습\엔지니어링 사업소개1 기본.pptx
• **완성 파일** ◎:\파워포인트\11장\완성\엔지니어링 사업소개1 기본.pptx

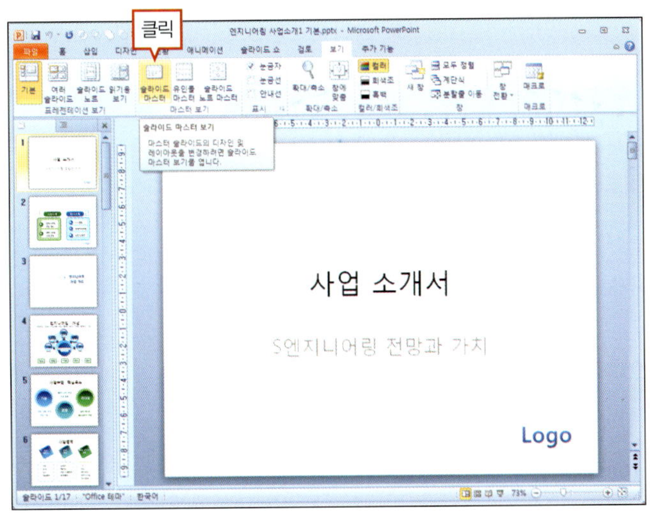

01 슬라이드 마스터를 편집해서 템플릿을 만듭니다.
[보기] 탭의 [마스터 보기] 그룹에서 **슬라이드 마스터**를 클릭해서 슬라이드 마스터 편집 영역으로 이동합니다.

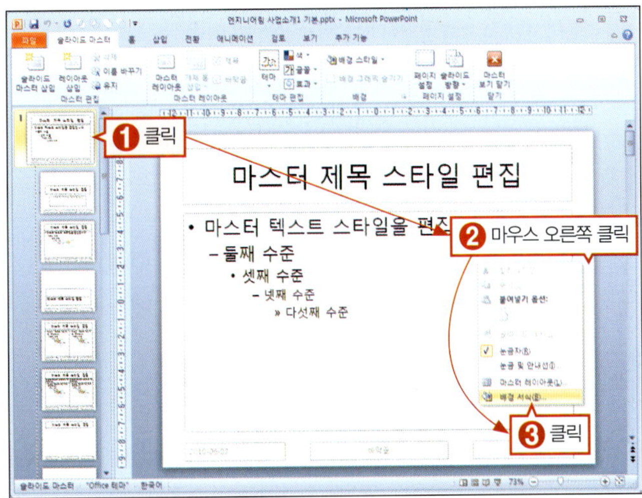

02 편집 영역 왼쪽에는 마스터와 다양한 레이아웃 슬라이드가 있습니다.

① 맨 위에 있는 **슬라이드 마스터**를 선택

② 오른쪽 슬라이드의 **빈 부분**에서 마우스 오른쪽 버튼을 클릭

③ **배경 서식**을 선택합니다.

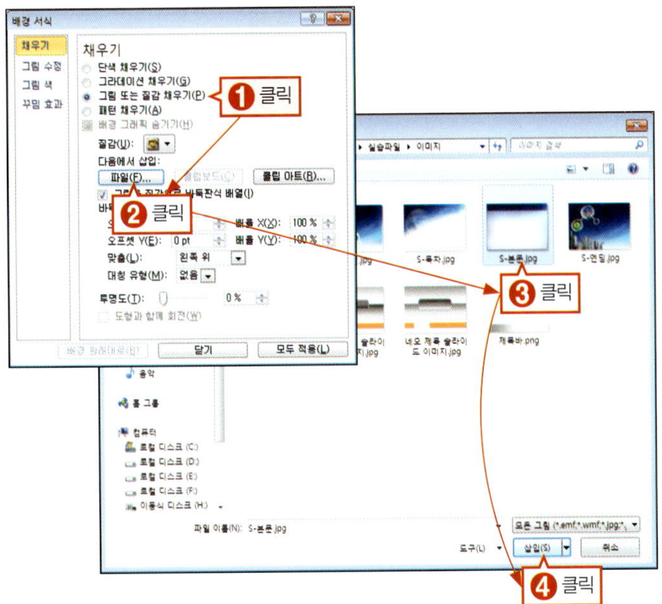

03

① 채우기 항목에서 **그림 또는 질감 채우기**를 선택

② **〈파일〉**을 클릭

③ **S-본문.jpg**(CD:\파워포인트\11장\실습\이미지\)를 선택

④ **〈삽입〉**을 클릭합니다.

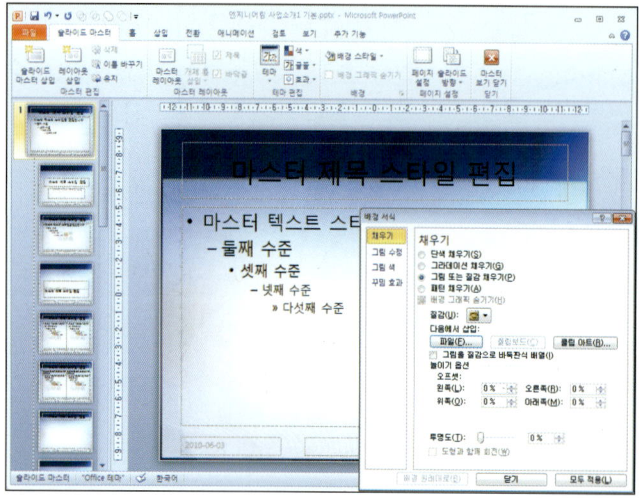

04 슬라이드 마스터에 적용한 내용은 모든 슬라이드 레이아웃에 일괄 적용됩니다.

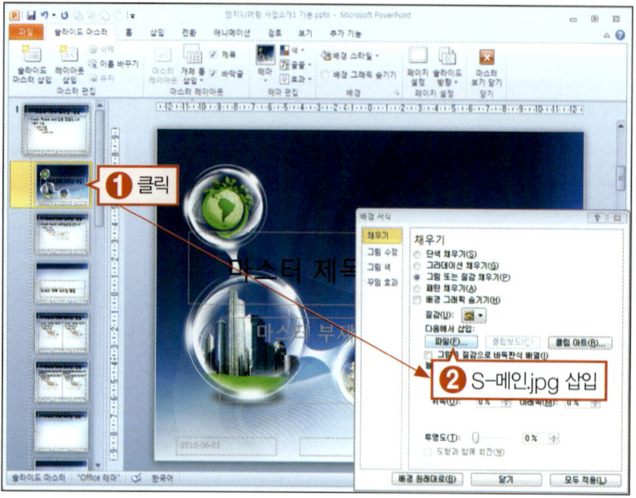

05 각 레이아웃의 배경을 수정하겠습니다.

① 슬라이드 마스터 바로 아래 있는 **제목 슬라이드 레이아웃**을 선택

② 위와 같은 방법으로 배경 서식 대화상자에서 **<파일>**을 클릭하고 **S-메인.jpg**를 배경으로 삽입합니다.

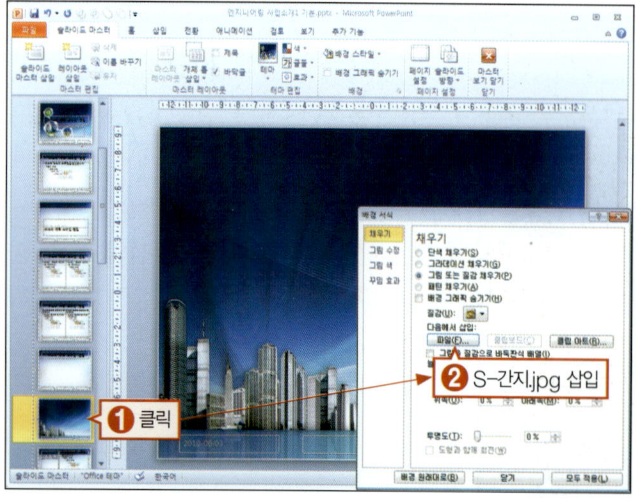

06 일반적으로 많이 사용하는 '빈 화면 레이아웃'을 수정하여 간지, 목차, 엔딩 슬라이드를 만듭니다.

① 맨 위에서부터 8번째에 있는 **빈 화면 레이아웃**을 선택합니다.

② **<파일>**을 클릭하고 **S-간지.jpg**를 배경으로 삽입합니다.

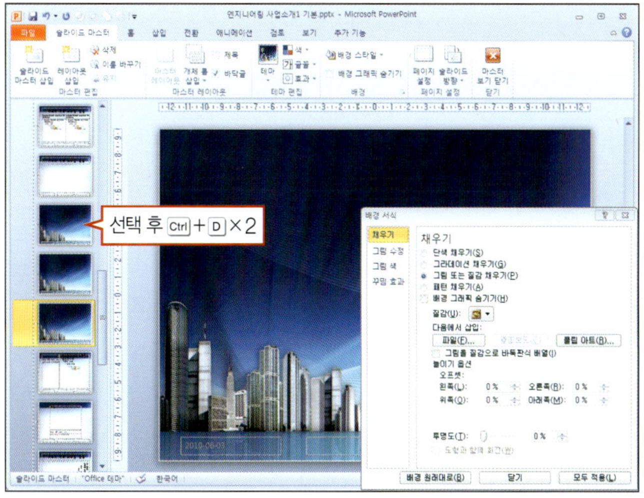

07 배경을 바꾼 빈 화면 레이아웃을 선택하고 Ctrl+D를 두 번 눌러 총 3개의 빈 화면 레이아웃을 만듭니다.

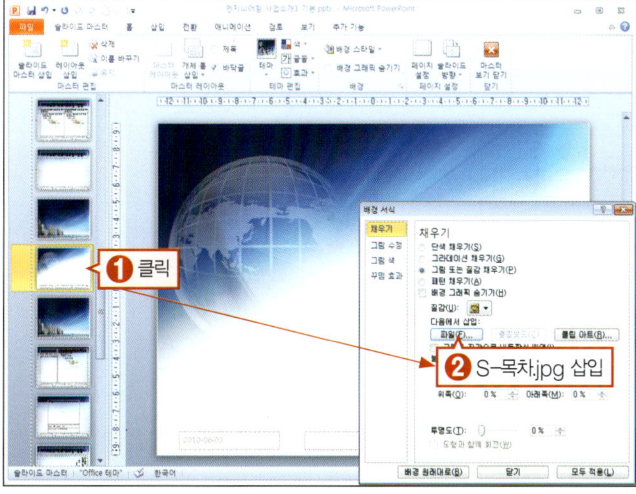

08

① 빈 화면 레이아웃 중 **2번째 슬라이드**를 선택

② 배경을 **S-목차.jpg**로 바꿉니다.

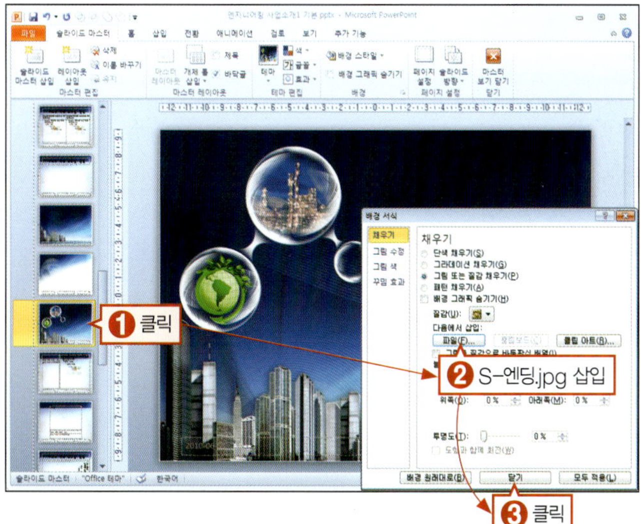

09

① 계속해서 **세 번째 빈 화면 레이아웃**을 선택

② 배경을 **S-엔딩.jpg**로 바꿈

③ 배경 서식 대화상자에서 **<닫기>**를 클릭해서 배경 수정을 마칩니다.

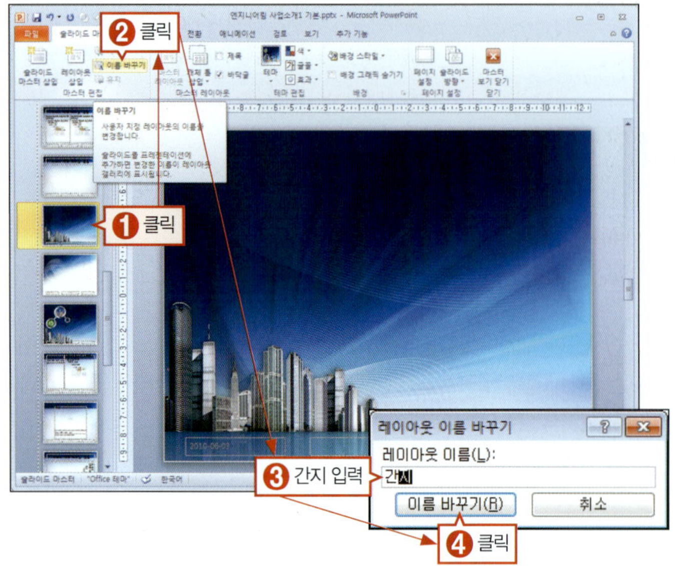

10 레이아웃의 이름을 바꾸겠습니다.

① 빈 화면 레이아웃 중 **첫 번째 레이아웃**을 선택

② [슬라이드 마스터] 탭의 [마스터 편집] 그룹에서 **이름 바꾸기** 이름 바꾸기 를 클릭

③④ **간지**를 입력한 다음 〈**이름 바꾸기**〉를 클릭합니다.

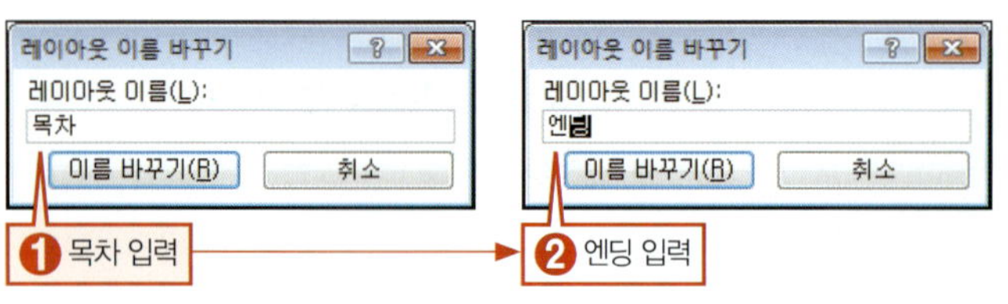

11

①② 위와 같은 방법으로 빈 화면 레이아웃 중 두 번째 레이아웃은 **목차**, 세 번째 레이아웃은 **엔딩**으로 이름을 바꿉니다.

12 [슬라이드 마스터] 탭의 [닫기] 그룹에서 **마스터 보기 닫기** 를 클릭해서 슬라이드 마스터 편집을 마칩니다.

13 마스터에서 변경한 배경이 슬라이드에 그대로 적용됩니다. 하지만 일부 슬라이드는 레이아웃이 적절하지 않습니다. 이런 슬라이드는 직접 레이아웃을 변경해야 합니다.

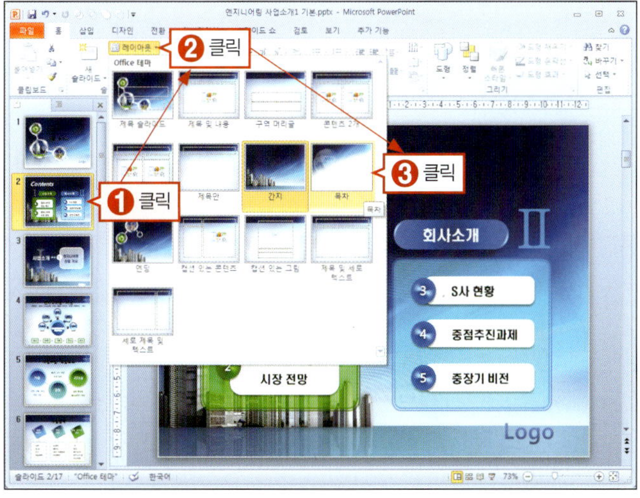

14

① 2번 슬라이드를 선택

②③ [홈] 탭의 [슬라이드] 그룹에서 **레이아웃** 을 클릭하고 **목차** 레이아웃을 선택합니다.

15

① 17번 슬라이드를 선택

②③ [홈] 탭의 [슬라이드] 그룹에서 **레이아웃** 을 클릭하고 **엔딩** 레이아웃을 선택합니다.

함께해요

2. 슬라이드 마스터 서식 변경하기

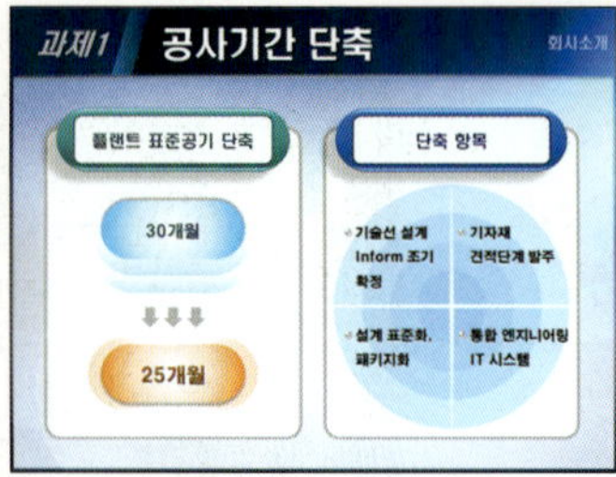

슬라이드 마스터에서는 배경뿐만 아니라 텍스트 서식이나 텍스트 상자의 위치, 크기 등도 변경할 수 있습니다. 또한 텍스트 관련 서식을 변경하여 기본 레이아웃 이외에 사용자 임의의 레이아웃을 만들어 슬라이드에 적용할 수 있습니다.

- **실습 파일** ⓒ:\파워포인트\11장\실습\엔지니어링 사업소개2 – 본문 슬라이드 서식.pptx
- **완성 파일** ⓒ:\파워포인트\11장\완성\엔지니어링 사업소개2 – 본문 슬라이드 서식.pptx

01 실습 파일 제목 슬라이드나 내용 슬라이드에 있는 텍스트 상자를 배경과 어울리도록 위치와 글꼴 서식을 변경하겠습니다.

[보기] 탭의 [마스터 보기] 그룹에서 **슬라이드 마스터**를 클릭합니다.

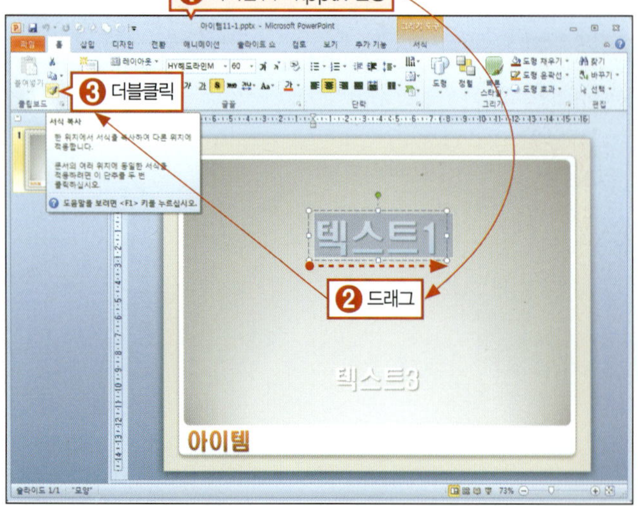

02

① **아이템11-1.pptx**(실습파일_CD:\파워포인트\11장\실습\) 파일을 불러옵니다(Ctrl+O).

② **텍스트1**을 드래그

③ [홈] 탭의 [클립보드] 그룹에서 **서식 복사**를 더블클릭해서 서식을 복사합니다.

03

① 실습 파일에서
제목 슬라이드 레이아웃을 선택

② **마스터 제목 스타일 편집**을 드래그해서 복사한 서식을 적용한 후 Esc를 눌러 서식복사 기능을 종료합니다.

04 위와 같은 방법으로 **아이템11-1.pptx**에서 **텍스트 2**를 드래그해서 서식을 복사하고 실습 파일의 **마스터 부제목 스타일 편집**에 서식을 적용합니다.

05 제목 텍스트 상자와 부제목 텍스트 상자의 크기와 위치를 그림과 같이 조절하여 자연스럽게 배치합니다.

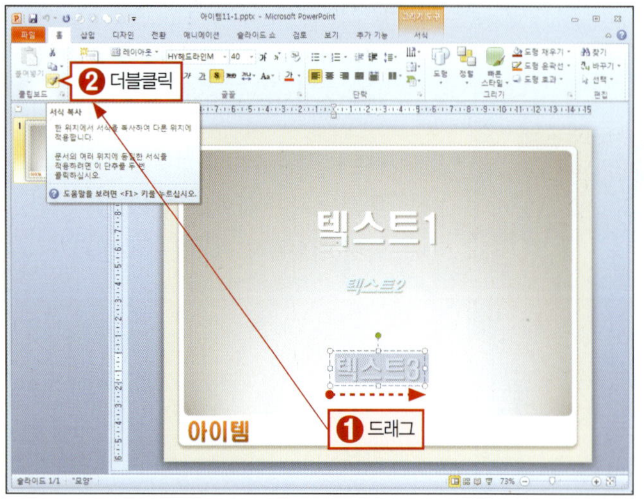

06

① 아이템11-1.pptx 파일에서 **텍스트3**을 드래그

② [홈] 탭의 [클립보드] 그룹에서 **서식 복사** 를 더블클릭해서 서식을 복사합니다.

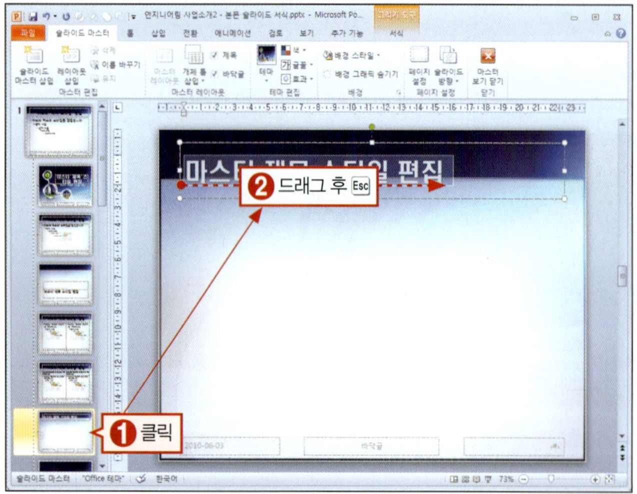

07

① 실습 파일에서 **제목만 레이아웃**을 선택

② **마스터 제목 스타일 편집**을 드래그해서 복사한 서식을 적용한 후 Esc를 눌러 서식복사 기능을 종료합니다.

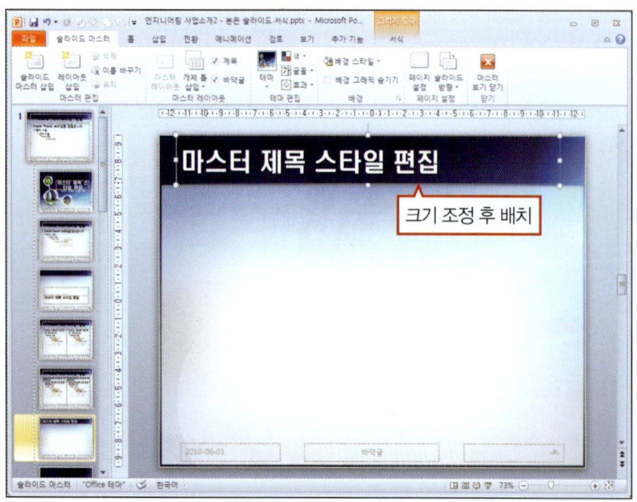

08 그림과 같이 제목 영역에 맞게 텍스트 상자의 크기와 위치를 조절하여 배치합니다.

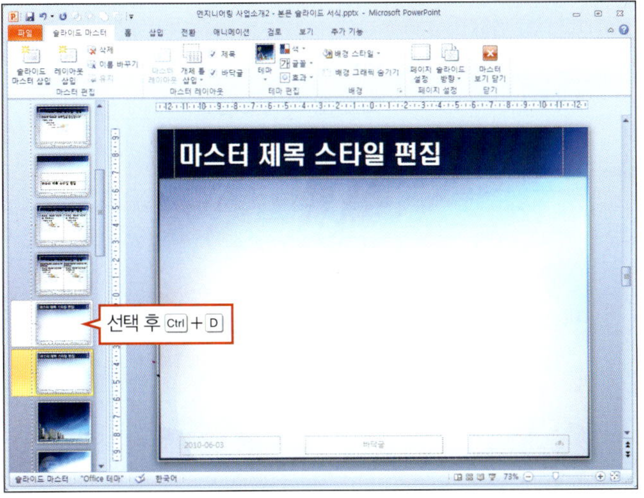

09 제목만 레이아웃을 선택한 다음 Ctrl + D를 눌러 레이아웃을 복제합니다.

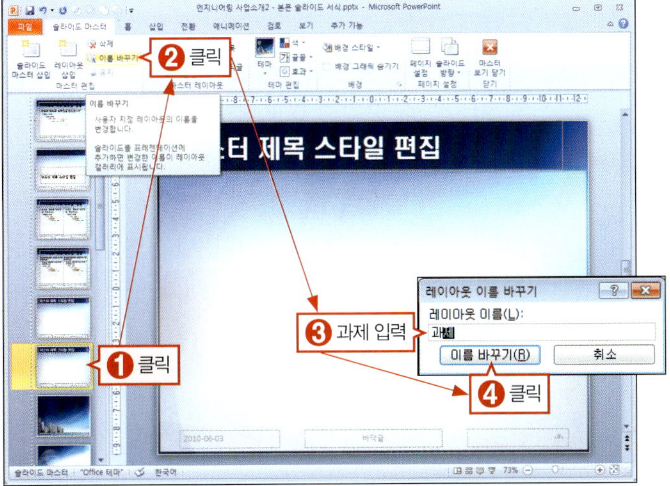

10

① **복제한 슬라이드**를 선택

②[슬라이드 마스터] 탭의 [마스터 편집] 그룹에서 **이름 바꾸기** 이름 바꾸기 를 클릭

③④ **과제**를 입력한 다음 〈**이름 바꾸기**〉를 클릭합니다.

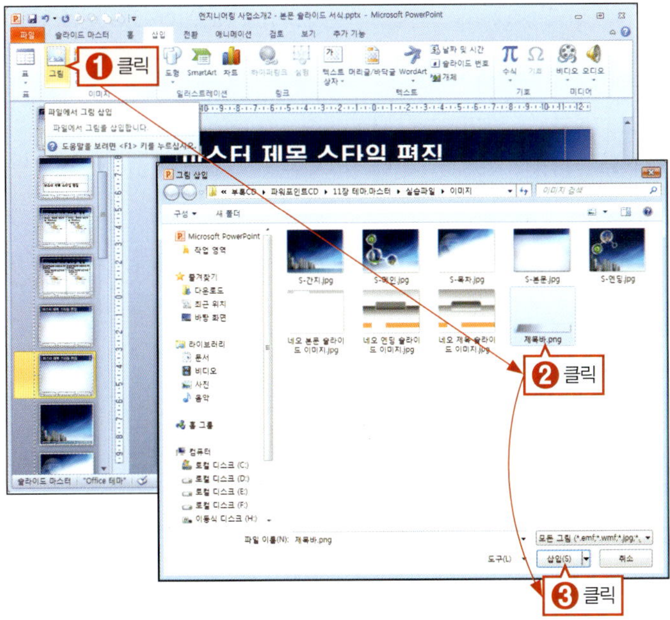

11

① [삽입] 탭의 [이미지] 그룹에서 **그림**을 클릭

②③ **제목바.png**.(CD:\파워포인트\11장\실습\이미지\)를 선택하고 〈**삽입**〉을 클릭합니다.

12

① **삽입한 그림**을 위쪽으로 드래그해서 제목 영역으로 옮김

②③ [서식] 탭의 [정렬] 그룹에서 **뒤로 보내기**를 클릭하고 **맨 뒤로 보내기**를 선택해서 위치를 조절합니다.

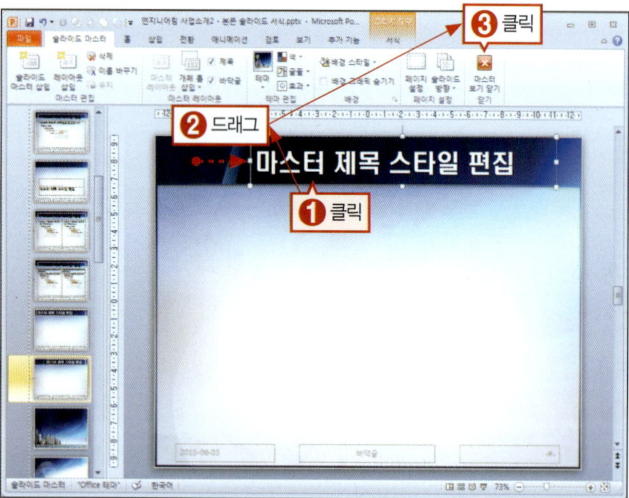

13

① **제목 텍스트 상자**를 선택

② 왼쪽 가운데 있는 크기 조정 핸들을 오른쪽으로 드래그하여 그림과 같이 조절

③ [슬라이드 마스터] 탭의 [닫기] 그룹에서 **마스터 보기 닫기**를 클릭하여 마스터 편집을 마칩니다.

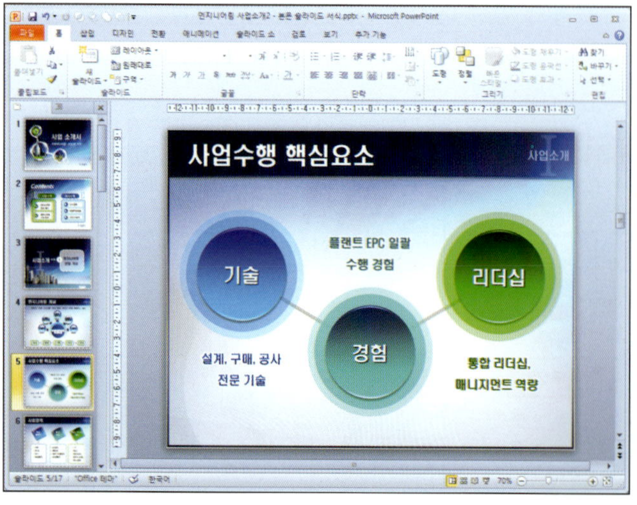

14 기본 보기 상태로 돌아오면 '제목만 레이아웃'에 적용한 텍스트 서식이 반영되어 있습니다.

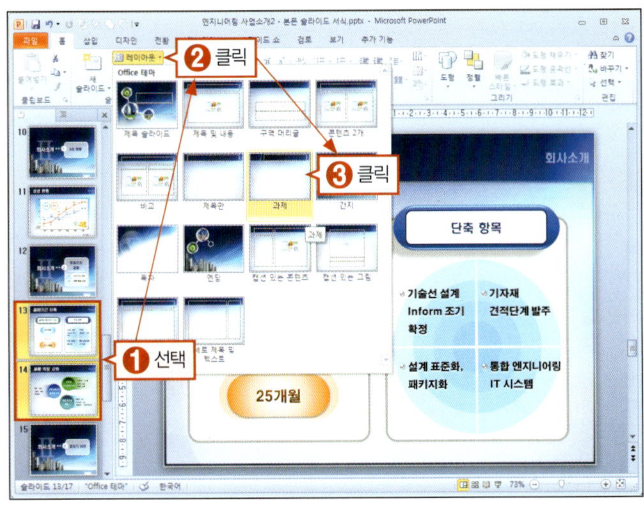

15 13번과 14번 슬라이드는 다른 본문과 다르게 과제에 대한 내용이므로 레이아웃을 바꿉니다.

① **13번과 14번 슬라이드**를 선택

②③ [홈] 탭의 [슬라이드] 그룹에서 **레이아웃** 레이아웃 을 선택하고 **과제** 레이아웃을 선택해서 레이아웃을 수정합니다.

함께해요 3. 슬라이드 번호 삽입하기

문서를 작성할 때 페이지 번호를 적듯이 슬라이드에도 슬라이드 번호를 삽입할 수 있습니다. 상황에 따라 모든 슬라이드에 번호를 삽입할 수도 있고 제목 슬라이드에만 번호를 삽입하지 않을 수도 있습니다.

- **실습 파일** ⓞ:\파워포인트\11장\실습\엔지니어링 사업소개3-슬라이드 번호
- **완성 파일** ⓞ:\파워포인트\11장\완성\엔지니어링 사업소개3-슬라이드 번호

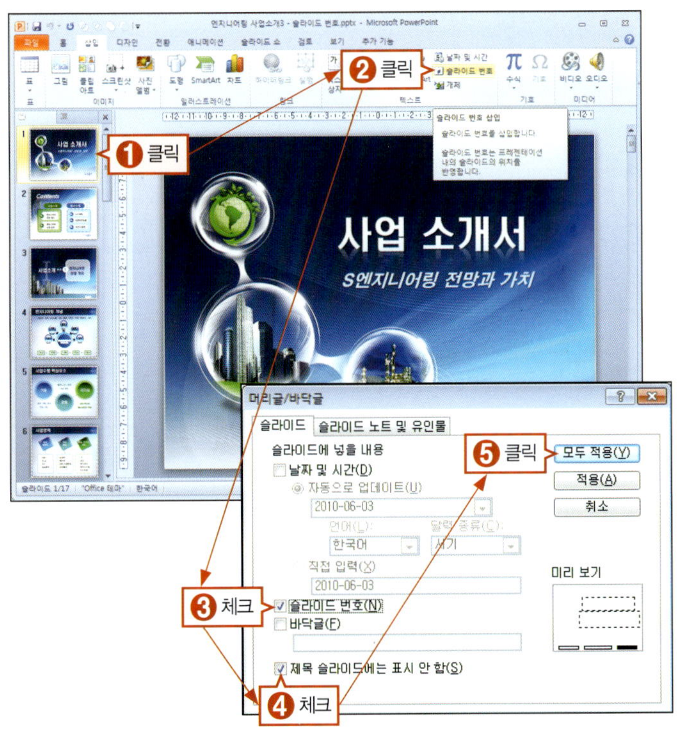

01

① **임의의 슬라이드**를 선택

② [삽입] 탭의 [텍스트] 그룹에서 **슬라이드 번호** 슬라이드 번호 를 클릭

③④ **슬라이드 번호**와 **제목 슬라이드에는 표시 안 함**에 체크

⑤ 〈**모두 적용**〉을 클릭합니다.

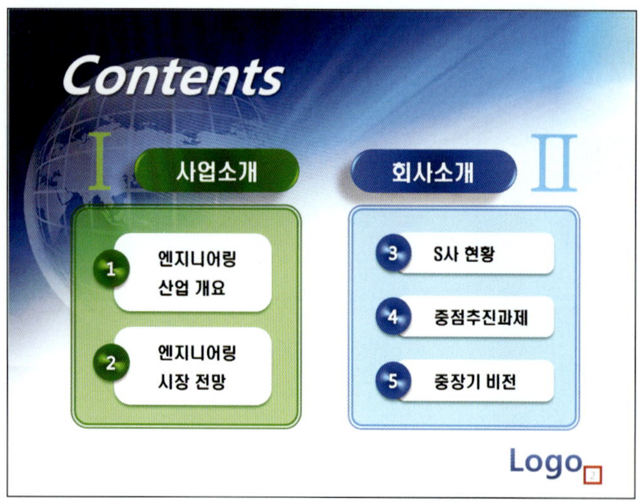

02 제목 슬라이드를 제외한 모든 슬라이드에 슬라이드 번호가 삽입됩니다.

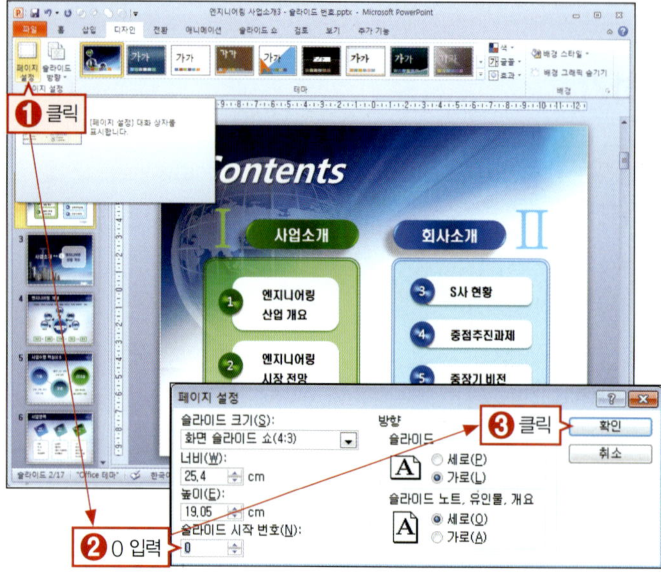

03 슬라이드 시작 번호를 수정하겠습니다.

① [디자인] 탭의 [페이지 설정] 그룹에서 **페이지 설정**을 클릭

②③ 슬라이드 시작 번호에 0을 입력한 후 **〈확인〉**을 클릭합니다.

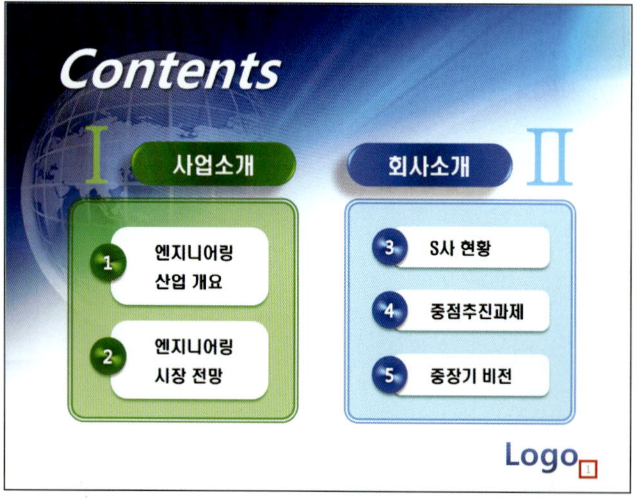

04 제목 슬라이드가 0번이 되므로 2번 슬라이드 번호가 '1'로 바뀝니다.

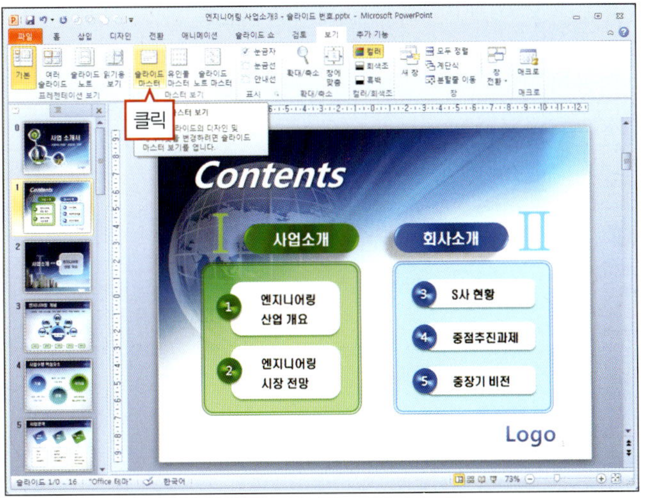

05 슬라이드 번호의 텍스트 서식을 변경하겠습니다.

[보기] 탭의 [마스터 보기] 그룹에서 **슬라이드 마스터**를 클릭해서 마스터 편집 화면으로 이동합니다.

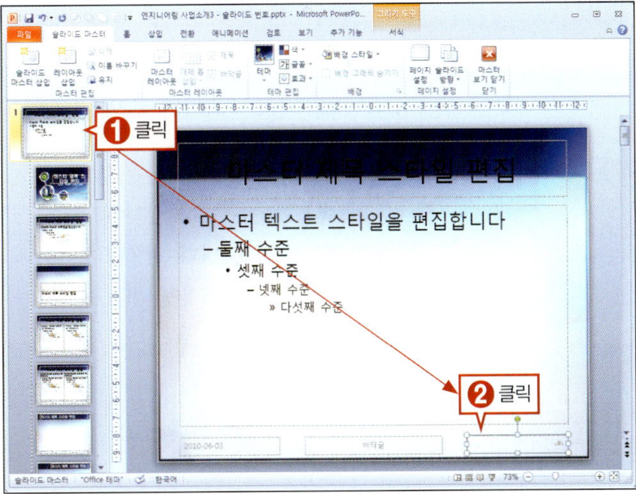

06

① **슬라이드 마스터**를 선택

② **슬라이드 번호 텍스트 상자**를 선택합니다.

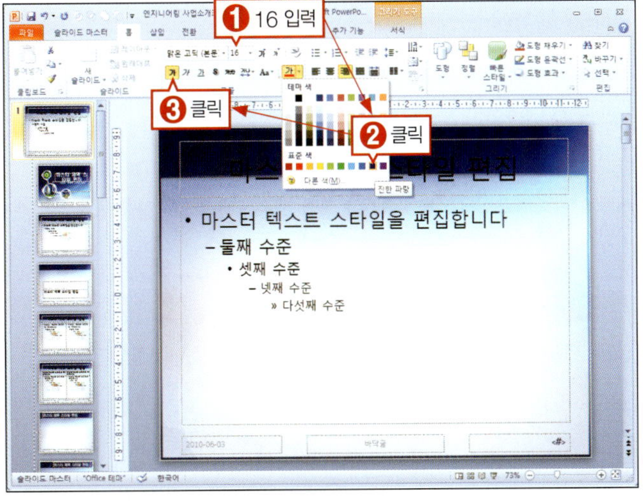

07

①② [홈] 탭의 [글꼴] 그룹에서 글꼴 크기를 16, 글꼴 색을 **진한 파랑**으로 설정

③ **굵게**를 클릭합니다.

08 [슬라이드 마스터] 탭의 [닫기] 그룹에서 **마스터 보기 닫기**를 클릭하여 기본 보기 상태로 돌아오면 서식이 바뀌어 있습니다.

Tip

동일한 레이아웃에서 슬라이드 번호를 모두 지울 때는 슬라이드 마스터 편집 상태에서 슬라이드 번호 개체를 지우고, 특정 슬라이드에서 슬라이드 번호를 지우려면 기본 보기 상태에서 슬라이드 번호 개체를 선택한 후 Delete를 누릅니다.

혼자 해보기 제안서 테마적용 및 마스터 변경하기

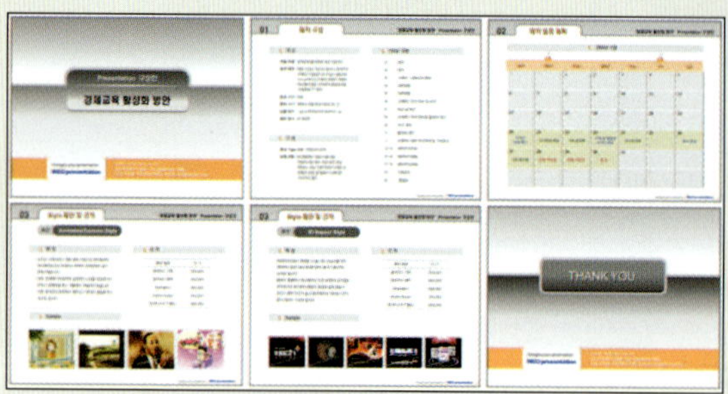

기본 서식의 슬라이드에 테마를 적용하고 레이아웃 및 마스터 서식을 변경합니다. 슬라이드 번호를 삽입한 후 시작을 0으로 변경하고 제목과 엔딩 슬라이드에는 슬라이드 번호를 표기하지 않습니다.

- **실습 파일** ⓒ:\파워포인트\11장\실습\프레젠테이션 구성.pptx, 네오서식2.potx
- **완성 파일** ⓒ:\파워포인트\11장\완성\프레젠테이션 구성.pptx

1. [디자인] 탭의 [테마] 그룹에서 **자세히**를 클릭하고 **테마 찾아보기**를 선택한 후 **네오서식2.potx**(경로)를 선택하고 〈열기〉를 클릭합니다.
2. 9번 슬라이드를 선택한 다음 [홈] 탭의 [슬라이드] 그룹에서 **레이아웃**을 클릭하고 **엔딩** 레이아웃을 선택합니다.
3. 2번 슬라이드를 선택하고 [보기] 탭의 [마스터 보기] 그룹에서 **슬라이드 마스터**를 클릭합니다.
4. '마스터 제목 스타일 편집'을 드래그해서 선택하고 [서식] 탭의 [WordArt 스타일] 그룹에서 **텍스트 채우기**를 클릭합니다. 테마 색 영역에서 **주황, 강조 6, 50% 더 어둡게**를 선택하고 **그라데이션** – 어두운 그라데이션 영역에서 **선형 위쪽**을 선택합니다.
5. [슬라이드 마스터] 탭의 [닫기] 그룹에서 **마스터 보기 닫기**를 클릭합니다.
6. [삽입] 탭의 [텍스트] 그룹에서 **슬라이드 번호 삽입**을 클릭합니다. **슬라이드 번호**에 체크한 후 〈모두 적용〉을 클릭합니다.
7. [디자인] 탭의 [페이지 설정] 그룹에서 **페이지 설정**을 클릭하고 슬라이드 시작 번호에 "0"을 입력한 후 〈확인〉을 클릭합니다.
8. 0번과 8번 슬라이드에서 슬라이드 번호 개체를 선택한 후 Delete를 누릅니다.

CHAPTER 12

웹 오피스와 스마트폰으로 파워포인트 활용하기

웹의 발달과 스마트폰의 대중화로 인터넷 환경이 갖춰진 공간 어디에 있거나 스마트폰을 손에 쥐고 있다면 빠르고 간편하게 업무 처리를 할 수 있게 되었습니다.
웹 오피스란 인터넷 접속이 가능한 환경에서 Window Live 또는 Google 사이트를 이용해 어디서든 오피스 프로그램을 사용할 수 있는 것을 말합니다.
웹 오피스와 스마트폰을 활용하여 파워포인트 업무를 간단하고 빠르게 처리하는 방법에 대해서 알아봅니다.

Windows Live에서 파워포인트 다루기

• Office.live.com • 파일 공유 • 브라우저에서 편집

함께해요 1. Office.live.com에서 프레젠테이션 문서 만들고 공유하기

발표할 원고와 간단한 이미지 소스들이 있다면 인터넷이 가능한 장소 어디서나 프레젠테이션이 가능합니다.

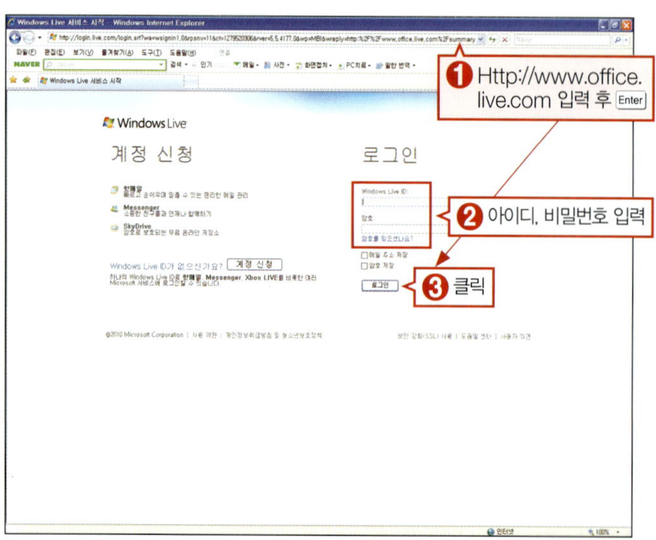

01

① 인터넷 익스플로러에 Http://www.office.live.com을 입력하고 Enter를 눌러 접속

②③ **아이디**와 **비밀번호**를 입력한 후 〈**로그인**〉을 클릭합니다.

Tip

office.live.com을 이용하려면 오피스 2010이 설치된 컴퓨터에서 office.live.com에 한 번 이상 로그인합니다. 그래야만 오피스가 설치되지 않은 컴퓨터에서도 익스플로러만 띄워놓고 작업이 가능합니다.

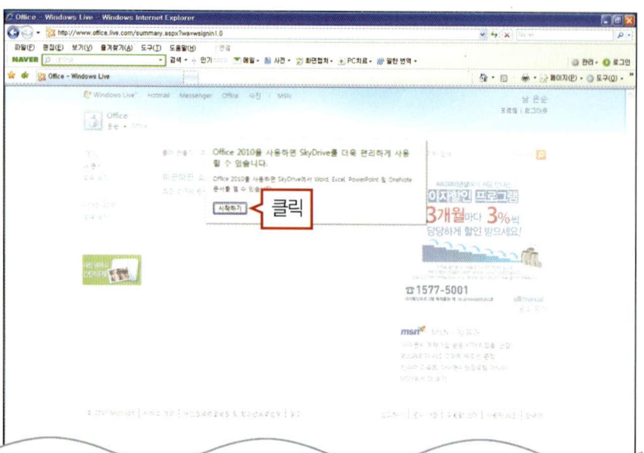

02 SkyDrive에 대한 공지글이 뜨면 〈**시작하기**〉를 클릭합니다.

Tip

웹 오피스는 인터넷 익스플로러 7.0부터 사용 가능하며 따라하기는 8.0을 기준으로 작성했습니다.

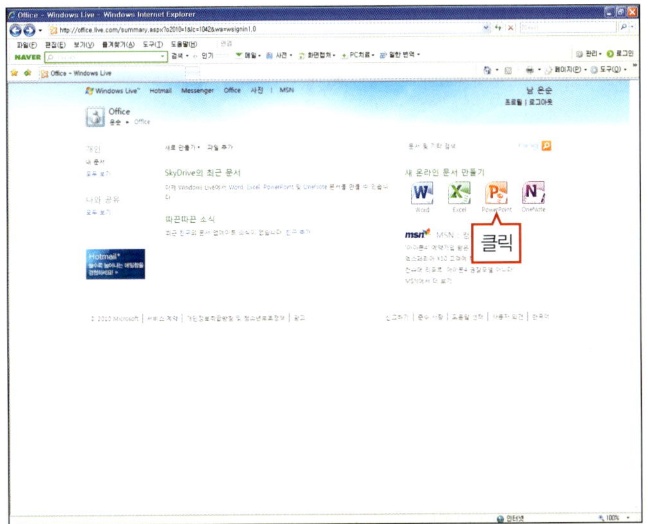

03 새 온라인 문서 만들기에서 PowerPoint를 클릭합니다.

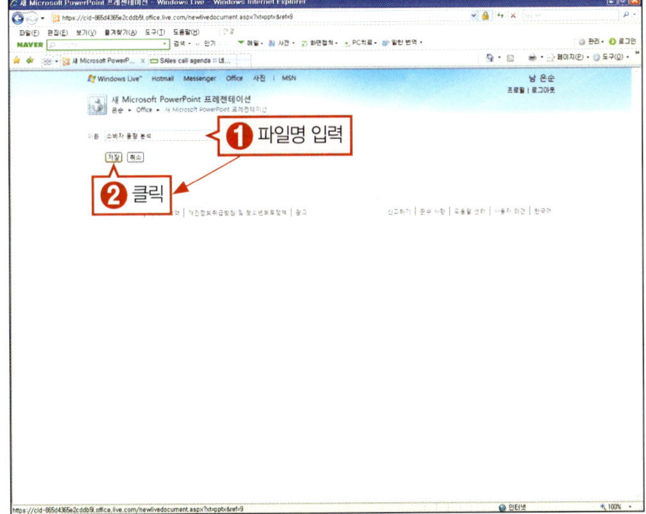

04

①② 이름 항목에 새 파워포인트 파일명을 입력한 후 〈**저장**〉을 클릭합니다.

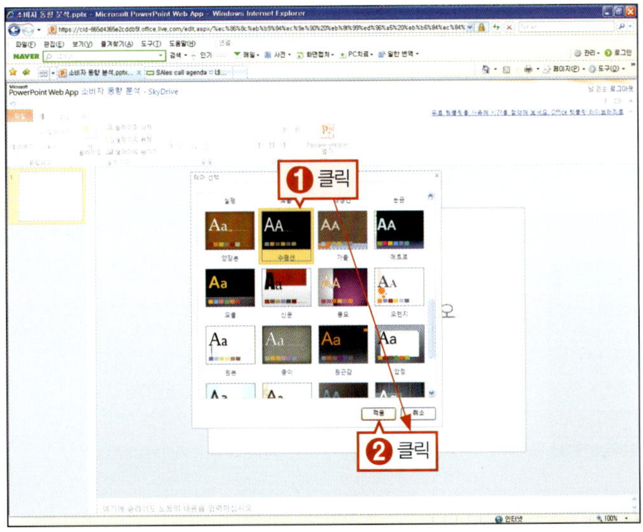

05

①② 테마 선택에서 **수평선**을 선택하고 〈**적용**〉을 클릭합니다.

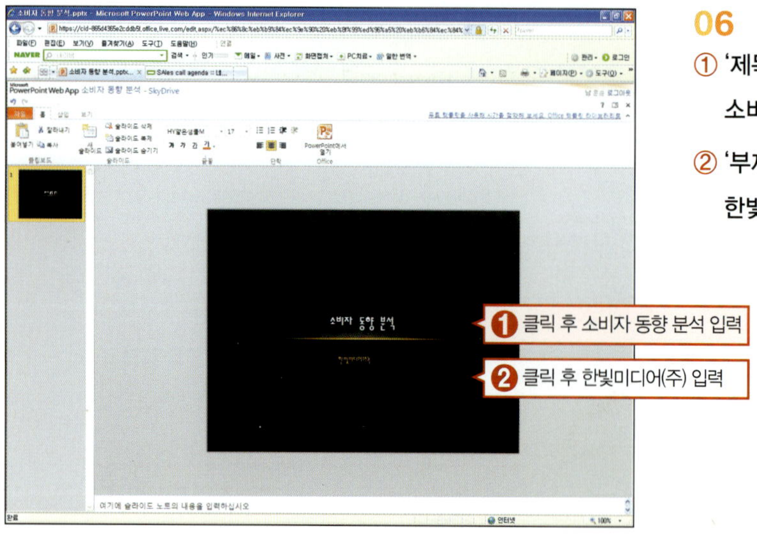

06

① **'제목을 입력하십시오'**를 클릭하고 **소비자 동향 분석**을 입력

② **'부제목을 입력하십시오'**를 클릭하고 **한빛미디어(주)**를 입력합니다.

07

① **소비자 동향 분석**을 드래그해서 블록으로 설정

②③ [홈] 탭의 [글꼴] 그룹에서 글꼴을 **HY견고딕**으로 설정합니다.

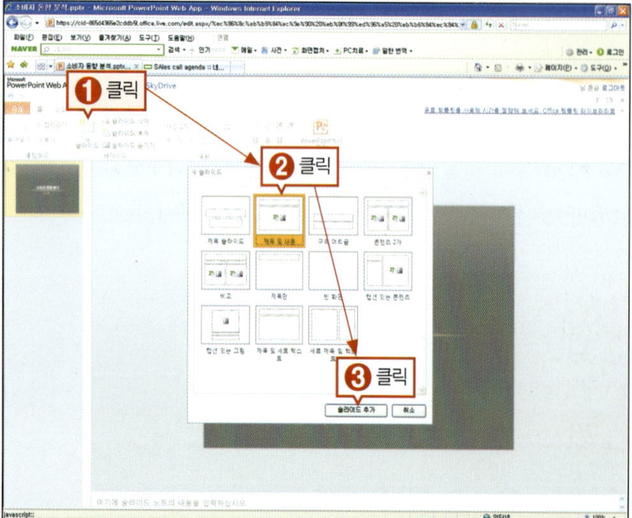

08

① [홈] 탭의 [슬라이드] 그룹에서 **새 슬라이드**를 클릭

②③ **제목 및 내용** 슬라이드를 선택하고 〈**슬라이드 추가**〉를 클릭합니다.

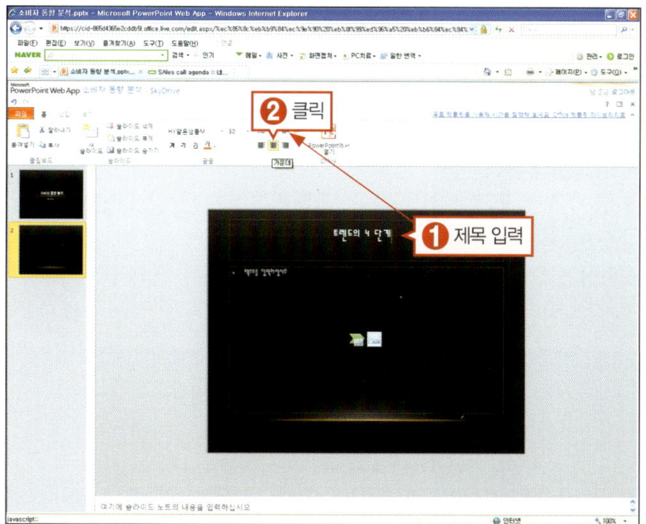

09

① **슬라이드 제목**을 입력

② [홈] 탭의 [단락] 그룹에서 **가운데**를 클릭합니다.

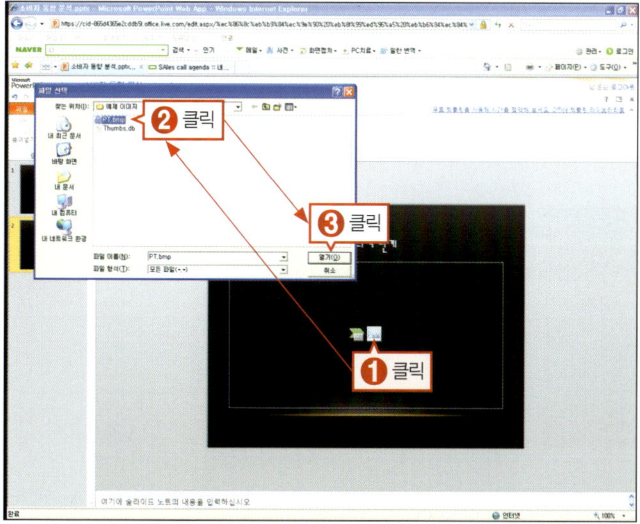

10

① 슬라이드 가운데 있는 **파일에서 그림 삽입**을 클릭

②③ PT.bmp
(CD:\파워포인트\12장\)를
선택하고 〈**열기**〉를 클릭합니다.

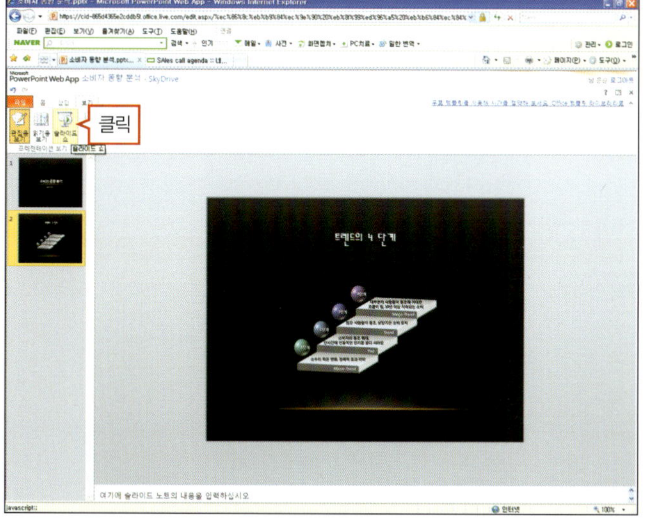

11 [보기] 탭의 [프레젠테이션 보기] 그룹에서 **슬라이드 쇼**를 클릭합니다.

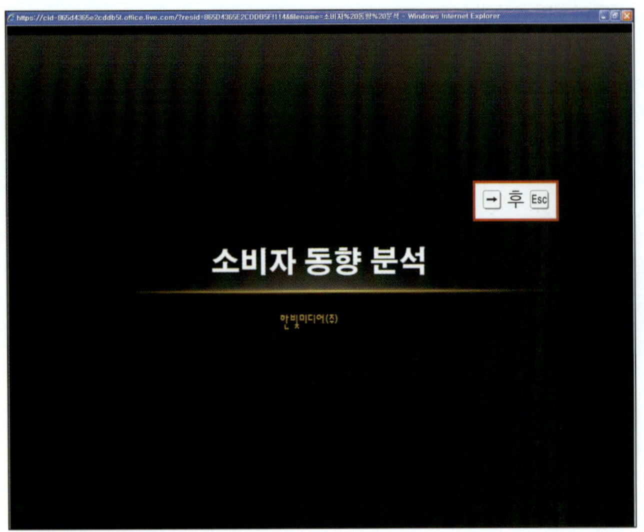

12 새로운 브라우저가 뜨면서 슬라이드 쇼가 시작됩니다.
방향키를 눌러서 슬라이드 쇼를 진행하고 Esc를 눌러 종료합니다.

Tip

스마트폰을 통해 office.live.com에 접속해도 문서를 확인할 수 있습니다.

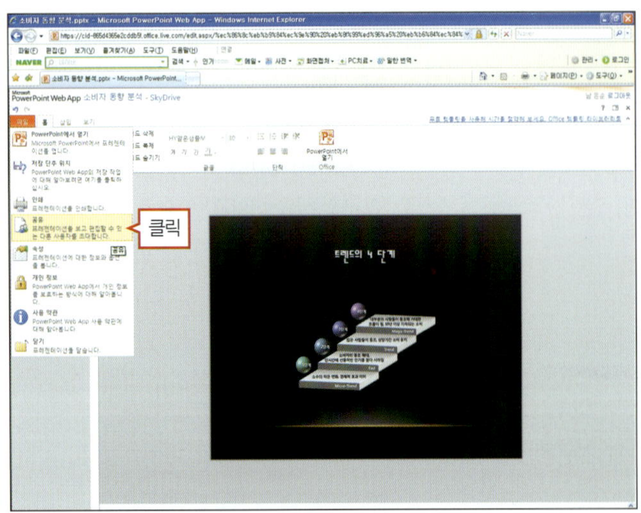

13 완성한 파일은 다른 사람과 공유할 수 있습니다.
[파일] 탭의 **공유**를 클릭합니다.

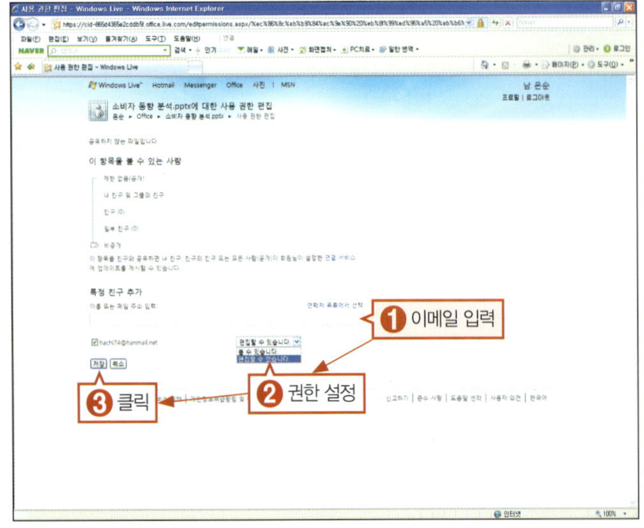

14
①② 공유할 상대의 **이메일 주소**를 입력하여 추가한 후 권한을 설정
③ **<저장>**을 클릭합니다.

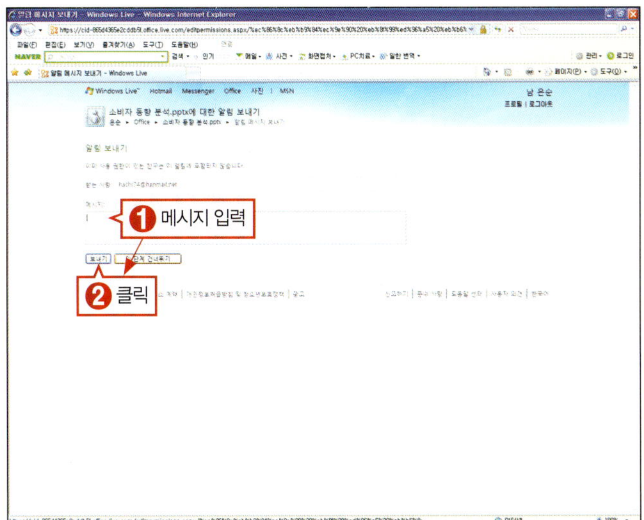

15

①② 상대에게 보낼 메시지를 입력한 후 〈보내기〉를 클릭합니다.

함께해요 2. Office.live.com에 파일 올리고 수정하기

office.live.com에 파일을 올리면 오피스 프로그램이 없는 환경에서도 파일을 수정할 수 있으며 장소에 구애받지 않고 파일을 수정하는 것은 물론 슬라이드 쇼까지 진행할 수 있습니다.

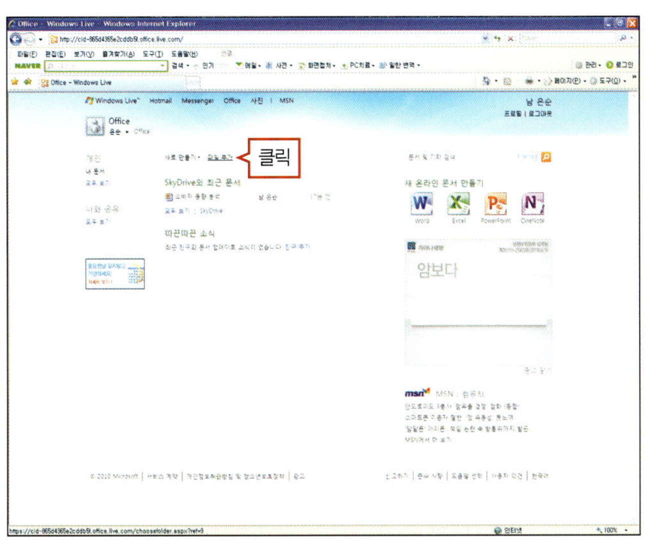

01 office.live.com에서 **파일 추가**를 클릭합니다.

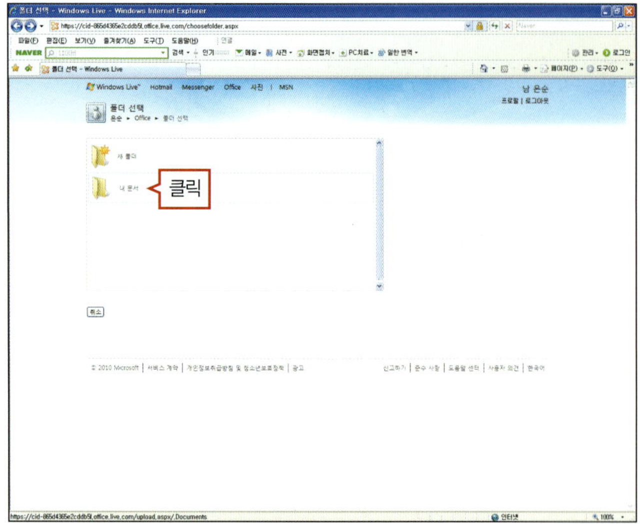

02 폴더 선택에서 **내문서**를 클릭합니다.

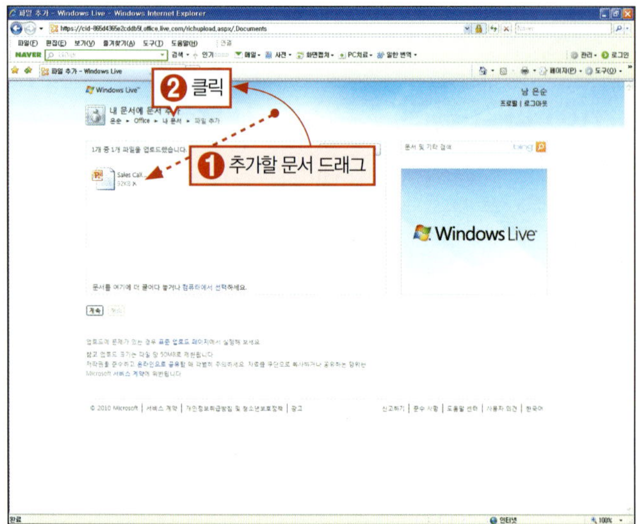

03

① **'문서를 여기에 더 끌어다 놓거나 컴퓨터에서 선택하세요.'** 영역으로 추가할 문서를 드래그

② **내문서**를 클릭합니다.

Tip

Sliverlight를 설치한 경우 문서를 드래그해서 추가할 수 있습니다. Sliverlight를 설치하지 않은 경우 〈찾아보기〉를 클릭하여 문서를 추가합니다.

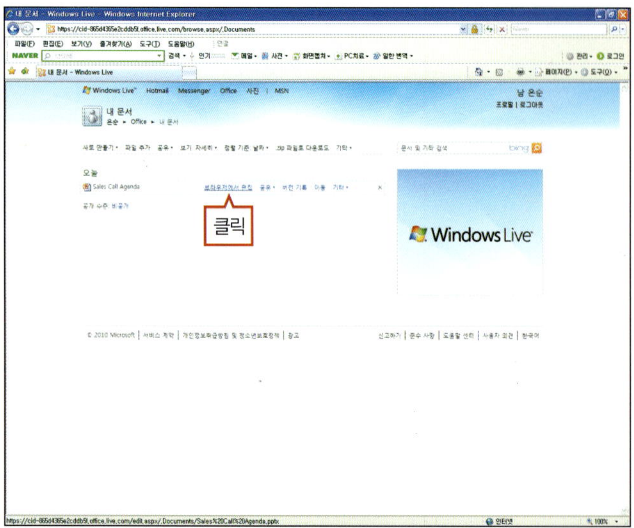

04 추가한 문서에 마우스 포인터를 위치한 후 **브라우저에서 편집**을 클릭하면 업로드한 파일을 편집할 수 있습니다.

Tip

office.live.com에 있는 파일을 내려 받을 때는 파일에 마우스 포인터를 위치한 후 '기타' – '다운로드'를 클릭합니다.

Google 문서도구에서 파워포인트 다루기

• Google 문서도구 • 문서 공유 • 내 컴퓨터에 저장

함께해요 1. Docs.google.com에서 프레젠테이션 문서 만들기

발표할 원고와 간단한 이미지 소스들이 있다면 빠르게 PT 문서를 작성할 수 있어서 언제 어디서나 프레젠테이션이 가능합니다.

01

① 인터넷 익스플로러에 Http://Docs.google.com을 입력하고 Enter를 누름

②③ 아이디와 비밀번호를 입력하고 〈로그인〉을 클릭합니다.

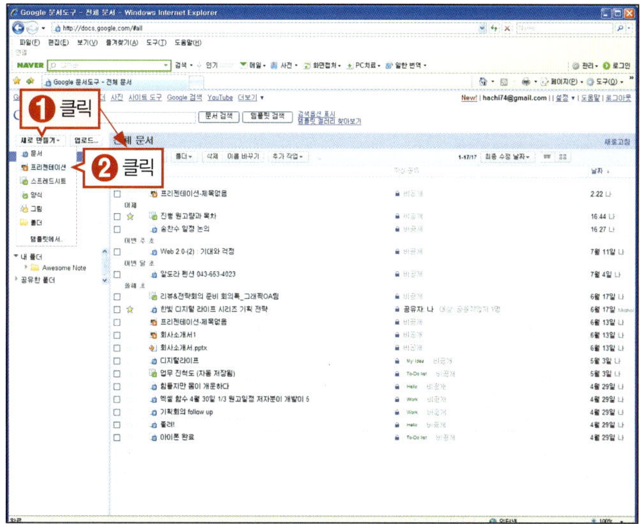

02 새로운 문서를 만들겠습니다.

①② 〈새로 만들기〉를 클릭하고 프리젠테이션을 선택합니다.

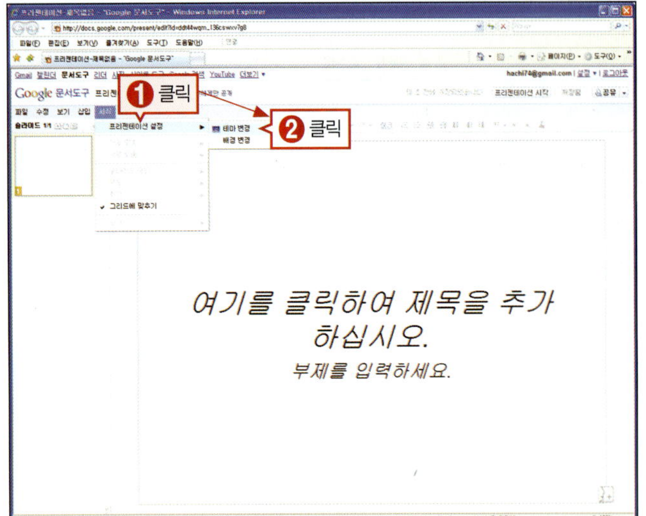

03

①② [서식] 메뉴에서 **프리젠테이션 설정 – 테마 변경**을 선택합니다.

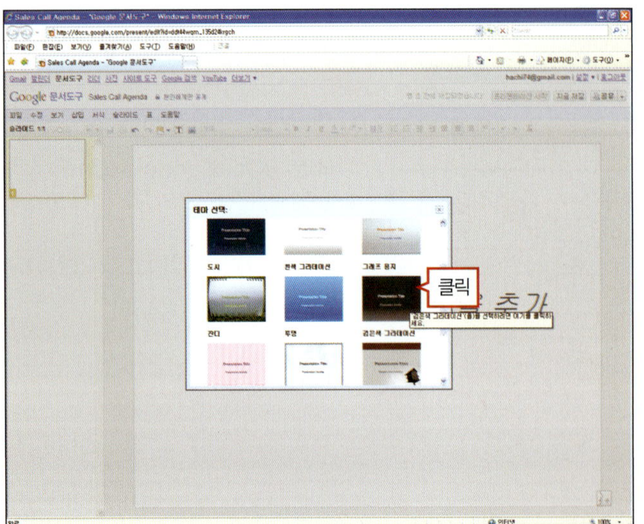

04 테마 선택 목록에서 **검은색 그라데이션**을 선택합니다.

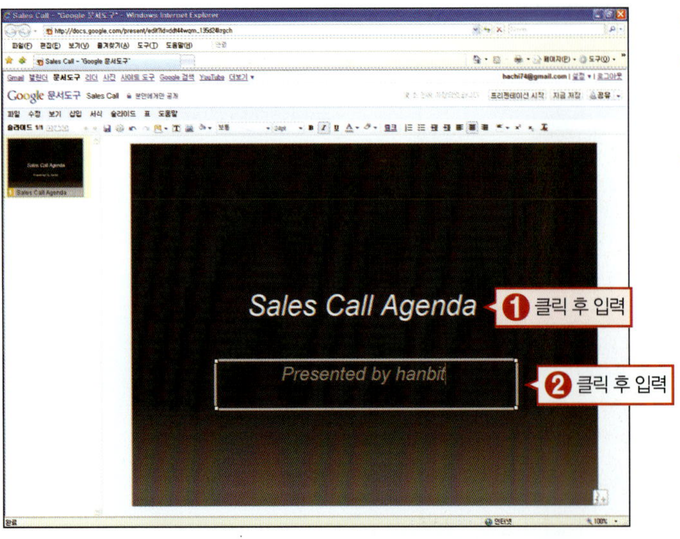

05

① **'여기를 클릭하여 제목을 추가하십시오.'**를 클릭하고 Sales Call Agenda를 입력

② **'부제를 입력하시오.'**를 클릭하고 Presented by hanbit을 입력합니다.

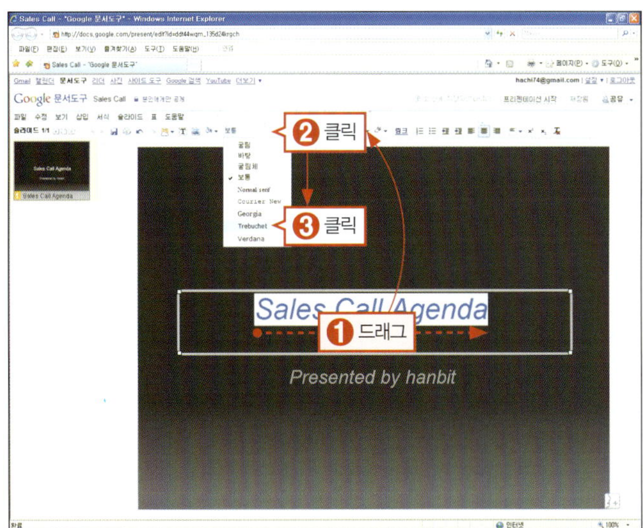

06

① Sales Call Agenda를 드래그해서 블록으로 설정

②③ **글꼴**을 Trebuchet으로 설정합니다.

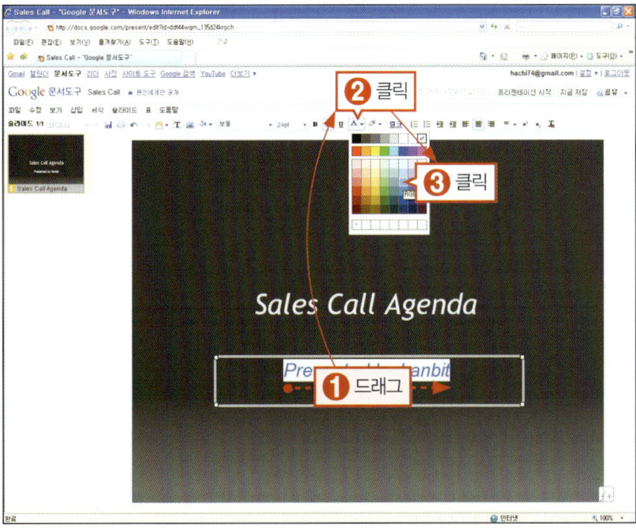

07

① Presented by hanbit을 드래그해서 블록으로 설정

②③ **글꼴 색상**을 클릭하고 RGB(111, 168, 220)으로 설정합니다.

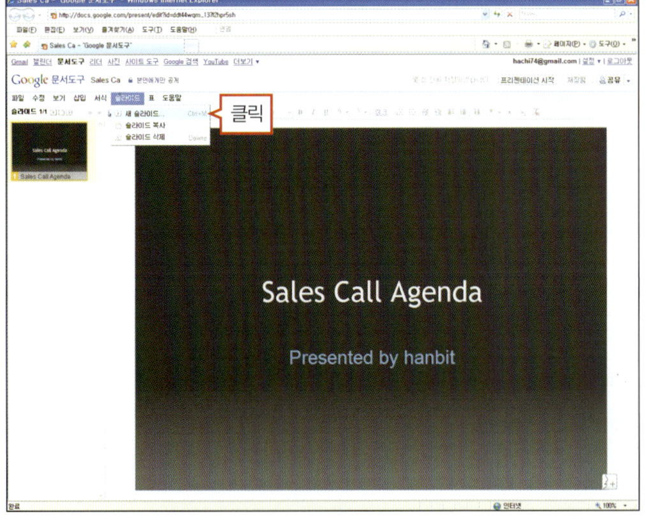

08 [슬라이드] 메뉴에서 **새 슬라이드**를 선택합니다.

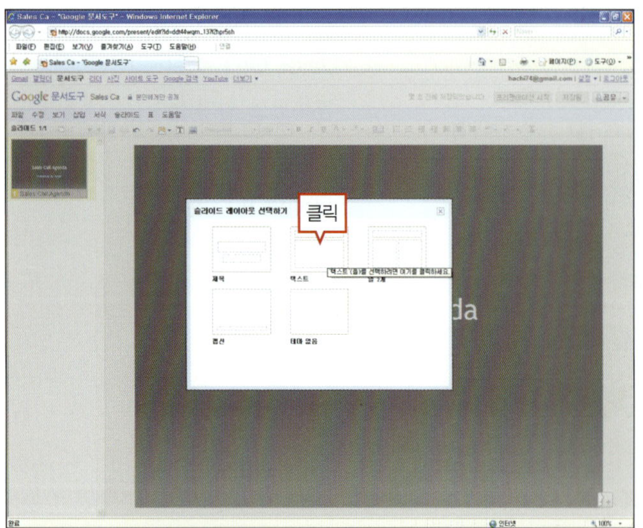

09 슬라이드 레이아웃 선택하기 목록에서 **텍스트**를 선택합니다.

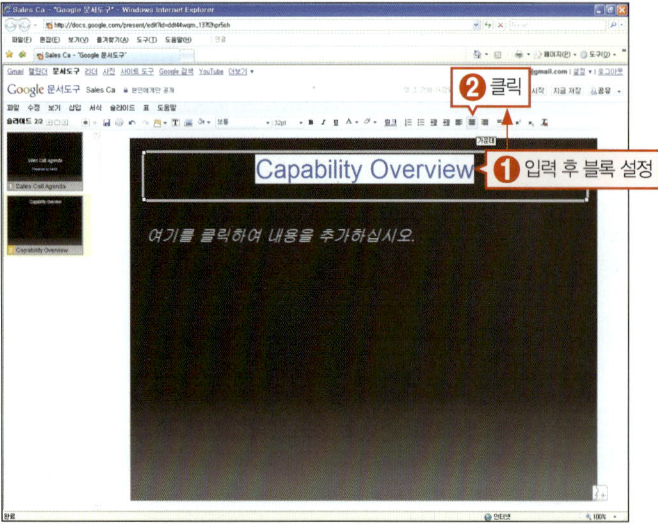

10

① **제목**을 입력하고 드래그해서 블록으로 설정

② **가운데 맞춤**을 클릭합니다.

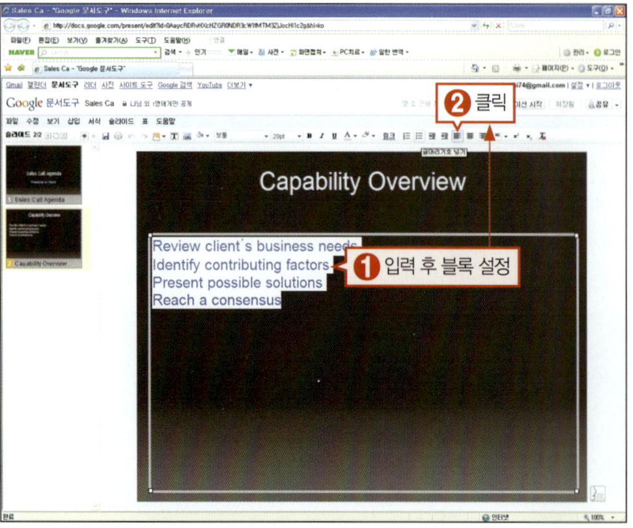

11

① **본문**을 입력하고 드래그해서 블록으로 설정

② **글머리기호 넣기**를 클릭합니다.

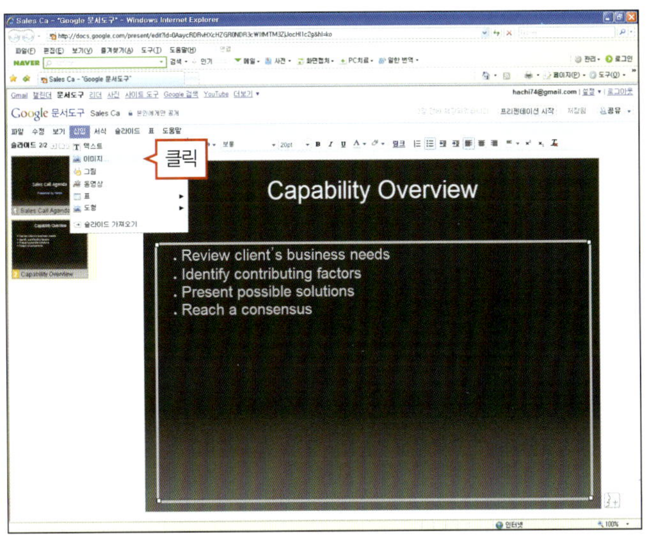

12 [삽입] 메뉴에서 **이미지**를 선택합니다.

Note [삽입] 메뉴에서 다양한 개체 삽입하기

텍스트 : 텍스트를 클릭하면 텍스트 상자가 만들어집니다. 상자 안쪽을 클리하고 텍스트를 입력합니다.

이미지 : 컴퓨터에 보관된 이미지나 웹 상에 있는 이미지를 선택해서 삽입할 수 있습니다.

그림 : 다양한 도형을 만들고 그 안에 텍스트를 삽입할 수 있습니다.

표 : 빠르게 표를 만들어서 삽입할 수 있습니다.

도형 : 사각형, 원, 말풍선, 화살표 등의 기본 도형을 빠르게 삽입할 수 있습니다.

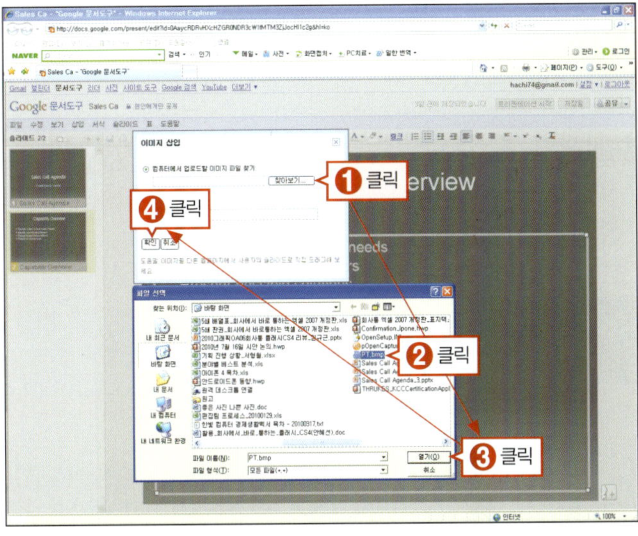

13

① 이미지 삽입 대화상자에서 **〈찾아보기〉**를 클릭

②③ 파일 선택 대화상자에서 PT1.bmp(CD:\파워포인트\12장\)를 선택하고 **〈열기〉**를 클릭

④ 이미지 삽입 대화상자에서 **〈확인〉**을 클릭합니다.

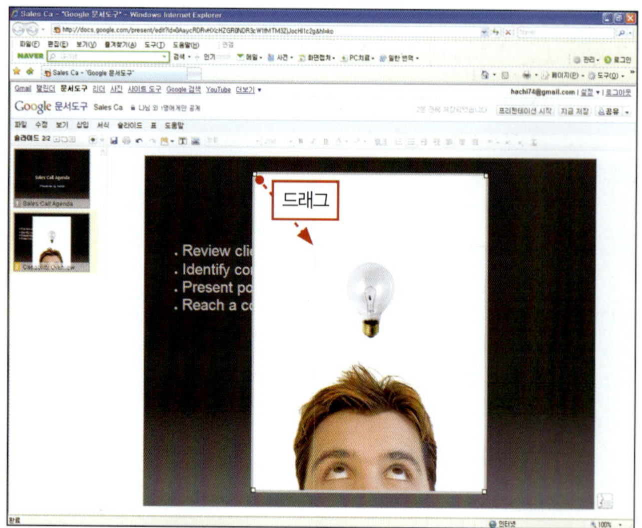

14 이미지 모서리를 드래그해서 적당한 크기로 줄입니다.

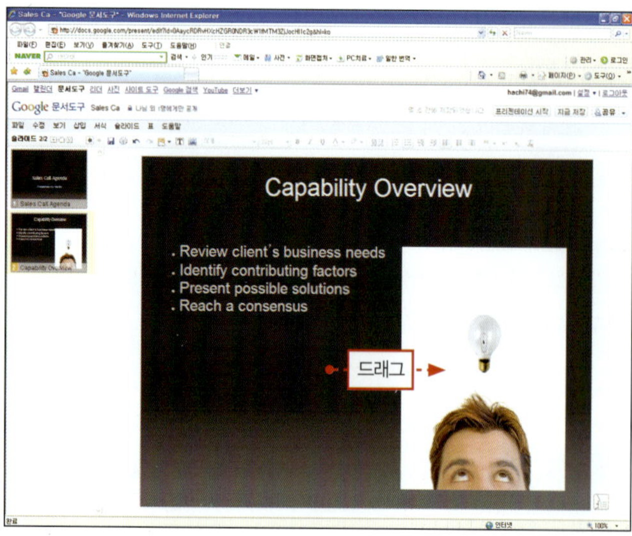

15 이미지를 드래그해서 적당한 위치에 배치합니다.

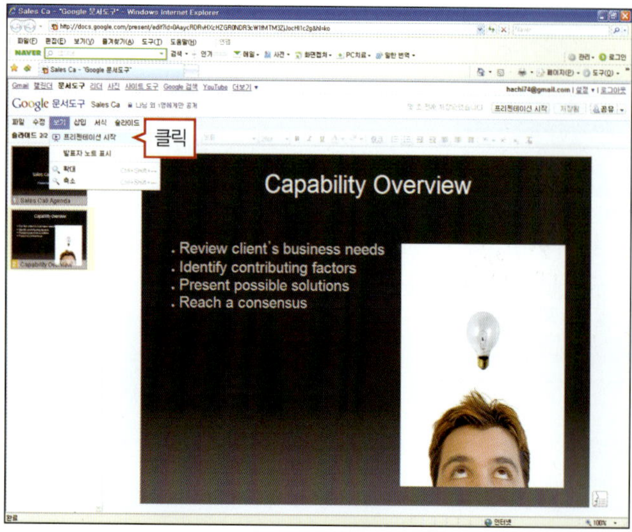

16 [보기] 메뉴에서 **프리젠테이션 시작**을 선택하면 브라우저가 새로 열리면서 슬라이드 쇼가 시작됩니다.

Tip

작업할 때 기록해 놓은 내용을 발표할 때 참고할 수 있습니다. [보기] 메뉴에서 '발표자노트표시'를 선택하면 슬라이드 오른쪽에 발표자 노트가 열립니다.

Tip

슬라이드 쇼 실행 중에 F11을 누르면 페이지를 넘길 수 있습니다.

함께해요 2. 작성한 문서 공유하고 내 컴퓨터에 저장하기

Google 문서도구에서 작성한 문서는 여러 사람이 협의하고 수정할 수 있도록 공유가 가능합니다. 작성한 문서는 Google 문서도구에 자동 저장되며 내 컴퓨터에 파워포인트 형식이나 PDF 형식으로 저장하여 활용할 수도 있습니다.

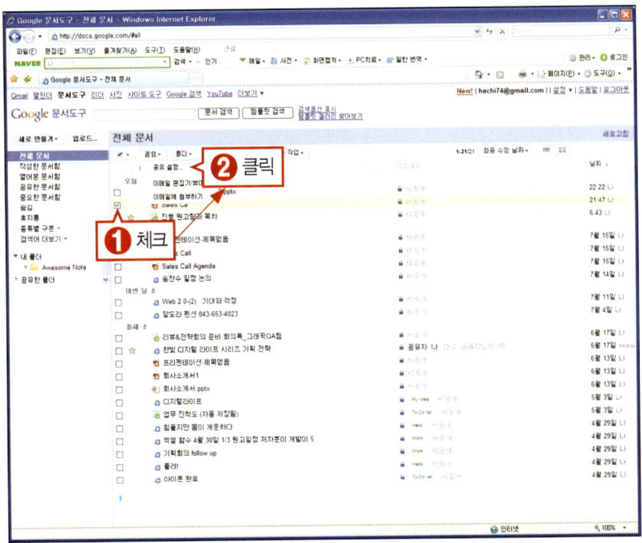

01 작성한 문서를 공유할 수 있습니다.

① 공유할 문서의 **체크 상자**에 체크

② [공유] 메뉴에서 **공유 설정**을 선택합니다.

TIP

[공유] 메뉴에서 '이메일에 첨부하기'를 선택하면 이메일에 파일을 첨부할 수 있습니다.

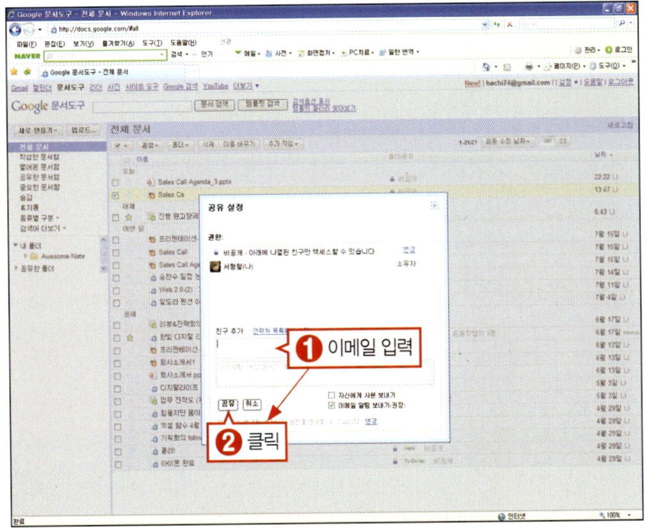

02

①② 공유할 상대의 **이메일 주소**를 입력하고 **〈공유〉**를 클릭해서 파일을 공유합니다.

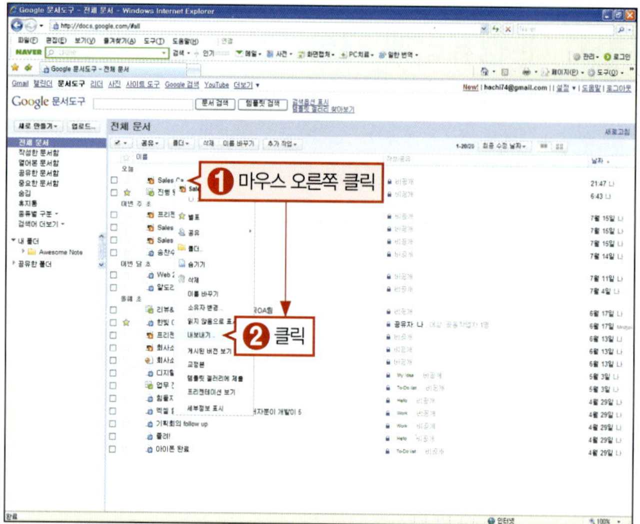

03 구글독스의 문서를 컴퓨터에 저장하겠습니다.

①② 저장할 파일에서 마우스 오른쪽 버튼으로 클릭하고 **내보내기**를 선택합니다.

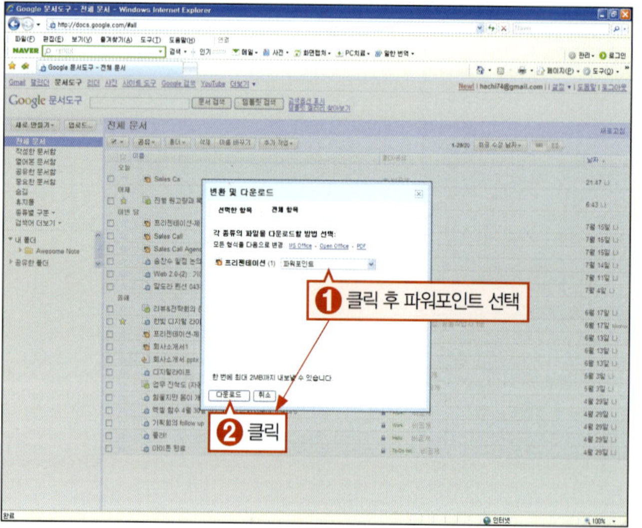

04

① 변환 및 다운로드에서 **파일 형식**을 선택

② 〈**다운로드**〉를 클릭합니다.

TIP

내보내기를 통해 파워포인트(MS Office), PDF 형태로 저장할 수 있습니다.

스마트폰(아이폰)에서 슬라이드 다루기

• N드라이브 • App Store • Hello PT

함께해요 1. 네이버 N드라이브로 슬라이드 보기

네이버에서 제공하는 개인 웹하드 서비스인 N드라이브에 올린 프레젠테이션 문서나 사진을 아이폰에서 열람할 수 있습니다. 좀 더 활용하면 아이폰에서 찍은 사진을 N드라이브에 올릴 수도 있고 블루투스를 이용해서 사용자끼리 파일을 주고받을 수도 있습니다.

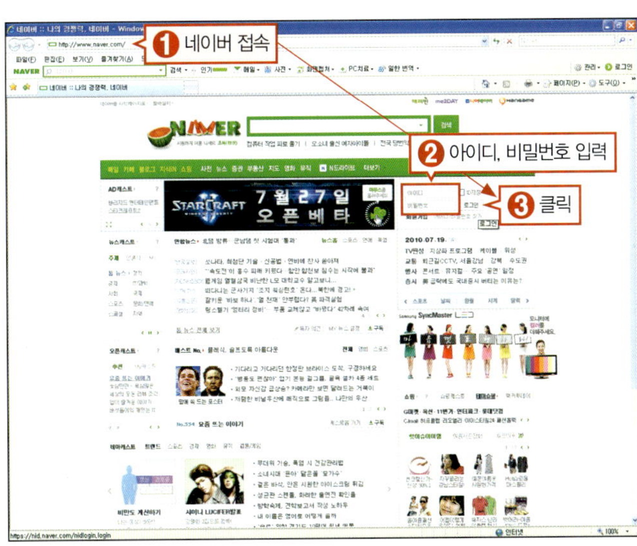

01

① 네이버(http://www.naver.com)에 접속

②③ **아이디**와 **비밀번호**를 입력한 후 〈**로그인**〉을 클릭합니다.

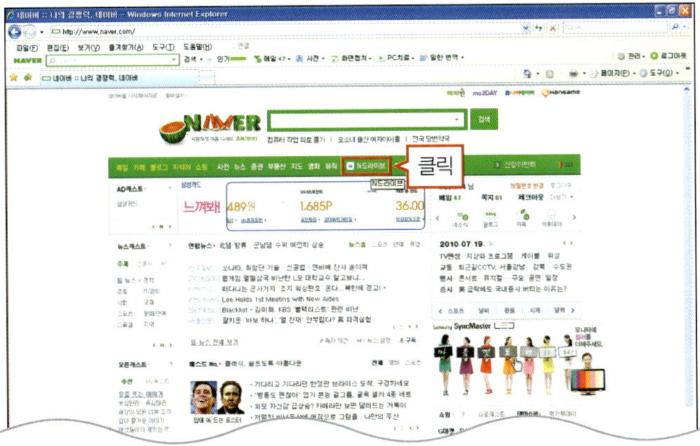

02 네이버 메인 화면에서 **N드라이브**를 클릭합니다.

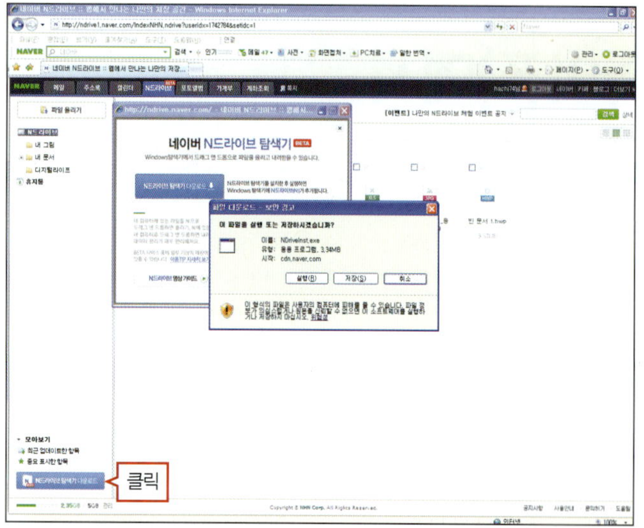

03 N드라이브에 자주 사용하는 파일이나 보관할 파일을 업로드합니다. **〈N드라이브 탐색기 다운로드〉**를 클릭하여 컴퓨터에 탐색기를 설치하면 좀 더 쉽게 파일을 업로드할 수 있습니다.

04

① 아이폰에서 **App Store**를 터치

② **검색**을 터치합니다.

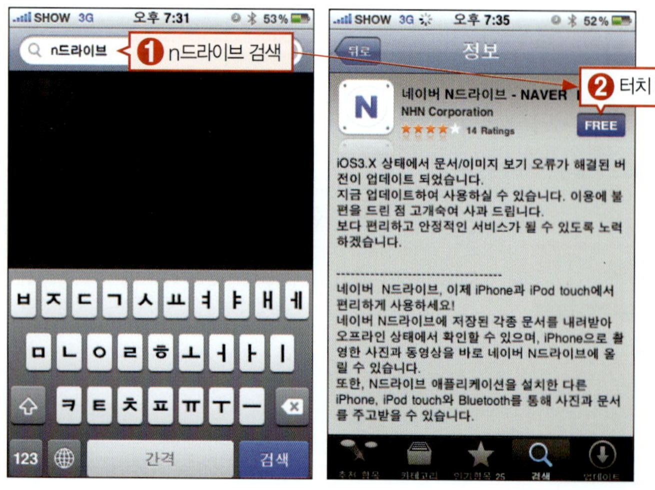

05

① 검색 창에 **n드라이브**를 입력하여 검색

② **FREE**를 터치한 후 **INSTALL**을 터치하여 어플을 설치합니다.

06

① 아이폰 홈 화면에서 **N드라이브**를 터치해서 실행

②③ **아이디**와 **비밀번호**를 입력하고 **〈로그인〉**을 터치합니다.

Tip

아이디와 비밀번호는 네이버 계정과 같습니다.

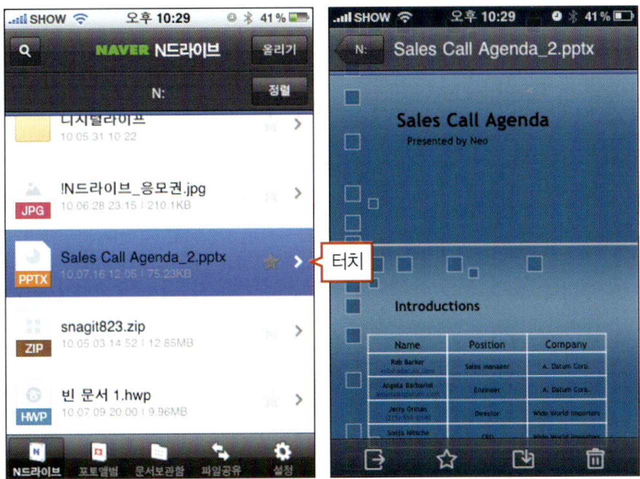

07 N드라이브에 올려놓은 파일을 터치하면 내용을 확인할 수 있습니다.

Tip

아이폰에서 슬라이드를 보다가 아래쪽의 버튼을 터치 한 후 이메일을 터치하면 해당 파일을 이메일로 보낼 수 있습니다.

함께해요 2. Hello PT로 메모 보면서 슬라이드 컨트롤하기

마이크로소프트사의 파워포인트로 프레젠테이션을 할 때 아이폰을 리모컨으로 활용할 수 있습니다. 또한 프레젠테이션 화면 밑에 숨겨 놓은 메모를 아이폰에서 볼 수 있습니다.

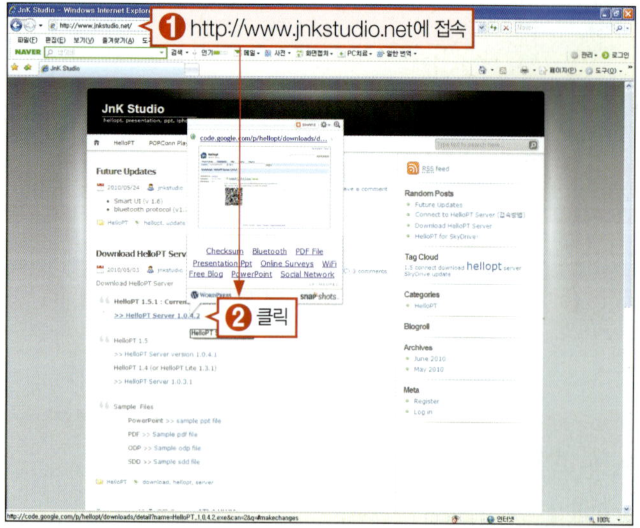

01

①② http://www.jnkstudio.net에 접속한 후 HelloPT_1.0.4.2.exe를 내려받습니다.

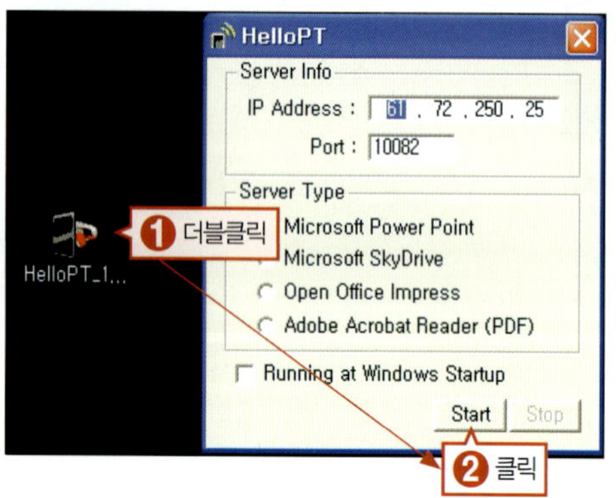

02

① HelloPT_1.0.4.2.exe를 더블클릭해서 실행합니다.

② HelloPT 창이 뜨면 〈Start〉를 클릭합니다.

Tip

HelloPT 창에 뜨는 아이피 주소와 포트 번호는 아이폰에 그대로 입력해야 하므로 별도로 메모해 두는 것이 좋습니다.

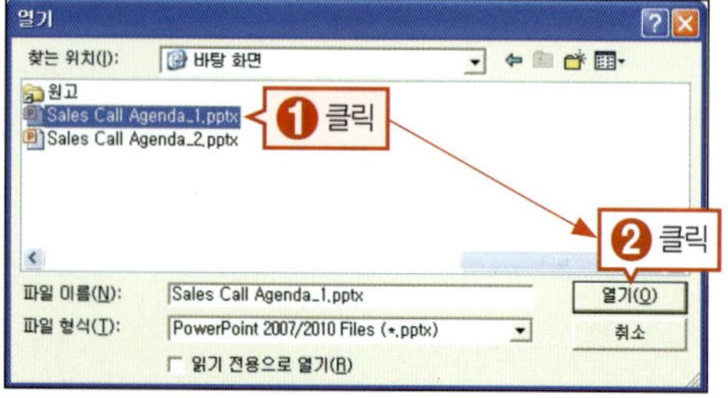

03

①② 열기 대화상자에서 파워포인트 파일을 선택하고 〈**열기**〉를 클릭합니다. 파워포인트 문서가 열립니다.

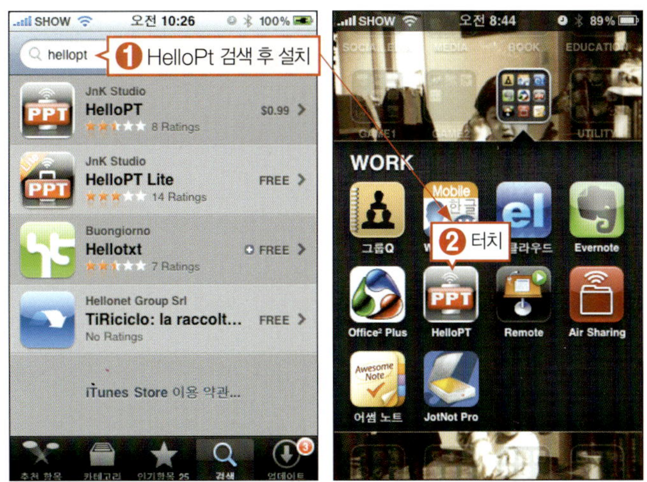

04

① 아이폰의 App store에서 HelloPT를 검색한 후 설치

② 아이폰 홈 화면에서 HelloPT를 터치해서 실행합니다.

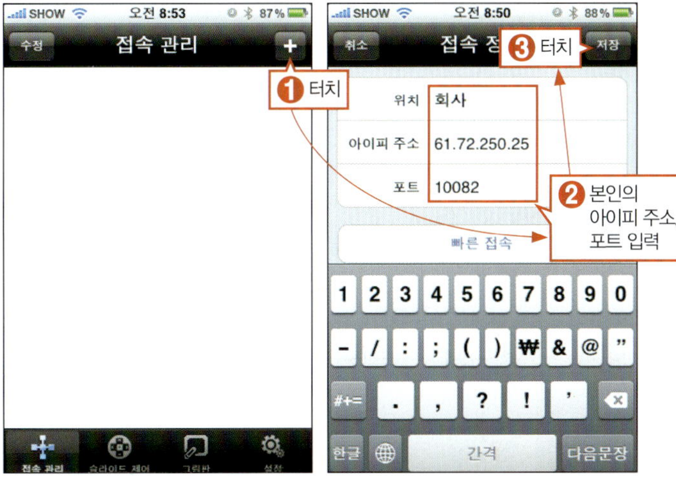

05

① 접속 관리 화면에서 [+]를 터치

② 위치는 사용자가 임의(회사)로 입력하고 HelloPT를 설치한 컴퓨터의 **아이피 주소**와 **포트 번호**를 그대로 입력

③ 〈**저장**〉을 터치합니다.

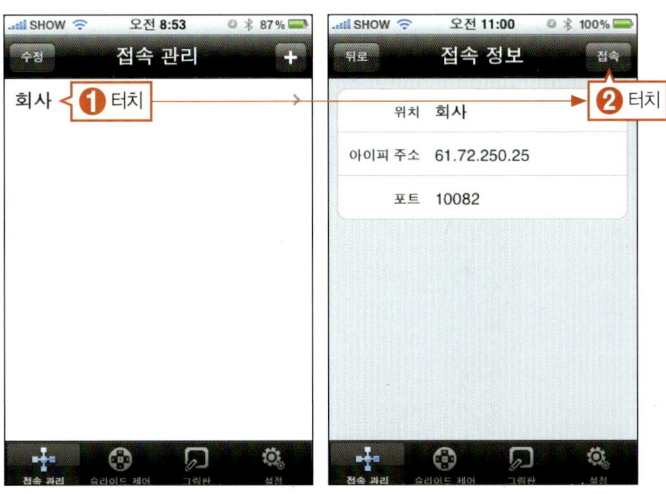

06

①② 사용자가 임의로 정한 위치(회사)를 터치한 후 접속 정보 화면에서 〈**접속**〉을 터치합니다.

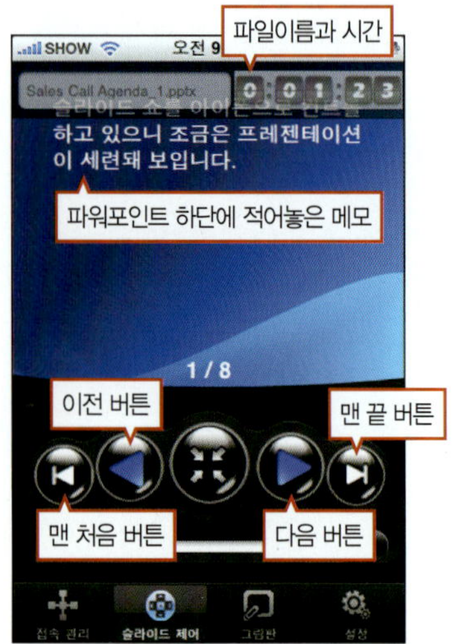

07 슬라이드 쇼를 터치해 컴퓨터에서 슬라이드 쇼를 실행합니다.
실행을 종료할 때도 같은 버튼을 터치합니다.

Note Hello PT 기타 기능 알아보기

그림판 : 발표 중에 아이폰의 슬라이드 화면에 밑줄을 그으면 프레젠테이션 화면에도 밑줄이 그어집니다. 하지만 접속 상태에 따라 실행 속도가 느리기 때문에 가능하면 사용하지 않는 것이 좋습니다.

설정 : 버튼 소리, 알람, 알람 시간을 설정할 수 있습니다. 알람 시간으로 프레젠테이션 시간을 설정할 수 있습니다.

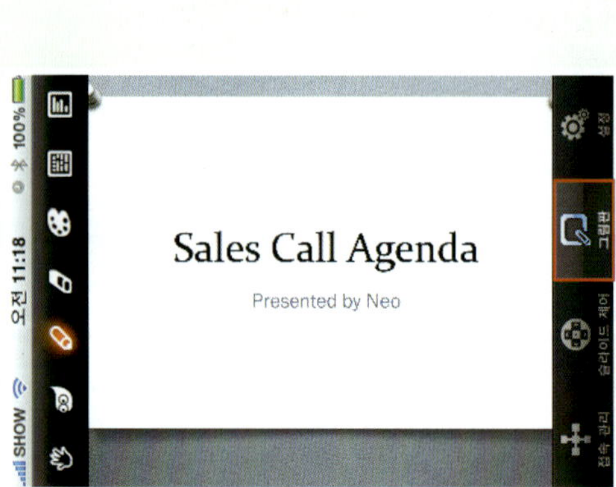

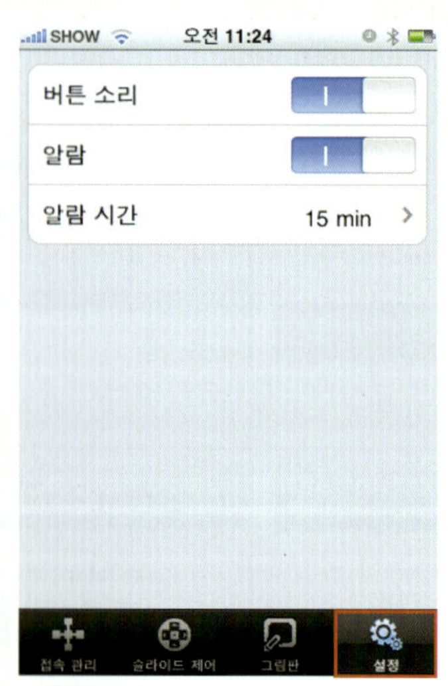

Creative Design

Animated Cartoon Style
손으로 스케치하고 각종 회화 기법으로 랜더링하여 애니메이팅으로 완성하는 완벽한 만화영화스타일

3D Impact Style
3D Object를 제작하여 프레젠테이션과 접목시킨 스타일

Motion Graphic Style
제품 또는 주제를 돋보이게 하는 강한 색채감 및 과감한 색채의 변화를 통해 임펙트하고 세련된 스타일

Iconography Style
복잡한 내용을 쉽게 이해하기 위해 도해 기획과 도해의 흐름기획을 중시한 스타일

Image Layout Style
도해요소에 적절한 이미지 배합으로 슬라이드의 미적 부분 및 도식 흐름을 모두 만족할 수 있는 스타일

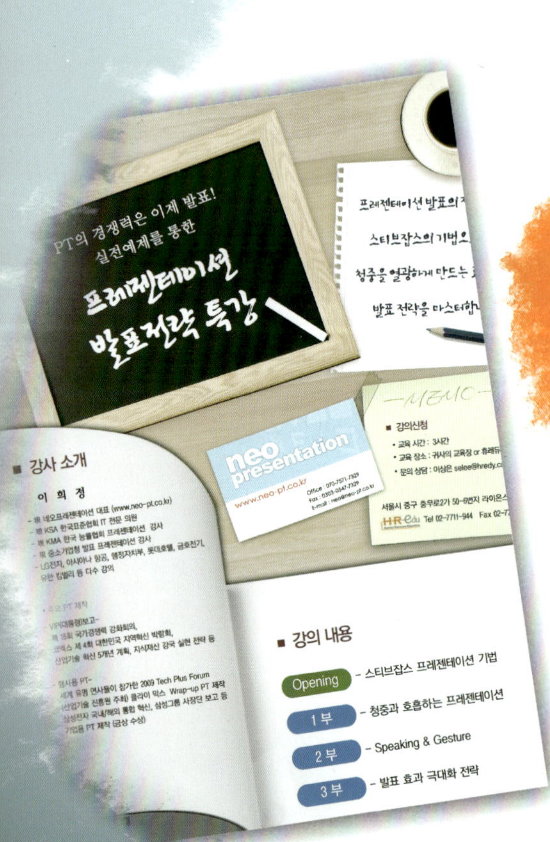

1. 기획
제안서
기획의 핵심

2. 디자인
Color기획 및
테마디자인

3. 제작
파워PPT
제작스킬

4. 발표
청중을 사로잡는
발표전략

네오프레젠테이션의 **전문교육**은
늘 현장의 생생한 경험을 바탕으로 변화하고 있으며,
자신감 있는 프레젠테이션을 위한 최적의 선택이 될 것입니다.

Creative Training

www.neo-pt.co.kr

회사통 28

회사에서 바로 써먹는 실무형 예제로 시작하라

효율적인 학습을 위한 3원칙

하나. 필수 기능으로 빠르게 시작하라

업무를 효율적으로 하기 위해서는 꼭 필요한 필수 기능을 능숙하게 다뤄야 한다.
알 듯 말 듯한 기능을 끙끙대며 고민하지 말고, 이 책으로 빠르게 정리하라.

둘. 실무 예제로 시작하라

엑셀과 파워포인트의 기능과 활용 방법을 동시에 익힐 수 있는 실무 예제로 시작하라.
당장 써먹을 예제라 배우는 재미도 있고, 업무 효율도 단숨에 올라간다.

셋. 지금 당장 시작하라

취업을 준비할 때, 신입사원일 때, 업무에서 바로 엑셀과 파워포인트를 사용해야 할 때,
승진해서 방대한 업무를 처리할 때! 빠르면 빠를수록 좋다. 더 늦기 전에 시작하라.

회사에서 바로 통하는 엑셀& 파워포인트 2010 파워포인트편 목차

이 책을 읽으면 좋은 독자

완전강추!

- 두 가지 프로그램을 빠르게 배워 실무에 바로 활용하려는 직장인

강추!

- 엑셀과 파워포인트를 조금 알거나 구경도 못한 취업 준비생
- 각종 문서 작성으로 스트레스를 받는 직장인
- 필요한 기능을 바로 찾아 바로 적용하고 싶은 사람

부록 CD

본문에서 사용한 모든 예제 및 완성 파일

부록CD의 예제는 http://www.hanbit.co.kr/exam/1763에서도 내려받을 수 있습니다.

OA/그래픽

ISBN 978-89-7914-763-6

값 18,800원